Zugangscode

Nutzungsdauer 24 Monate

AMYC1SH8

https://www.pearson.de/mylab/robotik4

Robotik

Mechanik und Steuerung

4., aktualisierte Auflage

John Craig

Pearson

Bibliografische Information der Deutschen Nationalbibliothek

Die Deutsche Nationalbibliothek verzeichnet diese Publikation in der Deutschen Nationalbibliografie; detaillierte bibliografische Daten sind im Internet über *http://dnb.dnb.de* abrufbar.

Bei Fragen zur Produktsicherheit wenden Sie Sich bitte an info@pearson.de.

Der Umwelt zuliebe verzichten wir auf Einschweißfolie.

ISBN 978-3-86894-458-7 (Buch)

Zugangscode einlösbar bis 30.09.2027.

Programmleitung: Birger Peil, birger.peil@pearson.com
Übersetzung und Fachlektorat: Dr. Gunnar Radons
Bearbeitung und Fachlektorat: Dr. Carsten Biele
Coverillustration: © sdecoret, suns07butterfly / Shutterstock
Herstellung: Philipp Burkart, pburkart@pearson.de
Satz: Reemers Publishing Services GmbH

Inhaltsverzeichnis

Kapitel 6 Manipulator-Dynamik 219

Kapitel 7 Erzeugung von Trajektorien 261

Kapitel 13 Offline-Programmiersysteme 459

Vorwort

Wissenschaftler haben oft das Gefühl, dass sie durch ihre Arbeit etwas über sich selbst lernen. Physiker sehen diese Verbindung in ihrer Arbeit, ebenso wie z. B. Psychologen und Chemiker. Bei der Erforschung der Robotik ist die Verbindung zwischen dem Studiengebiet und uns selbst ungewöhnlich offensichtlich. Im Gegensatz zu einer Wissenschaft, die nur zu analysieren versucht, führt die Robotik, so wie sie derzeit betrieben wird, das Ingenieurwesen in Richtung Synthese. Vielleicht fasziniert dieses Gebiet deshalb so viele von uns.

Das Studium der Robotik beschäftigt sich mit dem Wunsch, einige Aspekte menschlicher Funktionen durch den Einsatz von Mechanismen, Sensoren, Aktuatoren und Computern zu synthetisieren. Dies ist natürlich ein riesiges Unterfangen, das mit Sicherheit eine Vielzahl von Ideen aus verschiedenen „klassischen" Bereichen erfordert.

Gegenwärtig werden verschiedene Aspekte der Robotikforschung von Experten aus unterschiedlichen Bereichen durchgeführt. Üblicherweise hat keine einzelne Person das gesamte Gebiet der Robotik im Griff. Eine Aufteilung dieses Felds ist deshalb zu erwarten. Auf einer relativ hohen Abstraktionsebene erscheint es sinnvoll, die Robotik in vier Hauptbereiche zu unterteilen: mechanische Manipulation, Fortbewegung, Bildgebende Systeme und künstliche Intelligenz.

Dieses Buch gibt eine Einführung in die Wissenschaft und Technik der mechanischen Manipulation. Diese Teildisziplin der Robotik hat ihre Grundlagen in mehreren klassischen Bereichen. Die wichtigsten relevanten Bereiche sind Mechanik, Steuerungstheorie und Informatik. In diesem Buch werden in den ▶ **Kapiteln 1** bis **8** Themen aus dem Maschinenbau und der Mathematik behandelt, in den ▶ **Kapiteln 9** bis **11** geht es um steuerungstheoretisches Material, und die ▶ **Kapitel 12** und **13** könnten als Material aus der Informatik eingestuft werden. Darüber hinaus betont das Buch durchgängig die rechnerischen Aspekte der Probleme. So enthält beispielsweise jedes Kapitel, das sich vorwiegend mit Mechanik befasst, einen kurzen Abschnitt mit rechnerischen Überlegungen.

Dieses Buch entstand aus Unterrichtsnotizen, die im Herbst 1983 bis 1985 an der Stanford University für die Vorlesung „Einführung in die Robotik" verwendet wurden. Die ersten drei Ausgaben wurden von 1986 bis 2016 eingesetzt. Die vierte Auflage hat von davon profitiert und enthält Korrekturen und Verbesserungen, die auf Rückmeldungen vieler Quellen beruhen. Vielen Dank an alle, die dem Autor Korrekturen zugesandt haben.

Dieses Buch eignet sich für Bachelor- aber auch Masterstudiengänge. Es ist hilfreich, wenn die Studenten einen Grundkurs in Statik und Dynamik sowie einen Kurs in linearer Algebra belegt haben und in einer Hochsprache programmieren können. Darüber hinaus ist es hilfreich, wenn auch nicht unbedingt erforderlich, dass die Studenten einen Einführungskurs in die Kontrolltheorie absolviert haben. Ein Ziel des Buches ist die Präsentation des Materials auf einfache, intuitive Weise. Die Leserschaft muss nicht unbedingt aus Maschinenbauingenieuren bestehen, obwohl ein Großteil des Materials aus diesem Bereich stammt. In Stanford fanden viele Elektroingenieure, Informatiker und Mathematiker das Buch sehr lesenswert.

Dieses Buch richtet sich direkt an Ingenieure, die Robotersysteme entwickeln, aber der Inhalt bietet auch wichtiges Hintergrundmaterial für alle, die sich mit Robotik beschäftigen wollen. So wie Softwareentwickler in der Regel zumindest ein wenig Hardware studiert haben, sollten auch Personen, die nicht direkt mit der Mechanik und Steuerung von Robotern zu tun haben, über ein gewisses Hintergrundwissen verfügen, das in diesem Text vermittelt wird.

Wie die dritte Ausgabe ist auch die vierte Ausgabe in 13 Kapitel unterteilt. Der Stoff lässt sich bequem in einem akademischen Semester unterrichten; in einem akademischen Vierteljahr wird der Dozent wahrscheinlich einige Kapitel auslassen müssen. Bei diesem Tempo können nicht alle Themen tiefgreifend behandelt werden. In gewisser Weise ist das Buch so aufgebaut, dass dies berücksichtigt wird. So wird in den meisten Kapiteln nur ein einziger Lösungsansatz für ein bestimmtes Problem vorgestellt. Eine der Herausforderungen beim Schreiben dieses Buches war der Versuch, den behandelten Themen innerhalb der zeitlichen Beschränkungen der üblichen Unterrichtssituationen gerecht zu werden. Eine Methode, die zu diesem Zweck angewandt wurde, bestand darin, nur Material zu berücksichtigen, das sich direkt auf das Studium der mechanischen Manipulation auswirkt.

Am Ende jedes Kapitels befinden sich eine Reihe von Übungen. Jeder Übung wurde ein Schwierigkeitsfaktor zugewiesen, der in eckigen Klammern hinter der Nummer der Übung angegeben ist. Die Schwierigkeitsgrade variieren zwischen [00] und [50], wobei [00] trivial und [50] ein ungelöstes Problem der Forschung ist.[1] Was für den einen schwierig ist, kann natürlich für den anderen leicht sein, sodass die Faktoren in manchen Fällen irreführend sein können. Dennoch haben wir uns bemüht, den Schwierigkeitsgrad der Aufgaben abzuschätzen.

Am Ende jedes Kapitels gibt es eine Programmieraufgabe, bei der die Studierenden den Stoff des entsprechenden Kapitels auf einen einfachen dreigelenkigen planaren Manipulator anwenden. Dieser einfache Manipulator ist komplex genug, um fast alle Prinzipien allgemeiner Manipulatoren zu demonstrieren, ohne die Studierenden mit zu viel Komplexität zu erdrücken. Jede Programmieraufgabe baut auf der vorhergehenden auf, bis die Studierenden am Ende des Kurses über eine ganze Bibliothek von Manipulator-Software verfügen.

Es gibt insgesamt 12 MATLAB-Übungen zu den ▶ **Kapiteln 1** bis **9**. Diese Übungen wurden von Prof. Robert L. Williams II von der Ohio University entwickelt, und wir sind ihm für diesen Beitrag zu großem Dank verpflichtet. Diese Übungen können mithilfe der MATLAB Robotics Toolbox (▶ https://petercorke.com/toolboxes/robotics-toolbox/) durchgeführt werden, die von Peter Corke, distinguished professor emeritus am *Queensland University of Technology Centre for Robotics (QCR)* in Australien, entwickelt wurde. Auf der Webseite von Peter Corke (▶ https://petercorke.com/) finden Sie darüber hinaus viele weitere, frei zugängliche Ressourcen zur Robotik, wie zum Beispiel eine Roboterakademie mit vielen Video-Tutorials (in englischer Sprache unter ▶ https://robotacademy.net.au/) und die Robotics Toolbox für Python (▶ https://github.com/petercorke/robotics-toolbox-python) statt für MATLAB.

1 Ich habe die gleiche Skala wie in *The Art of Computer Programming* von D. Knuth (Addison-Wesley) verwendet.

▶ **Kapitel 1** ist eine Einführung in das Gebiet der Robotik. Es stellt einige Hintergrundinformationen, einige grundlegende Ideen und die in diesem Buch verwendete Notation vor und gibt einen Ausblick auf das Material in den späteren Kapiteln.

▶ **Kapitel 2** behandelt die Mathematik, die zur Beschreibung von Positionen und Orientierungen (Ausrichtungen) im 3D-Raum verwendet wird. Dies ist ein äußerst wichtiges Thema: Per Definition geht es bei der mechanischen Manipulation darum, Objekte (Teile, Werkzeuge, den Roboter selbst) im Raum zu bewegen. Wir brauchen Möglichkeiten, um diese Aktionen so zu beschreiben, dass sie leicht verständlich und möglichst intuitiv sind.

Die ▶ **Kapitel 3** und **4** befassen sich mit der Geometrie von mechanischen Manipulatoren. Sie führen in den Zweig des Maschinenbaus ein, der als Kinematik bezeichnet wird: Die Untersuchung der Bewegung ohne Berücksichtigung der Kräfte, die sie verursachen. In diesen Kapiteln beschäftigen wir uns mit der Kinematik von Manipulatoren, beschränken uns aber auf statische Positionierungsprobleme.

▶ **Kapitel 5** weitet unsere Untersuchung der Kinematik auf Geschwindigkeiten und statische Kräfte aus.

In ▶ **Kapitel 6** beschäftigen wir uns zum ersten Mal mit den Kräften und Momenten, die erforderlich sind, um die Bewegung eines Manipulators zu bewirken. Dies ist das Problem der Manipulator-Dynamik.

▶ **Kapitel 7** befasst sich mit der Beschreibung der Bewegungen des Manipulators in Form von Trajektorien durch den Raum.

▶ **Kapitel 8** behandelt viele Themen im Zusammenhang mit der mechanischen Konstruktion eines Manipulators. Wie viele Gelenke sind zum Beispiel sinnvoll, von welchem Typ sollten sie sein und wie sollten sie angeordnet werden?

In den ▶ **Kapiteln 9** und **10** befassen wir uns mit Methoden zur Steuerung eines Manipulators (in der Regel mit einem Computer), sodass dieser sich genau auf einer gewünschten Bahn im Raum bewegt. In ▶ **Kapitel 9** beschränken wir uns auf lineare Steuerungsmethoden; in ▶ **Kapitel 10** werden diese Überlegungen auf den nichtlinearen Bereich ausgedehnt.

▶ **Kapitel 11** behandelt den Bereich der aktiven Kraftregelung mit einem Manipulator. Das heißt, wir diskutieren, wie man die Anwendung von Kräften durch den Manipulator kontrolliert. Diese Art der Steuerung ist wichtig, wenn der Manipulator mit seiner Umgebung in Kontakt kommt, wie z. B. beim Reinigen eines Fensters mit einem Schwamm.

▶ **Kapitel 12** gibt einen Überblick über Methoden zur Programmierung von Robotern, insbesondere über die Elemente, die in einem Roboterprogrammiersystem benötigt werden, und die besonderen Probleme, die mit der Programmierung von Industrierobotern verbunden sind.

In ▶ **Kapitel 13** werden Offline-Simulations- und Programmiersysteme vorgestellt, die die neueste Erweiterung der Mensch-Roboter-Schnittstelle darstellen.

Neu in der 4. Auflage:

- Zusätzliche Übungen am Ende jedes Kapitels
- Neuer ▶ **Abschnitt 8.9** über optische Encoder
- Neuer ▶ **Abschnitt 10.9** über adaptive Steuerung
- Aktualisiertes Material und Referenzen einer sich ändernden Technologie
- Mehrere neue oder aktualisierte Abbildungen
- Mehr als 100 kleinere Tippfehler und andere Fehler wurden korrigiert

Ich möchte mich bei den vielen Menschen bedanken, die mir bei der Arbeit an diesem Buch geholfen haben. Zunächst gilt mein Dank den Studierenden des Kurses ME219 in Stanford im Herbst 1983 bis 1985, die sich durch die ersten Entwürfe gequält, viele Fehler gefunden und viele Vorschläge gemacht haben. Professor Bernard Roth hat in vielerlei Hinsicht dazu beigetragen, sowohl durch konstruktive Kritik am Manuskript als auch dadurch, dass er mir ein Umfeld bot, in dem ich die erste Ausgabe fertigstellen konnte. Bei SILMA Inc. habe ich ein anregendes Umfeld und Ressourcen genossen, die mir bei der Fertigstellung der zweiten Auflage geholfen haben. Dr. Jeff Kerr schrieb den ersten Entwurf von ▶ **Kapitel 8**. Prof. Robert L. Williams II hat die MATLAB-Übungen am Ende jedes Kapitels beigesteuert und Peter Corke hat seine Robotics Toolbox erweitert, um den Stil der Denavit-Hartenberg-Notation in diesem Buch zu unterstützen. Ich stehe in der Schuld meiner früheren Mentoren in der Robotik: Marc Raibert, Carl Ruoff, Tom Binford und Bernard Roth.

Viele andere in Stanford, SILMA, Adept und anderswo haben auf verschiedene Weise geholfen – mein Dank gilt John Mark Agosta, Mike Ali, Lynn Balling, Al Barr, Stephen Boyd, Chuck Buckley, Joel Burdick, Jim Callan, Brian Carlisle, Monique Craig, Subas Desa, Tri Dai Do, Karl Garcia, Ashitava Ghosal, Chris Goad, Ron Goldman, Bill Hamilton, Steve Holland, Peter Jackson, Eric Jacobs, Johann Jäger, Paul James, Jeff Kerr, Oussama Khatib, Jim Kramer, Dave Lowe, Jim Maples, Dave Marimont, Dave Meer, Kent Ohlund, Madhusudan Raghavan, Richard Roy, Ken Salisbury, Bruce Shimano, Donalda Speight, Bob Tilove, Sandy Wells und Dave Williams.

Ich möchte Tom Robbins von Pearson für seine Unterstützung bei der ersten und zweiten Auflage danken.

Die Studenten der Robotikklasse von Prof. Roth aus dem Jahr 2002 in Stanford haben die zweite Auflage verwendet und gaben viele Hinweise auf Fehler, die für die vierte Auflage behoben werden mussten.

Schließlich möchte ich denjenigen danken, die an der vierten Ausgabe mitgearbeitet haben: Matt Marshall, der einige neue Übungen am Ende der Kapitel sowie andere hilfreiche Rückmeldungen beigesteuert hat, sowie Julie Bai und Michelle Bayman bei Pearson.

JJC

Zur deutschen Auflage

Liebe Leserin, lieber Leser,

willkommen in der Welt der Robotik – einer multidisziplinären Ingenieurwissenschaft mit großer und wachsender Bedeutung und Zukunft in den verschiedensten Lebensbereichen. Dieses Buch soll Ihnen als Leitfaden für die Einarbeitung auf Ihrer Reise durch die Robotik dienen, von den ersten Schritten bis hin zu fortgeschrittenen Konzepten.

Über die im Vorwort bereits genannten Zusatzmaterialien hinaus finden Sie in vielen Kapiteln der deutschen Auflage dieses Buches neben den Übungen auch sorgfältig ausgearbeitete **digitale Arbeitsblätter**, die darauf abzielen, das Gelernte zu festigen und Ihre Fähigkeiten schrittweise zu erweitern. Diese Aufgaben sind so konzipiert, dass Sie sie in Ihrem eigenen Tempo bearbeiten können, mit dem Ziel, dass Sie die Konzepte nicht nur verstehen, sondern auch anwenden können, bis sie Ihnen in Fleisch und Blut übergehen. Wir ermutigen Sie, diese Übungen so oft wie nötig zu wiederholen, manche Inhalte sind randomisiert und ändern sich mit jedem Aufruf.

Auch die Robotik lernt man besten, indem man sie nach dem ersten Durcharbeiten der Theorie auch selbst umsetzt – das heißt möglichst viele verschiedene Beispiele plant, entwirft, durchrechnet, programmiert, mit computergestützten Modellen simuliert, dabei immer wieder auch im Detail durchdenkt und, wenn sich die Gelegenheit ergibt, mit einem echten Robotor ausprobiert.

Die vielen Übungsaufgaben, Programmierübungen, MATLAB-Übungen und insbesondere auch die digitalen Arbeitsblätter im MyLab von Pearson bieten Ihnen die perfekte Gelegenheit zu experimentieren, Fehler zu machen und daraus zu lernen – nur einen echten Roboter konnten wir dem Buch nicht hinzufügen.

Mit jeder gelösten Aufgabe werden Sie mehr Vertrauen in Ihre Fähigkeiten gewinnen und einen Schritt näher an die Beherrschung der Robotik heranrücken. Getreu dem Motto *Learn a little do a little.*

Wir wünschen Ihnen viel Erfolg und Freude beim Entdecken der faszinierenden Möglichkeiten, die Ihnen die Robotik bietet.

Ihr Pearson-Team

Einleitung

1

1.1 Hintergrund

Die Geschichte der industriellen Automatisierung ist durch Perioden eines schnellen Wandels gängiger Methoden gekennzeichnet. Entweder als Ursache oder vielleicht auch als Wirkung scheinen solche Perioden des Wandels in der **Automatisierungstechnik** eng mit der Weltwirtschaft verbunden zu sein. Der Einsatz des **Industrieroboters**, der sich in den 1960er Jahren als einzigartiges Gerät herauskristallisierte [1], ist zusammen mit computergestützten **Konstruktionssystemen** (**CAD**) und computergestützten **Fertigungssystemen** (**CAM**) kennzeichnend für die jüngsten Trends bei der Automatisierung des **Fertigungsprozesses**. Diese Technologien führen die industrielle Automatisierung durch weitere Veränderungen, deren Ausmaß noch nicht abzusehen ist [2].

In Nordamerika wurden in den frühen 1980er Jahren viele **Roboteranlagen** eingeführt, gefolgt von einem kurzen Rückzug in den späten 1980er Jahren. Seitdem ist der Markt gewachsen (siehe **Abbildung 1.1**), obwohl er wie alle Märkte konjunkturellen Schwankungen unterworfen ist.

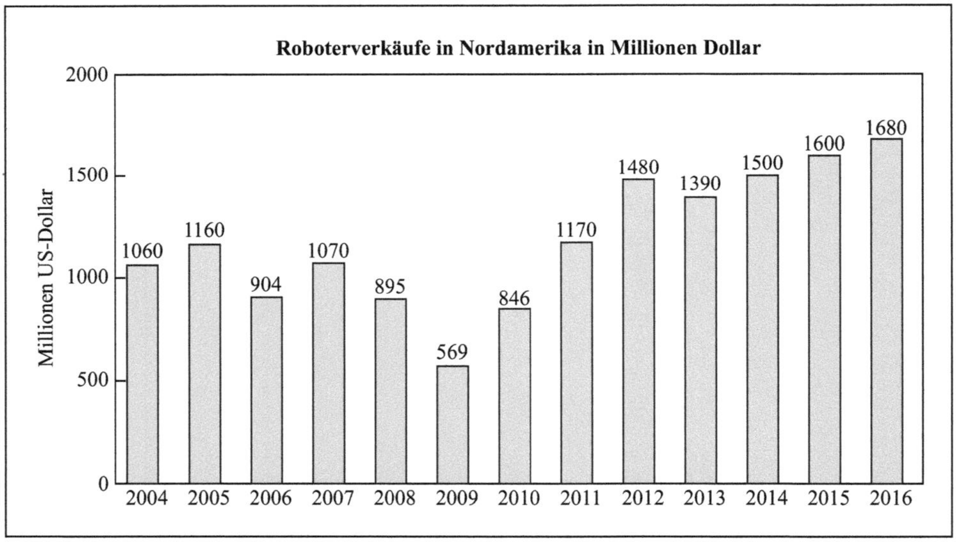

Abbildung 1.1 Verkäufe von Industrierobotern in Nordamerika in Millionen von U.S.-Dollar.
Quelle: Robotic Industries Association.

Abbildung 1.2 zeigt die Anzahl der Roboter, die weltweit pro Jahr installiert werden. Ein wichtiger Grund für den zunehmenden Einsatz von Industrierobotern liegt in ihren sinkenden Kosten und zunehmenden Fähigkeiten. Schätzungen zufolge wird ein durchschnittlicher Arbeitgeber im verarbeitenden Gewerbe bis zum Jahr 2025 16% der **Arbeitskosten** einsparen, wenn er menschliche Arbeitskräfte durch Roboter ersetzt. In einigen Ländern ist der Einsatz von Robotern sogar noch günstiger (siehe **Abbildung 1.3**). Da Roboter bei ihren Aufgaben immer kosteneffizienter werden und menschliche Arbeitskräfte immer teurer werden, kommen immer mehr Industriearbeitsplätze für die Automatisierung durch Roboter in Frage. Dies ist der wichtigste Trend, der das Wachstum des **Marktes** für Industrieroboter vorantreibt. Ein zweiter Trend – abseits der Ökonomie – ist, dass Roboter mit zunehmender Leistungsfähigkeit immer mehr Aufgaben übernehmen *können*, die für menschliche Arbeitskräfte gefährlich oder unmöglich sind.

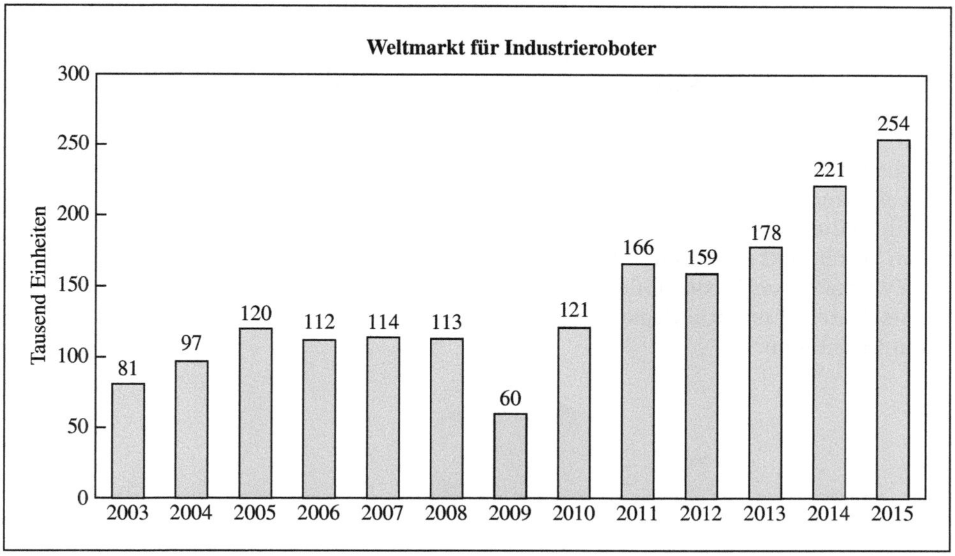

Abbildung 1.2 Jährliche Installationen von Mehrzweck-Industrierobotern.
Quelle: World Robotics 2016.

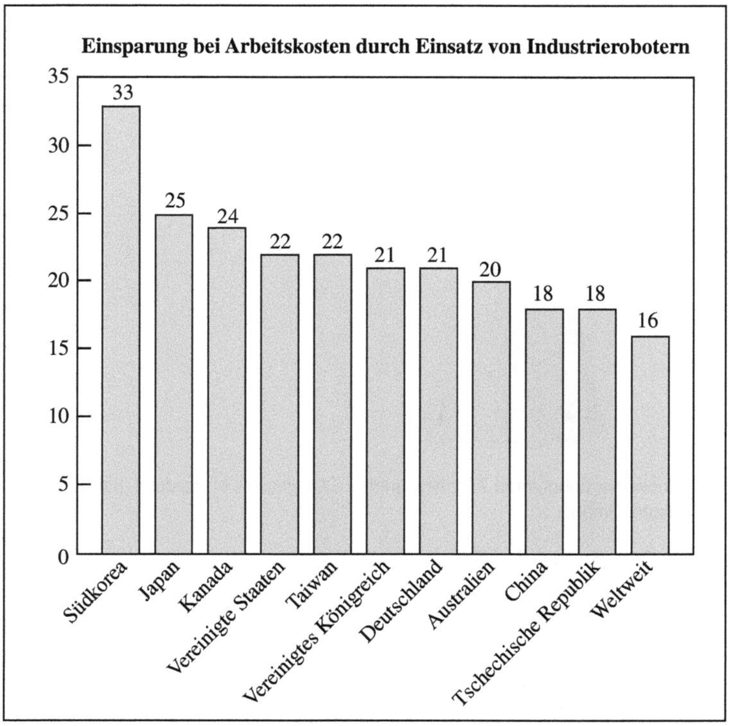

Abbildung 1.3 Einsparungen bei den **Arbeitskosten** durch den Einsatz von Industrierobotern. Geschätzt als Prozentsatz im Jahr 2025.
Quelle: The Boxton Consulting Group.

Dieses Buch befasst sich mit der Mechanik und Steuerung der wichtigsten Form des Industrieroboters, dem **mechanischen Manipulator**. Was genau einen Industrieroboter ausmacht, ist manchmal umstritten. Geräte wie das in **Abbildung 1.4** gezeigte werden immer dazu gezählt, während numerisch gesteuerte **(NC) Fräsmaschinen** in der Regel nicht dazu gehören. Die Unterscheidung liegt irgendwo in dem Ausmaß der **Programmierbarkeit** des Geräts. Wenn ein mechanisches Gerät so programmiert werden kann, dass es eine Vielzahl von Anwendungen ausführen kann, handelt es sich wahrscheinlich um einen Industrieroboter. Maschinen, die größtenteils auf eine Klasse von Aufgaben beschränkt sind, gehören in den Bereich der **stationären Automatisierung**. Für die Zwecke dieses Textes müssen die Unterscheidungen nicht diskutiert werden; das meiste Material ist grundlegender Natur und gilt für eine Vielzahl von programmierbaren Maschinen.

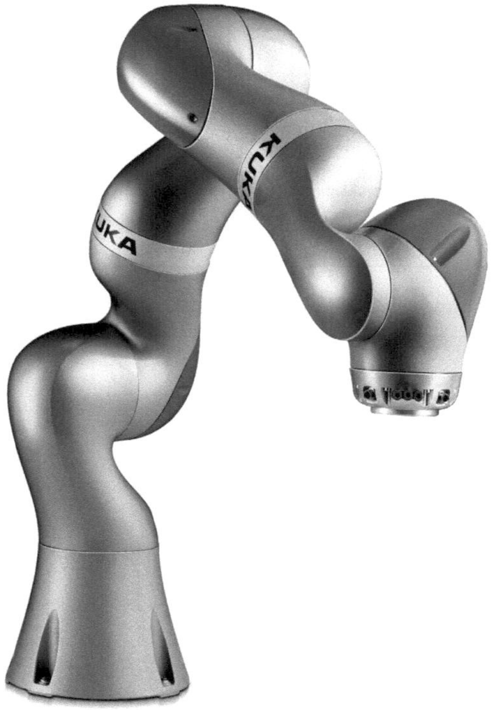

Abbildung 1.4 Ein moderner Roboter mit 7 Freiheitsgraden (DOF, degrees of freedom). Bild mit freundlicher Genehmigung der KUKA Roboter GmbH.

Im Großen und Ganzen ist das Studium der Mechanik und Steuerung von Manipulatoren keine neue Wissenschaft, sondern lediglich eine Sammlung von Themen aus „klassischen" Bereichen. Der **Maschinenbau** steuert Methoden für die Untersuchung von Maschinen in statischen und dynamischen Situationen bei. Die Mathematik liefert Werkzeuge zur Beschreibung der räumlichen Bewegungen und anderer Eigenschaften von Manipulatoren. Die **Steuerungstheorie** liefert Werkzeuge für den Entwurf und die Bewertung von Algorithmen zur Realisierung gewünschter Bewegungen oder Kraftanwendungen.

Techniken aus dem **Elektroingenieurwesen** kommen bei der Entwicklung von Sensoren und Schnittstellen für Industrieroboter zum Einsatz, und die Informatik liefert die Grundlage für die Programmierung dieser Geräte, damit sie eine gewünschte Aufgabe erfüllen.

1.2 Die Mechanik und Steuerung von mechanischen Manipulatoren

In den folgenden Abschnitten finden Sie eine Einführung in die Terminologie und eine kurze Vorschau auf die Themen, die in diesem Text behandelt werden.

1.2.1 Beschreibung der Position und Ausrichtung

In der Robotik beschäftigen wir uns ständig mit der Position von Objekten im dreidimensionalen Raum. Diese Objekte sind die Glieder des **Manipulators**, die Teile und Werkzeuge, mit denen er arbeitet, und andere Objekte in der Umgebung des Manipulators. Auf einer groben, aber wichtigen Ebene werden diese Objekte durch nur zwei Attribute beschrieben: **Position** und **Ausrichtung** (Ort und Orientierung). Von unmittelbarem Interesse ist natürlich die Art und Weise, wie wir diese Größen darstellen und sie mathematisch verändern.

Um die Position und Ausrichtung eines Körpers im Raum zu beschreiben, werden wir immer ein **Koordinatensystem** oder einen **Rahmen** starr mit dem Objekt verbinden. Anschließend beschreiben wir die Position und Ausrichtung dieses Rahmens in Bezug auf ein **Referenzkoordinatensystem** (siehe **Abbildung 1.5**).

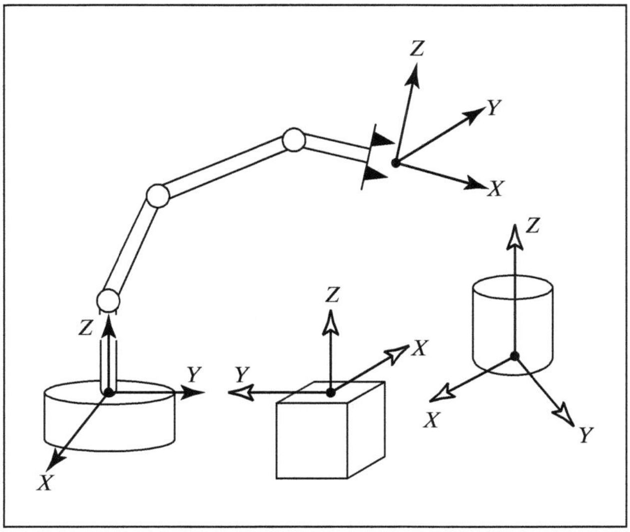

Abbildung 1.5 Koordinatensysteme oder „Rahmen" sind mit dem Manipulator und den Objekten in der Umgebung verbunden.

Jeder Rahmen kann als Referenzsystem dienen, um die Position (Ort) und Ausrichtung (Orientierung) eines Körpers zu beschreiben. Daher haben wir oft mit der *Transformation* oder der *Veränderung der Beschreibung* dieser Attribute eines Körpers von einem Rahmen in einen anderen zu tun. ▶ **Kapitel 2** befasst sich mit Konventionen und Methoden zur Beschreibung von Position und Ausrichtung sowie mit der Mathematik zur Veränderung dieser Größen in Bezug auf verschiedene Koordinatensysteme.

Gute Kenntnisse in der Beschreibung von Position und Rotation starrer Körper sind auch in Bereichen außerhalb der Robotik sehr nützlich.

1.2.2 Vorwärtskinematik von Manipulatoren

Kinematik ist die Wissenschaft der Bewegung, welche die Bewegung ohne Rücksicht auf die Kräfte, die sie verursachen, behandelt. Im Rahmen der Kinematik untersucht man Position, Geschwindigkeit, Beschleunigung und alle Ableitungen höherer Ordnung der Ortsvariablen (in Bezug auf die Zeit oder eine oder mehrere andere Variable(n)). Die Untersuchung der Kinematik von **Manipulatoren** bezieht sich also auf alle geometrischen und zeitlichen Eigenschaften der **Bewegung**.

Manipulatoren bestehen aus nahezu starren **Gliedern**, die durch **Gelenke** verbunden sind, die eine relative Bewegung benachbarter Glieder ermöglichen. Diese Gelenke sind in der Regel mit Positionssensoren ausgestattet, mit denen die relative Position der benachbarten Glieder gemessen werden kann. Im Falle von **Dreh-** oder **verstellbaren Gelenken** werden diese Verschiebungen als **Gelenkwinkel** bezeichnet. Einige Manipulatoren enthalten **gleitende Gelenke** (**Schubgelenke bzw. Prismengelenke**), bei denen die relative Verschiebung zwischen den Gliedern durch eine Translation erfolgt, die manchmal als **Gelenkversatz** bezeichnet wird.

Die Anzahl der **Freiheitsgrade** (**DOF, degrees of freedom**), die ein **Manipulator** besitzt, ist die Anzahl der unabhängigen **Positionsvariablen**, die angegeben werden müssten, um den Ort aller Teile des Mechanismus zu bestimmen. Dies ist ein allgemeiner Begriff, der für jeden Mechanismus verwendet wird. Ein Gelenk mit vier Stäben hat beispielsweise nur einen Freiheitsgrad (obwohl es drei bewegliche Teile gibt). Bei typischen Industrierobotern ist die Anzahl der Gelenke gleich der Anzahl der Freiheitsgrade, da es sich bei einem Manipulator in der Regel um eine offene kinematische **Kette** handelt und jede Gelenkposition üblicherweise durch eine einzige Variable definiert wird.

Am freien Ende der Kette von Gliedern, aus denen der Manipulator besteht, befindet sich der **Endeffektor**. Je nach der geplanten Anwendung des Roboters kann der Endeffektor ein Greifer, ein Schweißbrenner, ein Elektromagnet oder ein anderes **Gerät** sein. Im Allgemeinen beschreiben wir die Position des Manipulators, indem wir den **Werkzeugrahmen**, der am Endeffektor befestigt ist, relativ zum **Basisrahmen** beschreiben, der an der unbeweglichen Basis des **Manipulators** befestigt ist (siehe **Abbildung 1.6**).

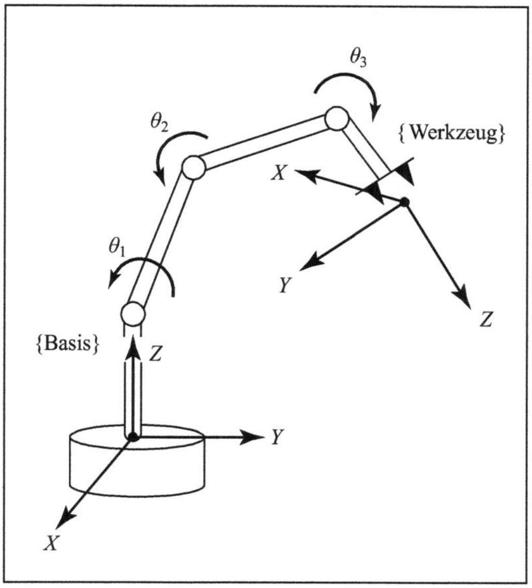

Abbildung 1.6 Kinematische Gleichungen beschreiben den Werkzeugrahmen relativ zum Basisrahmen als Funktion der Gelenkvariablen.

Ein sehr grundlegendes Problem bei der Untersuchung mechanischer Manipulation wird als **Vorwärtskinematik** bezeichnet. Dabei handelt es sich um das statische geometrische Problem, mit dem Position und Ausrichtung des Endeffektors eines Manipulators berechnet wird. Liegt insbesondere eine Reihe von Gelenkwinkeln vor, besteht die Aufgabe der Vorwärtskinematik darin, die Position und Ausrichtung des Werkzeugrahmens relativ zum Basisrahmen zu berechnen. Wir können uns das so vorstellen, dass wir die Beschreibung der Manipulatorposition im **Gelenkraum** in eine Beschreibung im **kartesischen Raum** umwandeln.[2] Dieses Problem wird in ▶ **Kapitel 3** erörtert.

1.2.3 Inverse Kinematik von Manipulatoren

In ▶ **Kapitel 4** werden wir das Problem der **inversen Kinematik** betrachten. Dieses Problem lautet wie folgt: Berechnen Sie bei gegebener Position und Ausrichtung des Endeffektors eines Manipulators alle möglichen Kombinationen von **Gelenkwinkeln**, die zu dieser gegebene Position und Ausrichtung führen (siehe **Abbildung 1.7**). Dies ist ein grundlegendes Problem beim praktischen Einsatz von Manipulatoren.

2 Unter dem *kartesischen Raum* verstehen wir den Raum, in dem die Position eines Punktes mit drei Zahlen und die Ausrichtung eines Körpers mit drei Zahlen angegeben wird. Er wird manchmal auch als ***Aufgabenraum*** oder ***Arbeitsraum*** bezeichnet.

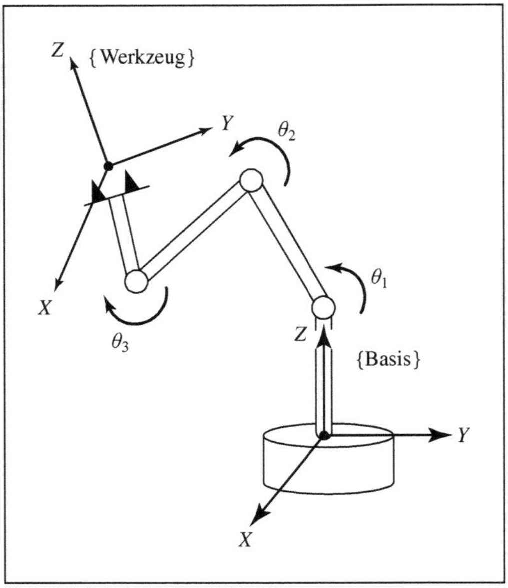

Abbildung 1.7 Für eine bestimmte Position und Ausrichtung des Werkzeugrahmens können die Werte für die Gelenkvariablen über die inverse Kinematik berechnet werden.

Dies ist ein ziemlich kompliziertes geometrisches Problem, das in menschlichen und anderen biologischen Systemen täglich tausende Male gelöst wird. Im Falle eines künstlichen Systems wie eines Roboters müssen wir einen Algorithmus im Steuercomputer erstellen, der diese Berechnung durchführen kann. In gewisser Weise ist die Lösung dieses Problems das wichtigste Element eines Manipulatorsystems.

Wir können uns dieses Problem als eine ***Abbildung*** von „Orten" im kartesischen 3D-Raum auf „Orte" im internen Gelenkraum des Roboters vorstellen. Diese Notwendigkeit ergibt sich natürlich immer dann, wenn ein Ziel in externen 3D-Raumkoordinaten angegeben wird. Bei einigen frühen Robotern fehlte dieser Algorithmus – sie wurden einfach (manchmal von Hand) an die gewünschten Stellen bewegt, die dann als eine Reihe von Gelenkwerten (d. h., als ein Ort im Gelenkraum) für eine spätere Wiederholung aufgezeichnet wurden. Wenn der Roboter ausschließlich für die Aufzeichnung und Wiedergabe von **Gelenkpositionen** und -bewegungen verwendet wird, ist natürlich kein Algorithmus erforderlich, der den Gelenkraum mit dem kartesischen Raum verbindet. Heutzutage ist es jedoch selten, dass ein Industrieroboter ohne diesen grundlegenden Algorithmus der inversen Kinematik auskommt.

Das Problem der inversen Kinematik ist nicht so einfach wie das der Vorwärtskinematik. Da die kinematischen **Gleichungen** nichtlinear sind, ist ihre Lösung in einer geschlossenen Form nicht immer einfach (oder sogar möglich). Außerdem stellt sich die Frage, ob eine Lösung oder mehrere Lösungen existieren.

Durch Beschäftigung mit diesen Themen können wir würdigen, was das menschliche Gehirn und das Nervensystem leisten, wenn wir, scheinbar ohne bewusstes Nachdenken, Objekte mit unseren Armen und Händen bewegen und manipulieren.

Das Vorhandensein oder Nichtvorhandensein einer kinematischen Lösung definiert den **Arbeitsbereich** eines bestimmten **Manipulators.** Das Fehlen einer Lösung bedeutet, dass der Manipulator die gewünschte Position und Ausrichtung nicht erreichen kann, weil sie außerhalb des Arbeitsbereichs des Manipulators liegt.

1.2.4 Geschwindigkeiten, statische Kräfte, Singularitäten

Zusätzlich zu den statischen **Positionierungsproblemen** möchten wir vielleicht auch **Manipulatoren** in **Bewegung** analysieren. Bei der Analyse der Geschwindigkeit eines Mechanismus ist es oft sinnvoll, eine Matrixgröße zu definieren, die als **Jacobi-Matrix** des Manipulators bezeichnet wird. Die Jacobi-Matrix legt eine **Abbildung** von **Geschwindigkeiten** im Gelenkraum auf Geschwindigkeiten im kartesischen Raum fest (siehe **Abbildung 1.8**). Die Art dieser Abbildung ändert sich, wenn die Konfiguration des Manipulators variiert. An bestimmten Punkten, den sogenannten **Singularitäten**, ist diese **Abbildung** nicht invertierbar. Das Verständnis dieses Phänomens ist für Entwickler und Benutzer von Manipulatoren wichtig.

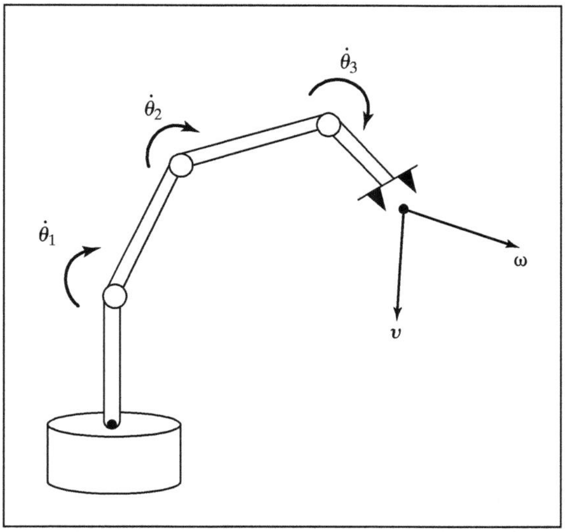

Abbildung 1.8 Die geometrische Beziehung zwischen der Änderung der Gelenkgeschwindigkeiten und der Geschwindigkeit des Endeffektors kann durch eine Matrix beschrieben werden, die Jacobi-Matrix genannt wird.

Betrachten Sie den Heckschützen in einem Doppeldecker-Kampfflugzeug aus dem Ersten Weltkrieg (siehe **Abbildung 1.9**). Während der Pilot das Flugzeug vom vorderen Cockpit aus fliegt, ist es die Aufgabe des Heckschützen, auf feindliche Flugzeuge zu schießen. Um diese Aufgabe zu erfüllen, ist sein Geschütz in einem Mechanismus montiert, der sich um zwei Achsen dreht. Die Bewegungsgrößen werden **Azimut** und **Höhe** genannt. Mit Hilfe dieser beiden Bewegungen (zwei Freiheitsgrade) kann der Schütze seinen Geschosshagel in jede beliebige Richtung auf der oberen Hemisphäre lenken.

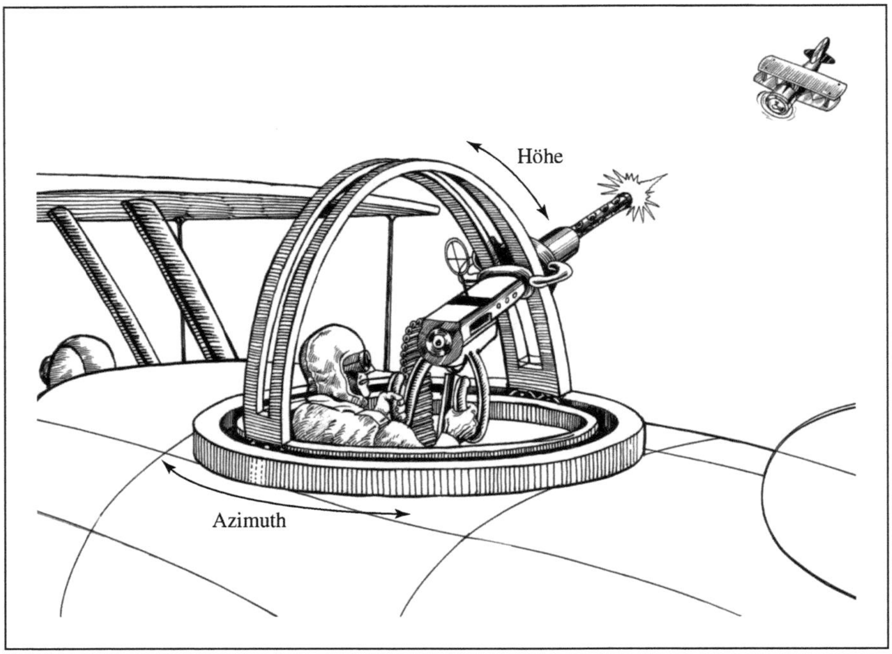

Abbildung 1.9 Ein **Doppeldecker** aus dem Ersten Weltkrieg mit einem Piloten und einem Heckschützen. Der Mechanismus des Heckschützen wird durch das Problem der singulären Positionen beschrieben.

Ein feindliches Flugzeug wird mit Azimut ein Uhr und einem Höhenwinkel von 25 Grad gesichtet! Der Schütze richtet seinen Waffe auf das feindliche Flugzeug und verfolgt dessen Bewegung, um es so lange wie möglich mit einem kontinuierlichen Geschoßhagel zu treffen. Er hat Erfolg und schießt das feindliche Flugzeug ab.

Ein zweites feindliches Flugzeug wird mit Azimut ein Uhr und in 70 Grad Höhe gesichtet! Der Schütze richtet seine Waffe aus und beginnt zu feuern. Das feindliche Flugzeug bewegt sich so, dass es eine immer größere Höhe im Verhältnis zum Flugzeug des Richtschützen erreicht. Schließlich erreicht das feindliche Flugzeug eine Position genau über dem Flugzeug unseres Richtschützen und fliegt dann darüber hinweg. Was bedeutet das? Der Schütze ist nicht mehr in der Lage, seine Geschosse auf das feindliche Flugzeug prasseln zu lassen! Er stellte fest, dass er, während das feindliche Flugzeug über ihm flog, seinen Azimut sehr schnell ändern musste. Er war nicht in der Lage, sein Geschütz schnell genug im Azimut zu schwenken, und das feindliche Flugzeug entkam!

In letzterem Fall wurde der glückliche feindliche Pilot durch eine ***Singularität*** gerettet! Der Ausrichtungsmechanismus des Geschützes funktioniert zwar über den größten Teil seines Aktionsradius gut, ist aber nicht mehr ideal, wenn das Geschütz gerade – oder fast gerade – nach oben gerichtet ist. Um Ziele zu verfolgen, die die Position direkt über dem Kopf passieren, ist eine sehr schnelle Bewegung um die Azimutachse erforderlich. Je näher das Ziel an dem Punkt direkt über dem Kopf vorbeifliegt, desto schneller muss der Schütze die Azimutachse drehen, um das Ziel zu verfolgen. Wenn das Ziel direkt über den Kopf des Schützen fliegt, müsste er das Geschütz mit unendlicher Geschwindigkeit um die Azimutachse drehen!

Sollte sich der Schütze bei dem Konstrukteur des Mechanismus über dieses Problem beschweren? Könnte ein besserer Mechanismus entwickelt werden, um dieses Problem zu vermeiden? Es stellt sich heraus, dass Sie das Problem nicht so einfach vermeiden können. Tatsächlich kann kein Ausrichtungsmechanismus mit zwei Freiheitsgraden, der genau zwei Drehgelenke hat, dieses Problem vermeiden. Im Falle dieses Mechanismus, bei dem der Kugelhagel gerade nach oben gerichtet ist, deckt sich seine Richtung mit der Drehachse in Azimut. Das bedeutet, dass die Azimutdrehung genau an diesem Punkt keine Richtungsänderung des Geschoßhagels bewirkt. Wir wissen, dass wir zwei Freiheitsgrade benötigen, um den Kugelhagel auszurichten, aber an diesem Punkt haben wir die effektive Nutzung eines der Gelenke verloren. Unser Mechanismus ist an dieser Stelle **lokal entartet** und verhält sich so, als hätte er nur einen **Freiheitsgrad** (die Höhe).

Diese Art von Phänomen wird durch das verursacht, was man eine **Singularität des Mechanismus** nennt. Alle **Mechanismen** sind für diese Schwierigkeiten anfällig, auch Roboter. Genau wie bei dem Mechanismus des Heckschützen verhindern diese Singularitäten nicht, dass ein Roboterarm irgendwo in seinem Arbeitsbereich positioniert werden kann. Sie können jedoch Probleme mit den *Bewegungen* des Arms in seiner Umgebung verursachen.

Manipulatoren bewegen sich nicht immer durch den Raum, manchmal müssen sie auch ein Werkstück oder eine Arbeitsfläche berühren und eine statische Kraft aufbringen. In diesem Fall tritt folgendes Problem auf: Welcher Satz von **Gelenkmomenten** ist erforderlich, um eine gewünschte **Kontaktkraft** und ein gewünschtes Moment zu erzeugen? Auch in diesem Fall ist die Jacobi-Matrix des Manipulators ein ganz natürlicher Bestandteil der Lösung dieses Problems.

1.2.5 Dynamik

Die **Dynamik** ist ein riesiges Forschungsgebiet, das sich mit der Untersuchung der Kräfte beschäftigt, die für eine Bewegung erforderlich sind. Um einen **Manipulator** aus dem Stillstand zu beschleunigen, mit einer konstanten Geschwindigkeit des Endeffektors zu gleiten und schließlich bis zum Stillstand abzubremsen, muss eine komplexe Reihe von **Drehmomentfunktionen** von den Gelenkaktuatoren aufgebracht werden.[3] Die genaue Form der erforderlichen Funktionen des **Aktuatordrehmoments** hängt von den räumlichen und zeitlichen Attributen des vom Endeffektor eingeschlagenen Weges ab, sowie von den Masseeigenschaften der Verbindungen, der Nutzlast, der Reibung in den Gelenken usw. Eine Methode, einen Manipulator so zu steuern, dass er einem gewünschten Weg folgt, besteht darin, diese Aktuatordrehmomentfunktionen mit Hilfe der dynamischen Bewegungsgleichungen des Manipulators zu berechnen.

Viele von uns haben schon einmal einen Gegenstand angehoben, der in Wirklichkeit viel leichter ist, als wir erwartet haben (z. B. einen Behälter mit Milch aus dem Kühlschrank, von dem wir dachten er sei voll, obwohl er fast leer war). Eine solche Fehleinschätzung der Nutzlast kann eine ungewöhnliche Hebebewegung verursachen. Diese Art von Beobachtung deutet darauf hin, dass das menschliche Steuerungssystem komplexer ist als ein rein kinematisches Schema. Vielmehr nutzt unser **Manipulationssteuerungssystem** das Wissen um die Masse und andere dynamische Effekte. Ebenso

3 Wir verwenden ***Gelenkaktuatoren*** als Oberbegriff für Geräte, die einen Manipulator antreiben – zum Beispiel Elektromotoren, hydraulische und pneumatische Aktuatoren und Muskeln.

sollten die Algorithmen, die wir zur Steuerung der Bewegungen eines Robotermanipulators entwickeln, die Dynamik berücksichtigen.

Eine zweite Anwendung der dynamischen Bewegungsgleichungen ist die **Simulation**. Wenn Sie die dynamischen Gleichungen so umformulieren, dass die Beschleunigung als Funktion des Antriebsdrehmoments berechnet wird, können Sie simulieren, wie sich ein **Manipulator** aufgrund einer Reihe von Antriebsdrehmomenten bewegen würde (siehe **Abbildung 1.10**). Da die Rechenleistung immer kostengünstiger wird, gewinnt der Einsatz von Simulationen in vielen Bereichen immer mehr an Bedeutung.

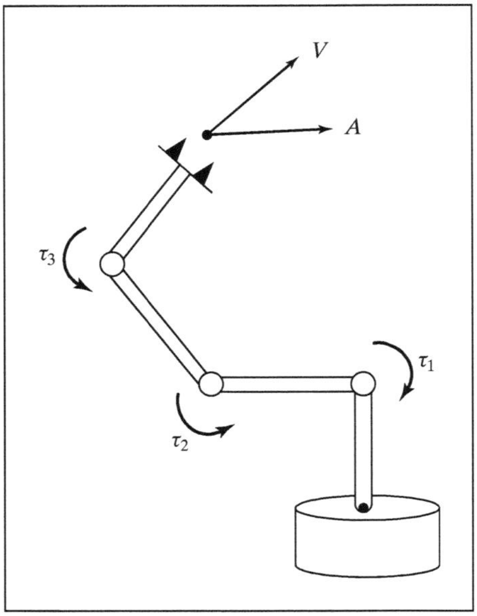

Abbildung 1.10 Die Beziehung zwischen den von den Aktuatoren aufgebrachten Drehmomenten und der daraus resultierenden Bewegung des Manipulators wird von den dynamischen Bewegungsgleichungen verkörpert.

In ▸ **Kapitel 6** werden wir dynamische Bewegungsgleichungen entwickeln, die zur Steuerung oder Simulation der Bewegung von Manipulatoren verwendet werden können.

1.2.6 Erzeugung von Trajektorien

Eine gängige Methode, einen **Manipulator** auf sanfte, kontrollierte Weise von hier nach dort zu bewegen, besteht darin, die einzelnen Gelenke durch eine stetige Funktion der Zeit zu bewegen. In der Regel beginnt und beendet jedes Gelenk seine Bewegung zur gleichen Zeit, sodass die Bewegung des Manipulators koordiniert erscheint. Wie genau diese Bewegungsfunktionen zu berechnen sind, ist das Problem der **Trajektorienerzeugung** oder -erstellung (siehe **Abbildung 1.11**).

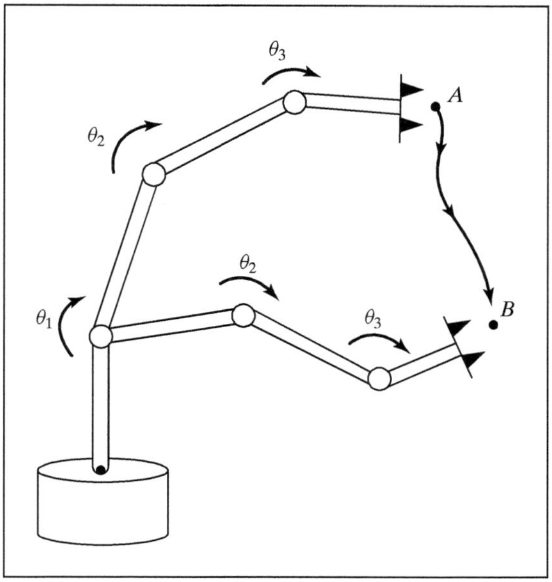

Abbildung 1.11 Um den Endeffektor im Raum von Punkt *A* nach Punkt *B* zu bewegen, müssen wir für jedes **Gelenk** eine Trajektorie berechnen, der es folgen soll.

Oft wird ein Pfad nicht nur durch ein gewünschtes Ziel beschrieben, sondern auch durch einige Zwischenpositionen oder **Wegpunkte**, die der Manipulator auf dem Weg zum Ziel passieren muss. In solchen Fällen wird manchmal der Begriff **Spline** verwendet, um eine stetige Funktion zu bezeichnen, die durch eine Reihe von Wegpunkten verläuft.

Um den Endeffektor zu zwingen, einer geraden Linie (oder einer anderen geometrischen Form) durch den Raum zu folgen, muss die gewünschte Bewegung in einen äquivalenten Satz von Gelenkbewegungen umgewandelt werden. Diese **Erzeugung kartesischer Trajektorien** wird ebenfalls in ▶ **Kapitel 7** behandelt.

1.2.7 Manipulator-Design und Sensoren

Obwohl Manipulatoren theoretisch universelle Geräte sind, die in vielen Situationen eingesetzt werden können, diktiert die Wirtschaftlichkeit im Allgemeinen, dass der vorgesehene Aufgabenbereich das mechanische Design des **Manipulators** beeinflusst. Neben Aspekten wie Größe, Geschwindigkeit und Belastbarkeit muss der Konstrukteur auch die Anzahl der Gelenke und deren geometrische Anordnung berücksichtigen. Diese Überlegungen wirken sich auf die Größe und Qualität des Arbeitsbereichs des Manipulators, die Steifigkeit der Manipulatorstruktur und andere Eigenschaften aus.

Je mehr Gelenke ein Roboterarm hat, desto geschickter und leistungsfähiger wird er sein. Natürlich wird er auch schwieriger und teurer zu bauen sein. Um einen nützlichen **Roboter** zu bauen, gibt es zwei Möglichkeiten: Entweder Sie bauen einen **spezialisierten Roboter** für eine bestimmte Aufgabe oder Sie bauen einen **universellen Roboter**, der eine Vielzahl von Aufgaben erfüllen kann. Im Falle eines spezialisierten Roboters müssen Sie sorgfältig überlegen, wie viele **Gelenke** Sie benötigen. Ein spezialisierter Roboter, der ausschließlich für die Bestückung einer flachen Leiterplatte mit elektronischen Bauteilen konzipiert ist, braucht beispielsweise nicht mehr als vier Gelenke. Mit drei Gelenken kann seine Hand jede beliebige Position im dreidimensionalen Raum einnehmen. Ein viertes Gelenk kommt hinzu, damit die Hand das gegriffene Bauteil um eine vertikale Achse drehen kann. Im Falle eines universellen Roboters geben interessanterweise die fundamentalen Eigenschaften der realen Welt, in der wir leben, die „richtige" Mindestanzahl von Gelenken vor: nämlich sechs.

Ein wesentlicher Bestandteil der Konstruktion des Manipulators ist die Wahl und Anordnung der Aktuatoren, der Übertragungssysteme und der internen Positionssensoren (und manchmal auch Kraftsensoren) (siehe **Abbildung 1.12**). Diese und andere Designfragen werden in ▶ **Kapitel 8** behandelt.

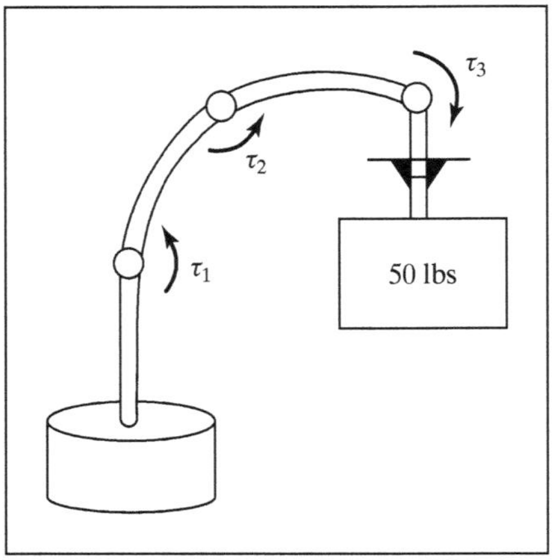

Abbildung 1.12 Bei der Entwicklung eines mechanischen Manipulators müssen Fragen zur Wahl der Aktuatoren und ihrer Positionen, des Übertragungssystems, der strukturellen Steifigkeit, der Position der Sensoren und mehr berücksichtigt werden.

1.2.8 Lineare Lageregelung

Einige Manipulatoren sind mit Schrittmotoren oder anderen Aktuatoren ausgestattet, die direkt eine gewünschte Trajektorie ausführen können. Die überwiegende Mehrheit der **Manipulatoren** wird jedoch von **Aktuatoren** angetrieben, die eine Kraft oder ein Drehmoment liefern, um die Bewegung der Glieder zu bewirken. In diesem Fall wird ein Algorithmus benötigt, um die Drehmomente zu berechnen, die die gewünschte Bewegung verursachen. Die Anforderungen der Dynamik sind für die Entwicklung solcher Algorithmen von zentraler Bedeutung, liefern aber an sich noch keine Lösung. Ein primäres Anliegen eines **Lageregelungssystems** ist es, Fehler in der Kenntnis der Parameter eines Systems automatisch zu kompensieren und Störungen zu unterdrücken, die dazu neigen, das System von der gewünschten Trajektorie abzubringen. Um dies zu erreichen, werden **Sensoren** für Position und Geschwindigkeit vom **Steuerungsalgorithmus** überwacht, der Drehmomentbefehle für die Aktoren berechnet (siehe **Abbildung 1.13**). In ▶ **Kapitel 9** werden wir Steuerungsalgorithmen betrachten, deren Synthese auf linearen Näherungen an die Dynamik eines **Manipulators** beruht. Solche linearen Methoden sind in der aktuellen industriellen Praxis weit verbreitet.

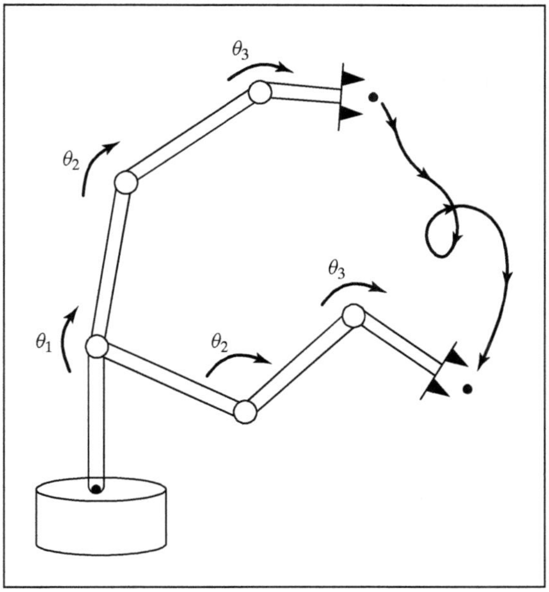

Abbildung 1.13 Um den Manipulator dazu zu bringen, der gewünschten Trajektorie zu folgen, muss ein Lageregelungssystem implementiert werden. Ein solches System nutzt die Rückmeldungen der Gelenksensoren, um den Manipulator auf Kurs zu halten.

1.2.9 Nichtlineare Lageregelung

Obwohl Steuerungssysteme, die auf näherungsweisen linearen Modellen basieren, bei aktuellen Industrierobotern sehr beliebt sind, ist es wichtig, die vollständige nichtlineare Dynamik des Manipulators bei der Erstellung von Steuerungsalgorithmen zu berücksichtigen. Es werden derzeit einige Industrieroboter eingeführt, die in ihren Controllern **nichtlineare Steuerungsalgorithmen** verwenden. Diese nichtlinearen Techniken zur Steuerung eines Manipulators versprechen bessere Leistungen als einfachere lineare Verfahren. In ▶ **Kapitel 10** werden nichtlineare Steuerungssysteme für mechanische Manipulatoren vorgestellt.

1.2.10 Kraftregelung

Die Fähigkeit eines **Manipulators**, die Kräfte beim Kontakt mit Teilen, Werkzeugen oder Arbeitsflächen zu kontrollieren, scheint bei der Anwendung von Manipulatoren für viele reale Aufgaben von großer Bedeutung zu sein. **Kraftregelung** und Lageregelung ergänzen sich insofern, als wir in einer bestimmten Situation normalerweise nur eine der beiden für anwendbar halten. Wenn sich ein Manipulator im freien Raum bewegt, ist nur die Lageregelung sinnvoll, da es keine Oberfläche gibt, auf die er reagieren muss. Wenn ein Manipulator jedoch eine starre Oberfläche berührt, können Lageregelungssysteme dazu führen, dass sich am Kontaktpunkt übermäßige Kräfte aufbauen oder dass der Kontakt zur Oberfläche verloren geht, obwohl er für eine bestimmte Anwendung erwünscht war. **Manipulatoren** sind selten in allen Richtungen gleichzeitig durch Reaktionsflächen eingeschränkt, sodass eine gemischte oder **hybride Steuerung** erforderlich ist, bei der einige Richtungen durch ein **Lageregelungsgesetz** und die übrigen Richtungen durch ein **Kraftregelungsgesetz** gesteuert werden (siehe **Abbildung 1.14**). In ▶ **Kapitel 11** wird eine Methode zur Implementierung eines solchen Verfahrens zur Kraftregelung vorgestellt.

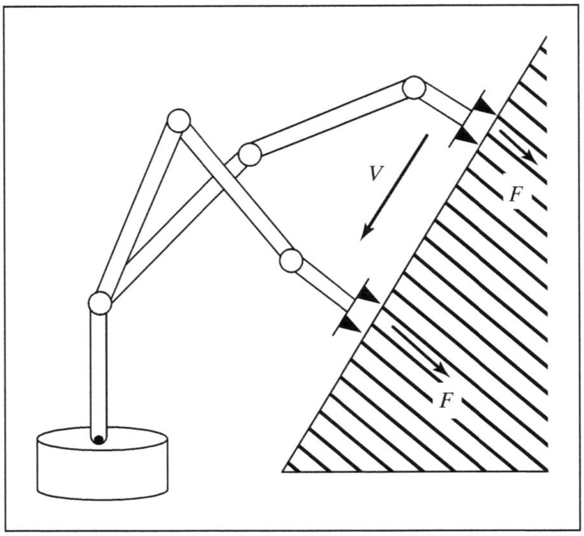

Abbildung 1.14 Damit ein **Manipulator** über eine Oberfläche gleiten kann, während er eine konstante Kraft ausübt, muss ein hybrides Lageregelungs-Kraftregelungssystem verwendet werden.

Ein Roboter sollte angewiesen werden, ein Fenster zu waschen, indem er eine bestimmte Kraft in der Richtung senkrecht zur Glasebene aufrechterhält, während er einer Bewegungsbahn in Richtungen tangential zur Ebene folgt. Solche geteilten oder **hybriden** Steuerungsvorgaben sind für solche Aufgaben natürlich.

1.2.11 Programmierung von Robotern

Eine **Roboterprogrammiersprache** dient als Schnittstelle zwischen dem menschlichen Benutzer und dem Industrieroboter. Dabei stellen sich zentrale Fragen: Wie werden Bewegungen durch den Raum auf einfache Weise vom Programmierer beschrieben? Wie werden mehrere **Manipulatoren** so programmiert, dass sie parallel arbeiten können? Wie werden sensorbasierte Aktionen in einer Sprache beschrieben?

Robotermanipulatoren unterscheiden sich von **stationären Automaten** dadurch, dass sie „flexibel", d. h. programmierbar sind. Nicht nur die Bewegungen der Manipulatoren sind programmierbar, sondern durch den Einsatz von Sensoren und die Kommunikation mit anderen Automatisierungssystemen in der Fabrik können sich die **Manipulatoren** auch an Veränderungen *anpassen*, während die Aufgabe fortschreitet (siehe **Abbildung 1.15**).

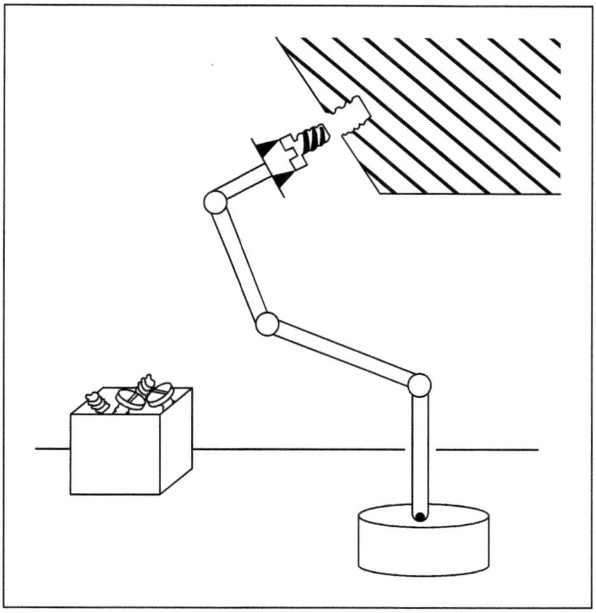

Abbildung 1.15 Gewünschte Bewegungen des Manipulators und des Endeffektors, gewünschte Kontaktkräfte und komplexe Manipulationsstrategien können in einer *Roboterprogrammiersprache* beschrieben werden.

In typischen Robotersystemen gibt es eine Kurzform, mit der ein menschlicher Benutzer dem Roboter mitteilen kann, welchem Pfad er folgen soll. Zunächst wird ein spezieller Punkt an der Hand (oder vielleicht an einem gegriffenen Werkzeug) vom Benutzer als **Arbeitspunkt** festgelegt, der manchmal auch als **TCP** (für **Tool Center Point**) bezeichnet wird. Die **Bewegungen** des **Roboters** werden vom Benutzer in Form von gewünschten Positionen des Arbeitspunktes relativ zu einem vom Benutzer festgelegten **Koordinatensystem** beschrieben. Im Allgemeinen definiert der Benutzer dieses **Referenzkoordinatensystem** relativ zum Basiskoordinatensystem des Roboters an einem für die Aufgabe relevanten Ort.

Meistens werden **Pfade** konstruiert, indem eine Folge von **Wegpunkten** angegeben wird. Die Wegpunkte werden relativ zum Referenzkoordinatensystem angegeben und bezeichnen Orte entlang des Pfades, die der TCP passieren soll. Neben der Angabe der Wegpunkte kann der Benutzer auch angeben, dass der TCP auf verschiedenen Abschnitten des Pfades bestimmte **Geschwindigkeiten** annehmen soll. Manchmal können auch andere Modifikatoren angegeben werden, um die Bewegung des Roboters zu beeinflussen (z. B. verschiedene Glättungskriterien usw.). Ausgehend von diesen Eingaben muss der Algorithmus zur Generierung von Trajektorien alle Details der Bewegung planen: Geschwindigkeitsprofile für die Gelenke, die Dauer der Bewegung und so weiter. Daher werden die Eingaben für das Problem der Trajektorienerstellung im Allgemeinen durch Konstrukte in der Roboterprogrammiersprache gegeben.

Ausgereifte **Benutzeroberflächen** werden immer wichtiger, da Manipulatoren und andere programmierbare Automatisierungssysteme für immer anspruchsvollere industrielle Anwendungen eingesetzt werden. Die Programmierung von **Manipulatoren** umfasst alle Aspekte der „traditionellen“ Computerprogrammierung und ist daher ein umfangreiches Thema für sich. Darüber hinaus gibt es einige besondere Eigenschaften der Aufgabe der Manipulatorprogrammierung, die zusätzliche Fragestellungen aufwerfen. Einige dieser Themen werden in ▶ **Kapitel 12** behandelt.

1.2.12 Offline-Programmierung und Simulation

Ein **Offline-Programmiersystem** ist eine **Roboterprogrammierumgebung**, die im Allgemeinen mit Hilfe von Computergrafiken so erweitert wurde, dass die Entwicklung von Roboterprogrammen ohne Zugriff auf den Roboter selbst erfolgen kann. Ein häufig zu Gunsten eines **Offline-Programmiersystems** angeführtes Argument ist, dass seine Verwendung nicht zur Blockade von **Produktionsanlagen** (d. h. der Roboter) führt, wenn diese umprogrammiert werden müssen. Daher können automatisierte Fabriken einen größeren Prozentsatz der Zeit im Produktionsmodus bleiben (siehe **Abbildung 1.16**).

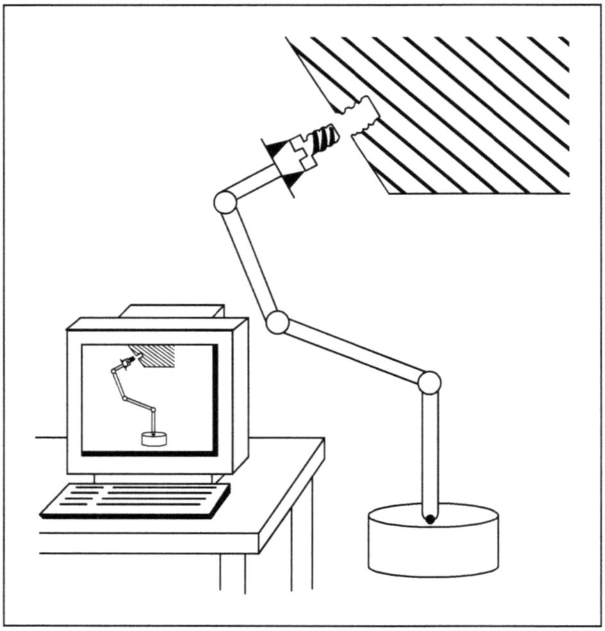

Abbildung 1.16 Offline-Programmiersysteme, die in der Regel über eine grafische Benutzeroberfläche verfügen, ermöglichen die Programmierung von Robotern, ohne dass der Roboter selbst während der Programmierung zugänglich sein muss.

Sie dienen auch als natürliches Mittel, um **CAD-Datenbanken**, die in der Entwurfsphase eines Produkts verwendet werden, mit der tatsächlichen Herstellung des Produkts zu verbinden. In einigen Fällen kann diese direkte Nutzung von CAD-Daten die Programmierzeit, die für den **Fertigungsprozess** erforderlich ist, drastisch reduzieren. ▶ **Kapitel 13** befasst sich mit den Elementen von **Offline-Programmiersystemen** für Industrieroboter.

1.3 Schreibweisen

Schreibweisen sind in Wissenschaft und Technik immer ein Thema. In diesem Buch verwenden wir die folgenden Konventionen:

1. In der Regel stellen Variablen, die in Großbuchstaben geschrieben sind, **Vektoren** oder **Matrizen** dar. Klein geschriebene **Variablen** sind **Skalare**.
2. Vorangestellte Indizes und Superskripte geben an, in welchem **Koordinatensystem eine** Größe formuliert wird. Zum Beispiel steht ${}^{A}P$ für einen **Ortsvektor** (Positionsvektor) im **Koordinatensystem** $\{A\}$ und ${}^{A}_{B}R$ ist eine Rotationsmatrix[4], die die Beziehung zwischen den Koordinatensystemen $\{A\}$ und $\{B\}$ angibt.
3. Nachfolgende hochgestellte Größen werden (wie allgemein üblich) für die Angabe der Inversen oder **Transponierten** einer **Matrix** verwendet (z. B. R^{-1} oder R^{T}).
4. Nachfolgende Indizes unterliegen keiner strengen Konvention, sondern können eine Vektorkomponente angeben (z. B. x, y oder z) oder als Beschreibung verwendet werden, wie in P_{Bolzen}, die Position eines Bolzens.
5. Wir werden viele **trigonometrische Funktionen** verwenden. Unsere **Schreibweise** für den Kosinus eines Winkels θ_1 kann jede der folgenden Formen annehmen: $\cos\theta_1 = c\theta_1 = c_1$.

Vektoren werden als Spaltenvektoren verwendet, daher wird bei Zeilenvektoren die Transponierung explizit angegeben.

Eine **Anmerkung** zur **Vektorschreibweise** im Allgemeinen: Viele Texte zur Mechanik behandeln Vektorgrößen auf einer sehr abstrakten Ebene und verwenden in Ausdrücken routinemäßig Vektoren, die relativ zu verschiedenen Koordinatensystemen definiert sind. Das deutlichste Beispiel ist die Addition von Vektoren, die relativ zu unterschiedlichen Bezugssystemen gegeben oder bekannt sind. Dies ist oft sehr praktisch und führt zu kompakten und einigermaßen eleganten Formeln. Betrachten Sie zum Beispiel die **Winkelgeschwindigkeit** ${}^{0}\omega_4$ des letzten in einer Reihe von vier miteinander verbundenen starren Körpern (wie in den Gliedern eines Manipulators) relativ zur festen Basis der Kette. Da sich Winkelgeschwindigkeiten vektoriell summieren, können wir eine sehr einfache Vektorgleichung für die Winkelgeschwindigkeit des letzten Glieds aufstellen:

$$ {}^{0}\omega_4 = {}^{0}\omega_1 + {}^{1}\omega_2 + {}^{2}\omega_3 + {}^{3}\omega_4. \tag{1.1} $$

Solange diese Größen jedoch nicht in Bezug auf ein gemeinsames Koordinatensystem ausgedrückt werden, können sie nicht addiert werden, und so hat Gleichung **(1.1)**, obwohl sie elegant ist, einen Großteil der „Arbeit“ der Berechnung versteckt. Für den speziellen Fall der Untersuchung mechanischer Manipulatoren verbergen Aussagen wie die von **(1.1)** die Notwendigkeit einer „Buchführung“ von **Koordinatensystemen**, mit der wir uns in der Praxis oft beschäftigen müssen.

Daher führen wir in diesem Buch die Information über den Bezugsrahmen in der Notation für Vektoren mit und addieren Vektoren nur, wenn sie sich im selben Koordinatensystem befinden. Auf diese Weise leiten wir Ausdrücke ab, die das „Buchführungsproblem“ lösen und direkt auf tatsächliche numerische Berechnungen angewendet werden können.

4 Dieser Begriff wird in Kapitel 2 eingeführt.

Literatur

[1] B. Roth, „Principles of Automation, Future Directions in Manufacturing Technology“, Basierend auf dem Symposium der Unilever Research and Engineering Division in Port Sunlight, April 1983, veröffentlicht von Unilever Research, UK.

[2] R. Brooks, *Flesh and Machines*, Pantheon Books, New York, 2002.

[3] International Federation of Robotics, „Executive Summary World Robotics 2024 Industrial Robots“, verfügbar unter ▶ **https://www.ifr.org/industrial-robots/** unter dem Menüpunkt „Statistics“

Allgemeine Nachschlagewerke

[4] R. Paul, *Robot Manipulators*, MIT Press, Cambridge, MA, 1981.

[5] M. Brady et al., *Robot Motion*, MIT Press, Cambridge, MA, 1983.

[6] W. Synder, *Industrial Robots: Computer Interfacing and Control*, Prentice-Hall, Englewood Cliffs, NJ, 1985.

[7] Y. Koren, *Robotics for Engineers*, McGraw-Hill, New York, 1985.

[8] H. Asada und J.J. Slotine, *Robot Analysis and Control*, Wiley, New York, 1986.

[9] K. Fu, R. Gonzalez, und C.S.G. Lee, *Robotics: Control, Sensing, Vision, and Intelligence*, McGraw-Hill, New York, 1987.

[10] E. Riven, *Mechanical Design of Robots*, McGraw-Hill, New York, 1988.

[11] J.C. Latombe, *Robot Motion Planning*, Kluwer Academic Publishers, Boston, 1991.

[12] M. Spong, *Robot Control: Dynamics, Motion Planning, and Analysis*, IEEE Press, New York, 1992.

[13] S.Y. Nof, *Handbook of Industrial Robotics*, 2. Auflage, Wiley, New York, 1999.

[14] L.W. Tsai, *Robot Analysis: The Mechanics of Serial and Parallel Manipulators*, Wiley, New York, 1999.

[15] L. Sciavicco und B. Siciliano, *Modelling and Control of Robot Manipulators*, 2. Auflage, Springer-Verlag, London, 2000.

[16] P.I. Corke, „Robotics, Vision & Control“, Springer 2011, ISBN 978-3-642-20143-1.

Allgemeine Zeitschriften und Magazine

[17] IEEE/ASME Transactions on Mechatronics.

[18] *IEEE Transactions on Robotics and Automation.*

[19] *International Journal of Robotics Research (MIT Press).*

[20] *ASME Journal of Dynamic Systems, Measurement, and Control.*

[21] *Internationale Zeitschrift für Robotik und Automatisierung (IASTED).*

Übungen

1.1 [20] Erstellen Sie eine Chronologie der wichtigsten Ereignisse in der Entwicklung von Industrierobotern während der letzten 40 Jahre. Benutzen Sie die Literaturhinweise und die allgemeinen Referenzen.

1.2 [20] Erstellen Sie ein Diagramm mit den wichtigsten Anwendungen von Industrierobotern (z. B. Punktschweißen, Montage usw.) und dem prozentualen Anteil der installierten Roboter in den einzelnen Anwendungsbereichen. Stützen Sie sich dabei auf die neuesten Daten, die Sie finden können. Benutzen Sie die Literaturhinweise und die allgemeinen Referenzen.

1.3 [40] ▶ **Abbildung 1.3 zeigt**, wie die Kosteneffizienz von Industrierobotern zunimmt. Suchen Sie Daten zu den Kosten menschlicher Arbeit in verschiedenen spezifischen Branchen (z. B. Arbeit in der Automobilindustrie, Arbeit in der Elektronikmontage, Arbeit in der Landwirtschaft usw.) und erstellen Sie ein Diagramm, das zeigt, wie diese Kosten im Vergleich zum Einsatz von Robotern aussehen. Sie sollten sehen, dass die Roboter-Kostenkurve die Kurven der menschlichen Kosten in den verschiedenen Branchen zu unterschiedlichen Zeitpunkten „kreuzt". Leiten Sie daraus ungefähre Daten ab, wann der Einsatz von Robotern in den verschiedenen Branchen erstmals kosteneffektiv wurde.

1.4 [10] Definieren Sie in ein oder zwei Sätzen Kinematik, Arbeitsraum und Trajektorie.

1.5 [10] Definieren Sie in ein oder zwei Sätzen Rahmen, Freiheitsgrad und Positionskontrolle.

1.6 [10] Definieren Sie in ein oder zwei Sätzen die Kraftregelung und die Programmiersprache für Roboter.

1.7 [10] Definieren Sie in ein oder zwei Sätzen die nichtlineare Steuerung und die Offline-Programmierung.

1.8 [20] Erstellen Sie ein Diagramm, das zeigt, wie die Arbeitskosten in den letzten 20 Jahren gestiegen sind.

1.9 [20] Erstellen Sie ein Diagramm, aus dem hervorgeht, wie sich das Verhältnis zwischen Leistung und Preis von Computern in den letzten 20 Jahren entwickelt hat.

1.10 [20] Erstellen Sie ein Diagramm, das die wichtigsten Nutzer von Industrierobotern (z. B. Luft- und Raumfahrt, Automobilindustrie usw.) und den prozentualen Anteil der installierten Roboter in den einzelnen Branchen zeigt. Legen Sie Ihrer Tabelle die neuesten Daten zugrunde, die Sie finden können (siehe Referenzteil).

1.11 [30] Schreiben Sie ein Roboterprogramm mit einfachen Begriffen wie „move to", das Karten von einem vorher gemischten Stapel an vier Spieler austeilt. Verwenden Sie die folgenden Vektoren, um die Positionen der Spieler zu bezeichnen: P_1, P_2, P_3 und P_4. Der Ortsvektor P_{Deck} enthalte die Koordinaten des Stapels, auf dem eine Karte dem Manipulator zur Verfügung gestellt wird. Nehmen wir an, dass der Roboter jeweils eine Karte in einem Greifer halten kann, der auf die Befehle „Öffnen" und „Schließen" reagiert.

1.12 [20] Nennen Sie anhand Ihrer Erfahrung oder Ihres Wissens Beispiele für mechanische Manipulatoren und stationäre Automaten. Dabei kann es sich um Anwendungen oder spezielle Geräte handeln.

1.13 [20] Warum ist sechs die Mindestanzahl der Gelenke eines *Universalroboters*?

1.14 [15] Berechnen Sie unter Berücksichtigung der Schreibweisen dieses Buches

$$^{A}P_3 = s_1\,{}^{A}P_1 + c_2\,{}^{A}P_2, \text{ wobei } \theta_1 = \frac{\pi}{6}, \theta_2 = \frac{\pi}{3}, {}^{A}P_1^{\mathrm{T}} = [3, 1, 5] \text{ und } {}^{A}P_2 = \begin{bmatrix} 2 \\ 6 \\ 9 \end{bmatrix}$$

1.15 [20] Listen Sie für den Manipulator aus ▸ **Abbildung 1.10** mit Elektromotoren, welche die Drehmomente τ_1, τ_2, und τ_3 liefern, die Vor- und Nachteile der Platzierung der Motoren an den Gelenken im Vergleich zur Verwendung eines Riemenantriebssystems und der Platzierung der Motoren an der Roboterbasis auf.

Programmierübung (Teil 1)

Machen Sie sich mit dem Computer vertraut, den Sie für die Programmierübungen am Ende der einzelnen Kapitel verwenden werden. Vergewissern Sie sich, dass Sie Dateien erstellen und bearbeiten können und dass Sie Programme kompilieren und ausführen können.

MATLAB-Übung 1

Am Ende der meisten Kapitel in diesem Lehrbuch finden Sie eine MATLAB-Übung. In der Regel fordern diese Übungen die Studierenden auf, die relevante Robotik-Mathematik in MATLAB zu programmieren und dann die Ergebnisse der MATLAB Robotics Toolbox zu überprüfen. Das Lehrbuch setzt Vertrautheit mit MATLAB und der linearen Algebra (Matrizentheorie) voraus. Außerdem müssen die Studierenden mit der MATLAB Robotics Toolbox vertraut sein. Für MATLAB-Übung 1:

1. Machen Sie sich bei Bedarf mit der **MATLAB-Programmierumgebung** vertraut. Versuchen Sie, an der Eingabeaufforderung der MATLAB-Software *demo* und *help* einzugeben. Lernen Sie mithilfe des farblich gekennzeichneten MATLAB-Editors, wie Sie m-Dateien (ASCII-Dateien mit einer Reihe von MATLAB-Anweisungen) erstellen, bearbeiten, speichern, ausführen und debuggen können. Lernen Sie, wie man Arrays (Matrizen und Vektoren) erstellt, und befassen Sie sich mit den eingebauten MATLAB-Funktionen der linearen Algebra für Matrix- und Vektormultiplikation, Punkt- und Kreuzprodukte (Skalar- und Vektorprodukte), Transpositionen, Determinanten und Inversionen sowie für die Lösung linearer Gleichungen. MATLAB basiert auf der Sprache C, ist aber im Allgemeinen viel einfacher zu bedienen. Lernen Sie, wie Sie logische Konstrukte und Schleifen in MATLAB programmieren. Lernen Sie, wie Sie Unterprogramme und Funktionen verwenden. Lernen Sie, wie Sie mit Kommentaren (%) und Tabulatoren Ihre Programme erläutern können und leichter lesbar machen. Unter ▸ www.mathworks.com finden Sie weitere Informationen und Tutorials. Fortgeschrittene MATLAB-Anwender sollten sich mit Simulink, der grafischen Oberfläche von MATLAB, und mit der MATLAB Symbolic Toolbox vertraut machen.

2 Machen Sie sich mit der **MATLAB Robotics Toolbox** vertraut, einer Toolbox eines Drittanbieters, die von Peter Corke vom Queensland University of Technology Centre for Robotics (QCR) in Australien entwickelt wurde. Dieses Produkt können Sie kostenlos von ▶ https://petercorke.com/toolboxes/robotics-toolbox/ herunterladen. Laden Sie die MATLAB Robotics Toolbox herunter und installieren Sie sie gemäß den Anweisungen auf der Webseite auf Ihrem Computer. Laden Sie von der Webseite außerdem die Dokumentation zur MATLAB Robotics Toolbox herunter, in der die verschiedenen Funktionen ausführlich beschrieben werden, und machen Sie sich mit den verschiedenen Funktionen vertraut, die dem Benutzer zur Verfügung stehen. Machen Sie sich keine Sorgen, wenn Sie den Zweck dieser Funktionen noch nicht verstehen. Sie befassen sich mit den mathematischen Konzepten der Robotik, die in den ▶ **Kapiteln 2** bis ▶ **9** dieses Buches behandelt werden.

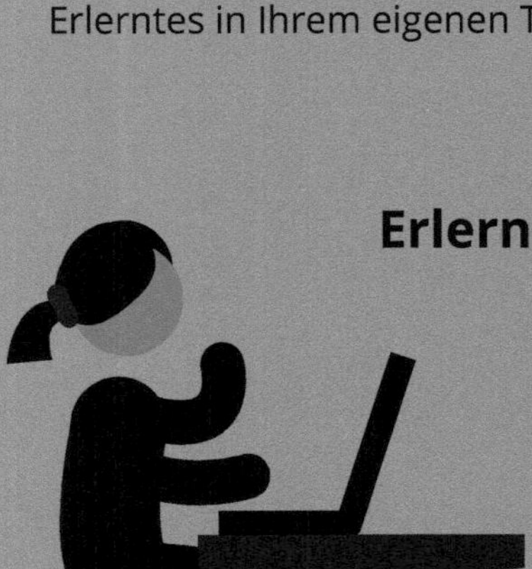

Räumliche Beschreibungen und Transformationen

2

2.1 Einleitung

Robotermanipulation impliziert per Definition, dass Teile und Werkzeuge durch eine Art von Mechanismus im Raum bewegt werden. Daraus ergibt sich natürlich die Notwendigkeit, die Positionen und Ausrichtungen von Werkteilen, Werkzeugen und des Mechanismus selbst darzustellen. Um mathematische Größen zu definieren und zu manipulieren, die Position und Ausrichtung darstellen, müssen wir Koordinatensysteme definieren und Konventionen für die Darstellung entwickeln. Viele der hier im Zusammenhang mit Position und Ausrichtung entwickelten Ideen, bilden die Grundlage für unsere späteren Überlegungen zu linearen und Drehgeschwindigkeiten, Kräften und Drehmomenten.

Wir übernehmen das philosophische Konzept, dass es irgendwo ein **universelles Koordinatensystem** gibt, auf das alles, was wir besprechen, bezogen werden kann. Wir werden alle Positionen und Ausrichtungen in Bezug auf das universelle Koordinatensystem oder in Bezug auf andere kartesische Koordinatensysteme beschreiben, die relativ zum universellen System definiert sind (oder sein könnten).

2.2 Beschreibungen: Positionen, Ausrichtungen und Rahmen

Eine **Beschreibung (description)** wird verwendet, um die Attribute der verschiedenen Objekte zu spezifizieren, mit denen ein Manipulationssystem arbeitet. Diese Objekte sind die Teile, Werkzeuge und der Manipulator selbst. In diesem Abschnitt besprechen wir die Beschreibung von Positionen, von Ausrichtungen und einer Einheit, die beide Beschreibungen enthält: den Rahmen.

2.2.1 Beschreibung einer Position

Sobald ein **Koordinatensystem** festgelegt ist, können wir jeden Punkt im Universum durch einen 3×1-**Positionsvektor** (3×1-Ortsvektor) festlegen. Da wir neben dem universellen Koordinatensystem oft viele weitere Koordinatensysteme definieren werden, müssen wir die Vektoren mit einer Information versehen, die angibt, in welchem Koordinatensystem sie definiert sind. In diesem Buch werden **Vektoren** mit einem voran- und hochgestellten Zeichen geschrieben, welches das Koordinatensystem angibt, auf das sie sich beziehen (es sei denn, es geht aus dem Kontext hervor) – zum Beispiel ${}^{A}P$. Das bedeutet, dass die Komponenten von ${}^{A}P$ numerische Werte darstellen, die Abstände entlang der **Achsen** von $\{A\}$ angeben. Jeder dieser Abstände entlang einer Achse kann als das Ergebnis der Projektion des Vektors auf die entsprechende Achse betrachtet werden.

Abbildung 2.1 zeigt ein **Koordinatensystem** $\{A\}$, deren drei zueinander orthogonale **Einheitsvektoren** in Pfeilspitzen enden. Ein Punkt ${}^{A}P$ wird als Vektor dargestellt und kann als eine Position im Raum oder einfach als eine geordnete Menge von drei Zahlen betrachtet werden. Die einzelnen Elemente eines Vektors werden mit den Indizes x, y und z bezeichnet:

$$ {}^{A}P = \begin{bmatrix} p_x \\ p_y \\ p_z \end{bmatrix}. \tag{2.1} $$

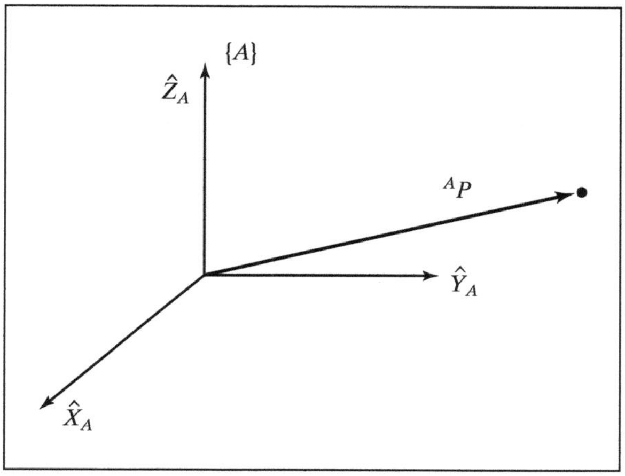

Abbildung 2.1 Vektor relativ zu einem Rahmen (Beispiel).

Zusammenfassend werden wir die Position eines **Punktes** im Raum durch einen **Ortsvektor** beschreiben. Andere 3-Tupel-Beschreibungen der Position von Punkten, wie sphärische oder zylindrische Koordinatendarstellungen, werden in den Übungen am Ende des Kapitels behandelt.

2.2.2 Beschreibung einer Ausrichtung

Oft ist es nicht nur notwendig, einen Punkt im Raum darzustellen, sondern auch die **Ausrichtung** eines Körpers im Raum zu beschreiben. Wenn zum Beispiel der Vektor ^{A}P in **Abbildung 2.2** den Punkt direkt zwischen den Fingerspitzen der Hand eines Manipulators lokalisiert, ist die vollständige Position der Hand immer noch nicht festgelegt, solange ihre Ausrichtung nicht ebenfalls angegeben ist. Unter der Annahme, dass der Manipulator über eine ausreichende Anzahl von Gelenken verfügt,[5] könnte die Hand beliebig *ausgerichtet* sein, wobei der Punkt zwischen den Fingerspitzen am gleichen Ort im Raum bleibt. Um die Ausrichtung eines Körpers zu beschreiben, werden wir *dem Körper ein* ***Koordinatensystem*** *zuordnen und dann dieses Koordinatensystem relativ zum Referenzsystem beschreiben.* In **Abbildung 2.2** wurde das Koordinatensystem $\{B\}$ auf bekannte Weise an dem Körper befestigt. Eine Beschreibung von $\{B\}$ relativ zu $\{A\}$ reicht nun aus, um die Ausrichtung des Körpers zu bestimmen.

Die Orte von Punkten werden also mit Vektoren und die Ausrichtungen von Körpern mit einem zugehörigen Koordinatensystem beschrieben. Eine Möglichkeit, dass an den Körper befestigte Koordinatensystem $\{B\}$ zu beschreiben, besteht darin, die Einheitsvektoren seiner drei Hauptachsen[6] in Bezug auf das Koordinatensystem $\{A\}$ zu formulieren.

5 Wie viele „ausreichend" sind, wird in den Kapiteln 3 und 4 erörtert.

6 Es ist oft praktisch, drei zu verwenden, obwohl zwei beliebige ausreichen würden. (Die dritte kann immer durch das Kreuzprodukt der beiden angegebenen Werte ermittelt werden).

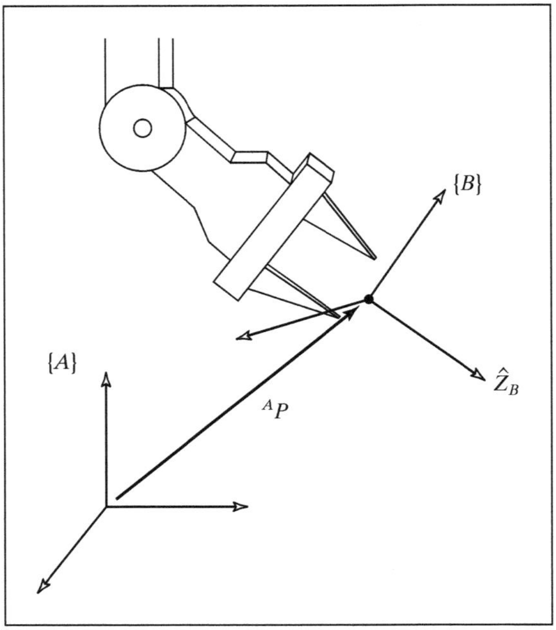

Abbildung 2.2 Festlegen eines Objekts in Position und Ausrichtung.

Wir bezeichnen die **Einheitsvektoren**, die die Hauptrichtungen des Koordinatensystems $\{B\}$ angeben, als $\hat{X}_B, \hat{Y}_B$ und $\hat{Z}_B$. Wenn sie in Bezug auf das Koordinatensystem $\{A\}$ geschrieben werden, heißen sie $^A\hat{X}_B, {}^A\hat{Y}_B$ und $^A\hat{Z}_B$. Es ist praktisch, wenn wir diese drei Einheitsvektoren als Spalten einer 3×3-Matrix betrachten, mit der Reihenfolge $^A\hat{X}_B$, $^A\hat{Y}_B, {}^A\hat{Z}_B$. Wir nennen diese Matrix eine **Rotationsmatrix** und da diese spezielle Rotationsmatrix $\{B\}$ relativ zu $\{A\}$ beschreibt, benutzen wir die Schreibweise ^A_BR (die Wahl der führenden Sub- und Superskripte bei der Definition von Rotationsmatrizen wird in den folgenden Abschnitten deutlich werden):

$$^A_BR = \left[{}^A\hat{X}_B \quad {}^A\hat{Y}_B \quad {}^A\hat{Z}_B\right] = \begin{bmatrix} r_{11} & r_{12} & r_{13} \\ r_{21} & r_{22} & r_{23} \\ r_{31} & r_{32} & r_{33} \end{bmatrix}. \tag{2.2}$$

Zusammenfassend lässt sich sagen, dass ein Satz von drei Vektoren verwendet werden kann, um eine **Ausrichtung** zu bestimmen. Der Einfachheit halber konstruieren wir eine 3×3-Matrix, die diese drei Vektoren als Spalten enthält. Während also die Position eines **Punktes** durch einen Vektor dargestellt wird, wird die Ausrichtung eines **Körpers** durch eine Matrix dargestellt. In ▶ **Abschnitt 2.8** werden wir einige andere Beschreibungen der Ausrichtung betrachten, die nur drei Parameter erfordern.

Wir können **Ausdrücke** für die **Skalare** r_{ij} in **(2.2)** angeben, indem wir feststellen, dass die Komponenten eines beliebigen Vektors einfach die Projektionen dieses Vektors auf die Einheitsrichtungen seines Bezugssystems sind. Folglich kann jede Komponente von ^A_BR in **(2.2)** als das **Punktprodukt** eines Paares von Einheitsvektoren geschrieben werden:

$$^A_BR = \left[{}^A\hat{X}_B \quad {}^A\hat{Y}_B \quad {}^A\hat{Z}_B\right] = \begin{bmatrix} \hat{X}_B \cdot \hat{X}_A & \hat{Y}_B \cdot \hat{X}_A & \hat{Z}_B \cdot \hat{X}_A \\ \hat{X}_B \cdot \hat{Y}_A & \hat{Y}_B \cdot \hat{Y}_A & \hat{Z}_B \cdot \hat{Y}_A \\ \hat{X}_B \cdot \hat{Z}_A & \hat{Y}_B \cdot \hat{Z}_A & \hat{Z}_B \cdot \hat{Z}_A \end{bmatrix}. \tag{2.3}$$

In diesem Fall haben wir die führenden Superskripte in der ganz rechten Matrix von **(2.3)** weggelassen. Tatsächlich ist die Wahl des **Rahmens**, in dem die Einheitsvektoren beschrieben werden, beliebig, solange sie für jedes multiplizierte Paar dieselbe ist. Das Punktprodukt zweier Einheitsvektoren enthält den Kosinus des Winkels zwischen ihnen. Deshalb ist klar, warum die Komponenten von Drehmatrizen oft als **Richtungskosinus** bezeichnet werden.

Eine weitere Betrachtung von **(2.3)** zeigt, dass die Zeilen der Matrix die Einheitsvektoren von $\{A\}$ ausgedrückt in $\{B\}$ sind; das heißt:

$$ {}^{A}_{B}R = \begin{bmatrix} {}^{A}\hat{X}_B & {}^{A}\hat{Y}_B & {}^{A}\hat{Z}_B \end{bmatrix} = \begin{bmatrix} {}^{B}\hat{X}_A^T \\ {}^{B}\hat{Y}_A^T \\ {}^{B}\hat{Z}_A^T \end{bmatrix}. \qquad (2.4) $$

Folglich ist ${}^{B}_{A}R$, die Beschreibung des Rahmens $\{A\}$ relativ zu $\{B\}$, durch die Transponierte von **(2.3)** gegeben, das heißt:

$$ {}^{B}_{A}R = {}^{A}_{B}R^T. \qquad (2.5) $$

Dies legt nahe, dass die Inverse einer Rotationsmatrix gleich ihrer Transponierten ist, was sich leicht überprüfen lässt

$$ {}^{A}_{B}R^T\,{}^{A}_{B}R = \begin{bmatrix} {}^{A}\hat{X}_B^T \\ {}^{A}\hat{Y}_B^T \\ {}^{A}\hat{Z}_B^T \end{bmatrix} \begin{bmatrix} {}^{A}\hat{X}_B & {}^{A}\hat{Y}_B & {}^{A}\hat{Z}_B \end{bmatrix} = I_3, \qquad (2.6) $$

wobei I_3 die 3×3-Einheitsmatrix ist. Daraus folgt:

$$ {}^{A}_{B}R = {}^{B}_{A}R^{-1} = {}^{B}_{A}R^T. \qquad (2.7) $$

Aus der linearen Algebra [1] wissen wir nämlich, dass die Inverse einer Matrix mit orthonormalen Spalten gleich ihrer Transponierten ist. Wir haben dies gerade geometrisch gezeigt.

2.2.3 Beschreibung eines Rahmens

Die Informationen, die benötigt werden, um den Aufenthaltsort der Manipulatorhand in **Abbildung 2.2** vollständig zu bestimmen, sind ein Ort und eine Ausrichtung. Der Punkt auf dem Körper, dessen Ort wir beschreiben, kann jedoch beliebig gewählt werden. Der *Einfachheit halber wird als Ursprung des körperfesten **Rahmens** der Punkt gewählt, dessen Position wir beschreiben.* Die Festlegung eines Orts- und Ausrichtungspaares kommt in der Robotik so häufig vor, dass wir eine Größe definieren, die wir **Rahmen** nennen und die aus einem Satz von vier Vektoren besteht, die Orts- und Ausrichtungsinformationen enthalten. In **Abbildung 2.2** zum Beispiel gibt ein Vektor die Position der Fingerspitze an und drei weitere beschreiben ihre Ausrichtung. Äquivalent dazu kann man sich die Beschreibung eines Rahmens als einen Ortsvektor und eine Rotationsmatrix vorstellen. Beachten Sie, dass ein **Rahmen** ein Koordinatensystem ist, bei dem wir zusätzlich zur Ausrichtung einen Ortsvektor angeben, der seinen Ursprung relativ zu einem anderen einbettenden Rahmen bestimmt. Der Rahmen $\{B\}$ wird zum Beispiel beschrieben durch ${}^{A}_{B}R$ und ${}^{A}P_{BORG}$, wobei ${}^{A}P_{BORG}$ der Vektor ist, der den Ursprung des Rahmens $\{B\}$ festlegt:

$$ \{B\} = \{{}^{A}_{B}R, {}^{A}P_{BORG}\}. \qquad (2.8) $$

In **Abbildung 2.3** sind drei Rahmen zusammen mit dem universellen Koordinatensystem dargestellt. Die Rahmen $\{A\}$ und $\{B\}$ sind relativ zu diesem universellen Koordinatensystem bekannt, und Rahmen $\{C\}$ ist relativ zum Rahmen $\{A\}$ bekannt.

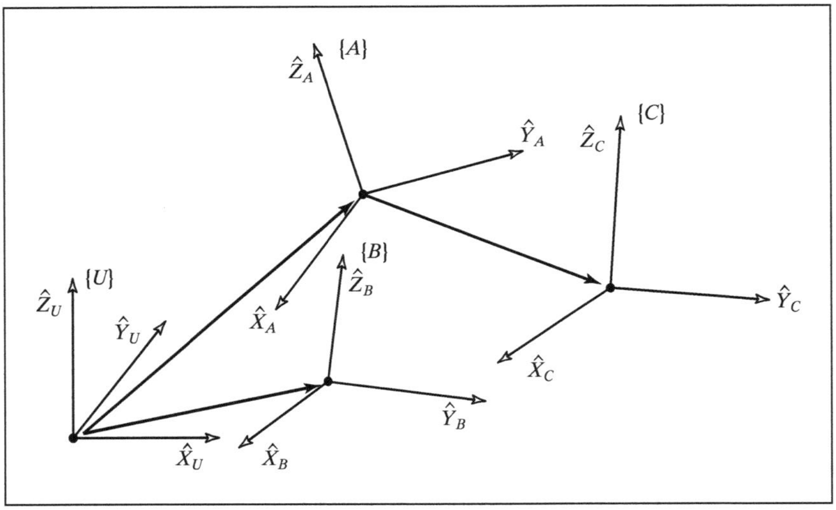

Abbildung 2.3 Beispiel für mehrere Rahmen.

In **Abbildung 2.3** führen wir eine *grafische Darstellung* von **Rahmen** ein, die bei der Visualisierung von Rahmen hilfreich ist. Ein Rahmen wird durch drei Pfeile dargestellt: seine Einheitsvektoren, welche die Hauptachsen des Rahmens definieren. Ein Vektor, dargestellt durch einen Pfeil, wird vom Ursprung des einen zum Ursprung des anderen gezeichnet. Dieser Vektor legt den Ort des Ursprungs an der Spitze des Pfeils in Bezug auf den Rahmen am Ende des Pfeils fest. Die Richtung dieser Verschiebungspfeile sagt uns zum Beispiel in **Abbildung 2.3**, dass $\{C\}$ relativ zu $\{A\}$ bekannt ist und nicht umgekehrt.

Zusammenfassend lässt sich sagen, dass ein Rahmen als Beschreibung eines Koordinatensystems relativ zu einem anderen verwendet werden kann. Ein Rahmen umfasst zwei Ideen, indem er sowohl den Ort als auch die Ausrichtung darstellt und kann daher, als eine Verallgemeinerung dieser beiden Ideen betrachtet werden. **Orte** können durch einen Rahmen dargestellt werden, dessen zugehörige Rotationsmatrix die Einheitsmatrix ist und dessen zugehöriger Ortsvektors den zu beschreibenden Punkt lokalisiert. Ebenso könnte eine **Ausrichtung** durch einen Rahmen dargestellt werden, dessen Ortsvektorteil der Nullvektor ist.

2.3 Repräsentationen: Ändern der Beschreibungen von Rahmen zu Rahmen

Bei vielen Problemen in der Robotik geht es darum, ein und dieselbe Größe in Form verschiedener Referenzkoordinatensysteme auszudrücken. Im vorangegangenen Abschnitt wurden Beschreibungen von Positionen, Ausrichtungen und Rahmen eingeführt. Jetzt befassen wir uns mit der Mathematik der **Repräsentation (Mapping)**, um Beschreibungen von Rahmen zu **Rahmen** zu ändern.

2.3.1 Repräsentationen, die verschobene Rahmen beinhalten

In **Abbildung 2.4** haben wir eine Position, die durch den Vektor ${}^{B}P$ definiert ist. Wir möchten diesen Punkt im Raum durch den **Rahmen** $\{A\}$ ausdrücken, wobei $\{A\}$ die gleiche Orientierung wie $\{B\}$ hat. In diesem Fall unterscheidet sich $\{B\}$ von $\{A\}$ nur durch eine ***Verschiebung***, die durch ${}^{A}P_{BORG}$ gegeben ist, einen Vektor, der den Ursprung von $\{B\}$ relativ zu $\{A\}$ angibt.

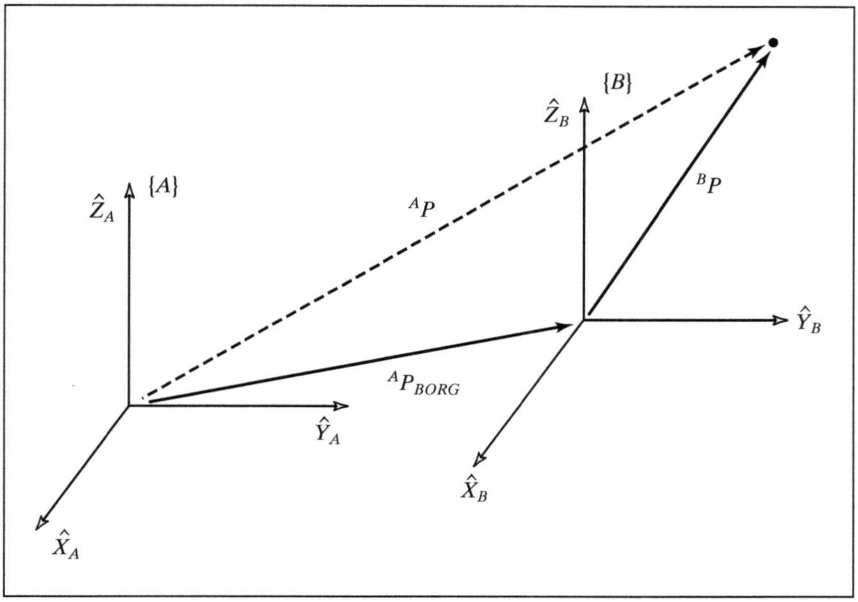

Abbildung 2.4 Repräsentation von Verschiebungen.

Da beide Vektoren relativ zu Rahmen mit derselben Ausrichtung definiert sind, berechnen wir die Beschreibung des Punktes P relativ zu $\{A\}$, also ${}^{A}P$, durch **Vektoraddition**:

$$ {}^{A}P = {}^{B}P + {}^{A}P_{BORG}. \tag{2.9} $$

Beachten Sie, dass wir nur in dem speziellen Fall gleicher Ausrichtungen Vektoren addieren können, die in Bezug auf verschiedene Rahmen definiert sind.

In diesem einfachen Beispiel haben wir die **Repräsentation** eines Vektors von einem Rahmen auf einen anderen dargestellt. Diese Idee der Abbildung oder der Änderung der Beschreibung von einem Rahmen zu einem anderen ist ein äußerst wichtiges Konzept. Die Größe selbst (hier ein Punkt im Raum) wird nicht verändert, sondern nur ihre Beschreibung. Dies wird in **Abbildung 2.4** veranschaulicht, wo der Punkt, der durch ${}^{B}P$ beschrieben wird, nicht verschoben wird, sondern gleich bleibt. Stattdessen haben wir eine neue Beschreibung desselben Punktes berechnet, nun aber in Bezug auf das System $\{A\}$.

Wir sagen, dass der Vektor ${}^{A}P_{BORG}$ diese Zuordnung definiert, da alle Informationen, die für die Änderung der Beschreibung benötigt werden, in ${}^{A}P_{BORG}$ enthalten sind (zusammen mit dem Wissen, dass die Rahmen gleich ausgerichtet sind).

2.3.2 Repräsentationen, die gedrehte Rahmen beinhalten

In ▶ **Abschnitt 2.2** wurde der Begriff der Beschreibung einer Ausrichtung durch drei Einheitsvektoren eingeführt, die die Hauptachsen eines körperfesten Koordinatensystems bezeichnen. Der Einfachheit halber bündeln wir diese drei Einheitsvektoren als Spalten einer 3×3-Matrix. Wir bezeichnen diese **Matrix** als **Rotationsmatrix** und wenn diese spezielle Rotationsmatrix $\{B\}$ relativ zu $\{A\}$ beschreibt, nennen wir sie entsprechend unseren Schreibweiseregeln ${}^A_BR$.

Beachten Sie, dass die Spalten einer Rotationsmatrix nach unserer Definition alle Einheitsvektoren darstellen, die außerdem zueinander orthogonal sind. Wie wir bereits gesehen haben, folgt daraus als Konsequenz, dass

$$ {}^A_BR = {}^B_AR^{-1} = {}^B_AR^T. \tag{2.10} $$

Da also die Spalten von ${}^A_BR$ die Einheitsvektoren von $\{B\}$ sind, in Bezug auf $\{A\}$, sind die *Zeilen* von ${}^A_BR$ auch die Einheitsvektoren von $\{A\}$ in Bezug auf $\{B\}$.

Eine Rotationsmatrix kann also folgendermaßen als Menge von drei Spaltenvektoren oder als Menge von drei Zeilenvektoren interpretiert werden:

$$ {}^A_BR = \left[{}^A\hat{X}_B \quad {}^A\hat{Y}_B \quad {}^A\hat{Z}_B\right] = \begin{bmatrix} {}^B\hat{X}_A^T \\ {}^B\hat{Y}_A^T \\ {}^B\hat{Z}_A^T \end{bmatrix}. \tag{2.11} $$

Wie in **Abbildung 2.5** wird häufig die Situation eintreten, dass wir die Definition eines Vektors in Bezug auf einen Rahmen $\{B\}$ kennen und seine Definition in Bezug auf einen anderen Rahmen $\{A\}$ wissen möchten, wobei die Ursprünge der beiden **Rahmen** übereinstimmen. Diese Berechnung ist möglich, wenn eine Beschreibung der Ausrichtung von $\{B\}$ relativ zu $\{A\}$ bekannt ist. Diese Ausrichtung wird durch die Rotationsmatrix ${}^A_BR$ gegeben, deren Spalten die Einheitsvektoren von $\{B\}$ sind, die in $\{A\}$ formuliert werden.

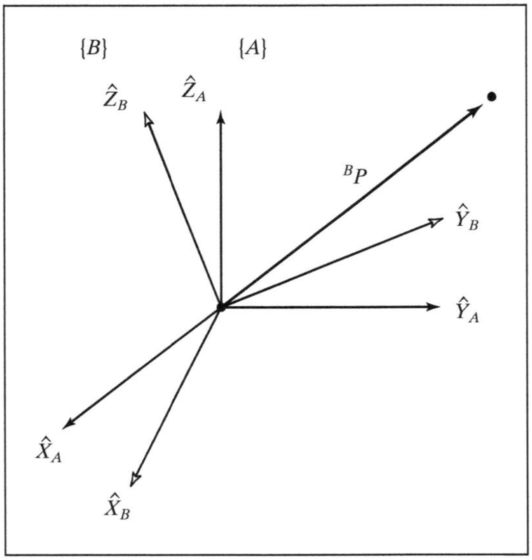

Abbildung 2.5 Drehen der Beschreibung eines Vektors.

Um ${}^{A}P$ zu berechnen, halten wir fest, dass die Komponenten eines beliebigen Vektors lediglich die Projektionen dieses Vektors auf die Einheitsvektoren seines Rahmens sind. Die einzelnen Projektionen entsprechen dem **Punktprodukt** zwischen dem Vektor und dem jeweiligen Einheitsvektor des Rahmens. Wir sehen also, dass die Komponenten von ${}^{A}P$ mit

$$\begin{aligned} {}^{A}p_x &= {}^{B}\hat{X}_A \cdot {}^{B}P, \\ {}^{A}p_y &= {}^{B}\hat{Y}_A \cdot {}^{B}P \quad \text{und} \\ {}^{A}p_z &= {}^{B}\hat{Z}_A \cdot {}^{B}P \end{aligned} \tag{2.12}$$

berechnet werden können. Um **(2.12)** als Multiplikation mit einer Rotationsmatrix auszudrücken, stellen wir mit **(2.11)** fest, dass die *Zeilen* von ${}^{A}_{B}R$ gleich ${}^{B}\hat{X}_A, {}^{B}\hat{Y}_A$, und ${}^{B}\hat{Z}_A$ sind. **(2.12)** kann also unter Verwendung einer Rotationsmatrix wie folgt kompakt geschrieben:

$${}^{A}P = {}^{A}_{B}R \; {}^{B}P. \tag{2.13}$$

Gleichung (2.13) implementiert eine **Repräsentation**, das heißt, sie ändert die Beschreibung eines Vektors von ${}^{B}P$, der einen Punkt im Raum relativ zu $\{B\}$ beschreibt, in ${}^{A}P$, was eine Beschreibung desselben Punktes ist, nun aber relativ zu $\{A\}$ ausgedrückt.

Wir sehen nun, dass unsere Schreibweise eine große Hilfe ist, um den Überblick über Repräsentationen und Bezugsrahmen zu behalten. Eine hilfreiche Art, die von uns eingeführte Schreibweise zu betrachten, besteht darin, sich vorzustellen, dass vorangestellte tiefgestellte Buchstaben die vorangestellten hochgestellten Buchstaben der folgenden Größe aufheben, zum Beispiel das B in **(2.13)**.

BEISPIEL 2.1

Abbildung 2.6 zeigt einen Rahmen $\{B\}$, der relativ zum Rahmen $\{A\}$ um einen Winkel von 30 Grad um $\hat{Z}$ gedreht ist. Hier deutet $\hat{Z}$ aus der Seite heraus.

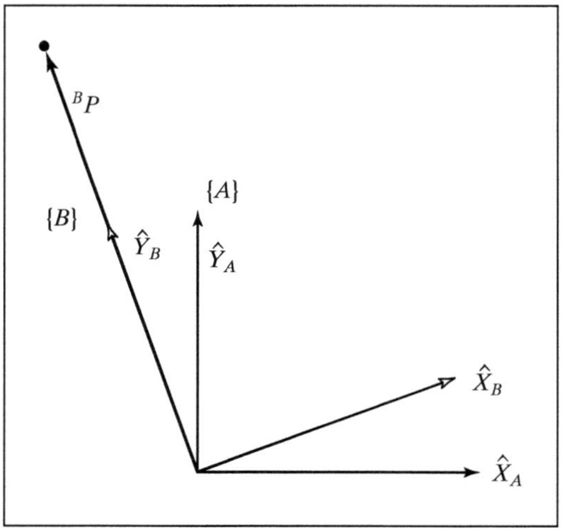

Abbildung 2.6 $\{B\}$, 30 Grad um $\hat{Z}$ gedreht.

Wenn wir die Einheitsvektoren von {B} durch {A} ausdrücken und sie als Spalten der Rotationsmatrix zusammenfassen, erhalten wir

$$ {}^{A}_{B}R = \begin{bmatrix} 0{,}866 & -0{,}500 & 0{,}000 \\ 0{,}500 & 0{,}866 & 0{,}000 \\ 0{,}000 & 0{,}000 & 1{,}000 \end{bmatrix}. \qquad (2.14) $$

Mit

$$ {}^{B}P = \begin{bmatrix} 0{,}0 \\ 2{,}0 \\ 0{,}0 \end{bmatrix} \qquad (2.15) $$

berechnen wir ${}^{A}P$ als

$$ {}^{A}P = {}^{A}_{B}R\ {}^{B}P = \begin{bmatrix} -1{,}000 \\ 1{,}732 \\ 0{,}000 \end{bmatrix}. \qquad (2.16) $$

Hierbei wirkt ${}^{A}_{B}R$ als Repräsentation, die zur Beschreibung von ${}^{B}P$ relativ zum Rahmen {A}, also von ${}^{A}P$, verwendet wird. Wie schon bei der Verschiebung ist es wichtig sich in Erinnerung zu rufen, dass sich die Lage des ursprünglichen Vektors P im Raum nicht verändert, wenn man ihn als Repräsentation betrachtet. Schließlich berechnen wir nur eine neue Beschreibung des Vektors relativ zu einem anderen Rahmen.

2.3.3 Repräsentationen, die allgemeine Rahmen beinhalten

Sehr oft kennen wir die Beschreibung eines Vektors in Bezug auf einen Rahmen $\{B\}$ und möchten seine Beschreibung in Bezug auf einen anderen Rahmen $\{A\}$ bestimmen. Wir betrachten nun den allgemeinen Fall einer Repräsentation. Nun ist der Ursprung des Rahmens $\{B\}$ nicht deckungsgleich mit dem des Rahmens $\{A\}$, sondern es gibt einen **Offset-Vektor**. Der Vektor, der den Ursprung von $\{B\}$ festlegt, wird als ${}^{A}P_{BORG}$ bezeichnet. Außerdem wird $\{B\}$ in Bezug auf $\{A\}$ gedreht, was durch ${}^{A}_{B}R$ beschrieben wird. Gegeben ist ${}^{B}P$ und wir möchten ${}^{A}P$, wie in **Abbildung 2.7** gezeigt, berechnen.

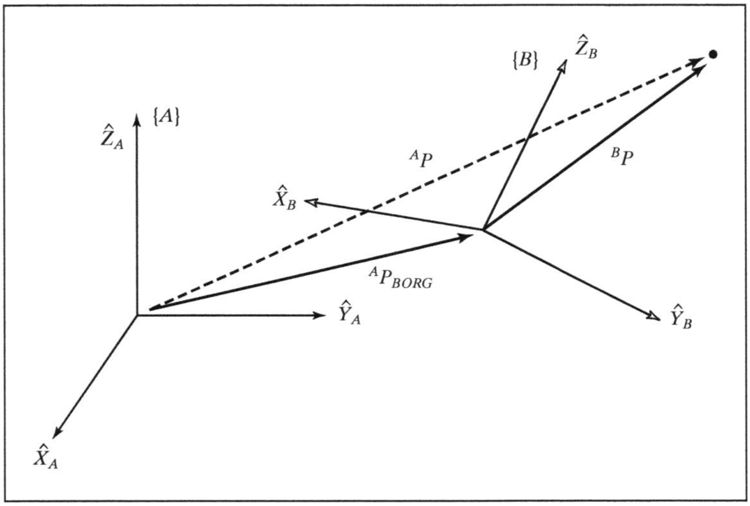

Abbildung 2.7 Allgemeine Transformation eines **Vektors**.

Wir können zunächst die Beschreibung von ${}^{B}P$ relativ zu einem Zwischenrahmen erzeugen, der die gleiche Ausrichtung wie $\{A\}$ hat, dessen Ursprung aber mit dem Ursprung von $\{B\}$ zusammenfällt. Dies geschieht, wie im letzten Abschnitt, durch Multiplikation von Links mit ${}^{A}_{B}R$. Dann berücksichtigen wir die Verschiebung zwischen den Ursprüngen, wie zuvor, durch einfache Vektoraddition und erhalten

$$ {}^{A}P = {}^{A}_{B}R\ {}^{B}P + {}^{A}P_{BORG}. \tag{2.17} $$

Gleichung 2.17 beschreibt die Repräsentation einer allgemeinen **Transformation**, die einen Vektor von seiner Beschreibung in einem Rahmen auf eine Beschreibung in einem zweiten Rahmen abbildet. Beachten Sie die folgende Interpretation unserer Schreibweise, entsprechend von **(2.17)**: Die B heben sich auf, sodass alle Größen als Vektoren in Abhängigkeit von A geschrieben werden und dann addiert werden dürfen.

Die Form von **(2.17)** ist nicht so ansprechend wie die konzeptionelle Form

$$ {}^{A}P = {}^{A}_{B}T\ {}^{B}P. \tag{2.18} $$

Das heißt, wir würden eine Repräsentation von einem Rahmen auf einen anderen gerne als Operation in Matrixform behandeln. Dies hilft beim Schreiben kompakter Gleichungen und ist grundsätzlich klarer als **(2.17)**. Damit wir die in **(2.17)** angegebene Mathematik in der von **(2.18)** vorgeschlagenen **Matrixoperatorform** schreiben können, definieren wir einen 4×4-Matrixoperator und verwenden 4×1-Ortsvektoren, sodass **(2.18)** die folgende Struktur erhält:

$$ \begin{bmatrix} {}^{A}P \\ 1 \end{bmatrix} = \left[\begin{array}{ccc|c} & {}^{A}_{B}R & & {}^{A}P_{BORG} \\ \hline 0 & 0 & 0 & 1 \end{array}\right] \begin{bmatrix} {}^{B}P \\ 1 \end{bmatrix}. \tag{2.19} $$

Mit anderen Worten wird

1. eine „1“ als letzte Komponente der 4×1-Vektoren und
2. die Zeile „[0 0 0 1]“ als letzte Zeile der 4×4-Matrix hinzugefügt.

Wir verwenden die Konvention, dass ein Ortsvektor die Form 3×1 oder 4×1 hat, je nachdem, ob er mit einer 3×3-Matrix oder mit einer 4×4-Matrix multipliziert wird. Es ist leicht zu erkennen, dass **(2.19)** bedeutet, dass

$$ \begin{aligned} {}^{A}P &= {}^{A}_{B}R\ {}^{B}P + {}^{A}P_{BORG} \\ 1 &= 1. \end{aligned} \tag{2.20} $$

Die 4×4-Matrix in **(2.19)** wird als **homogene Transformation** bezeichnet. Für unsere Zwecke kann sie als eine Konstruktion betrachtet werden, mit deren Hilfe die Rotation und Verschiebung der allgemeinen Transformation durch eine einzige Matrixform erfolgt. In anderen Fachgebieten kann sie zur Berechnung der Perspektive und für skalierende Operationen verwendet werden (wenn die letzte Zeile nicht „[0 0 0 1]“ lautet oder die Rotationsmatrix nicht orthonormal ist). Interessierte Leser sollten sich [2] ansehen.

Oft werden wir eine Gleichung wie **(2.18)** formulieren, ohne durch die Schreibweise darauf hinzuweisen, dass es sich um eine **homogene Repräsentation** handelt, da dies anhand des Kontextes offensichtlich ist. Beachten Sie, dass homogene Transformationen zwar nützlich sind, um kompakte Gleichungen zu schreiben. Ein Computerprogramm zur Vektortransformation würde sie in der Regel aber nicht verwenden, weil die Multiplikation von Einsen und Nullen zu viel Zeit kostet. Diese Darstellung dient also hauptsächlich unserer Bequemlichkeit beim Nachdenken und Formulieren von Gleichungen auf Papier.

So wie wir die Ausrichtung durch Rotationsmatrizen festgelegt hatten, werden wir Transformationen (normalerweise als homogene Darstellung) verwenden, um einen Rahmen festzulegen. Beachten Sie, dass wir homogene Transformationen zwar im Zusammenhang mit Repräsentationen eingeführt haben, sie aber auch zur Beschreibung von Rahmen dienen. Die Beschreibung des Rahmens $\{B\}$ relativ zu $\{A\}$ lautet ${}^{A}_{B}T$.

BEISPIEL 2.2

Abbildung 2.8 zeigt einen Rahmen $\{B\}$, der relativ zum Rahmen $\{A\}$ um einen Winkel von 30 Grad um $\hat{Z}_A$ gedreht, um 10 Einheiten in $\hat{X}_A$ und um 5 Einheiten in $\hat{Y}_A$ verschoben ist. Bestimmen Sie ${}^{A}P$, wenn ${}^{B}P = [3{,}0 \quad 7{,}0 \quad 0{,}0]^T$ gilt.

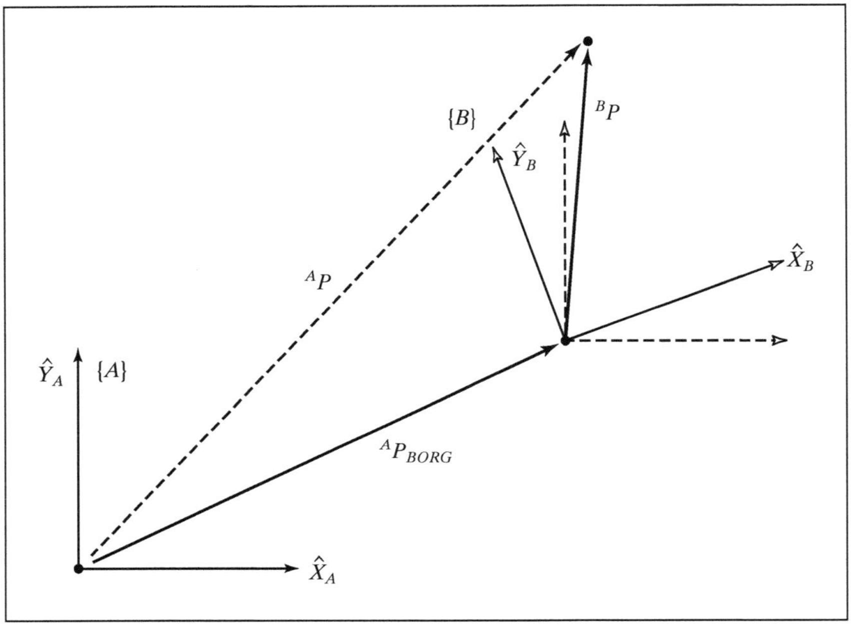

Abbildung 2.8 Rahmen $\{B\}$ gedreht und verschoben.

Die Definition des Rahmens $\{B\}$ lautet

$$ {}^{A}_{B}T = \begin{bmatrix} 0{,}866 & -0{,}500 & 0{,}000 & 10{,}0 \\ 0{,}500 & 0{,}866 & 0{,}000 & 5{,}0 \\ 0{,}000 & 0{,}000 & 1{,}000 & 0{,}0 \\ 0 & 0 & 0 & 1 \end{bmatrix}. \tag{2.21} $$

Mit

$$ {}^{B}P = \begin{bmatrix} 3{,}0 \\ 7{,}0 \\ 0{,}0 \end{bmatrix} \tag{2.22} $$

verwenden wir die Definition von $\{B\}$, die nur als Transformation gegeben ist:

$$ {}^{A}P = {}^{A}_{B}T \; {}^{B}P = \begin{bmatrix} 9{,}098 \\ 12{,}562 \\ 0{,}000 \end{bmatrix}. \tag{2.23} $$

2.4 Operatoren: Verschiebungen, Drehungen und Transformationen

Die gleichen mathematischen Formen, mit denen Sie Punkte zwischen Rahmen abbilden, können auch als **Operatoren** interpretiert werden, die Punkte verschieben, Vektoren drehen oder beides tun. Dieser Abschnitt veranschaulicht diese Interpretation der Mathematik, die wir bereits entwickelt haben.

2.4.1 Verschiebungsoperatoren

Eine **Verschiebung** (Translation) bewegt einen Punkt im Raum über eine endliche Strecke in der Richtung eines bestimmten Vektors. Bei dieser Interpretation der tatsächlichen Verschiebung des Punktes im Raum ist nur ein Koordinatensystem notwendig. Es stellt sich heraus, dass die **Verschiebung** eines Punktes im Raum mit der gleichen Mathematik erreicht wird, wie die Abbildung des Punktes auf ein zweites Koordinatensystem. Fast immer ist es sehr wichtig, die verwendete Interpretation der Mathematik zu verstehen. Der Unterschied ist ganz einfach: Wird ein **Vektor** relativ zu einem Rahmen „vorwärts" bewegt, können wir entweder davon ausgehen, dass sich der Vektor „vorwärts" bewegt hat oder dass sich der Rahmen „rückwärts" bewegt hat. Die Mathematik ist in beiden Fällen identisch, nur unsere Sichtweise der Situation ist unterschiedlich. **Abbildung 2.9** skizziert, wie ein Vektor ${}^{A}P_1$ durch einen Vektor ${}^{A}Q$ verschoben wird. Hierbei liefert der Vektor ${}^{A}Q$ die Informationen, die zur Durchführung der Verschiebung benötigt werden.

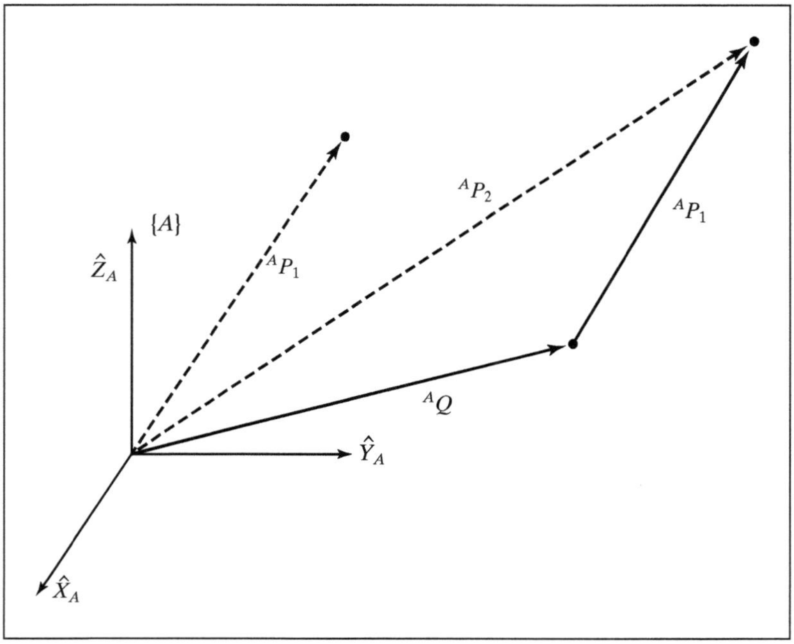

Abbildung 2.9 Ein Verschiebungsoperator.

Das Ergebnis der Operation ist ein neuer Vektor ${}^{A}P_2$, berechnet als

$$ {}^{A}P_2 = {}^{A}P_1 + {}^{A}Q. \tag{2.24} $$

Um diese **Verschiebungsoperation** als Matrixoperator zu formulieren, verwenden wir die Schreibweise

$$ {}^{A}P_2 = D_Q(q)\ {}^{A}P_1, \tag{2.25} $$

wobei q die vorzeichenbehaftete Größe der Verschiebung in Vektorrichtung $\hat{Q}$ ist. Der Operator D_Q kann als eine homogene **Transformation** in einer speziellen einfachen Form betrachtet werden:

$$ D_Q(q) = \begin{bmatrix} 1 & 0 & 0 & q_x \\ 0 & 1 & 0 & q_y \\ 0 & 0 & 1 & q_z \\ 0 & 0 & 0 & 1 \end{bmatrix}, \tag{2.26} $$

wobei q_x, q_y und q_z die Komponenten des Verschiebungsvektors Q sind, für dessen Betrag $q = \sqrt{q_x^2 + q_y^2 + q_z^2}$ gilt. Die **Gleichungen (2.9)** und **(2.24)** beinhalten dieselbe Mathematik. Beachten Sie, hätten wir in ▶ **Abbildung 2.4** ${}^{B}P_{AORG}$ (anstelle von ${}^{A}P_{BORG}$) definiert und hätten es in **(2.9)** verwendet, dann hätten wir einen Vorzeichenwechsel zwischen **(2.9)** und **(2.24)** gesehen. Dieser Vorzeichenwechsel zeigt den Unterschied zwischen der „Vorwärts“-Bewegung des Vektors und der „Rückwärts“-Bewegung des Koordinatensystems. Indem wir die Position von $\{B\}$ relativ zu $\{A\}$ definieren (mit ${}^{A}P_{BORG}$), sorgen wir dafür, dass die Mathematik der beiden Interpretationen dieselbe ist. Da nun die Schreibweise „D_Q“ eingeführt wurde, können wir sie auch zur Beschreibung von Rahmen und als Abbildung verwenden.

2.4.2 Rotationsoperatoren

Eine andere Interpretation einer Drehmatrix ist die eines ***Rotationsoperators***, der auf einen Vektor ${}^{A}P_1$ wirkt und diesen Vektor durch eine Rotation R in einen neuen Vektor ${}^{A}P_2$ umwandelt. Wenn eine Rotationsmatrix als Operator dargestellt wird, erscheinen normalerweise keine Sub- oder Superskripte, da sie nicht als Beziehung zwischen zwei **Rahmen** betrachtet wird. Das heißt, wir können

$$ {}^{A}P_2 = R\ {}^{A}P_1 \tag{2.27} $$

schreiben. Wie bei den Verschiebungen ist die in **(2.13)** und **(2.27)** beschriebene Mathematik dieselbe, nur unsere Interpretation ist anders. Anhand dieser Tatsache können wir auch sehen, *wie man* Rotationsmatrizen *erhält*, die als Operatoren verwendet werden können:

*Die Rotationsmatrix, die **Vektoren** um eine bestimmte **Drehung** R dreht, ist die gleiche wie die Rotationsmatrix, die einen um R gedrehten **Rahmen** relativ zum Referenzrahmen beschreibt.*

Obwohl eine Rotationsmatrix leicht als Operator betrachtet werden kann, werden wir auch eine andere Schreibweise eines Rotationsoperators definieren, die klar angibt, um welche Achse gedreht wird:

$$ {}^{A}P_2 = R_K(\theta)\ {}^{A}P_1. \tag{2.28} $$

In dieser Schreibweise stellt „$R_K(\theta)$" einen **Rotationsoperator** dar, der eine Drehung um den Winkel θ um eine Achse durchführt, deren Richtung durch den Vektor $\hat{K}$ gegeben ist. Dieser Operator kann als homogene Transformation geschrieben werden, deren anteiliger Ortsvektor null ist. Einsetzen in **(2.11)** ergibt zum Beispiel den Operator, der um den Winkel θ um die $\hat{Z}$-Achse dreht:

$$R_z(\theta) = \begin{bmatrix} \cos\theta & -\sin\theta & 0 & 0 \\ \sin\theta & \cos\theta & 0 & 0 \\ 0 & 0 & 1 & 0 \\ 0 & 0 & 0 & 1 \end{bmatrix}. \tag{2.29}$$

Um einen Ortsvektor zu drehen, können wir natürlich genauso gut den 3×3-Anteil der Rotationsmatrix der homogenen Transformation verwenden. Die „R_K"-Schreibweise kann daher als Darstellung einer 3×3- oder eine 4×4-Matrix dienen. Später in diesem Kapitel werden wir sehen, wie man die Rotationsmatrix einer Drehung um eine allgemeine Achse $\hat{K}$ schreibt.

BEISPIEL 2.3

Abbildung 2.10 zeigt einen Vektor ${}^AP_1$. Wir möchten den Vektor berechnen, den wir erhalten, wenn wir diesen Vektor um einen Winkel von 30 Grad um $\hat{Z}$ drehen. Wir nennen den neuen Vektor ${}^AP_2$.

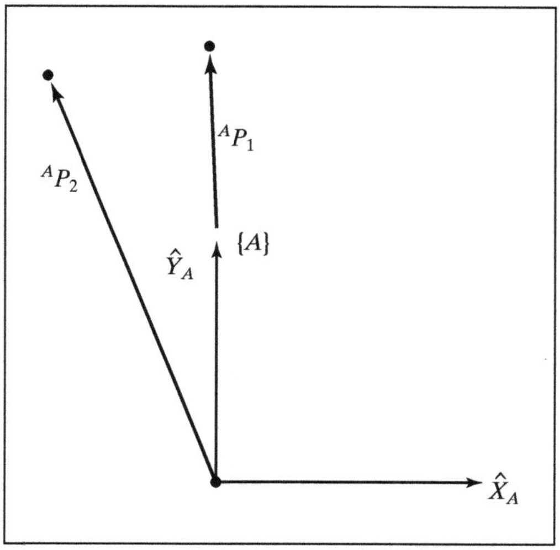

Abbildung 2.10 Der Vektor ${}^AP_1$, gedreht um 30 Grad um $\hat{Z}$.

Die **Rotationsmatrix**, die **Vektoren** um 30 Grad um $\hat{Z}$ dreht, ist die gleiche wie die Rotationsmatrix, die einen relativ zum Referenzrahmen um 30 Grad um $\hat{Z}$ gedrehten **Rahmen** beschreibt. Der korrekte Rotationsoperator lautet also

$$R_z(30{,}0) = \begin{bmatrix} 0{,}866 & -0{,}500 & 0{,}000 \\ 0{,}500 & 0{,}866 & 0{,}000 \\ 0{,}000 & 0{,}000 & 1{,}000 \end{bmatrix}. \tag{2.30}$$

Mit

$$ {}^{A}P_1 = \begin{bmatrix} 0{,}0 \\ 2{,}0 \\ 0{,}0 \end{bmatrix} \tag{2.31} $$

berechnen wir ${}^{A}P_2$ als

$$ {}^{A}P_2 = R_z(30{,}0)\ {}^{A}P_1 = \begin{bmatrix} -1{,}000 \\ 1{,}732 \\ 0{,}000 \end{bmatrix}. \tag{2.32} $$

Die **Gleichungen (2.13)** und **(2.27)** beinhalten dieselbe Mathematik. Beachten Sie, dass bei der Definition von ${}^{B}_{A}R$ (anstelle von ${}^{A}_{B}R$) in **(2.13)** die Inverse von R in **(2.27)** erscheinen würde. Diese Änderung würde den Unterschied zwischen der „Vorwärts"-Drehung des Vektors und der „Rückwärts"-Drehung des Koordinatensystems kennzeichnen. Indem wir den Ort von $\{B\}$ relativ zu $\{A\}$ definieren (durch ${}^{A}_{B}R$), bewirken wir, dass die beiden Interpretationen mathematisch gleich sind.

2.4.3 Transformationsoperatoren

Wie bei Vektoren und Rotationsmatrizen hat ein **Rahmen** eine weitere Interpretation als ***Transformationsoperator***. Diese Interpretation beinhaltet nur ein Koordinatensystem. Daher wird das Symbol T in diesem Fall ohne Sub- oder Superskripte verwendet. Der Operator T dreht und verschiebt einen Vektor ${}^{A}P_1$ und erzeugt dadurch einen neuen Vektor

$$ {}^{A}P_2 = T\ {}^{A}P_1. \tag{2.33} $$

Wie im Fall der Drehungen ist die in **(2.18)** und **(2.33)** enthaltene Mathematik dieselbe, nur unsere Interpretation ist anders. Anhand dieser Tatsache können wir auch sehen, wie man homogene **Transformationen** erhält, die als Operatoren verwendet werden können:

Die Transformation, die um R dreht und um Q verschiebt, ist die gleiche wie die Transformation, die einen um R gedrehten und um Q verschobenen Rahmen relativ zum Referenzrahmen beschreibt.

Eine Transformation wird in der Regel als **homogene Transformation** betrachtet, die allgemeine Anteile einer Rotationsmatrix und eines Ortsvektors enthält.

BEISPIEL 2.4

Abbildung 2.11 zeigt einen **Vektor** ${}^AP_1$. Wir wollen ihn um 30 Grad um $\hat{Z}_A$ drehen, um 10 Einheiten in $\hat{X}_A$ und um 5 Einheiten in $\hat{Y}_A$ verschieben. Finden Sie ${}^AP_2$, wobei ${}^AP_1 = [3{,}0 \quad 7{,}0 \quad 0{,}0]^T$ ist.

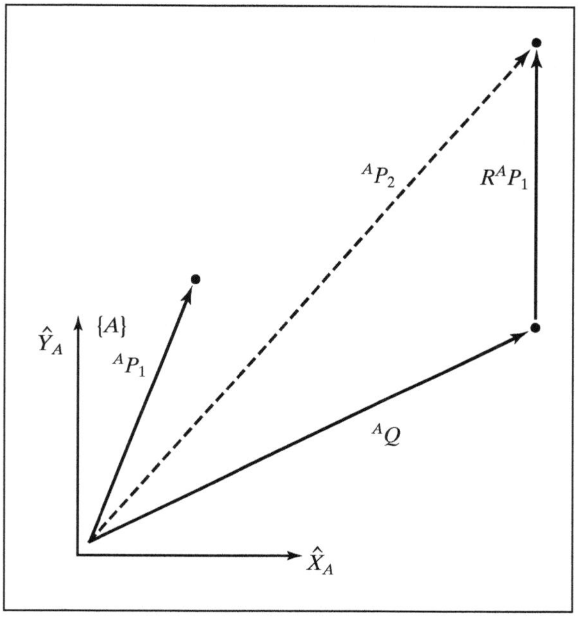

Abbildung 2.11 Der Vektor ${}^AP_1$, so gedreht und verschoben, dass ${}^AP_2$ entsteht.

Der Operator *T*, der die Verschiebung und Drehung durchführt, lautet

$$T = \begin{bmatrix} 0{,}866 & -0{,}500 & 0{,}000 & 10{,}0 \\ 0{,}500 & 0{,}866 & 0{,}000 & 5{,}0 \\ 0{,}000 & 0{,}000 & 1{,}000 & 0{,}0 \\ 0 & 0 & 0 & 1 \end{bmatrix}. \tag{2.34}$$

Mit

$${}^AP_1 = \begin{bmatrix} 3{,}0 \\ 7{,}0 \\ 0{,}0 \end{bmatrix} \tag{2.35}$$

und der Verwendung von *T* als Operator erhalten wir:

$${}^AP_2 = T\,{}^AP_1 = \begin{bmatrix} 9{,}098 \\ 12{,}562 \\ 0{,}000 \end{bmatrix}. \tag{2.36}$$

Beachten Sie, dass dieses Beispiel numerisch genau dasselbe ist wie ▶ **Beispiel 2.2**, aber es muss nun ganz anders interpretiert werden.

2.5 Zusammenfassung der Interpretationen

Wir haben zunächst Konzepte für den Fall der reinen Verschiebung eingeführt, dann für den Fall der reinen Drehung und schließlich für den allgemeinen Fall der Rotation eines Punktes um eine Achse und der Verschiebung dieses Punktes. Nachdem wir den allgemeinen Fall der Drehung und Verschiebung verstanden haben, müssen wir die beiden einfacheren Fälle nicht mehr explizit betrachten, da sie im allgemeinen Bezugsrahmen enthalten sind.

Als allgemeines Werkzeug zur Darstellung von Rahmen haben wir die *homogene Transformation* eingeführt, eine 4 × 4-Matrix, die Informationen zur Ausrichtung und zum Ort enthält.

Wir haben drei **Interpretationen** dieser homogenen **Transformation** eingeführt:

1. Sie ist eine *Beschreibung eines Rahmens.* ${}^{A}_{B}T$ beschreibt den Rahmen $\{B\}$ relativ zum Rahmen $\{A\}$. Genauer gesagt sind die Spalten von ${}^{A}_{B}R$ Einheitsvektoren, die die Richtungen der Hauptachsen von $\{B\}$ definieren und ${}^{A}P_{BORG}$ legt die Position des Ursprungs von $\{B\}$ fest.
2. Es handelt sich um die *Repräsentation einer Transformation.* ${}^{A}_{B}T$ bildet ${}^{B}P \rightarrow {}^{A}P$ ab.
3. Sie ist ein *Transformationsoperator.* T wirkt auf ${}^{A}P_1$ und erzeugt ${}^{A}P_2$.

Von nun an werden sowohl der Begriff ***Rahmen*** als auch *Transformation* für einen Ortsvektor und eine Ausrichtung verwendet. *Rahmen* ist der bevorzugte Begriff, wenn es um eine Beschreibung geht, und ***Transformation*** wird am häufigsten verwendet, wenn eine Funktion als Abbildung oder Operator dient. Beachten Sie, dass Transformationen Verallgemeinerungen für Verschiebungen und Drehungen sind (und diese enthalten). Wir werden oft den Begriff *Transformation* verwenden, wenn wir von einer reinen Drehung (oder Verschiebung) sprechen.

2.6 Transformations-Arithmetik

In diesem Abschnitt befassen wir uns mit der Multiplikation von **Transformationen** und der Inversion von Transformationen. Diese beiden elementaren Operationen bilden einen funktional vollständigen Satz von Transformationsoperatoren.

2.6.1 Zusammengesetzte Transformationen

In **Abbildung 2.12** haben wir ${}^{C}P$ und möchten ${}^{A}P$ bestimmen.

Rahmen $\{C\}$ ist relativ zu Rahmen $\{B\}$ bekannt, und Rahmen $\{B\}$ ist relativ zu Rahmen $\{A\}$ bekannt. Wir können ${}^{C}P$ mit

$$ {}^{B}P = {}^{B}_{C}T \; {}^{C}P \tag{2.37} $$

in ${}^{B}P$ transformieren und danach können wir ${}^{B}P$ in ${}^{A}P$ umwandeln, da

$$ {}^{A}P = {}^{A}_{B}T \; {}^{B}P. \tag{2.38} $$

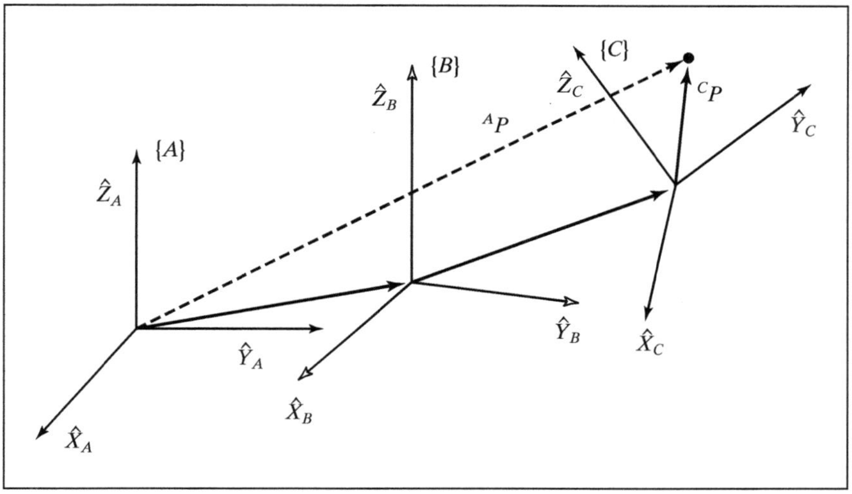

Abbildung 2.12 Zusammengesetzte **Rahmen**: Jeder ist relativ zum vorherigen bekannt.

Wenn wir **(2.37)** und **(2.38)** kombinieren, erhalten wir das (nicht unerwartete) Ergebnis

$$^AP = {}^A_BT\ {}^B_CT\ {}^CP, \tag{2.39}$$

womit wir definieren können:

$$^A_CT = {}^A_BT\ {}^B_CT. \tag{2.40}$$

Beachten Sie auch hier, dass die Vertrautheit mit der Schreibweise anhand von hoch- und tiefgestellten Zeichen diese Manipulationen einfach macht. Mithilfe der bekannten Beschreibungen von $\{B\}$ und $\{C\}$ erhalten wir den Ausdruck für ^A_CT als

$$^A_CT = \left[\begin{array}{ccc|c} & {}^A_BR\ {}^B_CR & & {}^A_BR\ {}^BP_{CORG} + {}^AP_{BORG} \\ \hline 0 & 0 & 0 & 1 \end{array}\right]. \tag{2.41}$$

2.6.2 Invertieren einer Transformation

Betrachten wir einen Rahmen $\{B\}$, der relativ zu einem Rahmen $\{A\}$ bekannt ist – das heißt, wir kennen den Wert von ^A_BT. Manchmal wollen wir diese **Transformation** umkehren, um eine Beschreibung von $\{A\}$ relativ zu $\{B\}$ zu erhalten, also ^B_AT. Eine einfache Methode zur Berechnung der **Inversen** ist die Berechnung der Inversen der homogenen 4×4-Transformation. Wenn wir dies tun, nutzen wir jedoch die der Transformation innewohnende Struktur nicht vollständig aus. Es ist leicht, eine rechnerisch einfachere Methode zur Berechnung der Umkehrung zu finden, die diese Struktur ausnutzt.

Um ^B_AT zu finden, müssen wir ^B_AR und $^BP_{AORG}$ anhand von ^A_BR und $^AP_{BORG}$ berechnen. Erinnern Sie sich zunächst an unsere Diskussion über Rotationsmatrizen, der zufolge gilt:

$$^B_AR = {}^A_BR^T \tag{2.42}$$

Als Nächstes ändern wir mit Hilfe von **(2.13)** die Beschreibung von ${}^{A}P_{BORG}$ zu $\{B\}$:

$$^{B}({}^{A}P_{BORG}) = {}^{B}_{A}R\ {}^{A}P_{BORG} + {}^{B}P_{AORG} \tag{2.43}$$

Die linke Seite von **(2.43)** muss null sein. Daraus folgt:

$$^{B}P_{AORG} = -{}^{B}_{A}R\ {}^{A}P_{BORG} = -{}^{A}_{B}R^{T}\,{}^{A}P_{BORG} \tag{2.44}$$

Mit **(2.42)** und **(2.44)** erhalten wir die folgende Form von ${}^{B}_{A}T$:

$$^{B}_{A}T = \left[\begin{array}{ccc|c} & {}^{A}_{B}R^{T} & & -{}^{A}_{B}R^{T}\,{}^{A}P_{BORG} \\ \hline 0 & 0 & 0 & 1 \end{array}\right] \tag{2.45}$$

Beachten Sie, gemäß unserer Schreibweise ist

$$^{B}_{A}T = {}^{A}_{B}T^{-1}.$$

Gleichung (2.45) ist ein allgemeiner und äußerst nützlicher Weg, um die Inverse einer homogenen Transformation zu berechnen.

BEISPIEL 2.5

Abbildung 2.13 zeigt einen **Rahmen** $\{B\}$, der relativ zum Rahmen $\{A\}$ um einen Winkel von 30 Grad um $\hat{Z}_A$ gedreht, um vier Einheiten in $\hat{X}_A$ und um drei Einheiten in $\hat{Y}_A$ verschoben ist. Wir haben also eine Beschreibung von ${}^{A}_{B}T$. Finden Sie ${}^{B}_{A}T$.

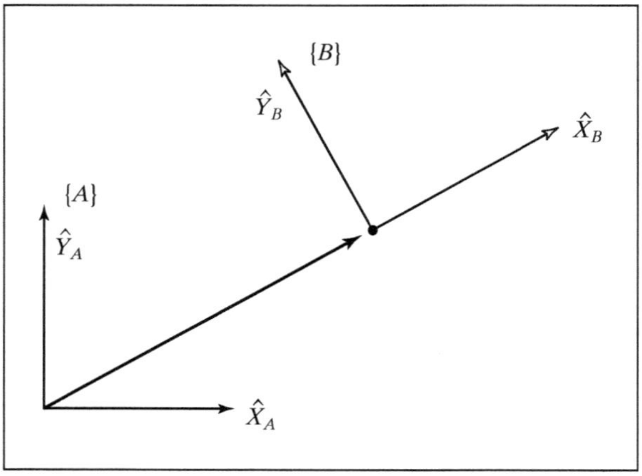

Abbildung 2.13 $\{B\}$ relativ zu $\{A\}$.

Der Rahmen, der $\{B\}$ definiert, lautet

$$^{A}_{B}T = \begin{bmatrix} 0{,}866 & -0{,}500 & 0{,}000 & 4{,}0 \\ 0{,}500 & 0{,}866 & 0{,}000 & 3{,}0 \\ 0{,}000 & 0{,}000 & 1{,}000 & 0{,}0 \\ 0 & 0 & 0 & 1 \end{bmatrix}. \tag{2.46}$$

Mit **(2.45)** erhalten wir

$$^{B}_{A}T = \begin{bmatrix} 0{,}866 & 0{,}500 & 0{,}000 & -4{,}964 \\ -0{,}500 & 0{,}866 & 0{,}000 & -0{,}598 \\ 0{,}000 & 0{,}000 & 1{,}000 & 0{,}0 \\ 0 & 0 & 0 & 1 \end{bmatrix}. \tag{2.47}$$

2.7 Transformationsgleichungen

Abbildung 2.14 zeigt eine Situation, in der ein **Rahmen** $\{D\}$ auf zwei verschiedene Arten als Produkt von **Transformationen** ausgedrückt werden kann. Erstens:

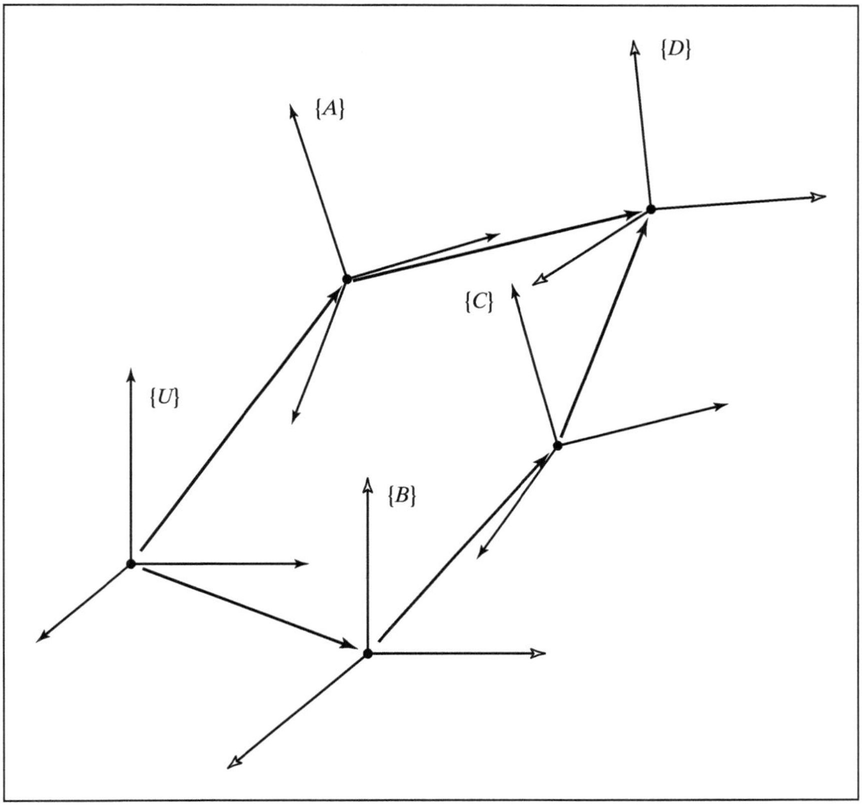

Abbildung 2.14 Ein Satz von Transformationen, die eine Schleife bilden.

$$ {}^{U}_{D}T = {}^{U}_{A}T \; {}^{A}_{D}T. \tag{2.48}$$

Zweitens:

$$ {}^{U}_{D}T = {}^{U}_{B}T \; {}^{B}_{C}T \; {}^{C}_{D}T. \tag{2.49}$$

Wir können diese beiden Beschreibungen von ${}^{U}_{D}T$ gleichsetzen, um eine **Transformationsgleichung** zu konstruieren:

$$ {}^{U}_{A}T \; {}^{A}_{D}T = {}^{U}_{B}T \; {}^{B}_{C}T \; {}^{C}_{D}T. \tag{2.50}$$

Transformationsgleichungen können verwendet werden, um Transformationen im Fall von n unbekannten Transformationen und n Transformationsgleichungen zu berechnen. Betrachten Sie **(2.50)** für den Fall, in dem alle Transformationen bekannt sind, außer ${}^{B}_{C}T$. In diesem Fall haben wir eine Transformationsgleichung und eine unbekannte Transformation. Daher können wir die Lösung leicht finden:

$$ {}^{B}_{C}T = {}^{U}_{B}T^{-1} \; {}^{U}_{A}T \; {}^{A}_{D}T \; {}^{C}_{D}T^{-1}. \tag{2.51}$$

Abbildung 2.15 zeigt eine ähnliche Situation.

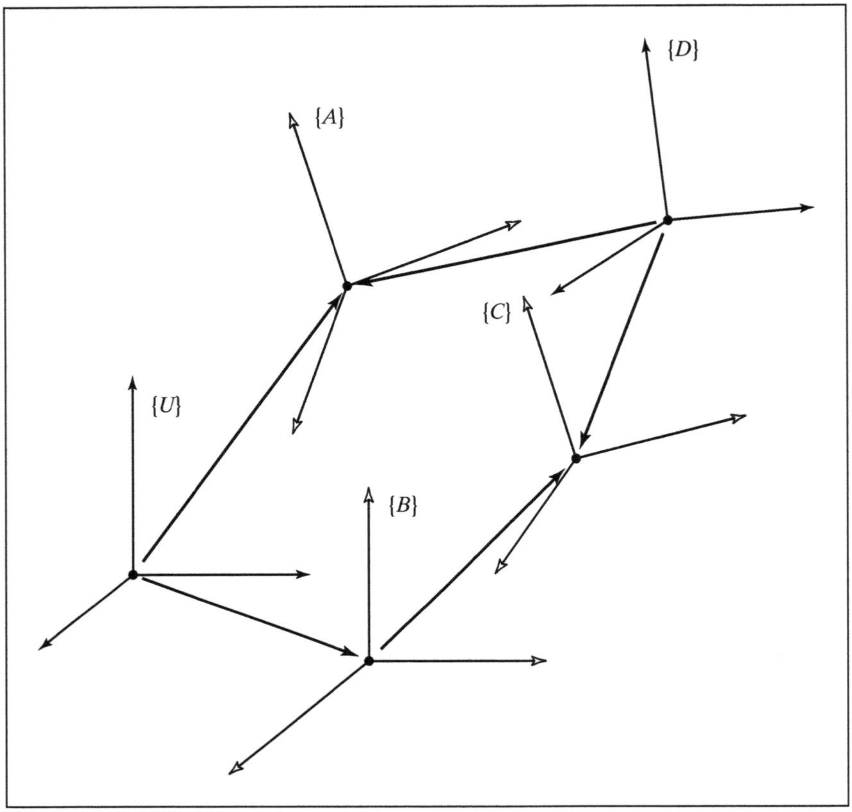

Abbildung 2.15 Beispiel für eine Transformationsgleichung.

Beachten Sie, dass wir in allen Abbildungen eine *grafische* Darstellung der Rahmen in Form eines Pfeils eingefügt haben, der von einem Ursprung zu einem anderen Ursprung zeigt. Die Richtung des Pfeils zeigt an, auf welche Weise die **Rahmen** definiert sind: In **Abbildung 2.14** ist der Rahmen $\{D\}$ relativ zu $\{A\}$ definiert. In **Abbildung 2.15** ist der Rahmen $\{A\}$ relativ zu $\{D\}$ definiert. Um die Rahmen zu verbinden, wenn die Pfeile aneinander ausgerichtet sind, berechnen wir einfach das Produkt der Transformationen. Zeigt ein Pfeil in einer Kette von **Transformationen** in die entgegengesetzte Richtung, berechnen wir zuerst die Inverse der zugehörigen Transformation. Die zwei mögliche Beschreibungen von $\{C\}$ in **Abbildung 2.15** sind

$$ {}^{U}_{C}T = {}^{U}_{A}T \; {}^{D}_{A}T^{-1} \; {}^{D}_{C}T \tag{2.52} $$

und

$$ {}^{U}_{C}T = {}^{U}_{B}T \; {}^{B}_{C}T. \tag{2.53} $$

Auch hier könnten wir **(2.52)** und **(2.53)** gleichsetzen, um z. B. nach ${}^{U}_{A}T$ aufzulösen:

$$ {}^{U}_{A}T = {}^{U}_{B}T \; {}^{B}_{C}T \; {}^{D}_{C}T^{-1} \; {}^{D}_{A}T. \tag{2.54} $$

BEISPIEL 2.6

Nehmen wir an, wir kennen die Transformation ${}^B_TT$ in **Abbildung 2.16**, die den Rahmen an den Fingerspitzen des Manipulators {*T*} relativ zur Basis des Manipulators {*B*} beschreibt. Außerdem wissen wir, wo sich die Tischplatte relativ zur Basis des Manipulators im Raum befindet (denn wir haben eine Beschreibung des Rahmens {*S*}, der wie gezeigt am Tisch befestigt ist, relativ zu Rahmen {*B*} – also ${}^B_ST$). Darüber hinaus wissen wir, wo sich der Rahmen, der an den Bolzen auf dem Tisch geheftet ist, relativ zum Tischrahmen befindet – also ${}^S_GT$. Berechnen Sie die Position und Ausrichtung ${}^T_GT$ des Bolzens relativ zur Hand des Manipulators.

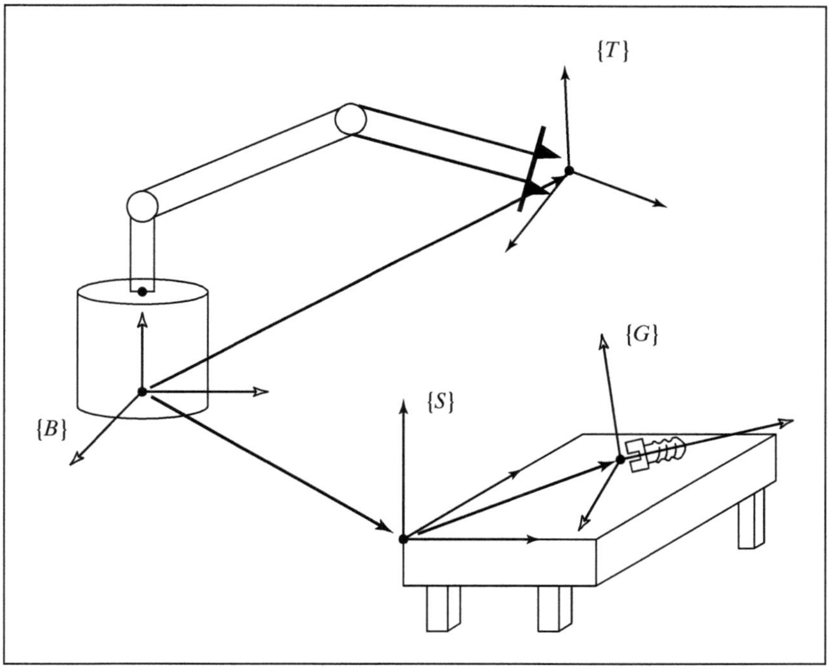

Abbildung 2.16 Der Manipulator greift nach einem Bolzen.

Mit Hilfe unserer Schreibweise (und hoffentlich auch unseres Verständnisses) erhalten wir den Bolzenrahmen relativ zum Handrahmen durch die Transformation

$$ {}^T_GT = {}^B_TT^{-1}\, {}^B_ST\, {}^S_GT. \tag{2.55} $$

2.8 Mehr zur Darstellung der Ausrichtung

Bislang können wir eine **Ausrichtung** nur durch Angabe einer 3×3-Rotationsmatrix darstellen. Wie gezeigt, sind Drehmatrizen insofern etwas Besonderes, als alle Spalten zueinander orthogonal sind und die Einheitslänge aufweisen. Außerdem werden wir sehen, dass die Determinante einer Rotationsmatrix immer gleich +1 ist. Rotationsmatrizen können auch als **echte orthonormale Matrizen** bezeichnet werden, wobei sich das „echt" auf die Tatsache bezieht, dass die **Determinante** gleich +1 ist (unechte orthonormale Matrizen haben die Determinante −1).

Es stellt sich natürlich die Frage, ob es möglich ist, eine Ausrichtung mit weniger als neun Zahlen zu beschreiben. Ein Ergebnis aus der linearen Algebra (bekannt als **Cayleys Formel für orthonormale Matrizen** [3]) besagt, dass es für jede echte orthonormale Matrix R eine schiefsymmetrische **Matrix** S gibt, sodass

$$R = (I_3 - S)^{-1}(I_3 + S), \tag{2.56}$$

wobei I_3 eine 3×3-**Einheitsmatrix** ist. Nun wird eine schiefsymmetrische Matrix (d. h., $S = -S^T$) der Dimension 3 durch drei Parameter (s_x, s_y, s_z) angegeben als

$$S = \begin{bmatrix} 0 & -s_z & s_y \\ s_z & 0 & -s_x \\ -s_y & s_x & 0 \end{bmatrix}. \tag{2.57}$$

Eine unmittelbare Folge von Formel **(2.56)** ist daher, dass jede 3×3-Rotationsmatrix durch nur drei **Parameter** spezifiziert werden kann.

Es ist klar, dass die neun Elemente einer **Rotationsmatrix** nicht alle unabhängig sind. Bei einer Rotationsmatrix R ist es in der Tat einfach, die sechs Abhängigkeiten zwischen den Elementen aufzuschreiben. Stellen Sie sich R, wie ursprünglich eingeführt, mit drei Spalten vor:

$$R = [\hat{X}\ \hat{Y}\ \hat{Z}]. \tag{2.58}$$

Wie wir aus ▶ **Abschnitt 2.2** wissen, sind diese drei Vektoren die Einheitsachsen eines Rahmens, der in Bezug auf den Referenzrahmen geschrieben wurde. Jeder dieser Vektoren ist ein Einheitsvektor und alle drei müssen senkrecht zueinander stehen. Wir sehen also, dass es sechs Beschränkungen für die neun Matrixelemente gibt:

$$\begin{aligned} |\hat{X}| &= 1, \\ |\hat{Y}| &= 1, \\ |\hat{Z}| &= 1, \\ \hat{X} \cdot \hat{Y} &= 0, \\ \hat{X} \cdot \hat{Z} &= 0, \\ \hat{Y} \cdot \hat{Z} &= 0. \end{aligned} \tag{2.59}$$

Es ist daher naheliegend zu fragen, ob sich Darstellungen der Ausrichtung so entwickeln lassen, dass die Darstellung *bequem* mit drei Parametern angegeben werden kann. In diesem Abschnitt werden mehrere solcher Darstellungen vorgestellt.

Während Verschiebungen entlang dreier zueinander senkrechter Achsen recht einfach zu visualisieren sind, sind Rotationen weniger intuitiv. Leider fällt es den Menschen schwer, **Ausrichtungen** im dreidimensionalen Raum zu beschreiben und genau anzugeben. Eine Schwierigkeit besteht darin, dass **Rotationen** im Allgemeinen nicht kommutativ sind. Das heißt, ${}^A_B R\ {}^B_C R$ ist nicht dasselbe wie ${}^B_C R\ {}^A_B R$.

BEISPIEL 2.7

Betrachten Sie zwei Drehungen, eine um einen Winkel von 30 Grad um $\hat{Z}$ und eine mit 30 Grad um $\hat{X}$:

$$R_z(30) = \begin{bmatrix} 0{,}866 & -0{,}500 & 0{,}000 \\ 0{,}500 & 0{,}866 & 0{,}000 \\ 0{,}000 & 0{,}000 & 1{,}000 \end{bmatrix} \tag{2.60}$$

$$R_x(30) = \begin{bmatrix} 1{,}000 & 0{,}000 & 0{,}000 \\ 0{,}000 & 0{,}866 & -0{,}500 \\ 0{,}000 & 0{,}500 & 0{,}866 \end{bmatrix} \tag{2.61}$$

$$\begin{aligned} R_z(30)\,R_x(30) &= \begin{bmatrix} 0{,}87 & -0{,}43 & 0{,}25 \\ 0{,}50 & 0{,}75 & -0{,}43 \\ 0{,}00 & 0{,}50 & 0{,}87 \end{bmatrix} \\ \neq R_x(30)\,R_z(30) &= \begin{bmatrix} 0{,}87 & -0{,}50 & 0{,}00 \\ 0{,}43 & 0{,}75 & -0{,}50 \\ 0{,}25 & 0{,}43 & 0{,}87 \end{bmatrix} \end{aligned} \tag{2.62}$$

Die Tatsache, dass die Reihenfolge der **Drehungen** wichtig ist, sollte nicht überraschen. Außerdem ist sie in der Tatsache enthalten, dass wir zur Darstellung von Rotationen Matrizen verwenden, da die Multiplikation von Matrizen im Allgemeinen nicht kommutativ ist.

Da Rotationen entweder als Operatoren oder als Beschreibungen der Ausrichtung betrachtet werden können, überrascht es nicht, dass für jede dieser Anwendungen unterschiedliche Darstellungen bevorzugt werden. Rotationsmatrizen sind als Operatoren nützlich. Werden sie in ihrer Matrixform mit einem Vektor multipliziert, führen sie die Drehung aus. Allerdings sind Drehmatrizen etwas unhandlich, wenn sie zur Angabe einer Ausrichtung verwendet werden. Ein menschlicher Anwender an einem Computerterminal, der die gewünschte Ausrichtung einer Roboterhand eingeben möchte, hätte Schwierigkeiten, eine neun Elemente umfassende Matrix mit orthonormalen Spalten einzugeben. Eine Darstellung, die nur drei Zahlen erfordert, wäre einfacher. In den folgenden Abschnitten werden mehrere solcher Darstellungen vorgestellt.

2.8.1 X-Y-Z-Festwinkel

Eine Methode zur Beschreibung der Ausrichtung eines Rahmens $\{B\}$ ist wie folgt:

> *Beginnen Sie mit dem Rahmen, der mit einem bekannten Referenzrahmen $\{A\}$ übereinstimmt. Drehen Sie $\{B\}$ zunächst um den Winkel γ um $\hat{X}_A$, dann um den Winkel β um $\hat{Y}_A$ und schließlich um den Winkel α um $\hat{Z}_A$.*

Jede der drei Drehungen findet um eine Achse im festen Bezugssystem $\{A\}$ statt. Wir nennen diese **Konvention** zur Angabe einer **Ausrichtung X-Y-Z-Festwinkel**. Das Wort „**fest**" bezieht sich auf die Tatsache, dass die Drehungen um den festen (d. h., unbeweglichen) **Bezugsrahmen** angegeben werden (siehe **Abbildung 2.17**). Manchmal wird diese Konvention auch als **Roll-, Nick- und Gierwinkel** bezeichnet, aber seien Sie vorsichtig, denn dieser Name wird oft für andere verwandte, aber unterschiedliche Konventionen verwendet.

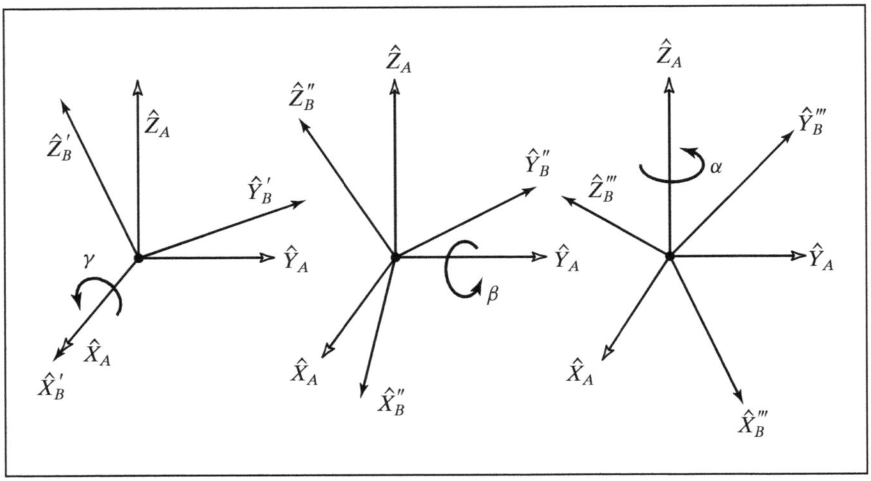

Abbildung 2.17 X-Y-Z-Festwinkel. **Rotationen** werden in der Reihenfolge $R_X(\gamma), R_Y(\beta), R_Z(\alpha)$ durchgeführt.

Die Ableitung der äquivalenten **Rotationsmatrix**, ${}^A_B R_{XYZ}(\gamma,\beta,\alpha)$, ist einfach, denn alle Drehungen erfolgen um die Achsen des **Referenzrahmens**, d. h.,

$$\begin{aligned} {}^A_B R_{XYZ}(\gamma,\beta,\alpha) &= R_Z(\alpha) R_Y(\beta) R_X(\gamma) \\ &= \begin{bmatrix} c\alpha & -s\alpha & 0 \\ s\alpha & c\alpha & 0 \\ 0 & 0 & 1 \end{bmatrix} \begin{bmatrix} c\beta & 0 & s\beta \\ 0 & 1 & 0 \\ -s\beta & 0 & c\beta \end{bmatrix} \begin{bmatrix} 1 & 0 & 0 \\ 0 & c\gamma & -s\gamma \\ 0 & s\gamma & c\gamma \end{bmatrix}. \end{aligned} \tag{2.63}$$

Darin ist $c\alpha$ eine Abkürzung für $\cos\alpha$, $s\alpha$ für $\sin\alpha$ und so weiter. Es ist äußerst wichtig, die Reihenfolge der in **(2.63)** verwendeten Rotationen zu verstehen. Da wir Rotationen als Operatoren betrachten, haben wir die Rotationen (von *rechts*) von $R_X(\gamma)$, dann von $R_Y(\beta)$ und dann von $R_Z(\alpha)$ angewendet. Multiplizieren wir **(2.63)** aus, erhalten wir

$${}^A_B R_{XYZ}(\gamma,\beta,\alpha) = \begin{bmatrix} c\alpha c\beta & c\alpha s\beta s\gamma - s\alpha c\gamma & c\alpha s\beta c\gamma + s\alpha s\gamma \\ s\alpha c\beta & s\alpha s\beta s\gamma + c\alpha c\gamma & s\alpha s\beta c\gamma - c\alpha s\gamma \\ -s\beta & c\beta s\gamma & c\beta c\gamma \end{bmatrix}. \tag{2.64}$$

Beachten Sie, dass die hier angegebene Definition die Reihenfolge der drei Drehungen festlegt. **Gleichung (2.64)** ist nur korrekt für Drehungen in der Reihenfolge: um γ um $\hat{X}_A$, um β um $\hat{Y}_A$ und um α um $\hat{Z}_A$.

Oft interessiert uns das umgekehrte Problem, d. h. die Extraktion äquivalenter X-Y-Z-**Festwinkel** aus einer **Rotationsmatrix**. Das Ergebnis hängt von der Lösung einer Reihe transzendentaler Gleichungen ab: Wird **(2.64)** mit einer gegebenen Rotationsmatrix gleichgesetzt, gibt es neun Gleichungen und drei Unbekannte. Die neun Gleichungen enthalten sechs Abhängigkeiten, sodass wir im Wesentlichen drei Gleichungen und drei Unbekannte haben. Es sei

$${}^A_B R_{XYZ}(\gamma,\beta,\alpha) = \begin{bmatrix} r_{11} & r_{12} & r_{13} \\ r_{21} & r_{22} & r_{23} \\ r_{31} & r_{32} & r_{33} \end{bmatrix}. \tag{2.65}$$

Anhand von **(2.64)** sehen wir, dass wir nach Ziehen der Quadratwurzel aus der Summe der Quadrate von r_{11} und r_{21}, $\cos\beta$ berechnen können. Dann können wir mit dem Arkustangens des Quotienten von $-r_{31}$ und dem berechneten Kosinus nach β auflösen. Solange also $c\beta \neq 0$, können wir nach α auflösen, indem wir den Arkustangens des Quotienten aus den beiden Quotienten $r_{21}/c\beta$ und $r_{11}/c\beta$ bestimmen, und wir können nach γ auflösen, indem wir den Arkustangens des Quotienten aus den beiden Quotienten $r_{32}/c\beta$ und $r_{33}/c\beta$ berechnen.

Zusammengefasst gilt somit:

$$\begin{aligned} \beta &= \mathrm{Atan2}(-r_{31}, \sqrt{r_{11}^2 + r_{21}^2}), \\ \alpha &= \mathrm{Atan2}(r_{21}/c\beta, r_{11}/c\beta), \\ \gamma &= \mathrm{Atan2}(r_{32}/c\beta, r_{33}/c\beta), \end{aligned} \tag{2.66}$$

wobei $\mathrm{Atan2}(y, x)$ eine **Arkustangensfunktion** mit zwei **Argumenten** ist.[7]

Es gibt auch noch eine zweite Lösung, aber indem wir nur die positive Quadratwurzel in der Formel für β benutzen, berechnen wir immer nur diejenige Lösung, für die $-90{,}0° \leq \beta \leq 90{,}0°$ ist. Dies ist in der Regel eine gute Vorgehensweise, denn wir können dann Eins-zu-Eins Abbildungsfunktionen zwischen verschiedenen Darstellungen der Ausrichtung definieren. In manchen Fällen ist es jedoch wichtig, alle Lösungen zu berechnen (mehr dazu erfahren Sie in ▶ **Kapitel 4**). Wenn $\beta = \pm 90{,}0°$ (sodass $c\beta = 0$), ist die Lösung von **(2.67)** entartet. In diesen Fällen kann nur die Summe oder die Differenz von α und γ errechnet werden. Eine mögliche Konvention wählt in diesen Fällen $\alpha = 0{,}0$, was zu den nachfolgend aufgeführten Ergebnissen führt.

Wenn $\beta = 90{,}0°$, dann kann eine Lösung wie folgt berechnet werden:

$$\begin{aligned} \beta &= 90{,}0°, \\ \alpha &= 0{,}0, \\ \gamma &= \mathrm{Atan2}(r_{12}, r_{22}). \end{aligned} \tag{2.67}$$

Wenn $\beta = -90{,}0°$, dann kann eine Lösung wie folgt berechnet werden:

$$\begin{aligned} \beta &= -90{,}0°, \\ \alpha &= 0{,}0, \\ \gamma &= -\mathrm{Atan2}(r_{12}, r_{22}). \end{aligned} \tag{2.68}$$

7 $\mathrm{Atan2}(y, x)$ errechnet $\tan^{-1}(y/x)$, verwendet aber die Vorzeichen von x und y, um den Quadranten zu bestimmen, in dem der resultierende Winkel liegt. Zum Beispiel ist $\mathrm{Atan2}(-2{,}0, -2{,}0) = -135°$, während $\mathrm{Atan2}(2{,}0, 2{,}0) = 45°$ ergibt. Diese Unterscheidung würde bei einer **Arkustangensfunktion** mit einem einzelnen Argument verloren gehen. Wir berechnen häufig Winkel, die sich über die vollen 360° reichen können, daher werden wir die **Funktion** Atan2 regelmäßig verwenden. Beachten Sie, dass Atan2 undefiniert wird, wenn beide Argumente null sind. Die Funktion wird manchmal als **4-Quadranten-Arkustangens** bezeichnet und ist in einigen Bibliotheken von Programmiersprachen vordefiniert.

2.8.2 Z-Y-X-Euler-Winkel-Konvention

Eine andere mögliche Beschreibung eines Rahmens $\{B\}$ lautet wie folgt:

> *Beginnen Sie mit dem Rahmen $\{B\}$, der mit einem bekannten Rahmen $\{A\}$ übereinstimmt. Drehen Sie $\{B\}$ zunächst um den Winkel α um $\hat{Z}_B$, dann um den Winkel β um $\hat{Y}_B$ und schließlich um den Winkel γ um $\hat{X}_B$.*

In dieser Darstellung wird jede Drehung um eine Achse des beweglichen Systems $\{B\}$ und nicht um eine der festen Referenz $\{A\}$ durchgeführt. Solche Sätze von drei Drehungen werden **Euler-Winkel-Konvention** genannt. Beachten Sie, dass jede Drehung um eine Achse erfolgt, deren Lage von den vorangegangenen Drehungen abhängt. Da die drei Drehungen um die Achsen $\hat{Z}$, $\hat{Y}$ und $\hat{X}$ erfolgt, nennen wir diese Darstellung **Z-Y-X-Euler-Winkel**.

Abbildung 2.18 zeigt die Achsen von $\{B\}$ nach jeder der **Eulerschen Drehungen**. Die Drehung um α um $\hat{Z}$ bewirkt eine Drehung von $\hat{X}$ zu $\hat{X}'$, von $\hat{Y}$ zu $\hat{Y}'$ und so weiter. Bei jeder Drehung wird zu jeder Achse ein zusätzliches „Hochkomma" hinzugefügt. Eine Rotationsmatrix, die durch **Z-Y-X-Euler-Winkel parametrisiert** ist, wird durch die Schreibweise ${}^A_BR_{Z'Y'X'}(\alpha,\beta,\gamma)$ wiedergegeben. Beachten Sie, dass wir den Indizes „Hochkommas" hinzugefügt haben, um anzuzeigen, dass diese Drehung durch Euler-Winkel beschrieben wird.

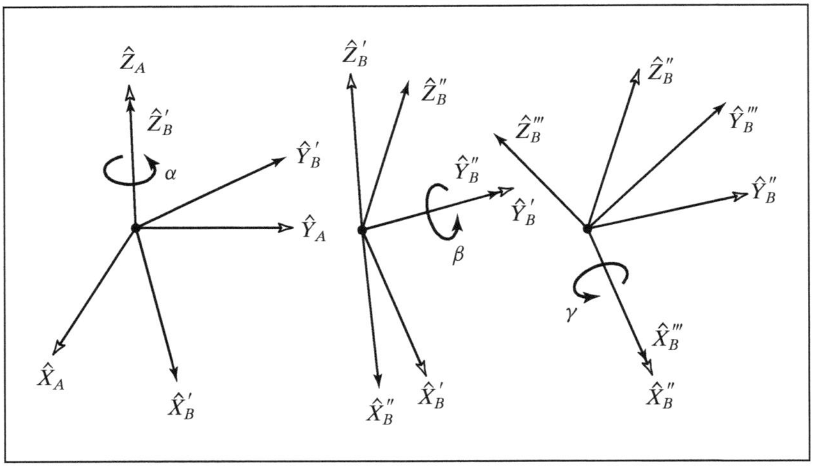

Abbildung 2.18 Z-Y-X-Euler-Winkel.

Mit Bezug auf **Abbildung 2.18** können wir die Zwischenrahmen $\{B'\}$ und $\{B''\}$ verwenden, um einen Ausdruck für ${}^A_BR_{Z'Y'X'}(\alpha,\beta,\gamma)$ zu berechnen. Wenn wir uns die Rotationen als Beschreibungen dieser Rahmen vorstellen, können wir sofort den folgenden Ausdruck aufschreiben:

$$ {}^A_BR = {}^A_{B'}R \; {}^{B'}_{B''}R \; {}^{B''}_{B}R, \tag{2.69} $$

wobei jede der relativen Beschreibungen auf der rechten Seite von **(2.69)** durch die Anweisungen der Z-Y-X-Euler-Winkel-Konvention gegeben ist. Insbesondere lautet die endgültige Ausrichtung von $\{B\}$ relativ zu $\{A\}$:

$$
\begin{aligned}
{}^A_B R_{Z'Y'X'} &= R_Z(\alpha)\, R_Y(\beta)\, R_X(\gamma) \\
&= \begin{bmatrix} c\alpha & -s\alpha & 0 \\ s\alpha & c\alpha & 0 \\ 0 & 0 & 1 \end{bmatrix} \begin{bmatrix} c\beta & 0 & s\beta \\ 0 & 1 & 0 \\ -s\beta & 0 & c\beta \end{bmatrix} \begin{bmatrix} 1 & 0 & 0 \\ 0 & c\gamma & -s\gamma \\ 0 & s\gamma & c\gamma \end{bmatrix},
\end{aligned}
\tag{2.70}
$$

wobei $c\alpha = \cos\alpha, s\alpha = \sin\alpha$ und so weiter. Durch Ausmultiplizieren erhalten wir:

$$
{}^A_B R_{Z'Y'X'}(\alpha,\beta,\gamma) = \begin{bmatrix} c\alpha c\beta & c\alpha s\beta s\gamma - s\alpha c\gamma & c\alpha s\beta c\gamma + s\alpha s\gamma \\ s\alpha c\beta & s\alpha s\beta s\gamma + c\alpha c\gamma & s\alpha s\beta c\gamma - c\alpha s\gamma \\ -s\beta & c\beta s\gamma & c\beta c\gamma \end{bmatrix}. \tag{2.71}
$$

Beachten Sie, dass das Ergebnis genau dasselbe ist, wie dasjenige mit denselben drei Drehungen um feste Achsen, aber in entgegengesetzter Reihenfolge! Dieses wenig intuitive Ergebnis gilt generell: Drei Drehungen um feste Achsen ergeben die gleiche endgültige Ausrichtung wie dieselben drei Drehungen in entgegengesetzter Reihenfolge um die Achsen des sich bewegenden Rahmens.

Da **(2.71)** äquivalent zu **(2.64)** ist, müssen wir die Lösung für die Extraktion der Z-Y-X-Euler-Winkel aus einer Rotationsmatrix nicht wiederholen. Das heißt, **(2.66)** kann auch verwendet werden, um die Z-Y-X-Euler-Winkel zu bestimmen, die einer gegebenen Rotationsmatrix entsprechen.

2.8.3 Z-Y-Z-Euler-Winkel-Konvention

Eine andere mögliche Beschreibung eines Rahmens $\{B\}$ lautet

> *Beginnen Sie mit dem Rahmen $\{B\}$, der mit einem bekannten Rahmen $\{A\}$ übereinstimmt. Drehen Sie $\{B\}$ zunächst um einen Winkel α um $\hat{Z}_B$, dann um einen Winkel β um $\hat{Y}_B$ und schließlich um einen Winkel γ um $\hat{Z}_B$.*

Die Rotationen werden dabei relativ zu dem Rahmen beschrieben, den wir bewegen, nämlich $\{B\}$. Es handelt sich also um eine Eulersche Winkel-Konvention. Da die drei Drehungen um die Achsen $\hat{Z}$, $\hat{Y}$ und $\hat{Z}$ erfolgen, nennen wir diese Darstellung **Z-Y-Z-Euler-Winkel** .

Wenn wir genau wie im letzten Abschnitt vorgehen, erhalten wir die äquivalente Rotationsmatrix

$$
{}^A_B R_{Z'Y'Z'}(\alpha,\beta,\gamma) = \begin{bmatrix} c\alpha c\beta c\gamma - s\alpha s\gamma & -c\alpha c\beta s\gamma - s\alpha c\gamma & c\alpha s\beta \\ s\alpha c\beta c\gamma + c\alpha s\gamma & -s\alpha c\beta s\gamma + c\alpha c\gamma & s\alpha s\beta \\ -s\beta c\gamma & s\beta s\gamma & c\beta \end{bmatrix}. \tag{2.72}
$$

Die Lösung für die Bestimmung der Z-Y-Z-Euler-Winkel aus einer Rotationsmatrix wird im Folgenden angegeben.

Gegeben ist

$$ {}^{A}_{B}R_{Z'Y'Z'}(\alpha,\beta,\gamma) = \begin{bmatrix} r_{11} & r_{12} & r_{13} \\ r_{21} & r_{22} & r_{23} \\ r_{31} & r_{32} & r_{33} \end{bmatrix}, \tag{2.73} $$

mit $\sin\beta \neq 0$ folgt daraus, dass

$$ \begin{aligned} \beta &= \mathrm{Atan2}(\sqrt{r_{31}^2 + r_{32}^2}, r_{33}), \\ \alpha &= \mathrm{Atan2}(r_{23}/s\beta, r_{13}/s\beta), \\ \gamma &= \mathrm{Atan2}(r_{32}/s\beta, -r_{31}/s\beta). \end{aligned} \tag{2.74} $$

Obwohl es eine zweite Lösung gibt (die wir mit der positiven Quadratwurzel in der Formel für β finden), berechnen wir immer nur diejenige Lösung, für die $0{,}0 \leq \beta \leq 180{,}0°$ ist. Wenn $\beta = 0{,}0$ oder 180,0°ist, entartet die Lösung von **(2.74)**. In diesen Fällen kann nur die Summe oder die Differenz von α und γ errechnet werden. Eine mögliche Konvention wählt in diesen Fällen $\alpha = 0{,}0$, was zu den folgenden Ergebnissen führt.

Ist $\beta = 0{,}0$, dann kann eine Lösung wie folgt berechnet werden:

$$ \begin{aligned} \beta &= 0{,}0, \\ \alpha &= 0{,}0, \\ \gamma &= \mathrm{Atan2}(-r_{12}, r_{11}). \end{aligned} \tag{2.75} $$

Mit $\beta = 180{,}0°$ lautet eine Lösung

$$ \begin{aligned} \beta &= 180{,}0°, \\ \alpha &= 0{,}0, \\ \gamma &= \mathrm{Atan2}(r_{12}, -r_{11}). \end{aligned} \tag{2.76} $$

2.8.4 Andere Winkelsatz-Konventionen

In den vorangegangenen Abschnitten haben wir drei Konventionen für die Angabe der Ausrichtung kennengelernt: die X-Y-Z-Festwinkelkonvention, die Z-Y-X-Euler-Winkel-Konvention und die Z-Y-Z-Euler-Winkel-Konvention. Jede von ihnen erfordert die Durchführung von drei Drehungen um die Hauptachsen in einer bestimmten Reihenfolge. Diese Konventionen sind Beispiele für eine Reihe von 24 Konventionen, die wir als **Winkelsatz-Konventionen** bezeichnen. Davon sind 12 Konventionen für Festwinkel und 12 für Eulersche Winkel. Beachten Sie, dass es aufgrund der Doppeldeutigkeit von Festwinkel-Konventionen und Euler-Winkel-Konventionen nur 12 eindeutige **Parametrisierungen** einer Drehmatrix durch aufeinanderfolgende Drehungen um die Hauptachsen gibt. Oft gibt es keinen besonderen Grund, eine Konvention gegenüber einer anderen zu bevorzugen, aber verschiedene Autoren verwenden unterschiedliche, sodass es nützlich ist, die äquivalenten Rotationsmatrizen für alle 24 Konventionen aufzulisten. ▶ **Anhang B** (im hinteren Teil des Buches) enthält die äquivalenten Drehmatrizen aller 24 Konventionen.

2.8.5 Äquivalente Winkel-Achsen-Darstellung

Mit der Schreibweise $R_X(30{,}0)$ beschreiben wir eine Ausrichtung durch Angabe einer Achse $\hat{X}$ und eines Winkels, hier 30,0 Grad. Dies ist ein Beispiel für eine **äquivalente Winkel-Achsen-Darstellung**. Wenn es sich bei der Achse um eine *beliebige* Richtung handelt (und nicht um eine der Einheitsrichtungen), kann jede beliebige Ausrichtung durch die richtige Wahl der Achse und des Winkels erzielt werden. Betrachten Sie die folgende Beschreibung eines Rahmens $\{B\}$:

> *Beginnen Sie mit dem Rahmen $\{B\}$, der mit einem bekannten Rahmen $\{A\}$ übereinstimmt. Drehen Sie dann $\{B\}$ um einen Winkel θ gemäß der Rechte-Hand-Regel um den Vektor ${}^A\hat{K}$.*

Der Vektor $\hat{K}$ wird manchmal als die äquivalente Achse einer endlichen **Drehung** bezeichnet. Eine beliebige Ausrichtung von $\{B\}$ relativ zu $\{A\}$ kann geschrieben werden als ${}^A_BR(\hat{K},\theta)$ oder $R_K(\theta)$und wird äquivalente Winkel-Achsen-Darstellung genannt.[8] Die Angabe des Vektors ${}^A\hat{K}$ erfordert nur zwei Parameter, da seine Länge immer als Eins angenommen wird. Der Winkel gibt einen dritten Parameter an. Oft werden wir die Einheitsrichtung $\hat{K}$ mit dem Betrag der Drehung θ multiplizieren, um eine kompakte 3×1-Vektor-Beschreibung der Ausrichtung zu erhalten, die mit K (ohne „Dach") bezeichnet wird (siehe **Abbildung 2.19**).

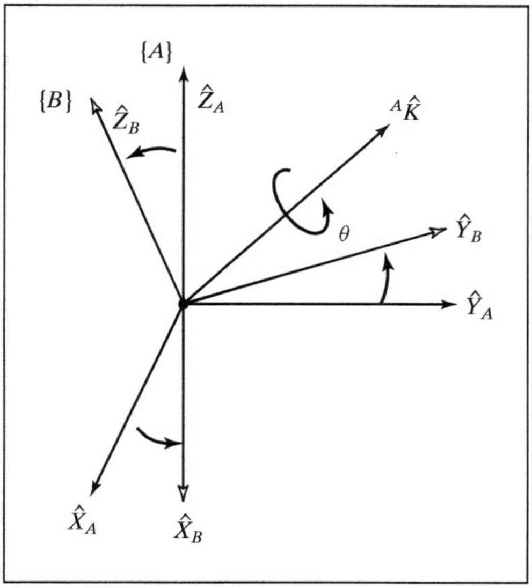

Abbildung 2.19 Äquivalente Winkel-Achsen-Darstellung.

Wenn die Rotationsachse aus den Hauptachsen von $\{A\}$ gewählt wird, dann nimmt die äquivalente Rotationsmatrix die bekannte Form von Rotationen in der Ebene an:

$$R_X(\theta)=\begin{bmatrix}1 & 0 & 0\\ 0 & \cos\theta & -\sin\theta\\ 0 & \sin\theta & \cos\theta\end{bmatrix}, \tag{2.77}$$

$$R_Y(\theta)=\begin{bmatrix}\cos\theta & 0 & \sin\theta\\ 0 & 1 & 0\\ -\sin\theta & 0 & \cos\theta\end{bmatrix}, \tag{2.78}$$

8 Dass es solche $\hat{K}$ und θ für jede beliebige Ausrichtung von $\{B\}$ relativ zu $\{A\}$ gibt, wurde ursprünglich von Euler gezeigt und ist als **Eulersches Rotationstheorem** bekannt [3].

$$R_Z(\theta) = \begin{bmatrix} \cos\theta & -\sin\theta & 0 \\ \sin\theta & \cos\theta & 0 \\ 0 & 0 & 1 \end{bmatrix}. \tag{2.79}$$

Wenn die Rotationsachse eine beliebige **Achse** ist, kann (wie in ▶ **Übung 2.6**) gezeigt werden, dass die äquivalente Rotationsmatrix

$$R_K(\theta) = \begin{bmatrix} k_x k_x v\theta + c\theta & k_x k_y v\theta - k_z s\theta & k_x k_z v\theta + k_y s\theta \\ k_x k_y v\theta + k_z s\theta & k_y k_y v\theta + c\theta & k_y k_z v\theta - k_x s\theta \\ k_x k_z v\theta - k_y s\theta & k_y k_z v\theta + k_x s\theta & k_z k_z v\theta + c\theta \end{bmatrix} \tag{2.80}$$

lautet, wobei $c\theta = \cos\theta, s\theta = \sin\theta, v\theta = 1 - \cos\theta$ und $^A\hat{K} = [k_x \, k_y \, k_z]^T$. Das Vorzeichen von θ wird durch die Rechte-Hand-Regel bestimmt, wobei der Daumen in die positive Richtung von $^A\hat{K}$ deutet.

Gleichung (2.80) bildet eine Umwandlung von der Winkel-Achsen-Darstellung in die Darstellung der **Rotationsmatrix**. Beachten Sie, dass wir auf diese Weise zu einer beliebigen Kombination aus Drehachse und Winkelbetrag leicht eine äquivalente Rotationsmatrix erzeugen können.

Das umgekehrte Problem, nämlich die Berechnung von $\hat{K}$ und θ aus einer gegebenen Rotationsmatrix, überlassen wir größtenteils den Übungen (▶ **Übungen 2.6** und **2.7**), aber ein Teilergebnis geben wir hier an [3]. Wenn

$${}^A_B R_K(\theta) = \begin{bmatrix} r_{11} & r_{12} & r_{13} \\ r_{21} & r_{22} & r_{23} \\ r_{31} & r_{32} & r_{33} \end{bmatrix}, \tag{2.81}$$

dann ist

$$\theta = \operatorname{Acos}\left(\frac{r_{11} + r_{22} + r_{33} - 1}{2}\right)$$

und

$$\hat{K} = \frac{1}{2\sin\theta} \begin{bmatrix} r_{32} - r_{23} \\ r_{13} - r_{31} \\ r_{21} - r_{12} \end{bmatrix}. \tag{2.82}$$

Diese Lösung liefert für θ immer einen Wert zwischen 0 und 180 Grad. Für jedes Achsen-Winkel-Paar $({}^A\hat{K}, \theta)$ gibt es ein weiteres Paar, nämlich $(-{}^A\hat{K}, -\theta)$, das zur gleichen Ausrichtung im Raum und zur gleichen beschreibenden Rotationsmatrix führt. Bei der Umwandlung von einer Rotationsmatrix in eine Winkel-Achsen-Darstellung müssen wir daher zwischen verschiedenen Lösungen wählen. Ein noch schwerwiegenderes Problem ist, dass die Achse bei Drehungen um kleine Winkel zunehmend ungenau definiert ist. Wenn der Betrag der Drehung gegen null geht, ist die Drehachse natürlich völlig undefiniert. Die durch **(2.82)** gegebene Lösung kann für $\theta = 0°$ oder $\theta = 180°$ nicht angewendet werden.

BEISPIEL 2.8

Ein Rahmen {*B*} stimmt anfänglich mit {*A*} überein. Wir rotieren {*B*} dann um einen Winkel von $\theta = 30°$ um den Vektor ${}^A\hat{K} = [0{,}707 \quad 0{,}707 \quad 0{,}0]^T$, der durch den Ursprung verläuft. Geben Sie die Rahmenbeschreibung von {*B*} an.

Einsetzen in **(2.80)** ergibt den Teil der Rotationsmatrix der Rahmenbeschreibung. Es gab keine Verschiebung des Ursprungs, also ist der Ortsvektor $[0, 0, 0]^T$. Daraus folgt,

$$
{}^A_BT = \begin{bmatrix} 0{,}933 & 0{,}067 & 0{,}354 & 0{,}0 \\ 0{,}067 & 0{,}933 & -0{,}354 & 0{,}0 \\ -0{,}354 & 0{,}354 & 0{,}866 & 0{,}0 \\ 0{,}0 & 0{,}0 & 0{,}0 & 1{,}0 \end{bmatrix}. \tag{2.83}
$$

Bis zu diesem Punkt sind alle von uns besprochenen Rotationen um Achsen erfolgt, die durch den Ursprung des Bezugssystems verliefen. Wenn wir auf ein Problem stoßen, für das dies nicht zutrifft, können wir das Problem auf den Fall „Achse durch den Ursprung“ reduzieren, indem wir zusätzliche Rahmen definieren, deren Ursprünge auf der Achse liegen, und dann eine Transformationsgleichung lösen.

BEISPIEL 2.9

Ein Rahmen {*B*} stimmt anfänglich mit {*A*} überein. Wir rotieren {*B*} dann um einen Winkel von $\theta = 30°$ um den Vektor ${}^A\hat{K} = [0{,}707 \quad 0{,}707 \quad 0{,}0]^T$, der durch den Punkt ${}^AP = [1{,}0 \ 2{,}0 \ 3{,}0]^T$ verläuft. Geben Sie die Rahmenbeschreibung von {*B*} an.

Vor der Drehung stimmen {*A*} und {*B*} überein. Wie in **Abbildung 2.20** zu sehen ist, definieren wir zwei neue Rahmen, {*A'*} und {*B'*}, die miteinander übereinstimmen und die gleiche Ausrichtung wie {*A*} bzw. {*B*} haben, aber relativ zu {*A*} so weit verschoben sind, dass ihre Ursprünge auf der Drehachse liegen. Wir wählen

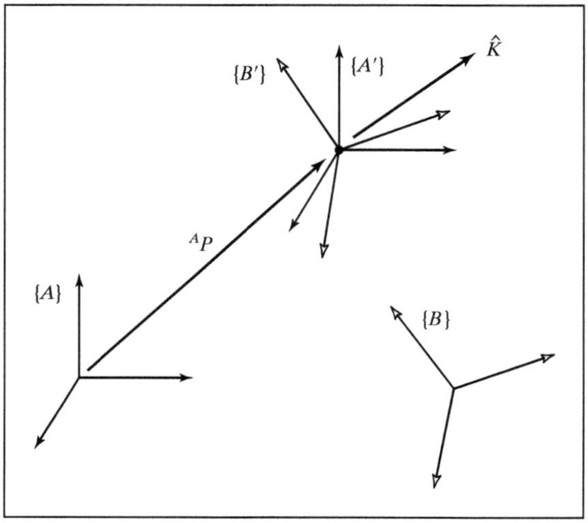

Abbildung 2.20 Drehung um eine Achse, die nicht durch den Ursprung von {*A*} verläuft. Ursprünglich stimmte {*B*} mit {*A*} überein.

$$
{}^{A}_{A'}T = \begin{bmatrix} 1{,}0 & 0{,}0 & 0{,}0 & 1{,}0 \\ 0{,}0 & 1{,}0 & 0{,}0 & 2{,}0 \\ 0{,}0 & 0{,}0 & 1{,}0 & 3{,}0 \\ 0{,}0 & 0{,}0 & 0{,}0 & 1{,}0 \end{bmatrix}. \tag{2.84}
$$

In ähnlicher Weise lautet die Beschreibung von $\{B\}$ in Bezug auf $\{B'\}$:

$$
{}^{B}_{B'}T = \begin{bmatrix} 1{,}0 & 0{,}0 & 0{,}0 & -1{,}0 \\ 0{,}0 & 1{,}0 & 0{,}0 & -2{,}0 \\ 0{,}0 & 0{,}0 & 1{,}0 & -3{,}0 \\ 0{,}0 & 0{,}0 & 0{,}0 & 1{,}0 \end{bmatrix}. \tag{2.85}
$$

Halten wir die anderen Beziehungen fest, können wir nun $\{B'\}$ relativ zu $\{A'\}$ rotieren. Dies ist eine Drehung um eine Achse, die durch den Ursprung verläuft. Wir können also **(2.80)** verwenden, um $\{B'\}$ relativ zu $\{A'\}$ zu berechnen. Das Einsetzen in **(2.80)** ergibt den Teil der Rotationsmatrix der Rahmenbeschreibung. Es gab keine Verschiebung des Ursprungs, also ist der Ortsvektor $[0,0,0]^T$. Wir haben somit

$$
{}^{A'}_{B'}T = \begin{bmatrix} 0{,}933 & 0{,}067 & 0{,}354 & 0{,}0 \\ 0{,}067 & 0{,}933 & -0{,}354 & 0{,}0 \\ -0{,}354 & 0{,}354 & 0{,}866 & 0{,}0 \\ 0{,}0 & 0{,}0 & 0{,}0 & 1{,}0 \end{bmatrix}. \tag{2.86}
$$

Schließlich können wir eine Transformationsgleichung schreiben, um den gewünschten Rahmen zu berechnen, nämlich

$$
{}^{A}_{B}T = {}^{A}_{A'}T\ {}^{A'}_{B'}T\ {}^{B'}_{B}T, \tag{2.87}
$$

was zur folgenden Lösung führt:

$$
{}^{A}_{B}T = \begin{bmatrix} 0{,}933 & 0{,}067 & 0{,}354 & -1{,}13 \\ 0{,}067 & 0{,}933 & -0{,}354 & 1{,}13 \\ -0{,}354 & 0{,}354 & 0{,}866 & 0{,}05 \\ 0{,}000 & 0{,}000 & 0{,}000 & 1{,}00 \end{bmatrix}. \tag{2.88}
$$

Eine Drehung um eine Achse, die nicht durch den Ursprung verläuft, bewirkt eine Ortsänderung und dieselbe endgültige Ausrichtung, als wenn die Achse durch den Ursprung verlaufen wäre. Beachten Sie, dass wir jede beliebige Definition von $\{A'\}$ und $\{B'\}$ verwenden können, sofern ihre Ursprünge auf der Rotationsachse liegen. Die von uns gewählte Ausrichtung war willkürlich, und die Position des Ursprungs war eine von unendlich vielen Möglichkeiten, die entlang der Drehachse liegen (siehe auch ▶ **Übung 2.14**).

2.8.6 Eulersche Parameter

Eine andere Darstellung der Ausrichtung erfolgt durch vier Zahlen, die sogenannten **Eulerschen Parameter.** Obwohl eine vollständige Diskussion den Rahmen dieses Buches sprengen würde, geben wir die Konvention hier als Referenz an.

Bezogen auf die äquivalente Achse $\hat{K} = [k_x\ k_y\ k_z]^T$ und den äquivalenten Winkel θ sind die Euler-Parameter gegeben durch

$$
\begin{aligned}
\varepsilon_1 &= k_x \sin\frac{\theta}{2}, \\
\varepsilon_2 &= k_y \sin\frac{\theta}{2}, \\
\varepsilon_3 &= k_z \sin\frac{\theta}{2}, \\
\varepsilon_4 &= \cos\frac{\theta}{2}.
\end{aligned} \tag{2.89}
$$

Es ist also klar, dass diese vier Größen nicht unabhängig sind: Es muss immer

$$\varepsilon_1^2 + \varepsilon_2^2 + \varepsilon_3^2 + \varepsilon_4^2 = 1 \tag{2.90}$$

gelten. Daher könenn wir uns eine **Ausrichtung** als einen Punkt auf einer **Einheits-Hypersphäre** im vierdimensionalen Raum vorstellen.

Manchmal werden die Euler-Parameter als 3×1-Vektor plus einen Skalar betrachtet. Doch als 4×1-Vektor werden die Euler-Parameter als **Einheits-Quaternion** bezeichnet.

Für die Rotationsmatrix R_ε, die einem Satz von Euler-Parametern entspricht, gilt:

$$R_\varepsilon = \begin{bmatrix} 1 - 2\varepsilon_2^2 - 2\varepsilon_3^2 & 2(\varepsilon_1\varepsilon_2 - \varepsilon_3\varepsilon_4) & 2(\varepsilon_1\varepsilon_3 + \varepsilon_2\varepsilon_4) \\ 2(\varepsilon_1\varepsilon_2 + \varepsilon_3\varepsilon_4) & 1 - 2\varepsilon_1^2 - 2\varepsilon_3^2 & 2(\varepsilon_2\varepsilon_3 - \varepsilon_1\varepsilon_4) \\ 2(\varepsilon_1\varepsilon_3 - \varepsilon_2\varepsilon_4) & 2(\varepsilon_2\varepsilon_3 + \varepsilon_1\varepsilon_4) & 1 - 2\varepsilon_1^2 - 2\varepsilon_2^2 \end{bmatrix}. \tag{2.91}$$

Bei einer **Rotationsmatrix** lauten die entsprechenden Eulerschen Parameter:

$$\begin{aligned} \varepsilon_1 &= \frac{r_{32} - r_{23}}{4\varepsilon_4}, \\ \varepsilon_2 &= \frac{r_{13} - r_{31}}{4\varepsilon_4}, \\ \varepsilon_3 &= \frac{r_{21} - r_{12}}{4\varepsilon_4} \quad \text{und} \\ \varepsilon_4 &= \frac{1}{2}\sqrt{1 + r_{11} + r_{22} + r_{33}}. \end{aligned} \tag{2.92}$$

Beachten Sie, dass **(2.92)** rechnerisch nicht nützlich ist, wenn die Rotationsmatrix eine Drehung um 180 Grad um irgendeine Achse darstellt, denn dann wird ε_4 gleich null. Es kann jedoch gezeigt werden, dass im Grenzwert selbst für diesen Fall alle Ausdrücke in **(2.92)** endlich bleiben. Tatsächlich geht aus den Definitionen in **(2.88)** hervor, dass alle ε_i im Intervall $[-1, 1]$ bleiben.

2.8.7 Erlernte und vordefinierte Ausrichtungen

In vielen Robotersystemen wird es möglich sein, Orte und **Ausrichtungen** mit Hilfe des Roboters selbst zu „**erlernen**“. Der Manipulator wird an eine gewünschte Stelle bewegt und diese Position wird aufgezeichnet. Ein auf diese Weise erlernter Rahmen muss nicht notwendigerweise ein Rahmen sein, zu dem der Roboter zurückkehren soll, sondern kann auch die Position eines Werkstücks oder einer Vorrichtung sein. Mit anderen Worten: Der Roboter wird als Messwerkzeug mit sechs Freiheitsgraden verwendet. Wenn Sie eine Ausrichtung auf diese Weise erlernen lassen, muss sich der menschliche Programmierer nicht mehr mit der Darstellung der Ausrichtung befassen. Im Computer wird der erlernte Punkt als Rotationsmatrix (oder wie auch immer) gespeichert, aber der Benutzer muss sie nie sehen oder verstehen. **Robotersysteme**, die das **Erlernen** von **Rahmen** mit Hilfe des Roboters ermöglichen, sind daher sehr zu empfehlen.

Über das Erlernen von Rahmen hinaus verfügen einige Systeme über eine Reihe von vordefinierten Ausrichtungen, wie z. B. „nach unten zeigen“ oder „nach links zeigen“. Diese Vorgaben sind für Menschen sehr einfach zu handhaben. Wenn dies jedoch die einzige Möglichkeit wäre, die Ausrichtung zu beschreiben und festzulegen, bliebe das System sehr eingeschränkt.

2.9 Transformation von freien Vektoren

In diesem Kapitel haben wir uns hauptsächlich mit Ortsvektoren beschäftigt. In späteren Kapiteln werden wir auch Geschwindigkeits- und Kraftvektoren behandeln. Diese Vektoren werden unterschiedlich transformiert, da es sich um verschiedene *Arten* von Vektoren handelt.

In der Mechanik wird zwischen der Gleichheit und der Äquivalenz von Vektoren unterschieden. *Zwei* ***Vektoren*** *sind gleich, wenn sie die gleichen Dimensionen, den gleichen Betrag und die gleiche Richtung haben.* Zwei Vektoren, die *gleich* sind, können unterschiedliche Wirkungsrichtungen haben – zum Beispiel die drei gleichen Vektoren in **Abbildung 2.21**. Diese Geschwindigkeitsvektoren haben die gleichen Dimensionen, den gleichen Betrag und die gleiche Richtung und sind daher nach unserer Definition gleich.

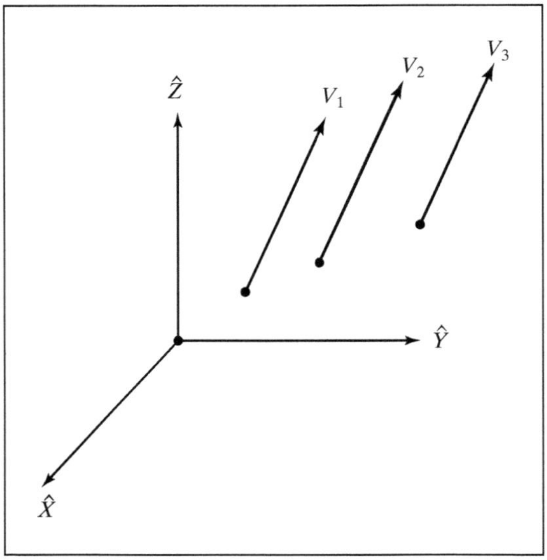

Abbildung 2.21 Diese Geschwindigkeitsvektoren sind gleich.

Zwei ***Vektoren*** *sind hinsichtlich einer bestimmten Eigenschaft äquivalent, wenn sie mit dieser Eigenschaft den gleichen Effekt erzielen.* Wenn das Kriterium in **Abbildung 2.21** also die pro Zeiteinheit zurückgelegte Strecke ist, liefern alle drei Vektoren das gleiche Ergebnis und sind somit *hinsichtlich dieser Eigenschaft* äquivalent. Ist das Kriterium die Höhe über der *xy-Ebene*, dann sind die Vektoren trotz ihrer Gleichheit nicht äquivalent. Die Beziehungen zwischen Vektoren und der Begriff der Äquivalenz hängen also *ganz von der jeweiligen Situation ab.* Außerdem können Vektoren, die nicht äquivalent sind, in bestimmten Fällen äquivalente Effekte verursachen.

Wir werden zwei grundlegende Klassen von **Vektorgrößen** definieren, die hilfreich sein können.

Der Begriff **Linienvektor** bezieht sich auf einen Vektor, dessen Wirkung von seiner **Wirkungslinie** sowie seiner Richtung und seinem Betrag abhängt. Oft hängen die Auswirkungen eines Kraftvektors von seiner Wirkungslinie (oder seinem Angriffspunkt) ab, sodass er dann als Linienvektor betrachtet wird.

Der Begriff **freier Vektor** bezeichnet einen Vektor, der ohne Verlust oder Änderung seiner Bedeutung an einer beliebigen Stelle im Raum positioniert werden kann, vorausgesetzt, dass Betrag und Richtung erhalten bleiben.

Zum Beispiel ist ein reiner **Momentenvektor** immer ein freier Vektor. Wenn wir einen Momentvektor ${}^{B}N$ haben, der in Bezug auf $\{B\}$ bekannt ist, dann berechnen wir das gleiche Moment in Bezug auf den Rahmen $\{A\}$ mit

$$ {}^{A}N = {}^{A}_{B}R \; {}^{B}N. \tag{2.93} $$

Mit anderen Worten, es zählen nur der Betrag und die Richtung (im Falle eines freien Vektors), sodass nur die Rotationsmatrix, die die beiden Systeme miteinander verbindet, für die Transformation verwendet wird. Die relativen Positionen der Ursprünge werden bei der Berechnung nicht berücksichtigt.

Ebenso lautet ein in $\{B\}$ formulierter **Geschwindigkeitsvektor** ${}^{B}V$ in $\{A\}$

$$ {}^{A}V = {}^{A}_{B}R \; {}^{B}V. \tag{2.94} $$

Die Geschwindigkeit eines **Punktes** ist ein freier Vektor, da nur seine Richtung und sein Betrag wichtig sind. Die Operation der Drehung (wie in **(2.94)**) hat keinen Einfluss auf den Betrag, bewirkt aber die Drehung, die die Beschreibung des Vektors von $\{B\}$ nach $\{A\}$ ändert. Beachten Sie, dass ${}^{A}P_{BORG}$, der in einer Ortsvektor-Transformation erscheinen würde, nicht in einer Geschwindigkeitstransformation auftaucht. Ist zum Beispiel in **Abbildung 2.22** ${}^{B}V = 5\hat{X}$, dann ist ${}^{A}V = 5\hat{Y}$.

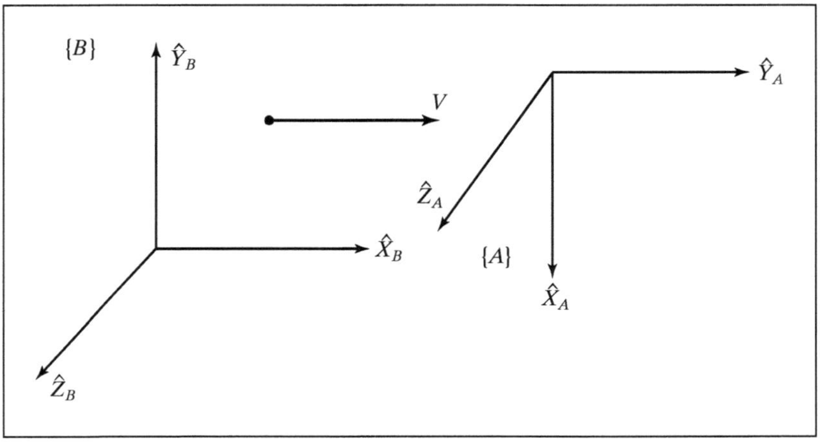

Abbildung 2.22 Transformation von Geschwindigkeiten.

Geschwindigkeitsvektoren sowie Kraft- und Momentvektoren werden in ▶ **Kapitel 5** ausführlicher vorgestellt.

2.10 Computertechnische Überlegungen

Die Verfügbarkeit von preiswerter **Rechenleistung** ist zu einem großen Teil für das Wachstum der Robotik-Industrie verantwortlich. Dennoch werden effiziente Berechnungen noch für einige Zeit ein wichtiger Aspekt bei der Entwicklung eines Manipulationssystems bleiben.

Die einheitliche Darstellung ist als konzeptionelle Einheit nützlich, aber die Transformations-Software, die typischerweise in industriellen Manipulationssystemen verwendet wird, macht davon keinen direkten Gebrauch, weil viel Zeit für die Multiplikation von Nullen und Einsen verschwendet wird. Normalerweise werden die in **(2.41)** und **(2.45)** gezeigten Berechnungen durchgeführt und nicht die direkte Multiplikation oder Invertierung von 4 × 4-Matrizen.

Die *Reihenfolge*, in der die Transformationen angewandt werden, kann einen großen Unterschied in der Menge der **Berechnungen** machen, die zur Berechnung derselben Größe erforderlich sind. Nehmen wir an, Sie führen mehrere **Drehungen** eines Vektors durch, wie in

$$ {}^{A}P = {}^{A}_{B}R \; {}^{B}_{C}R \; {}^{C}_{D}R \; {}^{D}P. \tag{2.95} $$

Eine Möglichkeit besteht darin, zunächst die drei Rotationsmatrizen miteinander zu multiplizieren, sodass im folgenden Ausdruck ${}^{A}_{D}R$ entsteht

$$ {}^{A}P = {}^{A}_{D}R \; {}^{D}P. \tag{2.96} $$

Die Berechnung von ${}^{A}_{D}R$ anhand seiner drei Bestandteile erfordert 54 Multiplikationen und 36 Additionen. Die Durchführung der endgültigen Matrix-Vektor-Multiplikation von **(2.96)** benötigt weitere 9 Multiplikationen und 6 Additionen, sodass sich die Gesamtzahl auf 63 Multiplikationen und 42 Additionen beläuft.

Transformieren wir stattdessen den Vektor durch eine Matrix nach der anderen, also

$$ \begin{aligned} {}^{A}P &= {}^{A}_{B}R \; {}^{B}_{C}R \; {}^{C}_{D}R \; {}^{D}P \\ {}^{A}P &= {}^{A}_{B}R \; {}^{B}_{C}R \; {}^{C}P \\ {}^{A}P &= {}^{A}_{B}R \; {}^{B}P \\ {}^{A}P &= {}^{A}P, \end{aligned} \tag{2.97} $$

dann erfordert die gesamte Berechnung nur 27 Multiplikationen und 18 Additionen, also weniger als die Hälfte der Berechnungen, die die andere Methode erfordert.

Natürlich sind in manchen Fällen die Beziehungen ${}^{A}_{B}R$, ${}^{B}_{C}R$ und ${}^{C}_{D}R$ konstant, während es viele ${}^{D}P_i$ gibt, die in ${}^{A}P_i$ umgewandelt werden müssen. In einem solchen Fall ist es effizienter, ${}^{A}_{D}R$ einmal zu berechnen und dann für alle zukünftigen Transformationen zu verwenden (siehe auch ▶ **Übung 2.16**).

BEISPIEL 2.10

Nennen Sie eine Methode zur Berechnung des Produkts zweier Rotationsmatrizen, ${}^{A}_{B}R\ {}^{B}_{C}R$, die weniger als 27 Multiplikationen und 18 Additionen benötigt.

Wenn $\hat{L}_i$ die Spalten von ${}^{B}_{C}R$ und $\hat{C}_i$ die drei Spalten des Ergebnisses sind, gilt:

$$\begin{aligned} \hat{C}_1 &= {}^{A}_{B}R\hat{L}_1, \\ \hat{C}_2 &= {}^{A}_{B}R\hat{L}_2, \\ \hat{C}_3 &= \hat{C}_1 \times \hat{C}_2. \end{aligned} \tag{2.98}$$

Diese Berechnungen erfordern nur 24 Multiplikationen und 15 Additionen.

Literatur

[1] B. Noble, *Applied Linear Algebra*, Prentice-Hall, Englewood Cliffs, NJ, 1969.

[2] D. Ballard und C. Brown, *Computer Vision*, Prentice-Hall, Englewood Cliffs, NJ, 1982.

[3] O. Bottema und B. Roth, *Theoretical Kinematics*, North Holland, Amsterdam, 1979.

[4] R.P. Paul, *Robot Manipulators*, MIT Press, Cambridge, MA, 1981.

[5] I. Shames, *Engineering Mechanics*, 2. Auflage, Prentice-Hall, Englewood Cliffs, NJ, 1967.

[6] Symon, *Mechanics*, 3. Auflage, Addison-Wesley, Reading, MA, 1971.

[7] B. Gorla und M. Renaud, *Robots Manipulateurs*, Cepadues-Editions, Toulouse, 1984.

Übungen

2.1 [15] Ein Vektor ${}^{A}P$ wird um θ Grad um $\hat{Z}_A$ und anschließend um φ Grad um $\hat{X}_A$ gedreht. Geben Sie die Rotationsmatrix an, die diese Drehungen in der angegebenen Reihenfolge durchführt.

2.2 [15] Ein Vektor ${}^{A}P$ wird um 30 Grad um $\hat{Y}_A$ und anschließend um 45 Grad um $\hat{X}_A$ gedreht. Geben Sie die Rotationsmatrix an, mit der diese Drehungen in der angegebenen Reihenfolge durchgeführt werden.

2.3 [16] Ein Rahmen $\{B\}$ stimmt anfangs mit einem Rahmen $\{A\}$ überein. Wir rotieren $\{B\}$ um θ Grad um $\hat{Z}_B$, dann rotieren wir den entstehenden Rahmen um φ Grad um $\hat{X}_B$. Geben Sie die Rotationsmatrix an, die die Beschreibungen von Vektoren von ${}^{B}P$ zu ${}^{A}P$ ändert.

2.4 [16] Ein Rahmen $\{B\}$ stimmt anfangs mit einem Rahmen $\{A\}$ überein. Wir rotieren $\{B\}$ um 30 Grad um $\hat{Z}_{B,}$ dann drehen wir den resultierenden Rahmen um 45 Grad um $\hat{X}_B$. Geben Sie die Rotationsmatrix an, durch die sich die Beschreibung von Vektoren von ${}^{B}P$ zu ${}^{A}P$ ändert.

2.5 [13] ${}^{A}_{B}R$ ist ein 3 × 3-Matrix mit den Eigenwerten 1, e^{+ai} und e^{-ai}, wobei $i = \sqrt{-1}$. Welche physikalische Bedeutung hat der Eigenvektor von ${}^{A}_{B}R$ der zum Eigenwert 1 gehört?

2.6 [21] Leiten Sie Gleichung **(2.80)** her.

2.7 [24] Beschreiben (oder programmieren) Sie einen Algorithmus, der den äquivalenten Winkel und die Achse einer Rotationsmatrix bestimmt. **Gleichung (2.82)** ist ein guter Anfang, aber stellen Sie sicher, dass Ihr Algorithmus auch die Sonderfälle $\theta = 0°$ und $\theta = 180°$ behandelt.

2.8 [29] Schreiben Sie ein Unterprogramm, das die Darstellung der Ausrichtung von der Form einer Rotationsmatrix in die äquivalente Winkel-Achsen-Form ändert. Eine Prozedurdeklaration im Pascal-Stil würde folgendermaßen beginnen

```
Procedure RMTOAA (VAR R:mat33; VAR K:vec3; VAR theta: real);
```

Schreiben Sie ein weiteres Unterprogramm, das von der äquivalenten Winkel-Achsen-Darstellung zur Rotations-Matrix-Darstellung wechselt:

```
Procedure AATORM(VAR K:vec3; VAR theta: real; VAR R:mat33);
```

Wenn es Ihnen lieber ist, schreiben Sie die Routinen in C. Führen Sie diese Prozeduren mit unterschiedlichen Testdaten direkt hintereinander aus und überprüfen Sie, ob Sie das zurückbekommen, was Sie eingegeben haben. Berücksichtigen Sie einige der schwierigen Fälle!

2.9 [27] Führen Sie ▶ **Übung 2.8** mit Roll-, Nick- und Gierwinkel um feste Achsen durch.

2.10 [27] Führen Sie ▶ **Übung 2.8** für die Z-Y-Z-Euler-Winkel-Konvention durch.

2.11 [10] Unter welcher Bedingung sind zwei Rotationsmatrizen, die endliche Rotationen darstellen, vertauschbar? Ein Beweis ist nicht erforderlich.

2.12 [14] Ein Geschwindigkeitsvektor ist gegeben durch

$$ {}^{B}V = \begin{bmatrix} 10{,}0 \\ 20{,}0 \\ 30{,}0 \end{bmatrix}. $$

Verwenden Sie

$$ {}^{A}_{B}T = \begin{bmatrix} 0{,}866 & -0{,}500 & 0{,}000 & 11{,}0 \\ 0{,}500 & 0{,}866 & 0{,}000 & -3{,}0 \\ 0{,}000 & 0{,}000 & 1{,}000 & 9{,}0 \\ 0 & 0 & 0 & 1 \end{bmatrix}, $$

um ${}^{A}V$ zu berechnen.

2.13 [21] Die folgenden Rahmendefinitionen werden als bekannt vorausgesetzt:

$$ {}^{U}_{A}T = \begin{bmatrix} 0{,}866 & -0{,}500 & 0{,}000 & 11{,}0 \\ 0{,}500 & 0{,}866 & 0{,}000 & -1{,}0 \\ 0{,}000 & 0{,}000 & 1{,}000 & 8{,}0 \\ 0 & 0 & 0 & 1 \end{bmatrix}, $$

$$ {}^{B}_{A}T = \begin{bmatrix} 1{,}000 & 0{,}000 & 0{,}000 & 0{,}0 \\ 0{,}000 & 0{,}866 & -0{,}500 & 10{,}0 \\ 0{,}000 & 0{,}500 & 0{,}866 & -20{,}0 \\ 0 & 0 & 0 & 1 \end{bmatrix}, $$

$$ {}^{C}_{U}T = \begin{bmatrix} 0{,}866 & -0{,}500 & 0{,}000 & -3{,}0 \\ 0{,}433 & 0{,}750 & -0{,}500 & -3{,}0 \\ 0{,}250 & 0{,}433 & 0{,}866 & 3{,}0 \\ 0 & 0 & 0 & 1 \end{bmatrix}. $$

Zeichnen Sie ein Rahmendiagramm (wie in ▶ **Abbildung 2.15**), um ihre Anordnung qualitativ darzustellen, und lösen Sie nach ${}^{B}_{C}T$ auf.

2.14 [31] Entwickeln Sie eine allgemeine Formel zur Bestimmung von ${}^{A}_{B}T$, wenn $\{B\}$, ausgehend von einer anfänglichen Übereinstimmung mit $\{A\}$, um den Winkel θ um $\hat{K}$ gedreht wird, wobei $\hat{K}$ durch den Punkt ${}^{A}P$ verläuft (im Allgemeinen aber nicht durch den Ursprung von $\{A\}$).

2.15 [34] $\{A\}$ und $\{B\}$ sind Rahmen, die sich nur durch ihre Ausrichtung unterscheiden. $\{B\}$ erhalten Sie wie folgt: Zu Beginn deckungsgleich mit $\{A\}$ wird $\{B\}$ um θ rad um den Einheitsvektor $\hat{K}$ gedreht – d.h.,

$$ {}^{A}_{B}R = {}^{A}_{B}R_{K}(\theta). $$

Zeigen Sie, dass

$$ {}^{A}_{B}R = e^{k\theta}, $$

wenn

$$ K = \begin{bmatrix} 0 & -k_x & ky \\ k_z & 0 & -k_x \\ -k_y & k_x & 0 \end{bmatrix}. $$

2.16 [22] Ein Vektor muss durch drei Rotationsmatrizen abgebildet werden:

$$^{A}P = {}^{A}_{B}R \, {}^{B}_{C}R \, {}^{C}_{D}R \, {}^{D}P.$$

Eine Möglichkeit besteht darin, zunächst die drei Rotationsmatrizen miteinander zu multiplizieren, um ${}^{A}_{D}R$ im folgenden Ausdruck zu erhalten:

$$^{A}P = {}^{A}_{D}R \, {}^{D}P.$$

Eine andere Möglichkeit ist, den Vektor nacheinander durch die einzelnen Matrizen zu transformieren:

$$^{A}P = {}^{A}_{B}R \, {}^{B}_{C}R \, {}^{C}_{D}R \, {}^{D}P,$$
$$^{A}P = {}^{A}_{B}R \, {}^{B}_{C}R \, {}^{C}P,$$
$$^{A}P = {}^{A}_{B}R \, {}^{B}P,$$
$$^{A}P = {}^{A}P.$$

Wenn ^{D}P sich mit 100 Hz ändert, müssten wir ^{A}P mit der gleichen Frequenz neu berechnen. Allerdings ändern sich auch die drei Rotationsmatrizen, was von einem Kamerasystem gemeldet wird, das uns neue Werte für ${}^{A}_{B}R, {}^{B}_{C}R$ und ${}^{C}_{D}R$ mit 30 Hz liefert. Wie kann man die Berechnung am besten organisieren, um den Rechenaufwand (Multiplikationen und Additionen) zu minimieren?

2.17 [16] Ein weiterer bekannter Satz von drei Koordinaten, die zur Beschreibung eines Punktes im Raum verwendet werden können, sind Zylinderkoordinaten. Die drei Koordinaten sind wie in **Abbildung 2.23** dargestellt definiert. Die Koordinate θ gibt eine Richtung in der *xy*-Ebene an, entlang der um einen Betrag r radial verschoben werden muss. Schließlich wird mit z die Höhe über der *xy*-Ebene angegeben. Berechnen Sie die kartesischen Koordinaten des Punktes ^{A}P, der durch die Zylinderkoordinaten θ, r und z angegeben wird.

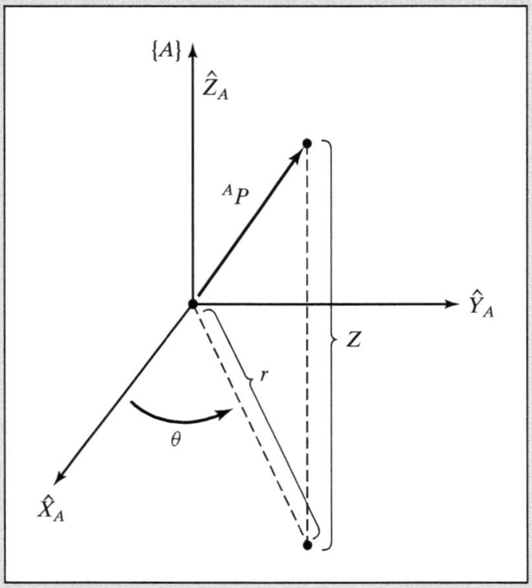

Abbildung 2.23 Zylinderkoordinaten.

2.18 [18] Ein weiteres System von drei **Koordinaten**, das zur Beschreibung eines Punktes im Raum verwendet wird, sind die Kugelkoordinaten. Die Definition der drei Koordinaten ist in **Abbildung 2.24** dargestellt. Die Winkel α und β können als Beschreibung von Azimut und Höhe eines in den Raum projizierten Strahls betrachtet werden. Die dritte Koordinate, r, ist der radiale Abstand entlang dieses Strahls zu einem bestimmten Punkt. Berechnen Sie die kartesischen Koordinaten des Punktes ${}^{A}P$, der durch die sphärischen Koordinaten α, β und r gegeben ist.

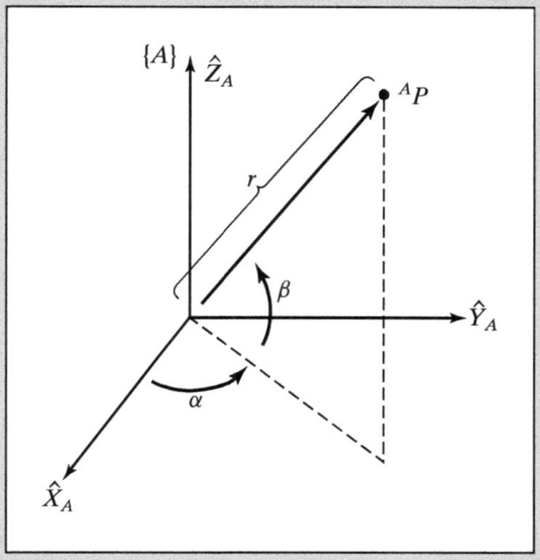

Abbildung 2.24 Kugelkoordinaten (auch: **sphärischeKoordinaten**).

2.19 [24] Ein Objekt wird um einen Winkel φ um seine $\hat{X}$-Achse gedreht. Dann wird es um einen Winkel ψ um seine neue $\hat{Y}$-Achse gedreht. Aus unserer Betrachtung der Eulerschen Winkel wissen wir, dass die resultierende Ausrichtung durch

$$R_x(\varphi)\,R_y(\psi)$$

gegeben ist. Wenn die beiden Drehungen um die Achsen des festen Bezugssystems stattgefunden hätten, hätte das Ergebnis folgendermaßen gelautet:

$$R_y(\psi)\,R_x(\varphi)\,.$$

Es scheint, als würde die Reihenfolge der Multiplikation davon abhängen, ob die **Drehungen** relativ zu festen Achsen oder zu denen des bewegten Rahmens beschrieben werden. Es ist jedoch sinnvoller, sich klarzumachen, dass wir im Falle der Angabe einer Drehung um eine Achse des bewegten Rahmens eine Drehung in dem festen System angeben, für die (in diesem Beispiel) gilt:

$$R_x(\varphi)\,R_y(\psi)\,R_x^{-1}(\varphi)\,.$$

Diese ***Ähnlichkeitstransformation*** [1], welche die originale $R_x(\varphi)$ von links multipliziert, reduziert sich auf den resultierenden Ausdruck, so das es *so aussieht als ob* die Reihenfolge der Matrixmultiplikation umgekehrt wurde. Geben Sie unter diesem Gesichtspunkt eine Ableitung für die Form der Rotationsmatrix, die dem Satz (α,β,γ) von Z-Y-Z-Euler-Winkeln entspricht. (Das Ergebnis wird durch **(2.72)** gegeben.)

2.20 [20] Stellen Sie sich vor, Sie drehen einen Vektor Q um den Winkel θ um einen Vektor $\hat{K}$, sodass ein neuer Vektor Q' entsteht – das heißt,

$$Q' = R_K(\theta)\,Q.$$

Verwenden Sie **(2.80)**, um die **Formel von Rodriques** abzuleiten, die wie folgt lautet:

$$Q' = Q\cos\theta + \sin\theta(\hat{K} \times Q) + (1 - \cos\theta)(\hat{K} \cdot Q)\hat{K}$$

2.21 [15] Leiten Sie für Rotationen, die so klein sind, dass die Näherungen $\sin\theta = \theta$, $\cos\theta = 1$ und $\theta^2 = 0$ gelten, die Rotationsmatrix ab, die einer Rotation von θ um eine allgemeine Achse $\hat{K}$ entspricht. Beginnen Sie ihre Herleitung mit **(2.80)**.

2.22 [20] Zeigen Sie mit Hilfe des Ergebnisses aus ▶ **Übung 2.21**, dass zwei infinitesimale Drehungen kommutativ sind (d.h., die Reihenfolge, in der die Drehungen durchgeführt werden, ist nicht wichtig).

2.23 [25] Geben Sie einen Algorithmus an, der die Definition eines Rahmens ${}^U_AT$ aus drei Punkten ${}^UP_1$, ${}^UP_2$, und ${}^UP_3$ erstellt, wobei über diese Punkte Folgendes bekannt ist:

1. ${}^UP_1$ liegt im Ursprung von $\{A\}$.
2. ${}^UP_2$ liegt irgendwo auf der positiven $\hat{X}$-Achse von $\{A\}$.
3. ${}^UP_3$ liegt in der Nähe der positiven $\hat{Y}$-Achse in der XY-Ebene von $\{A\}$.

2.24 [45] Beweisen Sie die Cayley'sche Formel für echte orthonormale Matrizen.

2.25 [30] Zeigen Sie, dass die Eigenwerte einer Rotationsmatrix 1, $e^{\alpha i}$ und $e^{-\alpha i}$ sind, wobei $i = \sqrt{-1}$.

2.26 [33] Beweisen Sie, dass ein beliebiger Euler-Winkel-Satz ausreicht, um alle möglichen Drehmatrizen auszudrücken.

2.27 [15] Geben Sie, mit Bezug auf **Abbildung 2.25**, den Wert von ${}^A_BT$ an.

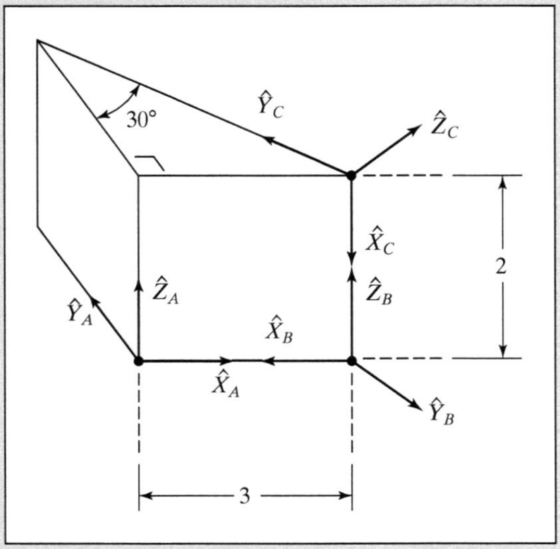

Abbildung 2.25 Rahmen an den Ecken eines Keils.

2.28 [15] Geben Sie, mit Bezug auf **Abbildung 2.25**, den Wert von ${}^A_C T$ an.

2.29 [15] Geben Sie, mit Bezug auf **Abbildung 2.25**, den Wert von ${}^B_C T$ an.

2.30 [15] Geben Sie, mit Bezug auf **Abbildung 2.25**, den Wert von ${}^C_A T$ an.

2.31 [15] Geben Sie, mit Bezug auf **Abbildung 2.26**, den Wert von ${}^A_B T$ an.

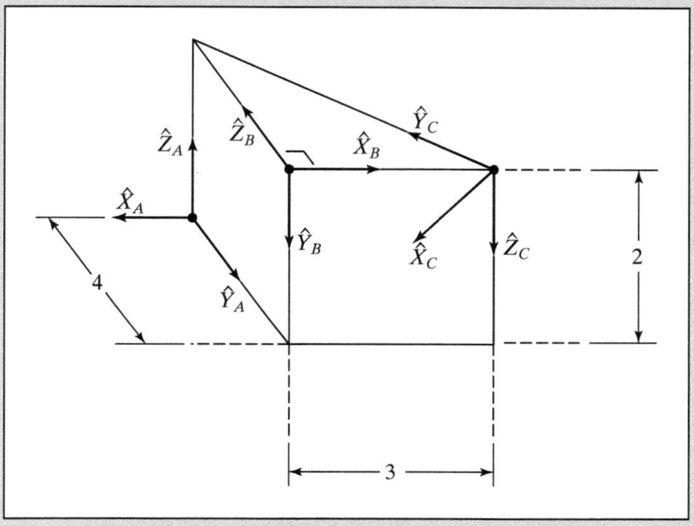

Abbildung 2.26 Rahmen an den Ecken eines Keils.

2.32 [15] Geben Sie, mit Bezug auf **Abbildung 2.26**, den Wert von ${}^A_C T$ an.

2.33 [15] Geben Sie, mit Bezug auf **Abbildung 2.26**, den Wert von ${}^B_C T$ an.

2.34 [15] Geben Sie, mit Bezug auf **Abbildung 2.26**, den Wert von ${}^C_A T$ an.

2.35 [20] Beweisen Sie, dass die Determinante einer beliebigen Rotationsmatrix immer gleich 1 ist.

2.36 [36] Ein starrer Körper, der sich in einer Ebene (d. h., im 2D-Raum) bewegt, hat drei **Freiheitsgrade**. Ein starrer Körper, der sich im 3D-Raum bewegt, hat sechs Freiheitsgrade. Zeigen Sie, dass ein Körper im N-dimensionalen Raum über $\frac{1}{2}(N^2 + N)$ Freiheitsgrade verfügt.

2.37 [15] Gegeben ist

$$ {}^A_B T = \begin{bmatrix} 0{,}25 & 0{,}43 & 0{,}86 & 5{,}0 \\ 0{,}87 & -0{,}50 & 0{,}00 & -4{,}0 \\ 0{,}43 & 0{,}75 & -0{,}50 & 3{,}0 \\ 0 & 0 & 0 & 1 \end{bmatrix}. $$

Bestimmen Sie das Element (2,4) von ${}^B_A T$.

2.38 [25] Stellen Sie sich zwei Einheitsvektoren v_1 und v_2 vor, die in einen starren Körper eingebettet sind. Beachten Sie, dass unabhängig davon wie der Körper gedreht wird, der geometrische Winkel zwischen diesen beiden Vektoren erhalten bleibt (d.h., die Drehung eines starren Körpers ist eine „winkeltreue" Operation). Nutzen Sie diese Tatsache, um einen kurzen (vier- oder fünfzeiligen) Beweis dafür zu erbringen, dass die Inverse einer Drehmatrix gleich ihrer Transponierten sein muss und dass eine gegebene Rotationsmatrix orthonormal ist.

2.39 [37] Geben Sie einen Algorithmus an (beispielsweise in Form eines C-Programms), der das Einheits-Quaternion berechnet, das einer gegebenen Rotationsmatrix entspricht. Verwenden Sie als Ausgangspunkt (2.91).

2.40 [33] Geben Sie einen Algorithmus an (beispielsweise in Form eines C-Programms), der die Z-X-Z-Euler-Winkel berechnet, die einer gegebenen Rotationsmatrix entsprechen (siehe ▶ Anhang B).

2.41 [33] Geben Sie einen Algorithmus an (beispielsweise in Form eines C-Programms), der die X-Y-X-Festwinkel berechnet, die einer gegebenen Rotationsmatrix entsprechen (siehe ▶ Anhang B).

2.42 [20] Bestimmen Sie

1. die Rotationsmatrix ${}^A_BR$, die den Rahmen $\{B\}$ relativ zu $\{A\}$ beschreibt, wenn Folgendes gilt:

$$
\begin{aligned}
{}^A\hat{X}_B &= [1 \quad 0 \quad 0]^T \\
{}^A\hat{Y}_B &= [0 \quad 0 \quad -1]^T \\
{}^A\hat{Z}_B &= [0 \quad 1 \quad 0]^T
\end{aligned}
$$

2. die Z-Y-Z-Euler-Winkel, die für eine solche Drehung erforderlich sind.

2.43 [15] Berechnen Sie die Rotationsmatrix ${}^A_BR$, wenn die Rahmen $\{A\}$ und $\{B\}$ ursprünglich übereinstimmen und

1. Rahmen $\{B\}$ um 30 Grad um $\hat{X}_A$, dann um 15 Grad um $\hat{Y}_A$ und schließlich um 70 Grad um $\hat{Z}_A$ gedreht wird.
2. Rahmen $\{B\}$ um 70 Grad um $\hat{Z}_B$, dann um 15 Grad um $\hat{Y}_B$ und schließlich um 70 Grad um $\hat{Y}_B$ gedreht wird.

2.44 [20] Ein Koordinatensystem $\{B\}$ befindet sich an der Basis eines Robotermanipulators. $\hat{Z}_B$ zeigt nach oben. Drei Kameras werden verwendet, um den Manipulator zu betrachten. Die Koordinatensysteme $\{C\}$, $\{D\}$ und $\{E\}$ beschreiben die Positionen und Ausrichtungen der Kameras. Der Ursprung von $\{C\}$ liegt in der $\hat{X}_B,\hat{Z}_B$-Ebene. Die Kameras sind auf Stative montiert, die 1,5 Einheiten hoch sind und an den Ecken eines gleichseitigen Dreiecks mit $\{B\}$ im Mittelpunkt stehen. Der Roboterrahmen befindet sich auf der Brennachse jeder Kamera (die $\hat{Z}$ -Achse der Kamera), und die euklidische Entfernung von $\{B\}$ zu jeder Kamera beträgt 5 Einheiten, also ${}^CP_{BORG} = {}^DP_{BORG} = {}^EP_{BORG} = [0 \quad 0 \quad 5]^T$. Berechnen Sie die Kamera-Transformationsmatrizen ${}^B_CT, {}^B_DT$ und ${}^B_ET$.

2.45 [20] Ein Koordinatensystem $\{B\}$ befindet sich an der Basis eines Robotermanipulators. Der Rahmen $\{C\}$ beschreibt die Position und Ausrichtung einer Tiefenkamera, die ursprünglich mit $\{B\}$ übereinstimmt, dann um 7 Einheiten in $\hat{X}_B$ verschoben, um -2 Einheiten in $\hat{Y}_B$ verschoben, um 5 Einheiten in $\hat{Z}_B$ verschoben, um -20 Grad um $\hat{Z}_C$ gedreht und um -110 Grad um $\hat{Y}_C$ gedreht wird. Die Kamera erkennt ein Objekt mit den Koordinaten ${}^{C}P = [0{,}5 \quad 0{,}2 \quad 3{,}2]^T$. Bestimmen Sie die Objektkoordinaten im Rahmen $\{B\}$, d.h. ${}^{B}P$.

2.46 [20] Die Position und die Geschwindigkeit eines Objekts sind zum Zeitpunkt t_0 als ${}^{B}P_0 = [0 \quad 0{,}5 \quad 0]^T$ und ${}^{B}V_0 = [1{,}9 \quad 0{,}1 \quad -0{,}3]^T$ bekannt. Wenn die Geschwindigkeit konstant ist und

$$
{}^{A}_{B}T = \begin{bmatrix} 0{,}0722 & -0{,}963 & -0{,}259 & -5{,}00 \\ 0{,}954 & -0{,}00868 & 0{,}298 & -6{,}50 \\ -0{,}290 & -0{,}269 & 0{,}919 & 8{,}00 \\ 0 & 0 & 0 & 1 \end{bmatrix}
$$

gilt, wie lautet dann ${}^{A}P$ nach 5 Zeiteinheiten?

2.47 [15] Ein Vektor ${}^{A}P$ wird um θ Grad um $\hat{Z}_A$ und anschließend um φ Grad um $\hat{Y}_A$ gedreht. Geben Sie die Rotationsmatrix an, die diese Drehungen in der angegebenen Reihenfolge durchführt.

2.48 [15] Ein Vektor ${}^{A}P$ wird um 60 Grad um $\hat{Y}_A$ gedreht und anschließend um -45 Grad um $\hat{X}_A$. Geben Sie die Rotationsmatrix an, mit der diese Drehungen in der angegebenen Reihenfolge durchgeführt werden.

2.49 [14] Ein Geschwindigkeitsvektor ist gegeben durch

$$
{}^{B}V = \begin{bmatrix} 30{,}0 \\ 40{,}0 \\ 50{,}0 \end{bmatrix}.
$$

Verwenden Sie

$$
{}^{A}_{B}T = \begin{bmatrix} 0{,}707 & 0 & -0{,}707 & 11{,}0 \\ -0{,}612 & 0{,}500 & -0{,}612 & -3{,}0 \\ 0{,}353 & 0{,}866 & 0{,}353 & -9{,}0 \\ 0 & 0 & 0 & 1 \end{bmatrix},
$$

um ${}^{A}V$ zu berechnen.

2.50 [15] Geben Sie den Wert von ${}^{C}_{B}T$ für die in **Abbildung 2.26** dargestellte Situation an.

2.51 [15] Gegeben sei

$$
{}^{A}_{B}T = \begin{bmatrix} 0{,}25 & 0{,}43 & 0{,}86 & 5{,}0 \\ 0{,}87 & -0{,}50 & 0{,}00 & -4{,}0 \\ 0{,}43 & 0{,}75 & -0{,}50 & 3{,}0 \\ 0 & 0 & 0 & 1 \end{bmatrix}.
$$

Wie lautet ${}^{B}P_{AORG}$?

Programmierübung (Teil 2)

1 Wenn Ihre Funktionsbibliothek kein Funktionsunterprogramm für Atan2 enthält, schreiben Sie eines.

2 Um eine benutzerfreundliche Oberfläche zu schaffen, möchten wir die Ausrichtungen in der planaren Welt durch einen einzigen Winkel θ statt durch eine 2×2-Rotationsmatrix beschreiben. Die Benutzer werden immer mittels des Winkels θ kommunizieren, aber intern benötigen wir die Form der Rotationsmatrix. Für den Anteil des Ortsvektors eines Rahmens gibt der Benutzer einen x-und einen y-Wert an. Wir möchten also, dass der Benutzer einen *Rahmen* als 3-Tupel angeben kann: (x, y, θ). Intern wollen wir einen 2×1-Ortsvektor und eine 2×2-Rotationsmatrix verwenden, also brauchen wir Konvertierungsroutinen. Schreiben Sie eine Unterroutine, deren Pascal-Definition folgendermaßen beginnt:

```
Procedure UTOI (VAR uform: vec3; VAR iform: frame);
```

Dabei steht „UTOI" für „User form TO Internal form". Das erste Argument ist das 3-Tupel (x, y, θ) und das zweite Argument hat den Typ „Frame", bestehend aus einem 2×1-Ortsvektor und einer 2×2-Rotationsmatrix. Wenn Sie möchten, können Sie den Rahmen mit einer homogenen 3×3-Transformation darstellen, bei der die dritte Zeile [0 0 1] lautet. Die umgekehrte Routine wird ebenfalls benötigt:

```
Procedure ITOU (VAR iform: frame; VAR uform: vec3);
```

3 Schreiben Sie eine Unterroutine, um zwei Transformationen miteinander zu multiplizieren. Verwenden Sie den folgenden Prozeduraufruf:

```
Procedure TMULT (VAR brela, crelb, crela: frame);
```

Die ersten beiden Argumente sind Eingaben und das dritte ist eine Ausgabe. Beachten Sie, dass die Namen der Argumente wiedergeben, was das Programm macht (brela $= {}^{A}_{B}T$).

4 Schreiben Sie eine Unterroutine, um eine Transformation umzukehren. Verwenden Sie den folgenden Prozeduraufruf:

```
Procedure TINVERT (VAR brela, arelb: frame);
```

Das erste Argument ist die Eingabe, das zweite die Ausgabe. Beachten Sie, dass die Namen der Argumente wiedergeben, was das Programm berechnet (brela $= {}^{A}_{B}T$).

5 Die folgenden Rahmendefinitionen werden als bekannt vorausgesetzt:

$$
\begin{aligned}
{}^{U}_{A}T &= [x\,y\,\theta] = [11{,}0\ \ -1{,}0\ \ 30{,}0],\\
{}^{B}_{A}T &= [x\,y\,\theta] = [0{,}0\ \ 7{,}0\ \ 45{,}0] \text{ und}\\
{}^{C}_{U}T &= [x\,y\,\theta] = [-3{,}0\ \ -3{,}0\ \ -30{,}0].
\end{aligned}
$$

Diese Rahmen werden in der Benutzerdarstellung $[x, y, \theta]$ (wobei θ in Grad angegeben ist) eingegeben. Zeichnen Sie ein Rahmendiagramm (wie in ▶ **Abbildung 2.15**, nur in 2D), das ihre Anordnung qualitativ darstellt. Schreiben Sie ein Programm, das TMULT und TINVERT (definiert in den Programmierübungen 3 und 4) so oft wie nötig aufruft, um ${}^{B}_{C}T$ zu berechnen. Geben Sie dann ${}^{B}_{C}T$ sowohl in der internen als auch in der Benutzerdarstellung aus.

MATLAB-Übung 2A

1. Schreiben Sie unter Verwendung der Z-Y-X-($\alpha - \beta - \gamma$)-Euler-Winkel-Konvention ein MATLAB-Programm zur Berechnung der Rotationsmatrix ${}^{A}_{B}R$ aus den vom Benutzer eingegebenen Euler-Winkeln $\alpha - \beta - \gamma$. Testen Sie Ihr Programm anhand der beiden folgenden Beispiele:
   i) $\alpha = 10°, \quad \beta = 20°, \quad \gamma = 30°.$
   ii) $\alpha = 30°, \quad \beta = 90°, \quad \gamma = -55°.$
   Zeigen Sie für den Fall (i) die sechs Einschränkungen für unitäre orthonormale Drehmatrizen (d. h., es gibt neun Zahlen in einer 3 × 3-Matrix, von denen aber nur drei unabhängig sind). Demonstrieren Sie für den Fall (i) auch die *schöne* Eigenschaft ${}^{B}_{A}R = {}^{A}_{B}R^{-1} = {}^{A}_{B}R^{T}$.
2. Schreiben Sie ein MATLAB-Programm zur Berechnung der Euler-Winkel $\alpha - \beta - \gamma$, bei dem der Benutzer die Rotationsmatrix ${}^{A}_{B}R$ eingibt (das ist das inverse Problem der letzten Übung). Berechnen Sie beide möglichen Lösungen. Demonstrieren Sie diese inverse Lösung für die beiden Fälle aus Teil (a). Verifizieren Sie Ihre Ergebnisse anhand des Umkehrschlusses, das heißt: Geben Sie die Euler-Winkel in den Code a aus Teil (a) ein; verwenden Sie die resultierende Rotationsmatrix ${}^{A}_{B}R$ als Eingabe für den Code b. Sie erhalten zwei Antworten – eine sollte die ursprüngliche Benutzereingabe sein, die zweite können Sie überprüfen, indem Sie den Code aus Teil (a) erneut verwenden.
3. Berechnen Sie ${}^{A}P$ für eine einfache Drehung von β um die Y-Achse, mit $\beta = 20°$ und ${}^{B}P = \{1 \quad 0 \quad 1\}^{T}$, und demonstrieren Sie mit einer Skizze, dass Ihre Ergebnisse korrekt sind.
4. Prüfen Sie alle Ergebnisse mit Hilfe der Corke MATLAB Robotics Toolbox. Probieren Sie die Funktionen *rpy2tr*(), *tr2rpy*(), *rotx*(), *roty*() und *rotz*() aus.

MATLAB-Übung 2B

1. Schreiben Sie ein MATLAB-Programm zur Berechnung der homogenen Transformationsmatrix ${}^{A}_{B}T$, bei dem der Benutzer die Z–Y–X-Euler-Winkel-Konvention verwendet und die Winkel $\alpha - \beta - \gamma$ sowie den Ortsvektor ${}^{A}P_{B}$ eingibt. Prüfen Sie das Programm für die beiden Beispiele:
   1) $\alpha = 10°, \beta = 20°, \gamma = 30°$ und ${}^{A}P_{B} = \{1 \quad 2 \quad 3\}^{T}$.
   2) $\beta = 20° \, (\alpha = \gamma = 0°), {}^{A}P_{B} = \{3 \quad 0 \quad 1\}^{T}$.
2. Verwenden Sie für $\beta = 20° \, (\alpha = \gamma = 0°), {}^{A}P_{B} = \{3 \quad 0 \quad 1\}^{T}$ und ${}^{B}P = \{1 \quad 0 \quad 1\}^{T}$ MATLAB zur Berechnung von ${}^{A}P$. Zeigen Sie anhand einer Skizze, dass Ihre Ergebnisse korrekt sind. Zeigen Sie mit denselben Zahlen außerdem alle drei Interpretationen der homogenen Transformationsmatrix – Aufgabe (b) ist die zweite Interpretation, die Transformationsabbildung.
3. Schreiben Sie ein MATLAB-Programm zur Berechnung der inversen homogenen Transformationsmatrix ${}^{A}_{B}T^{-1} = {}^{B}_{A}T$ und verwenden Sie dazu eine Symbolschreibweise. Vergleichen Sie Ihr Ergebnis mit einer numerischen MATLAB-Funktion (z. B. *inv*). Zeigen Sie, dass beide Methoden korrekte Ergebnisse liefern (d. h., ${}^{A}_{B}T \, {}^{A}_{B}T^{-1} = {}^{A}_{B}T^{-1} \, {}^{A}_{B}T = I_4$). Demonstrieren Sie dies für die Beispiele (i) und (ii) aus der obigen Aufgabe (a).

4 Definieren Sie ${}^A_B T$ als das Ergebnis aus (a)(i) und ${}^B_C T$ als das Ergebnis aus (a)(ii).
   1) Berechnen Sie ${}^A_C T$ und zeigen Sie die Beziehung anhand eines Transformationsdiagramms. Machen Sie dasselbe für ${}^C_A T$.
   2) Seien ${}^A_C T$ und ${}^B_C T$ aus (d)(i) gegeben – nehmen Sie an, Sie kennen ${}^A_B T$ nicht. Berechnen Sie ${}^A_B T$ und vergleichen Sie Ihr Ergebnis mit der Antwort, die Sie kennen.
   3) Seien ${}^A_C T$ und ${}^A_B T$ aus (d)(i) gegeben – nehmen Sie an, Sie kennen ${}^B_C T$ nicht. Berechnen Sie ${}^B_C T$ und vergleichen Sie Ihr Ergebnis mit der Antwort, die Sie kennen.

5 Prüfen Sie alle Ergebnisse mit Hilfe der Corke MATLAB Robotics Toolbox. Probieren Sie die Funktionen *rpy2tr*() und *transl*() aus.

Manipulator-Kinematik

3

3.1 Einleitung

Die **Kinematik** ist die Wissenschaft der Bewegung, wobei das Thema ohne Rücksicht auf die Kräfte, die sie verursachen, behandelt wird. Im Rahmen der Kinematik untersucht man Ort, Geschwindigkeit, Beschleunigung und alle Ableitungen höherer Ordnung der Ortsvariablen (nach der Zeit oder einer bzw. mehreren anderen Variablen). Die Untersuchung der Kinematik von **Manipulatoren** bezieht sich also auf alle geometrischen und zeitlichen Eigenschaften der Bewegung. Die Beziehungen zwischen diesen Bewegungen und den Kräften und Drehmomenten, die sie verursachen, sind das Thema der Dynamik, die Gegenstand von ▶ **Kapitel 6** sein wird.

In diesem Kapitel betrachten wir die Position und Ausrichtung der Manipulator-Verbindungen in statischen Situationen. In den ▶ **Kapiteln 5** und **6** werden wir uns mit der Kinematik befassen, wenn Geschwindigkeiten und Beschleunigungen involviert sind.

Um der komplexen Geometrie eines Manipulators gerecht zu werden, werden wir an den verschiedenen Teilen des Mechanismus Rahmen anbringen und dann die Beziehungen zwischen diesen Rahmen beschreiben. Bei der Untersuchung der Manipulator-Kinematik geht es unter anderem darum, wie sich die Positionen dieser Rahmen ändern, wenn sich der Mechanismus bewegt. Das zentrale Thema dieses Kapitels ist eine Methode zur Berechnung der Position und Ausrichtung des Endeffektors des Manipulators relativ zur Basis des Manipulators in Abhängigkeit von den Gelenkvariablen.

3.2 Beschreibung der Glieder

Einen **Manipulator** kann man sich als eine Reihe von Körpern vorstellen, die durch Gelenke zu einer Kette verbunden sind. Diese Körper werden als **Glieder** (**Links**) bezeichnet. **Gelenke** (**Joints**) bilden eine Verbindung zwischen einem benachbarten Paar von Gliedern. Der Begriff **unteres Paar** wird verwendet, um die Verbindung zwischen einem Paar von Körpern zu beschreiben, deren Relativbewegung durch das Übereinandergleiten zweier Oberflächen gekennzeichnet ist. **Abbildung 3.1** zeigt die sechs möglichen Gelenke bei unteren Paaren.

Konstruktive Überlegungen im Maschinenbau führen im Allgemeinen zu Manipulatoren deren **Gelenke** nur einen Freiheitsgrad aufweisen. Die meisten Manipulatoren haben **Drehgelenke** oder **Gleitgelenke**, sogenannte **prismatische Gelenke**. In dem seltenen Fall eines Mechanismus, der aus einem Gelenk mit n Freiheitsgraden gebaut wird, kann er als n Gelenke mit einem **Freiheitsgrad** modelliert werden, die mit $n - 1$ Gliedern der Länge null verbunden sind. Daher werden wir ohne Verlust an Allgemeinheit nur Manipulatoren betrachten, die Gelenke mit einem einzigen Freiheitsgrad haben.

Die Nummerierung beginnt mit der unbeweglichen Basis des Arms, die wir als Glied 0 bezeichnen können. Der erste bewegliche Körper ist **Glied** 1 und so weiter bis zum freien Ende des Arms, das Glied n. Um einen **Endeffektor** allgemein im 3D-Raum zu positionieren, sind mindestens sechs Gelenke erforderlich.[9] Typische Manipulatoren haben fünf oder sechs Gelenke. Einige Roboter sind nicht so einfach wie eine einzelne kinematische Kette – sie haben Parallelogramm-Verbindungen oder andere geschlossene kinematische Strukturen. Wir werden später in diesem Kapitel einen solchen Manipulator betrachten.

9 Das macht intuitiv Sinn, denn die Beschreibung eines Objekts im Raum erfordert sechs Parameter: drei für die Position und drei für die Ausrichtung.

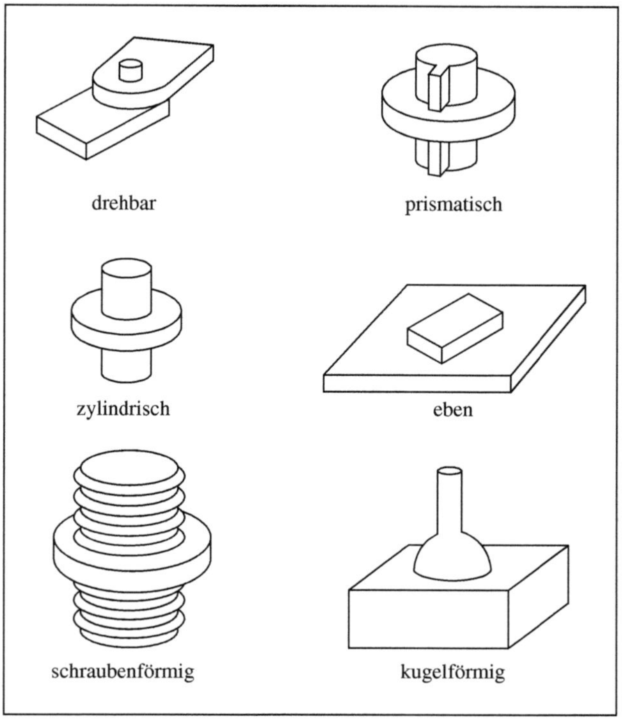

Abbildung 3.1 Die sechs möglichen Gelenke des unteren Paares.

Ein einzelnes **Glied** eines typischen Roboters hat viele Eigenschaften, die ein Maschinenbauer bei seinem Entwurf berücksichtigen muss: die Art des verwendeten Materials, die Festigkeit und Steifigkeit des Glieds, die Lage und Art der Gelenklager, die äußere Form, das Gewicht, die Trägheit und mehr. Um die kinematischen Gleichungen des Mechanismus zu bestimmen, *betrachten wir ein* ***Gelenk*** *nur als starren Körper, der die Verbindung zwischen zwei benachbarten Gelenkachsen eines Manipulators definiert.* Gelenkachsen werden durch Linien im Raum bestimmt. Die **Gelenkachse** i ist durch eine Linie im Raum oder die Richtung eines Vektors definiert, um die das Glied i relativ zum Glied $i - 1$ rotiert. Es stellt sich heraus, dass ein Glied für kinematische Zwecke durch zwei Zahlen festgelegt werden kann, welche die relative Lage der beiden Achsen im Raum kennzeichnen.

Bei zwei beliebigen Achsen im 3D-Raum gibt es ein wohldefiniertes Maß für den Abstand zwischen ihnen. Dieser Abstand wird entlang einer Linie gemessen, die auf beiden Achsen senkrecht steht. Diese gemeinsame **Senkrechte** existiert immer. Sie ist eindeutig, es sei denn, beide Achsen sind parallel, dann gibt es viele gemeinsame Senkrechte gleicher Länge. **Abbildung 3.2** zeigt das Glied $i - 1$ und die gemeinsame senkrechte Linie, entlang derer die **Länge des Glieds** a_{i-1} **(link length)** gemessen wird. Wir können uns den Gliedparameter a_{i-1} auch durch einen expandierenden Zylinder verdeutlichen, dessen Achse die Gelenkachse $i - 1$ ist. Wenn er gerade die Gelenkachse i berührt, ist der Radius des Zylinders gleich a_{i-1}.

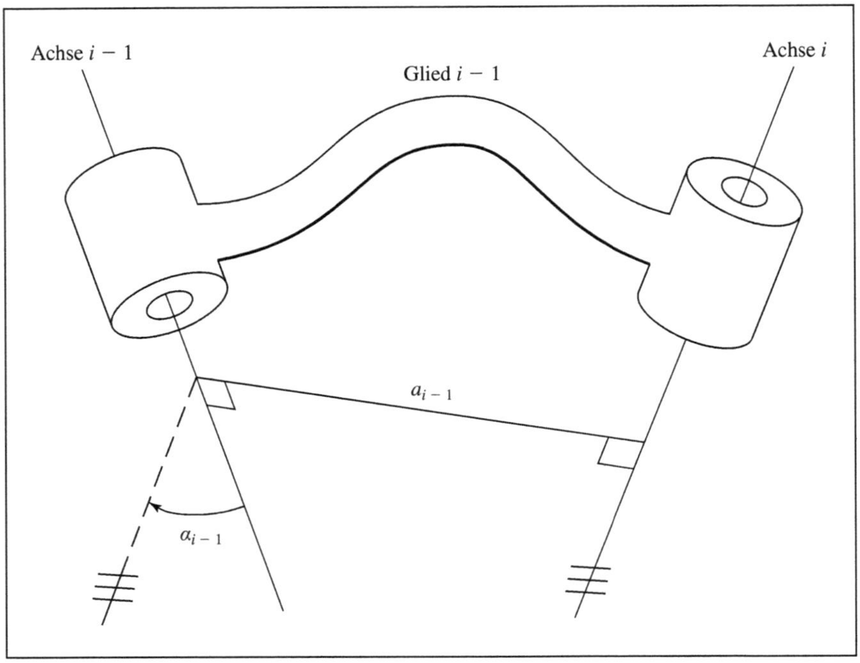

Abbildung 3.2 Die kinematische Funktion eines **Glieds** besteht darin, eine feste **Verbindung** zwischen den beiden Gelenkachsen, die es trägt, aufrechtzuerhalten. Diese Beziehung kann durch zwei Parameter beschrieben werden: die Länge des Glieds a und die Verdrehung des Glieds α.

Der zweite Parameter, der benötigt wird, um die relative Lage der beiden Achsen zu definieren, ist die **Verdrehung des Glieds (link twist)**. Stellen wir uns eine Ebene vor, deren Normale die soeben konstruierte, gemeinsame senkrechte Linie ist. Wir können die Achsen $i - 1$ und i auf diese Ebene projizieren und den Winkel zwischen ihnen messen. Dieser Winkel wird gemäß der Rechte-Hand-Regel von der Achse $i - 1$ um a_{i-1} zur Achse i gemessen.[10] Wir verwenden als Definition der Verdrehung des Glieds $i - 1$ die Größe α_{i-1}. In **Abbildung 3.2** ist der Winkel α_{i-1} zwischen der Achse $i - 1$ und der Achse i dargestellt. (Die Linien mit den drei Strichen sind parallel.) Bei sich schneidenden Achsen wird die Verdrehung in der Ebene gemessen, die beide Achsen enthält, aber der Drehsinn von α_{i-1} geht dann verloren. In diesem speziellen Fall steht es Ihnen frei, das Vorzeichen von α_{i-1} willkürlich festzulegen.

Sie sollten sich davon überzeugen, dass diese beiden Parameter, Länge und Verdrehung, wie oben definiert, verwendet werden können, um die Beziehung zwischen zwei beliebigen Linien (in diesem Fall Achsen) im Raum zu definieren.

10 In diesem Fall gibt a_{i-1} die Richtung an, die von der Achse $i - 1$ zur Achse i zeigt.

BEISPIEL 3.1

Abbildung 3.3 zeigt technische Zeichnungen eines **Roboterglieds**. Geben Sie die **Länge** und die **Verdrehung** des Glieds an, wenn dieses Glied in einem Roboter verwendet wird und mit Lager „A" das Gelenk mit der niedrigeren Nummer bezeichnet wird. Gehen Sie davon aus, dass die Löcher in jedem Lager zentriert sind.

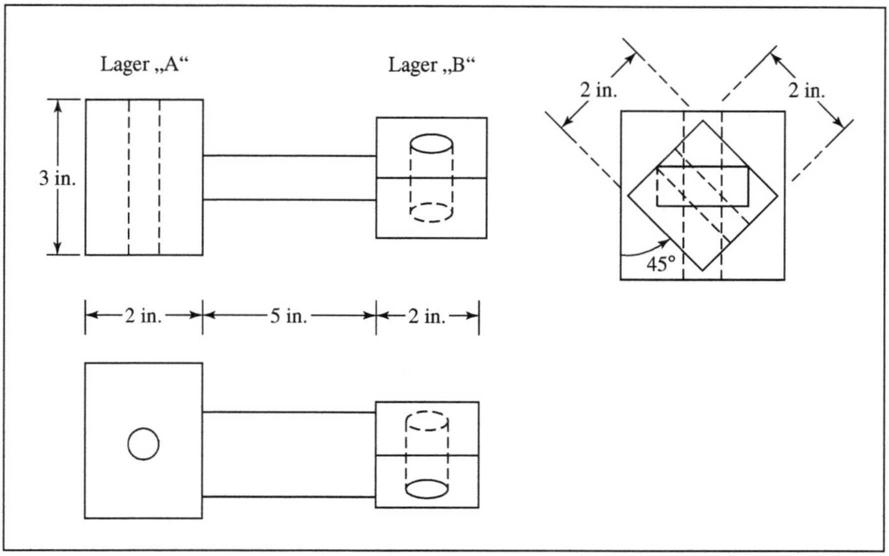

Abbildung 3.3 Ein einfaches Glied, das zwei Drehachsen unterstützt.

Wie das Bild zeigt, liegt die gemeinsame Senkrechte genau in der Mitte der Metallstange, die die Lager verbindet. Daher beträgt die Länge des Glieds 7 Zoll. Die Endansicht zeigt eine Projektion der Lager auf die Ebene, deren Normale die gemeinsame Senkrechte ist. Die **Verdrehung** der Glieder wird entsprechend der **Rechte-Hand-Regel** um die gemeinsame Senkrechte von der Achse $i-1$ bis zur Achse i gemessen. In diesem Beispiel beträgt sie ganz eindeutig $+45$ Grad.

3.3 Beschreibung der Verbindung von Gliedern

Das Problem, die **Glieder** eines Roboters miteinander zu **verbinden**, wirft viele Fragen auf, die der Konstrukteur lösen muss. Dazu gehören die Festigkeit des Gelenks, seine Schmierung und die Befestigung von Lagern und Getrieben. Im Bereich der **Kinematik** müssen wir uns jedoch nur um zwei Größen kümmern, die die Art und Weise, wie die Glieder miteinander verbunden werden, vollständig bestimmen.

3.3.1 Zwischenglieder der Kette

Zwischen benachbarten Gliedern gibt es eine gemeinsame Verbindungsachse. Ein **Parameter** der gegenseitigen Verbindung hängt mit dem Abstand entlang dieser gemeinsamen Achse von einem Glied zum nächsten zusammen. Dieser Parameter wird als **Gliederversatz (link-offset)** bezeichnet. Der Versatz an der Gelenkachse i wird d_i genannt. Ein zweiter Parameter beschreibt den Betrag der **Drehung** um die gemeinsame Achse zwischen einem Glied und seinem Nachbarn. Er wird als **Gelenkwinkel (joint angle)** θ_i bezeichnet.

Abbildung 3.4 zeigt die Verbindung zwischen Glied $i-1$ und Glied i. Erinnern Sie sich bitte daran, dass a_{i-1} die gemeinsame Senkrechte zwischen den beiden Achsen des Glieds $i-1$ ist. Gleichermaßen ist a_i als gemeinsame Senkrechte für das Glied i definiert. Der erste Parameter der gegenseitigen Verbindung ist der Gliederversatz d_i. Er ist ein vorzeichenbehafteter Abstand und wird entlang der Achse des Gelenks i gemessen, beginnend an dem Punkt, an dem a_{i-1} die Achse schneidet, bis zu dem Punkt, an dem a_i die Achse schneidet. Der Versatz d_i ist in **Abbildung 3.4** dargestellt. Dieser **Versatz** d_i ist variabel, wenn die Verbindung i eine prismatische ist. Der zweite Parameter des Glieds ist der Winkel zwischen einer Verlängerung von a_{i-1} und a_i, gemessen um die Achse des Gelenks i. Dies wird in **Abbildung 3.4** verdeutlicht, wobei die mit Strichen markierten Linien parallel verlaufen. Dieser oben bereits erwähnte Gelenkwinkel wird mit θ_i bezeichnet und ist für ein Drehgelenk variabel.

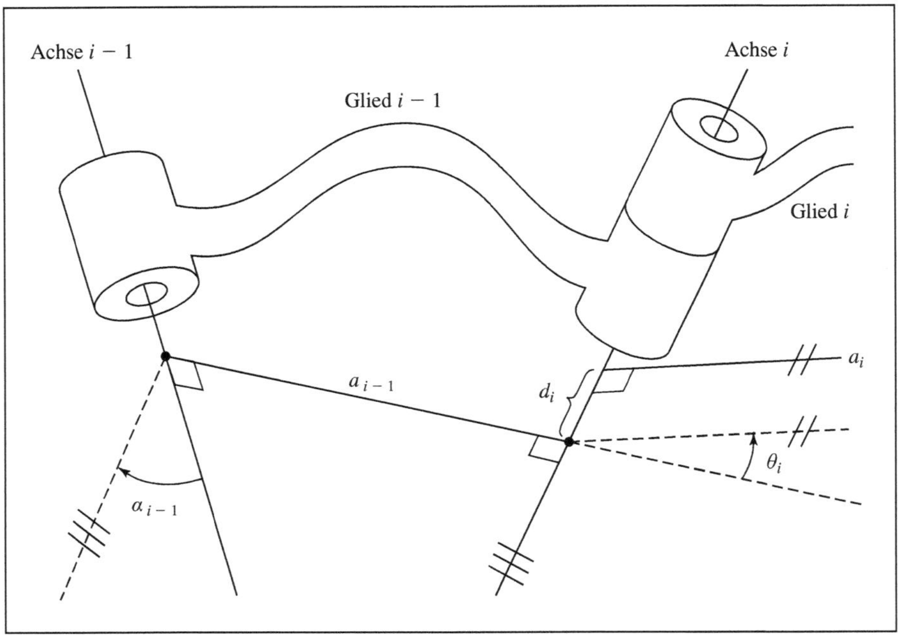

Abbildung 3.4 Der Gliederversatz d_i und der Gelenkwinkel θ_i sind zwei Parameter, mit denen sich die Art der Verbindung zwischen benachbarten Gliedern beschreiben lässt.

3.3.2 Das erste und letzte Glied der Kette

Die Länge a_i des Glieds i und seine Verdrehung α_i hängen von den Gelenkachsen i und $i+1$ ab. Daraus folgt, dass a_1 bis a_{n-1}, und α_1 bis α_{n-1} so definiert sind, wie in diesem Abschnitt beschrieben. An den Enden der Kette ordnen wir diesen Größen in der Regel den Wert null zu. Damit ist $a_0 = a_n = 0{,}0$ und $\alpha_0 = \alpha_n = 0{,}0$.[11] Der Versatz der **Glieder**

11 Tatsächlich müssen a_n und α_n überhaupt nicht definiert werden.

d_i und der Gelenkwinkel θ_i sind für die Gelenke 2 bis $n - 1$ gemäß der in diesem Abschnitt beschriebenen Konventionen gut definiert. Ist Gelenk 1 ein Drehgelenk, dann darf die Nulllage für θ_1 willkürlich gewählt werden. Wir entscheiden uns für $d_1 = 0{,}0$. Ist das Gelenk 1 prismatisch, dann darf die Nulllage von d_1 beliebig gewählt werden. Wir entscheiden uns für $\theta_1 = 0{,}0$. Genau die gleichen Aussagen gelten für das Gelenk n.

Wir haben die Werte so gewählt, damit in einem Fall, in dem eine Größe willkürlich festgelegt werden könnte, der Wert null zugewiesen wird, sodass die späteren Berechnungen so einfach wie möglich sind.

3.3.3 Parameter der Glieder

Somit kann jeder **Roboter** kinematisch beschrieben werden, indem für jedes Glied die Werte von vier Größen angegeben werden. Zwei beschreiben das Glied selbst und zwei beschreiben die Verbindung des Glieds mit einem benachbarten Glied. Im häufigen Fall eines **Drehgelenks** ist θ_i die **Gelenkvariable** und die anderen drei Größen sind feste **Gelenkparameter**. Im Fall prismatischer **Gelenke** ist d_i die Gelenkvariable und die anderen drei Größen sind die festen Parameter der **Glieder**. Die Definition von **kinematischen Ketten** mit Hilfe dieser Größen wird üblicherweise als **Denavit-Hartenberg-Konvention** [1] bezeichnet.[12] Es gibt noch andere Methoden zur Beschreibung kinematischer Ketten, die hier aber nicht vorgestellt werden.

An diesem Punkt können wir jede kinematische Kette untersuchen und die **Denavit-Hartenberg-Parameter** bestimmen, die sie beschreiben. Bei einem Roboter mit sechs Gelenken wären 18 Werte erforderlich, um den festen Teil seiner Kinematik vollständig zu beschreiben. Hätte ein Roboter mit sechs Gelenken nur Drehgelenke, bestehen die 18 Zahlen aus den sechs Parametergruppen (a_i, α_i, d_i).

BEISPIEL 3.2

Zwei Glieder sind, wie in ▶ **Abbildung 3.3** beschrieben, als Glied 1 und 2 eines Roboters verbunden. Das Gelenk 2 besteht aus dem Lager „B" des Glieds 1 und dem Lager „A" des Glieds 2. Sie sind so angeordnet sind, dass die ebenen Flächen der Lager „A" und „B" bündig aneinander liegen. Bestimmen Sie d_2?

Der Versatz des Glieds d_2 ist der Versatz am Gelenk 2, d. h. der entlang der Achse des Gelenks 2 gemessene Abstand zwischen der gemeinsamen Senkrechten von Glied 1 und Glied 2. Aus den Zeichnungen in ▶ **Abbildung 3.3** geht hervor, dass dies 2,5 Zoll sind.

Bevor wir weitere Beispiele vorstellen, legen wir eine Konvention fest, um einen Rahmen an jedem Glied des Manipulators zu befestigen.

12 Beachten Sie bitte, dass es viele ähnliche Konventionen gibt, die den Namen **Denavit-Hartenberg** tragen, sich aber in einigen Details unterscheiden. Die in diesem Buch verwendete Version unterscheidet sich zum Beispiel in der Art der Rahmennummerierung von einem Teil der Robotik-Literatur. Im Gegensatz zu einigen anderen Konventionen ist der Rahmen $\{i\}$ in diesem Buch an das Glied i angehängt und sein Ursprung liegt auf der Gelenkachse i.

3.4 Konvention zur Verknüpfung von Rahmen mit Gliedern

Um die Lage jedes Glieds relativ zu ihren Nachbarn zu beschreiben, definieren wir einen Rahmen, der an jedem Glied befestigt ist. Die **Rahmen** der **Glieder** werden nach dem Glied benannt, an dem sie befestigt sind. Das heißt, der Rahmen $\{i\}$ ist fest mit dem Glied i verbunden.

3.4.1 Zwischenglieder der Kette

Wir verwenden die folgende **Konvention**, um Rahmen an den Gliedern anzuheften: Die $\hat{Z}$-Achse des Rahmens $\{i\}$, genannt $\hat{Z}_i$, fällt mit der Gelenkachse i zusammen. Der Ursprung des Rahmens $\{i\}$ liegt dort, wo die Senkrechte a_i die Achse des Gelenks i schneidet. $\hat{X}_i$ zeigt entlang a_i in Richtung von Gelenk i zu Gelenk $i + 1$.

Im Fall von $a_i = 0$ steht $\hat{X}_i$ senkrecht auf der Ebene von $\hat{Z}_i$ und $\hat{Z}_{i+1}$. Wir definieren α_i so, dass er entsprechend der **Rechte-Hand-Regel** um $\hat{X}_i$ gemessen wird. Wir sehen also, dass die Freiheit der Wahl des Vorzeichens von α_i in diesem Fall zwei Wahlmöglichkeiten für die Richtung von $\hat{X}_i$ bedeutet. $\hat{Y}_i$ wird entsprechend der Rechte-Hand-Regel gebildet, um den i-ten Rahmen zu vervollständigen. **Abbildung 3.5** zeigt die Lage der Rahmen $\{i - 1\}$ und $\{i\}$ für einen allgemeinen Manipulator.

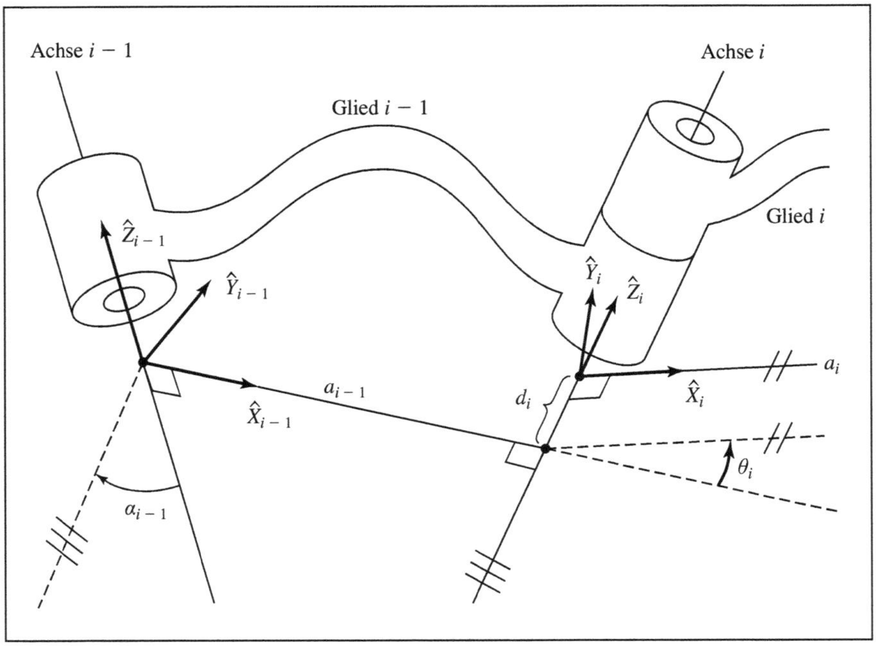

Abbildung 3.5 Die Rahmen der Glieder werden so befestigt, dass der Rahmen $\{i\}$ fest mit dem Glied i verbunden ist.

3.4.2 Das erste und letzte Glied der Kette

Wir befestigen einen Rahmen an der **Basis** des **Roboters**, dem Glied 0, genannt Rahmen {0}. Dieser Rahmen bewegt sich nicht. Für die Kinematik des Arms kann er als **Referenzrahmen** betrachtet werden. Wir können die Position der Rahmen aller anderen Glieder in Bezug auf diesen Rahmen beschreiben.

Der Rahmen {0} ist willkürlich, daher ist es immer einfach, wenn wir $\hat{Z}_0$ entlang der Achse 1 wählen und den Rahmen {0} so platzieren, dass er mit dem Rahmen {0} zusammenfällt, wenn die Gelenkvariable 1 null ist. Wenden wir diese Konvention an, haben wir immer $a_0 = 0{,}0$ und $\alpha_0 = 0{,}0$. Außerdem wird dadurch sichergestellt, dass $d_1 = 0{,}0$ beträgt, wenn Gelenk 1 drehbar ist, oder $\theta_1 = 0{,}0$ ist, wenn es sich bei Gelenk 1 um ein prismatisches Gelenk handelt.

Ist Gelenk n prismatisch, wird die Richtung von $\hat{X}_N$ so gewählt, dass $\theta_n = 0{,}0$ ist, und der Ursprung des Rahmens $\{N\}$ wird in den Schnittpunkt zwischen $\hat{X}_{N-1}$ und der Gelenkachse n gelegt, wobei $d_n = 0{,}0$ ist.

3.4.3 Zusammenfassung der Gliederparameter in Bezug auf die Rahmen der Glieder

Wenn die Rahmen der Glieder gemäß unserer Konvention an den Gliedern befestigt wurden, gelten die folgenden Definitionen der **Gliederparameter**:

$$a_i = \text{die Entfernung von } \hat{Z}_i \text{ zu } \hat{Z}_{i+1}\text{, gemessen entlang } \hat{X}_i$$

$$\alpha_i = \text{der Winkel zwischen } \hat{Z}_i \text{ und } \hat{Z}_{i+1}\text{, gemessen um } \hat{X}_i$$

$$d_i = \text{die Entfernung von } \hat{X}_{i-1} \text{ zu } \hat{X}_i\text{, gemessen entlang } \hat{Z}_i$$

$$\theta_i = \text{der Winkel zwischen } \hat{X}_{i-1} \text{ und } \hat{X}_i\text{, gemessen um } \hat{Z}_i$$

Wir wählen normalerweise $a_i > 0$, weil es einem Abstand entspricht. Allerdings sind α_i, d_i und θ_i Größen mit Vorzeichen.

Ein letzter Hinweis zur Einzigartigkeit ist angebracht. Die oben beschriebene Konvention führt nicht zu einer eindeutigen Zuordnung von Rahmen zu Gliedern. Wenn wir zunächst die $\hat{Z}_i$-Achse an der Gelenkachse i ausrichten, gibt es zwei Möglichkeiten, in welche Richtung $\hat{Z}_i$ zeigt. Weiter gibt es im Fall zweier sich schneidender Gelenkachsen (d. h., $a_i = 0$) zwei Möglichkeiten für die Richtung von $\hat{X}_i$, entsprechend der Wahl der Vorzeichen für die Normale auf der Ebene, die $\hat{Z}_i$ und $\hat{Z}_{i+1}$ enthält. Sind die Achsen i und $i+1$ parallel, ist die Wahl des Ursprungs für $\{i\}$ willkürlich (obwohl er im Allgemeinen so gewählt wird, dass d_i gleich null ist). Sind darüber hinaus prismatische Gelenke vorhanden, gibt es bei der Zuordnung der Rahmen einen gewissen Spielraum (siehe auch ▶ **Beispiel 3.5**).

3.4.4 Zusammenfassung des Verfahrens zur Befestigung von Rahmen an Gliedern

Im Folgenden finden Sie eine Zusammenfassung des Verfahrens, das bei einem neuen Mechanismus befolgt werden muss, um die **Rahmen** der Glieder richtig zu befestigen. Gegeben sind zwei Achsen i und $i+1$.

1. Bestimmen Sie die Gelenkachsen und stellen Sie sich entlang dieser Achsen unendlich lange Linien vor (oder zeichnen sie welche). Betrachten Sie für die folgenden Schritte 2 bis 5 zwei dieser benachbarten Linien.
2. Bestimmen Sie die gemeinsame Senkrechte zwischen i und $i + 1$ oder den Schnittpunkt. Legen Sie den Ursprung des i-ten Rahmens in den Schnittpunkt beziehungsweise in den Punkt, an dem die gemeinsame Senkrechte auf die i-te Achse trifft.
3. Legen Sie die $\hat{Z}_i$-Achse fest, die entlang der i-ten Gelenkachse zeigt.
4. Legen Sie die $\hat{X}_i$-Achse so fest, dass sie in Richtung der gemeinsamen Senkrechten zeigt, oder legen Sie, wenn sich die Achsen schneiden, $\hat{X}_i$ als Normale auf die Ebene fest, in der die beiden Achsen liegen.
5. Legen Sie die $\hat{Y}_i$-Achse so fest, dass sie das Koordinatensystem gemäß der Rechte-Hand-Regel vervollständigt.
6. Legen Sie Rahmen {0} so fest, dass er Rahmen {1} entspricht, wenn die erste Gelenkvariable null ist. Wählen Sie für Rahmen {N} einen Ursprung und für $\hat{X}_N$ eine Richtung frei aus, aber im Allgemeinen so, dass so viele Gliedparameter wie möglich null werden.

BEISPIEL 3.3

Abbildung 3.6 (a) zeigt einen ebenen **Arm** mit drei Gliedern. Da alle drei Gelenke drehbar sind, wird dieser Manipulator manchmal auch als ***RRR-*** (oder **3*R*-**) **Mechanismus** bezeichnet. **Abbildung 3.6** (b) zeigt eine schematische Darstellung desselben Manipulators. Beachten sie die Linien mit doppelten Strichen auf jeder der drei Achsen, die anzeigen, dass diese Achsen parallel sind. Weisen Sie dem Mechanismus Gliederrahmen zu und geben Sie die **Denavit-Hartenberg-Parameter** an.

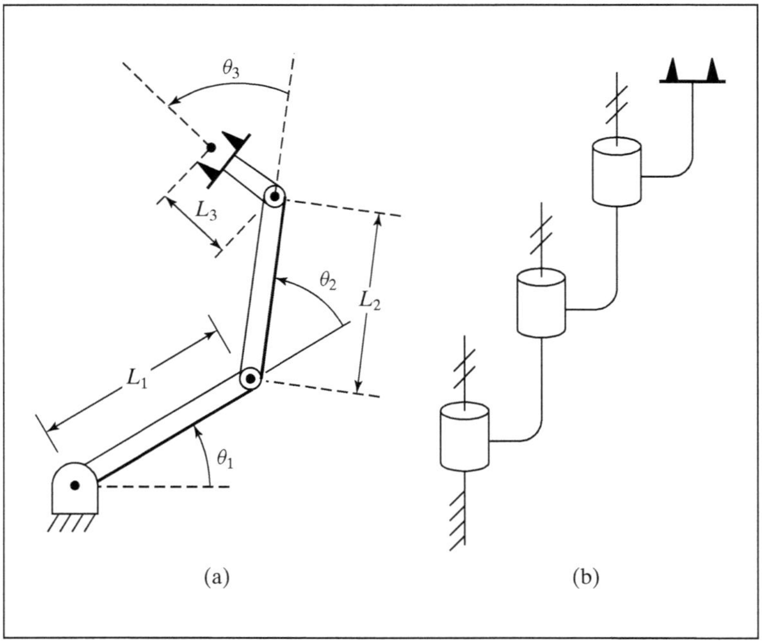

Abbildung 3.6 Ein dreigliedriger ebener Arm. Auf der rechten Seite zeigen wir denselben Manipulator in einer einfachen schematischen Darstellung. Die Markierungen auf den Achsen zeigen, dass sie parallel zueinander verlaufen.

Wir beginnen mit der Definition des **Bezugsrahmens**, dem Rahmen {0}. Er ist fest mit der Basis verbunden und richtet sich an Rahmen {1} aus, wenn die erste Gelenkvariable (θ_1) null ist. Daher positionieren wir den Rahmen {0} wie in **Abbildung 3.7** gezeigt so, dass $\hat{Z}_0$ an der Achse des Gelenks 1 ausgerichtet ist. Bei diesem Arm sind alle Gelenkachsen senkrecht zur Ebene des Arms ausgerichtet. Da der Arm in einer Ebene liegt und alle $\hat{Z}$-Achsen parallel zueinander verlaufen, gibt es keinen Versatz der Glieder – alle d_i sind null. Alle Gelenke sind drehbar, d. h., wenn ihre Gelenkwinkel alle null Grad betragen, zeigen alle $\hat{X}$-Achsen in die gleiche Richtung.

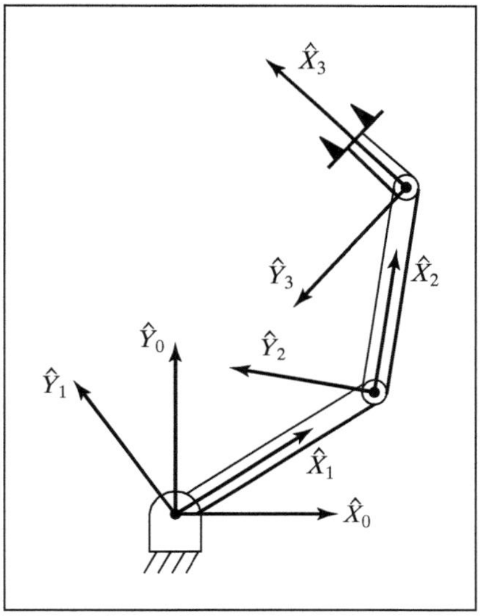

Abbildung 3.7 Zuweisungen von Rahmen und Gliedern.

Mit diesen Anmerkungen im Hinterkopf ist es einfach, die in **Abbildung 3.7** dargestellten Rahmenzuordnungen zu finden. Die zugehörigen Gliedparameter sind in **Abbildung 3.8** dargestellt.

i	α_{i-1}	a_{i-1}	d_i	θ_i
1	0	0	0	θ_1
2	0	L_1	0	θ_2
3	0	L_2	0	θ_3

Abbildung 3.8 Gliedparameter des dreigliedrigen ebenen Manipulators.

Beachten Sie bitte, dass alle α_i gleich null sind, da die Gelenkachsen alle parallel verlaufen und alle $\hat{Z}$-Achsen aus der Zeichenebene herauszeigen. Dies ist natürlich ein sehr einfacher Mechanismus. Beachten Sie auch, dass unsere kinematische Analyse immer an einem Rahmen endet, dessen Ursprung auf der letzten Gelenkachse liegt. Daher taucht L_3 nicht in den Gelenkparametern auf. Solche endständigen Versetzungen zum Endeffektor werden später separat behandelt.

BEISPIEL 3.4

Abbildung 3.9 (a) zeigt einen Roboter mit drei Freiheitsgraden und einem prismatischen Gelenk. Dieser Manipulator kann als „***RPR*-Mechanismus**" bezeichnet werden, wobei die Bezeichnung die Art und Reihenfolge der Gelenke angibt. Es handelt sich um einen „zylindrischen" **Roboter**, dessen beiden erste **Gelenke** von oben betrachtet Polarkoordinaten entsprechen. Das letzte Gelenk (Gelenk 3) ermöglicht das Rotieren der Hand. **Abbildung 3.9** (b) zeigt denselben Manipulator in schematischer Form. Beachten Sie das Symbol, das für die prismatischen Gelenke verwendet wird, und den „Punkt", der die beiden sich kreuzenden benachbarten Achsen kennzeichnet. Auch die Tatsache, dass die Achsen 1 und 2 orthogonal zueinander stehen, ist gekennzeichnet.

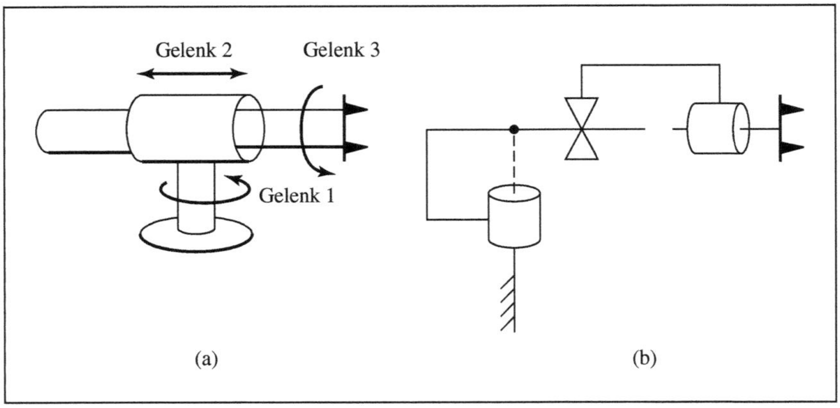

Abbildung 3.9 Manipulator mit drei Freiheitsgraden und einem prismatischen Gelenk.

Abbildung 3.10 (a) zeigt den Manipulator mit dem prismatischen Gelenk bei minimalem Vorschub (Auslenkung). Die Zuordnung der Rahmen zu den Gliedern ist in **Abbildung 3.10** (b) dargestellt.

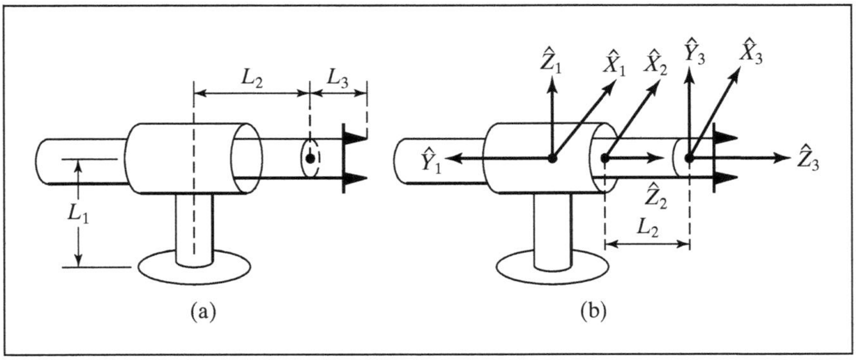

Abbildung 3.10 Zuweisungen von **Gliedern** und **Rahmen**.

Beachten Sie bitte, dass Rahmen {0} und Rahmen {1} gemäß dieser Abbildung genau übereinstimmen, weil der Roboter so gezeichnet ist, dass er die Position $\theta_1 = 0$ aufweist. Beachten Sie, dass der Rahmen {0}, auch wenn er sich nicht am unteren Ende der Flanschbasis befindet, trotzdem fest mit dem Glied 0, dem unbeweglichen Teil des Roboters, verbunden ist. Genauso wie die Rahmen unserer Glieder nicht verwendet werden, um die Kinematik den ganzen Weg hinaus bis zur Hand zu beschreiben, müssen sie auch nicht den ganzen Weg bis zum untersten Teil der Roboterbasis befestigt sein. Es reicht aus, wenn der Rahmen {0} an einer beliebigen Stelle am nicht beweglichen Glied 0 befestigt ist und der Rahmen {*N*}, der letzte Rahmen, irgendwo am letzten Glied des Manipulators befestigt wird. Andere Versetzungen können später auf allgemeine Weise behandelt werden.

Beachten Sie, dass sich die Drehgelenke um die $\hat{Z}$-Achse des zugehörigen Rahmens drehen, prismatische **Gelenke** aber entlang $\hat{Z}$ gleiten. Ist das Gelenk *i* prismatisch, bildet θ_i eine feste Konstante und d_i ist die Variable. Wenn d_i bei minimalem Vorschub des Glieds null ist, sollte der Rahmen {2} an der gezeigten Stelle angebracht werden, sodass d_2 den tatsächlichen Versatz angibt. Die Parameter des Glieds sind in **Abbildung 3.11** dargestellt.

i	α_{i-1}	a_{i-1}	d_i	θ_i
1	0	0	0	θ_1
2	90°	0	d_2	0
3	0	0	L_2	θ_3

Abbildung 3.11 Gliederparameter für den *RPR-Manipulator* aus **Beispiel 3.4**.

Beachten Sie, dass θ_2 für diesen Roboter null ist und dass d_2 eine Variable ist. Die Achsen 1 und 2 schneiden sich, daher ist a_1 gleich null. Der Winkel α_1 muss 90 Grad betragen, damit die Drehung $\hat{Z}_1$ so (um $\hat{X}_1$) rotiert, dass sie in die gleiche Richtung wie $\hat{Z}_2$ zeigt.

BEISPIEL 3.5

Abbildung 3.12 (a) zeigt einen 3*R-Manipulator* mit drei Gliedern, bei dem sich die Gelenkachsen 1 und 2 schneiden und die Achsen 2 und 3 parallel sind. **Abbildung 3.12** (b) zeigt das kinematische Schema des Manipulators. Beachten Sie, dass das Schema Kennzeichnungen enthält, die darauf hinweisen, dass die ersten beiden Achsen orthogonal und die letzten beiden parallel sind.

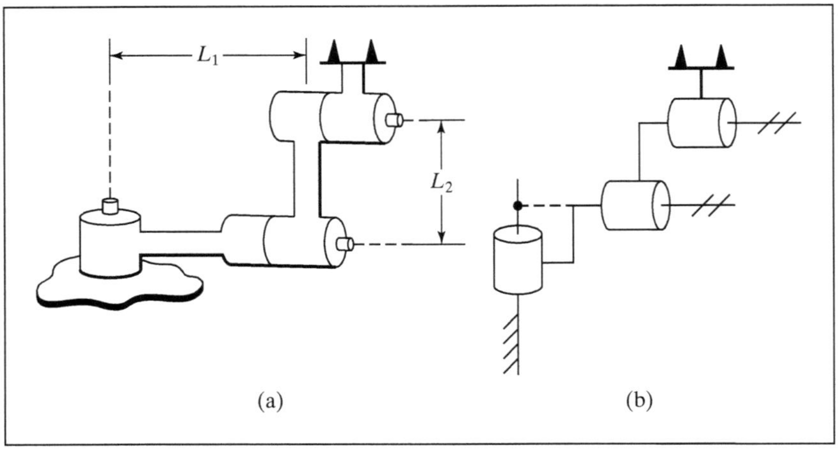

Abbildung 3.12 Dreigliedriger, nicht planarer **Manipulator**.

Zeigen Sie, dass die Rahmenzuordnungen und die **Denavit-Hartenberg-Parameter** nicht eindeutig sind, indem Sie mehrere mögliche korrekte Zuordnungen der Rahmen {1} und {2} angeben. **Abbildung 3.13** zeigt zwei mögliche Rahmenzuordnungen und die zugehörigen Parameter für die Wahl der beiden möglichen Richtungen von $\hat{Z}_2$.

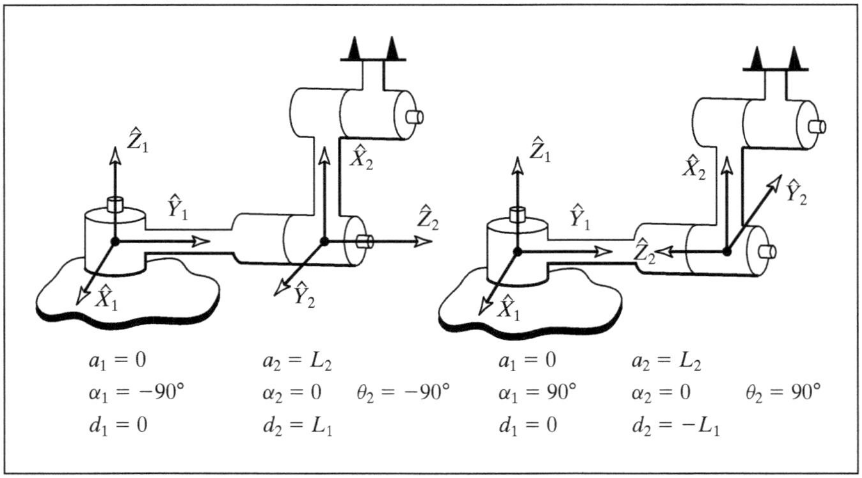

Abbildung 3.13 Zwei mögliche Rahmenzuordnungen.

Schneiden sich $\hat{Z}_i$ und $\hat{Z}_{i+1}$, dann gibt es im Allgemeinen zwei Möglichkeiten für $\hat{X}_i$. In diesem Beispiel schneiden sich die Gelenkachsen 1 und 2, sodass es zwei Möglichkeiten für die Richtung von $\hat{X}_1$ gibt. **Abbildung 3.14** zeigt zwei weitere mögliche Rahmenzuordnungen, die der zweiten Wahl von $\hat{X}_1$ entsprechen.

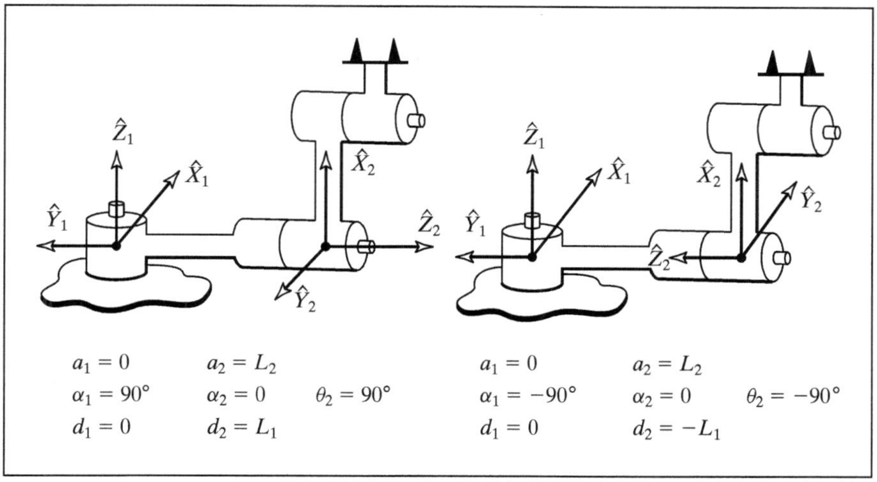

Abbildung 3.14 Zwei weitere mögliche Rahmenzuweisungen.

Tatsächlich gibt es vier weitere Möglichkeiten, die den vorangegangenen vier Wahlmöglichkeiten entsprechen, wobei aber $\hat{Z}_1$ nach unten zeigt.

3.5 Manipulator-Kinematik

In diesem Abschnitt leiten wir die allgemeine Form der Transformation her, welche die Beziehung zwischen **Rahmen** beschreibt, die mit benachbarten **Glieder** verbunden sind. Anschließend verknüpfen wir diese einzelnen Transformationen, um die Position und Ausrichtung von Glied n relativ zu Glied 0 zu bestimmen.

3.5.1 Herleitung der Transformationen von Gliedern

Wir möchten die Transformation konstruieren, die den Rahmen $\{i\}$ relativ zum Rahmen $\{i-1\}$ definiert. Im Allgemeinen ist diese Transformation eine Funktion der vier Gliedparameter. Für jeden *beliebigen* Roboter ist diese Transformation eine Funktion von nur einer Variablen. Die anderen drei Parameter sind durch die Bauweise festgelegt. Indem wir einen Rahmen für jedes Glied definieren, haben wir das **Kinematikproblem** in n Teilprobleme zerlegt. Um jedes dieser Teilprobleme zu lösen, also ${}^{i-1}_{i}T$ zu bestimmen, werden wir jedes Teilproblem in vier weitere Teilprobleme aufteilen. *Jede dieser vier Transformationen ist eine Funktion von nur einem Gliedparameter und ist so einfach, dass wir ihre Form durch Betrachtung aufschreiben können.* Wir beginnen, indem wir für jedes Glied drei **Zwischenrahmen** definieren: $\{P\}$, $\{Q\}$ und $\{R\}$.

Abbildung 3.15 zeigt dasselbe Paar von Gelenken wie zuvor, mit den definierten Rahmen $\{P\}$, $\{Q\}$ und $\{R\}$. Beachten Sie, dass für jeden Rahmen nur die $\hat{X}$- und $\hat{Z}$-Achse dargestellt sind, um die Zeichnung übersichtlich zu halten. Rahmen $\{R\}$ unterscheidet sich von Rahmen $\{i-1\}$ nur durch eine Drehung um α_{i-1}. Der Rahmen $\{Q\}$ unterscheidet sich von $\{R\}$ durch eine Verschiebung a_{i-1}. Der Rahmen $\{P\}$ unterscheidet sich von $\{Q\}$ durch eine Drehung θ_i und der Rahmen $\{i\}$ unterscheidet sich von $\{P\}$ durch eine

Translation d_i. Wenn wir die Transformation formulieren wollen, welche die in $\{i\}$ definierten Vektoren in ihre Beschreibung in $\{i-1\}$ transformiert, können wir schreiben:

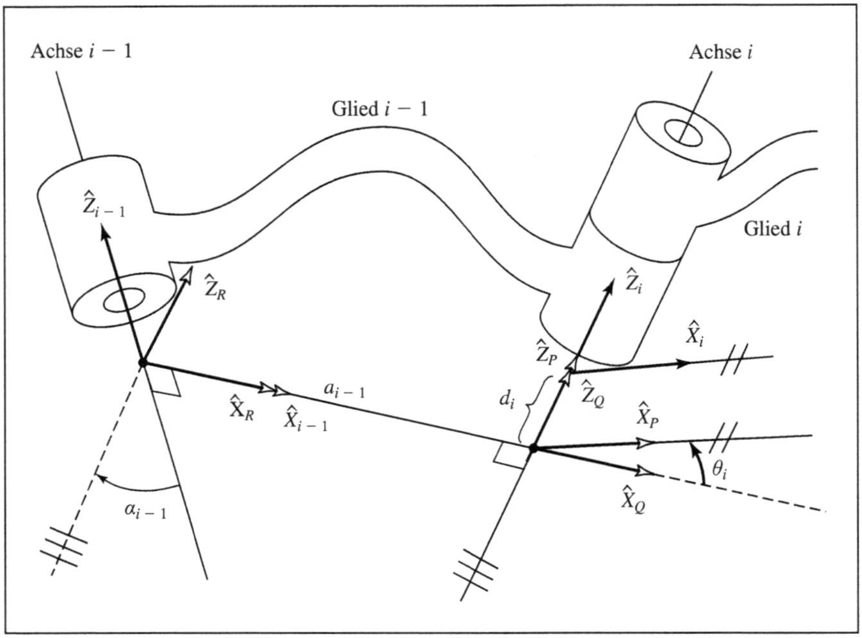

Abbildung 3.15 Position der Zwischenrahmen $\{P\}$, $\{Q\}$ und $\{R\}$.

$$ {}^{i-1}P = {}^{i-1}_{R}T \; {}^{R}_{Q}T \; {}^{Q}_{P}T \; {}^{P}_{i}T \; {}^{i}P \tag{3.1} $$

oder

$$ {}^{i-1}P = {}^{i-1}_{i}T \; {}^{i}P, \tag{3.2} $$

wobei

$$ {}^{i-1}_{i}T = {}^{i-1}_{R}T \; {}^{R}_{Q}T \; {}^{Q}_{P}T \; {}^{P}_{i}T. \tag{3.3} $$

Wenn wir jede dieser Transformationen betrachten, sehen wir, dass **(3.3)** als

$$ {}^{i-1}_{i}T = R_X(\alpha_{i-1})\,D_X(a_{i-1})\,R_Z(\theta_i)\,D_Z(d_i) \tag{3.4} $$

geschrieben oder auch wie folgt formuliert werden kann:

$$ {}^{i-1}_{i}T = \text{Schraube}_X(a_{i-1},\alpha_{i-1})\ \text{Schraube}_Z(d_i,\theta_i) \tag{3.5} $$

Dabei steht die Formulierung $\text{Schraube}_Q(r,\phi)$ für die Kombination aus einer Verschiebung um die Strecke r entlang einer Achse $\hat{Q}$ sowie einer Drehung um dieselbe Achse um einen Winkel ϕ. Durch Ausmultiplizieren von **(3.4)** erhalten wir die allgemeine Form von ${}^{i-1}_{i}T$:

$$ {}^{i-1}_{i}T = \begin{bmatrix} c\theta_i & -s\theta_i & 0 & a_{i-1} \\ s\theta_i c\alpha_{i-1} & c\theta_i c\alpha_{i-1} & -s\alpha_{i-1} & -s\alpha_{i-1} d_i \\ s\theta_i s\alpha_{i-1} & c\theta_i s\alpha_{i-1} & c\alpha_{i-1} & c\alpha_{i-1} d_i \\ 0 & 0 & 0 & 1 \end{bmatrix}. \tag{3.6} $$

BEISPIEL 3.6

Berechnen Sie anhand der in ▶ **Abbildung 3.11** gezeigten Gliederparameter für den Roboter aus ▶ **Abbildung 3.9** die einzelnen Transformationen für jedes Glied.

Durch Einsetzen der Parameter in **(3.6)** erhalten wir

$$
{}^{0}_{1}T = \begin{bmatrix} c\theta_1 & -s\theta_1 & 0 & 0 \\ s\theta_1 & c\theta_1 & 0 & 0 \\ 0 & 0 & 1 & 0 \\ 0 & 0 & 0 & 1 \end{bmatrix},
\quad
{}^{1}_{2}T = \begin{bmatrix} 1 & 0 & 0 & 0 \\ 0 & 0 & -1 & -d_2 \\ 0 & 1 & 0 & 0 \\ 0 & 0 & 0 & 1 \end{bmatrix} \text{ und}
\quad
{}^{2}_{3}T = \begin{bmatrix} c\theta_3 & -s\theta_3 & 0 & 0 \\ s\theta_3 & c\theta_3 & 0 & 0 \\ 0 & 0 & 1 & l_2 \\ 0 & 0 & 0 & 1 \end{bmatrix}. \tag{3.7}
$$

Nachdem wir diese Gliedertransformationen hergeleitet haben, sollten wir sie mit dem gesunden Menschenverstand überprüfen. So sollten zum Beispiel die Elemente der vierten Spalte jeder Transformation die Koordinaten des Ursprungs des nächsthöheren Rahmens bilden.

3.5.2 Verknüpfung der Transformationen der Glieder

Sobald die Rahmen der Glieder definiert und die entsprechenden Gliederparameter gefunden wurden, ist die Entwicklung der kinematischen Gleichungen einfach. Aus den Werten der Gliederparameter können die Matrizen der einzelnen Glied-Transformationen berechnet werden. Dann können die Transformationen der Glieder miteinander multipliziert werden, um die einzelne Transformation zu finden, die den Rahmen $\{N\}$ relativ zum Rahmen $\{0\}$ beschreibt:

$$
{}^{0}_{N}T = {}^{0}_{1}T\,{}^{1}_{2}T\,{}^{2}_{3}T \ldots {}^{N-1}_{N}T. \tag{3.8}
$$

Diese Transformation ${}^{0}_{N}T$ wird eine Funktion aller n Gelenkvariablen sein. Wenn die Sensoren der Gelenkpositionen des Roboters abgefragt werden, können die kartesische Position und die Ausrichtung des letzten Glieds durch ${}^{0}_{N}T$ berechnet werden.

3.6 Aktuatorraum, Gelenkraum und kartesischer Raum

Die Position aller **Glieder** eines **Manipulators** mit n **Freiheitsgraden** kann durch einen Satz von n **Gelenkvariablen** angegeben werden. Dieser Satz von Variablen wird oft als $n \times 1$-**Gelenkvektor** bezeichnet. Der Raum all dieser **Gelenkvektoren** wird als **Gelenkraum** bezeichnet. Bisher haben wir uns in diesem Kapitel damit beschäftigt, die Beschreibung im **kartesischen Raum** aus der Kenntnis der Beschreibung im **Gelenkraum** zu berechnen. Wir verwenden den Begriff *kartesischer Raum*, wenn die Position entlang orthogonaler Achsen gemessen wird und die Ausrichtung gemäß einer der in ▶ **Kapitel 2** beschriebenen Konventionen erfolgt. Manchmal werden auch die Begriffe

aufgabenorientierter Raum und **operativer Raum** für das verwendet, was wir als kartesischen Raum bezeichnen werden.

Bisher sind wir implizit davon ausgegangen, dass jedes kinematische Gelenk direkt von einer Art Aktuator betätigt wird. Bei vielen Industrierobotern ist dies jedoch nicht der Fall. Manchmal arbeiten zum Beispiel zwei **Aktuatoren** in einem Differentialpaar zusammen, um ein einzelnes Gelenk zu bewegen, oder manchmal wird ein linearer Aktuator verwendet, um ein Drehgelenk über eine Vierergelenkkette zu drehen. In diesen Fällen ist es hilfreich, den Begriff der ***Aktuatorposition*** zu berücksichtigen. Die Sensoren, die die Position des Manipulators messen, befinden sich oft an den Aktuatoren, sodass einige Berechnungen durchgeführt werden müssen, um den Gelenkvektor als Funktion einer Reihe von Aktuatorwerten oder eines **Aktuatorvektors** zu erhalten.

Wie in **Abbildung 3.16** angedeutet, gibt es drei Darstellungen der Position und Ausrichtung eines **Manipulators**: Die Beschreibungen im **Aktuatorraum**, im **Gelenkraum** und im **kartesischen Raum**. In diesem Kapitel befassen wir uns mit den Abbildungen zwischen den Repräsentationen, die in **Abbildung 3.16** mit durchgezogenen Pfeilen angedeutet werden. In ▶ **Kapitel 4** werden wir uns mit den umgekehrten Abbildungen beschäftigen, die durch die gestrichelten Pfeile gekennzeichnet sind.

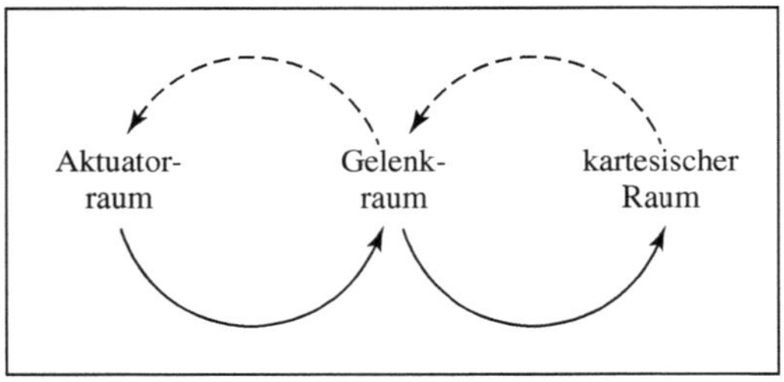

Abbildung 3.16 Repräsentationen zwischen kinematischen **Beschreibungen**.

Es gibt sehr vielfältige Methoden, wie Aktuatoren verbunden werden können, um ein Gelenk zu bewegen. Sie könnten katalogisiert werden, aber das werden wir hier nicht tun. Für jeden Roboter, den wir entwerfen oder zu analysieren versuchen, muss die Übereinstimmung zwischen Aktuatorpositionen und Gelenkpositionen überprüft werden. Im nächsten Abschnitt werden wir ein Beispielproblem für einen Industrieroboter betrachten.

3.7 Beispiele: Kinematik von zwei Industrierobotern

Aktuelle **Industrieroboter** gibt es in vielen verschiedenen kinematischen Konfigurationen [2, 3]. In diesem Abschnitt werden wir die Kinematik von zwei typischen Industrierobotern ausarbeiten. Zunächst betrachten wir den **Unimation PUMA 560**, einen **Drehgelenkmanipulator** mit sechs **Freiheitsgraden**. Wir lösen die kinematischen Gleichungen als Funktionen der Gelenkwinkel. Für dieses **Beispiel** überspringen wir das zusätzliche Problem der Beziehung zwischen dem Aktuatorraum und dem Gelenkraum. Danach werden wir den **Yasukawa Motoman L-3** betrachten, einen Roboter mit fünf **Freiheitsgraden** und **Drehgelenken**. Dieses **Beispiel** ist sehr detailliert, einschließlich der Transformationen von Aktuatoren zu Gelenken, und kann beim ersten Lesen des Buches übersprungen werden.

3.7.1 Der PUMA 560

Der **Unimation PUMA 560** (**Abbildung 3.17**) ist ein Roboter mit sechs Freiheitsgraden, der nur Drehgelenke besitzt (d. h., es handelt sich um einen ***6R-Mechanismus***). In **Abbildung 3.18** ist er in einer Stellung gezeigt, in der sich die Glied-Rahmen-Zuordnungen in einer Position befinden, in der alle Gelenkwinkel gleich null sind.[13] **Abbildung 3.19** zeigt ein Detail des Unterarms des Roboters.

Abbildung 3.17 Der Unimation PUMA 560. Mit freundlicher Genehmigung von Unimation Incorporated, Shelter Rock Lane, Danbury, Conn.

13 Unimation hat eine etwas andere Zuweisung der Nullposition der Gelenke verwendet, sodass $\theta_3^* = \theta_3 - 180°$, wobei in der Konvention von Unimation θ_3^* die Position des Gelenks 3 ist.

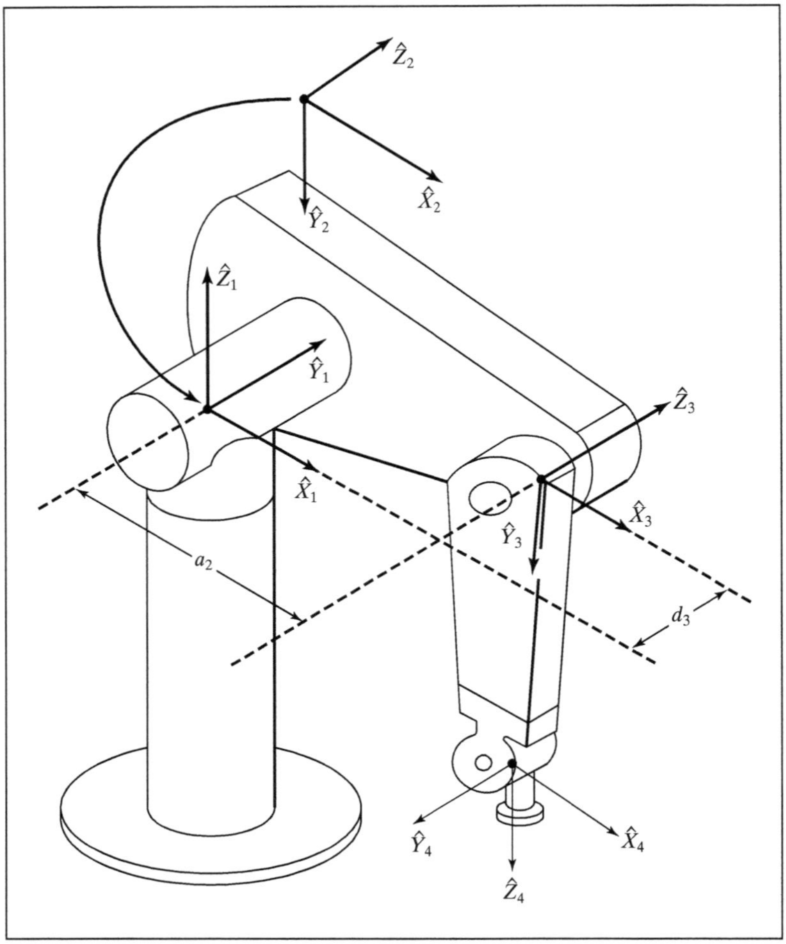

Abbildung 3.18 Einige kinematische **Parameter** und **Rahmen**-Zuordnungen für den PUMA-560-Manipulator.

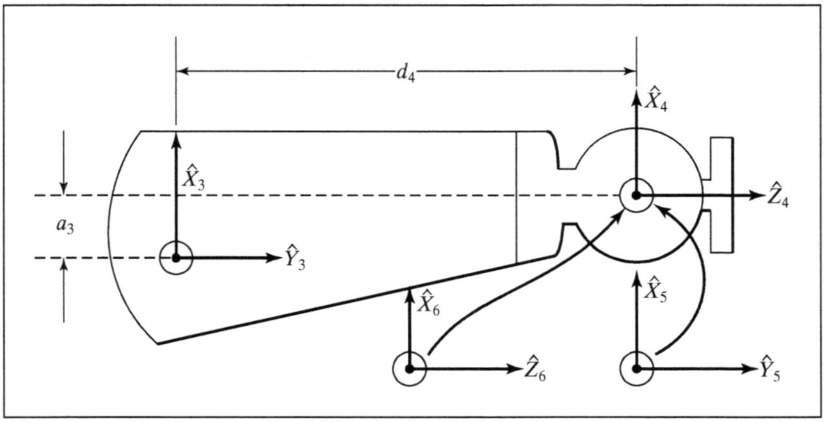

Abbildung 3.19 Kinematische Parameter und Rahmen-Zuordnungen für den Unterarm des PUMA-560-Manipulators.

Beachten Sie, dass Rahmen {0} (nicht gezeigt) mit Rahmen {1} übereinstimmt, wenn θ_1 gleich null ist. Beachten Sie auch, dass sich bei diesem Roboter, wie bei vielen anderen Industrierobotern, die Gelenkachsen der Gelenke 4, 5 und 6 in einem gemeinsamen Punkt schneiden und dieser Schnittpunkt mit dem Ursprung der Rahmen {4}, {5} und {6} zusammenfällt. Außerdem sind die Gelenkachsen 4, 5 und 6 zueinander orthogonal. Dieser **Handgelenkmechanismus** ist in **Abbildung 3.20** schematisch dargestellt.

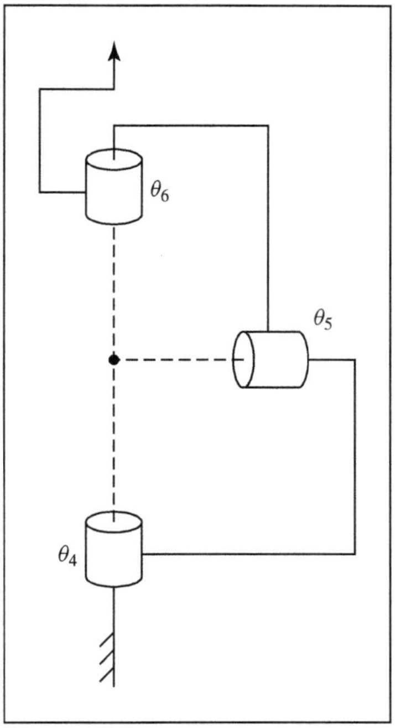

Abbildung 3.20 Schematische Darstellung eines ***3R-Handgelenks***, bei dem sich alle drei Achsen in einem Punkt schneiden und zueinander orthogonal sind. Diese Konstruktion wird im PUMA-560-Manipulator und vielen anderen Industrierobotern verwendet.

Die **Gliederparameter**, die dieser Anordnung der Gliederrahmen entsprechen, sind in **Abbildung 3.21** dargestellt. Im Falle des PUMA 560 koppelt ein Getriebe im Handgelenk des Manipulators die Bewegungen der Gelenke 4, 5 und 6. Das bedeutet, dass wir für diese drei Gelenke zwischen dem Gelenkraum und dem Aktuatorraum unterscheiden und die komplette Kinematik in zwei Schritten lösen müssen. In diesem Beispiel werden wir jedoch nur die **Kinematik** vom Gelenkraum in den kartesischen Raum betrachten.

i	α_{i-1}	a_{i-1}	d_i	θ_i
1	0	0	0	θ_1
2	−90°	0	0	θ_2
3	0	a_2	d_3	θ_3
4	−90°	a_3	d_4	θ_4
5	90°	0	0	θ_5
6	−90°	0	0	θ_6

Abbildung 3.21 Gliederparameter des PUMA 560.

Mithilfe von **(3.6)** berechnen wir jede der Glied-Transformationen:

$$ {}^{0}_{1}T = \begin{bmatrix} c\theta_1 & -s\theta_1 & 0 & 0 \\ s\theta_1 & c\theta_1 & 0 & 0 \\ 0 & 0 & 1 & 0 \\ 0 & 0 & 0 & 1 \end{bmatrix}, $$

$$ {}^{1}_{2}T = \begin{bmatrix} c\theta_2 & -s\theta_2 & 0 & 0 \\ 0 & 0 & 1 & 0 \\ -s\theta_2 & -c\theta_2 & 0 & 0 \\ 0 & 0 & 0 & 1 \end{bmatrix}, $$

$$ {}^{2}_{3}T = \begin{bmatrix} c\theta_3 & -s\theta_3 & 0 & a_2 \\ s\theta_3 & c\theta_3 & 0 & 0 \\ 0 & 0 & 1 & d_3 \\ 0 & 0 & 0 & 1 \end{bmatrix}, $$

$$ {}^{3}_{4}T = \begin{bmatrix} c\theta_4 & -s\theta_4 & 0 & a_3 \\ 0 & 0 & 1 & d_4 \\ -s\theta_4 & -c\theta_4 & 0 & 0 \\ 0 & 0 & 0 & 1 \end{bmatrix}, $$

$$
{}^{4}_{5}T = \begin{bmatrix} c\theta_5 & -s\theta_5 & 0 & 0 \\ 0 & 0 & -1 & 0 \\ s\theta_5 & c\theta_5 & 0 & 0 \\ 0 & 0 & 0 & 1 \end{bmatrix} \text{und}
$$

$$
{}^{5}_{6}T = \begin{bmatrix} c\theta_6 & -s\theta_6 & 0 & 0 \\ 0 & 0 & 1 & 0 \\ -s\theta_6 & -c\theta_6 & 0 & 0 \\ 0 & 0 & 0 & 1 \end{bmatrix}. \tag{3.9}
$$

Wir bilden nun ${}^{0}_{6}T$ durch Matrizenmultiplikation der einzelnen Gliedermatrizen. Während wir dieses Produkt bilden, leiten wir einige Teilergebnisse ab, die bei der Lösung des inversen kinematischen Problems in ▶ **Kapitel 4** nützlich sein werden. Wir beginnen mit der Multiplikation von ${}^{4}_{5}T$ und ${}^{5}_{6}T$:

$$
{}^{4}_{6}T = {}^{4}_{5}T\,{}^{5}_{6}T = \begin{bmatrix} c_5 c_6 & -c_5 s_6 & -s_5 & 0 \\ s_6 & c_6 & 0 & 0 \\ s_5 c_6 & -s_5 s_6 & c_5 & 0 \\ 0 & 0 & 0 & 1 \end{bmatrix}, \tag{3.10}
$$

wobei c_5 eine Abkürzung für $\cos\theta_5$ ist, s_5 für $\sin\theta_5$ und so weiter.[14] Daraus ergibt sich weiterhin:

$$
{}^{3}_{6}T = {}^{3}_{4}T\,{}^{4}_{6}T = \begin{bmatrix} c_4 c_5 c_6 - s_4 s_6 & -c_4 c_5 s_6 - s_4 c_6 & -c_4 s_5 & a_3 \\ s_5 c_6 & -s_5 s_6 & c_5 & d_4 \\ -s_4 c_5 c_6 - c_4 s_6 & s_4 c_5 s_6 - c_4 c_6 & s_4 s_5 & 0 \\ 0 & 0 & 0 & 1 \end{bmatrix}. \tag{3.11}
$$

Da die Achsen der Gelenke 2 und 3 immer parallel sind, erhalten wir einen etwas einfacheren Ausdruck für das Ergebnis, wenn wir zunächst die Multiplikation von ${}^{1}_{2}T$ und ${}^{2}_{3}T$ ausführen und dann die Winkelsummenformeln anwenden. Dies ist immer dann möglich, wenn zwei Drehgelenke parallele Achsen aufweisen, und wir erhalten damit:

$$
{}^{1}_{3}T = {}^{1}_{2}T\,{}^{2}_{3}T = \begin{bmatrix} c_{23} & -s_{23} & 0 & a_2 c_2 \\ 0 & 0 & 1 & d_3 \\ -s_{23} & -c_{23} & 0 & -a_2 s_2 \\ 0 & 0 & 0 & 1 \end{bmatrix},
$$

wobei wir die Winkelsummenformeln (aus ▶ **Anhang A**) verwendet haben:

$$
c_{23} = c_2 c_3 - s_2 s_3,
$$
$$
s_{23} = c_2 s_3 + s_2 c_3.
$$

Mit diesen beiden Teilergebnissen ergibt sich dann:

$$
{}^{1}_{6}T = {}^{1}_{3}T\,{}^{3}_{6}T = \begin{bmatrix} {}^{1}r_{11} & {}^{1}r_{12} & {}^{1}r_{13} & {}^{1}p_x \\ {}^{1}r_{21} & {}^{1}r_{22} & {}^{1}r_{23} & {}^{1}p_y \\ {}^{1}r_{31} & {}^{1}r_{32} & {}^{1}r_{33} & {}^{1}p_z \\ 0 & 0 & 0 & 1 \end{bmatrix},
$$

wobei

14 Abhängig davon, wie viel Platz für die Darstellung der Ausdrücke zur Verfügung steht, verwenden wir eine der folgenden drei Formen: $\cos\theta_5$, $c\theta_5$ oder c_5.

$$
\begin{aligned}
{}^1r_{11} &= c_{23}[c_4 c_5 c_6 - s_4 s_6] - s_{23} s_5 s_6, \\
{}^1r_{21} &= -s_4 c_5 c_6 - c_4 s_6, \\
{}^1r_{31} &= -s_{23}[c_4 c_5 c_6 - s_4 s_6] - c_{23} s_5 c_6, \\
{}^1r_{12} &= -c_{23}[c_4 c_5 s_6 + s_4 c_6] + s_{23} s_5 s_6, \\
{}^1r_{22} &= s_4 c_5 s_6 - c_4 c_6, \\
{}^1r_{32} &= s_{23}[c_4 c_5 s_6 + s_4 c_6] + c_{23} s_5 s_6, \\
{}^1r_{13} &= -c_{23} c_4 s_5 - s_{23} c_5, \\
{}^1r_{23} &= s_4 s_5, \\
{}^1r_{33} &= s_{23} c_4 s_5 - c_{23} c_5, \\
{}^1p_x &= a_2 c_2 + a_3 c_{23} - d_4 s_{23}, \\
{}^1p_y &= d_3 \text{ und} \\
{}^1p_z &= -a_3 s_{23} - a_2 s_2 - d_4 c_{23}.
\end{aligned}
\tag{3.13}
$$

Schließlich erhalten wir das Produkt aus allen sechs Glied-Transformationen:

$$
{}^0_6T = {}^0_1T\,{}^1_6T = \begin{bmatrix} r_{11} & r_{12} & r_{13} & p_x \\ r_{21} & r_{22} & r_{23} & p_y \\ r_{31} & r_{32} & r_{33} & p_z \\ 0 & 0 & 0 & 1 \end{bmatrix}.
$$

Für die einzelnen Elemente dieser Matrix gilt:

$$
\begin{aligned}
r_{11} &= c_1[c_{23}(c_4 c_5 c_6 - s_4 s_6) - s_{23} s_5 c_6] + s_1(s_4 c_5 c_6 + c_4 s_6), \\
r_{21} &= s_1[c_{23}(c_4 c_5 c_6 - s_4 s_6) - s_{23} s_5 c_6] - c_1(s_4 c_5 c_6 + c_4 s_6), \\
r_{31} &= -s_{23}(c_4 c_5 c_6 - s_4 s_6) - c_{23} s_5 c_6, \\
r_{12} &= c_1[c_{23}(-c_4 c_5 s_6 - s_4 c_6) + s_{23} s_5 s_6] + s_1(c_4 c_6 - s_4 c_5 s_6), \\
r_{22} &= s_1[c_{23}(-c_4 c_5 s_6 - s_4 c_6) + s_{23} s_5 s_6] - c_1(c_4 c_6 - s_4 c_5 s_6), \\
r_{32} &= -s_{23}(-c_4 c_5 s_6 - s_4 c_6) + c_{23} s_5 s_6, \\
r_{13} &= -c_1(c_{23} c_4 s_5 + s_{23} c_5) - s_1 s_4 s_5, \\
r_{23} &= -s_1(c_{23} c_4 s_5 + s_{23} c_5) + c_1 s_4 s_5, \\
r_{33} &= s_{23} c_4 s_5 - c_{23} c_5, \\
p_x &= c_1[a_2 c_2 + a_3 c_{23} - d_4 s_{23}] - d_3 s_1, \\
p_y &= s_1[a_2 c_2 + a_3 c_{23} - d_4 s_{23}] + d_3 c_1 \text{ und} \\
p_z &= -a_3 s_{23} - a_2 s_2 - d_4 c_{23}.
\end{aligned}
\tag{3.14}
$$

Die **Gleichungen (3.14)** bilden die **Kinematik** des PUMA 560. Sie legen fest, wie die Position und die Ausrichtung des Rahmens {6} relativ zum Rahmen {0} des Roboters zu berechnen sind. Dies sind die grundlegenden Gleichungen für alle kinematischen Analysen dieses Manipulators.

3.7.2 Der Yasukawa Motoman L-3

Der **Yasukawa Motoman L-3** ist ein beliebter industrieller Manipulator mit fünf Freiheitsgraden (siehe **Abbildung 3.22**). Im Gegensatz zu den Beispielen, die wir bisher gesehen haben, handelt es sich beim Motoman nicht um eine einfache offene kinematische **Kette**. Vielmehr verwendet er zwei lineare **Aktuatoren**, die mit den Gliedern 2 und 3 über Vierergelenkketten gekoppelt sind. Außerdem werden die Gelenke 4 und 5 über einen Kettenantrieb von zwei Aktuatoren in einer Differentialanordnung betätigt.

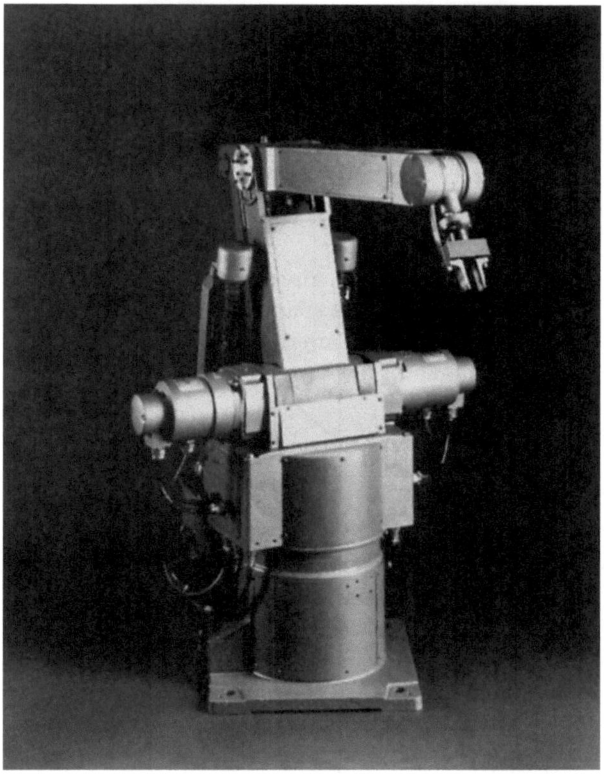

Abbildung 3.22 Die Yasukawa Motoman L-3. Mit freundlicher Genehmigung von Yasukawa.

In diesem Beispiel werden wir die Kinematik in zwei Schritten lösen. Zunächst bestimmen wir die Gelenkwinkel anhand der Positionen der Aktuatoren. Anschließend bestimmen wir die kartesische Position und Ausrichtung des letzten Glieds anhand der Gelenkwinkel. In diesem zweiten Schritt können wir das System so behandeln, als wäre es ein einfaches *5R-Gerät* mit offener kinematischer Kette.

Abbildung 3.23 zeigt die Verknüpfungen, die den Aktuator Nummer 2 mit den Gliedern 2 und 3 des Roboters verbinden. Es handelt sich um einen linearen Aktuator, der die Länge des mit *DC* bezeichneten Segments direkt steuert. Das Dreieck *ABC* ist fest, ebenso wie die Länge *BD*. Das Gelenk 2 dreht sich um den Punkt *B*, und wenn sich der Mechanismus bewegt, dreht sich der **Aktuator** leicht um den Punkt *C*. Wir bezeichnen die **Konstanten** (die Längen und Winkel), die mit **Aktuator** 2 verbunden sind folgendermaßen:

$$\gamma_2 = AB, \phi_2 = AC, \alpha_2 = BC,$$
$$\beta_2 = BD, \Omega_2 = \angle JBD, l_2 = BJ.$$

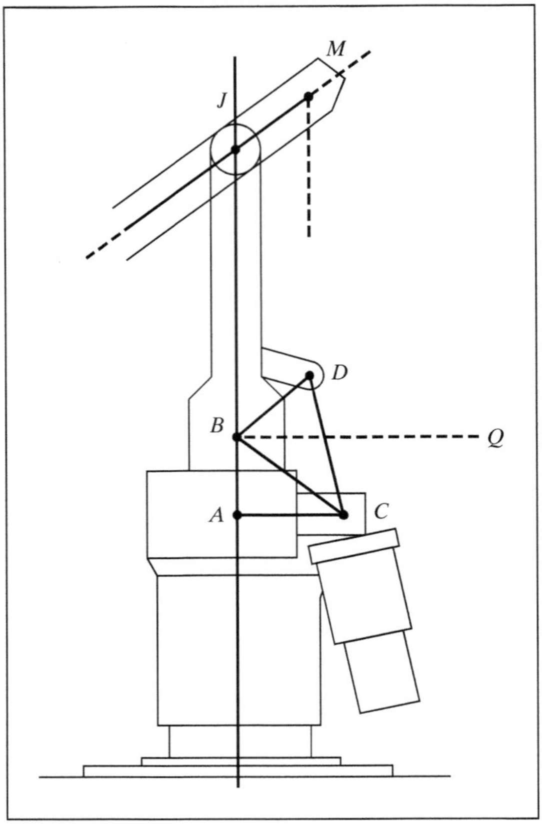

Abbildung 3.23 Kinematische Details des Mechanismus um Aktuator 2 des Yasukawa Motoman L-3.

Die Variablen bezeichnen wir wie folgt:

$$\theta_2 = -\angle JBQ, \psi_2 = \angle CBD, g_2 = DC.$$

Abbildung 3.24 zeigt die Verknüpfungen, die den Aktuator Nummer 3 mit den Gliedern 2 und 3 des Roboters verbinden. Es handelt sich wieder um einen linearen Aktuator, der die Länge des mit *HG* bezeichneten Segments direkt steuert. Das Dreieck *EFG* ist fest, ebenso wie die Länge *FH*. Gelenk 3 dreht sich um den Punkt *J*, und wenn sich der Mechanismus bewegt, dreht sich der Aktuator leicht um den Punkt *G*. Wir bezeichnen die Konstanten (die Längen und Winkel), die mit dem Aktuator 3 verbunden sind, folgendermaßen:

$$\gamma_3 = EF, \phi_3 = EG, \alpha_3 = GF,$$
$$\beta_3 = HF, l_3 = JK.$$

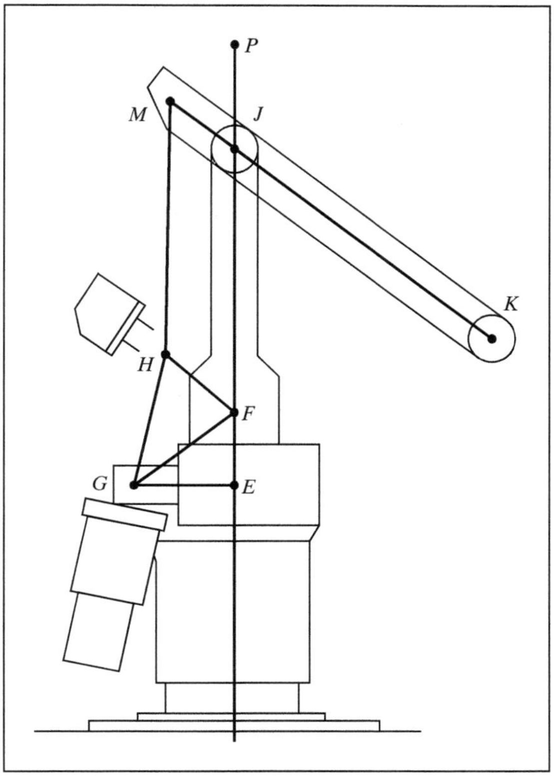

Abbildung 3.24 Kinematische Details des Mechanismus um Aktuator 3 des Yasukawa Motoman L-3.

Die Variablen bezeichnen wir wie folgt:

$$\theta_3 = \angle PJK, \psi_3 = \angle GFH, g_3 = GH.$$

Diese Anordnung von Aktuatoren und Verbindungsgliedern bewirkt den folgenden funktionalen Effekt: Aktuator 2 wird verwendet, um das Gelenk 2 zu positionieren. Währenddessen bleibt Glied 3 in der gleichen Ausrichtung relativ zur Basis des Roboters. Aktuator 3 wird verwendet, um die Ausrichtung von Glied 3 relativ zur Basis des Roboters einzustellen (und nicht relativ zum vorhergehenden Glied, wie bei einem Roboter mit serieller kinematischer Kette). Ein Zweck einer solchen **Gliederanordnung** besteht darin, die strukturelle Steifigkeit des Hauptmechanismus des Roboters zu erhöhen. Dies zahlt sich oft in Form einer besseren Fähigkeit aus, den Roboter präzise zu positionieren.

Die Aktuatoren der Gelenke 4 und 5 sind am Glied 1 des Roboters befestigt, wobei ihre Achsen an denen des Gelenks 2 ausgerichtet sind (die Punkte *B* und *F* in **Abbildung 3.23** und **3.24**). Sie betätigen die **Handgelenke** über zwei Kettensätze. Ein Satz befindet sich im Inneren von Glied 2, der zweite Satz im Inneren von Glied 3. Neben der Wechselwirkung bei der Betätigung der Glieder 2 und 3, lässt sich der Effekt dieses Übertragungssystems funktionell wie folgt beschreiben: Aktuator 4 wird verwendet, um Gelenk 4 relativ zur Basis des Roboters zu positionieren – nicht relativ zum vorhergehenden Glied 3. Das heißt, wird Aktuator 4 konstant gehalten, bleibt Gelenk 4 relativ zur Basis des Roboters konstant ausgerichtet, unabhängig von den Positionen der Gelenke 2 und 3. Aktuator 5 verhält sich schließlich so, als wäre er direkt mit dem Gelenk 5 verbunden.

Wir geben nun die Gleichungen an, die einen Satz von Aktuatorwerten (A_i) mit dem entsprechenden Satz von Gelenkwerten (θ_i) verbinden. In diesem Fall wurden diese Gleichungen durch schlichte ebene Geometrie hergeleitet – im Wesentlichen durch die Anwendung des „Kosinussatzes“.[15] In diesen Gleichungen tauchen Konstanten für Skalierungsfaktoren (k_i) und Versätze (Offsets, λ_i) jedes Aktuators auf. Aktuator 1 ist beispielsweise direkt mit der Gelenkachse 1 verbunden, sodass die Umrechnung einfach ist: Es handelt sich lediglich um die Multiplikation mit einem Skalierungsfaktor und die Addition eines Versatzes. Die Gleichungen lauten:

$$\begin{aligned}
\theta_1 &= k_1 A_1 + \lambda_1,\\
\theta_2 &= \cos^{-1}\left(\frac{(k_2 A_2 + \lambda_2)^2 - \alpha_2^2 - \beta_2^2}{-2\alpha_2\beta_2}\right) + \tan^{-1}\left(\frac{\phi_2}{\gamma_2}\right) + \Omega_2 - 270°,\\
\theta_3 &= \cos^{-1}\left(\frac{(k_3 A_3 + \lambda_3)^2 - \alpha_3^2 - \beta_3^2}{-2\alpha_3\beta_3}\right) - \theta_2 + \tan^{-1}\left(\frac{\phi_3}{\gamma_3}\right) - 90°,\\
\theta_4 &= -k_4 A_4 - \theta_2 - \theta_3 + \lambda_4 + 180° \text{ und}\\
\theta_5 &= -k_5 A_5 + \lambda_5.
\end{aligned} \tag{3.15}$$

Abbildung 3.25 zeigt die Befestigung der Gelenkrahmen. In dieser Abbildung ist der Manipulator in einer Position dargestellt, die dem Gelenkvektor $\Theta = (0, -90°, 90°, 90°, 0)$ entspricht. **Abbildung 3.26** zeigt die **Gliederparameter** für diesen Manipulator. Die resultierenden Glied-Transformationsmatrizen sind:

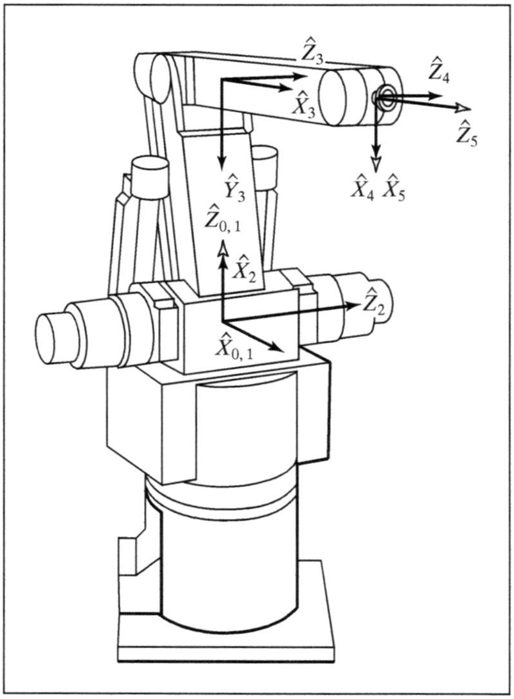

Abbildung 3.25 Zuordnung der Gliederrahmen für den Yasukawa Motoman L-3.

15 Werden die Winkel eines Dreiecks mit a, b und c bezeichnet, wobei der Winkel a der Seite A gegenüberliegt und so weiter, dann ist $A^2 = B^2 + C^2 - 2BC \cos a$.

i	α_{i-1}	a_{i-1}	d_i	θ_i
1	0	0	0	θ_1
2	$-90°$	0	0	θ_2
3	0	L_2	0	θ_3
4	0	L_3	0	θ_4
5	$90°$	0	0	θ_5

Abbildung 3.26 Gliederparameter des Yasukawa-Motoman-L-3-Manipulators.

$$ {}^0_1T = \begin{bmatrix} c\theta_1 & -s\theta_1 & 0 & 0 \\ s\theta_1 & c\theta_1 & 0 & 0 \\ 0 & 0 & 1 & 0 \\ 0 & 0 & 0 & 1 \end{bmatrix}, $$

$$ {}^1_2T = \begin{bmatrix} c\theta_2 & -s\theta_2 & 0 & 0 \\ 0 & 0 & 1 & 0 \\ -s\theta_2 & -c\theta_2 & 0 & 0 \\ 0 & 0 & 0 & 1 \end{bmatrix}, $$

$$ {}^2_3T = \begin{bmatrix} c\theta_3 & -s\theta_3 & 0 & l_2 \\ s\theta_3 & c\theta_3 & 0 & 0 \\ 0 & 0 & 1 & 0 \\ 0 & 0 & 0 & 1 \end{bmatrix}, $$

$$ {}^3_4T = \begin{bmatrix} c\theta_4 & -s\theta_4 & 0 & l_3 \\ s\theta_4 & c\theta_4 & 0 & 0 \\ 0 & 0 & 1 & 0 \\ 0 & 0 & 0 & 1 \end{bmatrix} \text{und} $$

$$ {}^4_5T = \begin{bmatrix} c\theta_5 & -s\theta_5 & 0 & 0 \\ 0 & 0 & -1 & 0 \\ s\theta_5 & c\theta_5 & 0 & 0 \\ 0 & 0 & 0 & 1 \end{bmatrix}. $$

Bilden wir das Produkt zur Berechnung von ${}^0_5T$, erhalten wir

$$ {}^0_5T = \begin{bmatrix} r_{11} & r_{12} & r_{13} & p_x \\ r_{21} & r_{22} & r_{23} & p_y \\ r_{31} & r_{32} & r_{33} & p_z \\ 0 & 0 & 0 & 1 \end{bmatrix}, \qquad (3.16) $$

wobei

$$ \begin{aligned} r_{11} &= c_1 c_{234} c_5 - s_1 s_5, \\ r_{21} &= s_1 c_{234} c_5 + c_1 s_5, \\ r_{31} &= -s_{234} c_5, \\ r_{12} &= -c_1 c_{234} s_5 - s_1 c_5, \\ r_{22} &= -s_1 c_{234} s_5 + c_1 c_5, \\ r_{32} &= s_{234} s_5, \\ r_{13} &= c_1 s_{234}, \\ r_{23} &= s_1 s_{234}, \\ r_{33} &= c_{234}, \\ p_x &= c_1(l_2 c_2 + l_3 c_{23}), \\ p_y &= s_1(l_2 c_2 + l_3 c_{23}) \text{ und} \\ p_z &= -l_2 s_2 - l_3 s_{23}. \end{aligned} \qquad (3.17) $$

Wir haben die kinematischen Gleichungen für den **Yasukawa** Motoman in zwei Schritten entwickelt. Im ersten Schritt haben wir aus einem Aktuatorvektor einen Gelenkvektor berechnet. Im zweiten Schritt haben wir aus dem Gelenkvektor eine Position und Ausrichtung des Handgelenkrahmens berechnet. Wenn wir nur die kartesische Position und nicht die Gelenkwinkel berechnen möchten, ist es möglich, Gleichungen herzuleiten, die direkt vom Aktuatorraum in den kartesischen Raum abbilden. Diese Gleichungen sind rechnerisch etwas einfacher als der zweistufige Ansatz (siehe ▶ **Übung 3.10**).

3.8 Rahmen mit Standard-Namen

Es ist hilfreich, wenn wir bestimmten „**Standardrahmen**", die mit einem Roboter und seinem Arbeitsbereich verbunden sind, konventionsgemäß bestimmte Bezeichnungen und Positionen zuweisen. **Abbildung 3.27** zeigt eine typische Situation, in der ein Roboter ein Werkzeug ergriffen hat und die Werkzeugspitze an einer benutzerdefinierten Stelle positionieren soll. Die fünf in **Abbildung 3.27** gezeigten Rahmen werden so häufig verwendet, dass wir ihnen eigene Namen geben. Die Benennung und anschließende Verwendung dieser fünf Rahmen in einem System zur Programmierung und Steuerung eines Roboters erleichtert die Bereitstellung allgemeiner Funktionen auf leicht verständliche Weise. Alle Bewegungen des Roboters werden mit Hilfe dieser Rahmen beschrieben.

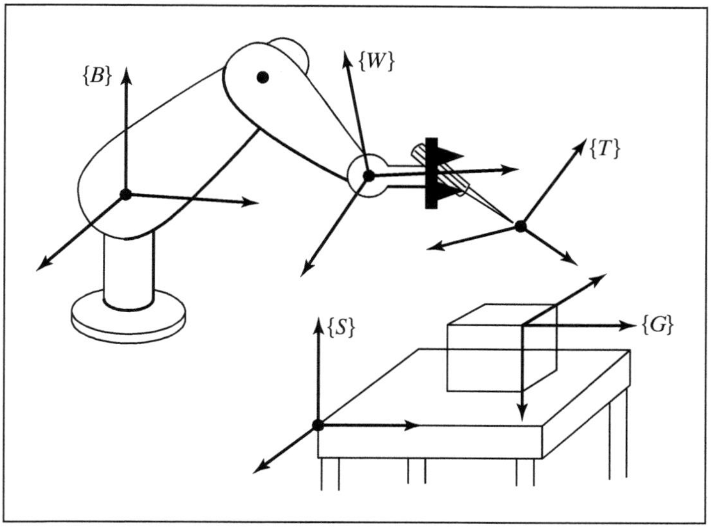

Abbildung 3.27 Die Standardrahmen.

Es folgen kurze Definitionen für die in **Abbildung 3.27** gezeigten **Rahmen**.

3.8.1 Der Basisrahmen {*B*}

{*B*} befindet sich an der Basis des Manipulators (**Base Frame**). Die Bezeichnung ist lediglich ein anderer Name für den Rahmen {0}. Dieser ist an einem unbeweglichen Teil des Roboters befestigt, der manchmal als Glied 0 bezeichnet wird.

3.8.2 Der stationäre Rahmen {*S*}

{*S*} befindet sich an einem für die Aufgabe relevanten Ort. In **Abbildung 3.28** ist dies die Ecke eines Tisches, auf dem der Roboter arbeiten soll. Für den Benutzer dieses Robotersystems ist {*S*} der universelle Rahmen und alle Aktionen des Roboters werden relativ zu ihm ausgeführt. Er wird manchmal auch als ***Aufgabenrahmen***, ***Weltrahmen*** oder ***universaler Rahmen*** bezeichnet. Der stationäre Rahmen (**Station Frame**) wird immer in Bezug auf den Basisrahmen, also durch ${}^{B}_{S}T$, angegeben.

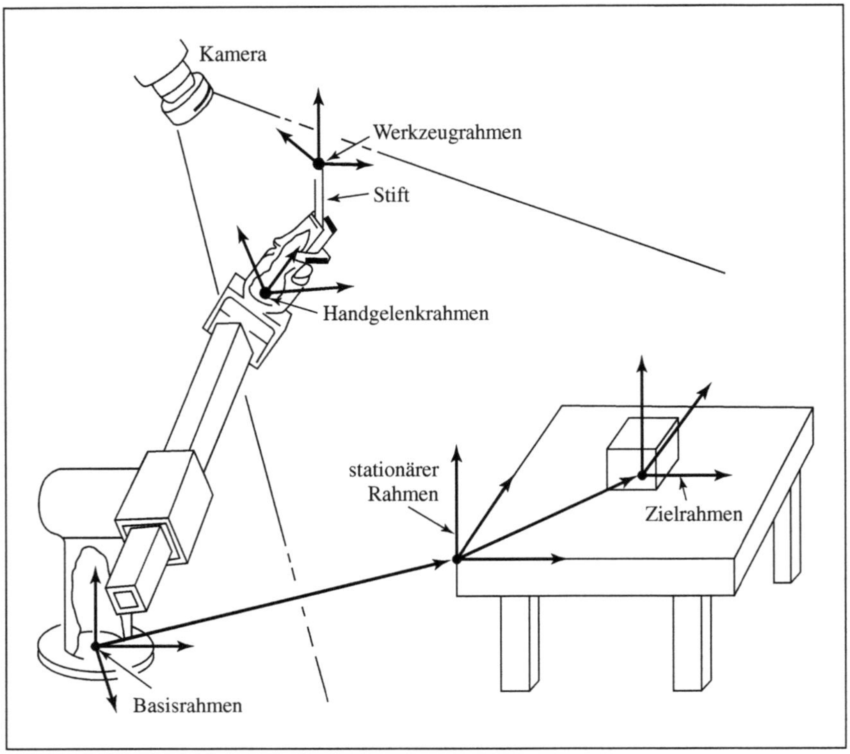

Abbildung 3.28 Beispiel für die Zuordnung von Standardrahmen.

3.8.3 Der Handgelenkrahmen {W}

{W} ist am letzten Glied des Manipulators befestigt. Es ist ein anderer Name für den Rahmen {N}, der am letzten Glied des Roboters befestigt ist. Sehr oft wird der Ursprung von {W} in einem Punkt festgelegt, der als *Handgelenk* (daher **Wrist Frame**) des Manipulators bezeichnet wird. {W} bewegt sich mit dem letzten Glied des Manipulators. Er wird relativ zum Basisrahmen definiert, d. h.: $\{W\} = {}^{B}_{W}T = {}^{0}_{N}T$.

3.8.4 Der Werkzeugrahmen {T}

{T} ist am Ende jedes beliebigen Werkzeugs befestigt, das der Roboter gerade in der Hand hält. Ist die Hand leer, befindet sich der Ursprung von {T} normalerweise zwischen den Fingerspitzen des Roboters. Der Werkzeugrahmen (**Tool Frame**) wird immer in Bezug auf den Handgelenkrahmen festgelegt. In **Abbildung 3.28** liegt der Ursprung des Werkzeugrahmens an der Spitze eines Stifts, den der Roboter in der Hand hält.

3.8.5 Der Zielrahmen {G}

{G} ist eine Beschreibung des Ortes, an den der Roboter das Werkzeug bewegen soll. Konkret bedeutet das, dass der Werkzeugrahmen am Ende der Bewegung mit dem Zielrahmen (**Goal Frame**) übereinstimmen soll. {G} wird immer relativ zum stationären

Rahmen angegeben. In **Abbildung 3.28** befindet sich das Ziel an einem Loch, in das der Stift eingeführt werden soll.

Alle **Roboterbewegungen** können ohne Verlust der Allgemeinheit mit Hilfe dieser **Rahmen** beschrieben werden. Ihre Verwendung liefert uns eine Standardsprache, um Roboteraufgaben zu beschreiben.

3.9 Wo befindet sich das Werkzeug?

Eine der ersten Fähigkeiten, über die ein Roboter verfügen muss, ist die Berechnung der **Position** und **Ausrichtung** des **Werkzeugs**, das er hält (oder seiner leeren Hand), in Bezug auf ein geeignetes Koordinatensystem. Das heißt, wir möchten den Wert des Werkzeugrahmens $\{T\}$ relativ zum stationären Rahmen $\{S\}$ berechnen. Sobald ${}^{B}_{W}T$ über die kinematischen Gleichungen berechnet wurde, können wir, wie in ▶ **Kapitel 2** beschrieben, kartesische Transformationen verwenden, um $\{T\}$ relativ zu $\{S\}$ zu berechnen. Das Lösen einer einfachen **Transformationsgleichung** führt zu

$$ {}^{S}_{T}T = {}^{B}_{S}T^{-1}\ {}^{B}_{W}T\ {}^{W}_{T}T. \tag{3.18} $$

Gleichung (3.18) liefert das, was in einigen Robotersystemen als **WHERE-Funktion** bezeichnet wird. Sie berechnet, „wo" sich der Arm befindet. In der Situation in **Abbildung 3.28** wäre die Ausgabe von WHERE die Position und Ausrichtung des Stifts relativ zur Tischplatte.

Gleichung (3.18) kann als eine *Verallgemeinerung* der **Kinematik** betrachtet werden. ${}^{S}_{T}T$ berechnet die Kinematik aufgrund der Geometrie des Robotormechanismus, zusammen mit einer allgemeinen Transformation (die als festes Glied betrachtet werden kann) am Basisende (${}^{B}_{S}T$) und einer weiteren am Endeffektor (${}^{W}_{T}T$). Diese zusätzlichen Transformationen machen es möglich, Werkzeuge mit Versätzen und Verdrehungen einzubeziehen und in Bezug auf einen beliebigen stationären Rahmen zu arbeiten.

3.10 Computertechnische Überlegungen

Bei vielen praktischen Manipulatorsystemen ist die Zeit, die für die Durchführung kinematischer **Berechnungen** benötigt wird, ein wichtiger Faktor. In diesem Abschnitt erörtern wir am Beispiel des **PUMA 560** kurz verschiedene Probleme, die bei der Berechnung der **Manipulator-Kinematik**, wie in **(3.14)** dargestellt, auftreten.

Eine Entscheidung, die getroffen werden muss, ist die Verwendung einer **Festkomma-** oder **Fließkommadarstellung** der beteiligten Größen. Viele Implementierungen verwenden die Fließkommadarstellung, um die Softwareentwicklung zu erleichtern, da der Programmierer sich nicht damit befassen muss, die relativen Größen von Variablen aufeinander zu skalieren. Wenn es jedoch auf Geschwindigkeit ankommt, ist eine Festkommadarstellung durchaus sinnvoll, da die Variablen keinen großen dynamischen Bereich einnehmen und diese Bereiche recht gut bekannt sind. Grobe Schätzungen der Computer-**Bits**, die für die Festkommadarstellung benötigt werden, deuten darauf hin, dass 24 **Bit** ausreichend sind [4].

Wenn Sie Gleichungen wie **(3.14)** faktorisieren, können Sie die **Anzahl** der Multiplikationen und Additionen reduzieren, allerdings um den Preis, dass Sie lokale Variablen erzeugen (normalerweise ein guter Kompromiss). Damit kann vermieden werden, dass dieselben Terme immer und immer wieder berechnet werden. Es gibt bereits einige Anwendungen für die computergestützte automatische Faktorisierung solcher Gleichungen [5].

Der größte Aufwand bei der Berechnung der **Kinematik** ist oft die Berechnung der **transzendenten Funktionen** (Sinus und Kosinus). Sind diese Funktionen Teil einer Standardbibliothek, werden sie oft anhand einer Reihenentwicklung berechnet, was großen Zeitaufwand bei *Multiplikationen* erfordert. Auf Kosten eines Teils des erforderlichen Speichers verwenden viele Manipulationssysteme tabellarische Implementierungen der transzendenten Funktionen. Je nach Schema reduziert sich dadurch die für die Berechnung eines Sinus oder Kosinus benötigte Zeit auf diejenige von zwei oder drei ***Multiplikationen*** oder weniger [6].

Die **Berechnung** der Kinematik gemäß **(3.14)** ist redundant, da neun Größen zur Darstellung der Ausrichtung berechnet werden. Eine Möglichkeit, den Rechenaufwand zu reduzieren, besteht in der Berechnung von nur zwei Spalten der Rotationsmatrix, gefolgt von einem Kreuzprodukt, um die dritte Spalte zu berechnen (was nur sechs Multiplikationen und drei Additionen erfordert). Natürlich wählt man die beiden am wenigsten komplizierten Spalten zur Berechnung aus.

Literatur

[1] J. Denavit und R.S. Hartenberg, „A Kinematic Notation for Lower-Pair Mechanisms Based on Matrices“, *Journal of Applied Mechanics*, S. 215–221, Juni 1955.

[2] J. Lenarčič, „Kinematics“, in *The International Encyclopedia of Robotics*, R. Dorf und S. Nof, Editoren, John C. Wiley and Sons, New York, 1988.

[3] J. Colson und N.D. Perreira, „Kinematic Arrangements Used in Industrial Robots“, *13th Industrial Robots Conference Proceedings*, April 1983.

[4] T. Turner, J. Craig und W. Gruver, „A Microprocessor Architecture for Advanced Robot Control“, 14. ISIR, Stockholm, Schweden, Oktober 1984.

[5] W. Schiehlen, „Computer Generation of Equations of Motion“, in *Computer Aided Analysis and Optimization of Mechanical System Dynamics*, E.J. Haug, Editor, Springer-Verlag, Berlin & New York, 1984.

[6] C. Ruoff, „Fast Trigonometric Functions for Robot Control“, *Robotics Age*, November 1981.

Übungen

3.1 [15] Berechnen Sie die Kinematik des planaren Arms aus ▶ **Beispiel 3.3**.

3.2 [37] Stellen Sie sich einen Arm wie den PUMA 560 vor, mit dem Unterschied, dass das Gelenk 3 durch ein prismatisches Gelenk ersetzt wird. Nehmen wir an, das prismatische Gelenk gleitet entlang der Richtung von $\hat{X}_1$ in ▶ **Abbildung 3.18**; es gibt jedoch immer noch einen zu d_3 äquivalenten Versatz, der berücksichtigt werden muss. Treffen Sie alle erforderlichen zusätzlichen Annahmen. Leiten Sie die kinematischen Gleichungen her.

3.3 [25] Der in **Abbildung 3.29** gezeigte Arm mit drei Freiheitsgraden ähnelt demjenigen in ▶ **Beispiel 3.3**, mit dem Unterschied, dass die Achse von Gelenk 1 nicht parallel zu den beiden anderen ist. Stattdessen gibt es zwischen den Achsen 1 und 2 eine Verdrehung von 90 Grad. Leiten Sie die Gliederparameter und die kinematischen Gleichungen für ${}^B_WT$ her. Beachten Sie, dass kein L_3 definiert werden muss.

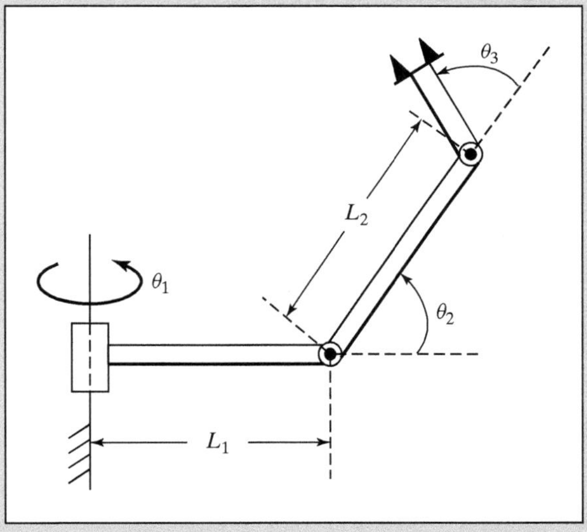

Abbildung 3.29 Der nicht-planare 3*R*-Arm (**Übung 3.3**).

3.4 [22] Bei dem in **Abbildung 3.30** dargestellten Arm mit drei Freiheitsgraden sind die Gelenke 1 und 2 senkrecht und die Gelenke 2 und 3 parallel zueinander angeordnet. Wie abgebildet befinden sich alle Gelenke in ihrer Nullstellung. Beachten Sie, dass die positive Richtung der Gelenkwinkel angegeben ist. Ordnen Sie die Gliederrahmen {0} bis {3} für diesen Arm zu, d. h., skizzieren Sie den Arm und zeichnen Sie die Rahmen mit der korrekten Ausrichtung und Position ein. Leiten Sie dann die Transformationsmatrizen ${}^0_1T, {}^1_2T$ und ${}^2_3T$ her.

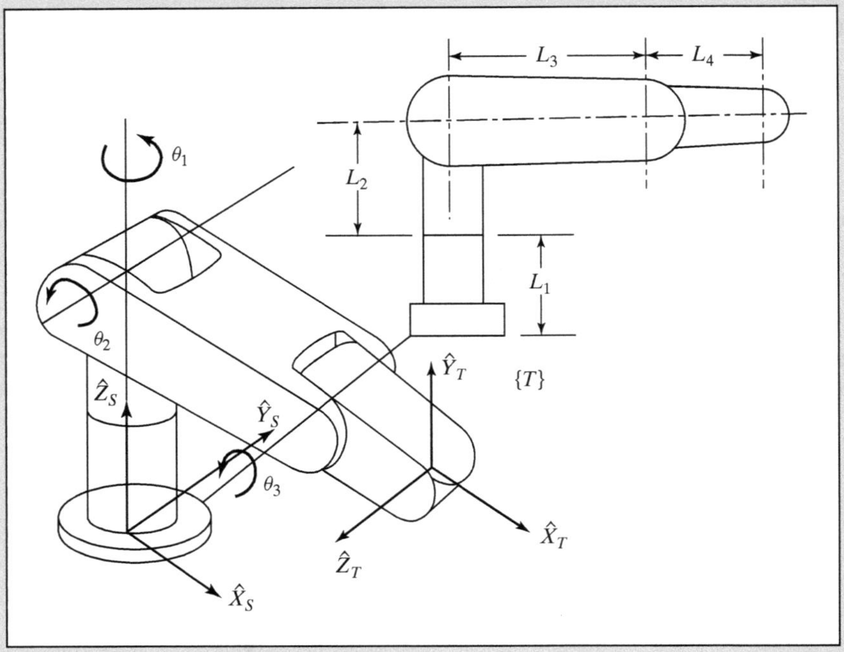

Abbildung 3.30 Zwei Ansichten eines 3*R*-Manipulators (**Übung 3.4**).

3.5 [26] Schreiben Sie ein Unterprogramm zur Berechnung der Kinematik eines PUMA 560. Erstellen Sie einen möglichst schnellen Code und versuchen Sie, die Anzahl der Multiplikationen so gering wie möglich zu halten. Verwenden Sie den folgenden Prozeduraufruf (oder das Äquivalent in C):

```
Procedure KIN(VAR theta: vec6; VAR wrelb: frame);
```

Für Ihre nachfolgende **Zeitberechnung** benötige die Berechnung eines Sinus oder Kosinus 5 *Multiplikationszeiten*, eine Addition 0,333 *Multiplikationszeiten* und Zuweisungen jeweils 0,2 *Multiplikationszeiten*, während die Berechnung einer Quadratwurzel 4 *Multiplikationszeiten* erfordert. Wie viele *Multiplikationszeiten* brauchen Sie insgesamt, um die Kinematik des PUMA 560 einmal zu berechnen?

3.6 [20] Schreiben Sie ein Unterprogramm, um die Kinematik des zylindrischen Arms aus ▶ **Beispiel 3.4** zu berechnen. Verwenden Sie den folgenden Prozeduraufruf (oder das Äquivalent in C):

```
Procedure KIN(VAR jointvar: vec3; VAR wrelb: frames);
```

Für Ihre nachfolgende Zeitberechnung benötige die Berechnung eines Sinus oder Kosinus 5 *Multiplikationszeiten*, eine Addition 0,333 *Multiplikationszeiten* und Zuweisungen jeweils 0,2 *Multiplikationszeiten*, während die Berechnung einer Quadratwurzel 4 *Multiplikationszeiten* erfordert. Wie viele *Multiplikationszeiten* brauchen Sie, um die Kinematik des zylindrischen Arms einmal zu berechnen?

3.7 [22] Schreiben Sie ein Unterprogramm, um die Kinematik des Arms aus **Übung 3.3** zu berechnen. Verwenden Sie den folgenden Prozeduraufruf (oder das Äquivalent in C):

```
Procedure KIN(VAR theta: vec3; VAR wrelb: frame);
```

Für Ihre nachfolgende Zeitberechnung benötige die Berechnung eines Sinus oder Kosinus 5 *Multiplikationszeiten*, eine Addition 0,333 *Multiplikationszeiten* und Zuweisungen jeweils 0,2 *Multiplikationszeiten*, während die Berechnung einer Quadratwurzel 4 *Multiplikationszeiten* erfordert. Wie viele *Multiplikationszeiten* brauchen Sie, um die Kinematik des Arms einmal zu berechnen?

3.8 [13] In **Abbildung 3.31** ist die Position ${}^W_T T$ des Werkzeugs nicht genau bekannt. Mit Hilfe der Kraftregelung tastet der Roboter mit der Werkzeugspitze herum, bis er sie an der Stelle ${}^S_G T$ in die Buchse (das Ziel) stecken kann. Sobald er sich in dieser „**Kalibrierungs**"-Konfiguration befindet (in der $\{G\}$ und $\{T\}$ übereinstimmen), wird die Position ${}^B_W T$ des Roboters durch Ablesen der Gelenkwinkelsensoren und Berechnen der Kinematik ermittelt. Geben Sie unter der Annahme, dass ${}^B_S T$ und ${}^S_G T$ bekannt sind, die Transformationsgleichung ${}^W_T T$ an, um den unbekannten Werkzeugrahmen zu berechnen.

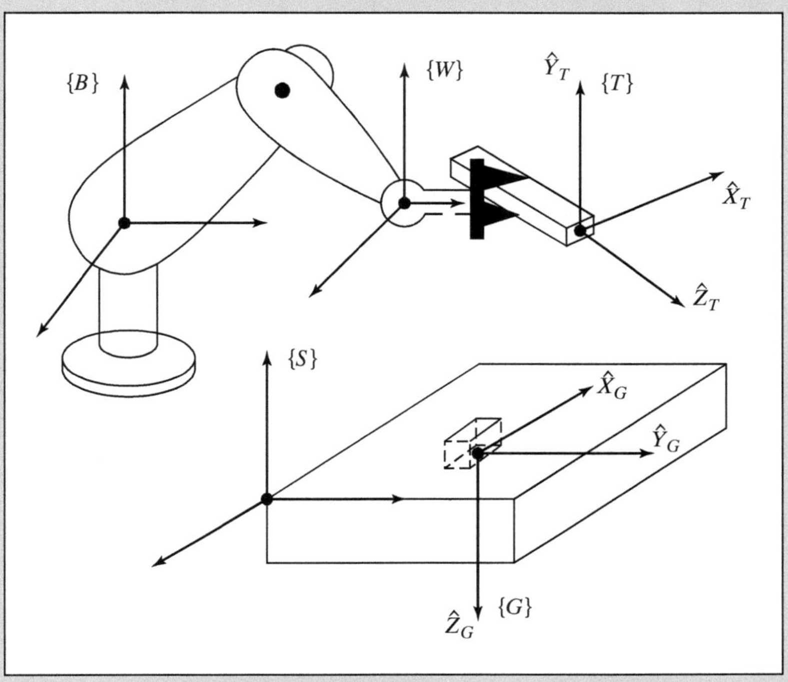

Abbildung 3.31 Bestimmung des **Werkzeugrahmens (Übung 3.8)**.

3.9 [11] Für den in **Abbildung 3.32** (a) gezeigten zweigliedrigen Manipulator sind die Glied-Transformationsmatrizen ${}^0_1 T$ und ${}^1_2 T$ konstruiert worden. Ihr Produkt lautet:

$$ {}^0_2 T = \begin{bmatrix} c\theta_1 c\theta_2 & -c\theta_1 s\theta_2 & s\theta_1 & l_1 c\theta_1 \\ s\theta_1 c\theta_2 & -s\theta_1 s\theta_2 & -c\theta_1 & l_1 s\theta_1 \\ s\theta_2 & c\theta_2 & 0 & 0 \\ 0 & 0 & 0 & 1 \end{bmatrix}. $$

Die verwendeten Glied-Rahmen-Zuordnungen sind in **Abbildung 3.32** (b) dargestellt. Beachten Sie, dass der Rahmen $\{0\}$ mit dem Rahmen $\{1\}$ übereinstimmt, wenn $\theta_1 = 0$

ist. Die Länge des zweiten Glieds ist l_2. Finden Sie einen Ausdruck für den Vektor ${}^0P_{Spitze}$, der die Spitze des Arms relativ zum Rahmen {0} beschreibt.

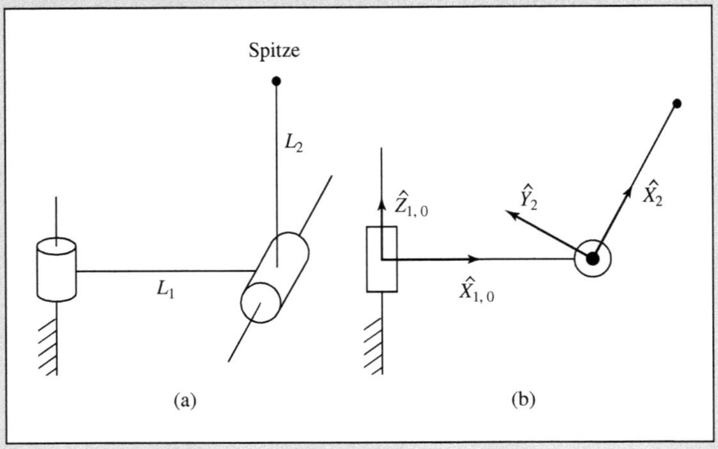

Abbildung 3.32 Zweigliedriger Arm mit Rahmenzuweisungen (**Übung 3.9**).

3.10 [39] Leiten Sie kinematische Gleichungen für den Yasukawa-Motoman-Roboter her (siehe **Abschnitt 3.7**), die Position und Ausrichtung des Handgelenkrahmens direkt aus den Werten der Aktuatoren bestimmen, anstatt zuerst die Gelenkwinkel zu berechnen. Eine mögliche Lösung erfordert nur 33 Multiplikationen sowie die Berechnung von zwei Quadratwurzeln und sechs Sinus oder Cosinus.

3.11 [17] **Abbildung 3.33** zeigt die schematische Darstellung eines Handgelenks mit drei sich kreuzenden Achsen, die nicht orthogonal sind. Weisen Sie diesem Handgelenk Gliederrahmen zu (als ob es sich um einen 3-DOF-Manipulator handeln würde) und geben Sie die Gliederparameter an.

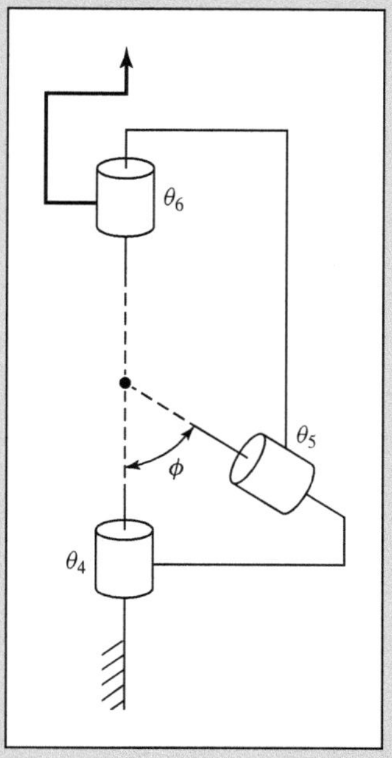

Abbildung 3.33 3*R*-Roboter mit nicht-orthogonalen Achsen (**Übung 3.11**).

3.12 [08] Kann eine beliebige Starrkörpertransformation immer mit vier Parametern (a, α, d, θ) in der Form von Gleichung **(3.6)** ausgedrückt werden?

3.13 [15] Beschreiben Sie die Befestigung der Gliederrahmen für den in **Abbildung 3.34** schematisch dargestellten 5-DOF-Manipulator.

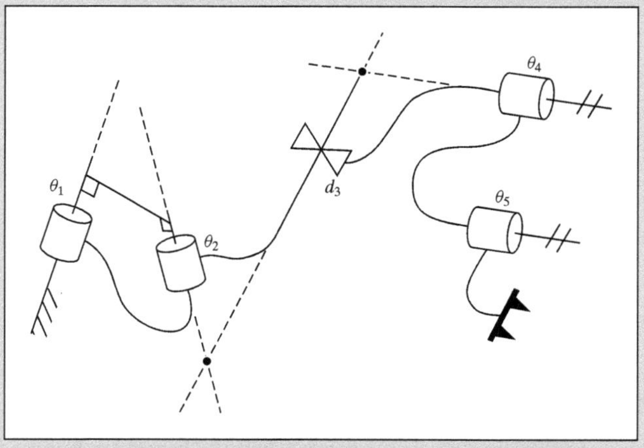

Abbildung 3.34 Schematische Darstellung eines **2*RP*2*R*-Manipulators** (**Übung 3.13**).

3.14 [20] Wie bereits erwähnt, kann die relative Position zweier Geraden im Raum durch zwei Parameter angegeben werden: a und α. Dabei ist a die Länge der gemeinsamen Senkrechten, die die beiden Geraden verbindet und α ist der Winkel, den die beiden Achsen bei der Projektion auf eine Ebene senkrecht zur gemeinsamen Senkrechten bilden. Gegeben sei eine Linie, die durch den Punkt p verläuft und deren Einheitsvektor in die Richtung $\hat{m}$ zeigt, sowie eine eine zweite Linie, die durch den Punkt q geht und deren Einheitsvektor in Richtung $\hat{n}$ zeigt. Stellen Sie Ausdrücke für a und α auf.

3.15 [15] Beschreiben Sie die Befestigung der Gliederrahmen für den in **Abbildung 3.35** schematisch dargestellten 3-DOF-Manipulator.

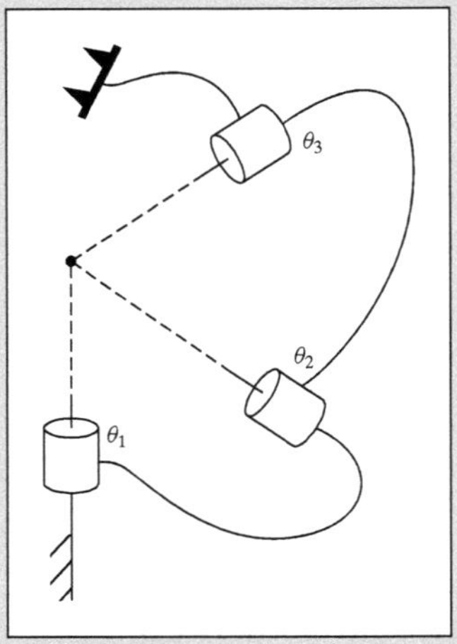

Abbildung 3.35 Schematische Darstellung eines **3*R*-Manipulators (Übung 3.15)**.

3.16 [15] Weisen Sie dem in **Abbildung 3.36** gezeigten planaren *RPR*-Roboter Gliederrahmen zu und geben Sie die Gliederparameter an.

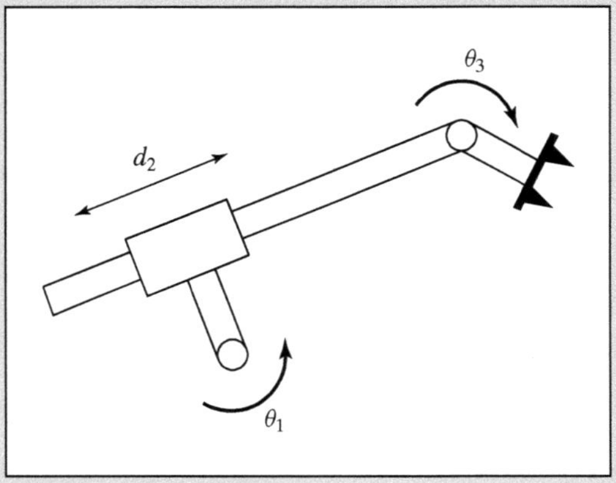

Abbildung 3.36 Planarer ***RPR*-Roboter (Übung 3.16)**.

3.17 [15] Beschreiben Sie die Befestigung von Gliederrahmen an dem in **Abbildung 3.37** gezeigten dreigliedrigen Roboter.

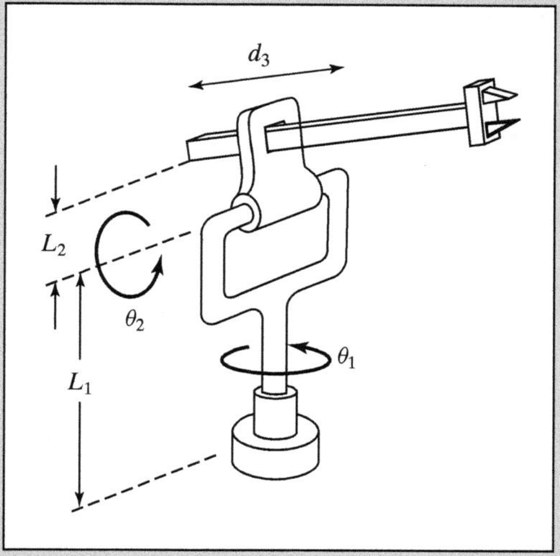

Abbildung 3.37 Dreigliedriger *RRP*-Manipulator (Übung 3.17).

3.18 [15] Beschreiben Sie die Befestigung von Gliederrahmen an dem in **Abbildung 3.38** gezeigten dreigliedrigen Roboter.

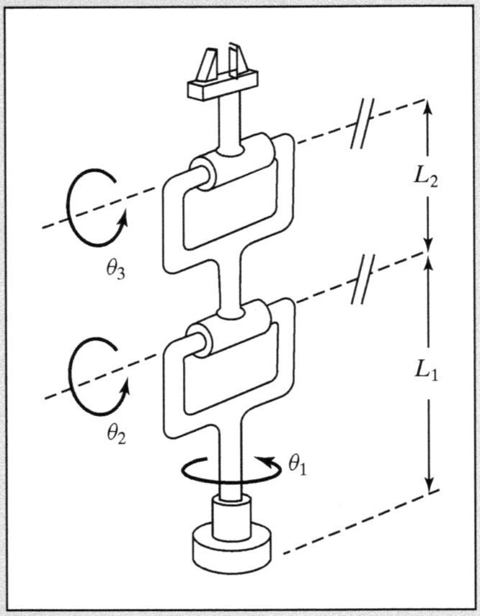

Abbildung 3.38 Dreigliedriger *RRR*-Manipulator (Übung 3.18).

3.19 [15] Beschreiben Sie die Befestigung von Gliederrahmen an dem in **Abbildung 3.39** gezeigten dreigliedrigen Roboter.

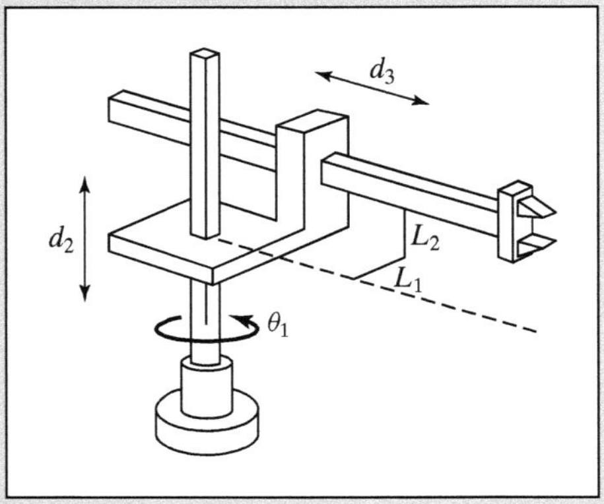

Abbildung 3.39 Dreigliedriger *RPP*-Manipulator (Übung 3.19).

3.20 [15] Beschreiben Sie die Befestigung von Gliederrahmen an dem in **Abbildung 3.40** gezeigten dreigliedrigen Roboter.

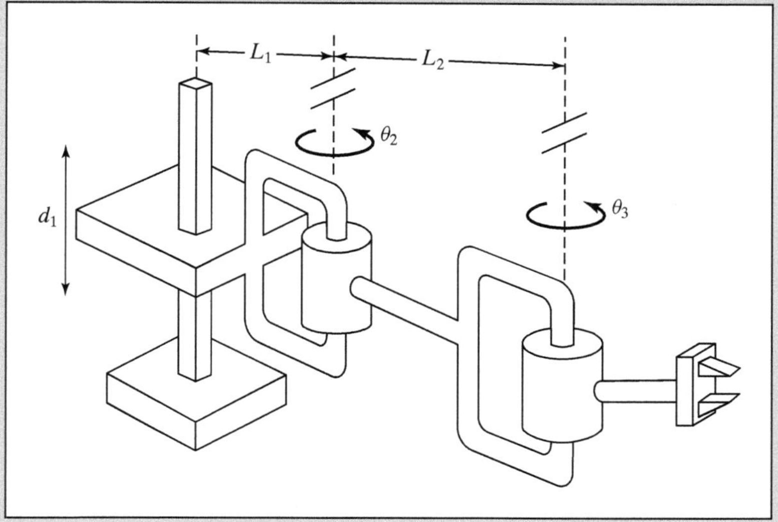

Abbildung 3.40 Dreigliedriger *PRR*-Manipulator (Übung 3.20).

3.21 [15] Beschreiben Sie die Befestigung der Gliederrahmen an dem in **Abbildung 3.41** gezeigten dreigliedrigen Roboter.

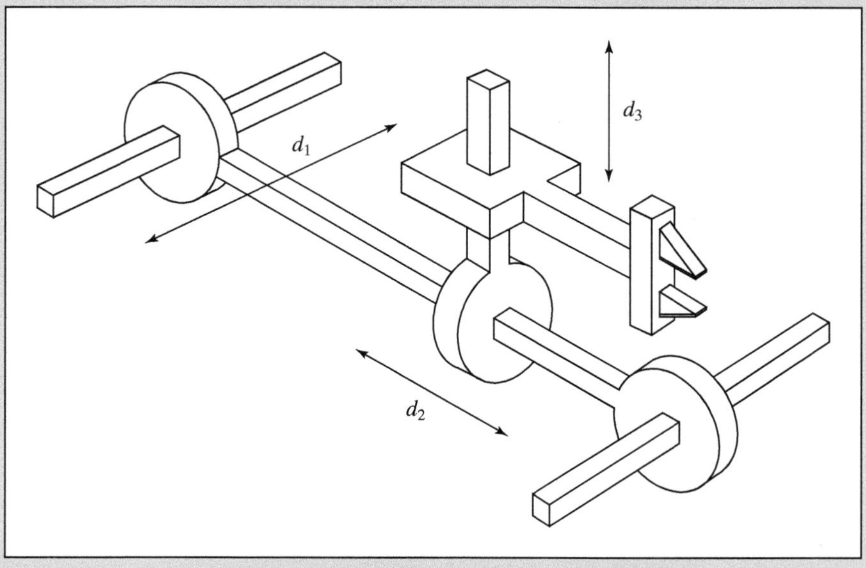

Abbildung 3.41 Dreigliedriger *PPP*-Manipulator (Übung 3.21).

3.22 [18] Beschreiben Sie die Anbringung von Gliederrahmen an dem in **Abbildung 3.42** gezeigten *P3R*-Roboter. Welche Vorzeichen besitzen die Parameter d_2, d_3 und a_2 der von Ihnen zugeordneten Rahmen?

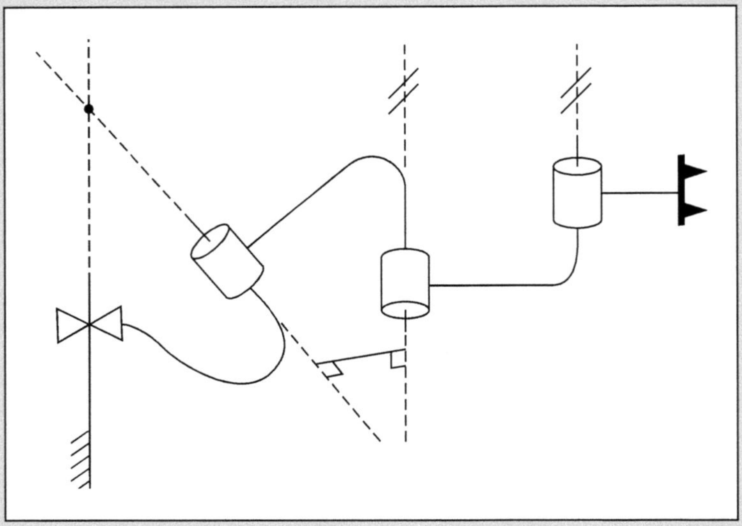

Abbildung 3.42 Schematische Darstellung eines ***P3R*-Manipulators (Übung 3.22).**

3.23 [15] Beschreiben Sie die Befestigung von Gliederrahmen am Portalkran aus **Abbildung 3.43**, der vier Freiheitsgrade besitzt (einer davon ist redundant).

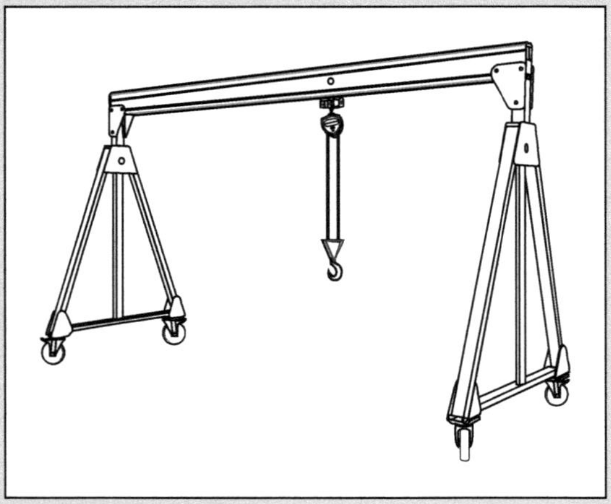

Abbildung 3.43 Portalkran (Übung 3.23).

3.24 [18] Vergleichen Sie für die in **Abschnitt 3.7** ermittelte Kinematik des PUMA 560 die Rechenzeit für die individuelle Berechnung aller r_{ij}-Terme von **(3.14)** mit der Rechenzeit für die Berechnung, bei der die erste Spalte mithilfe des Kreuzprodukts $[r_{12} \quad r_{22} \quad r_{32}]^T \times [r_{13} \quad r_{23} \quad r_{33}]^T$ bestimmt wird. Die Bestimmung von Sinus- oder Kosinus benötige 5 *Multiplikationszeiten*, eine Addition 0,333 *Multiplikationszeiten* und Zuweisungsanweisungen jeweils 0,2 *Multiplikationszeiten*.

3.25 [32] Ein menschliches Bein habe die folgenden Abmessungen (in mm): Oberschenkellänge = 500, Unterschenkellänge = 400, Abstand von Knöchel zu Ferse = 50 und Knöchel-Zehen-Abstand = 150. Für das in **Abbildung 3.44** gezeigte Bein sind die drei **Gelenkwinkel** $\Theta = (\theta_{\text{Hüfte}}, \theta_{\text{Knie}}, \theta_{\text{Knöchel}})$ gleich null, wenn das Bein senkrecht steht.

1) Beschreiben Sie die Befestigung der Gliederrahmen am Bein.
2) Geben Sie die Werte für die Gliederparameter an, unter der Annahme, dass die Ursprünge der Rahmen koplanar sind.
3) Berechnen Sie die Schrittlänge, d. h. den Abstand vom Zehenaufsetzpunkt bis zum Fersenaufsetzpunkt entlang des Bodens, unter Verwendung der Gelenkvektoren $\Theta_{\text{Zehenaufsetzpunkt}} = (-4{,}15°, -38{,}3°, -2{,}57°)$ und $\Theta_{\text{Fersenaufsetzpunkt}} = (9{,}64°, -19{,}9°, 31{,}8°)$ und unter der Annahme, dass der Fersenaufsetzpunkt, das Sprunggelenk und der Zehenaufsetzpunkt kollinear sind.

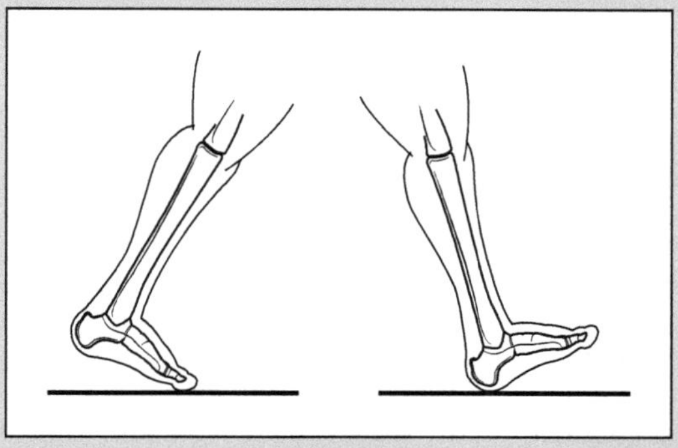

Abbildung 3.44 Zehenaufsetzpunkt und Fersenaufsetzpunkt eines schreitenden Beins (**Übung 3.25**).

3.26 [35] Einige 6*R*-Lackierroboter führen Schläuche durch einen hohlen oberen Arm, um ein schlankes Profil zu erhalten, das einen leichteren Zugang zu komplexen Teileformen bietet. Ein solcher Manipulator, der Motoman EPX2800, ist in **Abbildung 3.45** dargestellt. Im Gegensatz zum PUMA 560 (siehe **Abbildung 3.18** und **3.19**) schneiden sich seine Achsen der Gelenke 4, 5 und 6 nicht alle in einem gemeinsamen Punkt. Der Winkel zwischen den Gelenkachsen 4 und 5 beträgt 45 Grad, ebenso der Winkel zwischen den Gelenkachsen 5 und 6. Beschreiben Sie die Befestigung der Gliederrahmen am EPX2800 und geben Sie die Werte für die Gliederparameter an, einschließlich $\theta_{1...6}$ für die gezeigte Konfiguration, bei der alle Rahmenursprünge koplanar sind. Der Ursprung des Rahmens {6} befinde sich auf dem Flansch am Ende des Manipulators.

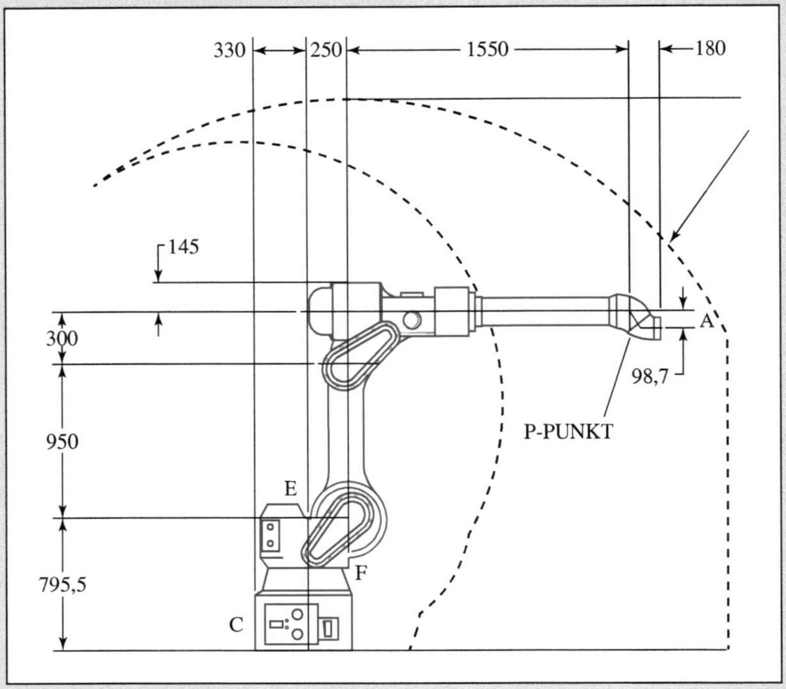

Abbildung 3.45 EPX2800-Profil (Übung 3.26).

3.27 [40] Ein PUMA 560 ergreift ein stiftförmiges Werkzeug wie in **Abbildung 3.28** gezeigt, aber die Position des Werkzeugs ${}^{W}_{T}T$ ist nicht bekannt. Man kann den Werkzeugversatz (d. h. ${}^{6}p_x$, ${}^{6}p_y$ und ${}^{6}p_z$) bestimmen, ohne Zugang zu einem bekannten Fixpunkt wie $\{S\}$ zu haben, wenn es mindestens einen Fixpunkt mit unbekannten Koordinaten gibt. Dies wird erreicht, indem der Werkzeugpunkt zweimal visuell mit dem Fixpunkt in Übereinstimmung gebracht wird, wobei jedes Mal eine andere Ausrichtung des Handgelenks verwendet wird. Formulieren Sie eine Gleichung zur Berechnung des Werkzeugversatzes ${}^{6}P$ aus zwei solchen gegebenen Konfigurationen.

3.28 [15] Geben Sie für den in **Abbildung 3.37** dargestellten Manipulator die Gliederparameter an.

3.29 [15] Geben Sie für den in **Abbildung 3.38** dargestellten Manipulator die Gliederparameter an.

3.30 [15] Geben Sie für den in **Abbildung 3.39** dargestellten Manipulator die Gliederparameter an.

3.31 [15] Geben Sie für den in **Abbildung 3.40** dargestellten Manipulator die Gliederparameter an.

Programmierübung (Teil 3)

1 Schreiben Sie ein Unterprogramm zur Berechnung der Kinematik des planaren **3*R*-Roboters** aus ▶ **Beispiel 3.3**, d. h. eine Routine mit den Werten der Gelenkwinkel als Eingabe und einem Rahmen (dem Handgelenkrahmen relativ zum Basisrahmen) als Ausgabe. Verwenden Sie den folgenden Prozeduraufruf (oder das Äquivalent in C):

```
Procedure KIN(VAR theta: vec3; VAR wrelb: frame);
```

Dabei ist „wrelb" der Handgelenkrahmen relativ zum Basisrahmen ${}^{B}_{W}T$. Der Typ „frame" besteht aus einer 2×2-Rotationsmatrix und einem 2×1-Ortsvektor. Falls gewünscht können Sie den Rahmen durch eine homogene 3×3-Transformation darstellen, bei der die dritte Zeile [0 0 1] ist. (Die Daten des Manipulators sind $L_1 = L_2 = 0{,}5\,\text{m}, L_3 = 0{,}15\,\text{m}$.)

2 Schreiben Sie eine Routine, die berechnet, wo sich das Werkzeug in Bezug auf den stationären Rahmen befindet. Die Eingabe für die Routine ist ein Vektor von Gelenkwinkeln:

```
Procedure WHERE(VAR theta: vec3; VAR trels: frame);
```

Offensichtlich muss **WHERE** die Beschreibungen des Werkzeugrahmens und des Basisrahmens des Roboters verwenden, um die Position des Werkzeugs relativ zum stationären Rahmen zu berechnen. Die Werte von ${}^{W}_{T}T$ und ${}^{S}_{B}T$ sollten im globalen Speicher abgelegt werden (oder sie können die Argumente, als zweite Möglichkeit, in WHERE übergeben).

3 Ein Werkzeugrahmen und ein stationärer Rahmen für eine bestimmte Aufgabe werden vom Benutzer wie folgt definiert:

$$
{}^{W}_{T}T = [x\,y\,\theta] = [0{,}1 \;\; 0{,}2 \;\; 30{,}0] \text{ und}
$$
$$
{}^{B}_{S}T = [x\,y\,\theta] = [-0{,}1 \;\; 0{,}3 \;\; 0{,}0].
$$

Berechnen Sie die Position und Ausrichtung des Werkzeugs relativ zum stationären Rahmen für die folgenden drei Konfigurationen (in Grad) des Arms:

$$
[\theta_1\;\theta_2\;\theta_3] = [0{,}0 \;\; 90{,}0 \;\; -90{,}0],
$$
$$
[\theta_1\;\theta_2\;\theta_3] = [-23{,}6 \;\; -30{,}3 \;\; 48{,}0],
$$
$$
[\theta_1\;\theta_2\;\theta_3] = [130{,}0 \;\; 40{,}0 \;\; 12{,}0].
$$

Inverse Manipulator-Kinematik

4

4.1 Einleitung

Im vorigen Kapitel haben wir das Problem der Berechnung von Position und Ausrichtung des Werkzeugs relativ zum Arbeitsplatz des Benutzers betrachtet, wenn die Gelenkwinkel des Manipulators gegeben sind. In diesem Kapitel werden wir das schwierigere umgekehrte Problem untersuchen: Die gewünschte Position und Ausrichtung des Werkzeugs relativ zur Station ist gegeben – wie berechnen wir dann die Gelenkwinkel, die dieses konkrete Ergebnis erzielen? Während sich ▶ **Kapitel 3** auf die **direkte Kinematik** von Manipulatoren konzentrierte, liegt der Schwerpunkt hier auf der **inversen Kinematik** von **Manipulatoren**.

Die Lösung des Problems, die erforderlichen Gelenkwinkel zur Platzierung des Werkzeugrahmens $\{T\}$ relativ zum stationären Rahmen $\{S\}$ zu finden, wird in zwei Schritte aufgeteilt. Zunächst werden **Rahmentransformationen** durchgeführt, um den Handgelenkrahmen $\{W\}$ relativ zum Basisrahmen $\{B\}$ zu finden. Dann wird die inverse Kinematik angewendet, um die **Gelenkwinkel** zu bestimmen.

4.2 Lösbarkeit

Das Lösen der kinematischen **Gleichungen** eines Manipulators ist ein **nichtlineares** Problem. Mit den gegebenen numerischen Werten von ${}^{0}_{N}T$ versuchen wir, die Werte von $\theta_1, \theta_2, \ldots, \theta_n$ zu berechnen. Betrachten Sie die in **(3.14)** angegebenen Gleichungen. Im Falle des **Manipulators PUMA 560** lautet die genaue Formulierung unseres aktuellen Problems wie folgt: Gegeben ist ${}^{0}_{6}T$ in Form von sechzehn numerischen Werten (von denen vier trivial sind). Lösen Sie **(3.14)** für die sechs Gelenkwinkel θ_1 bis θ_6.

Für den Fall eines Arms mit sechs **Freiheitsgraden** (wie derjenige, der den Gleichungen in **(3.14)** entspricht), haben wir zwölf Gleichungen und sechs Unbekannte. Unter den neun Gleichungen, die aus dem Rotationsmatrix-Anteil von ${}^{0}_{6}T$ stammen, sind nur drei unabhängig. Werden diese zu den drei Gleichungen aus dem Ortsvektor-Anteil von ${}^{0}_{6}T$ addiert, erhalten wir sechs Gleichungen mit sechs Unbekannten. Bei diesen Gleichungen handelt es sich um nichtlineare, transzendente **Gleichungen**, deren Lösung recht schwierig sein kann. Die Gleichungen von **(3.14)** sind die eines Roboters, der sehr einfache Gliederparameter hat – viele der α_i waren 0 oder ±90 Grad. Viele Glieder-Offsets und Längen waren gleich null. Es ist leicht vorstellbar, dass die kinematischen Gleichungen für einen allgemeinen Mechanismus mit sechs Freiheitsgraden (bei dem alle Gliederparameter ungleich null sind) viel komplexer sind als die Gleichungen in **(3.14)**. Wie bei jedem nichtlinearen Gleichungssystem müssen wir uns mit der Existenz von Lösungen, mit Mehrfachlösungen und mit der Lösungsmethode befassen.

4.2.1 Die Existenz von Lösungen

Die Frage, ob es überhaupt eine **Lösung** gibt, wirft die Frage nach dem **Arbeitsbereich** oder **Arbeitsraum** des **Manipulators** auf. Grob gesagt ist der Arbeitsraum das Volumen des Raums, das der Endeffektor des Manipulators erreichen kann. Damit eine Lösung existiert, muss der angegebene Zielpunkt innerhalb des Arbeitsraums liegen. Manchmal ist es sinnvoll, zwischen zwei Definitionen des Arbeitsraums zu unterscheiden. Der **griffige Arbeitsraum** (**dextrous workspace**) ist das Volumen des Raums, das der

Endeffektor des Roboters mit allen Ausrichtungen (Orientierungen) erreichen kann. Das heißt, dass der **Endeffektor** an jedem Punkt des griffigen Arbeitsraums beliebig ausgerichtet werden kann. Der **erreichbare Arbeitsraum (reachable workspace)** ist das Volumen des Raums, das der Roboter in mindestens einer Ausrichtung erreichen kann. Es ist offensichtlich, dass der griffige Arbeitsraum eine Teilmenge des erreichbaren Arbeitsraums ist.

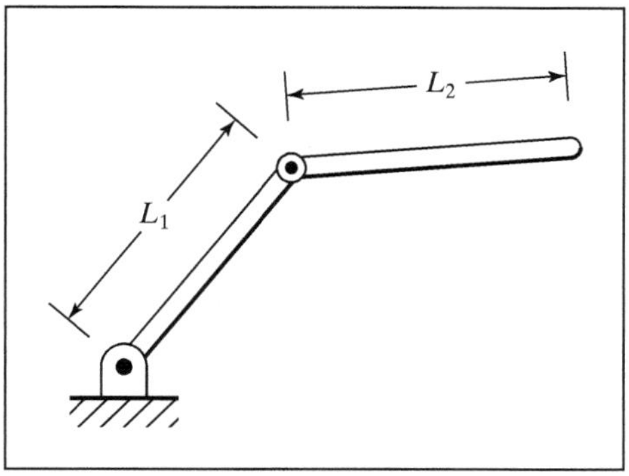

Abbildung 4.1 Zweigliedriger Manipulator mit den Gliedlängen l_1 und l_2.

Betrachten Sie den Arbeitsraum des zweigliedrigen Manipulators in **Abbildung 4.1**. Ist $l_1 = l_2$, dann besteht der erreichbare Arbeitsraum aus einer Scheibe mit dem Radius $2l_1$. Der griffige Arbeitsraum besteht nur aus einem einzigen Punkt, dem Ursprung – den der Endeffektor für jeden beliebigen Wert von θ_1 ansteuern kann. Ist $l_1 \neq l_2$, dann gibt es keinen griffigen Arbeitsraum und der erreichbare Arbeitsraum wird zu einem Ring mit dem Außenradius $l_1 + l_2$ und dem Innenradius $|l_1 - l_2|$. Innerhalb des erreichbaren Arbeitsraums gibt es für jeden Punkt zwei mögliche Ausrichtungen des Endeffektors. An den Rändern des Arbeitsraums gibt es nur eine mögliche Ausrichtung.

Bei diesen Überlegungen zum Arbeitsraum für den zweigliedrigen Manipulator gehen wir davon aus, dass sich alle Gelenke um 360 Grad drehen können. Dies ist bei tatsächlichen Mechanismen selten der Fall. Wenn die Bewegungsgrenzen der Gelenke nur eine Teilmenge der vollen 360 Grad zulassen, dann ist der Arbeitsraum natürlich entsprechend reduziert, entweder im Umfang oder in der Anzahl der möglichen erreichbaren Ausrichtungen. Wenn zum Beispiel der Arm in **Abbildung 4.1** für θ_1 eine Bewegung um volle 360 Grad durchführen soll, aber $0 \leq \theta_2 \leq 180°$ gilt, dann hat der erreichbare Arbeitsraum die gleiche Ausdehnung, aber jeder Punkt kann nur mit *einer* Orientierung erreicht werden.

Wenn ein **Manipulator** weniger als sechs **Freiheitsgrade** hat, kann er keine beliebigen **Zielpositionen** und **Ausrichtungen** im 3D-Raum erreichen. Der planare Manipulator in **Abbildung 4.1** kann natürlich nicht aus der Ebene herausgreifen, sodass jeder Zielpunkt mit einer *z*-Koordinate ungleich null schnell als unerreichbar verworfen werden kann. In vielen realistischen Situationen werden Manipulatoren mit vier oder fünf Freiheitsgraden eingesetzt, die außerhalb einer Ebene arbeiten, aber eindeutig keine beliebigen Ziele erreichen können. Jeder derartige Manipulator muss untersucht werden, um seinen Arbeitsraum zu verstehen. Im Allgemeinen ist der Arbeitsraum eines solchen Roboters eine Teilmenge eines Unterraums, der mit einem bestimmten Roboter verbunden werden kann. Bei einer gegebenen allgemeinen Zielrahmenspezifikation ergibt sich für **Manipulatoren** mit weniger als sechs Freiheitsgraden ein interessantes Problem: Was ist der nächstgelegene erreichbare **Zielrahmen**?

Der Arbeitsraum hängt auch von der Transformation des Werkzeugrahmens ab, denn wenn wir von erreichbaren Punkten im Raum sprechen, geht es meist um die **Werkzeugspitze**. Im Allgemeinen wird die Transformation des Werkzeugs unabhängig von der Kinematik des Manipulators und der inversen Kinematik durchgeführt, sodass wir oft den Arbeitsraum des Handgelenkrahmens $\{W\}$ betrachten müssen. Für einen bestimmten Endeffektor wird ein Werkzeugrahmen $\{T\}$ definiert. Mit dem gegebenen Zielrahmen $\{G\}$ wird dann der entsprechende Handgelenkrahmen $\{W\}$ berechnet und schließlich stellen wir die Frage: Liegt diese gewünschte Position und Ausrichtung von $\{W\}$ im **Arbeitsraum**? Auf diese Weise unterscheidet sich der Arbeitsraum, den wir (im rechnerischen Sinne) betrachten müssen, von der Vorstellung eines Benutzers, der sich mit dem Arbeitsbereich des Endeffektors (dem Rahmen $\{T\}$) beschäftigt.

Wenn die gewünschte Position und Ausrichtung des Handgelenkrahmens im Arbeitsraum liegt, gibt es mindestens eine Lösung.

4.2.2 Mehrere Lösungen

Ein weiteres mögliches Problem beim Lösen **kinematischer Gleichungen** ist das mehrerer Lösungen. Ein planarer Arm mit drei Drehgelenken hat einen großen griffigen Arbeitsraum in der Ebene (bei „ausreichenden" Gliederlängen und großen Gelenkbereichen), da jede Position im Inneren des Arbeitsbereichs mit jeder Ausrichtung erreicht werden kann. **Abbildung 4.2** zeigt einen dreigliedrigen planaren Arm mit seinem Endeffektor in einer bestimmten Position und Ausrichtung. Die gestrichelten Linien zeigen eine zweite mögliche Konfiguration, bei der die gleiche Position und Ausrichtung des Endeffektors erreicht wird.

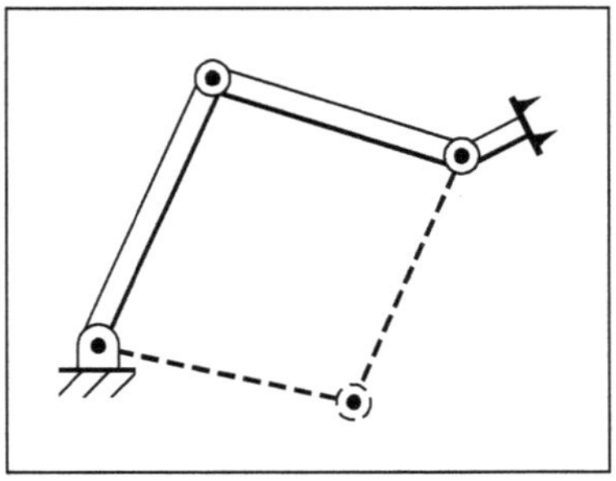

Abbildung 4.2 Dreigliedriger **Manipulator**. Die gestrichelten Linien zeigen eine zweite Lösung an.

Die Tatsache, dass ein Manipulator mehrere Lösungen hat, kann zu Problemen führen, da das System in der Lage sein muss, eine auszuwählen. Die Kriterien, nach denen eine Entscheidung getroffen wird, sind unterschiedlich, aber eine sehr vernünftige Wahl wäre die *nächstgelegene* **Lösung**. Wenn sich der Manipulator beispielsweise an Punkt A befindet, wie in **Abbildung 4.3** gezeigt, und wir ihn zu Punkt B bewegen möchten, wäre die Lösung, bei der sich jedes Gelenk möglichst wenig bewegen muss, eine gute Wahl. In Abwesenheit des Hindernisses würden wir also die obere gestrichelte Zielkonfiguration in **Abbildung 4.3** wählen. Dies legt nahe, dass ein Eingangsargument für unsere **inverse kinematische** Prozedur die aktuelle Position des Manipulators sein könnte. Auf diese Weise kann unser Algorithmus, wenn es eine Wahl gibt, die Lösung wählen, die im Gelenkraum am nächsten liegt. Der Begriff „Nähe" kann jedoch auf verschiedene Weise definiert werden. Ein typischer Roboter könnte zum Beispiel drei große Glieder haben, gefolgt von drei kleineren, welche die Glieder in der Nähe des Endeffektors ausrichten. In diesem Fall könnten bei der Berechnung, welche **Lösung** „näher" ist, **Gewichtungen** vorgenommen werden, sodass die Auswahl die Bewegung der kleineren Gelenke der Bewegung der großen Gelenke vorzieht, sofern eine Wahlmöglichkeit besteht. Das Vorhandensein von **Hindernissen** könnte dazu führen, dass eine „weiter entfernte" Lösung gewählt wird, wenn die „nähere" Lösung zu einer Kollision führen würde – wir müssen also ganz allgemein in der Lage sein, alle möglichen Lösungen zu berechnen. In **Abbildung 4.3** bedeutet das Vorhandensein des Hindernisses also, dass die untere gestrichelte Konfiguration verwendet werden muss, um Punkt B zu erreichen.

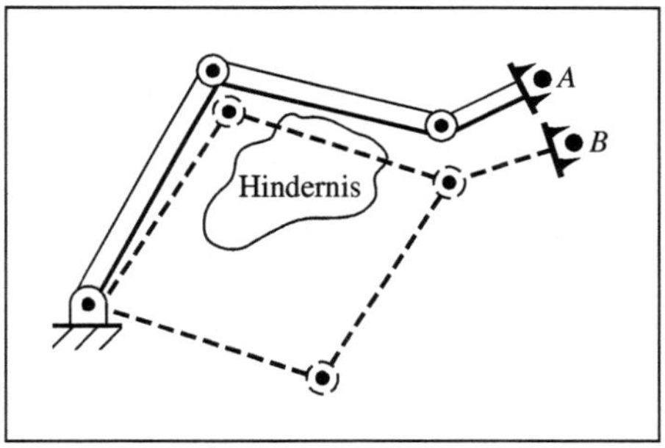

Abbildung 4.3 Eine der beiden möglichen Lösungen, um Punkt *B* zu erreichen, verursacht eine Kollision.

Die Anzahl der Lösungen hängt von der Anzahl der Gelenke im Manipulator ab, ist aber auch eine Funktion der Gliederparameter (α_i, a_i und d_i für einen Drehgelenkmanipulator) sowie der zulässigen Bewegungsbereiche der Gelenke. Der PUMA 560 kann zum Beispiel bestimmte Ziele mit acht verschiedenen Lösungen erreichen. **Abbildung 4.4** zeigt vier Lösungen, bei denen die Hand immer die gleiche Position und Ausrichtung einnimmt. Für jede abgebildete Lösung gibt es eine weitere Lösung, bei der die letzten drei Gelenke gemäß den folgenden Formeln in eine andere Konfiguration „kippen":

$$\begin{aligned} \theta_4' &= \theta_4 + 180°, \\ \theta_5' &= -\theta_5, \\ \theta_6' &= \theta_6 + 180°. \end{aligned} \tag{4.1}$$

Insgesamt kann es also acht Lösungen für ein einziges Ziel geben. Aufgrund der Bewegungsgrenzen der Gelenke könnten einige dieser acht Lösungen allerdings unerreichbar sein.

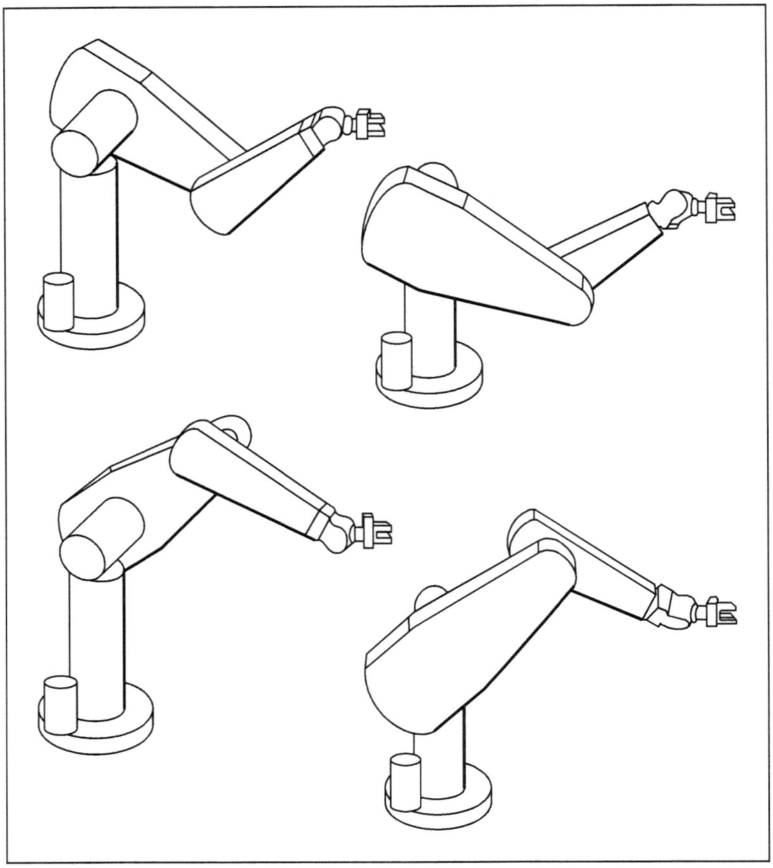

Abbildung 4.4 Vier Lösungen für den PUMA 560.

Im Allgemeinen gilt: Je mehr von null verschiedene **Gliederparameter** vorliegen, desto mehr Möglichkeiten gibt es, ein bestimmtes Ziel zu erreichen. Betrachten wir zum Beispiel einen Manipulator mit sechs Drehgelenken. **Abbildung 4.5** zeigt, wie die maximale Anzahl von Lösungen davon abhängt, wie viele der Parameter der Gliedlänge (die a_i) gleich null sind. Je mehr davon ungleich null sind, desto größer ist die maximale Anzahl der Lösungen. Für einen völlig allgemeinen Drehgelenkmanipulator mit sechs Freiheitsgraden sind bis zu sechzehn Lösungen möglich [1, 6].

a_i	Anzahl der Lösungen
$a_1 = a_3 = a_5 = 0$	$\leqslant 4$
$a_3 = a_5 = 0$	$\leqslant 8$
$a_3 = 0$	$\leqslant 16$
Alle $a_i \neq 0$	$\leqslant 16$

Abbildung 4.5 Anzahl der Lösungen in Abhängigkeit von der Anzahl der von null verschiedenen a_i.

4.2.3 Die Lösungsmethode

Im Gegensatz zu linearen **Gleichungen** gibt es keine allgemeinen Algorithmen, die zur Lösung eines Systems nichtlinearer Gleichungen verwendet werden können. Bei der Betrachtung von **Lösungsmethoden** ist es ratsam, zu definieren, was die „Lösung" eines bestimmten **Manipulators** ausmacht.

Ein Manipulator gilt als lösbar, wenn die Gelenkvariablen durch einen Algorithmus bestimmt werden können, der es ermöglicht, *alle* Sätze von Gelenkvariablen zu bestimmen, die mit einer bestimmten Position und Orientierung verbunden sind [2].

Der wichtigste Punkt dieser Definition ist, dass wir im Falle mehrerer Lösungen voraussetzen, dass es möglich ist, *alle* Lösungen zu berechnen. Daher berücksichtigen wir einige numerische Iterationsverfahren bei der Lösung des Manipulators nicht – nämlich solche Methoden, die nicht garantiert alle Lösungen finden.

Wir werden alle vorgeschlagenen Lösungsstrategien für **Manipulatoren** in zwei große Klassen einteilen: **geschlossene Lösungen** und **numerische Lösungen**. Aufgrund ihres iterativen Charakters sind **numerische Lösungen** im Allgemeinen viel langsamer als die entsprechende Lösung in geschlossener Form. Für die meisten Anwendungen sind wir daher nicht an einem numerischen Ansatz zur Lösung der Kinematik interessiert. Iterative numerische Lösungen kinematischer **Gleichungen** sind ein Studiengebiet für sich (siehe [6, 11, 12]), das den Rahmen dieses Textes sprengen würde.

Wir beschränken unsere **Aufmerksamkeit** auf Lösungsmethoden in geschlossener Form. In diesem Zusammenhang bedeutet „geschlossene Form" eine **Lösungsmethode**, die auf analytischen Ausdrücken oder auf der **Lösung** eines **Polynoms** vom Grad 4 oder weniger basiert, sodass nichtiterative Berechnungen ausreichen, um zu einer Lösung zu gelangen. Innerhalb der Klasse der geschlossenen Lösungen unterscheiden wir zwei Methoden zur Berechnung der Lösungen: **algebraische** und **geometrische**. Diese Unterscheidungen sind etwas unscharf. Alle geometrischen Methoden werden mit Hilfe algebraischer Ausdrücke angewendet, sodass sich beide Methoden ähneln. Die Methoden unterscheiden sich vielleicht nur im Ansatz.

Ein wichtiges neues Ergebnis in der **Kinematik** ist, dass nach unserer Definition von Lösbarkeit *alle Systeme mit rotierenden und prismatischen Gelenken mit insgesamt sechs Freiheitsgraden in einer einzigen seriellen Kette lösbar sind.* Diese allgemeine Lösung ist jedoch eine numerische Lösung. Nur in besonderen Fällen können Roboter mit sechs Freiheitsgraden analytisch gelöst werden. Diese Roboter, für die es eine analytische (oder geschlossene) Lösung gibt, zeichnen sich entweder dadurch aus, dass sie mehrere sich kreuzende Gelenkachsen aufweisen oder dass sie viele α_i haben, die gleich 0 oder ±90 Grad betragen. Die Berechnung numerischer Lösungen ist im Allgemeinen zeitaufwändiger als die Auswertung analytischer Ausdrücke. Daher ist es sehr wichtig, einen **Manipulator** so zu konstruieren, dass eine geschlossene Lösung existiert. Die Konstrukteure von Manipulatoren haben dies sehr schnell erkannt, und heute werden praktisch alle industriellen Manipulatoren so einfach konstruiert, dass eine geschlossene Lösung entwickelt werden kann.

Eine hinreichende Bedingung für eine geschlossene Lösung eines Manipulator mit sechs Drehgelenken ist, dass sich drei benachbarte Gelenkachsen in einem Punkt schneiden. Diese Bedingung wird **in ▶ Abschnitt 4.6** behandelt. Fast jeder heute gebaute Manipulator mit sechs Freiheitsgraden hat drei sich schneidende Achsen. Zum Beispiel schneiden sich die Achsen 4, 5 und 6 des PUMA 560.

4.3 Der Begriff des Manipulator-Unterraums, wenn $n < 6$

Die Menge der erreichbaren Zielrahmen für einen bestimmten **Manipulator** stellt dessen erreichbaren Arbeitsraum dar. Für einen Manipulator mit n Freiheitsgraden (wobei $n < 6$ ist) kann dieser erreichbare Arbeitsraum als ein Teil eines **Unterraums** mit n Freiheitsgraden betrachtet werden. Genauso wie der Arbeitsraum eines Manipulators mit sechs Freiheitsgraden eine Teilmenge des Raums ist, ist der **Arbeitsraum** eines einfacheren Manipulators eine Teilmenge seines Unterraums. Zum Beispiel ist der Unterraum des zweigliedrigen Roboters aus **▶ Abbildung 4.1** eine Ebene, aber der Arbeitsraum ist eine Teilmenge dieser Ebene – für den Fall $l_1 = l_2$ beispielsweise eine Kreisfläche mit dem Radius $l_1 + l_2$.

Eine Möglichkeit, den Unterraum eines Manipulators mit n Freiheitsgraden festzulegen, ist ein Ausdruck für seinen Handgelenkrahmen oder den Werkzeugrahmen als Funktion von n Variablen, die seinen Ort angeben. Wenn wir diese n Variablen als frei betrachten, dann entsteht der Unterraum, indem sie alle möglichen Werte annehmen.

BEISPIEL 4.1

Geben Sie eine Beschreibung des Unterraums von ${}^B_WT$ für den dreigliedrigen **Manipulator** aus **▶ Kapitel 3**, **Abbildung 3.6** an.

Der Unterraum von ${}^B_WT$ ist gegeben durch

$$ {}^B_WT = \begin{bmatrix} c_\phi & -s_\phi & 0{,}0 & x \\ s_\phi & c_\phi & 0{,}0 & y \\ 0{,}0 & 0{,}0 & 1{,}0 & 0{,}0 \\ 0 & 0 & 0 & 1 \end{bmatrix}, \tag{4.2} $$

wobei x und y die Position des Handgelenks angeben und ϕ die Ausrichtung des Endglieds beschreibt. Da x, y und ϕ beliebige Werte annehmen können, wird der Unterraum erzeugt. Jeder Handgelenkrahmen, der nicht die Struktur von **(4.2)** hat, liegt außerhalb des Unterraums (und damit außerhalb des Arbeitsraums) dieses Manipulators. Gliederlängen und Bewegungsgrenzen der Gelenke beschränken den Arbeitsraum des Manipulators auf eine Teilmenge dieses Unterraums.

BEISPIEL 4.2

Beschreiben Sie den Unterraum von ${}_2^0T$ für den in **Abbildung 4.6** gezeigten polaren Manipulator mit zwei Freiheitsgraden. Wir haben

$$ {}^0P_{2ORG} = \begin{bmatrix} x \\ y \\ 0 \end{bmatrix}. \tag{4.3} $$

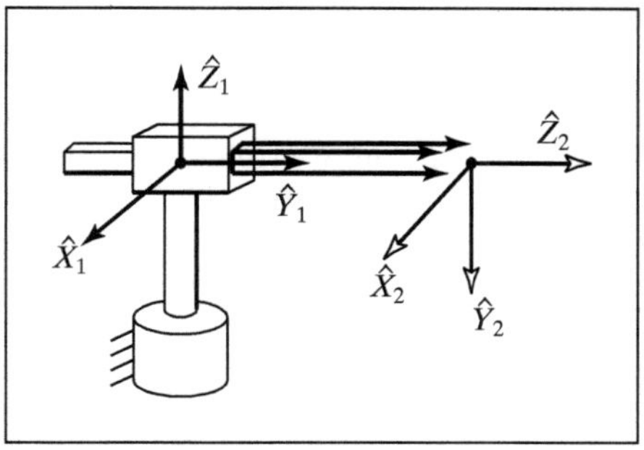

Abbildung 4.6 Ein polarer zweigliedriger **Manipulator**.

Dabei können x und y beliebige Werte annehmen. Die Ausrichtung ist eingeschränkt, weil die ${}^0\hat{Z}_2$ -Achse in eine Richtung zeigen muss, die von x und y abhängt. Die ${}^0\hat{Y}_2$-Achse zeigt immer nach unten und die ${}^0\hat{X}_2$-Achse kann als Kreuzprodukt ${}^0\hat{Y}_2 \times {}^0\hat{Z}_2$ berechnet werden. In Bezug auf x und y gilt:

$$ {}^0\hat{Z}_2 = \begin{bmatrix} \frac{x}{\sqrt{x^2+y^2}} \\ \frac{y}{\sqrt{x^2+y^2}} \\ 0 \end{bmatrix}. \tag{4.4} $$

Der Unterraum kann daher wie folgt angegeben werden:

$$ {}_2^0T = \begin{bmatrix} \frac{y}{\sqrt{x^2+y^2}} & 0 & \frac{x}{\sqrt{x^2+y^2}} & x \\ \frac{-x}{\sqrt{x^2+y^2}} & 0 & \frac{y}{\sqrt{x^2+y^2}} & y \\ 0 & -1 & 0 & 0 \\ 0 & 0 & 0 & 1 \end{bmatrix}. \tag{4.5} $$

Wenn wir ein Ziel für einen Manipulator mit n Freiheitsgraden definieren, verwenden wir normalerweise n Parameter, um das Ziel zu spezifizieren. Wenn wir allerdings alle sechs Freiheitsgrade festlegen, können wir das Ziel (im Allgemeinen) mit einem Manipulator, für den $n < 6$ gilt, nicht immer erreichen. In diesem Fall könnten wir stattdessen daran interessiert sein, ein Ziel zu erreichen, das im Unterraum des Manipulators und so „nah“ wie möglich an dem ursprünglich gewünschten Ziel liegt.

Wenn Sie also *allgemeine* Ziele für einen Manipulator mit weniger als sechs Freiheitsgraden festlegen, sind die folgenden Schritte eine mögliche **Lösungsstrategie**:

1. Ist ein beliebiger Zielrahmen ${}^{S}_{G}T$ vorgegeben, berechnen Sie einen modifizierten Zielrahmen ${}^{S}_{G'}T$, sodass ${}^{S}_{G'}T$ im Unterraum des Manipulators und so „nah" wie möglich an ${}^{S}_{G}T$ liegt. Dabei muss eine Definition für „**nah**" festgelegt werden.
2. Berechnen Sie die inverse Kinematik, um die Gelenkwinkel mit ${}^{S}_{G'}T$ als gewünschtem Ziel zu ermitteln. Beachten Sie, dass eine Lösung immer noch nicht möglich sein kann, wenn der Zielpunkt nicht im Arbeitsraum des Manipulators liegt.

Im Allgemeinen ist es sinnvoll, den Ursprung des Werkzeugrahmens an der gewünschten Stelle zu positionieren und dann eine erreichbare Ausrichtung zu wählen, die nahe an der gewünschten Ausrichtung liegt. Wie wir in den **Beispielen 4.1** und **4.2** gesehen haben, ist die Berechnung des Unterraums von der Geometrie des Manipulators abhängig. Jeder Manipulator muss individuell betrachtet werden, um eine Methode für diese Berechnung zu finden.

▶ **Abschnitt 4.7** enthält ein Beispiel für die *Projektion* eines allgemeinen Ziels in den Unterraum eines Manipulators mit fünf Freiheitsgraden, um so die Gelenkwinkel zu berechnen, mit denen der Manipulator an den erreichbaren Rahmen gelangt, der dem gewünschten am nächsten liegt.

4.4 Algebraisch versus Geometrisch

Als Einführung in die **Lösung** kinematischer **Gleichungen** betrachten wir zwei verschiedene Ansätze für die Lösung eines einfachen planaren dreigliedrigen Manipulators.

4.4.1 Die algebraische Lösung

Betrachten Sie den in ▶ **Kapitel 3** vorgestellten dreigliedrigen planaren **Manipulator**. Er ist mit den Parametern seiner Glieder in **Abbildung 4.7** dargestellt.

Der Methode aus ▶ **Kapitel 3** folgend können wir die Parameter der **Glieder** verwenden, um die kinematischen Gleichungen dieses Arms leicht zu finden:

$$ {}^{B}_{W}T = {}^{0}_{3}T = \begin{bmatrix} c_{123} & -s_{123} & 0{,}0 & l_1 c_1 + l_2 c_{12} \\ s_{123} & c_{123} & 0{,}0 & l_1 s_1 + l_2 s_{12} \\ 0{,}0 & 0{,}0 & 1{,}0 & 0{,}0 \\ 0 & 0 & 0 & 1 \end{bmatrix}. \tag{4.6} $$

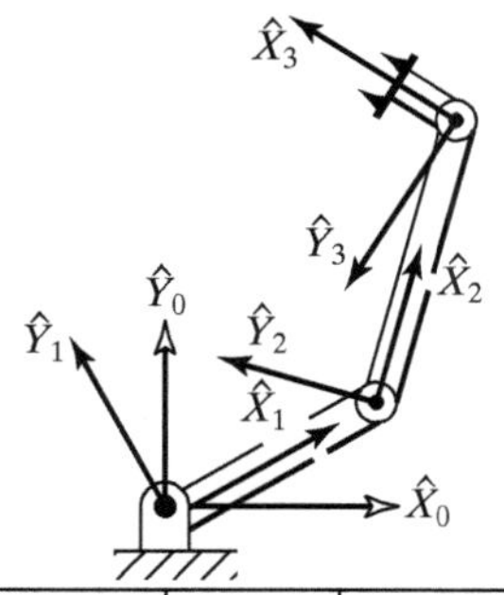

i	α_{i-1}	a_{i-1}	d_i	θ_i
1	0	0	0	θ_1
2	0	L_1	0	θ_2
3	0	L_2	0	θ_3

Abbildung 4.7 Dreigliedriger planarer Manipulator und seine Gliederparameter.

Um unsere Diskussion auf die inverse **Kinematik** zu konzentrieren, gehen wir davon aus, dass die notwendigen Transformationen durchgeführt wurden, sodass der **Zielpunkt** eine Beschreibung des Handgelenkrahmens relativ zum Basisrahmen ist, also ${}^B_WT$. Da wir mit einem planaren Manipulator arbeiten, ist die Angabe dieser Zielpunkte am einfachsten durch die Festlegung der Zahlenwerte von drei Parametern zu erreichen: x, y und ϕ, wobei ϕ die Ausrichtung von Glied 3 in der Ebene (relativ zur $+\hat{X}$ -Achse) ist. Anstatt also eine allgemeine Zielbeschreibung ${}^B_WT$ anzugeben, nehmen wir eine Transformation der folgenden Struktur an:

$$ {}^B_WT = \begin{bmatrix} c_\phi & -s_\phi & 0{,}0 & x \\ s_\phi & c_\phi & 0{,}0 & y \\ 0{,}0 & 0{,}0 & 1{,}0 & 0{,}0 \\ 0 & 0 & 0 & 1 \end{bmatrix}. \tag{4.7} $$

Alle erreichbaren Ziele müssen in dem Unterraum liegen, der durch die Struktur der Gleichung **(4.7)** impliziert wird. Wenn wir **(4.6)** und **(4.7)** gleichsetzen, erhalten wir ein System aus vier nichtlinearen Gleichungen, das für θ_1, θ_2 und θ_3 gelöst werden muss:

$$c_\phi = c_{123}, \tag{4.8}$$

$$s_\phi = s_{123}, \tag{4.9}$$

$$x = l_1 c_1 + l_2 c_{12} \text{ und} \tag{4.10}$$

$$y = l_1 s_1 + l_2 s_{12}. \tag{4.11}$$

Wir beginnen nun mit der algebraischen Lösung des System aus den **Gleichungen (4.8)** bis **(4.11)**. Durch Quadrieren und Addieren von **(4.10)** und **(4.11)** erhalten wir nach mehrfachem Ausmultiplizieren, Zusammenfassen, Ausklammern und der Berücksichtigung des Additionstheorems $s^2 + c^2 = 1$:

$$x^2 + y^2 = l_1^2 + l_2^2 + 2 l_1 l_2 c_2, \tag{4.12}$$

wobei wir

$$\begin{aligned} c_{12} &= c_1 c_2 - s_1 s_2, \\ s_{12} &= c_1 s_2 + s_1 c_2. \end{aligned} \tag{4.13}$$

verwendet haben.

Auflösen von **(4.12)** nach c_2 führt zu

$$c_2 = \frac{x^2 + y^2 - l_1^2 - l_2^2}{2 l_1 l_2}. \tag{4.14}$$

Damit eine **Lösung** existiert, muss die rechte Seite von **(4.14)** einen Wert zwischen –1 und +1 aufweisen. Im Lösungsalgorithmus würde diese Bedingung zu diesem Zeitpunkt überprüft, um herauszufinden, ob eine Lösung existiert. Wenn diese Bedingung nicht erfüllt ist, ist der Zielpunkt zu weit entfernt, als dass der Manipulator ihn erreichen könnte.

Angenommen, das Ziel befindet sich im Arbeitsraum, dann können wir mithilfe des oben erwähnten Additionstheorems den folgende Ausdruck für s_2 aufschreiben:

$$s_2 = \pm\sqrt{1 - c_2^2}. \tag{4.15}$$

Schließlich berechnen wir θ_2 mit Hilfe der Arkustangens-Funktion mit zwei Argumenten[16]:

$$\theta_2 = \text{Atan2}(s_2, c_2). \tag{4.16}$$

Die Wahl der Vorzeichen in **(4.15)** entspricht der **Mehrfachlösung** mit den Lösungen „Ellbogen-oben" oder „Ellbogen-unten". Bei der Bestimmung von θ_2 haben wir eine der immer wieder verwendeten Methoden zur Lösung dieses häufig auftretenden Typs kinematischer Beziehungen angewandt: Nämlich sowohl den Sinus als auch den Kosinus des gewünschten Gelenkwinkels zu bestimmen und dann den Arkustangens mit zwei Argumenten anzuwenden. Dadurch wird sichergestellt, dass wir alle Lösungen finden und dass der als Lösung gefundene Winkel im richtigen Quadranten liegt.

16 Siehe Abschnitt 2.8.

Nachdem θ_2 bestimmt ist, können wir **(4.10)** und **(4.11)** für θ_1 lösen. Wir schreiben **(4.10)** und **(4.11)** unter Berücksichtigung von **(4.13)** in der Form

$$x = k_1 c_1 - k_2 s_1 \text{ und} \tag{4.17}$$

$$y = k_1 s_1 + k_2 c_1, \tag{4.18}$$

wobei

$$\begin{aligned} k_1 &= l_1 + l_2 c_2 \text{ und} \\ k_2 &= l_2 s_2. \end{aligned} \tag{4.19}$$

Um eine Gleichung dieser Form zu lösen, führen wir einen Wechsel der **Variablen** durch. Eigentlich ändern wir die Art und Weise, wie wir die Konstanten k_1 und k_2 schreiben.

Sind

$$r = +\sqrt{k_1^2 + k_2^2} \tag{4.20}$$

und

$$\gamma = \text{Atan2}(k_2, k_1),$$

dann ist

$$\begin{aligned} k_1 &= r \cos\gamma \text{ und} \\ k_2 &= r \sin\gamma. \end{aligned} \tag{4.21}$$

Die **Gleichungen (4.17)** und **(4.18)** können nun wie folgt geschrieben werden:

$$\frac{x}{r} = \cos\gamma \cos\theta_1 - \sin\gamma \sin\theta_1 \text{ und} \tag{4.22}$$

$$\frac{y}{r} = \cos\gamma \sin\theta_1 + \sin\gamma \cos\theta_1, \tag{4.23}$$

also ist

$$\cos(\gamma + \theta_1) = \frac{x}{r} \text{ und} \tag{4.24}$$

$$\sin(\gamma + \theta_1) = \frac{y}{r}. \tag{4.25}$$

Wenn wir den Arkustangens mit zwei Argumenten verwenden, erhalten wir:

$$\gamma + \theta_1 = \text{Atan2}\left(\frac{y}{r}, \frac{x}{r}\right) = \text{Atan2}(y, x) \tag{4.26}$$

und so

$$\theta_1 = \text{Atan2}(y, x) - \text{Atan2}(k_2, k_1). \tag{4.27}$$

Beachten Sie, dass die Wahl des Vorzeichens bei der Lösung von θ_2 einen Vorzeichenwechsel in k_2 bewirkt und sich somit auf θ_1 auswirkt. Die verwendeten Substitutionen **(4.20)** und **(4.21)** stellen eine Methode zur Lösung einer Form dar, die in der Kinematik häufig vorkommt, nämlich die von **(4.10)** oder **(4.11)**. Beachten Sie auch, ist $x = y = 0$, dann wird **(4.27)** undefiniert – in diesem Fall ist θ_1 willkürlich.

Schließlich können wir aus **(4.8)** und **(4.9)** nach der Summe von θ_1 bis θ_3 auflösen:

$$\theta_1 + \theta_2 + \theta_3 = \text{Atan2}(s_\phi, c_\phi) = \phi. \tag{4.28}$$

Damit können wir nach θ_3 auflösen, da wir die ersten beiden Winkel kennen. Bei Manipulatoren mit zwei oder mehr Gliedern, die sich in einer Ebene bewegen, ist es typisch, dass im Laufe der Lösung Ausdrücke für Summen von Gelenkwinkeln auftreten.

Zusammenfassend lässt sich sagen, dass ein algebraischer Ansatz zum Lösen **kinematischer Gleichungen** im Grunde darin besteht, die gegebenen Gleichungen in eine Form zu bringen, für die eine Lösung bekannt ist. Für viele gängige Geometrien gibt es verschiedene Formen transzendenter Gleichungen. Im vorangegangenen Abschnitt haben wir einige davon kennengelernt. In ▶ **Anhang C** sind weitere aufgelistet.

4.4.2 Die geometrische Lösung

Bei einem **geometrischen** Ansatz zur **Lösung** eines **Manipulators** versuchen wir, die räumliche Geometrie des Arms in mehrere ebene geometrische Probleme zu zerlegen. Für viele Manipulatoren (insbesondere, wenn die $\alpha_i = 0$ oder $\pm 90°$ betragen) kann dies ganz einfach geschehen. Die **Gelenkwinkel** können dann mit Hilfe der Methoden der ebenen Geometrie [7] gelöst werden. Für den in **Abbildung 4.7** gezeigten Arm mit drei Freiheitsgraden können wir, da der Arm eben ist, direkt ebene Geometrie anwenden, um eine Lösung zu finden.

Abbildung 4.8 zeigt das Dreieck, das von l_1, l_2 und der Linie, die den Ursprung von Rahmen {0} mit dem Ursprung von Rahmen {3} verbindet, gebildet wird. Die gestrichelten Linien stellen die andere mögliche Konfiguration des Dreiecks dar, die zur gleichen Position von Rahmen {3} führen würde. Betrachten wir das durchgezogene Dreieck, so können wir den Kosinussatz anwenden, um eine Lösung für θ_2 zu finden:

$$x^2 + y^2 = l_1^2 + l_2^2 - 2 l_1 l_2 \cos(180° + \theta_2). \tag{4.29}$$

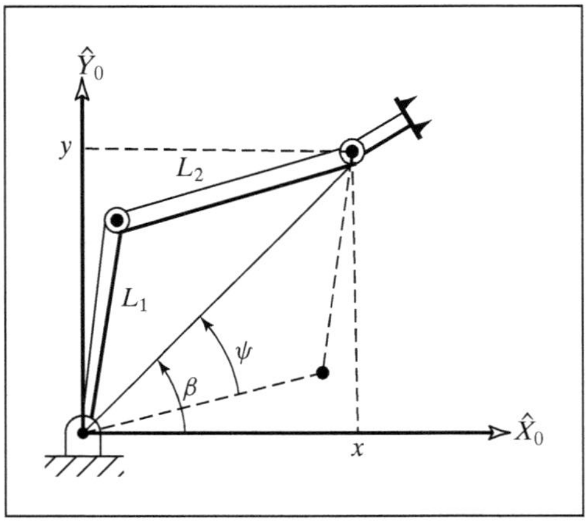

Abbildung 4.8 Ebene Geometrie eines dreigliedrigen planaren Roboters.

Nun ist $\cos(180°+\theta_2) = -\cos(\theta_2)$. Somit ergibt sich:

$$c_2 = \frac{x^2 + y^2 - l_1^2 - l_2^2}{2 l_1 l_2}. \tag{4.30}$$

Damit dieses Dreieck existiert, muss die Entfernung zum Zielpunkt $\sqrt{x^2 + y^2}$ kleiner oder gleich der Summe der Gliederlängen $l_1 + l_2$ sein. Ein Computerprogramm würde diese Bedingung an dieser Stelle überprüfen, um die Existenz von **Lösungen** zu verifizieren. Befindet sich der Zielpunkt außerhalb der Reichweite des Manipulators, ist diese Bedingung ist nicht erfüllt. Unter der Annahme, dass eine Lösung existiert, wird diese Gleichung für einen Wert von θ_2 gelöst, der zwischen 0 und –180 Grad liegt, denn nur für diese Werte gibt es das Dreieck aus **Abbildung 4.8**. Die andere mögliche Lösung (diejenige, die durch das gestrichelte Dreieck dargestellt wird) ist aufgrund der Symmetrie zu finden: $\theta_2' = -\theta_2$.

Um eine Lösung für θ_1 zu finden, suchen wir Ausdrücke für die in **Abbildung 4.8** eingezeichneten Winkel ψ und β. Zunächst kann β, in Abhängigkeit von den Vorzeichen von x und y, in einem beliebigen Quadranten liegen. Wir müssen also einen Arkustangens mit zwei Argumenten verwenden:

$$\beta = \mathrm{Atan2}(y,x). \tag{4.31}$$

Wir wenden wieder den Kosinussatz an und finden ψ:

$$\cos\psi = \frac{x^2 + y^2 + l_1^2 - l_2^2}{2 l_1 \sqrt{x^2 + y^2}}. \tag{4.32}$$

Hier muss der Arkuskosinus so gelöst werden, dass $0 \leq \psi \leq 180°$ gilt, damit die Geometrie, die zu **(4.32)** führt, erhalten bleibt. Solche Überlegungen sind typisch für die Verwendung eines geometrischen Ansatzes – wir dürfen die Formeln, die wir ableiten, nur auf einen Teilbereich der Variablendefinition anwenden, sodass die Geometrie erhalten bleibt. Aus **Abbildung 4.8** ergibt sich außerdem unmittelbar:

$$\theta_1 = \beta \pm \psi, \tag{4.33}$$

wobei das Pluszeichen verwendet wird, wenn $\theta_2 < 0$, und das Minuszeichen, wenn $\theta_2 > 0$.

Die drei Winkel können summiert werden, um die Ausrichtung des letzten Glieds zu berechnen:

$$\theta_1 + \theta_2 + \theta_3 = \phi. \tag{4.34}$$

Diese Gleichung wird nach θ_3 aufgelöst, um unsere Lösung zu vervollständigen.

4.5 Algebraische Lösung durch Reduktion auf ein Polynom

Transzendente Gleichungen sind oft schwierig zu lösen, denn selbst wenn es nur eine Variable gibt (z. B. θ), tritt diese im Allgemeinen in der Form $\sin\theta$ und $\cos\theta$ auf. Wenn Sie jedoch die folgenden Substitutionen vornehmen, erhalten Sie einen Ausdruck in Form einer einzigen Variable u:

$$u = \tan\frac{\theta}{2},$$
$$\cos\theta = \frac{1-u^2}{1+u^2}, \quad (4.35)$$
$$\sin\theta = \frac{2u}{1+u^2}.$$

Dies ist eine sehr wichtige geometrische Substitution, die häufig bei der Lösung von kinematischen Gleichungen verwendet wird. Diese Substitutionen wandeln **transzendente Gleichungen** in Polynomgleichungen in u um. In ▶ **Anhang A** finden Sie diese und andere trigonometrische Identitäten.

BEISPIEL 4.3

Konvertieren Sie die transzendente Gleichung

$$a\cos\theta + b\sin\theta = c \quad (4.36)$$

in ein Polynom des Tangens des halben Winkels und lösen Sie nach θ auf.

Durch Substitution mit **(4.35)** und Multiplikation mit $1 + u^2$ erhalten wir:

$$a(1-u^2)+2bu = c(1+u^2). \quad (4.37)$$

Das Sortieren der Potenzen von u ergibt

$$(a+c)u^2 - 2bu + (c-a) = 0. \quad (4.38)$$

Die Lösung dieser quadratischen Gleichung erhalten wir schnell mithilfe der a-b-c-Formel (Mitternachtsformel):

$$u = \frac{b \pm \sqrt{b^2+a^2-c^2}}{a+c}. \quad (4.39)$$

Folglich ist

$$\theta = 2\tan^{-1}\left(\frac{b \pm \sqrt{b^2+a^2-c^2}}{a+c}\right). \quad (4.40)$$

Sollte die Lösung für u aus **(4.39)** komplex sein, gibt es keine reelle **Lösung** der ursprünglichen transzendenten **Gleichung**. Beachten Sie, dass für $a + c = 0$ das Argument des Arkustangens unendlich wird und somit $\theta = 180°$ ist. Bei einer Computerimplementierung sollte diese mögliche Division durch null im Voraus überprüft werden. Diese Situation ergibt sich, wenn der quadratische Term von **(4.38)** verschwindet, sodass die quadratische Gleichung zu einer linearen Gleichung entartet (eine alternative Lösung finden Sie in ▶ **Anhang C**).

Polynome bis zum vierten Grad besitzen Lösungen in geschlossener Form [8, 9]. Manipulatoren, die so einfach sind, dass sie durch algebraische Gleichungen dieses Grades (oder eines niedrigeren) gelöst werden können, nennt man **geschlossen lösbare Manipulatoren**.

4.6 Die Piepersche Lösung, wenn sich drei Achsen schneiden

Wie bereits erwähnt gibt es für einen ganz allgemeinen Roboter mit sechs Freiheitsgraden zwar keine geschlossene Lösung, aber bestimmte wichtige Spezialfälle können gelöst werden. Pieper [3, 4] untersuchte Manipulatoren mit sechs Freiheitsgraden, bei denen sich drei aufeinanderfolgende Achsen in einem Punkt schneiden.[17] In diesem Abschnitt werden wir die von ihm entwickelte Methode für den Fall skizzieren, dass alle sechs Gelenke drehbar sind und sich die letzten drei Achsen in einem Punkt kreuzen. Seine Methode ist auch auf andere Konfigurationen anwendbar, z. B. auf prismatische Gelenke – interessierte Leser sollten in [4] weiter recherchieren. Piepers Arbeit ist auf die meisten kommerziell erhältlichen Industrieroboter anwendbar.

Wenn sich die letzten drei Achsen in einem Punkt schneiden, befinden sich die Ursprünge der Gliederrahmen {4}, {5} und {6} alle an diesem Schnittpunkt. Dieser Punkt lautet in Basiskoordinaten

$$ {}^{0}P_{4ORG} = {}^{0}_{1}T\, {}^{1}_{2}T\, {}^{2}_{3}T\, {}^{3}P_{4ORG} = \begin{bmatrix} x \\ y \\ z \\ 1 \end{bmatrix} \tag{4.41} $$

oder unter Verwendung der vierten Spalte von **(3.6)** für $i = 4$:

$$ {}^{0}P_{4ORG} = {}^{0}_{1}T\, {}^{1}_{2}T\, {}^{2}_{3}T \begin{bmatrix} a_3 \\ -d_4 s\alpha_3 \\ d_4 c\alpha_3 \\ 1 \end{bmatrix} \tag{4.42} $$

oder

$$ {}^{0}P_{4ORG} = {}^{0}_{1}T\, {}^{1}_{2}T \begin{bmatrix} f_1(\theta_3) \\ f_2(\theta_3) \\ f_3(\theta_3) \\ 1 \end{bmatrix}, \tag{4.43} $$

wobei

$$ \begin{bmatrix} f_1 \\ f_2 \\ f_3 \\ 1 \end{bmatrix} = {}^{2}_{3}T \begin{bmatrix} a_3 \\ -d_4 s\alpha_3 \\ d_4 c\alpha_3 \\ 1 \end{bmatrix}. \tag{4.44} $$

Mit **(3.6)** für ${}^{2}_{3}T$ in **(4.44)** erhält man die folgenden Ausdrücke für f_1 etc.:

$$ \begin{aligned} f_1 &= a_3 c_3 + d_4 s\alpha_3 s_3 + a_2, \\ f_2 &= a_3 c\alpha_2 s_3 - d_4 s\alpha_3 c\alpha_2 c_3 - d_4 s\alpha_2 c\alpha_3 - d_3 s\alpha_2, \\ f_3 &= a_3 s\alpha_2 s_3 - d_4 s\alpha_3 s\alpha_2 c_3 + d_4 c\alpha_2 c\alpha_3 + d_3 c\alpha_2. \end{aligned} \tag{4.45} $$

17 Zu dieser Familie von Manipulatoren gehören auch solche mit drei aufeinanderfolgenden parallelen Achsen, da sich diese im Unendlichen treffen.

Mit **(3.6)** für ${}^{0}_{1}T$ und ${}^{1}_{2}T$ in **(4.43)** erhalten wir:

$$^{0}P_{4ORG} = \begin{bmatrix} c_1 g_1 - s_1 g_2 \\ s_1 g_1 + c_1 g_2 \\ g_3 \\ 1 \end{bmatrix}, \tag{4.46}$$

wobei

$$\begin{aligned} g_1 &= c_2 f_1 - s_2 f_2 + a_1, \\ g_2 &= s_2 c\alpha_1 f_1 + c_2 c\alpha_1 f_2 - s\alpha_1 f_3 - d_2 s\alpha_1, \\ g_3 &= s_2 s\alpha_1 f_1 + c_2 s\alpha_1 f_2 + c\alpha_1 f_3 + d_2 c\alpha_1. \end{aligned} \tag{4.47}$$

Wir schreiben nun einen Ausdruck für den quadrierten Betrag von $^{0}P_{4ORG}$, den wir mit $r = x^2 + y^2 + z^2$ abkürzen und für den sich aus **(4.46)** Folgendes ergibt:

$$r = g_1^2 + g_2^2 + g_3^2. \tag{4.48}$$

Wenn wir nun **(4.47)** für die g_i einsetzen, erhalten wir:

$$r = f_1^2 + f_2^2 + f_3^2 + a_1^2 + d_2^2 + 2d_2 f_3 + 2a_1(c_2 f_1 - s_2 f_2). \tag{4.49}$$

Wir schreiben diese Gleichung nun zusammen mit der Gleichung der z-Komponente aus **(4.46)** als ein System von zwei Gleichungen in der Form

$$\begin{aligned} r &= (k_1 c_2 + k_2 s_2)2a_1 + k_3, \\ z &= (k_1 s_2 - k_2 c_2)s\alpha_1 + k_4, \end{aligned} \tag{4.50}$$

wobei

$$\begin{aligned} k_1 &= f_1, \\ k_2 &= -f_2, \\ k_3 &= f_1^2 + f_2^2 + f_3^2 + a_1^2 + d_2^2 + 2d_2 f_3 \quad \text{und} \\ k_4 &= f_3 c\alpha_1 + d_2 c\alpha_1. \end{aligned} \tag{4.51}$$

Gleichung (4.50) ist nützlich, weil die Abhängigkeit von θ_1 eliminiert wurde, und weil die Abhängigkeit von θ_2 eine einfache Form annimmt.

Betrachten wir nun die Lösung von **(4.50)** für θ_3. Wir unterscheiden drei Fälle:

1. Wenn $a_1 = 0$ ist, dann ist $r = k_3$, wobei r bekannt ist. Die rechte Seite (k_3) ist allein eine Funktion von θ_3. Nach der Substitution gemäß **(4.35)** ergibt sich eine quadratische Gleichung in $\tan\frac{\theta_3}{2}$, die nach θ_3 aufgelöst werden kann.
2. Wenn $s\alpha_1 = 0$ ist, dann ist $z = k_4$, wobei z bekannt ist. Auch hier ergibt sich nach der Substitution gemäß **(4.35)** eine quadratische Gleichung, die für θ_3 gelöst werden kann.
3. Andernfalls eliminieren Sie s_2 und c_2 aus **(4.50)**, um die folgende Gleichung zu erhalten:

$$\frac{(r - k_3)^2}{4a_1^2} + \frac{(z - k_4)^2}{s^2\alpha_1} = k_1^2 + k_2^2.$$

Diese Gleichung ergibt nach der Substitution gemäß **(4.35)** für θ_3 eine Gleichung 4. Grades, die für θ_3 gelöst werden kann.[18]

18 Es ist nützlich zu beachten, dass $f_1^2 + f_2^2 + f_3^2 = a_3^2 + d_4^2 + d_3^2 + a_2^2 + 2d_4 d_3 c\alpha_3 + 2a_2 a_3 c_3 + 2a_2 d_4 s\alpha_3 s_3$.

Nach der Lösung für θ_3 können wir **(4.50)** für θ_2 und **(4.46)** für θ_1 lösen.

Um unsere Lösung zu vervollständigen, müssen wir auch Lösungen für θ_4, θ_5 und θ_6 finden. Die zugehörigen Achsen schneiden sich, sodass diese Gelenkwinkel nur die Ausrichtung des letzten Glieds beeinflussen. Wir können sie aus nichts anderem als dem Rotationsanteil des angegebenen Ziels ${}^0_6R$ errechnen. Nachdem wir θ_1, θ_2 und θ_3 kennen, können wir ${}^0_4R\,|_{\theta_4=0}$ berechnen. Mit dieser Schreibweise meinen wir die Ausrichtung des Gliedrahmens $\{4\}$ relativ zum Basisrahmen, wenn $\theta_4 = 0$ ist. Die gewünschte Ausrichtung von $\{6\}$ unterscheidet sich von dieser Ausrichtung nur durch die Wirkung der letzten drei Gelenke. Da für das Problem ${}^0_6R$ als gegeben spezifiziert wurde, können wir folgenden Ausdruck berechnen:

$$ {}^4_6R\,\Big|_{\theta_4=0} = {}^0_4R^{-1}\Big|_{\theta_4=0}\, {}^0_6R. \tag{4.53} $$

Für viele Manipulatoren können diese letzten drei Winkel mithilfe der in ▶ **Kapitel 2** beschriebenen **Z-Y-Z-Euler-Winkel-Konvention** ermittelt werden – angewendet auf ${}^4_6R\,|_{\theta_4=0}$. Für jeden Manipulator (mit sich schneidenden Achsen 4, 5 und 6) können die letzten drei Gelenkwinkel als eine Reihe von entsprechend definierten Eulerschen Winkeln gelöst werden. Es gibt immer zwei Lösungen für diese letzten drei Gelenke, sodass die Gesamtzahl der Lösungen für den Manipulator doppelt so hoch ist wie die Anzahl der Lösungen für die ersten drei Gelenke.

4.7 Beispiele für inverse Manipulator-Kinematik

In diesem Abschnitt werden wir die **inverse Kinematik** von zwei Industrierobotern ausarbeiten. Eine Manipulatorlösung ist rein algebraisch, die zweite Lösung ist teilweise algebraisch und teilweise geometrisch. Die folgenden Lösungen stellen kein Kochbuch für die Lösung der Manipulator-Kinematik dar, aber sie zeigen viele der üblichen Manipulationen, die in den meisten kinematischen Lösungen vorkommen. Beachten Sie, dass die Piepersche Lösungsmethode (die im vorangegangenen Abschnitt vorgestellt wurde) für diese Manipulatoren verwendet werden kann, aber wir gehen hier einen anderen Weg, um einen Einblick in verschiedene verfügbare Methoden zu geben.

4.7.1 Der Unimation PUMA 560

Als Beispiel für die Anwendung der algebraischen Lösungstechnik auf einen Manipulator mit sechs Freiheitsgraden werden wir die kinematischen **Gleichungen** des PUMA 560 lösen, die in ▶ **Kapitel 3** entwickelt wurden. Diese Lösung erfolgt in Anlehnung an [5].

Wir möchten

$$ \begin{aligned} {}^0_6T &= \begin{bmatrix} r_{11} & r_{12} & r_{13} & p_x \\ r_{21} & r_{22} & r_{23} & p_y \\ r_{31} & r_{32} & r_{33} & p_z \\ 0 & 0 & 0 & 1 \end{bmatrix} \\ &= {}^0_1T(\theta_1)\,{}^1_2T(\theta_2)\,{}^2_3T(\theta_3)\,{}^3_4T(\theta_4)\,{}^4_5T(\theta_5)\,{}^5_6T(\theta_6) \end{aligned} \tag{4.54} $$

für θ_i lösen, wobei ${}^0_6T$ als numerischer Wert gegeben ist.

Eine Umformulierung von **(4.54)**, durch die die Abhängigkeit von θ_1 auf die linke Seite der Gleichung gelangt, lautet:

$$[{}^0_1T(\theta_1)]^{-1}\,{}^0_6T = {}^1_2T(\theta_2)\,{}^2_3T(\theta_3)\,{}^3_4T(\theta_4)\,{}^4_5T(\theta_5)\,{}^5_6T(\theta_6). \qquad (4.55)$$

Nach dem Invertieren von ${}^0_1T$ schreiben wir **(4.55)** als

$$\begin{bmatrix} c_1 & s_1 & 0 & 0 \\ -s_1 & c_1 & 0 & 0 \\ 0 & 0 & 1 & 0 \\ 0 & 0 & 0 & 1 \end{bmatrix} \begin{bmatrix} r_{11} & r_{12} & r_{13} & p_x \\ r_{21} & r_{22} & r_{23} & p_y \\ r_{31} & r_{32} & r_{33} & p_z \\ 0 & 0 & 0 & 1 \end{bmatrix} = {}^1_6T, \qquad (4.56)$$

wobei ${}^1_6T$ durch die in ▶ **Kapitel 3** entwickelte Gleichung **(3.13)** gegeben ist. Diese einfache Technik, jede Seite einer Transformationsgleichung mit einer Inversen zu multiplizieren, wird oft vorteilhaft eingesetzt, um die Variablen bei der Suche nach einer lösbaren Gleichung zu trennen.

Wenn wir die (2,4)-Elemente auf beiden Seiten von **(4.56)** gleichsetzen (beachte Gleichung **(3.13)**), erhalten wir:

$$-s_1 p_x + c_1 p_y = d_3. \qquad (4.57)$$

Um eine Gleichung dieser Form zu lösen, führen wir die folgenden trigonometrischen Substitutionen durch:

$$p_x = \rho \cos\phi \quad \text{und} \\ p_y = \rho \sin\phi, \qquad (4.58)$$

wobei

$$\rho = \sqrt{p_x^2 + p_y^2} \quad \text{und} \\ \phi = \text{Atan2}(p_y, p_x). \qquad (4.59)$$

Setzen wir **(4.58)** in **(4.57)** ein, erhalten wir:

$$c_1 s_\phi - s_1 c_\phi = \frac{d_3}{\rho}. \qquad (4.60)$$

Mithilfe der entsprechenden Additionstheoreme folgt daraus:

$$\sin(\phi - \theta_1) = \frac{d_3}{\rho}. \qquad (4.61)$$

Folglich ist

$$\cos(\phi - \theta_1) = \pm\sqrt{1 - \frac{d_3^2}{\rho^2}} \qquad (4.62)$$

und somit

$$\phi - \theta_1 = \text{Atan2}\left(\frac{d_3}{\rho}, \pm\sqrt{1 - \frac{d_3^2}{\rho^2}}\right). \qquad (4.63)$$

Durch Einsetzen von **(4.59)**, Umformen und Herauskürzen von ρ aus den Argumenten der Atan2-Funktion (diese sind Zähler und Nenner eines Bruchs) erhalten wir schließlich die folgende Lösung für θ_1:

$$\theta_1 = \text{Atan2}(p_y, p_x) - \text{Atan2}\left(d_3, \pm\sqrt{p_x^2 + p_y^2 - d_3^2}\right). \qquad (4.64)$$

Beachten Sie, dass wir zwei mögliche Lösungen für θ_1 gefunden haben, die sich aus dem Plus-oder-Minus-Zeichen in **(4.64)** ergeben. Da θ_1 nun bekannt ist, ist auch die linke Seite von **(4.56)** bekannt. Wenn wir sowohl die (1,4)-Elemente als auch die (3,4)-Elemente auf den beiden Seiten von **(4.56)** gleichsetzen, ergibt sich:

$$\begin{aligned} c_1 p_x + s_1 p_y &= a_3 c_{23} - d_4 s_{23} + a_2 c_2 \quad \text{sowie} \\ -p_x &= a_3 s_{23} + d_4 c_{23} + a_2 s_2. \end{aligned} \tag{4.65}$$

Wenn wir die Gleichungen **(4.65)** und **(4.57)** quadrieren und die resultierenden Gleichungen addieren, erhalten wir:

$$a_3 c_3 - d_4 s_3 = K. \tag{4.66}$$

Darin ist

$$K = \frac{p_x^2 + p_y^2 + p_x^2 - a_2^2 - a_3^2 - d_3^2 - d_4^2}{2a_2}. \tag{4.67}$$

Beachten Sie, dass die Abhängigkeit von θ_1 aus **(4.66)** entfernt worden ist. Gleichung **(4.66)** hat die gleiche Form wie **(4.57)** und kann daher durch die gleiche Art von trigonometrischer Substitution gelöst werden. Auf diese Weise ergibt sich schließlich das folgende Ergebnis für θ_3:

$$\theta_3 = \text{Atan2}(a_3, d_4) - \text{Atan2}(K, \pm\sqrt{a_3^2 + d_4^2 - K^2}). \tag{4.68}$$

Das Plus-oder-Minus-Zeichen in **(4.68)** führt zu zwei verschiedenen Lösungen für θ_3. Wenn wir Gleichung **(4.54)** erneut betrachten, können wir diese jetzt so umschreiben, dass die gesamte linke Seite nur eine Funktion von bekannten Größen und θ_2 ist:

$$[{}^0_3T(\theta_2)]^{-1}\,{}^0_6T = {}^3_4T(\theta_4)\,{}^4_5T(\theta_5)\,{}^5_6T(\theta_6) \tag{4.69}$$

oder

$$\begin{bmatrix} c_1 c_{23} & s_1 c_{23} & -s_{23} & -a_2 c_3 \\ -c_1 s_{23} & -s_1 s_{23} & -c_{23} & a_2 s_3 \\ -s_1 & c_1 & 0 & -d_3 \\ 0 & 0 & 0 & 1 \end{bmatrix} \begin{bmatrix} r_{11} & r_{12} & r_{13} & p_x \\ r_{21} & r_{22} & r_{23} & p_y \\ r_{31} & r_{32} & r_{33} & p_z \\ 0 & 0 & 0 & 1 \end{bmatrix} = {}^3_6T, \tag{4.70}$$

wobei ${}^3_6T$ durch die in ▶ **Kapitel 3** entwickelte Gleichung **(3.11)** gegeben ist. Wenn wir die (1,4)-Elemente und die (2,4)-Elemente auf den beiden Seiten von **(4.70)** gleichsetzen, erhalten wir:

$$\begin{aligned} c_1 c_{23} p_x + s_1 c_{23} p_y - s_{23} p_z - a_2 c_3 &= a_3 \quad \text{sowie} \\ -c_1 s_{23} p_x - s_1 s_{23} p_y - c_{23} p_z + a_2 s_3 &= d_4. \end{aligned} \tag{4.71}$$

Diese Gleichungen können gleichzeitig für s_{23} und c_{23} gelöst werden, was zu folgendem Ergebnis führt:

$$\begin{aligned} s_{23} &= \frac{(-a_3 - a_2 c_3) p_z + (c_1 p_x + s_1 p_y)(a_2 s_3 - d_4)}{p_z^2 + (c_1 p_x + s_1 p_y)^2}, \\ c_{23} &= \frac{(a_2 s_3 - d_4) p_z - (a_3 + a_2 c_3)(c_1 p_x + s_1 p_y)}{p_z^2 + (c_1 p_x + s_1 p_y)^2}. \end{aligned} \tag{4.72}$$

Die Nenner sind gleich und positiv. Somit gilt für die Summe von θ_2 und θ_3:

$$\begin{aligned}\theta_{23} &= \text{Atan2}\,[s_{23}, c_{23}] \\ &= \text{Atan2}\,[(-a_3 - a_2 c_3)p_z - (c_1 p_x + s_1 p_y)(d_4 - a_2 s_3), \\ &\qquad (a_2 s_3 - d_4)p_z - (a_3 + a_2 c_3)(c_1 p_x + s_1 p_y)].\end{aligned} \tag{4.73}$$

Gleichung **(4.73)** liefert vier Werte für θ_{23}, entsprechend den vier möglichen Kombinationen der Lösungen für θ_1 und θ_3. Dann werden vier mögliche Lösungen für θ_2 wie folgt berechnet:

$$\theta_2 = \theta_{23} - \theta_3, \tag{4.74}$$

wobei bei der Bildung der Differenz die geeignete Lösung für θ_3 verwendet wird.

Nun ist die gesamte linke Seite von **(4.70)** bekannt. Wenn wir die (1,3)-Elemente und die (3,3)-Elemente auf den beiden Seiten von **(4.70)** gleichsetzen, erhalten wir:

$$\begin{aligned} r_{13} c_1 c_{23} + r_{23} s_1 c_{23} - r_{33} s_{23} &= -c_4 s_5 \quad \text{sowie} \\ -r_{13} s_1 + r_{23} c_1 &= s_4 s_5. \end{aligned} \tag{4.75}$$

Solange $s_5 \neq 0$ ist, ergibt sich die folgende Lösung für θ_4:

$$\theta_4 = \text{Atan2}(-r_{13} s_1 + r_{23} c_1, -r_{13} c_1 c_{23} - r_{23} s_1 c_{23} + r_{33} s_{23}). \tag{4.76}$$

Wenn $\theta_5 = 0$ ist, befindet sich der Manipulator in einer singulären Konfiguration, in der die Gelenkachsen 4 und 6 in einer Linie liegen und die gleiche Bewegung des letzten Glieds des Roboters verursachen. Alles, was in diesem Fall zählt (und alles, was gelöst werden kann), ist die Summe oder Differenz von θ_4 und θ_6. Diese Situation lässt sich erkennen, indem geprüft wird, ob beide Argumente der Funktion Atan2 in **(4.76)** nahe null sind. Wenn ja, kann θ_4 willkürlich gewählt werden.[19] Wird θ_6 später bestimmt, wird es entsprechend berechnet.

Wenn wir Gleichung **(4.54)** erneut betrachten, können wir diese jetzt folgendermaßen so umschreiben, dass die gesamte linke Seite nur eine Funktion von bekannten Größen und θ_4 ist:

$$[{}^0_4T(\theta_4)]^{-1}\,{}^0_6T = {}^4_5T(\theta_5)\,{}^5_6T(\theta_6), \tag{4.77}$$

wobei $[{}^0_4T(\theta_4)]^{-1}$ durch

$$\begin{bmatrix} c_1 c_{23} c_4 + s_1 s_4 & s_1 c_{23} c_4 - c_1 s_4 & -s_{23} c_4 & -a_2 c_3 c_4 + d_3 s_4 - a_3 c_4 \\ -c_1 c_{23} s_4 + s_1 c_4 & -s_1 c_{23} s_4 - c_1 c_4 & s_{23} s_4 & a_2 c_3 s_4 + d_3 c_4 + a_3 s_4 \\ -c_1 s_{23} & -s_1 s_{23} & -c_{23} & a_2 s_3 - d_4 \\ 0 & 0 & 0 & 1 \end{bmatrix} \tag{4.78}$$

und ${}^4_6T$ durch die in ▶ **Kapitel 3** entwickelte Gleichung **(3.10)** gegeben ist. Wenn wir die (1,3)-Elemente und die (3,3)-Elemente auf den beiden Seiten von **(4.77)** gleichsetzen, erhalten wir:

$$\begin{aligned} r_{13}(c_1 c_{23} c_4 + s_1 s_4) + r_{23}(s_1 c_{23} c_4 - c_1 s_4) - r_{33}(s_{23} c_4) &= -s_5 \quad \text{und} \\ r_{13}(-c_1 s_{23}) + r_{23}(-s_1 s_{23}) + r_{33}(-c_{23}) &= c_5. \end{aligned} \tag{4.79}$$

19 In der Regel wird er gleich dem aktuellen Wert von Gelenk 4 gewählt.

Daraus ergibt sich folgende Lösung für θ_5:

$$\theta_5 = \text{Atan2}(s_5, c_5), \tag{4.80}$$

wobei s_5 und c_5 durch **(4.79)** gegeben sind.

Wir wenden die gleiche Methode nochmal an, berechnen $({}^0_5T)^{-1}$ und schreiben **(4.54)** in folgender Form:

$$({}^0_5T)^{-1}\,{}^0_6T = {}^5_6T(\theta_6). \tag{4.81}$$

Wenn wir sowohl die (3,1)-Elemente als auch die (1,1)-Elemente auf den beiden Seiten dieser Gleichung wie zuvor bei Gleichung **(4.77)** gleichsetzen, erhalten wir:

$$\theta_6 = \text{Atan2}(s_6, c_6), \tag{4.82}$$

wobei

$$\begin{aligned} s_6 &= -r_{11}(c_1 c_{23} s_4 - s_1 c_4) - r_{21}(s_1 c_{23} s_4 + c_1 c_4) + r_{31}(s_{23} s_4) \quad \text{und} \\ c_6 &= r_{11}\left[(c_1 c_{23} c_4 + s_1 s_4) c_5 - c_1 s_{23} s_5\right] + r_{21}\left[(s_1 c_{23} c_4 - c_1 s_4) c_5 - s_1 s_{23} s_5\right] \\ &\quad - r_{31}(s_{23} c_4 c_5 + c_{23} s_5). \end{aligned}$$

Aufgrund der Plus-oder-Minus-Zeichen in **(4.64)** und **(4.68)** ergeben diese Gleichungen vier Lösungen. Zusätzlich gibt es vier weitere Lösungen, die man erhält, indem man das Handgelenk des Manipulators „umdreht". Für jede der vier oben berechneten Lösungen erhalten wir diese Lösung durch:

$$\begin{aligned} \theta_4' &= \theta_4 + 180°, \\ \theta_5' &= -\theta_5, \\ \theta_6' &= \theta_6 + 180°. \end{aligned} \tag{4.83}$$

Nachdem alle acht Lösungen berechnet worden sind, müssen einige (oder sogar alle) möglicherweise verworfen werden, weil sie die Bewegungsgrenzen der Gelenke überschreiten. Von den verbleibenden gültigen Lösungen wird in der Regel diejenige ausgewählt, die der aktuellen Manipulator-Konfiguration am nächsten kommt.

4.7.2 Der Yasukawa Motoman L-3

Als zweites Beispiel werden wir die in ▶ **Kapitel 3** entwickelten kinematischen Gleichungen des **Yasukawa Motoman L-3** lösen. Diese Lösung wird teilweise algebraisch und teilweise geometrisch sein. Der Motoman L-3 weist drei Merkmale auf, durch die sich das Problem der inversen Kinematik deutlich von dem des PUMAs unterscheidet. Erstens hat der Manipulator nur fünf Gelenke, sodass er nicht in der Lage ist, seinen Endeffektor zu positionieren und auszurichten, um *beliebige* Zielrahmen zu erreichen. Zweitens führen die Viergelenkgetriebe und der Kettenantrieb dazu, dass ein Aktuator zwei oder mehr Gelenke bewegt. Drittens sind die Grenzlagen der Aktuatoren keine Konstanten, sondern hängen von den Positionen der anderen Aktuatoren ab. Es ist daher nicht trivial zu bestimmen, ob ein berechneter Satz von Aktuatorwerten in Reichweite liegt.

Beachten wir die Natur des Unterraums des **Motoman**-Manipulators (und dasselbe gilt für viele Manipulatoren mit fünf Freiheitsgraden), stellen wir schnell fest, dass dieser Unterraum durch eine Einschränkung der erreichbaren Ausrichtung beschrieben werden kann: Die Richtung, in die das Werkzeug zeigt, d. h. die $\hat{Z}_T$-Achse (**Abbildung 4.9**), muss in der „Ebene des Arms“ liegen. Diese Ebene ist die vertikale Ebene. Sie enthält die Achse des Gelenks 1 und den Punkt, an dem sich die Achsen 4 und 5 schneiden. Die Ausrichtung, die einer allgemeinen Ausrichtung am nächsten kommt, ist diejenige, die man erhält, wenn man die Zeigerichtung des Werkzeugs so dreht, dass sie in der Ebene liegt, wobei ein Minimum an Drehung durchgeführt wird. Ohne einen expliziten Ausdruck für diesen Unterraum zu entwickeln, werden wir eine Methode zur Projektion eines allgemeinen Zielrahmens in diesen Unterraum konstruieren. Beachten Sie, dass diese gesamte Diskussion für den Fall gilt, dass sich der Handgelenkrahmen und der Werkzeugrahmen nur durch eine Translation entlang $\hat{Z}_w$ unterscheiden.

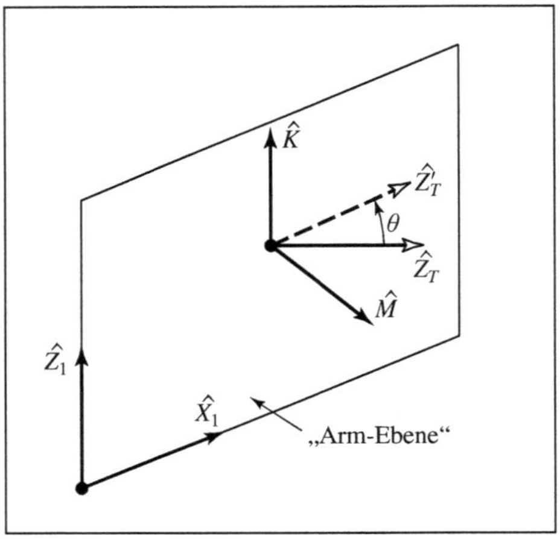

Abbildung 4.9 Drehen eines Zielrahmens in den Unterraum des Motoman.

In **Abbildung 4.9** geben wir die Ebene des Arms durch seine Normale $\hat{M}$ und die gewünschte Zeigerichtung des Werkzeugs durch $\hat{Z}_T$ an. Diese Richtung muss um einen Winkel θ um einen Vektor $\hat{K}$ gedreht werden, sodass die neue Zeigerichtung $\hat{Z}'_T$ in der Ebene zu liegen kommt. Es ist klar, dass jenes $\hat{K}$, für das θ minimal wird, in der Ebene liegt und orthogonal zu $\hat{Z}_T$ und $\hat{Z}'_T$ ist.

Für jeden beliebigen Zielrahmen, ist $\hat{M}$ wie folgt definiert:

$$\hat{M} = \frac{1}{\sqrt{p_x^2 + p_y^2}} \begin{bmatrix} -p_y \\ p_x \\ 0 \end{bmatrix}, \tag{4.84}$$

wobei p_x und p_y die x- und y-Koordinate der gewünschten Werkzeugposition sind. Dann ist K gegeben durch:

$$K = \hat{M} \times \hat{Z}_T \tag{4.85}$$

Das neue $\hat{Z}'_T$ ist dann:

$$\hat{Z}'_T = \hat{K} \times \hat{M}. \tag{4.86}$$

Der Betrag der Drehung θ ist gegeben durch:

$$\begin{aligned} \cos\theta &= \hat{Z}_T \cdot \hat{Z}'_T, \\ \sin\theta &= \left(\hat{Z}_T \times \hat{Z}'_T\right) \cdot \hat{K}. \end{aligned} \tag{4.87}$$

Unter Verwendung der Formel von Rodriques (siehe **Übung 2.20**) ergibt sich:

$$\hat{Y}'_T = c\theta \hat{Y}_T + s\theta\left(\hat{K} \times \hat{Y}_T\right) + \left(1 - c\theta\right)\left(\hat{K} \cdot \hat{Y}_T\right)\hat{K}. \tag{4.88}$$

Schließlich berechnen wir die verbleibende unbekannte Spalte der neuen Rotationsmatrix des Werkzeugs wie folgt:

$$\hat{X}'_T = \hat{Y}'_T \times \hat{Z}'_T. \tag{4.89}$$

Die Gleichungen **(4.84)** bis **(4.89)** beschreiben eine Methode zur Projektion einer gegebenen allgemeinen **Zielorientierung** in den Unterraum des Motoman Roboters.

Unter der Annahme, dass der gegebene Handgelenkrahmen ${}^B_W T$ im Unterraum des Manipulators liegt, lösen wir die kinematischen Gleichungen wie folgt. Bei der Herleitung der kinematischen Gleichungen für den Motoman L-3 haben wir das Produkt der Gliedertransformationen gebildet:

$${}^0_5T = {}^0_1T\,{}^1_2T\,{}^2_3T\,{}^3_4T\,{}^4_5T. \tag{4.90}$$

Mit

$${}^0_5T = \begin{bmatrix} r_{11} & r_{12} & r_{13} & p_x \\ r_{21} & r_{22} & r_{23} & p_y \\ r_{31} & r_{32} & r_{33} & p_z \\ 0 & 0 & 0 & 1 \end{bmatrix} \tag{4.91}$$

erhalten wir nach Multiplikation beider Seiten mit ${}^0_1T^{-1}$:

$${}^0_1T^{-1}\,{}^0_5T = {}^1_2T\,{}^2_3T\,{}^3_4T\,{}^4_5T, \tag{4.92}$$

wobei die linke Seite insgesamt

$$\begin{bmatrix} c_1 r_{11} + s_1 r_{21} & c_1 r_{12} + s_1 r_{22} & c_1 r_{13} + s_1 r_{23} & c_1 p_x + s_1 p_y \\ -r_{31} & -r_{32} & -r_{33} & -p_z \\ -s_1 r_{11} + c_1 r_{21} & -s_1 r_{12} + c_1 r_{22} & -s_1 r_{13} + c_1 r_{23} & -s_1 p_x + c_1 p_y \\ 0 & 0 & 0 & 1 \end{bmatrix} \tag{4.93}$$

lautet. Die rechte Seite ist

$$\begin{bmatrix} * & * & s_{234} & * \\ * & * & -c_{234} & * \\ s_5 & c_5 & 0 & 0 \\ 0 & 0 & 0 & 1 \end{bmatrix}; \tag{4.94}$$

in Letzterer sind einige Elemente nicht dargestellt worden. Wenn wir die (3,4)-Elemente gleichsetzen, erhalten wir:

$$-s_1 p_x + c_1 p_y = 0, \tag{4.95}$$

woraus folgt:[20]

$$\theta_1 = \text{Atan2}(p_y, p_x). \tag{4.96}$$

Wenn wir die Elemente (3,1) und (3,2) gleichsetzen, ergibt sich:

$$\begin{aligned} s_5 &= -s_1 r_{11} + c_1 r_{21} \quad \text{und} \\ c_5 &= -s_1 r_{12} + c_1 r_{22}. \end{aligned} \tag{4.97}$$

Damit gilt für θ_5:

$$\theta_5 = \text{Atan2}(r_{21} c_1 - r_{11} s_1, r_{22} c_1 - r_{12} s_1). \tag{4.98}$$

Wenn wir die Elemente (2,3) und (1,3) gleichsetzen, erhalten wir:

$$\begin{aligned} c_{234} &= r_{33} \quad \text{sowie} \\ s_{234} &= c_1 r_{13} + s_1 r_{23}, \end{aligned} \tag{4.99}$$

was zu folgendem Ergebnis führt:

$$\theta_{234} = \text{Atan2}(r_{13} c_1 + r_{23} s_1, r_{33}). \tag{4.100}$$

Um die einzelnen Winkel θ_2, θ_3 und θ_4 zu ermitteln, werden wir einen geometrischen Ansatz wählen. **Abbildung 4.10** zeigt die Ebene des Arms mit Punkt A auf der Gelenkachse 2, Punkt B auf der Gelenkachse 3 und Punkt C auf der Gelenkachse 4.

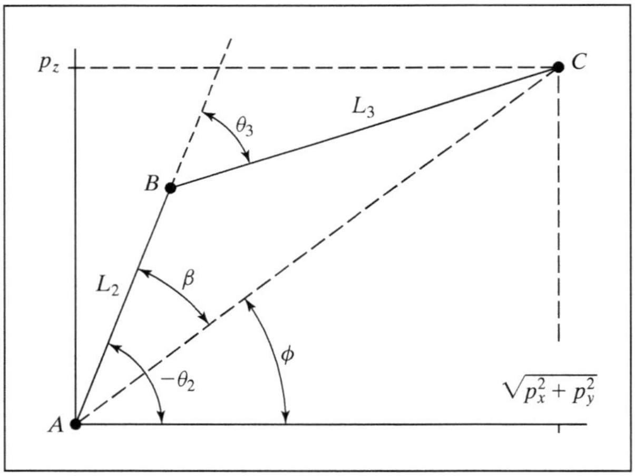

Abbildung 4.10 Die Ebene des Motoman-Manipulators.

Die Anwendung des Kosinussatzes auf das Dreieck ABC ergibt:

$$\cos\theta_3 = \frac{p_x^2 + p_y^2 + p_z^2 - l_2^2 - l_3^2}{2 l_2 l_3}. \tag{4.101}$$

20 Bei diesem Manipulator würde die zweite Lösung die Bewegungsgrenzen des Gelenks verletzen. Daher berücksichtigen wir die zweite Lösung hier nicht.

Und für den Winkel gilt:[21]

$$\theta_3 = \text{Atan2}\left(\sqrt{1-\cos^2\theta_3}, \cos\theta_3\right). \tag{4.102}$$

Aus **Abbildung 4.10** ist ersichtlich, dass $\theta_2 = -\phi - \beta$ und somit:

$$\theta_2 = -\text{Atan2}\left(p_z, \sqrt{p_x^2 + p_y^2}\right) - \text{Atan2}(l_3 \sin\theta_3, l_2 + l_3\cos\theta_3). \tag{4.103}$$

Schließlich erhalten wir den letzten Gelenkwinkel wie folgt:

$$\theta_4 = \theta_{234} - \theta_2 - \theta_3. \tag{4.104}$$

Nachdem wir die Lösungen für die Gelenkwinkel gefunden haben, müssen wir weitere Berechnungen durchführen, um die Werte für die Aktuatoren zu erhalten. Unter Bezugnahme auf **Abschnitt 3.7** lösen wir Gleichung **(3.16)** für die A_i:

$$\begin{aligned}
A_1 &= \frac{1}{k_1}(\theta_1 - \lambda_1),\\
A_2 &= \frac{1}{k_2}\left(\sqrt{-2\alpha_2\beta_2\cos\left(\theta_2 - \Omega_2 - \tan^{-1}\left(\frac{\phi_2}{\gamma_2}\right) + 270°\right) + \alpha_2^2 + \beta_2^2} - \lambda_2\right),\\
A_3 &= \frac{1}{k_3}\left(\sqrt{-2\alpha_3\beta_3\cos\left(\theta_2 + \theta_3 - \tan^{-1}\left(\frac{\phi_3}{\gamma_3}\right) + 90°\right) + \alpha_3^2 + \beta_3^2} - \lambda_3\right),\\
A_4 &= \frac{1}{k_4}(180° + \lambda_4 - \theta_2 - \theta_3 - \theta_4) \quad \text{und}\\
A_5 &= \frac{1}{k_5}(\lambda_5 - \theta_5).
\end{aligned} \tag{4.105}$$

Die Aktuatoren haben einen begrenzten **Bewegungsbereich**. Wir müssen also überprüfen, ob unsere berechnete Lösung in diesem Bereich liegt. Diese Überprüfung wird dadurch erschwert, dass die Aktuatoren aufgrund ihrer mechanischen Anordnung miteinander interagieren und sich gegenseitig in ihrem erlaubten Bewegungsbereich beeinflussen. Beim Motoman-Roboter treten die Aktuatoren 2 und 3 in Wechselwirkung, sodass die folgende Beziehung immer berücksichtigt werden muss:

$$A_2 - 10\,000 > A_3 > A_2 + 3000. \tag{4.106}$$

Das heißt, die Grenzen des Aktuators 3 sind eine Funktion der Position des Aktuators 2. Auf ähnliche Weise gilt:

$$32\,000 - A_4 < A_5 < 55\,000. \tag{4.107}$$

Eine Umdrehung des Gelenks 5 entspricht nun 25 600 Aktuator-Einheiten. Ist also $A_4 > 2600$, gibt es zwei mögliche Lösungen für A_5. Dies ist die einzige Situation, in der der Yasukawa Motoman L-3 mehr als eine Lösung hat.

4.8 Die Standardrahmen

Die Fähigkeit, Gelenkwinkel zu berechnen, ist das zentrale Element vieler Robotersteuerungssysteme. Betrachten Sie noch einmal die Konstellation in **Abbildung 4.11**,

21 Bei diesem Manipulator würde die zweite Lösung die Bewegungsgrenzen des Gelenks verletzen. Daher berücksichtigen wir die zweite Lösung hier nicht.

welche die **Standardrahmen** zeigt. Diese Rahmen werden folgendermaßen in einem allgemeinen **Robotersystem** verwendet:

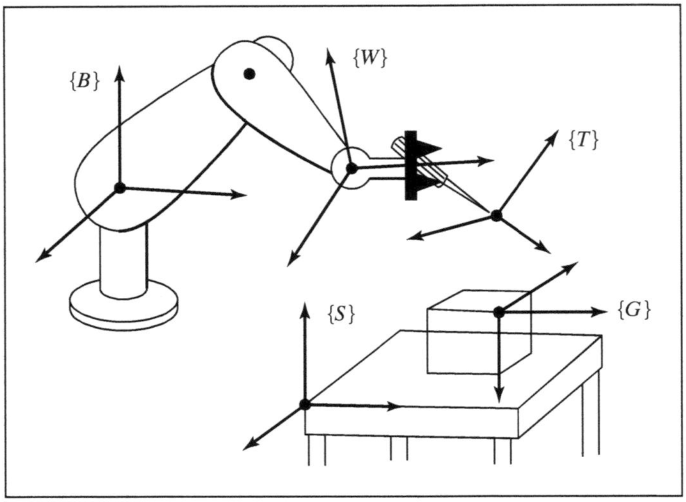

Abbildung 4.11 Positionen der Standardrahmen.

- Der Benutzer gibt dem System vor, wo sich der stationäre Rahmen befinden soll. Das kann z. B. die Ecke einer Arbeitsfläche sein, wie in **Abbildung 4.12**, oder auch ein sich bewegendes Förderband. Der **stationäre Rahmen** $\{S\}$ wird relativ zum Basisrahmen $\{B\}$ definiert.

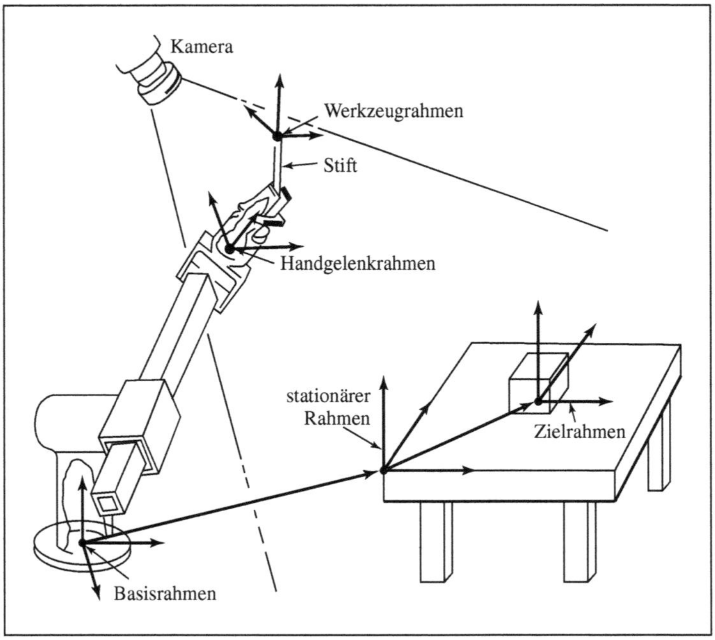

Abbildung 4.12 Beispiel einer Arbeitsstation.

2 Der Benutzer beschreibt das **Werkzeug**, das der Roboter benutzt, durch die Angabe des Rahmens $\{T\}$. Jedem Werkzeug, das der Roboter aufnimmt, kann ein anderer $\{T\}$-Rahmen zugeordnet sein. Beachten Sie, dass ein und dasselbe Werkzeug unterschiedliche $\{T\}$-Rahmen-Definitionen erfordert, wenn es auf unterschiedliche Weise gegriffen wird. $\{T\}$ wird relativ zu $\{W\}$ angegeben – also durch ${}^{W}_{T}T$.

3 Der Benutzer legt den Zielpunkt für eine Roboterbewegung durch die Beschreibung des **Zielrahmens** $\{G\}$ relativ zum stationären Rahmen $\{S\}$ fest. Oft bleiben die Definitionen von $\{T\}$ und $\{S\}$ bei mehreren Bewegungen des Roboters gleich. In diesem Fall gibt der Benutzer, sobald sie definiert sind, einfach eine Reihe von Beschreibungen für $\{G\}$ an. In vielen Systemen ist die Definition des Werkzeugrahmens (${}^{W}_{T}T$) konstant (z. B. ist der Ursprung in der Mitte der Fingerspitzen). Auch kann der stationäre Rahmen feststehen oder der Benutzer kann den Roboter auf einfache Weise selbst anlernen. Bei solchen Systemen braucht der Benutzer die fünf Standardrahmen nicht zu kennen. Er muss nur daran denken, wie er das Werkzeug in Bezug auf den Arbeitsbereich, der durch den stationären Rahmen festgelegt ist, an bestimmte Positionen (Ziele) bewegen kann.

4 Das Robotersystem berechnet eine Reihe von **Gelenkwinkeln**, durch die die Gelenke bewegt werden müssen, damit sich der Werkzeugrahmen von seiner Ausgangsposition aus gleichmäßig bewegt, bis am Ende der Bewegung $\{T\} = \{G\}$ gilt.

4.9 Berechnen eines Manipulators mit SOLVE

Die Funktion **SOLVE** implementiert kartesische Transformationen und ruft die Funktion der inversen Kinematik auf. Dadurch wird die inverse Kinematik verallgemeinert, sodass beliebige Definitionen für den Werkzeugrahmen und den stationären Rahmen mit unserer grundlegenden inversen Kinematik verwendet werden können, um die Lösung für den Handgelenkrahmen relativ zum Basisrahmen zu erhalten.

Ist die Beschreibung des Ziel- und somit des Werkzeugrahmens ${}^{S}_{T}T$ (wenn das Werkzeug im Ziel positioniert werden soll) gegeben, verwendet SOLVE die Definitionen des Werkzeug- und des stationären Rahmens, um die Position von $\{W\}$ relativ zu $\{B\}$, also ${}^{B}_{W}T$, zu berechnen:

$$ {}^{B}_{W}T = {}^{B}_{S}T\, {}^{S}_{T}T\, {}^{W}_{T}T^{-1}. \tag{4.108} $$

Die inverse Kinematik verwendet dann ${}^{B}_{W}T$ als Eingabe und berechnet θ_1 bis θ_n.

4.10 Wiederholbarkeit und Genauigkeit

Viele **Industrieroboter** bewegen sich heute zu **Zielpunkten**, die sie zuvor erlernt haben. Ein **erlernter Punkt** ist ein Punkt, zu dem der **Manipulator** von außen bewegt wurde, um dann die Sensoren für die Gelenkposition auszulesen und die Gelenkwinkel zu speichern. Wenn der Roboter den Befehl erhält, zu diesem Punkt im Raum zurückzukehren, wird jedes Gelenk auf den gespeicherten Wert bewegt. Bei einfachen **„Speichern und Abspielen"-Manipulatoren** (**teach-and-play**) wie diesen stellt sich das Problem der inversen Kinematik nicht, da die Zielpunkte nie in kartesischen Koordinaten angegeben werden. Wenn ein Hersteller angibt, wie genau ein Manipulator zu einem erlernten Punkt zurückkehren kann, legt er damit die **Wiederholbarkeit** des **Manipulators** fest.

Jedes Mal, wenn eine Zielposition und -ausrichtung in kartesischen **Koordinaten** angegeben wird, muss die inverse Kinematik des Geräts berechnet werden, um die erforderlichen Gelenkwinkel zu ermitteln. Systeme, die es erlauben, Ziele in kartesischen Koordinaten anzugeben, können den **Manipulator** zu Punkten zu bewegen, die nie erlernt wurden – Punkte in seinem Arbeitsraum, zu denen er vielleicht noch nie bewegt wurde. Wir werden solche Punkte als **berechnete Punkte** bezeichnen. Eine solche Fähigkeit ist für viele Manipulationsaufgaben notwendig. Wenn zum Beispiel ein System für maschinelles Sehen verwendet wird, um ein Teil zu lokalisieren, das der Roboter greifen soll, muss der Roboter in der Lage sein, sich zu den kartesischen Koordinaten zu bewegen, die der optische Sensor liefert. Die Präzision, mit der ein berechneter Punkt erreicht werden kann, wird als **Genauigkeit** des **Manipulators** bezeichnet.

Die Genauigkeit eines Manipulators wird durch die Wiederholbarkeit begrenzt. Die Genauigkeit wird ganz eindeutig von der Präzision der Parameter in den kinematischen Gleichungen des Roboters beeinflusst. Fehler in den **Denavit-Hartenberg-Parametern** führen dazu, dass die inversen kinematischen Gleichungen fehlerhaft berechnete **Gelenkwinkelwerte** liefern. Während die Wiederholbarkeit, also die Präzision beim Erreichen *erlernter* Punkte, bei den meisten industriellen Manipulatoren recht gut ist, ist die Genauigkeit, also die Präzision beim Erreichen *berechneter* Punkte, in der Regel viel schlechter und variiert von Manipulator zu Manipulator erheblich. Es können **Kalibrierungstechniken** entwickelt werden, welche die Genauigkeit eines Manipulators durch Schätzung der kinematischen Parameter dieses Manipulators verbessern [10].

4.11 Computertechnische Überlegungen

Bei vielen Verfahren zur Bahnsteuerung, die wir in ▶ **Kapitel 7** betrachten werden, muss die inverse Kinematik eines Manipulators mit hoher Wiederholrate berechnet werden, beispielsweise mit 30 Hz oder schneller. Daher ist die Effizienz der **Berechnungen** ein wichtiges Thema. Diese Anforderungen an die Geschwindigkeit schließen die Verwendung von numerischen **Lösungsverfahren** wegen ihrer iterativer Natur aus. Deshalb haben wir sie nicht berücksichtigt.

Die meisten der allgemeinen Anmerkungen aus ▶ **Abschnitt 3.10**, die für die Vorwärtskinematik gemacht wurden, gelten auch für das Problem der inversen Kinematik. Im Fall der inversen Kinematik wird oft eine Routine eingesetzt, die das Ergebnis der Atan2-Funktion aus einer **Tabelle** ausliest, um höhere Geschwindigkeiten zu erreichen.

Die Struktur der **Berechnung** von mehrfachen Lösungen ist ebenfalls wichtig. Im Allgemeinen ist es recht effizient, alle Lösungen parallel zu erzeugen, anstatt eine nach der anderen zu berechnen. In einigen Anwendungen, in denen nicht alle Lösungen benötigt werden, kann natürlich viel Zeit gespart werden, wenn nur eine berechnet wird.

Wird ein geometrischer Ansatz verwendet, um eine inverse kinematische Lösung zu entwickeln, ist es manchmal möglich, mehrfache Lösungen durch die Anwendung einfacher Operationen auf die verschiedenen Winkel zu berechnen, die bei der Ermittlung der ersten Lösung gefunden werden. Das heißt, die erste Lösung ist rechnerisch mäßig aufwendig, aber die anderen Lösungen werden sehr schnell gefunden, indem man Winkel addiert und subtrahiert, π subtrahiert und so weiter.

Literatur

[1] B. Roth, J. Rastegar und V. Scheinman, „On the Design of Computer Controlled Manipulators“, *On the Theory and Practice of Robots and Manipulators*, Vol. 1, First CISM-IFToMM Symposium, September 1973, S. 93–113.

[2] B. Roth, „Performance Evaluation of Manipulators from a Kinematic Viewpoint“, *Performance Evaluation of Manipulators*, National Bureau of Standards, Sonderveröffentlichung, 1975.

[3] D. Pieper und B. Roth, „The Kinematics of Manipulators Under Computer Control“, *Proceedings of the Second International Congress on Theory of Machines and Mechanisms*, Vol. 2, Zakopane, Poland, 1969, S. 159–169.

[4] D. Pieper, „The Kinematics of Manipulators Under Computer Control“, Unveröffentlichte Doktorarbeit, Stanford University, 1968.

[5] R.P. Paul, B. Shimano und G. Mayer, „Kinematic Control Equations for Simple Manipulators“, *IEEE Transactions on Systems, Man, and Cybernetics*, Vol. SMC-11, No. 6, 1981.

[6] L. Tsai und A. Morgan, „Solving the Kinematics of the Most General Six- and Five-degree-of-freedom Manipulators by Continuation Methods“, Paper 84-DET-20, ASME Mechanisms Conference, Boston, 7.–10. Oktober, 1984.

[7] C.S.G. Lee und M. Ziegler, „Geometric Approach in Solving Inverse Kinematics of PUMA Robots“, *IEEE Transactions on Aerospace and Electronic Systems*, Vol. AES-20, No. 6, November 1984.

[8] W. Beyer, *CRC Standard Mathematical Tables*, 25. Auflage, CRC Press, Inc., Boca Raton, FL, 1980.

[9] R. Burington, *Handbook of Mathematical Tables and Formulas*, 5. Auflage, McGraw-Hill, New York, 1973.

[10] J. Hollerbach, „A Survey of Kinematic Calibration“, in *The Robotics Review*, O. Khatib, J. Craig und T. Lozano-Perez, Editoren, MIT Press, Cambridge, MA, 1989.

[11] Y. Nakamura und H. Hanafusa, „Inverse Kinematic Solutions with Singularity Robustness for Robot Manipulator Contro“, *ASME Journal of Dynamic Systems, Measurement, and Control*, Vol. 108, 1986.

[12] D. Baker und C. Wampler, „On the Inverse Kinematics of Redundant Manipulators“, *International Journal of Robotics Research*, Vol. 7, No. 2, 1988.

[13] L.W. Tsai, *Robot Analysis: The Mechanics of Serial and Parallel Manipulators*, Wiley, New York, 1999.

Übungen

4.1 [15] Skizzieren Sie den Arbeitsraum der Fingerspitzen des dreigliedrigen Manipulators aus ▶ **Kapitel 3, Übung 3.3** für den Fall $l_1 = 15{,}0, l_2 = 10{,}0$ und $l_3 = 3{,}0$.

4.2 [26] Leiten Sie die inverse Kinematik des dreigliedrigen Manipulators aus ▶ **Kapitel 3**, ▶ **Übung 3.3** her.

4.3 [12] Skizzieren Sie den Arbeitsraum der Fingerspitzen des 3-DOF-Manipulators aus ▶ **Kapitel 3**, ▶ **Beispiel 3.4**.

4.4 [24] Leiten Sie die inverse Kinematik des 3-DOF-Manipulators aus ▶ **Kapitel 3**, ▶ **Beispiel 3.4** her.

4.5 [38] Schreiben Sie ein Unterprogramm in Pascal (oder C), das alle möglichen Lösungen für den PUMA-560-Manipulator berechnet, die innerhalb der folgenden Bewegungsgrenzen der Gelenke liegen:

$$-170{,}0 < \theta_1 < 170{,}0,$$
$$-225{,}0 < \theta_2 < 45{,}0,$$
$$-250{,}0 < \theta_3 < 75{,}0,$$
$$-135{,}0 < \theta_4 < 135{,}0,$$
$$-100{,}0 < \theta_5 < 100{,}0,$$
$$-180{,}0 < \theta_6 < 180{,}0.$$

Verwenden Sie die in ▶ **Abschnitt 4.7** hergeleiteten Gleichungen mit diesen numerischen Werten (in Zoll):

$$a_2 = 17{,}0,$$
$$a_3 = 0{,}8,$$
$$d_3 = 4{,}9,$$
$$d_4 = 17{,}0.$$

4.6 [15] Beschreiben Sie einen einfachen Algorithmus zur Auswahl der nächstgelegenen Lösung aus einer Menge möglicher Lösungen.

4.7 [10] Erstellen Sie eine Liste von Faktoren, die die Wiederholbarkeit eines Manipulators beeinflussen können. Erstellen Sie eine zweite Liste mit zusätzlichen Faktoren, die die Genauigkeit eines Manipulators beeinflussen.

4.8 [12] Sind die gewünschte Position und Ausrichtung der Hand eines dreigliedrigen, planaren Drehgelenkmanipulators gegeben, so sind zwei Lösungen möglich. Wie viele Lösungen gibt es, wenn wir ein weiteres Drehgelenk hinzufügen (sodass der Arm immer noch planar ist)?

4.9 [26] **Abbildung 4.13** zeigt einen zweigliedrigen planaren Arm mit Drehgelenken. Bei diesem Arm ist das zweite Glied halb so lang wie das erste – d.h., $l_1 = 2l_2$. Die Bewegungsgrenzen der Gelenke in Grad sind:

$$0 < \theta_1 < 180,$$
$$-90 < \theta_2 < 180.$$

Skizzieren Sie den ungefähren erreichbaren Arbeitsraum (eine Fläche) der Spitze von Glied 2.

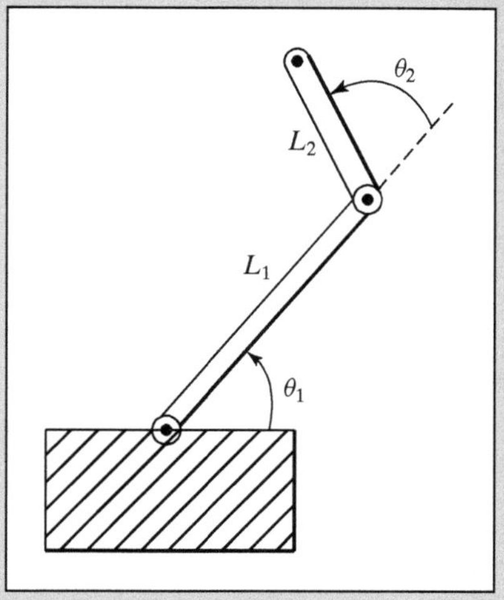

Abbildung 4.13 Ein zweigliedriger planarer Manipulator (**Übung 4.9**).

4.10 [23] Geben Sie einen Ausdruck für den Unterraum des Manipulators aus ▶ **Kapitel 3**, ▶ **Beispiel 3.4** an.

4.11 [24] Ein 2-DOF Positioniertisch wird verwendet, um Teile für das Lichtbogenschweißen auszurichten. Die Vorwärtskinematik, welche die Tischplatte (Glied 2) in Bezug auf die Basis (Glied 0) positioniert, lautet:

$$
{}_2^0T = \begin{bmatrix} c_1 c_2 & -c_1 s_2 & s_1 & l_2 s_1 + l_1 \\ s_2 & c_2 & 0 & 0 \\ -s_1 c_2 & s_1 s_2 & c_1 & l_2 c_1 + h_1 \\ 0 & 0 & 0 & 1 \end{bmatrix}.
$$

Gegeben sei eine beliebige Einheitsrichtung ${}^2\hat{V}$, die im Rahmen der Tischplatte befestigt ist (Glied 2). Geben Sie die invers-kinematische Lösung für θ_1, θ_2 an, sodass dieser Vektor wie ${}^0\hat{Z}$ ausgerichtet ist (d.h. nach oben). Gibt es mehrere Lösungen? Gibt es einen singulären Zustand, für den keine eindeutige Lösung gefunden werden kann?

4.12 [22] In **Abbildung 4.14** sind zwei $3R$-Mechanismen abgebildet. In beiden Fällen schneiden sich die drei Achsen in einem Punkt (und über alle Konfigurationen hinweg bleibt dieser Punkt im Raum fixiert). Die Glieder 1 und 2 des Mechanismus in **Abbildung 4.14** (a) weisen Verdrehungen (α_i) von 90 Grad auf. Die Glieder 1 und 2 des Mechanismus in **Abbildung 4.14** (b) haben eine Verdrehung von $\phi < 90°$ und von $180° - \phi$.

Der Mechanismus in **Abbildung 4.14** (a) entspricht der Z-Y-Z-Euler-Winkel-Konvention, und daher wissen wir, dass er Glied 3 (in der Abbildung mit dem Pfeil) beliebig in Bezug auf das feste Glied 0 ausrichten kann. Weil ϕ nicht gleich 90 Grad ist, stellt sich heraus, dass der andere Mechanismus Glied 3 nicht beliebig ausrichten kann. Beschreiben Sie die Menge aller Ausrichtungen, die mit dem zweiten Mechanismus *unerreichbar* sind. Beachten Sie, dass wir davon ausgehen, dass sich alle Gelenke um 360 Grad drehen können (d.h., es gibt keine Bewegungsgrenzen) und dass die Glieder bei Bedarf durcheinander hindurchgehen können (d.h., der Arbeitsraum ist nicht durch Selbstkollisionen begrenzt).

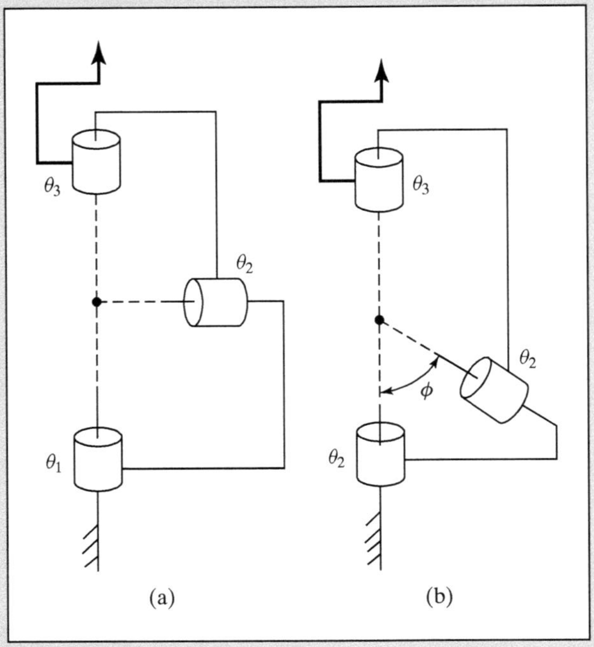

Abbildung 4.14 Zwei 3*R*-Mechanismen (**Übung 4.12**).

4.13 [13] Nennen Sie zwei Gründe, aus denen geschlossene analytische kinematische Lösungen gegenüber iterativen Lösungen bevorzugt werden.

4.14 [14] Es gibt 6-DOF-Roboter, für die die Kinematik NICHT in geschlossener Form lösbar ist. Gibt es einen 3-DOF-Roboter, für den die (Positions-)Kinematik NICHT in geschlossener Form lösbar ist?

4.15 [38] Schreiben Sie ein Unterprogramm, das biquadratische Gleichungen in geschlossener Form löst (siehe [8, 9]).

4.16 [25] In **Abbildung 4.15** ist ein 4*R*-Manipulator schematisch dargestellt. Die von null verschiedenen Gliederparameter lauten $a_1 = 1$, $\alpha_2 = 45°$, $d_3 = \sqrt{2}$ und $a_3 = \sqrt{2}$. Der Mechanismus ist in der Konfiguration abgebildet, die $\Theta = [0, 90°, -90°, 0]^T$ entspricht. Die Bewegungsgrenzen für jedes der Gelenke sind ±180°. Finden Sie alle Werte von θ_3, sodass Folgendes gilt:

$$ {}^0P_{4ORG} = [1{,}1,\ 1{,}5,\ 1{,}707]^T. $$

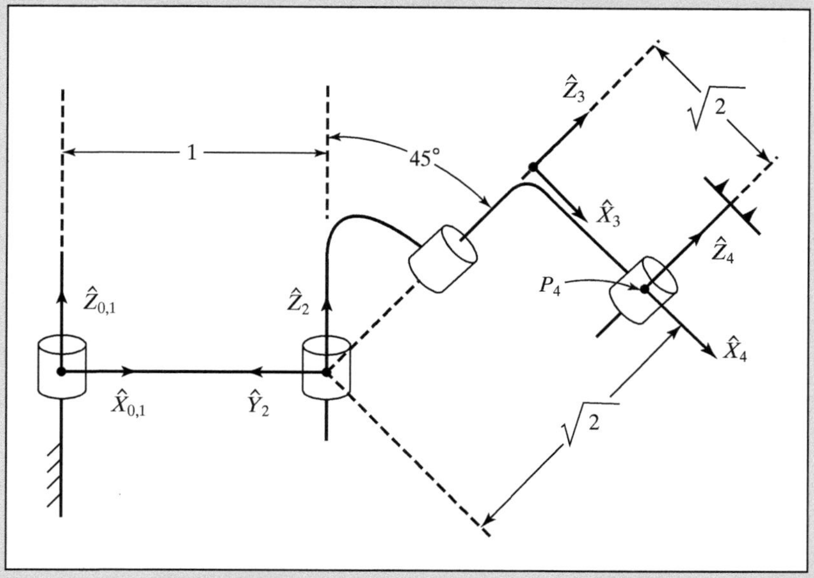

Abbildung 4.15 Ein **4*R*-Manipulator**, dargestellt in der Position $\Theta = [0, 90°, -90°, 0]^T$ (**Übungen 4.16** und **4.33**).

4.17 [25] In **Abbildung 4.16** ist ein 4*R*-**Manipulator** schematisch dargestellt. Die von null verschiedenen Gliederparameter lauten $\alpha_1 = -90°$, $d_2 = 1$, $\alpha_2 = 45°$, $d_3 = 1$ und $a_3 = 1$. Der Mechanismus ist in der Konfiguration abgebildet, die $\Theta = [0, 0, 90°, 0]^T$ entspricht. Die Bewegungsgrenzen für jedes der Gelenke sind ±180°. Finden Sie alle Werte von θ_3, sodass Folgendes gilt:

$$^0P_{4ORG} = [0{,}0,\ 1{,}0,\ 1{,}414]^T.$$

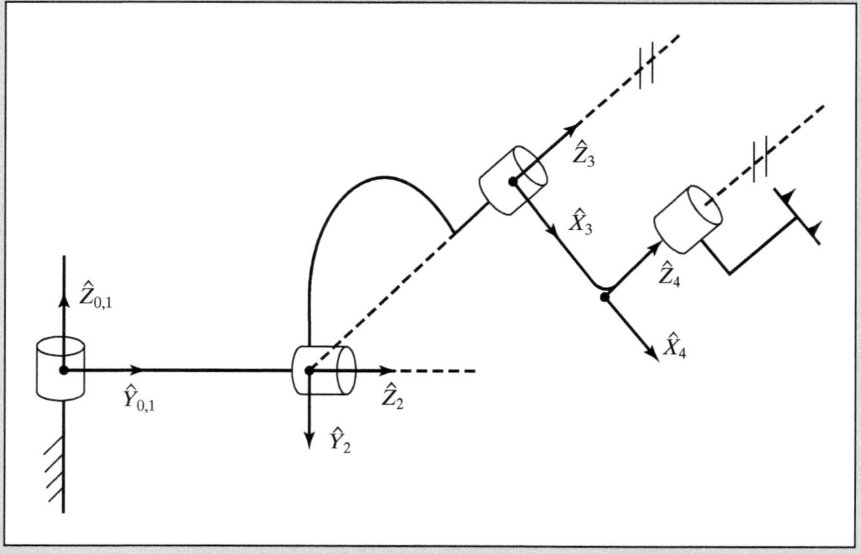

Abbildung 4.16 Ein 4*R*-Manipulator, abgebildet in der Position $\Theta = [0, 0, 90°, 0]^T$ (**Übungen 4.17** und **4.34**).

4.18 [15] Betrachten Sie den in ▶ **Abbildung 3.37** gezeigten *RRP*-Manipulator. Wie viele Lösungen besitzen die kinematischen (Positions-)Gleichungen?

4.19 [15] Betrachten Sie den in ▶ **Abbildung 3.38** dargestellten *RRR*-Manipulator. Wie viele Lösungen besitzen die kinematischen (Positions-)Gleichungen?

4.20 [15] Betrachten Sie den in ▶ **Abbildung 3.39** gezeigten *RPP*-Manipulator. Wie viele Lösungen haben die kinematischen (Positions-)Gleichungen?

4.21 [15] Betrachten Sie den in ▶ **Abbildung 3.40** dargestellten *PRR*-Manipulator. Wie viele Lösungen besitzen die kinematischen (Positions-)Gleichungen?

4.22 [15] Betrachten Sie den in ▶ **Abbildung 3.41** gezeigten *PPP*-Manipulator. Wie viele Lösungen haben die kinematischen (Positions-)Gleichungen?

4.23 [38] Die folgenden kinematischen Gleichungen ergeben sich aus einem bestimmten Problem:

$$\begin{aligned} \sin\xi &= a \sin\theta + b, \\ \sin\phi &= c \cos\theta + d, \\ \psi &= \xi + \phi. \end{aligned}$$

a, b, c, d und ψ sind gegeben. Zeigen Sie, dass es im allgemeinen Fall vier Lösungen für θ gibt. Geben Sie eine spezielle Bedingung an, unter der es nur zwei Lösungen für θ gibt.

4.24 [20] Gegeben sei die Beschreibung des Gliedrahmens $\{i\}$ in Abhängigkeit vom Gliedrahmen $\{i-1\}$. Finden Sie die vier Denavit-Hartenberg-Parameter als Funktionen der Elemente von ${}^{i-1}_{i}T$.

4.25 [18] Die in ▶ **Abbildung 3.21** dargestellten Denavit-Hartenburg-Parameter für den PUMA 560 sind alle mit einer gewissen Unsicherheit verbunden. Geben Sie für jeden dieser vier Parameter(a, α, d und θ) an, ob die zugehörige Unsicherheit die Wiederholbarkeit oder die Genauigkeit beeinflusst.

4.26 [18] Stellen Sie sich eine 200 Einheiten hohe Stufe vor dem Modell des menschlichen Beins aus ▶ **Übung 3.25** vor. Bestimmen Sie die Gelenkwinkel, die notwendig sind, um den Fuß flach auf diese Stufe zu setzen, wenn der Fersenkontaktpunkt 400 Einheiten vor dem Hüftgelenk liegt.

4.27 [20] Ziehen Sie erneut die Gleichungen **(4.17)** und **(4.18)** heran und bestimmen Sie θ_1 durch Einführung des Terms $h_1 \equiv \tan(\theta_1/2)$. Dies führt zu

$$s_1 = \frac{2h_1}{1+h_1^2}$$

und

$$c_1 = \frac{1-h_1^2}{1+h_1^2}.$$

4.28 [25] Beschreiben Sie den Unterraum des in **Abbildung 4.17** gezeigten 5*R*-Manipulators.

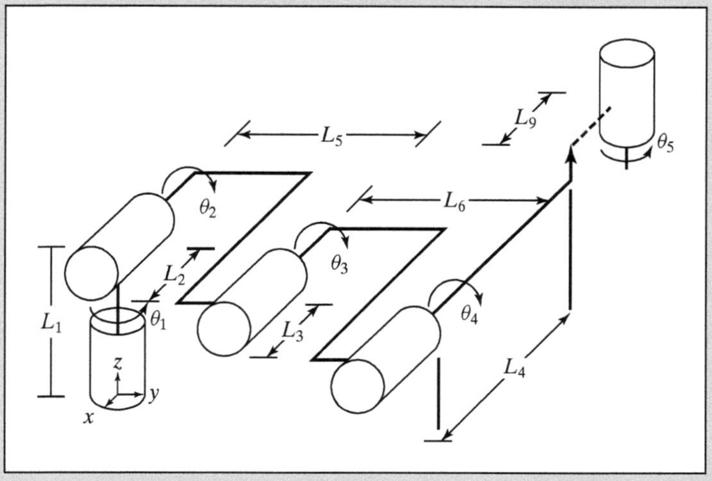

Abbildung 4.17 Ein 5*R*-Manipulator.

4.29 [25] Schreiben Sie für den *RRR*-Manipulator in ▶ **Beispiel 3.3** einen Code, der eine 2D-Punktwolke des Arbeitsraums der Fingerspitze erzeugt. Geben Sie den Punkten im griffigen Arbeitsraum eine andere Farbe ein als den Punkten im erreichbaren Arbeitsraum.

4.30 [22] Geben Sie eine Beschreibung des Unterraums von ${}^0_3T$ für den *RPR*-Mechanismus in ▶ **Beispiel 3.4**.

4.31 [23] Betrachten Sie den in ▶ **Abbildung 3.36** dargestellten *RPR*-Manipulator. Wie viele Lösungen besitzen die kinematischen Gleichungen (Position und Ausrichtung)?

4.32 [24] Ein 2-DOF-Positioniertisch wird verwendet, um Teile für das Lichtbogenschweißen auszurichten. Die Vorwärtskinematik, welche die Tischplatte (Glied 2) in Bezug auf die Basis (Glied 0) positioniert, lautet:

$$ {}^0_2T = \begin{bmatrix} c_1 c_2 & -c_1 s_2 & s_1 & l_2 s_1 + l_1 \\ -s_1 c_2 & s_1 s_2 & c_1 & 0 \\ -s_2 & -c_2 & 0 & l_2 c_2 + h_1 \\ 0 & 0 & 0 & 1 \end{bmatrix}. $$

Gegeben sei eine beliebige Einheitsrichtung ${}^2\hat{V}$, die am Rahmen der Tischplatte (Glied 2) befestigt ist. Geben Sie die invers-kinematische Lösung für θ_1 und θ_2 an, sodass dieser Vektor wie ${}^0\hat{Y}$ ausgerichtet ist. Gibt es mehrere Lösungen? Gibt es einen singulären Zustand, für den keine eindeutige Lösung gefunden werden kann?

4.33 [25] In **Abbildung 4.15** ist ein 4*R*-Manipulator schematisch dargestellt. Die von null verschiedenen Gliederparameter sind $a_1 = 1$, $\alpha_2 = 45°$, $d_3 = \sqrt{2}$ sowie $a_3 = \sqrt{2}$. Der Mechanismus ist in der Konfiguration abgebildet, die $\Theta = [0, 90°, -90°, 0]^T$ entspricht. Die Bewegungsgrenzen für jedes der Gelenke sind ±180°. Finden Sie alle Werte von θ_3, sodass Folgendes gilt:

$$ {}^0P_{4ORG} = [1{,}30,\ 1{,}11,\ 1{,}87]^T. $$

4.34 [25] In **Abbildung 4.16** ist ein $4R$-Manipulator schematisch dargestellt. Die von null verschiedenen Gelenkparameter sind $\alpha_1 = -90°$, $d_2 = 1$, $\alpha_2 = 45°$, $d_3 = 1$ sowie $a_3 = 1$. Der Mechanismus ist in der Konfiguration abgebildet, die $\Theta = [0,0,90°,0]^T$ entspricht. Die Bewegungsgrenzen für jedes der Gelenke sind ±180°. Finden Sie alle Werte von θ_3, sodass Folgendes gilt:

$$^0P_{4ORG} = [-1{,}29,\ 1{,}99,\ 0{,}0947]^T.$$

Programmierübung (Teil 4)

1 Schreiben Sie ein Unterprogramm zur Berechnung der inversen Kinematik für den dreigliedrigen Manipulator aus ▶ **Abschnitt 4.4**. Das Programm sollte Argumente in der folgenden Form übergeben:

```
Procedure INVKIN(VAR wrelb: frame; VAR current, near, far: vec3; VAR sol:
boolean);
```

Darin beschreibt die Eingabe „wrelb" den Handgelenkrahmen relativ zum Basisrahmen. Die Eingabe „current" ist die aktuelle Position des Roboters (angegeben als Vektor der Gelenkwinkel), „near" ist die nächstgelegene Lösung, „far" ist die zweite Lösung und „sol" ist eine Variable, die anzeigt, ob Lösungen gefunden wurden (sol = FALSE, wenn keine Lösungen gefunden wurden). Die Gliederlängen (in Meter) sind:

$$l_1 = l_2 = 0{,}5.$$

Die Bewegungsgrenzen der Gelenke sind:

$$-170° \leq \theta_i \leq 170°.$$

Testen Sie Ihr Programm, indem Sie es im Wechsel mit KIN aufrufen, um zu demonstrieren, dass sie tatsächlich invers zueinander sind.

2 Am Glied 3 des Manipulators ist ein Werkzeug angebracht. Dieses Werkzeug wird durch ${}^W_T T$ beschrieben – den Werkzeugrahmen relativ zum Handgelenkrahmen. Außerdem hat ein Benutzer seinen Arbeitsraum, den stationären Rahmen relativ zum Basisrahmen des Roboters, durch ${}^B_S T$ beschrieben. Schreiben Sie das folgende Unterprogramm:

```
Procedure SOLVE(VAR trels: frame; VAR current, near, far: vec3; VAR sol:
boolean);
```

Darin ist „trels" der Rahmen $\{T\}$ relativ zum Rahmen $\{S\}$. Die anderen Parameter sind dieselben wie im Unterprogramm `INVKIN`. Die Definitionen von $\{T\}$ und $\{S\}$ sollten global definierte Variablen oder Konstanten sein. SOLVE sollte Aufrufe von `TMULT`, `TINVERT` und `INVKIN` verwenden.

3 Schreiben Sie ein Hauptprogramm, das einen Zielrahmen akzeptiert, der durch x, y und ϕ angegeben wird. Dieser Zielrahmen ist $\{T\}$ relativ zu $\{S\}$, was der Art und Weise entspricht, wie Benutzer Ziele beschreiben möchten. Der Roboter verwendet dasselbe Werkzeug im selben Arbeitsraum wie in der Programmierübung (Teil 2). Also sind $\{T\}$ und $\{S\}$ wie folgt definiert:

$$ {}^{W}_{T}T = [x\ y\ \theta] = [0{,}1\ \ 0{,}2\ \ 30{,}0], $$
$$ {}^{B}_{S}T = [x\ y\ \theta] = [-0{,}1\ \ 0{,}3\ \ 0{,}0]. $$

Berechnen Sie die Gelenkwinkel für jeden der folgenden Zielrahmen:

$$ [x_1\ y_1\ \phi_1] = [0{,}0\ \ 0{,}0\ \ -90{,}0], $$
$$ [x_2\ y_2\ \phi_2] = [0{,}6\ \ -0{,}3\ \ 45{,}0], $$
$$ [x_3\ y_3\ \phi_3] = [-0{,}4\ \ 0{,}3\ \ 120{,}0], $$
$$ [x_4\ y_4\ \phi_4] = [0{,}8\ \ 1{,}4\ \ 30{,}0]. $$

Nehmen Sie an, dass beim Start des Roboters alle Winkel gleich 0,0 sind und sich das Werkzeug nacheinander zu diesen Zielen bewegt. Das Programm sollte die nächstgelegene Lösung in Bezug auf den vorherigen Zielpunkt finden. Sie sollten `SOLVE` und `WHERE` im Wechsel aufrufen, um sicherzustellen, dass es sich wirklich um inverse Funktionen handelt.

MATLAB-Übung 4

Diese Übung konzentriert sich auf die Lösung der inversen Kinematik für den planaren 3-DOF-3R-Roboter (siehe ▶ **Abbildungen 3.6** und ▶ **3.7**; die DH-Parameter sind in ▶ **Abbildung 3.8** angegeben). Die folgenden Parameter mit fester Länge sind gegeben: $L_1 = 4$, $L_2 = 3$ und $L_3 = 2$ (m).

1. Leiten Sie die Lösung für die inverse Kinematik (Position) dieses Roboters analytisch von Hand her: Gegeben ist ${}^{0}_{H}T$. Berechnen Sie alle möglichen Mehrfachlösungen für $\{\theta_1\ \theta_2\ \theta_3\}$. (Im Text werden drei Methoden vorgestellt – wählen Sie eine davon aus.) Tipp: Um die Gleichungen zu vereinfachen, berechnen Sie zunächst ${}^{0}_{3}T$ aus ${}^{0}_{H}T$ und L_3.
2. Entwickeln Sie ein MATLAB-Programm, das dieses Problem der inversen Kinematik (Position) eines planaren 3R-Roboters vollständig löst (d. h. alle Mehrfachlösungen liefert). Testen Sie Ihr Programm unter Verwendung der folgenden Eingabefälle:

1) $$ {}^{0}_{H}T = \begin{bmatrix} 1 & 0 & 0 & 9 \\ 0 & 1 & 0 & 0 \\ 0 & 0 & 1 & 0 \\ 0 & 0 & 0 & 1 \end{bmatrix}. $$

2) $$ {}^{0}_{H}T = \begin{bmatrix} 0{,}5 & -0{,}866 & 0 & 7{,}5373 \\ 0{,}866 & 0{,}6 & 0 & 3{,}9266 \\ 0 & 0 & 1 & 0 \\ 0 & 0 & 0 & 1 \end{bmatrix}. $$

3) $$ {}^{0}_{H}T = \begin{bmatrix} 0 & 1 & 0 & -3 \\ -1 & 0 & 0 & 2 \\ 0 & 0 & 1 & 0 \\ 0 & 0 & 0 & 1 \end{bmatrix}. $$

4) $$ {}^{0}_{H}T = \begin{bmatrix} 0{,}866 & 0{,}5 & 0 & -3{,}1245 \\ -0{,}5 & 0{,}866 & 0 & 9{,}1674 \\ 0 & 0 & 1 & 0 \\ 0 & 0 & 0 & 1 \end{bmatrix}. $$

Verifizieren Sie Ihre Ergebnisse in allen Fällen durch eine zirkuläre Prüfung: Geben Sie jeden resultierenden Satz von Gelenkwinkeln (für jede der mehrfachen Lösungen) wieder in das MATLAB-Programm für Vorwärtskinematik ein, um zu zeigen, dass Sie die ursprünglich vorgegebenen ${}^{0}_{H}T$ wieder erhalten.

3 Prüfen Sie alle Ergebnisse mit Hilfe der Corke MATLAB Robotics Toolbox. Versuchen Sie die Funktion *ikine ()*.

Jacobi-Matrizen: Geschwindigkeiten und statische Kräfte

5

5.1 Einleitung

In diesem Kapitel werden wir unsere Betrachtung von Robotermanipulatoren über statische Positionierungsprobleme hinaus erweitern. Wir untersuchen die Begriffe der linearen und der Winkelgeschwindigkeit eines starren Körpers und verwenden diese Konzepte, um die Bewegung eines Manipulators zu analysieren. Wir werden uns auch mit den Kräften befassen, die auf einen starren Körper einwirken, und diese Ideen anschließend nutzen, um die Ausübung statischer Kräfte durch Manipulatoren zu untersuchen.

Es stellt sich heraus, dass die Untersuchung sowohl der Geschwindigkeiten als auch der statischen Kräfte zu einer Matrixgröße führt, die als **Jacobi-Matrix** [22] des Manipulators bezeichnet und in diesem Kapitel vorgestellt wird.

Das Gebiet der Kinematik von Mechanismen wird hier nicht in aller Tiefe behandelt. Die Darstellung beschränkt sich größtenteils auf die Konzepte und Zusammenhänge, die speziell für die Robotik von grundlegender Bedeutung sind. Der interessierte Leser wird dringend gebeten, sich mit einem der zahlreichen Texte über Mechanik [1–3] zu befassen.

5.2 Schreibweise für zeitvariable Position und Ausrichtung

Bevor wir uns mit der Beschreibung der Bewegung eines starren Körpers beschäftigen, werden wir kurz einige Grundlagen besprechen: die Differenziation (Ableitung) von Vektoren, die Darstellung der Winkelgeschwindigkeit und die Schreibweisen.

5.2.1 Differenziation von Ortsvektoren

Als Grundlage für unsere Betrachtung von Geschwindigkeiten (und von Beschleunigungen in ▶ **Kapitel 6**) verwenden wir die folgende Schreibweise für die Ableitung eines Vektors:

$$ {}^{B}V_{Q} = \frac{d}{dt}{}^{B}Q = \lim_{\Delta t \to 0} \frac{{}^{B}Q(t+\Delta t) - {}^{B}Q(t)}{\Delta t}. \quad (5.1) $$

Die **Geschwindigkeit** eines **Ortsvektors** kann man sich als die lineare Geschwindigkeit des Punktes im Raum vorstellen, der durch den Ortsvektor beschrieben wird. Aus **(5.1)** geht hervor, dass wir die Ableitung von Q in Bezug auf den Rahmen $\{B\}$ berechnen. Wenn sich beispielsweise Q relativ zu $\{B\}$ zeitlich nicht ändert, ist die berechnete Geschwindigkeit gleich null – auch wenn es einen anderen Rahmen gibt, in dem sich Q ändert. Daher ist es wichtig, den **Rahmen** anzugeben, in dem der Vektor abgeleitet wird.

22 In der englischsprachigen Literatur zur Robotik wird die „Jacobi-Matrix“ in der Regel einfach kurz als "Jacobian“ bezeichnet.

Wie jeder Vektor kann auch ein Geschwindigkeitsvektor relativ zu einem beliebigen **Bezugssystem** beschrieben werden, und dieses Bezugssystem wird mit einem vorangestellten hochgestellten Buchstaben gekennzeichnet. Daher würde der durch **(5.1)** berechnete Geschwindigkeitsvektor, wenn er in Bezug auf den Rahmen $\{A\}$ ausgedrückt wird, wie folgt geschrieben werden:

$$^{A}(^{B}V_{Q}) = \frac{^{A}d}{dt}{}^{B}Q. \tag{5.2}$$

Wir sehen also, dass ein **Geschwindigkeitsvektor** im Allgemeinen mit einem **Punkt** im Raum assoziiert ist, aber die numerischen Werte, die die Geschwindigkeit dieses Punktes beschreiben, hängen von zwei **Rahmen** ab: Einem, in dem die Differenziation vorgenommen wurde, und einem, bezüglich dessen der resultierende Geschwindigkeitsvektor ausgedrückt wird.

In **(5.1)** wird die berechnete Geschwindigkeit in Bezug auf den Differenziationsrahmen geschrieben, sodass das Ergebnis mit einem voran und hochgestellten B angegeben werden könnte. Aber der Einfachheit halber brauchen wir, wenn beide Rahmen gleich sind, den „Äußeren" nicht anzugeben. Das heißt, wir schreiben vereinfachend:

$$^{B}(^{B}V_{Q}) = {}^{B}V_{Q}. \tag{5.3}$$

Schließlich können wir den äußeren, voran- und hochgestellten Buchstaben immer entfernen, indem wir die **Rotationsmatrix**, die den Wechsel des Bezugssystems bewirkt, explizit einbeziehen (siehe ▶ **Abschnitt 2.10**). Das heißt, wir formulieren den Geschwindigkeitsvektor unter Berücksichtung beider Bezugsrahmen wie folgt:

$$^{A}(^{B}V_{Q}) = {}^{A}_{B}R\,{}^{B}V_{Q}. \tag{5.4}$$

In der Regel werden wir Ausdrücke in der Form der rechten Seite von **(5.4)** schreiben, sodass die Symbole, die die Geschwindigkeiten darstellen, immer die **Geschwindigkeit** im **Rahmen** der Differenziation bedeuten und keine äußeren, voran- und hochgestellten Buchstaben enthalten.

Anstatt die Geschwindigkeit eines beliebigen Punkts relativ zu einem beliebigen **Rahmen** zu betrachten, werden wir sehr oft die **Geschwindigkeit** des *Ursprungs eines Rahmens* relativ zu einem bekannten universellen Referenzrahmen betrachten. Für diesen speziellen Fall definieren wir die folgende **Kurzschreibweise**:

$$v_{C} = {}^{U}V_{CORG}, \tag{5.5}$$

wobei der fragliche Punkt der **Ursprung** des Rahmens $\{C\}$ und der Bezugsrahmen für die Differenziation und die Angabe der Geschwindigkeit $\{U\}$ ist. Wir können zum Beispiel die Schreibweise v_C verwenden, um die Geschwindigkeit des Ursprungs des Rahmens $\{C\}$ bezüglich des Rahmens $\{U\}$ zu bezeichnen; dann ist $^{A}v_{C}$ die Geschwindigkeit des Ursprungs des Rahmens $\{C\}$, ausgedrückt in Bezug auf den Rahmen $\{A\}$ (obwohl die **Differenziation** relativ zu $\{U\}$ durchgeführt wurde).

BEISPIEL 5.1

Abbildung 5.1 zeigt einen festen universellen Rahmen {U}, einen an einem mit 100 km/h fahrenden Zug befestigten Rahmen {T} und einen Rahmen {C}, der an einem mit 30 km/h fahrenden Auto befestigt ist. Beide Fahrzeuge bewegen sich in $\hat{Y}$-Richtung von {U}. Die Rotationsmatrizen ${}^U_T R$ und ${}^U_C R$ sind bekannt und konstant.

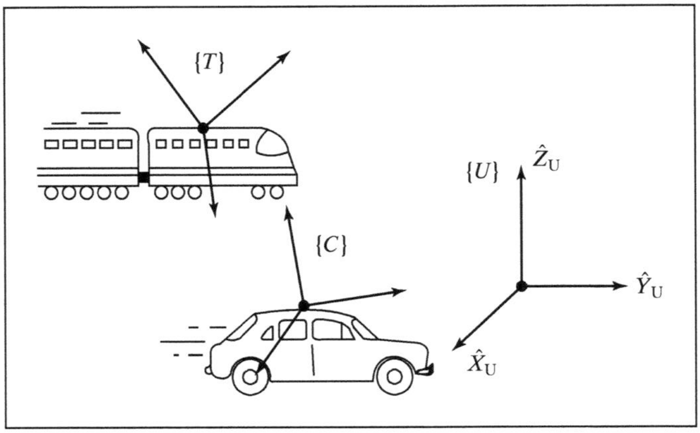

Abbildung 5.1 Beispiel für einige linear bewegte Rahmen.

Wie lautet $\frac{{}^U d}{dt}\, {}^U P_{CORG}$?

$$\frac{{}^U d}{dt}\, {}^U P_{CORG} = {}^U V_{CORG} = v_C = 30\hat{Y}.$$

Wie lautet ${}^C({}^U V_{TORG})$?

$${}^C({}^U V_{TORG}) = {}^C v_T = {}^C_U R\, v_T = {}^C_U R(100\hat{Y}) = {}^U_C R^{-1}\, 100\hat{Y}.$$

Wie lautet ${}^C({}^T V_{CORG})$?

$${}^C({}^T V_{CORG}) = {}^C_T R\, {}^T V_{CORG} = -{}^U_C R^{-1}\, {}^U_T R\; 70\hat{Y}.$$

5.2.2 Der Vektor der Winkelgeschwindigkeit

Wir führen nun einen **Vektor der Winkelgeschwindigkeit** ein, für den wir das Symbol Ω verwenden. Während die lineare Geschwindigkeit eine Eigenschaft eines Punktes beschreibt, ist die Winkelgeschwindigkeit eine Eigenschaft eines Körpers. Wir befestigen an den Körpern, die wir betrachten, immer einen Rahmen, sodass wir die Winkelgeschwindigkeit auch als Beschreibung der Drehbewegung eines **Rahmens** betrachten können.

In **Abbildung 5.2** beschreibt ${}^A\Omega_B$ die Drehung des Rahmens {B} relativ zu {A}. Physikalisch gesehen zeigt ${}^A\Omega_B$ zu jedem Zeitpunkt in die gleiche Richtung wie die momentane Drehachse von {B} relativ zu {A} und der Betrag von ${}^A\Omega_B$ entspricht dem Betrag der Winkelgeschwindigkeit der Drehung. Wie jeder Vektor kann auch ein Winkelgeschwindigkeitsvektor in einem beliebigen Koordinatensystem ausgedrückt werden, sodass ein weiterer hochstehender Buchstabe vorangestellt werden kann – z. B. ist ${}^C({}^A\Omega_B)$ die **Winkelgeschwindigkeit** des Rahmens {B} relativ zu {A}, ausgedrückt in Bezug auf den Rahmen {C}.

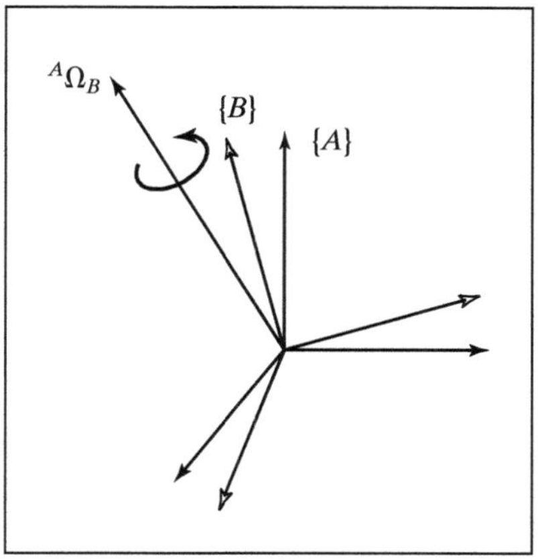

Abbildung 5.2 Rahmen {B} dreht sich mit der Winkelgeschwindigkeit $^A\Omega_B$ relativ zu Rahmen {A}.

Auch hier führen wir für einen wichtigen Sonderfall eine vereinfachte Schreibweise ein. Dies ist einfach der Fall, in dem es ein bekanntes Bezugssystem gibt, sodass es in dieser **Schreibweise** nicht erwähnt werden muss:

$$\omega_C = {}^U\Omega_C. \tag{5.6}$$

Hier ist ω_C die **Winkelgeschwindigkeit** des **Rahmens** $\{C\}$ relativ zu einem bekannten Referenzrahmen $\{U\}$. Zum Beispiel ist $^A\omega_C$ die Winkelgeschwindigkeit des Rahmens $\{C\}$, ausgedrückt in Bezug auf $\{A\}$ (obwohl die Winkelgeschwindigkeit in Bezug auf $\{U\}$ gilt).

5.3 Lineare und Rotationsgeschwindigkeit von starren Körpern

In diesem Abschnitt werden wir uns mit der Beschreibung der **Bewegung** eines starren Körpers befassen, zumindest was die Geschwindigkeit anbelangt. Dabei erweitern wir die in ▸ **Kapitel 2** beschriebenen Begriffe der **Translationen** und **Ausrichtungen** auf den zeitlich veränderlichen Fall. In ▸ **Kapitel 6** werden wir unsere Untersuchung auf Überlegungen zur Beschleunigung ausdehnen.

Wie in ▸ **Kapitel 2** heften wir an jeden Körper, den wir beschreiben wollen, ein Koordinatensystem. Dann kann die Bewegung starrer Körper auch als die Bewegung von Rahmen relativ zueinander verstanden werden.

5.3.1 Lineare Geschwindigkeit

Betrachten Sie einen Rahmen $\{B\}$, der an einem starren Körper befestigt ist. Wir möchten, wie in **Abbildung 5.3**, die Bewegung von ^BQ relativ zum **Rahmen** $\{A\}$ beschreiben. Wir können $\{A\}$ als fest annehmen.

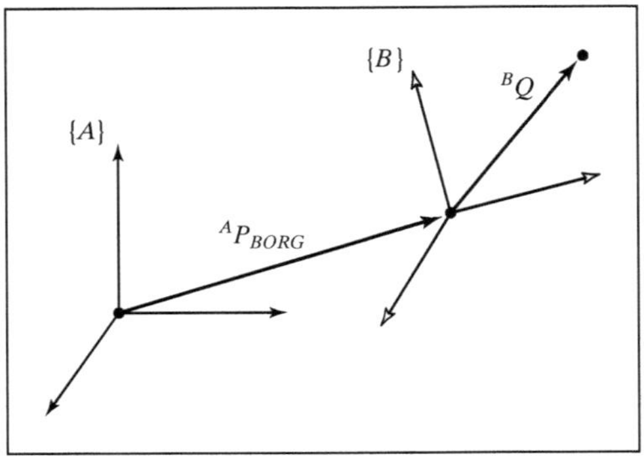

Abbildung 5.3 Der Rahmen $\{B\}$ bewegt sich mit der Geschwindigkeit ${}^{A}V_{BORG}$ relativ zum Rahmen $\{A\}$.

Die Position von **Rahmen** $\{B\}$ relativ zu $\{A\}$ wird durch einen **Ortsvektor** ${}^{A}P_{BORG}$ und eine **Rotationsmatrix** ${}^{A}_{B}R$ beschrieben. Für den Moment nehmen wir an, dass sich die Ausrichtung ${}^{A}_{B}R$ nicht mit der Zeit ändert, d. h., die Bewegung des Punktes Q relativ zu $\{A\}$ beruht auf der zeitlichen Änderung von ${}^{A}P_{BORG}$ oder ${}^{B}Q$.

Die Lösung für die lineare **Geschwindigkeit** des Punktes Q in Bezug auf $\{A\}$ ist ganz einfach. Drücken Sie einfach beide Komponenten der Geschwindigkeit in Bezug auf $\{A\}$ aus und addieren Sie sie:

$$ {}^{A}V_{Q} = {}^{A}V_{BORG} + {}^{A}_{B}R \, {}^{B}V_{Q}. \tag{5.7}$$

Gleichung (5.7) gilt nur für den Fall, dass die relative Ausrichtung von $\{B\}$ und $\{A\}$ konstant bleibt.

5.3.2 Rotationsgeschwindigkeit

Betrachten wir nun zwei Rahmen mit übereinstimmenden Ursprüngen und einer linearen Relativgeschwindigkeit von null – ihre Ursprünge sind für alle Zeit die Gleichen. Einer oder beide könnten an starren Körpern befestigt sein, die aber aus Gründen der Übersichtlichkeit in **Abbildung 5.4** nicht dargestellt sind.

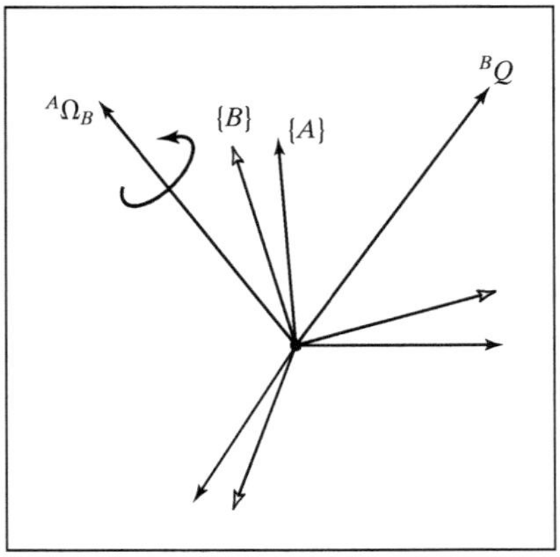

Abbildung 5.4 Vektor ${}^{B}Q$, der im Rahmen $\{B\}$ fixiert ist, dreht sich in Bezug auf den Rahmen $\{A\}$ mit der Winkelgeschwindigkeit ${}^{A}\Omega_{B}$.

Die Ausrichtung des Rahmens {B} in Bezug auf den Rahmen {A} ändert sich mit der Zeit. Wie in **Abbildung 5.4** dargestellt, wird die Rotationsgeschwindigkeit von {B} relativ zu {A} durch einen Vektor namens ${}^{A}\Omega_B$ beschrieben. Wir haben auch einen Vektor ${}^{B}Q$ angegeben, der einen festen Punkt in {B} lokalisiert. Nun stellen wir uns die alles entscheidende Frage: Wie verändert sich ein Vektor von {A} aus gesehen mit der Zeit, wenn er in {B} fixiert ist und die Systeme relativ zueinander rotieren?

Wir gehen davon aus, dass der Vektor Q vom Rahmen {B} aus gesehen konstant ist, d. h.:

$$ {}^{B}V_Q = 0. \tag{5.8} $$

Wenn er relativ zu {B} konstant ist, besitzt der Punkt Q von {A} aus gesehen offensichtlich eine von null verschiedene Geschwindigkeit, die auf die von null verschiedene Rotationsgeschwindigkeit ${}^{A}\Omega_B$ zurückzuführen ist. Um die Geschwindigkeit des Punktes Q zu bestimmen, werden wir einen intuitiven Ansatz verwenden. **Abbildung 5.5** zeigt zwei Zeitpunkte, während sich der Vektor Q um ${}^{A}\Omega_B$ dreht. Das ist das, was ein Beobachter in {A} sehen würde.

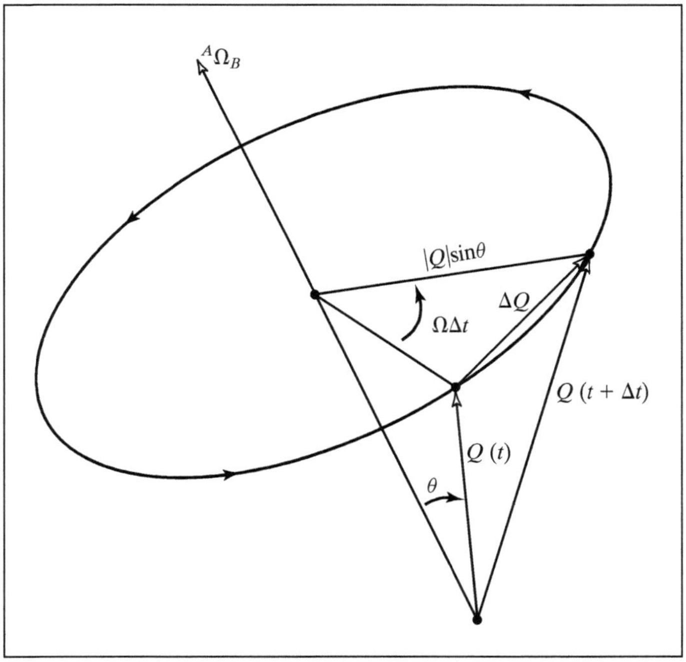

Abbildung 5.5 Die **Geschwindigkeit** eines Punkts aufgrund einer Winkelgeschwindigkeit.

Wenn wir **Abbildung 5.5** betrachten, können wir sowohl die Richtung als auch den Betrag der Veränderung des Vektors, die von {A} aus beobachtet werden kann, ermitteln. Zunächst ist klar, dass die differenzielle Änderung von ${}^{A}Q$ sowohl auf ${}^{A}\Omega_B$ als auch auf ${}^{A}Q$ senkrecht stehen muss. Darüber hinaus sehen wir in **Abbildung 5.5**, dass diese differenzielle Änderung folgenden Betrag aufweist:

$$ |\Delta Q| = (|{}^{A}Q|\sin\theta)(|{}^{A}\Omega_B|\Delta t). \tag{5.9} $$

Diese Bedingungen für Betrag und Richtung legen sofort das vektorielle Kreuzprodukt nahe. In der Tat werden unsere Schlussfolgerungen zu Richtung und Betrag durch das folgende Kreuzprodukt erfüllt:

$$^{A}V_{Q} = {}^{A}\Omega_{B} \times {}^{A}Q. \tag{5.10}$$

Im allgemeinen Fall könnte sich der Vektor Q auch in Bezug auf den Rahmen $\{B\}$ ändern, sodass wir durch Hinzufügen dieser Komponente die folgende Gleichung erhalten:

$$^{A}V_{Q} = {}^{A}({}^{B}V_{Q}) + {}^{A}\Omega_{B} \times {}^{A}Q. \tag{5.11}$$

Verwenden wir eine Rotationsmatrix, um die doppelten hochgestellten Buchstaben zu entfernen, und beachten wir, dass die Beschreibung von ^{A}Q zu jedem Zeitpunkt $^{A}_{B}R\,^{B}Q$ ist, erhalten wir:

$$^{A}V_{Q} = {}^{A}_{B}R\,{}^{B}V_{Q} + {}^{A}\Omega_{B} \times {}^{A}_{B}R\,{}^{B}Q. \tag{5.12}$$

5.3.3 Gleichzeitige lineare und Rotationsgeschwindigkeit

Wir können **(5.12)** einfach auf den Fall nicht übereinstimmender Ursprünge erweitern, indem wir die lineare Geschwindigkeit des Ursprungs zu **(5.12)** hinzufügen, um die allgemeine Formel für die Geschwindigkeit eines Vektors herzuleiten, der im Koordinatensystem $\{B\}$ fixiert ist und vom Koordinatensystem $\{A\}$ aus betrachtet wird:

$$^{A}V_{Q} = {}^{A}V_{BORG} + {}^{A}_{B}R\,{}^{B}V_{Q} + {}^{A}\Omega_{B} \times {}^{A}_{B}R\,{}^{B}Q. \tag{5.13}$$

Gleichung **(5.13)** ist das Endergebnis für die Ableitung eines **Vektors** in einem sich bewegenden Rahmen, von einem stationären Rahmen aus gesehen.

5.4 Mehr zur Winkelgeschwindigkeit

In diesem Abschnitt werden wir uns näher mit der **Winkelgeschwindigkeit** und insbesondere mit der Herleitung von **(5.10)** befassen. Während im vorherigen Abschnitt ein geometrischer Ansatz gewählt wurde, um die Gültigkeit von **(5.10)** zu zeigen, werden wir hier einen mathematischen Ansatz wählen. Dieser Abschnitt kann beim ersten Lesen übersprungen werden.

5.4.1 Eine Eigenschaft der Ableitung einer orthonormalen Matrix

Wir können eine interessante Beziehung zwischen der Ableitung einer **orthonormalen Matrix** und einer bestimmten **schiefsymmetrischen Matrix** wie im Folgenden beschrieben herleiten. Für jede orthonormale $n \times n$-Matrix R gilt:

$$RR^{T} = I_{n}, \tag{5.14}$$

wobei I_n die $n \times n$-Einheitsmatrix ist. Unser Interesse gilt übrigens dem Fall, dass $n = 3$ und R eine *echte* orthonormale **Matrix**, oder **Rotationsmatrix**, ist. Die Differenziation (Ableitung) von **(5.14)** ergibt:

$$\dot{R}R^{T} + R\dot{R}^{T} = 0_{n}, \tag{5.15}$$

wobei 0_n die $n \times n$-**Nullmatrix** ist. Gleichung **(5.15)** kann auch wie folgt geschrieben werden:

$$\dot{R}R^T + (\dot{R}R^T)^T = 0_n. \tag{5.16}$$

Mit der Definition

$$S = \dot{R}R^T \tag{5.17}$$

wird **(5.16)** zu:

$$S + S^T = 0_n. \tag{5.18}$$

Wir sehen also, dass S eine schiefsymmetrische Matrix ist. Daher gibt es eine Eigenschaft, welche die Ableitung von orthonormalen Matrizen mit schiefsymmetrischen Matrizen in Beziehung setzt. Sie lautet:

$$S = \dot{R}R^{-1}. \tag{5.19}$$

5.4.2 Geschwindigkeit eines Punktes aufgrund eines rotierenden Referenzrahmens

Betrachten Sie einen festen Vektor ${}^BP$, der sich in Bezug auf den Rahmen $\{B\}$ nicht ändert. Seine Beschreibung in einem anderen Rahmen $\{A\}$ ist gegeben durch:

$${}^AP = {}^A_BR\,{}^BP. \tag{5.20}$$

Rotiert Rahmen $\{B\}$ (d. h., die Ableitung ${}^A_B\dot{R}$ ist ungleich null), dann ändert sich ${}^AP$, obwohl ${}^BP$ konstant ist. Das heißt:

$${}^A\dot{P} = {}^A_B\dot{R}\,{}^BP \tag{5.21}$$

oder unter Verwendung unserer Schreibweise für Geschwindigkeit:

$${}^AV_P = {}^A_B\dot{R}\,{}^BP. \tag{5.22}$$

Nun schreiben wir **(5.22)** um, indem wir ${}^BP$ ersetzen, und erhalten:

$${}^AV_P = {}^A_B\dot{R}\,{}^A_BR^{-1}\,{}^AP. \tag{5.23}$$

Wenn wir unser Ergebnis **(5.19)** für orthonormale Matrizen verwenden, ergibt sich:

$${}^AV_P = {}^A_BS\,{}^AP, \tag{5.24}$$

wobei wir S mit hoch- und tiefgestellten Buchstaben versehen haben, um sie als die schiefsymmetrische Matrix zu kennzeichnen, die mit der Rotationsmatrix ${}^A_BR$ assoziiert ist. Wegen ihres Auftretens in **(5.24)** und aus anderen Gründen, die wir gleich sehen werden, wird diese von eingeführte schiefsymmetrische Matrix als **Winkelgeschwindigkeitsmatrix** bezeichnet.

5.4.3 Schiefsymmetrische Matrizen und das vektorielle Kreuzprodukt

Wenn wir die Elemente in einer schiefsymmetrischen Matrix S wie in

$$S = \begin{bmatrix} 0 & -\Omega_z & \Omega_y \\ \Omega_z & 0 & -\Omega_x \\ -\Omega_y & \Omega_x & 0 \end{bmatrix} \tag{5.25}$$

zuordnen und den 3×1-Spaltenvektor

$$\Omega = \begin{bmatrix} \Omega_x \\ \Omega_y \\ \Omega_z \end{bmatrix} \tag{5.26}$$

definieren, kann leicht überprüft werden, dass

$$SP = \Omega \times P \tag{5.27}$$

gilt, wobei P ein beliebiger Vektor und $\times$ der Kreuzproduktoperator ist.

Der 3×1-Vektor Ω, welcher der 3×3-Winkelgeschwindigkeitsmatrix entspricht, wird **Winkelgeschwindigkeitsvektor** genannt und wurde bereits in ▶ **Abschnitt 5.2** eingeführt.

Daher kann unsere Beziehung **(5.24)** als

$${}^{A}V_P = {}^{A}\Omega_B \times {}^{A}P \tag{5.28}$$

geschrieben werden, wobei wir mit der Schreibweise ${}^{A}\Omega_B$ deutlich machen, dass es sich um den Winkelgeschwindigkeitsvektor handelt, der die Bewegung des Rahmens $\{B\}$ in Bezug auf den Rahmen $\{A\}$ angibt.

5.4.4 Physikalische Einblicke in den Winkelgeschwindigkeitsvektor

Nachdem wir festgestellt haben, dass es einen Vektor Ω gibt, für den Gleichung **(5.28)** zutrifft, möchten wir nun einen Einblick in seine physikalische Bedeutung gewinnen. Wir leiten Ω durch direkte Differenziation einer **Rotationsmatrix** ab, das heißt:

$$\dot{R} = \lim_{\Delta t \to 0} \frac{R(t + \Delta t) - R(t)}{\Delta t}. \tag{5.29}$$

Wir schreiben nun $R(t + \Delta t)$ als die Zusammensetzung zweier Matrizen:

$$R(t + \Delta t) = R_K(\Delta\theta)\, R(t), \tag{5.30}$$

wobei im Intervall Δt eine kleine Drehung von $\Delta\theta$ um die Achse $\hat{K}$ stattgefunden hat. Mit **(5.30)** schreiben wir **(5.29)** als

$$\dot{R} = \lim_{\Delta t \to 0} \left(\frac{R_K(\Delta\theta) - I_3}{\Delta t} R(t) \right) \tag{5.31}$$

und somit

$$\dot{R} = \left(\lim_{\Delta t \to 0} \frac{R_K(\Delta\theta) - I_3}{\Delta t} \right) R(t). \tag{5.32}$$

Gemäß den Substitutionen kleiner Winkel in **(2.80)** ist nun

$$R_K(\Delta\theta) = \begin{bmatrix} 1 & -k_z\Delta\theta & k_y\Delta\theta \\ k_z\Delta\theta & 1 & -k_x\Delta\theta \\ -k_y\Delta\theta & k_x\Delta\theta & 1 \end{bmatrix}. \tag{5.33}$$

Gleichung **(5.32)** kann daher auch wie folgt geschrieben werden:

$$\dot{R} = \left(\lim_{\Delta t \to 0} \frac{\begin{bmatrix} 0 & -k_z\Delta\theta & k_y\Delta\theta \\ k_z\Delta\theta & 0 & -k_x\Delta\theta \\ -k_y\Delta\theta & k_x\Delta\theta & 0 \end{bmatrix}}{\Delta t} \right) R(t). \tag{5.34}$$

Dividieren wir die Matrix durch Δt und bilden dann den Grenzwert, so erhalten wir schließlich:

$$\dot{R} = \begin{bmatrix} 0 & -k_z\dot{\theta} & k_y\dot{\theta} \\ k_z\dot{\theta} & 0 & -k_x\dot{\theta} \\ -k_y\dot{\theta} & k_x\dot{\theta} & 0 \end{bmatrix} R(t). \tag{5.35}$$

Wir sehen also, dass

$$\dot{R}R^{-1} = \begin{bmatrix} 0 & -\Omega_z & \Omega_y \\ \Omega_z & 0 & -\Omega_x \\ -\Omega_y & \Omega_x & 0 \end{bmatrix}, \tag{5.36}$$

wobei

$$\Omega = \begin{bmatrix} \Omega_x \\ \Omega_y \\ \Omega_z \end{bmatrix} = \begin{bmatrix} k_x\dot{\theta} \\ k_y\dot{\theta} \\ k_z\dot{\theta} \end{bmatrix} = \dot{\theta}\hat{K}. \tag{5.37}$$

Physikalisch bedeutet der **Vektor** der **Winkelgeschwindigkeit** Ω, dass die Änderung der Ausrichtung eines rotierenden Rahmens zu jedem Zeitpunkt als eine Drehung um eine Achse $\hat{K}$ betrachtet werden kann. Wird diese **momentane Rotationsachse** als Einheitsvektor genommen und dann mit der Geschwindigkeit der Rotation um die Achse ($\dot{\theta}$) skaliert, erhalten wir den Winkelgeschwindigkeitsvektor.

5.4.5 Andere Darstellungen der Winkelgeschwindigkeit

Es sind auch andere Darstellungen der **Winkelgeschwindigkeit** möglich. Stellen Sie sich zum Beispiel vor, dass die Winkelgeschwindigkeit eines rotierenden Körpers als zeitliche Änderungen eines Satzes von **Z-Y-Z-Euler-Winkeln** verfügbar ist:

$$\dot{\Theta}_{Z'Y'Z'} = \begin{bmatrix} \dot{\alpha} \\ \dot{\beta} \\ \dot{\gamma} \end{bmatrix}. \tag{5.38}$$

Ist diese Art der Beschreibung gegeben, oder eine andere, die einen der 24 **Winkelsätze** verwendet, möchten wir daraus den entsprechenden **Winkelgeschwindigkeitsvektor** herleiten.

Wie wir gesehen haben, gilt:

$$\dot{R}R^T = \begin{bmatrix} 0 & -\Omega_z & \Omega_y \\ \Omega_z & 0 & -\Omega_x \\ -\Omega_y & \Omega_x & 0 \end{bmatrix}. \tag{5.39}$$

Aus dieser Matrixgleichung können wir drei unabhängige Gleichungen extrahieren, nämlich:

$$\begin{aligned} \Omega_x &= \dot{r}_{31} r_{21} + \dot{r}_{32} r_{22} + \dot{r}_{33} r_{23}, \\ \Omega_y &= \dot{r}_{11} r_{31} + \dot{r}_{12} r_{32} + \dot{r}_{13} r_{33} \quad \text{und} \\ \Omega_z &= \dot{r}_{21} r_{11} + \dot{r}_{22} r_{12} + \dot{r}_{23} r_{13}. \end{aligned} \tag{5.40}$$

Aus **(5.40)** und einer symbolischen Beschreibung von R in Form eines Winkelsatzes können wir die Ausdrücke herleiten, die die Geschwindigkeiten des Winkelsatzes mit dem entsprechenden Winkelgeschwindigkeitsvektor verknüpfen. Die resultierenden Ausdrücke können in Matrixform ausgedrückt werden – für die Z-Y-Z-Euler-Winkel zum Beispiel so:

$$\Omega = E_{Z'Y'Z'}(\Theta_{Z'Y'Z'})\dot{\Theta}_{Z'Y'Z'}. \tag{5.41}$$

Hier ist $E(\cdot)$ eine **Jacobi-Matrix**, die den Geschwindigkeitsvektor eines Winkelsatzes mit dem **Winkelgeschwindigkeitsvektor** in Beziehung setzt und eine Funktion der momentanen Werte des Winkelsatzes ist. Die Form von $E(\cdot)$ hängt von dem jeweiligen Winkelsatz ab, für den sie entwickelt wird. Daher wird ein Index hinzugefügt, der den Winkelsatz kennzeichnet.

BEISPIEL 5.2

Konstruieren Sie die E-Matrix, welche die **Z-Y-Z-Euler-Winkel** mit dem Winkelgeschwindigkeitsvektor in Beziehung setzt, d. h., finden Sie $E_{Z'Y'Z'}$ in **(5.41)**.

Verwenden von **(2.72)** und **(5.40)** und Durchführen der erforderlichen symbolischen Differenziationen, führt auf

$$E_{Z'Y'Z'} = \begin{bmatrix} 0 & -s\alpha & c\alpha s\beta \\ 0 & c\alpha & s\alpha s\beta \\ 1 & 0 & c\beta \end{bmatrix}. \tag{5.42}$$

5.5 Bewegung der Glieder eines Roboters

Bei der Betrachtung der Bewegungen von **Robotergliedern** werden wir immer den Gliederrahmen {0} als **Referenzrahmen** verwenden. Daraus folgt, dass v_i die lineare Geschwindigkeit des Ursprungs des Gliedrahmens $\{i\}$ und ω_i die Winkelgeschwindigkeit des Gliedrahmens $\{i\}$ ist.

Zu jedem Zeitpunkt hat jedes **Glied** eines sich bewegenden Roboters eine gewisse **lineare Geschwindigkeit** sowie eine **Winkelgeschwindigkeit. Abbildung 5.6** zeigt diese Vektoren für das Glied i. In diesem Fall ist angegeben, dass sie für den Rahmen $\{i\}$ formuliert sind.

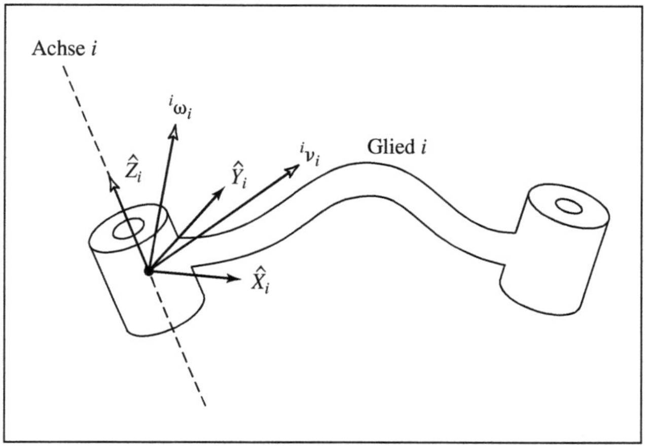

Abbildung 5.6 Die Geschwindigkeit von Glied i wird durch die Vektoren v_i und ω_i gegeben, die für einen beliebigen Rahmen geschrieben werden können, auch für den Rahmen $\{i\}$.

5.6 „Fortpflanzung" der Geschwindigkeit von Glied zu Glied

Wir betrachten nun das Problem der Berechnung der linearen **Geschwindigkeiten** sowie der **Winkelgeschwindigkeiten** der **Glieder** eines Roboters. Ein Manipulator ist eine Kette von Körpern, von denen sich jeder relativ zu seinen Nachbarn bewegen kann. Aufgrund dieser Struktur können wir der Reihe nach, beginnend mit der Basis, die Geschwindigkeit jedes Glied berechnen. Die Geschwindigkeit des Glieds $i + 1$ ist die des Glieds i plus aller neuen Geschwindigkeitskomponenten, die durch das Gelenk $i + 1$ hinzugefügt werden.[23]

Wie in ▶ **Abbildung 5.6** angedeutet, stellen wir uns nun jedes Glied des Mechanismus als einen starren Körper mit linearen und Winkelgeschwindigkeitsvektoren vor, die seine Bewegung beschreiben. Außerdem werden wir diese Geschwindigkeiten in Bezug auf den **Gliedrahmen** selbst und nicht in Bezug auf das Basiskoordinatensystem ausdrücken. **Abbildung 5.7** zeigt die Glieder i und $i + 1$, zusammen mit ihren Geschwindigkeitsvektoren, die in den Gliederrahmen definiert sind.

23 Denken Sie bitte daran, dass die lineare Geschwindigkeit mit einem Punkt, die Winkelgeschwindigkeit jedoch mit einem Körper verknüpft ist. Daher meint der Begriff „Geschwindigkeit eines Glieds" hier die lineare Geschwindigkeit des Ursprungs des Gliedrahmens und die Rotationsgeschwindigkeit des Glieds.

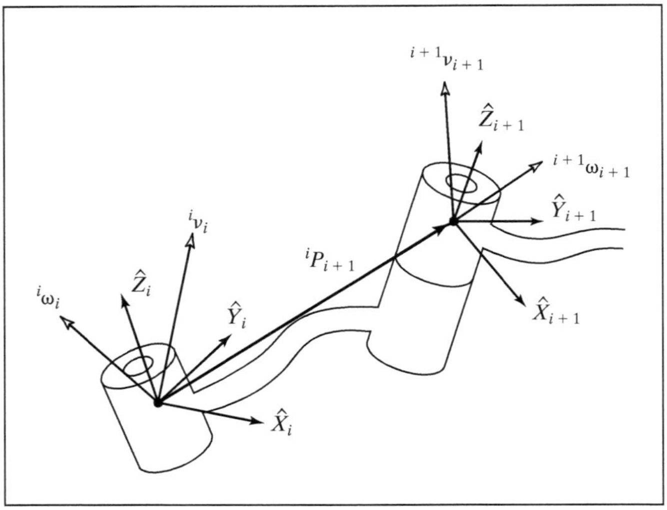

Abbildung 5.7 Geschwindigkeitsvektoren benachbarter Glieder.

Rotationsgeschwindigkeiten können addiert werden, wenn beide ω-Vektoren in Bezug auf denselben Rahmen angegeben sind. Daher ist die Winkelgeschwindigkeit des Glieds $i + 1$ die gleiche wie die von Glied i, plus einer neuen Komponente, die auf der Rotationsgeschwindigkeit am Gelenk $i + 1$ beruht. Dies kann in Bezug auf den Rahmen $\{i\}$ wie folgt geschrieben werden:

$$^{i}\omega_{i+1} = {}^{i}\omega_i + {}_{i+1}^{\;\;i}R\, \dot{\theta}_{i+1}\, {}^{i+1}\hat{Z}_{i+1}. \tag{5.43}$$

Beachten Sie, dass

$$\dot{\theta}_{i+1}\, {}^{i+1}\hat{Z}_{i+1} = {}^{i+1}\begin{bmatrix} 0 \\ 0 \\ \dot{\theta}_{i+1} \end{bmatrix}. \tag{5.44}$$

Wir haben die Rotationsmatrix verwendet, die die Rahmen $\{i\}$ und $\{i + 1\}$ verbindet, um die zusätzliche Rotationskomponente aufgrund der Bewegung des Gelenks im Rahmen $\{i\}$ darzustellen. Die **Rotationsmatrix** dreht die Drehachse des Gelenks $i + 1$ in ihre Beschreibung im Rahmen $\{i\}$, sodass die beiden Komponenten der Winkelgeschwindigkeit addiert werden können.

Durch Multiplizieren von links der beiden Seiten von **(5.43)** mit ${}^{i+1}_{\;\;\;i}R$, finden wir die Beschreibung der Winkelgeschwindigkeit des Glieds $i + 1$ in Bezug auf den Rahmen $\{i + 1\}$:

$$^{i+1}\omega_{i+1} = {}^{i+1}_{\;\;\;i}R\, {}^{i}\omega_i + \dot{\theta}_{i+1}\, {}^{i+1}\hat{Z}_{i+1}. \tag{5.45}$$

Die lineare Geschwindigkeit des Ursprungs des Rahmens $\{i + 1\}$ ist die gleiche wie die des Ursprungs des Rahmens $\{i\}$, plus einer neuen Komponente, die durch die Rotationsgeschwindigkeit des Glieds i verursacht wird. Dies ist genau die Situation, die durch **(5.13)** beschrieben wird, wobei ein Term verschwindet, weil ${}^{i}P_{i+1}$ im Rahmen $\{i\}$ konstant ist. Somit gilt:

$$^{i}v_{i+1} = {}^{i}v_i + {}^{i}\omega_i \times {}^{i}P_{i+1}. \tag{5.46}$$

Durch Multiplizieren von links der beiden Seiten mit ${}^{i+1}_{i}R$ erhalten wir:

$$ {}^{i+1}v_{i+1} = {}^{i+1}_{i}R({}^{i}v_i + {}^{i}\omega_i \times {}^{i}P_{i+1}). \tag{5.47} $$

Die Gleichungen **(5.45)** und **(5.47)** sind vielleicht die wichtigsten Ergebnisse dieses Kapitels. Die entsprechenden Beziehungen für den Fall, dass Gelenk $i + 1$ prismatisch ist, lauten:

$$ \begin{aligned} {}^{i+1}\omega_{i+1} &= {}^{i+1}_{i}R\,{}^{i}\omega_i \quad \text{und} \\ {}^{i+1}v_{i+1} &= {}^{i+1}_{i}R({}^{i}v_i + {}^{i}\omega_i \times {}^{i}P_{i+1}) + \dot{d}_{i+1}\,{}^{i+1}\hat{Z}_{i+1}. \end{aligned} \tag{5.48} $$

Wenn wir diese Gleichungen nacheinander von Glied zu Glied anwenden, können wir ${}^{N}\omega_N$ und ${}^{N}v_N$ berechnen – die **Rotations-** und **Lineargeschwindigkeit** des letzten Glieds. Beachten Sie, dass die resultierenden Geschwindigkeiten in Bezug auf den Rahmen $\{N\}$ ausgedrückt werden. Wie wir später sehen werden, wird sich dies noch als nützlich erweisen. Wenn die Geschwindigkeiten in Bezug auf das **Basiskoordinatensystem** gewünscht sind, können sie durch Multiplikation mit ${}^{0}_{N}R$ in das Basiskoordinatensystem rotiert werden.

BEISPIEL 5.3

In **Abbildung 5.8** ist ein zweigliedriger Manipulator mit Drehgelenken dargestellt. Berechnen Sie die Geschwindigkeit der Spitze des Arms als Funktion der Gelenkgeschwindigkeiten. Geben Sie zwei Formen der Antwort an – in Bezug auf den Rahmen {3} sowie in Bezug auf den Rahmen {0}.

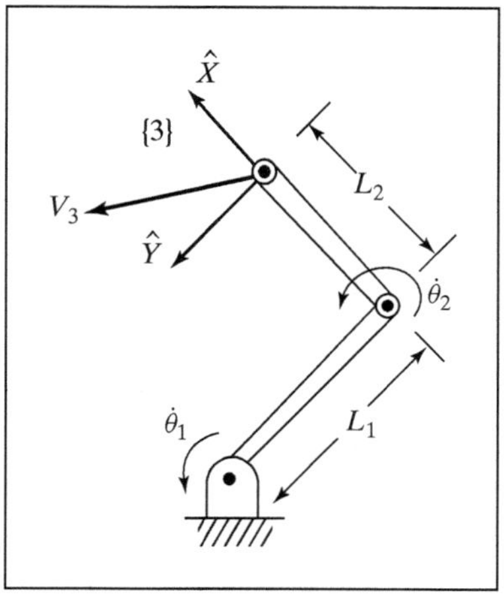

Abbildung 5.8 Ein zweigliedriger Manipulator mit Drehgelenken.

Der Rahmen {3} wurde, wie in **Abbildung 5.9** dargestellt, am Ende des Manipulators befestigt und wir möchten die Geschwindigkeit des Ursprungs dieses Rahmens bestimmen, ausgedrückt in Bezug auf Rahmen {3}. In einem zweiten Teil des Problems werden wir diese Geschwindigkeiten auch in Bezug auf Rahmen {0} ausdrücken. Wir beginnen damit, dass wir die Rahmen an den Gliedern befestigen, wie wir das zuvor getan haben (siehe **Abbildung 5.9**).

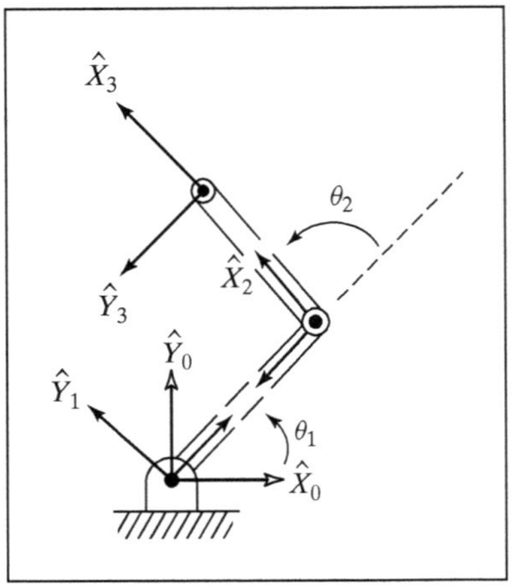

Abbildung 5.9 Rahmenzuweisungen für den zweigliedrigen Manipulator.

Wir werden die Gleichungen **(5.45)** und **(5.47)** verwenden, um die Geschwindigkeit des Ursprungs jedes Rahmens zu berechnen, ausgehend vom Basisrahmen {0}, dessen Geschwindigkeit null ist. Da **(5.45)** und **(5.47)** die Gliedertransformationen verwenden, können wir diese vorab bestimmen:

$$
{}^0_1T = \begin{bmatrix} c_1 & -s_1 & 0 & 0 \\ s_1 & c_1 & 0 & 0 \\ 0 & 0 & 1 & 0 \\ 0 & 0 & 0 & 1 \end{bmatrix},
$$

$$
{}^1_2T = \begin{bmatrix} c_2 & -s_2 & 0 & l_1 \\ s_2 & c_2 & 0 & 0 \\ 0 & 0 & 1 & 0 \\ 0 & 0 & 0 & 1 \end{bmatrix} \quad \text{und} \tag{5.49}
$$

$$
{}^2_3T = \begin{bmatrix} 1 & 0 & 0 & l_2 \\ 0 & 1 & 0 & 0 \\ 0 & 0 & 1 & 0 \\ 0 & 0 & 0 & 1 \end{bmatrix}.
$$

Beachten Sie, dass dies dem Manipulator aus ▶ **Beispiel 3.3** entspricht, dessen Gelenkwinkel 3 dauerhaft auf null Grad fixiert ist. Die abschließende Transformation zwischen den Rahmen {2} und {3} muss nicht als Standard-Gliedtransformation dargestellt werden (obwohl das hilfreich sein könnte). Indem wir **(5.45)** und **(5.47)** nacheinander auf jedes Glied anwenden, erhalten wir:

$$
{}^1\omega_1 = \begin{bmatrix} 0 \\ 0 \\ \dot{\theta}_1 \end{bmatrix}, \tag{5.50}
$$

$$
{}^1v_1 = \begin{bmatrix} 0 \\ 0 \\ 0 \end{bmatrix}, \tag{5.51}
$$

$$
{}^2\omega_2 = \begin{bmatrix} 0 \\ 0 \\ \dot{\theta}_1 + \dot{\theta}_2 \end{bmatrix}, \tag{5.52}
$$

$$
{}^2v_2 = \begin{bmatrix} c_2 & s_2 & 0 \\ -s_2 & c_2 & 0 \\ 0 & 0 & 1 \end{bmatrix} \begin{bmatrix} 0 \\ l_1\dot{\theta}_1 \\ 0 \end{bmatrix} = \begin{bmatrix} l_1 s_2 \dot{\theta}_1 \\ l_1 c_2 \dot{\theta}_1 \\ 0 \end{bmatrix}, \tag{5.53}
$$

$$ {}^3\omega_3 = {}^2\omega_2 \quad \text{und} \tag{5.54} $$

$$ {}^3v_3 = \begin{bmatrix} l_1 s_2 \dot\theta_1 \\ l_1 c_2 \dot\theta_1 + l_2(\dot\theta_1 + \dot\theta_2) \\ 0 \end{bmatrix}. \tag{5.55} $$

Die Antwort ist Gleichung **(5.55)**. Außerdem ist die Rotationsgeschwindigkeit des Rahmens {3} durch **(5.54)** gegeben.

Um diese Geschwindigkeiten in Bezug auf den unbewegten Basisrahmen zu ermitteln, rotieren wir sie mit der Rotationsmatrix ${}^0_3R$. Diese lautet:

$$ {}^0_3R = {}^0_1R \; {}^1_2R \; {}^2_3R = \begin{bmatrix} c_{12} & -s_{12} & 0 \\ s_{12} & c_{12} & 0 \\ 0 & 0 & 1 \end{bmatrix}. \tag{5.56} $$

Diese Drehung ergibt:

$$ {}^0v_3 = \begin{bmatrix} -l_1 s_1 \dot\theta_1 - l_2 s_{12}(\dot\theta_1 + \dot\theta_2) \\ l_1 c_1 \dot\theta_1 + l_2 c_{12}(\dot\theta_1 + \dot\theta_2) \\ 0 \end{bmatrix}. \tag{5.57} $$

Es ist wichtig, auf die beiden unterschiedlichen Verwendungsmöglichkeiten von **(5.45)** und **(5.47)** hinzuweisen. Erstens können sie als Mittel zur Herleitung analytischer Ausdrücke verwendet werden, wie in **Beispiel 5.3**. Hier manipulieren wir die symbolischen Gleichungen, bis wir zu einer Form wie in **(5.55)** gelangen, die dann mit einem Computerprogramm ausgewertet wird. Zweitens können sie direkt, so wie sie geschrieben sind, zur Berechnung der zugehörigen Ergebnisse verwendet werden. Sie können leicht als Unterprogramm formuliert werden, das dann iterativ angewendet wird, um die **Gliedergeschwindigkeiten** zu berechnen. Als solche können sie für jeden Manipulator verwendet werden, ohne dass die Gleichungen für einen bestimmten Manipulator formuliert werden müssen. Allerdings liefert die Berechnung dann ein numerisches Ergebnis, in dem die Struktur der Gleichungen verborgen bleibt. Wir sind aber oft an der Struktur eines **analytischen** Ergebnisses wie **(5.55)** interessiert. Wenn wir uns die Mühe machen, die Gleichungen **(5.50)** bis **(5.57)** abzuarbeiten, werden wir im Allgemeinen feststellen, dass der Computer in der endgülitgen Anwendung weniger Berechnungen durchführen muss.

5.7 Jacobi-Matrizen

Die **Jacobi-Matrix** ist eine mehrdimensionale Form der Ableitung. Nehmen wir zum Beispiel an, dass wir sechs Funktionen haben, von denen jede eine Funktion von sechs unabhängigen Variablen ist:

$$ \begin{aligned} y_1 &= f_1(x_1, x_2, x_3, x_4, x_5, x_6), \\ y_2 &= f_2(x_1, x_2, x_3, x_4, x_5, x_6), \\ &\vdots \\ y_6 &= f_6(x_1, x_2, x_3, x_4, x_5, x_6). \end{aligned} \tag{5.58} $$

Wir könnten diese Gleichungen auch in Vektorschreibweise formulieren:

$$ Y = F(X). \tag{5.59} $$

Wenn wir nun die Differenziale von y_i als Funktion der Differenziale von x_j berechnen wollen, wenden wir einfach die Kettenregel an und erhalten:

$$\begin{aligned}
\delta y_1 &= \frac{\partial f_1}{\partial x_1}\delta x_1 + \frac{\partial f_1}{\partial x_2}\delta x_2 + \cdots + \frac{\partial f_1}{\partial x_6}\delta x_6, \\
\delta y_2 &= \frac{\partial f_2}{\partial x_1}\delta x_1 + \frac{\partial f_2}{\partial x_2}\delta x_2 + \cdots + \frac{\partial f_2}{\partial x_6}\delta x_6, \\
&\vdots \\
\delta y_6 &= \frac{\partial f_6}{\partial x_1}\delta x_1 + \frac{\partial f_6}{\partial x_2}\delta x_2 + \cdots + \frac{\partial f_6}{\partial x_6}\delta x_6,
\end{aligned}$$

was wiederum in Vektorschreibweise einfacher geschrieben werden kann:

$$\delta Y = \frac{\partial F}{\partial X}\delta X. \tag{5.61}$$

Die 6×6-Matrix der partiellen **Ableitungen** in **(5.61)** nennen wir die Jacobi-Matrix J. Beachten Sie: Sind die Funktionen $f_1(X)$ bis $f_6(X)$ nichtlinear, dann sind die partiellen Ableitungen eine Funktion der x_i, was uns zu der folgenden Schreibweise führt:

$$\delta Y = J(X)\,\delta X. \tag{5.62}$$

Wenn wir beide Seiten durch das differenzielle Zeitelement teilen, können wir uns vorstellen, dass die Jacobi-Matrix die **Geschwindigkeiten** in X auf die in Y abbildet:

$$\dot{Y} = J(X)\,\dot{X}. \tag{5.63}$$

Zu einem beliebigen Zeitpunkt besitzt X einen bestimmten Wert und $J(X)$ ist eine lineare Transformation. Zu jedem neuen Zeitpunkt hat sich X verändert und damit auch die lineare Transformation. Jacobi-Matrizen sind zeitvariable lineare Transformationen.

In der Robotik verwenden wir in der Regel Jacobi-Matrizen, um die Gelenkgeschwindigkeiten mit den kartesischen Geschwindigkeiten der Armspitze in Beziehung setzen – zum Beispiel:

$${}^0\nu = {}^0J(\Theta)\,\dot{\Theta}, \tag{5.64}$$

wobei Θ der Vektor der Gelenkwinkel des Manipulators und ν ein Vektor kartesischer Geschwindigkeiten ist. In **(5.64)** haben wir unserer Jacobi-**Schreibweise** ein hochgestelltes Zeichen vorangestellt, um anzugeben, in welchem Koordinatensystem die resultierende kartesische Geschwindigkeit ausgedrückt wird. Manchmal wird dieses Zeichen weggelassen, wenn der Rahmen offensichtlich ist oder wenn er für die Entwicklung unwichtig ist. Beachten Sie, dass für jede beliebige Konfiguration des Manipulators die Gelenkgeschwindigkeiten linear mit der Geschwindigkeit der Spitze verknüpft sind. Dies ist jedoch nur eine momentane Beziehung – im nächsten Augenblick hat sich die Jacobi-Matrix leicht verändert. Für den allgemeinen Fall eines Roboters mit sechs Gelenken ist sie eine 6×6-Matrix, während $\dot{\Theta}$ und ${}^0\nu$ 6×1-Vektoren sind. Der kartesische 6×1-Geschwindigkeitsvektor besteht aus dem linearen 3×1-Geschwindigkeitsvektor und dem 3×1-Vektor der Rotationsgeschwindigkeit, die übereinander angeordnet werden:

$${}^0\nu = \begin{bmatrix} {}^0v \\ {}^0\omega \end{bmatrix}. \tag{5.65}$$

Es können **Jacobi-Matrizen** beliebiger Dimension (auch nicht-quadratische) definiert werden. Die Anzahl der Zeilen entspricht der Anzahl der Freiheitsgrade in dem betrachteten kartesischen Raum. Die Anzahl der Spalten in einer Jacobi-Matrix ist gleich der Anzahl der Gelenke des Manipulators. Wenn es sich beispielsweise um einen planaren Arm handelt, gibt es keinen Grund, warum die Jacobi-Matrix mehr als drei Zeilen aufweisen sollte, obwohl es bei redundanten planaren Manipulatoren beliebig viele Spalten geben könnte (eine für jedes Gelenk).

Im Falle eines zweigliedrigen Arms können wir eine 2×2-Jacobi-Matrix schreiben, welche die Gelenkgeschwindigkeiten mit der Geschwindigkeit des Endeffektors in Beziehung setzt. Mithilfe des Ergebnisses von ▶ **Beispiel 5.3** können wir die Jacobi-Matrix unseres zweigliedrigen Arms leicht bestimmen. Die bezüglich Rahmen {3} formulierte Jacobi-Matrix [aus **(5.55)**] lautet:

$$
{}^{3}J(\Theta) = \begin{bmatrix} l_1 s_2 & 0 \\ l_1 c_2 + l_2 & l_2 \end{bmatrix}. \tag{5.66}
$$

Und die bezüglich Rahmen {0} geschriebene Jacobi-Matrix [aus **(5.57)**] lautet:

$$
{}^{0}J(\Theta) = \begin{bmatrix} -l_1 s_1 - l_2 s_{12} & -l_2 s_{12} \\ l_1 c_1 + l_2 c_{12} & l_2 c_{12} \end{bmatrix}. \tag{5.67}
$$

Beachten Sie, dass wir uns in beiden Fällen dafür entschieden haben, eine quadratische Matrix zu schreiben, die die Gelenkgeschwindigkeiten mit der Geschwindigkeit des Endeffektors in Beziehung setzt. Wir könnten auch eine 3×2-Jacobi-Matrix in Betracht ziehen, die die Winkelgeschwindigkeit des Endeffektors mit einschließt.

Bei genauerer Betrachtung der Gleichungen **(5.58)** bis **(5.62)**, welche die Jacobi-Matrix definieren, stellen wir fest, dass die Jacobi-Matrix auch durch direkte Differenziation der kinematischen Gleichungen des Mechanismus gefunden werden kann. Für die lineare Geschwindigkeit ist dies ganz einfach, aber es gibt keinen 3×1-Ausrichtungsvektor, dessen Ableitung ω entspricht. Wir haben also eine Methode zur Herleitung der Jacobi-Matrix durch die sukzessive Anwendung von **(5.45)** und **(5.47)** eingeführt. Es gibt mehrere andere Methoden, die verwendet werden können (siehe z. B. [4]), von denen eine kurz in ▶ **Abschnitt 5.8** vorgestellt wird. Ein Grund für die Verwendung der hier vorgestellten Methode zur Herleitung der Jacobi-Matrix ist, dass sie uns auf den Inhalt von ▶ **Kapitel 6** vorbereitet. Dort werden wir feststellen, dass ähnliche Techniken für die Berechnung der dynamischen Bewegungsgleichungen eines Manipulators genutzt werden können.

5.7.1 Ändern des Referenzrahmens einer Jacobi-Matrix

Gegeben sei eine Jacobi-Matrix, die bezüglich Rahmen $\{B\}$ formuliert ist, das heißt:

$$
\begin{bmatrix} {}^{B}v \\ {}^{B}\omega \end{bmatrix} = {}^{B}\nu = {}^{B}J(\Theta)\dot{\Theta}. \tag{5.68}
$$

Wir wollen einen Ausdruck für diese Jacobi-Matrix bezüglich eines anderen **Rahmens** $\{A\}$ aufstellen. Beachten Sie zunächst, dass ein kartesischer 6×1-Geschwindigkeitsvektor, der in $\{B\}$ gegeben ist, relativ zu $\{A\}$ durch die folgende Transformation beschrieben wird:

$$
\begin{bmatrix} {}^{A}v \\ {}^{A}\omega \end{bmatrix} = \left[\begin{array}{c|c} {}^{A}_{B}R & 0 \\ \hline 0 & {}^{A}_{B}R \end{array}\right] \begin{bmatrix} {}^{B}v \\ {}^{B}\omega \end{bmatrix}. \tag{5.69}
$$

Unter Berücksichtigung von Gleichung **(5.68)** können wir **(5.69)** auch folgendermaßen schreiben:

$$\begin{bmatrix} {}^{A}v \\ {}^{A}\omega \end{bmatrix} = \left[\begin{array}{c|c} {}^{A}_{B}R & 0 \\ \hline 0 & {}^{A}_{B}R \end{array}\right] {}^{B}J(\Theta)\,\dot{\Theta}. \tag{5.70}$$

Es ist nun klar, dass die Änderung des Bezugsrahmens einer Jacobi-Matrix mit Hilfe der folgenden Beziehung erreicht wird:

$${}^{A}J(\Theta) = \left[\begin{array}{c|c} {}^{A}_{B}R & 0 \\ \hline 0 & {}^{A}_{B}R \end{array}\right] {}^{B}J(\Theta)\,. \tag{5.71}$$

5.8 Singularitäten

Im Fall einer linearen Transformation, welche die Gelenkgeschwindigkeit mit der kartesischen Geschwindigkeit in Beziehung setzt, ist es nur vernünftig zu fragen: Ist diese **Matrix** invertierbar? Das heißt, ist sie nichtsingulär? Wenn die Matrix nichtsingulär ist, dann können wir sie invertieren, um die **Gelenkgeschwindigkeiten** aus den **kartesischen Geschwindigkeiten** zu berechnen:

$$\dot{\Theta} = J^{-1}(\Theta)\,v. \tag{5.72}$$

Dies ist eine wichtige Beziehung. Nehmen wir zum Beispiel an, wir möchten, dass sich die Hand des Roboters mit einem bestimmten Geschwindigkeitsvektor im kartesischen Raum bewegt. Mithilfe von **(5.72)** könnten wir die erforderlichen Gelenkgeschwindigkeiten zu jedem Zeitpunkt entlang des Pfades berechnen. Die eigentliche Frage zur Invertierbarkeit lautet: Ist die Jacobi-Matrix für alle Werte von Θ invertierbar? Wenn nicht, wo ist sie nicht invertierbar?

Für die meisten Manipulatoren gibt es Werte von Θ, für welche die **Jacobi-Matrix** singulär wird. Solche Stellen werden als **Singularitäten des Mechanismus** oder kurz als **Singularitäten** bezeichnet. Alle Manipulatoren haben Singularitäten an den Rändern ihres **Arbeitsraums** und die meisten haben auch Singularitäten innerhalb ihres Arbeitsraums. Eine eingehende Untersuchung zur Klassifizierung von Singularitäten würde den Rahmen dieses Buches sprengen – weitere Informationen finden Sie in [5]. Für unsere Zwecke und ohne strenge Definitionen zu geben, werden wir Singularitäten in zwei Kategorien einteilen:

1. **Singularitäten am Rand des Arbeitsraums** treten auf, wenn der Manipulator vollständig gestreckt oder auf sich selbst zurückgeklappt wird, sodass sich der Endeffektor an der Grenze des Arbeitsraums oder sehr nahe daran befindet.
2. **Singularitäten im Inneren des Arbeitsraums** treten abseits der Grenze des Arbeitsraums auf. Sie werden im Allgemeinen durch das Auftreten von zwei oder mehr Gelenkachsen mit der gleichen Orientierung verursacht.

Wenn sich ein **Manipulator** in einer singulären Konfiguration befindet, hat er einen oder mehrere **Freiheitsgrade** verloren (vom kartesischen Raum aus gesehen). Das bedeutet, dass es eine Richtung (oder einen Unterraum) im kartesischen Raum gibt, entlang der es unmöglich ist, die Hand des Roboters zu bewegen, egal welche Gelenkgeschwindigkeiten gewählt werden. Es ist offensichtlich, dass dies am Rand des Arbeitsraums von Robotern geschieht.

BEISPIEL 5.4

Wo liegen die **Singularitäten** des einfachen zweigliedrigen Arms aus ▶ **Beispiel 5.3**? Wie lautet die physikalische Erklärung für die Singularitäten? Handelt es sich um Singularitäten an den Rändern des Arbeitsraums oder um Singularitäten im Inneren des Arbeitsraums?

Um die singulären Punkte eines Mechanismus zu finden, müssen wir die Determinante seiner Jacobi-Matrix untersuchen. Wenn die Determinante gleich null ist, hat die **Jacobi-Matrix** den vollen Rang verloren und ist singulär:

$$\det[J(\Theta)] = \begin{bmatrix} l_1 s_2 & 0 \\ l_1 c_2 + l_2 & l_2 \end{bmatrix} = l_1 l_2 s_2 = 0. \qquad (5.73)$$

Offensichtlich existiert eine Singularität des Mechanismus, wenn θ_2 gleich 0 oder 180 Grad ist. Physikalisch gesehen ist der Arm bei $\theta_2 = 0°$ gerade ausgestreckt. In dieser Konfiguration ist die Bewegung des Endeffektors nur entlang einer kartesischen Richtung möglich (derjenigen, die senkrecht zum Arm verläuft). Der Mechanismus hat also einen Freiheitsgrad verloren. Ähnlich verhält es sich bei $\theta_2 = 180°$. Nun ist der Arm vollständig auf sich selbst zurückgeklappt und die Bewegung der Hand ist wieder nur in einer kartesischen Richtung statt in zwei möglich. Wir werden diese Singularitäten als Singularitäten am Rand des Arbeitsraums bezeichnen, da sie am Rand des Arbeitsraums des Manipulators auftreten. Beachten Sie, dass die in Bezug auf den Rahmen {0} oder jeden anderen Rahmen geschriebene Jacobi-Matrix das gleiche Ergebnis geliefert hätte.

Die Gefahr bei der Anwendung von **(5.72)** in einem Robotersteuerungssystem besteht darin, dass die inverse Jacobi-Matrix in einem singulären Punkt „explodiert"! Dies führt dazu, dass die Gelenkgeschwindigkeiten bei Annäherung an die Singularität gegen Unendlichkeit gehen.

BEISPIEL 5.5

Betrachten Sie den zweigliedrigen Roboter aus ▶ **Beispiel 5.3**, dessen Endeffektor sich mit 1,0 m/s entlang der $\hat{X}$-Achse bewegt, wie in **Abbildung 5.10** dargestellt. Zeigen Sie, dass die **Gelenkgeschwindigkeiten** bei ausreichender Entfernung von einer Singularität im normalen Bereich liegen, bei Annäherung an die Singularität $\theta_2 = 0°$ aber gegen unendlich gehen.

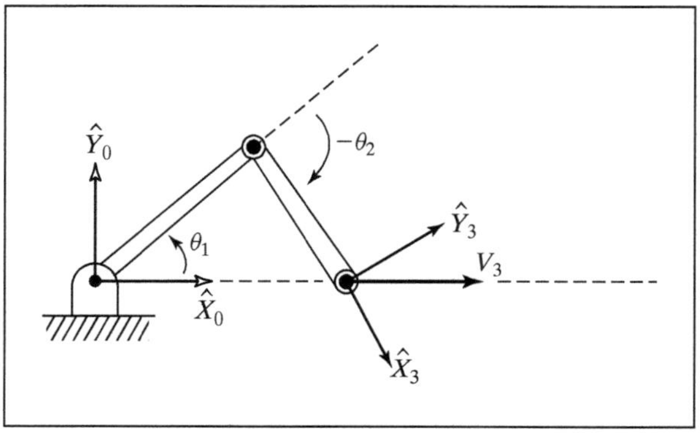

Abbildung 5.10 Ein zweigliedriger Manipulator, der seine Spitze mit konstanter linearer Geschwindigkeit bewegt.

Wir beginnen mit der Bestimmung der Inversen der im Rahmen {0} formulierten Jacobi-Matrix:

$$^{0}J^{-1}(\Theta)=\frac{1}{l_1 l_2 s_2}\begin{bmatrix} l_2 c_{12} & l_2 s_{12} \\ -l_1 c_1 - l_2 c_{12} & -l_1 s_1 - l_2 s_{12} \end{bmatrix}. \tag{5.74}$$

Unter Verwendung von Gleichung **(5.74)** für eine Geschwindigkeit von 1 m/s in $\hat{X}$-Richtung können wir die Gelenkgeschwindigkeiten als Funktion der Manipulator-Konfiguration berechnen:

$$\begin{aligned} \dot{\theta}_1 &= \frac{c_{12}}{l_1 s_2} \quad \text{und} \\ \dot{\theta}_2 &= -\frac{c_1}{l_2 s_2} - \frac{c_{12}}{l_1 s_2}. \end{aligned} \tag{5.75}$$

Wenn sich der Arm in Richtung $\theta_2 = 0°$ ausstreckt, gehen beide Gelenkgeschwindigkeiten klar ersichtlich gegen unendlich.

BEISPIEL 5.6

Nennen Sie zwei Beispiele für **Singularitäten**, die beim Manipulator **PUMA 560** auftreten können.

Es gibt eine Singularität, wenn sich θ_3 dem Wert $-90{,}0$ Grad nähert. Die Berechnung des genauen Wertes von θ_3 belassen wir als Übung (siehe **Übung 5.14**). In dieser Situation sind die Glieder 2 und 3 „ausgestreckt“, genau wie bei der singulären Stelle des zweigliedrigen Manipulators in ▶ **Beispiel 5.3**. Diese ist daher als Singularität am Rand des Arbeitsraums einzustufen.

Immer wenn $\theta_5 = 0{,}0°$ ist, befindet sich der Manipulator in einer singulären Konfiguration. In dieser Konfiguration weisen die Gelenkachsen 4 und 6 die gleiche Orientierung auf – die Aktionen beider Gelenke würden somit zur gleichen Endeffektor-Bewegung führen, als ob ein Freiheitsgrad verloren gegangen wäre. Da dies auch innerhalb des Arbeitsraums auftreten kann, bezeichnen wir dies als Singularität innerhalb des Arbeitsraums.

5.9 Statische Kräfte in Manipulatoren

Die kettenartige Natur eines **Manipulators** führt uns ganz natürlich zu der Frage, wie sich **Kräfte** und Momente von einem Glied zum nächsten „fortpflanzen“. Normalerweise drückt der Roboter mit dem freien Ende der Kette (dem **Endeffektor**) auf etwas in der Umgebung oder hält vielleicht eine Last in der Hand. Wir möchten die Gelenkmomente ermitteln, die wirken müssen, um das System im statischen **Gleichgewicht** zu halten.

Bei der Betrachtung **statischer** Kräfte in einem Manipulator halten wir zunächst alle Gelenke fest, sodass der Manipulator zu einer Struktur wird. Dann betrachten wir jedes Glied in dieser Struktur und schreiben eine Kraft-Moment-Gleichgewichtsbeziehung in Abhängigkeit von den Gliederrahmen. Schließlich berechnen wir, welches statische Drehmoment um die Gelenkachse wirken muss, damit sich der Manipulator im statischen Gleichgewicht befindet. Auf diese Weise ermitteln wir den Satz von Gelenkdrehmomenten, die erforderlich sind, um eine statische Last zu tragen, die auf den Endeffektor wirkt.

In diesem Abschnitt werden wir die Kraft, die aufgrund der **Schwerkraft** auf die Gelenke wirkt, nicht berücksichtigen (das sparen wir uns für ▶ **Kapitel 6** auf). Die statischen Kräfte und **Drehmomente**, die wir an den Gelenken betrachten, sind diejenigen, die durch eine statische Kraft oder ein statisches Drehmoment (oder beides) verursacht werden, die auf das letzte Glied wirken – zum Beispiel, wenn der Manipulator mit seinem Endeffektor in Kontakt mit der Umgebung steht.

Wir definieren spezielle **Symbole** für die Kraft und das Drehmoment, die von einem benachbarten Glied ausgeübt werden:

f_i = Kraft, die durch das Glied $i-1$ auf das Glied i ausgeübt wird.

n_i = Drehmoment, das durch das Glied $i-1$ auf das Glied i ausgeübt wird.

Wir verwenden unsere übliche Konvention für die Zuordnung von Rahmen zu Gliedern. **Abbildung 5.11** zeigt die statischen Kräfte und Momente (mit Ausnahme der Schwerkraft), die auf das Glied i wirken. Wenn wir die Kräfte aufsummieren und gleich null setzen, ergibt sich:

$$ {}^{i}f_i - {}^{i}f_{i+1} = 0. \tag{5.76}$$

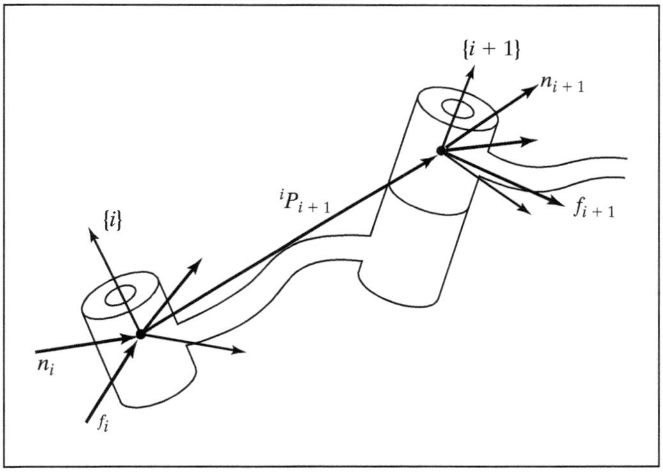

Abbildung 5.11 Statisches Kraft-Moment-Gleichgewicht eines einzelnen Glieds.

Addieren wir die Drehmomente um den Ursprung des Rahmens $\{i\}$ und setzen die Summe gleich null, erhalten wir:

$$ {}^{i}n_i - {}^{i}n_{i+1} - {}^{i}P_{i+1} \times {}^{i}f_{i+1} = 0. \tag{5.77}$$

Wenn wir mit einer Beschreibung der Kraft und des Moments beginnen, die vom Endeffektor des Roboters ausgeübt werden, können wir anschließend die Kraft und das Moment berechnen, die von jedem Glied ausgeübt werden, wobei wir die Berechnungen ausgehend vom letzten Glied abwärts bis zur Basis (Glied 0) durchführen. Dazu formulieren wir die Kraft- und Moment-Gleichungen **(5.76)** und **(5.77)** wie folgt so, dass sie Iterationen von höher nummerierten Gliedern zu niedriger nummerierten Gliedern angeben:

$$ {}^{i}f_i = {}^{i}f_{i+1}, \tag{5.78}$$

$$ {}^{i}n_i = {}^{i}n_{i+1} + {}^{i}P_{i+1} \times {}^{i}f_{i+1}. \tag{5.79}$$

Um diese Gleichungen nur in Form von **Kräften** und **Momenten** zu schreiben, die innerhalb ihrer eigenen Gliedrahmen definiert sind, transformieren wir sie mit der Rotationsmatrix, die den Rahmen $\{i+1\}$ relativ zum Rahmen $\{i\}$ beschreibt. Dies führt zu unserem wichtigsten Ergebnis für die „Fortpflanzung“ statischer Kräfte von Glied zu Glied:

$$ {}^{i}f_i = {}^{i}_{i+1}R\, {}^{i+1}f_{i+1} \quad \text{sowie} \tag{5.80} $$

$$ {}^{i}n_i = {}^{i}_{i+1}R\, {}^{i+1}n_{i+1} + {}^{i}P_{i+1} \times {}^{i}f_i. \tag{5.81} $$

Schließlich stellt sich diese wichtige Frage: Welche Drehmomente werden an den Gelenken benötigt, um die auf die Glieder wirkenden Reaktionskräfte und Momente auszugleichen? Alle Komponenten der Kraft- und Momentenvektoren werden von der Struktur des Mechanismus selbst aufgefangen, mit Ausnahme des Drehmoments um die Gelenkachse. Um das zur Aufrechterhaltung des **statischen** Gleichgewichts erforderliche **Gelenkdrehmoment** zu ermitteln, wird daher das Punktprodukt aus dem Vektor der Gelenkachse und dem auf das Gelenk wirkenden Momentenvektor berechnet:

$$ \tau_i = {}^{i}n_i^T\, {}^{i}\hat{Z}_i. \tag{5.82} $$

Für den Fall eines prismatischen Gelenks i, berechnen wir die **Antriebskraft** am Gelenk mit

$$ \tau_i = {}^{i}f_i^T\, {}^{i}\hat{Z}_i. \tag{5.83} $$

Beachten Sie, dass wir das Symbol τ auch für eine lineare Gelenkkraft verwenden.

Als Konvention definieren wir üblicherweise die Richtung des Gelenkdrehmoments als positiv, bei der das Gelenk durch das Drehmoment in Richtung des zunehmenden Gelenkwinkels bewegt würde.

Die Gleichungen **(5.80)** bis **(5.83)** geben uns die Möglichkeit, die Gelenkdrehmomente zu berechnen, die erforderlich sind, um im statischen Fall mit dem Endeffektor eines Manipulators eine beliebige Kraft oder ein Moment auszuüben.

BEISPIEL 5.7

Der zweigliedrige Manipulator aus ▶ **Beispiel 5.3** übt mit seinem Endeffektor eine Kraft ${}^{3}F$ aus. (Nehmen Sie an, dass die Kraft am Ursprung von Rahmen {3} angreift.) Finden Sie die erforderlichen **Gelenkmomente** als Funktion der Konfiguration und der ausgeübten Kraft (siehe **Abbildung 5.12**).

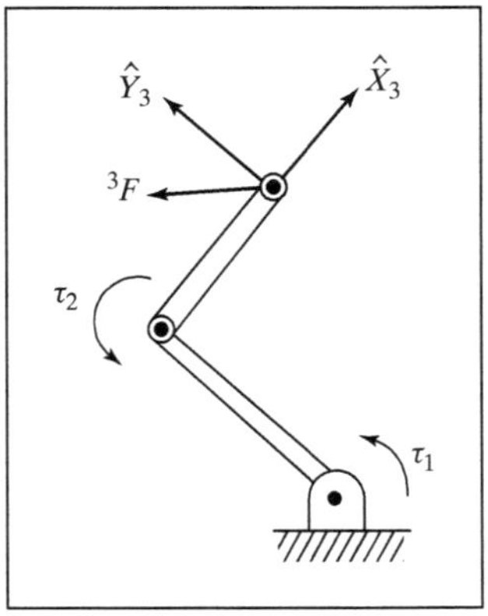

Abbildung 5.12 Ein zweigliedriger Manipulator, der an seiner Spitze eine Kraft ausübt.

Wir wenden die Gleichungen **(5.80)** bis **(5.82)** an. Dabei beginnen wir mit dem letzten Glied und arbeiten uns in Richtung der Basis des Roboters vor:

$$ {}^2f_2 = \begin{bmatrix} f_x \\ f_y \\ 0 \end{bmatrix}, \tag{5.84} $$

$$ {}^2n_2 = l_2 \hat{X}_2 \times \begin{bmatrix} f_x \\ f_y \\ 0 \end{bmatrix} = \begin{bmatrix} 0 \\ 0 \\ l_2 f_y \end{bmatrix}, \tag{5.85} $$

$$ {}^1f_1 = \begin{bmatrix} c_2 & -s_2 & 0 \\ s_2 & c_2 & 0 \\ 0 & 0 & 1 \end{bmatrix} \begin{bmatrix} f_x \\ f_y \\ 0 \end{bmatrix} = \begin{bmatrix} c_2 f_x - s_2 f_y \\ s_2 f_x + c_2 f_y \\ 0 \end{bmatrix} \quad \text{und} \tag{5.86} $$

$$ {}^1n_1 = \begin{bmatrix} 0 \\ 0 \\ l_2 f_y \end{bmatrix} + l_1 \hat{X}_1 \times {}^1f_1 = \begin{bmatrix} 0 \\ 0 \\ l_1 s_2 f_x + l_1 c_2 f_y + l_2 f_y \end{bmatrix}. \tag{5.87} $$

Daraus ergibt sich:

$$ \tau_1 = l_1 s_2 f_x + (l_2 + l_1 c_2) f_y, \tag{5.88} $$

$$ \tau_2 = l_2 f_y. \tag{5.89} $$

Diese Beziehung kann als Matrixoperator geschrieben werden:

$$ \tau = \begin{bmatrix} l_1 s_2 & l_2 + l_1 c_2 \\ 0 & l_2 \end{bmatrix} \begin{bmatrix} f_x \\ f_y \end{bmatrix}. \tag{5.90} $$

Es ist kein Zufall, dass diese Matrix die Transponierte der **Jacobi-Matrix** ist, die wir in **(5.66)** gefunden haben!

5.10 Jacobi-Matrizen im Kraftbereich

Wir haben Gelenkdrehmomente gefunden, die im statischen Fall die **Kräfte** an der Hand genau ausgleichen. Wirken Kräfte auf einen Mechanismus ein, wird **Arbeit** (im technischen Sinne) verrichtet, wenn sich der Mechanismus durch eine Verschiebung bewegt. Arbeit ist definiert als eine Kraft, die entlang einer Strecke wirkt, und sie ist ein Skalar mit der Einheit Energie. Das Prinzip der **virtuellen Arbeit** erlaubt es uns, gewisse Aussagen über den statischen Fall zu machen, indem wir den Betrag dieser Verschiebung unendlich klein werden lassen. Die Arbeit hat die Einheit der Energie, also muss sie in jedem Satz verallgemeinerter Koordinaten gleich sein. Insbesondere können wir die **Arbeit**, die in kartesischen Koordinaten geleistet wird, mit der Arbeit gleichsetzen, die im Gelenkraum geleistet wird. Im mehrdimensionalen Fall ist die **Arbeit** das Punktprodukt aus einer vektoriellen Kraft oder eines Drehmoments und einer vektoriellen Verschiebung. Das führt uns zu der folgenen Gleichung:

$$ \mathcal{F} \cdot \delta\chi = \tau \cdot \delta\Theta, \tag{5.91} $$

wobei $\mathcal{F}$ ein kartesischer 6×1-Kraft-Moment-Vektor ist, der auf den Endeffektor wirkt. $\delta\chi$ ist eine infinitesimale kartesische 6×1-Verschiebung des Endeffektors, τ ist ein 6×1-Vektor der Drehmomente an den Gelenken und $\delta\Theta$ ist ein 6×1-Vektor der infinitesimalen Gelenkverschiebungen. Der Ausdruck **(5.91)** kann auch wie folgt geschrieben werden:

$$\mathcal{F}^T \delta\chi = \tau^T \delta\Theta. \tag{5.92}$$

Die Definition der Jacobi-Matrix lautet:

$$\delta\chi = J\delta\Theta. \tag{5.93}$$

Durch Einsetzen in die obige Gleichung ergibt sich:

$$\mathcal{F}^T J\delta\Theta = \tau^T \delta\Theta, \tag{5.94}$$

was für alle $\delta\Theta$ gelten muss. Daher gilt:

$$\mathcal{F}^T J = \tau^T. \tag{5.95}$$

Wenn wir beide Seiten transponieren, erhalten wir das folgende Ergebnis:

$$\tau = J^T \mathcal{F}. \tag{5.96}$$

Gleichung **(5.96)** bestätigt im Allgemeinen, was wir im Spezialfall des zweigliedrigen Manipulators in ▶ **Beispiel 5.6** gesehen haben: Die transponierte **Jacobi-Matrix** bildet die auf die Hand wirkenden kartesischen Kräfte auf äquivalente Gelenkdrehmomente ab. Wenn die Jacobi-Matrix in Bezug auf den Rahmen {0} formuliert wird, können die in {0} geschriebenen Kraftvektoren transformiert werden, was durch die folgende Schreibweise deutlich wird:

$$\tau = {}^0J^T\, {}^0\mathcal{F}. \tag{5.97}$$

Wenn die Jacobi-Matrix ihren vollen Rang verliert, gibt es bestimmte Richtungen, in denen der Endeffektor keine statischen Kräfte ausüben kann, selbst wenn dies gewünscht ist. Das heißt, ist die **Jacobi-Matrix** in **(5.97)** singulär, kann $\mathcal{F}$ in bestimmten Richtungen (die den Nullraum der Jacobi-Matrix definieren [6]) erhöht oder verringert werden, ohne dass dies Auswirkungen auf den für τ berechneten Wert hat. Das bedeutet auch, dass die mechanische Wirkung in der Nähe singulärer Konfigurationen gegen unendlich geht, und zwar in der Hinsicht, dass mit kleinen Gelenkdrehmomenten große Kräfte am Endeffektor erzeugt werden können.[24] Singularitäten treten also sowohl im Kraftbereich als auch im Positionsbereich zu Tage.

Beachten Sie, dass **(5.97)** eine sehr interessante Beziehung ist, da sie es uns ermöglicht, eine kartesische Größe in eine Größe im **Gelenkraum** umzuwandeln, ohne irgendwelche inversen kinematischen Funktionen berechnen zu müssen. Wir werden davon Gebrauch machen, wenn wir uns in späteren Kapiteln mit dem Problem der Steuerung befassen.

24 Betrachten Sie einen planaren Manipulator mit zwei Gliedern, der fast ausgestreckt ist und dessen Endeffektor in Kontakt mit einer Reaktionsfläche steht. In dieser Konfiguration können beliebig große Kräfte durch „kleine" Gelenkmomente erzeugt werden.

5.11 Kartesische Transformation von Geschwindigkeiten und statischen Kräften

Die allgemeine Geschwindigkeit eines Körpers können wir als eine 6×1-Darstellung betrachten:

$$\nu = \begin{bmatrix} v \\ \omega \end{bmatrix}. \tag{5.98}$$

Genauso können wir allgemeine **Kraftvektoren** durch 6×1-Darstellungen beschreiben, wie zum Beispiel:

$$\mathcal{F} = \begin{bmatrix} F \\ N \end{bmatrix}, \tag{5.99}$$

wobei F ein 3×1-Kraftvektor und N ein 3×1-Momentenvektor ist. Dann ist es naheliegend, über 6×6-Transformationen nachzudenken, die diese Größen von einem Rahmen auf einen anderen übertragen. Genau das haben wir bereits bei der Betrachtung der Fortpflanzung von Geschwindigkeiten und Kräften von Glied zu Glied getan. Hier schreiben wir **(5.45)** und **(5.47)** in Form von Matrix-Operatoren, um beliebige Geschwindigkeitsvektoren in Bezug auf Rahmen $\{A\}$ in ihre Beschreibung bezüglich Rahmen $\{B\}$ zu transformieren.

Die beiden hier beteiligten Rahmen sind starr miteinander verbunden. Somit wird $\dot{\theta}_{i+1}$ aus **(5.45)** bei der Herleitung der folgenden Beziehung gleich null gesetzt:

$$\begin{bmatrix} {}^{B}v_{B} \\ {}^{B}\omega_{B} \end{bmatrix} = \begin{bmatrix} {}^{B}_{A}R & -{}^{B}_{A}R\, {}^{A}P_{BORG} \times \\ 0 & {}^{B}_{A}R \end{bmatrix} \begin{bmatrix} {}^{A}v_{A} \\ {}^{A}\omega_{A} \end{bmatrix}, \tag{5.100}$$

wobei unter dem Kreuzprodukt der Matrixoperator

$$P \times = \begin{bmatrix} 0 & -p_z & p_y \\ p_z & 0 & -p_x \\ -p_y & p_x & 0 \end{bmatrix} \tag{5.101}$$

zu verstehen ist.

Gleichung **(5.100)** setzt die Geschwindigkeiten in einem Rahmen mit denen in einem anderen in Beziehung, sodass der 6×6-Operator, für den wir das Symbol T_v verwenden, als **Geschwindigkeitstransformation** bezeichnet wird. In diesem Fall handelt es sich um eine Geschwindigkeitstransformation, die Geschwindigkeiten in $\{A\}$ auf Geschwindigkeiten in $\{B\}$ abbildet. Daher verwenden wir die folgende Schreibweise, um **(5.100)** kompakt auszudrücken:

$${}^{B}\nu_{B} = {}^{B}_{A}T_{v}\, {}^{A}\nu_{A}. \tag{5.102}$$

Wir können **(5.100)** invertieren, um die Geschwindigkeit in $\{A\}$ zu berechnen, wenn die Größen in $\{B\}$ vorliegen:

$$\begin{bmatrix} {}^{A}v_{A} \\ {}^{A}\omega_{A} \end{bmatrix} = \begin{bmatrix} {}^{B}_{A}R & {}^{A}P_{BORG} \times {}^{B}_{A}R \\ 0 & {}^{B}_{A}R \end{bmatrix} \begin{bmatrix} {}^{B}v_{B} \\ {}^{B}\omega_{B} \end{bmatrix} \tag{5.103}$$

oder

$${}^{A}\nu_{A} = {}^{A}_{B}T_{v}\, {}^{B}\nu_{B}. \tag{5.104}$$

Beachten Sie, dass diese Abbildungen der Geschwindigkeiten von Rahmen zu Rahmen von ${}^A_BT$ (oder der Inversen) abhängen und daher als momentane Ergebnisse interpretiert werden müssen, es sei denn, die Beziehung zwischen den beiden Rahmen ist statisch. In ähnlicher Weise erhalten wir aus **(5.80)** und **(5.81)** die 6 × 6-Matrix, welche bezüglich $\{B\}$ formulierte, allgemeine Kraftvektoren in ihre Beschreibung in Bezug auf Rahmen $\{A\}$ transformiert:

$$\begin{bmatrix} {}^AF_A \\ {}^AN_A \end{bmatrix} = \begin{bmatrix} {}^A_BR & 0 \\ {}^AP_{BORG} \times {}^A_BR & {}^A_BR \end{bmatrix} \begin{bmatrix} {}^BF_B \\ {}^BN_B \end{bmatrix}, \tag{5.105}$$

was wie folgt kompakt geschrieben werden kann:

$${}^A\mathcal{F}_A = {}^A_BT_f \, {}^B\mathcal{F}_B, \tag{5.106}$$

wobei T_f eine **Kraft-Moment-Transformation** bezeichnet.

Geschwindigkeits- und **Krafttransformationen** ähneln den Jacobi-Matrizen, da sie Geschwindigkeiten und Kräfte in verschiedenen Koordinatensystemen in Beziehung setzen.

BEISPIEL 5.8

Abbildung 5.13 zeigt einen Endeffektor, der ein Werkzeug hält. An der Stelle, an der der Endeffektor mit dem Manipulator verbunden ist, befindet sich ein kraftmessendes Handgelenk. Das ist ein Gerät mit einem Sensor, welcher die Kräfte und Drehmomente messen kann, die auf das Gerät einwirken.

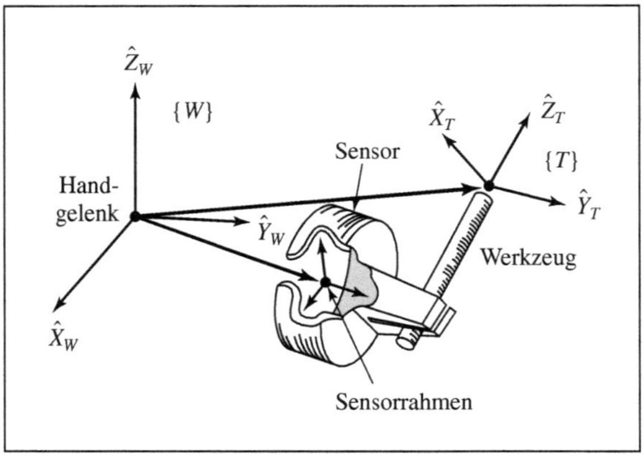

Abbildung 5.13 Die betrachteten Rahmen mit einem Kraftsensor.

Sei die Ausgabe dieses Sensors ein 6 × 1-Vektor ${}^S\mathcal{F}$, bestehend aus drei Kräften und drei Drehmomenten, die im Sensorrahmen $\{S\}$ formuliert sind. Unser eigentliches Interesse gilt den Kräften und Drehmomenten ${}^T\mathcal{F}$, die an der Spitze des **Werkzeugs** wirken. Finden Sie die 6 × 6-Transformation, die den Kraft-Momenten-Vektor von $\{S\}$ in den Werkzeugrahmen $\{T\}$ transformiert. Die Transformation ${}^S_TT$, die $\{T\}$ zu $\{S\}$ in Beziehung setzt, ist bekannt. (Beachten Sie, dass $\{S\}$ hier der Sensorrahmen und nicht der stationäre Rahmen ist.)

Die Lösung besteht einfach in der Anwendung von **(5.106)**. Zunächst berechnen wir die Inverse von ${}^S_T T$, also ${}^T_S T$, die sich aus ${}^T_S R$ und ${}^T P_{SORG}$ zusammensetzt. Dann wenden wir **(5.106)** an, um

$$ {}^T\mathcal{F}_T = {}^T_S T_f \; {}^S\mathcal{F}_S \tag{5.107} $$

zu erhalten, wobei

$$ {}^T_S T_f = \begin{bmatrix} {}^T_S R & 0 \\ {}^T P_{SORG} \times {}^T_S R & {}^T_S R \end{bmatrix} \tag{5.108} $$

ist.

Literatur

[1] K. Hunt, *Kinematic Geometry of Mechanisms*, Oxford University Press, New York, 1978.

[2] K.R. Symon, *Mechanics*, 3. Auflage, Addison-Wesley, Reading, MA, 1971.

[3] I. Shames, *Engineering Mechanics*, 2. Auflage, Prentice-Hall, Englewood Cliffs, NJ, 1967.

[4] D. Orin und W. Schrader, „Efficient Jacobian Determination for Robot Manipulators“, in *Robotics Research: The First International Symposium*, M. Brady und R.P. Paul, Editoren, MIT Press, Cambridge, MA, 1984.

[5] B. Gorla und M. Renaud, *Robots Manipulateurs*, Cepadues-Editions, Toulouse, 1984.

[6] B. Noble, *Applied Linear Algebra*, Prentice-Hall, Englewood Cliffs, NJ, 1969.

[7] J.K. Salisbury und J. Craig, „Articulated Hands: Kinematic and Force Control Issues“, *International Journal of Robotics Research*, Vol. 1, No. 1, 1982.

[8] C. Wampler, „Wrist Singularities: Theory and Practice“, in *The Robotics Review 2*, O. Khatib, J. Craig und T. Lozano-Perez, Editoren, MIT Press, Cambridge, MA, 1992.

[9] D.E. Whitney, „Resolved Motion Rate Control of Manipulators and Human Prostheses“, *IEEE Transactions on Man-Machine Systems*, 1969.

Übungen

5.1 [10] Wiederholen Sie ▶ **Beispiel 5.4**, aber verwenden Sie die bezüglich Rahmen {0} formulierte Jacobi-Matrix aus **(5.67)**. Sind die Ergebnisse dieselben wie in ▶ **Beispiel 5.3?**

5.2 [25] Ermitteln Sie die Jacobi-Matrix des Manipulators mit drei Freiheitsgraden aus ▶ **Übung 3.3** in ▶ **Kapitel 3**. Formulieren Sie diese in Bezug auf einen Rahmen {4}, der sich an der Spitze der Hand befindet und die gleiche Ausrichtung wie der Rahmen {3} aufweist.

5.3 [35] Ermitteln Sie die Jacobi-Matrix des Manipulators mit drei Freiheitsgraden aus ▶ **Übung 3.3** in ▶ **Kapitel 3**. Formulieren Sie diese in Bezug auf einen Rahmen {4}, der sich an der Spitze der Hand befindet und die gleiche Ausrichtung wie der Rahmen {3} aufweist. Bestimmen Sie die Jacobi-Matrix auf drei verschiedene Arten, nämlich durch Geschwindigkeitsfortpflanzung von der Basis zur Spitze, durch Fortpflanzung der statischen Kräfte von der Spitze zur Basis und durch direkte Differenziation der kinematischen Gleichungen.

5.4 [8] Beweisen Sie, dass Singularitäten im Kraftbereich in den gleichen Konfigurationen existieren wie Singularitäten im Positionsbereich.

5.5 [39] Berechnen Sie die Jacobi-Matrix des PUMA 560 im Rahmen {6}.

5.6 [47] Stimmt es, dass jeder Mechanismus mit drei Drehgelenken und von null verschiedenen Gliederlängen einen Ort mit singulären Punkten innerhalb seines Arbeitsraums haben muss?

5.7 [7] Zeichnen die Skizze eines Mechanismus mit drei Freiheitsgraden, dessen Jacobi-Matrix der linearen Geschwindigkeit für alle Konfigurationen des Manipulators die 3×3-Einheitsmatrix ist. Beschreiben Sie die Kinematik in ein oder zwei Sätzen.

5.8 [18] Allgemeine Mechanismen weisen manchmal bestimmte Konfigurationen auf, die als „isotrope Punkte" bezeichnet werden. In diesen Konfigurationen sind die Spalten der Jacobi-Matrix orthogonal und weisen den gleichen Betrag auf [7]. Finden Sie für den zweigliedrigen Manipulator aus ▶ **Beispiel 5.3** heraus, ob es isotrope Punkte gibt. *Tipp:* Gibt es eine Bedingung für l_1 und l_2?

5.9 [50] Bestimmen Sie die Bedingungen, die für die Existenz isotroper Punkte bei einem allgemeinen Manipulator mit sechs Freiheitsgraden notwendig sind (siehe **Übung 5.8**).

5.10 [7] Geben Sie für den zweigliedrigen Manipulator aus ▶ **Beispiel 5.3** die Transformation an, welche die Gelenkdrehmomente in einen 2×1-Kraftvektor ${}^3F$ an der Hand abbildet.

5.11 [14] Gegeben sei:

$$
{}^A_BT = \begin{bmatrix} 0{,}866 & -0{,}500 & 0{,}000 & 10{,}0 \\ 0{,}500 & 0{,}866 & 0{,}000 & 0{,}0 \\ 0{,}000 & 0{,}000 & 1{,}000 & 5{,}0 \\ 0 & 0 & 0 & 1 \end{bmatrix}.
$$

Der Geschwindigkeitsvektor im Ursprung von $\{A\}$ ist:

$$^{A}\nu = \begin{bmatrix} 0{,}0 \\ 2{,}0 \\ -3{,}0 \\ 1{,}414 \\ 1{,}414 \\ 0{,}0 \end{bmatrix}.$$

Finden Sie den 6×1-Geschwindigkeitsvektor bezüglich des Ursprungs von $\{B\}$.

5.12 [15] Geben Sie für den dreigliedrigen Manipulator aus ▶ **Übung 3.3** einen Satz von Gelenkwinkeln an, für die der Manipulator eine Singularität am Rand des Arbeitsraums aufweist, sowie einen anderen Satz von Winkeln, für die der Manipulator eine Singularität im Inneren des Arbeitsraums hat.

5.13 [9] Ein bestimmter zweigliedriger Manipulator hat die folgende Jacobi-Matrix:

$$^{0}J(\Theta) = \begin{bmatrix} -l_1 s_1 - l_2 s_{12} & -l_2 s_{12} \\ l_1 c_1 + l_2 c_{12} & l_2 c_{12} \end{bmatrix}.$$

Welches sind, bei Vernachlässigung der Schwerkraft, die erforderlichen Gelenkdrehmomente, damit der Manipulator eine statische Kraft mit einem Kraftvektor $^{0}F = 10\hat{X}_0$ ausübt?

5.14 [18] Wenn der Gliedparameter a_3 des PUMA 560 gleich null wäre, würde für $\theta_3 = -90{,}0°$ eine Singularität am Rand des Arbeitsraums auftreten. Geben Sie einen Ausdruck für den Wert von θ_3 an, bei dem die Singularität auftritt, und zeigen Sie, dass das Ergebnis dieses Ausdrucks für a_3 gleich null $\theta_3 = -90{,}0°$ wäre. *Hinweis*: In dieser Konfiguration verläuft eine gerade Linie durch die Gelenkachsen 2 und 3 und den Schnittpunkt der Achsen 4, 5 und 6.

5.15 [24] Geben Sie die 3×3-Jacobi-Matrix an, welche die lineare Geschwindigkeit der Werkzeugspitze aus den drei Gelenkgeschwindigkeiten für den Manipulator aus ▶ **Beispiel 3.4** in ▶ **Kapitel 3** berechnet. Formulieren Sie die Jacobi-Matrix in Bezug auf den Rahmen $\{0\}$.

5.16 [20] Ein $3R$-Manipulator weist eine Kinematik auf, die genau dem Satz der Z-Y-Z-Euler-Winkel entspricht (d. h., die Vorwärts-Kinematik ist durch **(2.72)** gegeben, mit $\alpha = \theta_1$, $\beta = \theta_2$ und $\gamma = \theta_3$). Geben Sie die Jacobi-Matrix an, welche die Gelenkgeschwindigkeiten mit der Winkelgeschwindigkeit des letzten Glieds in Beziehung setzt.

5.17 [31] Stellen Sie sich vor, dass uns für einen allgemeinen 6-DOF-Roboter die $^{0}\hat{Z}_i$ und $^{0}P_{iorg}$ für alle i vorliegen – d. h., wir kennen die Werte der Einheitsvektoren von Z für jeden Gliedrahmen in Bezug auf den Basisrahmen und wir kennen die Positionen der Ursprünge aller Gliedrahmen in Bezug auf den Basisrahmen. Nehmen wir an, dass wir an der Geschwindigkeit des Werkzeugpunktes (der relativ zum Glied n fest ist) interessiert sind und dass wir auch $^{0}P_{Werkzeug}$ kennen. Für ein Drehgelenk ist die Geschwindigkeit der Werkzeugspitze aufgrund der Geschwindigkeit des Gelenks i dann gegeben durch:

$$^{0}v_i = \dot{\theta}_i \, {}^{0}\hat{Z}_i \times ({}^{0}P_{Werkzeug} - {}^{0}P_{iorg}). \tag{5.109}$$

Und die Winkelgeschwindigkeit von Glied n aufgrund der Geschwindigkeit dieses Gelenks ist gegeben durch

$$ {}^{0}\omega_i = \dot{\theta}_i \, {}^{0}\hat{Z}_i. \tag{5.110} $$

Die vollständige Linear- und Winkelgeschwindigkeit des Werkzeugs ergibt sich aus den Summen der ${}^{0}v_i$ und ${}^{0}\omega_i$. Geben Sie Gleichungen analog zu **(5.109)** und **(5.110)** für den Fall eines prismatischen Gelenks i an und schreiben Sie die 6 × 6-Jacobi-Matrix eines beliebigen 6-DOF-Manipulators in Abhängigkeit von $\hat{Z}_i, P_{iorg}$ und $P_{Werkzeug}$.

5.18 [18] Die Kinematik eines 3*R*-Roboters ist gegeben durch:

$$ {}^{0}_{3}T = \begin{bmatrix} c_1 c_{23} & -c_1 s_{23} & s_1 & l_1 c_1 + l_2 c_1 c_2 \\ s_1 c_{23} & -s_1 s_{23} & -c_1 & l_1 s_1 + l_2 s_1 c_2 \\ s_{23} & c_{23} & 0 & l_2 s_2 \\ 0 & 0 & 0 & 1 \end{bmatrix}. $$

Finden Sie ${}^{0}J(\Theta)$, welche nach Multiplikation mit dem Gelenkgeschwindigkeitsvektor die lineare Geschwindigkeit des Ursprungs von Rahmen {3} relativ zu Rahmen {0} angibt.

5.19 [15] Die Position des Ursprungs von Glied 2 für einen *RP*-Manipulator ist gegeben durch:

$$ {}^{0}P_{2ORG} = \begin{bmatrix} a_1 c_1 - d_2 s_1 \\ a_1 s_1 + d_2 c_1 \\ 0 \end{bmatrix}. $$

Geben Sie die 2 × 2-Jacobi-Matrix an, welche die beiden Gelenkgeschwindigkeiten mit der linearen Geschwindigkeit des Ursprungs von Rahmen {2} in Beziehung setzt. Geben Sie einen Wert für Θ an, bei dem sich das Gerät in einer Singularität befindet.

5.20 [20] Erklären Sie, was mit der folgenden Aussage gemeint sein könnte: „Ein n-DOF-Manipulator an einer Singularität kann als redundanter Manipulator in einem Raum mit der Dimension $n - 1$ behandelt werden."

5.21 [18] Beschreiben Sie eine Singularität im Inneren des Arbeitsraums, die für den PUMA 560 zusätzlich zu der in ▶ **Beispiel 5.6** vorgestellten Singularität existiert. *Hinweis*: Diese Konfiguration ähnelt in gewisser Weise derjenigen, die in **Übung 5.14** beschrieben wurde.

5.22 [22] Bestimmen Sie anhand des Beinmodells aus ▶ **Übung 3.25** die Gelenkdrehmomente τ, die notwendig sind, um einer Kraft von 95 N entgegenzuwirken, die in vertikaler Richtung am Kontaktpunkt der Zehen wirkt, wenn $\Theta = [10{,}5°, -44{,}0°, 3{,}55°]$.

5.23 [35] Zeigen Sie, dass ${}^{A}_{B}T_f \neq {}^{A}_{B}T_v^T$.

5.24 [18] Welche Dimension besitzt die Jacobi-Matrix für den in ▶ **Abbildung 4.15** dargestellten 4*R*-Manipulator?

5.25 [25] Bestimmen Sie für den 2*R*-Manipulator in ▶ **Beispiel 5.3**, mit $l_1 = 500$ mm, $l_2 = 400$ mm und $\Theta = [30°\ 75°]$, numerisch die Jacobi-Matrix, formuliert in Bezug auf den Rahmen {0}, indem Sie kleine Gelenkstörungen verwenden. Welche Einheiten sind mit dieser Matrix verbunden? Vergleichen Sie das Ergebnis mit dem analytisch berechneten Wert aus **(5.57)**.

5.26 [25] Wiederholen Sie ▶ **Beispiel 5.5**, verwenden Sie aber die bezüglich Rahmen {3} geschriebene Jacobi-Matrix. Sind die Ergebnisse dieselben wie in ▶ **Beispiel 5.5**?

5.27 [22] Geben Sie die 2 × 2-Jacobi-Matrix an, welche die lineare Geschwindigkeit der Werkzeugspitze aus den beiden Gelenkgeschwindigkeiten für den Manipulator in ▶ **Beispiel 4.2** berechnet. Nennen Sie alle Singularitäten dieses *RP*-Manipulators.

5.28 [14] Gegeben sei:

$$\begin{bmatrix} 0{,}612 & -0{,}5 & 0{,}612 & 1 \\ 0{,}354 & 0{,}866 & 0{,}354 & 3 \\ -0{,}707 & 0 & 0{,}707 & 7 \\ 0 & 0 & 0 & 1 \end{bmatrix}.$$

Ist der Geschwindigkeitsvektor im Ursprung von {*A*} gleich

$$\begin{bmatrix} 5 \\ 1 \\ 3 \\ -0{,}9 \\ 0 \\ 0{,}5 \end{bmatrix},$$

dann finden Sie den 6 × 1-Geschwindigkeitsvektor, dessen Bezugspunkt im Ursprung von {*B*} liegt.

5.29 [9] Ein bestimmter zweigliedriger Manipulator hat die folgende Jacobi-Matrix:

$$^{0}J(\Theta) = \begin{bmatrix} -l_1 s_1 - l_2 s_{12} & -l_2 s_{12} \\ l_1 c_1 + l_2 c_{12} & l_2 c_{12} \end{bmatrix}.$$

Wie lauten, bei Vernachlässigung der Schwerkraft, die erforderlichen Gelenkdrehmomente, damit der Manipulator eine statische Kraft mit dem Kraftvektor $^{0}F = 5\hat{X}_0 + 3\hat{Y}_0$ ausübt?

5.30 [24] Geben Sie die 3 × 3-Jacobi-Matrix an, welche für den Manipulator aus ▶ **Beispiel 3.4** in ▶ **Kapitel 3** die lineare Geschwindigkeit der Werkzeugspitze aus den drei Gelenkgeschwindigkeiten berechnet. Geben Sie die Jacobi-Matrix sowohl bezüglich des Rahmens {0} als auch bezüglich des Rahmens {3} an.

Programmierübung (Teil 5)

1 Zwei Rahmen {*A*} und {*B*} bewegen sich nicht relativ zueinander – das heißt, ${}^{A}_{B}T$ ist konstant. Im planaren Fall definieren wir die Geschwindigkeit des Rahmens {*A*} als

$$^{A}v_A = \begin{bmatrix} ^{A}\dot{x}_A \\ ^{A}\dot{y}_A \\ ^{A}\dot{\theta}_A \end{bmatrix}.$$

Schreiben Sie ein Unterprogramm, das $^{B}v_B$ berechnet, wenn ${}^{A}_{B}T$ und $^{A}v_A$ bekannt sind. *Hinweis*: Dies ist das planare Analogon von (**5.100**). Verwenden Sie einen Prozeduraufruf (oder das Äquivalent in C) wie:

```
Procedure Veltrans (VAR brela: frame; VAR vrela, vrelb: vec3);
```

wobei „vrela" die Geschwindigkeit relativ zum Rahmen $\{A\}$, also ${}^{A}v_{A}$, und „vrelb" – die Ausgabe des Programms – die Geschwindigkeit relativ zum Rahmen $\{B\}$, also ${}^{B}v_{B}$, ist.

2 Bestimmen Sie die 3×3-Jacobi-Matrix des dreigliedrigen planaren Manipulators (aus ▶ **Beispiel 3.3**). Um die Jacobi-Matrix zu bestimmen, sollten Sie die Analyse der Fortpflanzung von Geschwindigkeiten (wie in ▶ **Beispiel 5.3**) oder die Analyse der statischen Kräfte (wie in ▶ **Beispiel 5.7**) verwenden. Zeigen Sie in Ihrer Arbeit, wie Sie die Jacobi-Matrix hergeleitet haben.
Schreiben Sie ein Unterprogramm zur Berechnung der Jacobi-Matrix bezüglich Rahmen $\{3\}$ – das heißt ${}^{3}J(\Theta)$ – als Funktion der Gelenkwinkel. Beachten Sie, dass Rahmen $\{3\}$ der Standard-Gliedrahmen ist, dessen Ursprung auf der Achse von Gelenk 3 liegt. Verwenden Sie einen Prozeduraufruf (oder das Äquivalent in C) wie:

```
Procedure Jacobian (VAR theta: vec3; VAR Jac: mat33);
```

Die Daten des Manipulators sind $L_1 = L_2 = 0{,}5$ m, $L_3 = 0{,}15$ m .

3 Ein Werkzeugrahmen und ein stationärer Rahmen werden vom Benutzer für eine bestimmte Aufgabe wie folgt definiert (die Einheiten sind Meter und Grad):

$$ {}^{W}_{T}T = [x\ y\ \theta] = [0{,}1 \quad 0{,}2 \quad 30{,}0] \quad \text{und} $$
$$ {}^{B}_{S}T = [x\ y\ \theta] = [0{,}0 \quad 0{,}0 \quad 0{,}0]. $$

Zu einem bestimmten Zeitpunkt befindet sich die Werkzeugspitze an der folgenden Position:

$$ {}^{S}_{T}T = [x\ y\ \theta] = [0{,}6 \quad -0{,}3 \quad 45{,}0]. $$

Zum gleichen Zeitpunkt werden die Gelenkgeschwindigkeiten (in Grad/Sekunde) wie folgt gemessen:

$$ \dot{\Theta} = [\dot{\theta}_1\ \dot{\theta}_2\ \dot{\theta}_3] = [20{,}0 \quad -10{,}0 \quad 12{,}0]. $$

Berechnen Sie die lineare und die Winkelgeschwindigkeit der Werkzeugspitze relativ zu ihrem eigenen Rahmen – d. h. ${}^{T}v_{T}$. Wenn es mehr als eine mögliche Antwort gibt, berechnen Sie alle möglichen Antworten.

MATLAB-Übung 5

Diese Übung konzentriert sich auf die Jacobi-Matrix und ihre Determinante, die simulierte Steuerung mit aufgelöster Geschwindigkeit und die inverse Statik für den planaren 3-DOF-3R-Roboter (siehe ▶ **Abbildungen 3.6** und **3.7**; die DH-Parameter sind in ▶ **Abbildung 3.8** angegeben).

Die Methode der aufgelösten **Geschwindigkeitsregelung** [9] basiert auf der Gleichung der Manipulatorgeschwindigkeit ${}^{k}\dot{X} = {}^{k}J\dot{\Theta}$. Dabei sind ${}^{k}J$ die Jacobi-Matrix, $\dot{\Theta}$ der Vektor der relativen Gelenkgeschwindigkeiten, ${}^{k}\dot{X}$ der Vektor der vorgegebenen kartesischen Geschwindigkeiten (sowohl translatorisch als auch rotatorisch) und k die Nummer des Rahmens, bezüglich dessen die Jacobi-Matrix und die kartesischen Geschwindigkeiten ausgedrückt werden. Die Abbildung zeigt ein Blockdiagramm für die Simulation des Algorithmus zur Steuerung mit aufgelöster Geschwindigkeit:

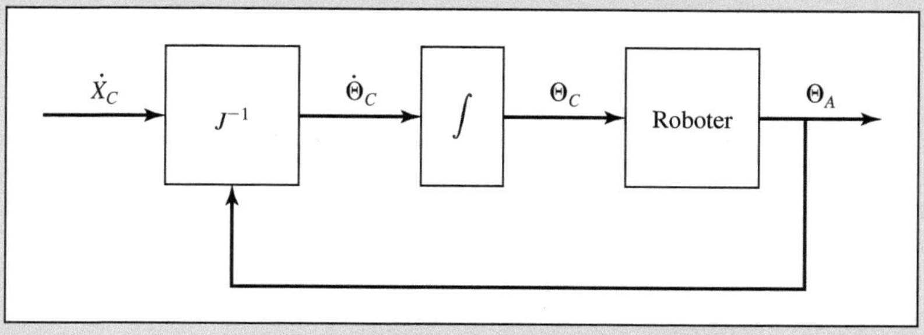

Blockdiagramm des Algorithmus für die **aufgelöste Geschwindigkeitsregelung**.

Wie in der Abbildung zu sehen ist, berechnet der Algorithmus für aufgelöste Geschwindigkeiten die erforderlichen vorgegebenen Gelenkgeschwindigkeiten $\dot{\Theta}_C$, um die vorgegebenen kartesischen Geschwindigkeiten $\dot{X}_C$ zu liefern. Dieses Diagramm muss bei jedem simulierten **Zeitschritt** berechnet werden. Die Jacobi-Matrix ändert sich mit der Konfiguration Θ_A. Für die Simulation nehmen wir an, dass die vorgegebenen Gelenkwinkel Θ_C immer mit den tatsächlich erreichten Gelenkwinkeln Θ_A identisch sind (ein Ergebnis, das in der realen Welt selten zutrifft). Für den planaren **3-DOF-3*R*-Roboter** lauten die Geschwindigkeitsgleichungen ${}^k\dot{X} = {}^kJ\dot{\Theta}$ für $k = 0$:

$$^0\begin{Bmatrix} \dot{x} \\ \dot{y} \\ \omega_z \end{Bmatrix} = {}^0\begin{bmatrix} -L_1 s_1 - L_2 s_{12} - L_3 s_{13} & -L_2 s_{12} - L_3 s_{123} & -L_3 s_{123} \\ L_1 c_1 + L_2 c_{12} + L_3 c_{123} & L_2 c_{12} + L_3 c_{123} & L_3 c_{123} \\ 1 & 1 & 1 \end{bmatrix} \begin{Bmatrix} \dot{\theta}_1 \\ \dot{\theta}_2 \\ \dot{\theta}_3 \end{Bmatrix},$$

wobei $s_{123} = \sin(\theta_1 + \theta_2 + \theta_3)$, $c_{123} = \cos(\theta_1 + \theta_2 + \theta_3)$ und so weiter. Beachten Sie, dass ${}^0\dot{X}$ die kartesischen Geschwindigkeiten des Ursprungs des Handrahmens (in ▶ **Abbildung 3.6** im Zentrum der Greifer) relativ zum Ursprung des Basisrahmens {0} angibt, ausgedrückt in Koordinaten des Rahmens {0}.

Heutzutage können die meisten Industrieroboter $\dot{\Theta}_C$ nicht direkt steuern, also müssen wir diese gesteuerten relativen **Gelenkgeschwindigkeiten** zunächst in gesteuerte Gelenkwinkel Θ_C integrieren, die dem Roboter bei jedem Zeitschritt vorgegeben werden können. In der Praxis funktioniert das einfachstmögliche Integrationsverfahren gut, wenn wir für die Steuerung einen kleinen Zeitschritt Δt:$\Theta_{neu} = \Theta_{alt} + \dot{\Theta}\Delta t$ verwenden. Nehmen Sie in Ihrer MATLAB-Simulation mit aufgelöster Geschwindigkeit an, dass der vorgegebene Wert Θ_{neu} von dem virtuellen Roboter perfekt erreicht werden kann. (In den ▶ **Kapiteln 6** und **9** wird Material zur Dynamik und Steuerung vorgestellt, für das wir diese vereinfachende Annahme nicht treffen müssen). Achten Sie darauf, die Jacobi-Matrix mit der neuen Konfiguration Θ_{neu} zu aktualisieren, bevor Sie die Berechnungen der aufgelösten Geschwindigkeiten für den nächsten Zeitschritt abschließen.

Entwickeln Sie ein MATLAB-Programm zur Berechnung der Jacobi-Matrix und zur Simulation der Steuerung mit aufgelöster Geschwindigkeit für den planaren 3*R*-Roboter. Führen Sie für die gegebenen Werte der Roboterlängen $L_1 = 4, L_2 = 3$ und $L_3 = 2$ (m), der anfänglichen Gelenkwinkel $\Theta = \{\theta_1 \quad \theta_2 \quad \theta_3\}^T = \{10° \quad 20° \quad 30°\}^T$ und der konstanten vorgegebenen kartesischen Geschwindigkeiten ${}^0\{\dot{X}\} = \{\dot{x} \quad \dot{y} \quad \omega_z\}^T = \{0{,}2 \quad -0{,}3 \quad -0{,}2\}^T$ (m/s, m/s, rad/s) Simulationen von genau 5 Sekunden durch, mit Zeitschritten von $dt = 0{,}1$ s. Berechnen Sie in der gleichen Programmschleife das Problem der inversen Statik – d. h., berechnen Sie die Gelenkdrehmomente $\mathrm{T} = \{\tau_1 \quad \tau_2 \quad \tau_3\}^T$ (Nm), wobei die konstanten vorgegebenen kartesischen Kraftmomente ${}^0\{W\} = \{f_x \quad f_y \quad m_z\}^T = \{1 \quad 2 \quad 3\}^T$

(N, N, Nm) sind. Stellen Sie den Roboter in der gleichen Schleife bei jedem Zeitschritt animiert auf dem Bildschirm dar, damit Sie die simulierte Bewegung beobachten und überprüfen können, ob sie korrekt ist.

1 Präsentieren Sie für die angegebenen Zahlen fünf Diagramme (jedes in einem separaten Diagramm):
1. Die drei aktiven Gelenkgeschwindigkeiten $\dot{\Theta} = \{\dot{\theta}_1 \quad \dot{\theta}_2 \quad \dot{\theta}_3\}^T$ über der Zeit;
2. Die drei aktiven Gelenkwinkel $\Theta = \{\theta_1 \quad \theta_2 \quad \theta_3\}^T$ über der Zeit;
3. Die drei kartesischen Komponenten von ${}^0_HT, X = \{x \quad y \quad \phi\}^T$ (rad ist für ϕ richtig, dann passt es) über der Zeit;
4. Die Determinante der Jacobi-Matrix $|J|$ über der Zeit. Kommentieren Sie während der simulierten Bewegung mit aufgelöster Geschwindigkeit die Nähe zu Singularitäten;
5. Die drei aktiven Gelenkdrehmomente $T = \{\tau_1 \quad \tau_2 \quad \tau_3\}^T$ über der Zeit.

Beschriften Sie sorgfältig (von Hand genügt) jede Komponente in jedem Diagramm. Beschriften Sie auch die Achsen mit Namen und Einheiten.

2 Überprüfen Sie Ihre Ergebnisse der Jacobi-Matrix für die Gelenkwinkel zu Beginn und am Ende mithilfe der Corke MATLAB Robotics Toolbox. Versuchen Sie die Funktion *jacob0()*. *Beachten Sie:* Die Jacobi-Funktionen der Toolbox gelten für die Bewegung von {3} in Bezug auf {0}, nicht für {*H*} in Bezug auf {0}, wie in der Aufgabenstellung gefragt. Die vorherige Funktion liefert die Ergebnisse der Jacobi-Matrix in den Koordinaten bezüglich {0}; *jacobn()* würde Ergebnisse in Koordinaten bezüglich {3} liefern.

Manipulator-Dynamik

6

6.1 Einleitung

Bei unserer Untersuchung von Manipulatoren haben wir uns bisher nur auf kinematische Überlegungen konzentriert. Wir haben statische Orte, statische Kräfte und Geschwindigkeiten untersucht, aber wir haben nie die ***Kräfte*** betrachtet, *die für die Bewegung erforderlich sind.* In diesem Kapitel befassen wir uns mit den Bewegungsgleichungen eines Manipulators, d. h., mit der Art und Weise, wie die Bewegung des Manipulators aus den von den Aktuatoren aufgebrachten Drehmomenten oder aus den auf den Manipulator wirkenden externen Kräften resultiert.

Die Dynamik von Mechanismen ist ein Gebiet, über das bereits viele Bücher geschrieben wurden. In der Tat kann man Jahre damit verbringen, dieses Gebiet zu studieren. Natürlich können wir das Thema nicht in der Vollständigkeit behandeln, die es verdient. Bestimmte Formulierungen des Dynamikproblems scheinen sich jedoch besonders gut für die Anwendung auf Manipulatoren zu eignen. Insbesondere Methoden, die sich die serielle Kettenstruktur von Manipulatoren zunutze machen, sind natürliche Kandidaten für unsere Betrachtungen.

Es gibt zwei Probleme im Zusammenhang mit der **Dynamik** eines **Manipulators**, die wir lösen möchten. Im ersten Problem wird uns ein Punkt $\Theta, \dot{\Theta}$ und $\ddot{\Theta}$ auf der Trajektorie vorgegeben und wir wollen den erforderlichen Vektor der Gelenkdrehmomente τ finden. Diese Formulierung der Dynamik ist für das Problem der Steuerung des Manipulators von Nutzen (siehe ▶ **Kapitel 10**). Das zweite Problem besteht darin, zu berechnen, wie sich der Mechanismus unter dem Einfluss einer Reihe von Gelenkdrehmomenten bewegen wird. Das heißt, ist ein Drehmomentvektor τ gegeben, berechnen wir die resultierende Bewegung des Manipulators $\Theta, \dot{\Theta}$ und $\ddot{\Theta}$. Dies ist für die Simulation des Manipulators nützlich.

6.2 Beschleunigung eines starren Körpers

Wir erweitern unsere Analyse der Bewegung **starrer** Körper nun auf den Fall der Beschleunigungen. Zu jedem Zeitpunkt haben die Vektoren der linearen Geschwindigkeit und der Winkelgeschwindigkeit Ableitungen, die entsprechend als **lineare Beschleunigung** bzw. **Winkelbeschleunigung** bezeichnet werden. Das heißt:

$$^{B}\dot{V}_{Q} = \frac{d}{dt}{}^{B}V_{Q} = \lim_{\Delta t \to 0} \frac{^{B}V_{Q}(t+\Delta t) - {}^{B}V_{Q}(t)}{\Delta t} \tag{6.1}$$

und

$$^{A}\dot{\Omega}_{B} = \frac{d}{dt}{}^{A}\Omega_{B} = \lim_{\Delta t \to 0} \frac{^{A}\Omega_{B}(t+\Delta t) - {}^{A}\Omega_{B}(t)}{\Delta t}. \tag{6.2}$$

Ist, wie bei den Geschwindigkeiten, der Bezugsrahmen der Differenziation als irgendein universeller Bezugsrahmen $\{U\}$ bekannt, verwenden wir die folgende Schreibweise:

$$\dot{v}_{A} = {}^{U}\dot{V}_{AORG} \tag{6.3}$$

und

$$\dot{\omega}_{A} = {}^{U}\dot{\Omega}_{A}. \tag{6.4}$$

6.2.1 Lineare Beschleunigung

Wir beginnen mit der Wiederholung von **(5.12)**, einem wichtigen Ergebnis, das die Geschwindigkeit eines **Vektors** ^BQ in Bezug zum Rahmen $\{A\}$ beschreibt, wenn die Ursprünge zusammenfallen:

$$^AV_Q = {}^A_BR\,{}^BV_Q + {}^A\Omega_B \times {}^A_BR\,{}^BQ. \tag{6.5}$$

Die linke Seite dieser Gleichung beschreibt, wie sich ^AQ mit der Zeit verändert. Da die Ursprünge zusammenfallen, können wir **(6.5)** folgendermaßen umschreiben:

$$\frac{d}{dt}({}^A_BR\,{}^BQ) = {}^A_BR\,{}^BV_Q + {}^A\Omega_B \times {}^A_BR\,{}^BQ. \tag{6.6}$$

Diese Form der Gleichung wird bei der Herleitung der entsprechenden Beschleunigungsgleichung nützlich sein.

Durch Differenziation von **(6.5)** können wir Ausdrücke für die **Beschleunigung** von ^BQ in Bezug zum Rahmen $\{A\}$ herleiten, wenn die Ursprünge von $\{A\}$ und $\{B\}$ zusammenfallen:

$$^A\dot{V}_Q = \frac{d}{dt}({}^A_BR\,{}^BV_Q) + {}^A\dot{\Omega}_B \times {}^A_BR\,{}^BQ + {}^A\Omega_B \times \frac{d}{dt}({}^A_BR\,{}^BQ). \tag{6.7}$$

Jetzt wenden wir **(6.6)** zweimal an – einmal auf den ersten Term und einmal auf den letzten Term. Die rechte Seite von Gleichung **(6.7)** wird dann zu:

$$\begin{aligned} &{}^A_BR\,{}^B\dot{V}_Q + {}^A\Omega_B \times {}^A_BR\,{}^BV_Q + {}^A\dot{\Omega}_B \times {}^A_BR\,{}^BQ \\ &\quad + {}^A\Omega_B \times ({}^A_BR\,{}^BV_Q + {}^A\Omega_B \times {}^A_BR\,{}^BQ). \end{aligned} \tag{6.8}$$

Kombinieren wir zwei Terme, erhalten wir:

$${}^A_BR\,{}^B\dot{V}_Q + 2\,{}^A\Omega_B \times {}^A_BR\,{}^BV_Q + {}^A\dot{\Omega}_B \times {}^A_BR\,{}^BQ + {}^A\Omega_B \times ({}^A\Omega_B \times {}^A_BR\,{}^BQ). \tag{6.9}$$

Um schließlich auf den Fall zu verallgemeinern, in dem die Ursprünge nicht zusammenfallen, fügen wir einen Term hinzu, der die lineare Beschleunigung des Ursprungs von $\{B\}$ angibt, was zu der abschließenden allgemeinen Formel führt:

$$\begin{aligned} &{}^A\dot{V}_{BORG} + {}^A_BR\,{}^B\dot{V}_Q + 2\,{}^A\Omega_B \times {}^A_BR\,{}^BV_Q + {}^A\dot{\Omega}_B \times {}^A_BR\,{}^BQ \\ &\quad + {}^A\Omega_B \times ({}^A\Omega_B \times {}^A_BR\,{}^BQ). \end{aligned} \tag{6.10}$$

Ein besonderer Fall, den wir hier hervorheben möchten, tritt auf, wenn ^BQ konstant ist und für seine Geschwindigkeit und Beschleunigung somit Folgendes gilt:

$$^BV_Q = {}^B\dot{V}_Q = 0. \tag{6.11}$$

In diesem Fall vereinfacht sich **(6.10)** zu:

$$^A\dot{V}_Q = {}^A\dot{V}_{BORG} + {}^A\Omega_B \times ({}^A\Omega_B \times {}^A_BR\,{}^BQ) + {}^A\dot{\Omega}_B \times {}^A_BR\,{}^BQ. \tag{6.12}$$

Wir werden dieses Ergebnis bei der Berechnung der linearen Beschleunigung der Glieder eines **Manipulators** mit **Drehgelenken** verwenden. Ist ein prismatisches Gelenk vorhanden ist, wird die allgemeinere Form von **(6.10)** verwendet.

6.2.2 Winkelbeschleunigung

Betrachten wir den Fall, in dem sich $\{B\}$ relativ zu $\{A\}$ mit ${}^{A}\Omega_{B}$ und $\{C\}$ relativ zu $\{B\}$ mit ${}^{B}\Omega_{C}$ dreht. Zur Berechnung von ${}^{A}\Omega_{C}$ addieren wir die Vektoren im Rahmen $\{A\}$:

$${}^{A}\Omega_{C} = {}^{A}\Omega_{B} + {}^{A}_{B}R\,{}^{B}\Omega_{C}. \tag{6.13}$$

Durch Differenziation ergibt sich die folgende Gleichung für die Winkelbeschleunigung:

$${}^{A}\dot{\Omega}_{C} = {}^{A}\dot{\Omega}_{B} + \frac{d}{dt}({}^{A}_{B}R\,{}^{B}\Omega_{C}). \tag{6.14}$$

Wenn wir nun **(6.6)** auf den letzten Term von **(6.14)** anwenden, erhalten wir:

$${}^{A}\dot{\Omega}_{C} = {}^{A}\dot{\Omega}_{B} + {}^{A}_{B}R\,{}^{B}\dot{\Omega}_{C} + {}^{A}\Omega_{B} \times {}^{A}_{B}R\,{}^{B}\Omega_{C}. \tag{6.15}$$

Wir werden dieses Ergebnis verwenden, um die Winkelbeschleunigung der **Glieder** eines **Manipulators** zu berechnen.

6.3 Massenverteilung

Bei Systemen mit einem einzigen Freiheitsgrad sprechen wir oft von der Masse eines starren Körpers. Im Falle einer Rotationsbewegung um eine einzige Achse kennen wir den Begriff des ***Trägheitsmoments***. Für einen starren Körper, der sich frei in drei Dimensionen bewegen kann, gibt es unendlich viele mögliche **Drehachsen**. Im Falle einer Drehung um eine beliebige Achse benötigen wir eine umfassende Methode zur Charakterisierung der Massenverteilung eines starren Körpers. Daher führen wir den **Trägheitstensor** ein, der für unsere Zwecke als eine Verallgemeinerung des skalaren Trägheitsmoments eines Objekts angesehen werden kann.

Wir werden nun eine Reihe von Größen definieren, die uns Informationen über die Massenverteilung eines starren Körpers relativ zu einem Bezugsrahmen geben. **Abbildung 6.1** zeigt einen solchen starren Körper mit einem befestigten **Rahmen**. Trägheitstensoren können relativ zu jedem Rahmen definiert werden, aber wir werden immer den Fall eines Trägheitstensors betrachten, der für einen Rahmen definiert ist, der mit dem starren Körper verbunden ist. Wo nötig, geben wir durch ein voran- und hochgestelltes Zeichen den **Bezugsrahmen** eines bestimmten Trägheitstensors an. Der Trägheitstensor I (*engl.* inertia tensor) relativ zum Bezugsrahmen $\{A\}$ wird in Matrixform als 3×3-Matrix dargestellt:

$${}^{A}I = \begin{bmatrix} I_{xx} & -I_{xy} & -I_{xz} \\ -I_{xy} & I_{yy} & -I_{yz} \\ -I_{xz} & -I_{yz} & I_{zz} \end{bmatrix}, \tag{6.16}$$

wobei die skalaren Elemente durch die folgenden Ausdrücke gegeben sind:

$$\begin{aligned} I_{xx} &= \iiint_V (y^2 + z^2)\rho dv, \\ I_{yy} &= \iiint_V (x^2 + z^2)\rho dv, \\ I_{zz} &= \iiint_V (x^2 + y^2)\rho dv, \\ I_{xy} &= \iiint_V xy\rho dv, \\ I_{xz} &= \iiint_V xz\rho dv \quad \text{und} \\ I_{yz} &= \iiint_V yz\rho dv. \end{aligned} \tag{6.17}$$

In diesen Ausdrücken wird der starre Körper aus differenziellen Volumenelementen dv zusammengesetzt, die Material der Dichte ρ enthalten. Jedes Volumenelement wird, wie in **Abbildung 6.1** gezeigt, durch einen Vektor ${}^AP = [xyz]^T$ lokalisiert.

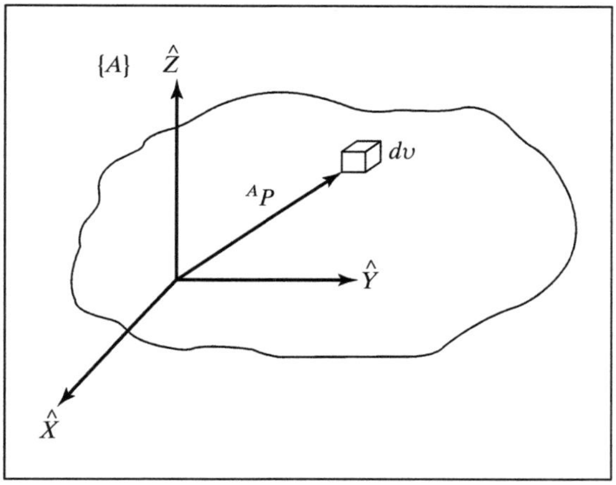

Abbildung 6.1 Der Trägheitstensor eines Objekts beschreibt die Massenverteilung des Objekts. Hier legt der Vektor ${}^AP$ das jeweilige differenzielle Volumenelement dv fest.

Die Elemente I_{xx}, I_{yy} und I_{zz} werden **Massenträgheitsmomente** genannt. Beachten Sie, dass wir bei jedem dieser Massenträgheitsmomente über die Produkte aus den Massenelementen ρdv und den Quadraten der zugehörigen senkrechten Abstände von der entsprechenden Achse integrieren. Die Elemente mit gemischten Indizes werden als **Massenträgheitsprodukte** bezeichnet. Dieser Satz von sechs unabhängigen Größen hängt für einen bestimmten Körper von der Position und der Ausrichtung des Bezugssystems ab, in dem sie definiert sind. Wenn wir die Ausrichtung des Bezugssystems frei wählen können, ist es durch eine geeignete Wahl des Systems möglich, die Trägheitsprodukte gleich null werden zu lassen. Sind die Achsen des Bezugssystems auf diese Weise ausgerichtet, werden sie als **Hauptachsen** bezeichnet und die entsprechenden Massenträgheitsmomente sind die **Hauptträgheitsmomente**.

BEISPIEL 6.1

Ermitteln Sie den Trägheitstensor für den quaderförmigen Körper mit gleichmäßiger Dichte ρ in Bezug auf das in **Abbildung 6.2** dargestellte Koordinatensystem.

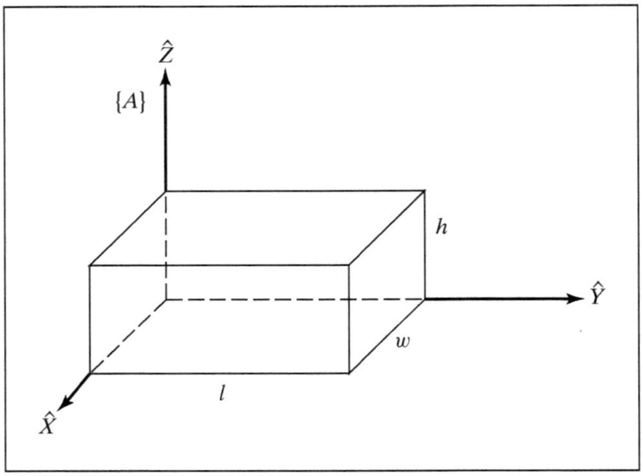

Abbildung 6.2 Ein quaderförmiger Körper mit gleichmäßiger Dichte.

Zuerst berechnen wir I_{xx}. Mit dem Volumenelement $dv = dxdydz$ erhalten wir:

$$\begin{aligned} I_{xx} &= \int_0^h \int_0^l \int_0^w (y^2 + z^2)\,\rho dxdydz \\ &= \int_0^h \int_0^l (y^2 + z^2)\,w\rho dydz \\ &= \int_0^h \left(\frac{l^3}{3} + z^2 l\right) w\rho dz \\ &= \left(\frac{hl^3 w}{3} + \frac{h^3 lw}{3}\right)\rho \\ &= \frac{m}{3}(l^2 + h^2), \end{aligned} \tag{6.18}$$

wobei m die Gesamtmasse des Körpers ist. Wenn wir die Terme vertauschen, können wir I_{yy} und I_{zz} durch bloßes Anschauen ermitteln:

$$I_{yy} = \frac{m}{3}(w^2 + h^2) \tag{6.19}$$

und

$$I_{zz} = \frac{m}{3}(l^2 + w^2). \tag{6.20}$$

Als Nächstes berechnen wir I_{xy}:

$$\begin{aligned} I_{xy} &= \int_0^h \int_0^l \int_0^w xy\rho dxdydz \\ &= \int_0^h \int_0^l \frac{w^2}{2} y\rho dydz \\ &= \int_0^h \frac{w^2 l^2}{4} \rho dz \\ &= \frac{m}{4} wl. \end{aligned} \tag{6.21}$$

Durch Vertauschen der Terme erhalten wir:

$$I_{xz} = \frac{m}{4}hw \tag{6.22}$$

und

$$I_{yz} = \frac{m}{4}hl. \tag{6.23}$$

Der Trägheitstensor für dieses Objekt lautet also:

$${}^{A}I = \begin{bmatrix} \frac{m}{3}(l^2+h^2) & -\frac{m}{4}wl & -\frac{m}{4}hw \\ -\frac{m}{4}wl & \frac{m}{3}(w^2+h^2) & -\frac{m}{4}hl \\ -\frac{m}{4}hw & -\frac{m}{4}hl & \frac{m}{3}(l^2+w^2) \end{bmatrix}. \tag{6.24}$$

Wie bereits erwähnt, ist der Trägheitstensor eine Funktion des Ortes und der Ausrichtung des **Referenzrahmens**. Ein bekanntes Ergebnis, das **Parallelachsen-Theorem** (Steinerscher Satz), ist ein Weg, um die Veränderung des Trägheitstensors bei einer *Verschiebung* des Referenzkoordinatensystems zu berechnen. Das **Parallelachsen-Theorem** verknüpft den Trägheitstensor in einem **Rahmen**, dessen **Ursprung** im Massenschwerpunkt liegt, mit dem Trägheitstensor eines anderen Bezugsrahmens. Liegt $\{C\}$ im Massenschwerpunkt des Körpers und ist $\{A\}$ ein beliebig verschobenes Bezugssystem, kann das Theorem wie folgt formuliert werden [1]:

$$\begin{aligned} {}^{A}I_{zz} &= {}^{C}I_{zz} + m(x_c^2 + y_c^2), \\ {}^{A}I_{xy} &= {}^{C}I_{xy} - m x_c y_c, \end{aligned} \tag{6.25}$$

wobei $P_c = [x_c, y_c, z_c]^T$ den Massenschwerpunkt relativ zu $\{A\}$ angibt. Die übrigen Momente und Trägheitsprodukte werden aus Permutationen von x, y und z in **(6.25)** berechnet. Das Theorem kann in Form einer Matrix wie folgt angegeben werden:

$${}^{A}I = {}^{C}I + m[P_c^T P_c I_3 - P_c P_c^T], \tag{6.26}$$

wobei I_3 die 3×3-Einheitsmatrix ist.

BEISPIEL 6.2

Ermitteln Sie den **Trägheitstensor** desselben festen Körpers, der in **Beispiel 6.1** beschrieben wurde, wenn er in einem Koordinatensystem beschrieben wird, dessen Ursprung im Massenschwerpunkt des Körpers liegt.

Wir können das **Parallelachsen-Theorem (6.25)** anwenden, wobei

$$\begin{bmatrix} x_c \\ y_c \\ z_c \end{bmatrix} = \frac{1}{2}\begin{bmatrix} w \\ l \\ h \end{bmatrix}.$$

Als Nächstes finden wir:

$$\begin{aligned} {}^{C}I_{zz} &= \frac{m}{12}(w^2 + l^2), \\ {}^{C}I_{xy} &= 0. \end{aligned} \tag{6.27}$$

Die anderen Elemente werden aufgrund der Symmetrie gefunden. Der resultierende Trägheitstensor, formuliert im Rahmen, dessen Ursprung im Massenschwerpunkt liegt, lautet:

$$^{C}I = \begin{bmatrix} \frac{m}{12}(h^2 + l^2) & 0 & 0 \\ 0 & \frac{m}{12}(w^2 + h^2) & 0 \\ 0 & 0 & \frac{m}{12}(l^2 + w^2) \end{bmatrix}. \qquad (6.28)$$

Das Ergebnis ist diagonal, also muss der Rahmen {C} die Hauptachsen dieses Körpers darstellen.

Einige zusätzliche Fakten über **Trägheitstensoren**:

1. Wenn zwei Achsen des Bezugssystems eine **Symmetrieebene** für die Massenverteilung des Körpers bilden, sind die Trägheitsprodukte, die als einen Index die Koordinate aufweisen, die senkrecht zur Symmetrieebene steht, gleich null.
2. **Trägheitsmomente** müssen immer positiv sein. Trägheitsprodukte können sowohl positiv als auch negativ sein.
3. Die Summe der drei Trägheitsmomente ist invariant hinsichtlich Änderungen der Ausrichtung im Bezugssystem.
4. Die **Eigenwerte** eines **Trägheitstensors** sind die Hauptträgheitsmomente für den Körper. Die zugehörigen Eigenvektoren sind die Hauptachsen.

Die meisten Manipulatoren haben Glieder, deren Geometrie und Zusammensetzung etwas komplex sind, daher ist die Anwendung von **(6.17)** in der Praxis schwierig. Eine pragmatische Möglichkeit besteht darin, das Trägheitsmoment der einzelnen **Glieder** nicht zu berechnen, sondern mit einem Messgerät (z. B. einem ***Trägheitspendel***) zu messen.

6.4 Newtonsche Gleichung, Eulersche Gleichung

Wir werden jedes Glied eines Manipulators als einen starren Körper betrachten. Wenn wir die Lage des Massenschwerpunkts und den Trägheitstensor des Glieds kennen, ist seine Massenverteilung vollständig beschrieben. Um die Glieder zu bewegen, müssen wir sie beschleunigen und abbremsen. Die für eine solche Bewegung erforderlichen Kräfte sind eine Funktion der gewünschten Beschleunigung und der Massenverteilung der Glieder. Die Newtonsche Gleichung und ihr Pendant für Drehbewegungen, die Eulersche Gleichung, beschreiben, wie Kräfte, Trägheiten und Beschleunigungen zusammenhängen.

6.4.1 Die Newtonsche Gleichung

Abbildung 6.3 zeigt einen starren Körper, dessen Massenschwerpunkt mit $\dot{v}_C$ beschleunigt wird. In einer solchen Situation ist die Kraft F, die am Massenmittelpunkt angreift und diese Beschleunigung verursacht, durch die **Newtonsche Gleichung**

$$F = m\dot{v}_C \qquad (6.29)$$

gegeben, wobei m die Gesamtmasse des Körpers ist.

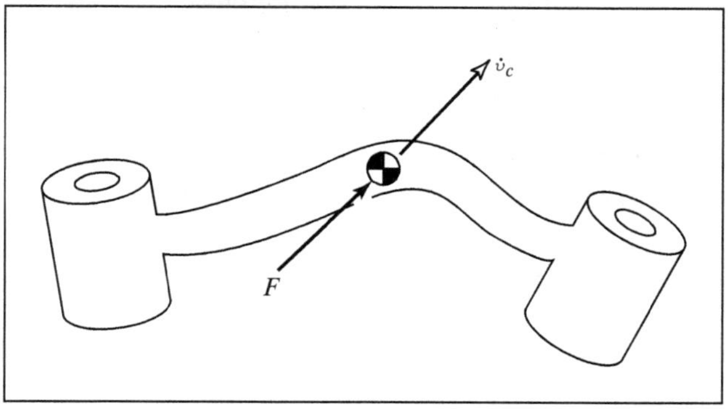

Abbildung 6.3 Eine Kraft F, die am Massenschwerpunkt eines Körpers angreift, bewirkt eine Beschleunigung $\dot{v}_C$ des Körpers.

6.4.2 Eulersche Gleichung

Abbildung 6.4 zeigt einen starren Körper, der mit der Winkelgeschwindigkeit ω und der Winkelbeschleunigung $\dot{\omega}$ rotiert. In einer solchen Situation ist das Moment N, das auf den Körper wirken muss, um diese Bewegung zu verursachen, durch die **Eulersche Gleichung**

$$N = {}^{C}I\dot{\omega} + \omega \times {}^{C}I\omega \tag{6.30}$$

gegeben, wobei ${}^{C}I$ der Trägheitstensor des Körpers ist – formuliert bezüglich eines Rahmens $\{C\}$, dessen Ursprung im Massenschwerpunkt des Körpers liegt.

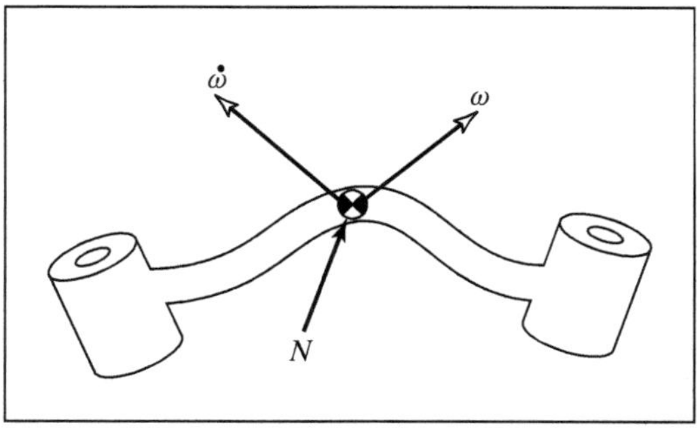

Abbildung 6.4 Ein Moment N wirkt auf einen Körper und der Körper dreht sich mit der Winkelgeschwindigkeit ω und der Winkelbeschleunigung $\dot{\omega}$.

6.5 Iterative Newton-Euler-Dynamik

Wir betrachten nun das Problem der Berechnung der **Drehmomente**, die einer bestimmten **Trajektorie** eines **Manipulators** entsprechen. Nehmen wir an, dass wir die Position, die Geschwindigkeit und die Beschleunigung der Gelenke kennen: (Θ, $\dot{\Theta}$ und $\ddot{\Theta}$). Damit und mit der Kenntnis der Kinematik und der Informationen über die Massenverteilung des Roboters können wir die **Gelenkdrehmomente** berechnen, die erforderlich sind, um diese Bewegung zu verursachen. Der vorgestellte Algorithmus basiert auf der von Luh, Walker und Paul in [2] veröffentlichten Methode.

6.5.1 Auswärtsgerichtete Iterationen zur Berechnung von Geschwindigkeiten und Beschleunigungen

Um die auf die **Glieder** wirkenden **Trägheitskräfte** zu berechnen, müssen Sie die Rotationsgeschwindigkeit sowie die lineare Beschleunigung und die Drehbeschleunigung des Massenschwerpunkts für jedes Glied des Manipulators zu jedem beliebigen Zeitpunkt berechnen. Diese Berechnungen werden **iterativ** durchgeführt, beginnend mit Glied 1 und weiter sukzessive, Glied für Glied, *nach außen* bis Glied n.

Die „Fortpflanzung" der Rotationsgeschwindigkeit von Glied zu Glied wurde in ▶ **Kapitel 5** diskutiert und ist (für das Drehgelenk $i + 1$) durch

$$^{i+1}\omega_{i+1} = {}^{i+1}_{i}R\,{}^{i}\omega_i + \dot{\theta}_{i+1}\,{}^{i+1}\hat{Z}_{i+1} \tag{6.31}$$

gegeben. Aus **(6.15)** erhalten wir die Gleichung für die Transformation der Winkelbeschleunigung von einem Glied zum nächsten:

$$^{i+1}\dot{\omega}_{i+1} = {}^{i+1}_{i}R\,{}^{i}\dot{\omega}_i + {}^{i+1}_{i}R\,{}^{i}\omega_i \times \dot{\theta}_{i+1}\,{}^{i+1}\hat{Z}_{i+1} + \ddot{\theta}_{i+1}\,{}^{i+1}\hat{Z}_{i+1}. \tag{6.32}$$

Wenn das Gelenk $i + 1$ prismatisch ist, vereinfacht sich dies zu:

$$^{i+1}\dot{\omega}_{i+1} = {}^{i+1}_{i}R\,{}^{i}\dot{\omega}_i. \tag{6.33}$$

Die lineare Beschleunigung des Ursprungs jedes Gliedrahmens erhalten wir durch die Anwendung von **(6.12)**:

$$^{i+1}\dot{v}_{i+1} = {}^{i+1}_{i}R\,[{}^{i}\dot{\omega}_i \times {}^{i}P_{i+1} + {}^{i}\omega_i \times ({}^{i}\omega_i \times {}^{i}P_{i+1}) + {}^{i}\dot{v}_i]. \tag{6.34}$$

Für das prismatische Gelenk $i + 1$ wird **(6.34)** [mit **(6.10)**] zu:

$$\begin{aligned} ^{i+1}\dot{v}_{i+1} = {}& {}^{i+1}_{i}R\,[{}^{i}\dot{\omega}_i \times {}^{i}P_{i+1} + {}^{i}\omega_i \times ({}^{i}\omega_i \times {}^{i}P_{i+1}) + {}^{i}\dot{v}_i] \\ & + 2\,{}^{i+1}\omega_{i+1} \times \dot{d}_{i+1}\,{}^{i+1}\hat{Z}_{i+1} + \ddot{d}_{i+1}\,{}^{i+1}\hat{Z}_{i+1}. \end{aligned} \tag{6.35}$$

Wir benötigen auch die lineare Beschleunigung des Massenschwerpunkts jedes Glieds, die wir durch Anwendung von **(6.12)** ermitteln können:

$$^{i}\dot{v}_{C_i} = {}^{i}\dot{\omega}_i \times {}^{i}P_{C_i} + {}^{i}\omega_i \times ({}^{i}\omega_i \times {}^{i}P_{C_i}) + {}^{i}\dot{v}_i. \tag{6.36}$$

Hier stellen wir uns einen Rahmen $\{C_i\}$ vor, der an jedem Glied befestigt ist, dessen Ursprung im Massenschwerpunkt des jeweiligen Gliedes liegt und der die gleiche Ausrichtung wie der Gliedrahmen $\{i\}$ aufweist. Gleichung **(6.36)** bezieht die Bewegung der Gelenke überhaupt nicht mit ein und gilt daher für das Gelenk $i + 1$ unabhängig davon, ob es sich um ein prismatisches oder ein Drehgelenk handelt.

Beachten Sie, dass die Anwendung der Gleichungen auf Glied 1 besonders einfach ist, denn $^{0}\omega_0 = {}^{0}\dot{\omega}_0 = 0$.

6.5.2 Kraft und Drehmoment, die auf ein Glied wirken

Nachdem wir die linearen Beschleunigungen und die Winkelbeschleunigungen des Massenzentrums jedes Glieds berechnet haben, können wir die Newton-Euler-Gleichungen (siehe **Abschnitt 6.4**) anwenden, um die Trägheitskraft und das Drehmoment zu berechnen, die auf das **Massenzentrum** jedes Glieds wirken. Damit ergibt sich:

$$F_i = m\dot{v}_{C_i} \quad \text{und}$$
$$N_i = {}^{C_i}I\dot{\omega}_i + \omega_i \times {}^{C_i}I\omega_i, \tag{6.37}$$

wobei der Ursprung von $\{C_i\}$ im Massenschwerpunkt des Glieds liegt und die gleiche Ausrichtung wie der Gliedrahmen $\{i\}$ besitzt.

6.5.3 Inwärtsgerichtete Iterationen zur Berechnung von Kräften und Drehmomenten

Nachdem wir die Kräfte und Drehmomente berechnet haben, die auf jedes Glied wirken, müssen wir nun die **Gelenkdrehmomente** berechnen, die dazu führen, dass diese Nettokräfte und Nettodrehmomente auf jedes Glied einwirken.

Wir können dies tun, indem wir Gleichungen für das Kräfte- und das Momentengleichgewicht aufstellen, die auf einem Freikörperdiagramm eines typischen Glieds basieren (siehe **Abbildung 6.5**). Auf jedes Glied wirken Kräfte und Momente, die von seinen Nachbarn ausgeübt werden und es erfährt zusätzlich eine Trägheitskraft und ein Drehmoment. In ▶ **Kapitel 5** haben wir spezielle Symbole für die Kraft und das Drehmoment, die von einem benachbarten Glied ausgeübt werden, definiert, die wir hier wiederholen:

$$f_i = \text{durch Glied } i-1 \text{ auf Glied } i \text{ ausgeübte Kraft},$$
$$n_i = \text{durch Glied } i-1 \text{ auf Glied } i \text{ ausgeübtes Drehmoment}.$$

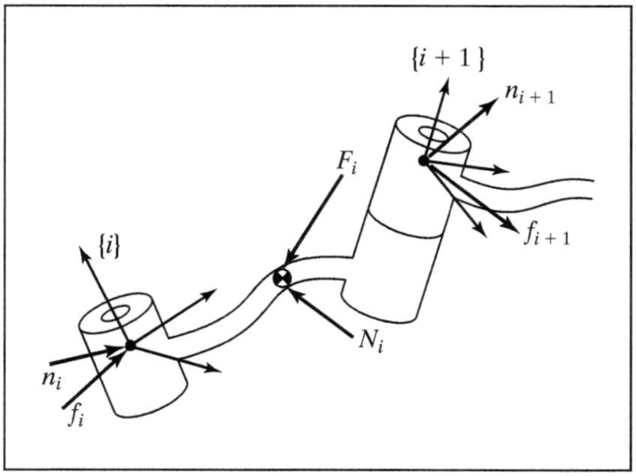

Abbildung 6.5 Das Kräftegleichgewicht, einschließlich der Trägheitskräfte, für ein einzelnes **Glied** des Manipulators.

Indem wir die auf das Glied i wirkenden Kräfte addieren, erhalten wir die Beziehung für das **Kräftegleichgewicht**:

$${}^iF_i = {}^if_i - {}^{\;\;i}_{i+1}R\,{}^{i+1}f_{i+1}. \tag{6.38}$$

Wenn wir die Drehmomente um den Massenschwerpunkt addieren und gleich null setzen, erhalten wir die Beziehung für das Gleichgewicht der Drehmomente:

$$^{i}N_i = {}^{i}n_i - {}^{i}n_{i+1} + (-{}^{i}P_{C_i}) \times {}^{i}f_i - ({}^{i}P_{i+1} - {}^{i}P_{C_i}) \times {}^{i}f_{i+1}. \tag{6.39}$$

Wenn wir das Ergebnis der Beziehung für das Kräftegleichgewicht **(6.38)** verwenden und einige Rotationsmatrizen hinzufügen, können wir **(6.39)** wie folgt schreiben:

$$^{i}N_i = {}^{i}n_i - {}^{i}_{i+1}R\,{}^{i+1}n_{i+1} - {}^{i}P_{C_i} \times {}^{i}F_i - {}^{i}P_{i+1} \times {}^{i}_{i+1}R\,{}^{i+1}f_{i+1}. \tag{6.40}$$

Schließlich können wir die Kraft- und Drehmomentgleichungen so umstellen, dass sie iterative Beziehungen vom Nachbarn mit dem höheren Index zum Nachbarn mit niedrigerem Index darstellen:

$$^{i}f_i = {}^{i}_{i+1}R\,{}^{i+1}f_{i+1} + {}^{i}F_i \quad \text{sowie} \tag{6.41}$$

$$^{i}n_i = {}^{i}N_i + {}^{i}_{i+1}R\,{}^{i+1}n_{i+1} + {}^{i}P_{C_i} \times {}^{i}F_i + {}^{i}P_{i+1} \times {}^{i}_{i+1}R\,{}^{i+1}f_{i+1}. \tag{6.42}$$

Diese Gleichungen werden Glied für Glied ausgewertet, beginnend mit Glied n und dann nach innen in Richtung der Basis des Roboters. Diese *nach innen gerichteten Iterationen der Kräfte* sind analog zu den Iterationen der statischen Kräfte, die in ▶ **Kapitel 5** eingeführt wurden – mit dem Unterschied, dass jetzt Trägheitskräfte und Drehmomente an jedem Glied berücksichtigt werden.

Wie im statischen Fall erhalten wir die erforderlichen Gelenkdrehmomente durch die Berechnung der $\hat{Z}$-Komponente des Drehmoments, das ein Glied auf sein Nachbarglied ausübt:

$$\tau_i = {}^{i}n_i^T\,{}^{i}\hat{Z}_i. \tag{6.43}$$

Ist das Gelenk i prismatisch, verwenden wir:

$$\tau_i = {}^{i}f_i^T\,{}^{i}\hat{Z}_i, \tag{6.44}$$

wobei wir das Symbol τ für die lineare Kraft eines Aktuators verwendet haben.

Beachten Sie, dass für einen Roboter, der sich im freien Raum bewegt, $^{N+1}f_{N+1}$ und $^{N+1}n_{N+1}$ gleich null gesetzt werden. Daher ist die erste Anwendung der Gleichungen für Glied n einfach. Steht der Roboter in Kontakt mit der Umgebung, können die Kräfte und Drehmomente, die durch diesen Kontakt entstehen, durch von null verschiedene $^{N+1}f_{N+1}$ und $^{N+1}n_{N+1}$ in das Kräftegleichgewicht einbezogen werden.

6.5.4 Der iterative Algorithmus für die Newton-Euler-Dynamik

Der vollständige Algorithmus zur Berechnung der Gelenkdrehmomente aus der Bewegung der Gelenke besteht aus zwei Teilen. Zuerst werden die Geschwindigkeiten und Beschleunigungen der Glieder **iterativ** von Glied 1 bis zu Glied n berechnet und die Newton-Euler-Gleichungen auf jedes Glied angewendet. Dann werden die Kräfte und Drehmomente der Interaktion und die Drehmomente der Gelenkaktuatoren rekursiv von Glied n rückwärts bis zu Glied 1 berechnet. Die Gleichungen werden im Folgenden für den Fall zusammengefasst, dass es sich bei allen Gelenken um Drehgelenke handelt:

Auswärtsgerichtete Iterationen: $i = 0 \rightarrow 5$

$$ {}^{i+1}\omega_{i+1} = {}^{i+1}_{i}R\,{}^{i}\omega_i + \dot{\theta}_{i+1}\,{}^{i+1}\hat{Z}_{i+1}, \tag{6.45} $$

$$ {}^{i+1}\dot{\omega}_{i+1} = {}^{i+1}_{i}R\,{}^{i}\dot{\omega}_i + {}^{i+1}_{i}R\,{}^{i}\omega_i \times \dot{\theta}_{i+1}\,{}^{i+1}\hat{Z}_{i+1} + \ddot{\theta}_{i+1}\,{}^{i+1}\hat{Z}_{i+1}, \tag{6.46} $$

$$ {}^{i+1}\dot{v}_{i+1} = {}^{i+1}_{i}R\,[{}^{i}\dot{\omega}_i \times {}^{i}P_{i+1} + {}^{i}\omega_i \times ({}^{i}\omega_i \times {}^{i}P_{i+1}) + {}^{i}\dot{v}_i], \tag{6.47} $$

$$ \begin{aligned} {}^{i+1}\dot{v}_{C_{i+1}} &= {}^{i+1}\dot{\omega}_{i+1} \times {}^{i+1}P_{C_{i+1}} \\ &+ {}^{i+1}\omega_{i+1} \times ({}^{i+1}\omega_{i+1} \times {}^{i+1}P_{C_{i+1}}) + {}^{i+1}\dot{v}_{i+1}, \end{aligned} \tag{6.48} $$

$$ {}^{i+1}F_{i+1} = m_{i+1}\,{}^{i+1}\dot{v}_{C_{i+1}}, \tag{6.49} $$

$$ {}^{i+1}N_{i+1} = {}^{C_{i+1}}I_{i+1}\,{}^{i+1}\dot{\omega}_{i+1} + {}^{i+1}\omega_{i+1} \times {}^{C_{i+1}}I_{i+1}\,{}^{i+1}\omega_{i+1}. \tag{6.50} $$

Inwärtsgerichtete Iterationen: $i = 6 \rightarrow 1$

$$ {}^{i}f_i = {}_{i+1}^{i}R\,{}^{i+1}f_{i+1} + {}^{i}F_i, \tag{6.51} $$

$$ \begin{aligned} {}^{i}n_i &= {}^{i}N_i + {}_{i+1}^{i}R\,{}^{i+1}n_{i+1} + {}^{i}P_{C_i} \times {}^{i}F_i \\ &+ {}^{i}P_{i+1} \times {}_{i+1}^{i}R\,{}^{i+1}f_{i+1}, \end{aligned} \tag{6.52} $$

$$ \tau_i = {}^{i}n_i^T\,{}^{i}\hat{Z}_i. \tag{6.53} $$

6.5.5 Einbeziehung von Gravitationskräften in den Dynamik-Algorithmus

Die Auswirkung der Schwerkraft auf die Glieder kann ganz einfach durch ${}^{0}\dot{v}_0 = G$ eingefügt werden, wobei G den gleichen Betrag wie der Gravitationsvektor aufweist, aber in die entgegengesetzte Richtung zeigt. Dies ist gleichbedeutend mit der Aussage, dass die Basis des Roboters mit 1 g nach oben **beschleunigt** wird. Diese fiktive **Aufwärtsbeschleunigung** hat genau die gleiche Wirkung auf die Glieder wie die **Schwerkraft**. Die Wirkung der Schwerkraft wird also ohne zusätzlichen Rechenaufwand berechnet.

6.6 Iterative versus geschlossene Form

Die **Gleichungen (6.46)** bis **(6.53)** liefern ein Berechnungsverfahren, mit dem wir (bei gegebenen Positionen, Geschwindigkeiten und Beschleunigungen der Gelenke) die erforderlichen **Gelenkdrehmomente** berechnen können. Wie bei der Entwicklung von Gleichungen zur Berechnung der Jacobi-Matrix in ▶ **Kapitel 5** können diese Beziehungen auf zwei Arten verwendet werden: als numerischer Algorithmus oder als analytischer Algorithmus, der zur Entwicklung symbolischer Gleichungen verwendet wird.

Die Verwendung der **Gleichungen** als numerischer Algorithmus ist attraktiv, weil die Gleichungen für jeden Roboter gelten. Sobald die Trägheitstensoren, die Massen der Glieder, die P_{C_i}-Vektoren und die ${}^{i+1}_{i}R$-Matrizen für einen bestimmten Manipulator spezifiziert sind, können die Gleichungen direkt angewendet werden, um die Gelenkdrehmomente zu berechnen, die einer beliebigen Bewegung entsprechen.

Oft sind wir jedoch daran interessiert, einen besseren Einblick in die Struktur der **Gleichungen** zu erhalten. Wie sieht zum Beispiel die Form der Schwerkraftterme aus? Wie groß sind die Schwerkrafteffekte im Vergleich zu den Trägheitseffekten? Um diese und andere Fragen zu untersuchen, ist es oft nützlich, dynamische Gleichungen in geschlossener Form aufzustellen. Diese Gleichungen erhalten wir, indem wir die rekursiven Newton-Euler-Gleichungen symbolisch auf $\Theta, \dot{\Theta}$ und $\ddot{\Theta}$ anwenden. Dies ist analog zu dem, was wir in ▶ **Kapitel 5** durchgeführt haben, um die symbolische Form der Jacobi-Matrix herzuleiten.

6.7 Ein Beispiel für dynamische Gleichungen in geschlossener Form

Hier bestimmen wir die dynamischen **Gleichungen** in geschlossener Form für den in **Abbildung 6.6** gezeigten zweigliedrigen planaren **Manipulator**. Wir nehmen an, dass die Massenverteilung extrem einfach ist: Die gesamte Masse existiert als Punktmasse am distalen Ende jedes Glieds. Diese Massen sind m_1 und m_2.

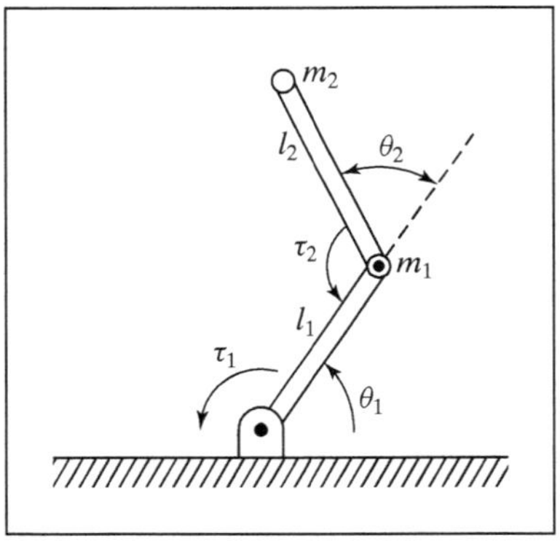

Abbildung 6.6 Planarer Manipulator mit zwei Gliedern und Punktmassen an den distalen Enden der Glieder.

Zunächst bestimmen wir die Werte der verschiedenen Größen, die in den rekursiven Newton-Euler-Gleichungen erscheinen werden. Die Vektoren, die den Massenschwerpunkt für jedes Glied festlegen, sind:

$$^1P_{C_1} = l_1 \hat{X}_1 \quad \text{und}$$
$$^2P_{C_2} = l_2 \hat{X}_2.$$

Aufgrund der Annahme einer Punktmasse entspricht der Trägheitstensor, der im Massenschwerpunkt jedes Glieds ansetzt, der Nullmatrix:

$$^{C_1}I_1 = 0,$$
$$^{C_2}I_2 = 0.$$

Es wirken keine Kräfte auf den Endeffektor, also gilt:

$$f_3 = 0 \quad \text{und}$$
$$n_3 = 0.$$

Die Basis des Roboters dreht sich nicht. Daraus folgt:

$$\omega_0 = 0 \quad \text{und}$$
$$\dot{\omega}_0 = 0.$$

Um die Schwerkraft zu berücksichtigen, verwenden wir:

$$^{0}\dot{v}_0 = g\hat{Y}_0.$$

Die Rotation zwischen aufeinanderfolgenden Gliederrahmen ist gegeben durch:

$$_{i+1}^{\ i}R = \begin{bmatrix} c_{i+1} & -s_{i+1} & 0{,}0 \\ s_{i+1} & c_{i+1} & 0{,}0 \\ 0{,}0 & 0{,}0 & 1{,}0 \end{bmatrix},$$

$$_{\ i}^{i+1}R = \begin{bmatrix} c_{i+1} & s_{i+1} & 0{,}0 \\ -s_{i+1} & c_{i+1} & 0{,}0 \\ 0{,}0 & 0{,}0 & 1{,}0 \end{bmatrix}.$$

Wir wenden nun die Gleichungen **(6.46)** bis **(6.53)** an.

Die auswärtsgerichteten Iterationen für **Glied** 1 lauten wie folgt:

$$\begin{aligned}
^{1}\omega_1 &= \dot{\theta}_1\,{}^{1}\hat{Z}_1 = \begin{bmatrix} 0 \\ 0 \\ \dot{\theta}_1 \end{bmatrix}, \\
^{1}\dot{\omega}_1 &= \ddot{\theta}_1\,{}^{1}\hat{Z}_1 = \begin{bmatrix} 0 \\ 0 \\ \ddot{\theta}_1 \end{bmatrix}, \\
^{1}\dot{v}_1 &= \begin{bmatrix} c_1 & s_1 & 0 \\ -s_1 & c_1 & 0 \\ 0 & 0 & 1 \end{bmatrix} \begin{bmatrix} 0 \\ g \\ 0 \end{bmatrix} = \begin{bmatrix} gs_1 \\ gc_1 \\ 0 \end{bmatrix}, \\
^{1}\dot{v}_{C_1} &= \begin{bmatrix} 0 \\ l_1\ddot{\theta}_1 \\ 0 \end{bmatrix} + \begin{bmatrix} -l_1\dot{\theta}_1^2 \\ 0 \\ 0 \end{bmatrix} + \begin{bmatrix} gs_1 \\ gc_1 \\ 0 \end{bmatrix} = \begin{bmatrix} -l_1\dot{\theta}_1^2 + gs_1 \\ l_1\ddot{\theta}_1 + gc_1 \\ 0 \end{bmatrix}, \\
^{1}F_1 &= \begin{bmatrix} -m_1 l_1\dot{\theta}_1^2 + m_1 gs_1 \\ m_1 l_1\ddot{\theta}_1 + m_1 gc_1 \\ 0 \end{bmatrix}, \\
^{1}N_1 &= \begin{bmatrix} 0 \\ 0 \\ 0 \end{bmatrix}.
\end{aligned} \tag{6.54}$$

Die auswärtsgerichteten Iterationen für Glied 2 lauten wie folgt:

$$
\begin{aligned}
{}^2\omega_2 &= \begin{bmatrix} 0 \\ 0 \\ \dot\theta_1 + \dot\theta_2 \end{bmatrix}, \\
{}^2\dot\omega_2 &= \begin{bmatrix} 0 \\ 0 \\ \ddot\theta_1 + \ddot\theta_2 \end{bmatrix}, \\
{}^2\dot v_2 &= \begin{bmatrix} c_2 & s_2 & 0 \\ -s_2 & c_2 & 0 \\ 0 & 0 & 1 \end{bmatrix} \begin{bmatrix} -l_1\dot\theta_1^2 + gs_1 \\ l_1\ddot\theta_1 + gc_1 \\ 0 \end{bmatrix} = \begin{bmatrix} l_1\ddot\theta_1 s_2 - l_1\dot\theta_1^2 c_2 + gs_{12} \\ l_1\ddot\theta_1 c_2 + l_1\dot\theta_1^2 s_2 + gc_{12} \\ 0 \end{bmatrix}, \\
{}^2\dot v_{C_2} &= \begin{bmatrix} 0 \\ l_2(\ddot\theta_1 + \ddot\theta_2) \\ 0 \end{bmatrix} + \begin{bmatrix} -l_2(\dot\theta_1 + \dot\theta_2)^2 \\ 0 \\ 0 \end{bmatrix} \\
&\quad + \begin{bmatrix} l_1\ddot\theta_1 s_2 - l_1\dot\theta_1^2 c_2 + gs_{12} \\ l_1\ddot\theta_1 c_2 + l_1\dot\theta_1^2 s_2 + gc_{12} \\ 0 \end{bmatrix}, \\
{}^2F_2 &= \begin{bmatrix} m_2 l_1\ddot\theta_1 s_2 - m_2 l_1\dot\theta_1^2 c_2 + m_2 g s_{12} - m_2 l_2(\dot\theta_1 + \dot\theta_2)^2 \\ m_2 l_1\ddot\theta_1 c_2 + m_2 l_1\dot\theta_1^2 s_2 + m_2 g c_{12} + m_2 l_2(\ddot\theta_1 + \ddot\theta_2) \\ 0 \end{bmatrix}, \\
{}^2N_2 &= \begin{bmatrix} 0 \\ 0 \\ 0 \end{bmatrix}.
\end{aligned}
\tag{6.55}
$$

Die inwärtsgerichteten Iterationen für Glied 2 lauten wie folgt:

$$
\begin{aligned}
{}^2f_2 &= {}^2F_2, \\
{}^2n_2 &= \begin{bmatrix} 0 \\ 0 \\ m_2 l_1 l_2 c_2\ddot\theta_1 + m_2 l_1 l_2 s_2\dot\theta_1^2 + m_2 l_2 g c_{12} + m_2 l_2^2(\ddot\theta_1 + \ddot\theta_2) \end{bmatrix}.
\end{aligned}
\tag{6.56}
$$

Die inwärtsgerichteten Iterationen für Glied 1 lauten wie folgt:

$$
\begin{aligned}
{}^1f_1 &= \begin{bmatrix} c_2 & -s_2 & 0 \\ s_2 & c_2 & 0 \\ 0 & 0 & 1 \end{bmatrix} \begin{bmatrix} m_2 l_1 s_2\ddot\theta_1 - m_2 l_1 c_2\dot\theta_1^2 + m_2 g s_{12} - m_2 l_2(\dot\theta_1 + \dot\theta_2)^2 \\ m_2 l_1 c_2\ddot\theta_1 + m_2 l_1 s_2\dot\theta_1^2 + m_2 g c_{12} + m_2 l_2(\ddot\theta_1 + \ddot\theta_2) \\ 0 \end{bmatrix} \\
&\quad + \begin{bmatrix} -m_1 l_1\dot\theta_1^2 + m_1 g s_1 \\ m_1 l_1\ddot\theta_1 + m_1 g c_1 \\ 0 \end{bmatrix}, \\
{}^1n_1 &= \begin{bmatrix} 0 \\ 0 \\ m_2 l_1 l_2 c_2\ddot\theta_1 + m_2 l_1 l_2 s_2\dot\theta_1^2 + m_2 l_2 g c_{12} + m_2 l_2^2(\ddot\theta_1 + \ddot\theta_2) \end{bmatrix} \\
&\quad + \begin{bmatrix} 0 \\ 0 \\ m_1 l_1^2\ddot\theta_1 + m_1 l_1 g c_1 \end{bmatrix} \\
&\quad + \begin{bmatrix} 0 \\ 0 \\ m_2 l_1^2\ddot\theta_1 - m_2 l_1 l_2 s_2(\dot\theta_1 + \dot\theta_2)^2 + m_2 l_1 g s_2 s_{12} \\ +m_2 l_1 l_2 c_2(\ddot\theta_1 + \ddot\theta_2) + m_2 l_1 g c_2 c_{12} \end{bmatrix}.
\end{aligned}
\tag{6.57}
$$

Durch extrahieren der $\hat{Z}$-Komponenten der ${}^i n_i$ finden wir die Gelenkdrehmomente:

$$\begin{aligned}\tau_1 &= m_2 l_2^2(\ddot{\theta}_1 + \ddot{\theta}_2) + m_2 l_1 l_2 c_2(2\ddot{\theta}_1 + \ddot{\theta}_2) + (m_1 + m_2) l_1^2 \ddot{\theta}_1 - m_2 l_1 l_2 s_2 \dot{\theta}_2^2 \\ &\quad -2 m_2 l_1 l_2 s_2 \dot{\theta}_1 \dot{\theta}_2 + m_2 l_2 g c_{12} + (m_1 + m_2) l_1 g c_1, \\ \tau_2 &= m_2 l_1 l_2 c_2 \ddot{\theta}_1 + m_2 l_1 l_2 s_2 \dot{\theta}_1^2 + m_2 l_2 g c_{12} + m_2 l_2^2(\ddot{\theta}_1 + \ddot{\theta}_2).\end{aligned} \tag{6.58}$$

Gleichungen (6.58) liefern Ausdrücke für die Drehmomente an den **Aktuatoren** als Funktion der Gelenkposition, der Geschwindigkeit und der Beschleunigung. Beachten Sie, dass diese recht komplexen Funktionen für einen der einfachsten Manipulatoren gelten, den wir uns vorstellen können. Offensichtlich sind die Gleichungen in geschlossener Form für einen Manipulator mit sechs Freiheitsgraden ziemlich komplex.

6.8 Die Struktur der dynamischen Gleichungen eines Manipulators

Oft ist es praktisch, die **dynamischen Gleichungen** eines **Manipulators** in einer einzigen Gleichung auszudrücken, die zwar einige Details verbirgt, dafür aber einen Teil der Struktur der Gleichungen zeigt.

6.8.1 Die Zustandsraumgleichung

Wenn die Newton-Euler-Gleichungen für einen beliebigen Manipulator symbolisch ausgewertet werden, ergeben sie eine dynamische Gleichung, die in folgender Form geschrieben werden kann:

$$\tau = M(\Theta)\ddot{\Theta} + V(\Theta,\dot{\Theta}) + G(\Theta), \tag{6.59}$$

wobei $M(\Theta)$ die $n \times n$-**Massenmatrix des Manipulators**, $V(\Theta,\dot{\Theta})$ ein $n \times 1$-Vektor der **Zentrifugal- und Coriolis-Terme** und $G(\Theta)$ ein $n \times 1$-Vektor mit **Schwerkrafttermen** ist. Wir verwenden den Begriff **Zustandsraumgleichung**, weil der Term $V(\Theta,\dot{\Theta})$, der in **(6.59)** auftaucht, sowohl vom Ort als auch von der Geschwindigkeit abhängt [3].

Jedes Element von $M(\Theta)$ und $G(\Theta)$ ist eine komplexe Funktion, die von der Position aller Gelenke des Manipulators Θ abhängt. Jedes Element von $V(\Theta,\dot{\Theta})$ ist eine komplexe Funktion sowohl von Θ als auch von $\dot{\Theta}$.

Wir können die verschiedenen Arten von Termen, die in den **dynamischen Gleichungen** vorkommen, voneinander trennen und die Massenmatrix des Manipulators, den Zentrifugal- und Coriolisvektor sowie den Schwerkraftvektor bilden.

BEISPIEL 6.3

Geben Sie $M(\Theta), V(\Theta,\dot{\Theta})$ und $G(\Theta)$ für den Manipulator aus ▶ **Abschnitt 6.7** an.

Gleichung **(6.59)** definiert $M(\Theta)$, die Massenmatrix des Manipulators. Sie besteht aus all jenen Termen, die mit $\ddot{\Theta}$ multipliziert werden, und ist eine Funktion von Θ. Somit folgt:

$$M(\Theta) = \begin{bmatrix} l_2^2 m_2 + 2 l_1 l_2 m_2 c_2 + l_1^2(m_1 + m_2) & l_2^2 m_2 + l_1 l_2 m_2 c_2 \\ l_2^2 m_2 + l_1 l_2 m_2 c_2 & l_2^2 m_2 \end{bmatrix}. \tag{6.60}$$

Jede **Massenmatrix** eines **Manipulators** ist symmetrisch und positiv definit und daher immer invertierbar.

Der **Geschwindigkeitsterm** $V(\Theta,\dot{\Theta})$ enthält alle Terme, die in irgendeiner Weise von der Geschwindigkeit der Gelenke abhängen. Wir erhalten also:

$$V(\Theta,\dot{\Theta}) = \begin{bmatrix} -m_2 l_1 l_2 s_2 \dot{\theta}_2^2 - 2m_2 l_1 l_2 s_2 \dot{\theta}_1 \dot{\theta}_2 \\ m_2 l_1 l_2 s_2 \dot{\theta}_1^2 \end{bmatrix}. \tag{6.61}$$

Ein Term wie $-m_2 l_1 l_2 s_2 \dot{\theta}_2^2$ wird durch eine **Zentrifugalkraft** verursacht und wird als solche wahrnehmbar, weil er vom Quadrat einer Gelenkgeschwindigkeit abhängt. Ein Term wie $-2m_2 l_1 l_2 s_2 \dot{\theta}_1 \dot{\theta}_2$ wird durch eine **Corioliskraft** verursacht und enthält immer das Produkt zweier unterschiedlicher Gelenkgeschwindigkeiten.

Der **Schwerkraftterm** $G(\Theta)$ enthält alle Terme, in denen die Gravitationskonstante g vorkommt. Das heißt:

$$G(\Theta) = \begin{bmatrix} m_2 l_2 g c_{12} + (m_1 + m_2) l_1 g c_1 \\ m_2 l_2 g c_{12} \end{bmatrix}. \tag{6.62}$$

Beachten Sie, dass der Gravitationsterm nur von Θ aber nicht von dessen Ableitungen abhängt.

6.8.2 Die Konfigurationsraumgleichung

Indem wir den geschwindigkeitsabhängigen Term $V(\Theta,\dot{\Theta})$ in einer anderen Form schreiben, erhalten wir die dynamischen Gleichungen in der folgenden Form:

$$\tau = M(\Theta)\ddot{\Theta} + B(\Theta)[\dot{\Theta}\dot{\Theta}] + C(\Theta)[\dot{\Theta}^2] + G(\Theta), \tag{6.63}$$

wobei $B(\Theta)$ eine Matrix von Coriolis-Koeffizienten der Dimensionen $n \times n(n-1)/2$ ist. $[\dot{\Theta}\dot{\Theta}]$ ist ein $n(n-1)/2 \times 1$-Vektor der Produkte der Gelenkgeschwindigkeiten und gegeben durch:

$$[\dot{\Theta}\dot{\Theta}] = [\dot{\theta}_1 \dot{\theta}_2 \quad \dot{\theta}_1 \dot{\theta}_3 \quad \dots \quad \dot{\theta}_{n-1} \dot{\theta}_n]^T. \tag{6.64}$$

$C(\Theta)$ ist schließlich eine $n \times n$-Matrix von Zentrifugalkoeffizienten und $[\dot{\Theta}^2]$ entspricht dem folgenden $n \times 1$-Vektor:

$$[\dot{\theta}_1^2 \quad \dot{\theta}_2^2 \quad \dots \quad \dot{\theta}_n^2]^T. \tag{6.65}$$

Wir nennen **(6.63)** die **Konfigurationsraumgleichung**, weil die Matrizen nur von der Position des Manipulators abhängig sind [3].

Bei dieser Form der dynamischen Gleichungen wird erkennbar, dass die Komplexität der Berechnung auf der Bestimmung verschiedener Parameter beruht, die nur von der Position des Manipulators Θ abhängig sind. Dies ist wichtig für Anwendungen (wie die Computersteuerung eines Manipulators), bei denen die dynamischen Gleichungen aktualisiert werden müssen, wenn sich der Manipulator bewegt. (Gleichung **(6.63)** gibt eine Form an, in der die Parameter nur eine Funktion der Gelenkposition sind und mit derselben Geschwindigkeit aktualisiert werden können, mit der der Manipulator seine Konfiguration ändert.) Wir werden diese Form im Hinblick auf das Problem der Manipulatorsteuerung in ▶ **Kapitel 10** erneut betrachten.

BEISPIEL 6.4

Geben Sie $B(\Theta)$ und $C(\Theta)$ [aus **(6.63)**] für den Manipulator aus ▶ **Abschnitt 6.7** an.

Für diesen einfachen zweigliedrigen Manipulator gilt:

$$[\dot{\Theta}\dot{\Theta}] = [\dot{\theta}_1 \dot{\theta}_2]^T \quad \text{und}$$

$$[\dot{\Theta}^2] = \begin{bmatrix} \dot{\theta}_1^2 \\ \dot{\theta}_2^2 \end{bmatrix}. \tag{6.66}$$

Somit folgt:

$$B(\Theta) = \begin{bmatrix} -2m_2 l_1 l_2 s_2 \\ 0 \end{bmatrix} \tag{6.67}$$

und

$$C(\Theta) = \begin{bmatrix} 0 & -m_2 l_1 l_2 s_2 \\ m_2 l_1 l_2 s_2 & 0 \end{bmatrix}. \tag{6.68}$$

6.9 Lagrangesche Formulierung der Manipulator-Dynamik

Der Newton-Euler-Ansatz basiert auf den elementaren dynamischen Formeln **(6.29)** und **(6.30)** und auf einer Analyse der Zwangskräfte und Zwangsmomente, die zwischen den Gliedern wirken. Als Alternative zur Newton-Euler-Methode stellen wir in diesem Abschnitt kurz die **dynamische Lagrangesche Formulierung** vor. Während man die Newton-Euler-Formulierung als Ansatz eines „**Kräftegleichgewichts**" für die Dynamik bezeichnen könnte, ist die **Lagrangesche** Formulierung ein „energiebasierter" Ansatz für die **Dynamik**. Natürlich führen beide Ansätze für denselben Manipulator auf dieselben Bewegungsgleichungen. Unsere Erklärung der Lagrangeschen Dynamik ist relativ kurz und konzentriert sich auf den speziellen Fall eines seriell verketteten mechanischen **Manipulators** mit starren Gliedern. Eine allgemeinere und umfassendere Betrachtung finden Sie in [4].

Wir beginnen mit der Entwicklung eines Ausdrucks für die **kinetische Energie** eines Manipulators. Die kinetische Energie des i-ten Glieds k_i kann wie folgt ausgedrückt werden:

$$k_i = \frac{1}{2} m_i v_{C_i}^T v_{C_i} + \frac{1}{2} {}^i\omega_i^T \, {}^{C_i}I_i \, {}^i\omega_i, \tag{6.69}$$

wobei der erste Term die kinetische Energie aufgrund der linearen Geschwindigkeit des Massenschwerpunkts des Glieds und der zweite Term die kinetische Energie aufgrund der Winkelgeschwindigkeit des Glieds repräsentiert. Die gesamte kinetische Energie des Manipulators ist die Summe der kinetischen Energien der einzelnen Glieder, das heißt:

$$k = \sum_{i=1}^{n} k_i. \tag{6.70}$$

Die v_{C_i} und ${}^i\omega_i$ in **(6.69)** sind Funktionen von Θ und $\dot{\Theta}$. Wir sehen also, dass die kinetische Energie eines Manipulators durch eine skalare Formel $k(\Theta,\dot{\Theta})$ beschrieben werden kann, die eine Funktion von Ort und Geschwindigkeit des Gelenks ist. Die kinetische Energie eines Manipulators ist in der Tat gegeben durch:

$$k(\Theta,\dot{\Theta}) = \frac{1}{2}\dot{\Theta}^T M(\Theta)\,\dot{\Theta}, \tag{6.71}$$

wobei $M(\Theta)$ die $n \times n$-Massenmatrix des Manipulators ist, die bereits in ▶ **Abschnitt 6.8** eingeführt wurde. Ein Ausdruck der Form von **(6.71)** wird als **quadratische Form** bezeichnet [5]. Wird nämlich die resultierende Skalargleichung erweitert, besteht sie ausschließlich aus Termen die quadratisch von $\dot{\theta}_i$ abhängen. Da zudem die gesamte kinetische Energie immer positiv sein muss, muss die Massenmatrix des Manipulators eine sogenannte **positiv definite** Matrix sein. Solche **Matrizen** haben die Eigenschaft, dass ihre quadratische Form immer ein positiver Skalar ist. Gleichung **(6.71)** kann als Analogie zu dem bekannten Ausdruck für die kinetische Energie einer Punktmasse betrachtet werden:

$$k = \frac{1}{2}mv^2. \tag{6.72}$$

Die Tatsache, dass eine Massenmatrix eines Manipulators positiv definit sein muss, entspricht der Tatsache, dass eine skalare Masse immer eine positive Zahl ist.

Die potenzielle Energie des i-ten Glieds u_i kann folgendermaßen ausgedrückt werden:

$$u_i = -m_i\, {}^0g^T\, {}^0P_{C_i} + u_{ref_i}, \tag{6.73}$$

wobei ${}^0g$ der 3×1-Gravitationsvektor, ${}^0P_{C_i}$ der Vektor, der den Massenschwerpunkt des i-ten Glieds festlegt, und u_{ref_i} eine Konstante ist, die so gewählt wird, dass der minimale Wert von u_i gleich null ist.[25] Die gesamte potenzielle Energie, die im Manipulator gespeichert ist, entspricht der Summe der potenziellen Energien der einzelnen Gliedern, das heißt:

$$u = \sum_{i=1}^{n} u_i. \tag{6.74}$$

Weil die ${}^0P_{C_i}$ in **(6.73)** Funktionen von Θ sind, sehen wir, dass die potenzielle Energie eines Manipulators durch eine skalare Formel $u(\Theta)$ beschrieben werden kann, die eine Funktion der Gelenkposition ist.

Die dynamische Lagrange-Formulierung ermöglicht die Herleitung der Bewegungsgleichungen aus einer skalaren Funktion namens **Lagrange-Funktion**, die als Differenz der kinetischen und der potenziellen Energie eines mechanischen Systems definiert ist. In unserer Schreibweise lautet die **Lagrange-Funktion** eines **Manipulators** wie folgt:

$$\mathcal{L}(\Theta,\dot{\Theta}) = k(\Theta,\dot{\Theta}) - u(\Theta). \tag{6.75}$$

Die Bewegungsgleichungen für den Manipulator sind dann gegeben durch:

$$\frac{d}{dt}\frac{\partial \mathcal{L}}{\partial \dot{\Theta}} - \frac{\partial \mathcal{L}}{\partial \Theta} = \tau, \tag{6.76}$$

25 Tatsächlich tritt in der Dynamik nur die partielle Ableitung der potenziellen Energie nach Θ auf. Daher ist diese Konstante willkürlich. Dies entspricht der Definition der potenziellen Energie in Bezug auf eine beliebige auf null gesetzte Referenzhöhe.

wobei τ der $n \times 1$-Vektor der Drehmomente des Aktuators ist. Im Falle eines Manipulators wird diese Gleichung zu:

$$\frac{d}{dt}\frac{\partial k}{\partial \dot{\Theta}} - \frac{\partial k}{\partial \Theta} + \frac{\partial u}{\partial \Theta} = \tau, \tag{6.77}$$

worin wir die Argumente von $k(\cdot)$ und $u(\cdot)$ der Kürze halber weggelassen haben.

BEISPIEL 6.5

Die Glieder eines *RP*-Manipulators, wie in **Abbildung 6.7** dargestellt, besitzen die folgenden Trägheitstensoren:

$$^{C_1}I_1 = \begin{bmatrix} I_{xx1} & 0 & 0 \\ 0 & I_{yy1} & 0 \\ 0 & 0 & I_{zz1} \end{bmatrix} \text{ sowie}$$
$$^{C_2}I_2 = \begin{bmatrix} I_{xx2} & 0 & 0 \\ 0 & I_{yy2} & 0 \\ 0 & 0 & I_{zz2} \end{bmatrix} \tag{6.78}$$

und Gesamtmassen m_1 und m_2. Gemäß **Abbildung 6.7** befindet sich der Massenschwerpunkt von Glied 1 in einer Entfernung l_1 von der Achse des Gelenks 1 und der Massenschwerpunkt von Glied 2 befindet sich in der variablen Entfernung d_2 von der Achse des Gelenks 1. Nutzen Sie die Lagrangesche Dynamik, um die Bewegungsgleichung für diesen Manipulator zu bestimmen.

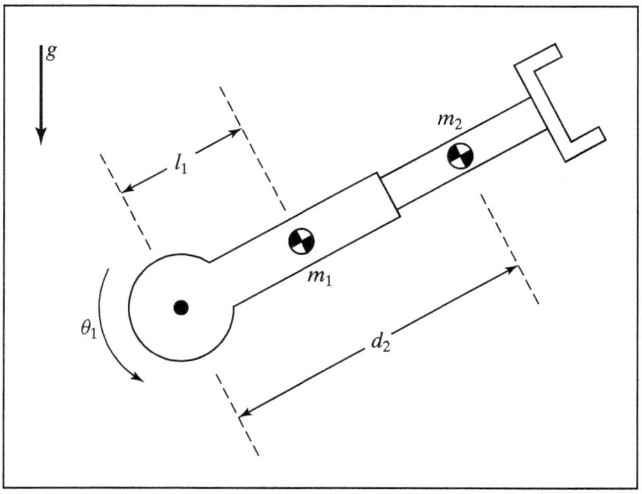

Abbildung 6.7 Der *RP*-Manipulator aus **Beispiel 6.5**.

Unter Verwendung von **(6.69)** ergibt sich der folgende Ausdruck für die kinetische Energie von Glied 1:

$$k_1 = \frac{1}{2} m_1 l_1^2 \dot{\theta}_1^2 + \frac{1}{2} I_{zz1} \dot{\theta}_1^2. \tag{6.79}$$

Und für die kinetische Energie von Glied 2 erhalten wir:

$$k_2 = \frac{1}{2} m_2 (d_2^2 \dot{\theta}_1^2 + \dot{d}_2^2) + \frac{1}{2} I_{yy2} \dot{\theta}_1^2. \tag{6.80}$$

Für die **kinetische** Gesamtenergie gilt folglich:

$$k(\Theta,\dot{\Theta}) = \frac{1}{2}(m_1 l_1^2 + I_{zz1} + I_{yy2} + m_2 d_2^2)\dot{\theta}_1^2 + \frac{1}{2}m_2 \dot{d}_2^2. \tag{6.81}$$

Für die potenzielle Energie von Glied 1 ergibt sich unter Verwendung von **(6.73)** der folgende Ausdruck:

$$u_1 = m_1 l_1 g \sin(\theta_1) + m_1 l_1 g. \tag{6.82}$$

Und für die potenzielle Energie von Glied 2 erhalten wir:

$$u_2 = m_2 g d_2 \sin(\theta_1) + m_2 g d_{2max}, \tag{6.83}$$

wobei d_{2max} der maximale Vorschub des prismatischen Gelenks 2 ist. Für die **potenzielle Gesamtenergie** gilt somit:

$$u(\Theta) = g(m_1 l_1 + m_2 d_2)\sin(\theta_1) + m_1 l_1 g + m_2 g d_{2max}. \tag{6.84}$$

Als Nächstes bilden wir die partiellen Ableitungen, die für Gleichung **(6.77)** benötigt werden:

$$\frac{\partial k}{\partial \dot{\Theta}} = \begin{bmatrix} (m_1 l_1^2 + I_{zz1} + I_{yy2} + m_2 d_2^2)\dot{\theta}_1 \\ m_2 \dot{d}_2 \end{bmatrix}, \tag{6.85}$$

$$\frac{\partial k}{\partial \Theta} = \begin{bmatrix} 0 \\ m_2 d_2 \dot{\theta}_1^2 \end{bmatrix} \quad \text{und} \tag{6.86}$$

$$\frac{\partial u}{\partial \Theta} = \begin{bmatrix} g(m_1 l_1 + m_2 d_2)\cos(\theta_1) \\ g m_2 \sin(\theta_1) \end{bmatrix}. \tag{6.87}$$

Setzen wir diese partiellen Ableitungen schließlich in **(6.77)** ein, so erhalten wir:

$$\begin{aligned} \tau_1 &= (m_1 l_1^2 + I_{zz1} + I_{yy2} + m_2 d_2^2)\ddot{\theta}_1 + 2 m_2 d_2 \dot{\theta}_1 \dot{d}_2 \\ &\quad + (m_1 l_1 + m_2 d_2) g \cos(\theta_1) \quad \text{sowie} \\ \tau_2 &= m_2 \ddot{d}_2 - m_2 d_2 \dot{\theta}_1^2 + m_2 g \sin(\theta_1). \end{aligned} \tag{6.88}$$

Aus Gleichung **(6.88)** ergibt sich schließlich:

$$\begin{aligned} M(\Theta) &= \begin{bmatrix} (m_1 l_1^2 + I_{zz1} + I_{yy2} + m_2 d_2^2) & 0 \\ 0 & m_2 \end{bmatrix}, \\ V(\Theta,\dot{\Theta}) &= \begin{bmatrix} 2 m_2 d_2 \dot{\theta}_1 \dot{d}_2 \\ -m_2 d_2 \dot{\theta}_1^2 \end{bmatrix} \quad \text{und} \\ G(\Theta) &= \begin{bmatrix} (m_1 l_1 + m_2 d_2) g \cos(\theta_1) \\ m_2 g \sin(\theta_1) \end{bmatrix}. \end{aligned} \tag{6.89}$$

6.10 Formulierung der Manipulator-Dynamik im kartesischen Raum

Unsere dynamischen Gleichungen wurden mit den Ableitungen der Gelenkwinkel des Manipulators nach Ort und Zeit entwickelt, was als **Gelenkraum** bezeichnet wird, mit der allgemeinen Form:

$$\tau = M(\Theta)\ddot{\Theta} + V(\Theta,\dot{\Theta}) + G(\Theta). \tag{6.90}$$

Wir haben diese Gleichung im Gelenkraum entwickelt, weil wir bei der Herleitung der Gleichungen die serielle Verkettung des Mechanismus zu unserem Vorteil nutzen konnten. In diesem Abschnitt werden wir die Formulierung der dynamischen Gleichungen besprechen, welche die Beschleunigung des Endeffektors im kartesischen Raum zu den kartesischen Kräften und Momenten, die auf den Endeffektor wirken, in Beziehung setzen.

6.10.1 Die kartesische Zustandsraumgleichung

Wie wir in den ▶ **Kapiteln 10** und **11** erläutern werden, kann es wünschenswert sein, die Dynamik eines Manipulators in Bezug auf kartesische Variablen in allgemeiner Form auszudrücken [6]:

$$\mathcal{F} = M_x(\Theta)\ddot{\chi} + V_x(\Theta,\dot{\Theta}) + G_x(\Theta), \tag{6.91}$$

wobei $\mathcal{F}$ ein Kraft-Drehmoment-Vektor, der auf den Endeffektor des Roboters wirkt, und χ ein geeigneter kartesischer Vektor ist, der die Position und Ausrichtung des Endeffektors wiedergibt [7]. Analog zu den Größen im Gelenkraum ist $M_x(\Theta)$ die **kartesische Massenmatrix**, $V_x(\Theta,\dot{\Theta})$ ein Vektor der Geschwindigkeitsterme im kartesischen Raum und $G_x(\Theta)$ ein Vektor der Schwerkraftterme im kartesischen Raum. Beachten Sie, dass die fiktiven Kräfte $\mathcal{F}$, die auf den **Endeffektor** wirken, tatsächlich von den Aktuatoren an den Gelenken aufgebracht werden könnten, indem wir die Beziehung

$$\tau = J^T(\Theta)\mathcal{F} \tag{6.92}$$

verwenden, wobei die Jacobi-Matrix $J(\Theta)$ für denselben Rahmen wie $\mathcal{F}$ und $\ddot{\chi}$ formuliert wird – in der Regel der Werkzeugrahmen $\{T\}$.

Wir können die Beziehung zwischen den Termen von **(6.90)** und denen von **(6.91)** wie im Folgenden beschrieben herleiten. Zuerst multiplizieren wir **(6.90)** von links mit der Inversen der transponierten Jacobi-Matrix und erhalten:

$$J^{-T}\tau = J^{-T}M(\Theta)\ddot{\Theta} + J^{-T}V(\Theta,\dot{\Theta}) + J^{-T}G(\Theta) \tag{6.93}$$

oder

$$\mathcal{F} = J^{-T}M(\Theta)\ddot{\Theta} + J^{-T}V(\Theta,\dot{\Theta}) + J^{-T}G(\Theta). \tag{6.94}$$

Als Nächstes entwickeln wir eine Beziehung zwischen dem Gelenkraum und der kartesischen Beschleunigung, beginnend mit der Definition der Jacobi-Matrix:

$$\dot{\chi} = J\dot{\Theta}. \tag{6.95}$$

Nach der Differenziation erhalten wir:

$$\ddot{\chi} = \dot{J}\dot{\Theta} + J\ddot{\Theta}. \tag{6.96}$$

Auflösen von **(6.96)** nach der Beschleunigung im Gelenkraum führt zu:

$$\ddot{\Theta} = J^{-1}\ddot{\chi} - J^{-1}\dot{J}\dot{\Theta}. \tag{6.97}$$

Setzen wir **(6.97)** in **(6.94)** ein, ergibt sich:

$$\mathcal{F} = J^{-T}M(\Theta)J^{-1}\ddot{\chi} - J^{-T}M(\Theta)J^{-1}\dot{J}\dot{\Theta} + J^{-T}V(\Theta,\dot{\Theta}) + J^{-T}G(\Theta), \tag{6.98}$$

woraus wir die folgenden Terme in der kartesischen Dynamik herleiten:

$$\begin{aligned} M_x(\Theta) &= J^{-T}(\Theta)\,M(\Theta)\,J^{-1}(\Theta)\,, \\ V_x(\Theta,\dot{\Theta}) &= J^{-T}(\Theta)\,(V(\Theta,\dot{\Theta}) - M(\Theta)\,J^{-1}(\Theta)\,\dot{J}(\Theta)\,\dot{\Theta})\,, \\ G_x(\Theta) &= J^{-T}(\Theta)\,G(\Theta)\,. \end{aligned} \tag{6.99}$$

Beachten Sie, dass die in den Gleichungen **(6.100)** erscheinende Jacobi-Matrix in denselben Rahmen formuliert wird wie $\mathcal{F}$ und χ in **(6.91)**. Die Wahl dieses Rahmens ist willkürlich.[26] Beachten Sie auch, dass bestimmte Größen in der kartesischen Dynamik unendlich werden, wenn sich der Manipulator einer **Singularität** nähert.

BEISPIEL 6.6

Bestimmen Sie Formeln der Dynamik im kartesischen Raum für den zweigliedrigen planaren Arm aus **Abschnitt 6.7**. Formulieren Sie die Dynamik für einen Rahmen, der am Ende des zweiten Glieds befestigt ist.

Für diesen Manipulator haben wir sowohl die Dynamik (in ▶ **Abschnitt 6.7**) als auch die Jacobi-Matrix [Gleichung **(5.66)**] bereits erhalten. Diese wiederholen wir hier zunächst:

$$J(\Theta) = \begin{bmatrix} l_1 s_2 & 0 \\ l_1 c_2 + l_2 & l_2 \end{bmatrix}. \tag{6.100}$$

Berechnen wir zunächst die Inverse der Jacobi-Matrix:

$$J^{-1}(\Theta) = \frac{1}{l_1 l_2 s_2}\begin{bmatrix} l_2 & 0 \\ -l_1 c_2 - l_2 & l_1 s_2 \end{bmatrix}. \tag{6.101}$$

Als Nächstes bilden wir die Ableitung der Jacobi-Matrix nach der Zeit:

$$\dot{J}(\Theta) = \begin{bmatrix} l_1 c_2 \dot{\theta}_2 & 0 \\ -l_1 s_2 \theta_2 & 0 \end{bmatrix}. \tag{6.102}$$

Mit **(6.100)** und den Ergebnissen aus ▶ **Abschnitt 6.7** erhalten wir:

$$\begin{aligned} M_x(\Theta) &= \begin{bmatrix} m_2 + \dfrac{m_1}{s_2^2} & 0 \\ 0 & m_2 \end{bmatrix}, \\ V_x(\Theta,\dot{\Theta}) &= \begin{bmatrix} -(m_2 l_1 c_2 + m_2 l_2)\dot{\theta}_1^2 - m_2 l_2 \dot{\theta}_2^2 - (2 m_2 l_2 + m_2 l_1 c_2 + m_1 l_1 \dfrac{c_2}{s_2^2})\dot{\theta}_1 \dot{\theta}_2 \\ m_2 l_1 s_2 \dot{\theta}_1^2 + l_1 m_2 s_2 \dot{\theta}_1 \dot{\theta}_2 \end{bmatrix}, \\ G_x(\Theta) &= \begin{bmatrix} m_1 g \dfrac{c_1}{s_2} + m_2 g s_{12} \\ m_2 g c_{12} \end{bmatrix}. \end{aligned} \tag{6.103}$$

Bei $s_2 = 0$ befindet sich der Manipulator in einer singulären Position und einige der dynamischen Terme gehen gegen unendlich. Ist $\theta_2 = 0$ (Arm gerade ausgestreckt), wird die effektive kartesische Masse des Endeffektors in $\hat{X}_2$-Richtung des Rahmens an der Spitze von Glied 2 zum Beispiel wie erwartet unendlich. Im Allgemeinen gibt es bei einer singulären Konfiguration eine bestimmte Richtung – die ***singuläre Richtung*** – in der eine Bewegung unmöglich ist, aber eine beliebige **Bewegung** im Unterraum, der „orthogonal" zu dieser Richtung ist, bleibt möglich [8].

26 Bestimmte Auswahlmöglichkeiten könnten die Berechnung erleichtern.

6.10.2 Die kartesische Konfigurationsraum-Drehmomentgleichung

Durch die Kombination von **(6.91)** und **(6.92)** können wir äquivalente Gelenkdrehkmomente schreiben, wobei die Dynamik im kartesischen Raum ausgedrückt ist:

$$\tau = J^T(\Theta)(M_x(\Theta)\ddot{\chi} + V_x(\Theta,\dot{\Theta}) + G_x(\Theta)). \qquad (6.104)$$

Es ist hilfreich, diese Gleichung in folgender Form zu schreiben:

$$\tau = J^T(\Theta)M_x(\Theta)\ddot{\chi} + B_x(\Theta)[\dot{\Theta}\dot{\Theta}] + C_x(\Theta)[\dot{\Theta}^2] + G(\Theta), \qquad (6.105)$$

wobei $B_x(\Theta)$ eine Matrix der Dimension $n \times n(n-1)/2$ der Coriolis-Koeffizienten und $[\dot{\Theta}\dot{\Theta}]$ ein $n(n-1)/2 \times 1$-Vektor der Gelenkgeschwindigkeitsprodukte ist. Für Letzeren gilt:

$$[\dot{\Theta}\dot{\Theta}] = [\dot{\theta}_1\dot{\theta}_2 \quad \dot{\theta}_1\dot{\theta}_3 \quad \ldots \quad \dot{\theta}_{n-1}\dot{\theta}_n]^T. \qquad (6.106)$$

$C_x(\Theta)$ ist eine $n \times n$-Matrix von Zentrifugalkoeffizienten und $[\dot{\Theta}^2]$ ist ein $n \times 1$-Vektor, gegeben durch:

$$[\dot{\theta}_1^2 \quad \dot{\theta}_2^2 \quad \ldots \quad \dot{\theta}_n^2]^T. \qquad (6.107)$$

Beachten Sie, dass $G(\Theta)$ in **(6.105)** dasselbe ist wie in der Gleichung für den Gelenkraum, aber im Allgemeinen ist $B_x(\Theta) \neq B(\Theta)$ und $C_x(\Theta) \neq C(\Theta)$.

BEISPIEL 6.7

Finden Sie $B_x(\Theta)$ und $C_x(\Theta)$ [aus **(6.105)**] für den Manipulator aus ▶ **Abschnitt 6.7**.

Wenn wir das Produkt $J^T(\Theta)V_x(\Theta,\dot{\Theta})$ bilden, erhalten wir:

$$B_x(\Theta) = \begin{bmatrix} m_1 l_1^2 \frac{c_2}{s_2} - m_2 l_1 l_2 s_2 \\ m_2 l_1 l_2 s_2 \end{bmatrix} \qquad (6.108)$$

und

$$C_x(\Theta) = \begin{bmatrix} 0 & -m_2 l_1 l_2 s_2 \\ m_2 l_1 l_2 s_2 & 0 \end{bmatrix}. \qquad (6.109)$$

6.11 Einbeziehung von Effekten nicht-starrer Körper

Es ist wichtig sich vor Augen zu halten, dass die von uns hergeleiteten **dynamischen Gleichungen** *nicht alle Effekte umfassen, die auf einen Manipulator wirken.* Sie beinhalten nur die Kräfte, die sich aus der Mechanik des **starren Körpers** ergeben. Die wichtigste Quelle von Kräften, die *nicht* berücksichtigt wird, ist die Reibung. Alle Mechanismen sind natürlich von **Reibungskräften** betroffen. Bei den heutigen Manipulatoren, bei denen in der Regel erhebliche Getriebeübersetzungen auftreten, können die durch Reibung verursachten Kräfte sogar recht groß sein – in typischen Situationen machen sie bis zu 25 % des für die Bewegung des Manipulators erforderlichen Drehmoments aus.

Damit die dynamischen Gleichungen die Realität des physischen Geräts widerspiegeln, ist es wichtig, diese Reibungskräfte (zumindest annähernd) zu modellieren. Ein sehr einfaches Modell für die Reibung ist die **viskose Reibung**, bei der das Drehmoment aufgrund der Reibung proportional zur Geschwindigkeit der Gelenkbewegung ist. Wir haben also:

$$\tau_{Reibung} = v\dot{\theta}, \tag{6.110}$$

wobei v die viskose Reibungskonstante ist. Manchmal wird ein anderes einfaches Modell für Reibung, die **Coulomb-Reibung**, verwendet. Die Coulomb-Reibung ist konstant, abgesehen von der Abhängigkeit vom Vorzeichen der Gelenkgeschwindigkeit, und ist gegeben durch:

$$\tau_{Reibung} = c\,\mathrm{sgn}(\dot{\theta}), \tag{6.111}$$

wobei c die Konstante der Coulomb-Reibung ist. Der Wert von c wird für $\dot{\theta} = 0$ (statischer Koeffizient) oft auf einen Wert festgelegt, erhält aber einen niedrigeren Wert (dynamischer Koeffizient), wenn $\dot{\theta} \neq 0$ ist. Ob das Gelenk eines bestimmten Manipulators viskose- oder Coulombsche Reibung erfährt, ist eine komplizierte Frage der Schmierung und anderer Effekte. Ein vernünftiges Modell sollte beides berücksichtigen, da beide Effekte wahrscheinlich sind:

$$\tau_{Reibung} = c\,\mathrm{sgn}(\dot{\theta}) + v\dot{\theta}. \tag{6.112}$$

Es hat sich herausgestellt, dass die **Reibung** in vielen Manipulatorgelenken auch von der **Gelenkposition** abhängt. Eine Hauptursache für diesen Effekt könnten **Zahnräder** sein, die nicht perfekt rund sind. Ihre Exzentrizität würde dazu führen, dass sich die Reibung je nach Gelenkposition ändert. Ein ziemlich komplexes Reibungsmodell hätte also die folgende Form:

$$\tau_{Reibung} = f(\theta, \dot{\theta}). \tag{6.113}$$

Diese Reibungsmodelle werden dann zu den anderen dynamischen Termen, die aus dem Modell für einen starren Körper hergeleitet wurden, addiert und ergeben so das vollständigere Modell:

$$\tau = M(\Theta)\ddot{\Theta} + V(\Theta, \dot{\Theta}) + G(\Theta) + F(\Theta, \dot{\Theta}). \tag{6.114}$$

Es gibt auch andere Effekte, die in diesem Modell nicht berücksichtigt werden. Zum Beispiel bedeutet die Annahme von starren Gliedern, dass wir **Biegeeffekte** (die zu Resonanzen führen) nicht in unsere Bewegungsgleichungen aufgenommen haben. Allerdings sind diese Effekte äußerst schwierig zu modellieren und würden den Rahmen dieses Buches sprengen (siehe [9, 10]).

6.12 Dynamische Simulation

Um die Bewegung eines Manipulators zu simulieren, müssen wir ein Modell der Dynamik verwenden, wie das, das wir gerade entwickelt haben. Angesichts der in geschlossener Form geschriebenen Dynamik wie in **(6.59)** erfordert die Simulation das Lösen der **dynamischen Beschleunigungsgleichung**:

$$\ddot{\Theta} = M^{-1}(\Theta)\left[\tau - V(\Theta, \dot{\Theta}) - G(\Theta) - F(\Theta, \dot{\Theta})\right]. \tag{6.115}$$

Wir können dann die Beschleunigung durch die Anwendung einer von mehreren bekannten Techniken der **numerischen Integration** integrieren und zukünftige Positionen und Geschwindigkeiten berechnen.

Sind die Anfangsbedingungen für die Bewegung des Manipulators gegeben, normalerweise in der Form

$$\begin{aligned} \Theta(0) &= \Theta_0 \quad \text{und} \\ \dot{\Theta}(0) &= 0, \end{aligned} \tag{6.116}$$

integrieren wir **(6.115)** numerisch in Schritten der Größe Δt in der Zeit vorwärts. Es gibt viele Methoden zur Durchführung der numerischen Integration [11]. Hier stellen wir das einfachste Integrationsschema vor, die sogenannte **Eulersche Integration** (oder kurz Euler-Verfahren): Beginnend mit $t = 0$ berechnen wir iterativ

$$\begin{aligned} \dot{\Theta}(t + \Delta t) &= \dot{\Theta}(t) + \ddot{\Theta}(t)\,\Delta t \quad \text{und} \\ \Theta(t + \Delta t) &= \Theta(t) + \dot{\Theta}(t)\,\Delta t + \frac{1}{2}\ddot{\Theta}(t)\,\Delta t^2, \end{aligned} \tag{6.117}$$

wobei für jede Iteration **(6.115)** berechnet wird, um $\ddot{\Theta}$ zu erhalten. Auf diese Weise lassen sich Ort, Geschwindigkeit und Beschleunigung des Manipulators, die durch die Funktion eines bestimmten Eingangsdrehmoments verursacht werden, numerisch berechnen.

Die Eulersche Integration ist konzeptionell einfach, aber für eine genaue und effiziente Simulation werden anspruchsvollere Integrationstechniken empfohlen [11]. Wie die Größe von Δt gewählt werden sollte, ist ein Thema, das oft diskutiert wird. Sie sollte so klein sein, dass die Aufteilung des kontinuierlichen **Zeitverlaufs** in diese kleinen Inkremente eine vernünftige Annäherung darstellt, aber auch so groß, dass die Berechnung einer Simulation nicht übermäßig viel Rechenzeit in Anspruch nimmt.

6.13 Computertechnische Überlegungen

Da die **dynamischen Bewegungsgleichungen** für typische Manipulatoren so komplex sind, ist es wichtig, computertechnische Themen zu berücksichtigen. In diesem Abschnitt beschränken wir unsere Aufmerksamkeit auf die **Dynamik** im **Gelenkraum**. Einige Aspekte der effizienten Berechnung der kartesischen Dynamik werden in [7, 8] diskutiert.

6.13.1 Eine historische Anmerkung zum Thema Effizienz

Zählen wir die Anzahl der Multiplikationen und Additionen für die Gleichungen **(6.45)** bis **(6.53)**, wobei wir die einfache erste äußere Berechnung und die einfache letzte innere Berechnung berücksichtigen, erhalten wir:

$$\begin{aligned} &126n - 99 \quad \text{Multiplikationen und} \\ &106n - 92 \quad \text{Additionen,} \end{aligned}$$

wobei n die Anzahl der Glieder ist (hier mindestens zwei). Obwohl die Formulierung immer noch etwas komplex ist, ist sie im Vergleich zu einigen zuvor vorgeschlagenen Formulierungen der Manipulator-Dynamik ungeheuer effizient. Die erste Formulierung der Dynamik eines Manipulators [12, 13] erfolgte über einen recht einfachen

Lagrangeschen Ansatz, für den ungefähr die folgende Anzahl von **Rechenschritten** erforderlich war [14]:

$$32n^4 + 86n^3 + 171n^2 + 53n - 128 \text{ Multiplikationen und}$$
$$25n^4 + 66n^3 + 129n^2 + 42n - 96 \text{ Additionen}$$

Für den typischen Fall mit $n = 6$ ist das iterative **Newton-Euler-Verfahren** etwa 100 Mal effizienter! Die beiden Ansätze müssen natürlich äquivalente Gleichungen ergeben und numerische Berechnungen würden genau die gleichen Ergebnisse liefern, aber die Struktur der Gleichungen ist ganz anders. Das soll nicht heißen, dass ein Lagrangesches Verfahren nicht zu effizienten Gleichungen führen kann. Vielmehr zeigt dieser Vergleich, dass bei der Erstellung eines Rechenverfahrens für dieses Problem auf die Effizienz geachtet werden muss. Die relative Effizienz der von uns vorgestellten Methode ergibt sich aus der Tatsache, dass die Berechnungen als Iterationen von Glied zu Glied durchgeführt werden, und aus der Art und Weise, wie die verschiedenen Größen dargestellt werden [15].

Renaud [16] und Liegois et al. [17] leisteten frühe Beiträge zur Formulierung der Beschreibungen der Massenverteilung der Glieder. Bei der Untersuchung der Modellierung menschlicher Gliedmaßen begannen Stepanenko und Vukobratovic [18] mit der Untersuchung eines „Newton-Euler"-Verfahrens für die Dynamik anstelle des etwas traditionelleren **Lagrangeschen** Verfahrens. Diese Arbeit wurde von Orin et al. [19] in einer Anwendung auf die Beine von Laufrobotern auf ihre Effizienz hin überprüft. Die Gruppe von Orin verbesserte die Effizienz etwas, indem sie die Kräfte und Momente im lokalen Glieder-Referenzrahmen statt im Inertialrahmen formulierte. Sie bemerkten auch die sequenzielle Natur der Berechnungen von einem Glied zum nächsten und spekulierten, dass es eine effiziente rekursive Formulierung geben könnte. Armstrong [20] und Luh, Walker und Paul [2] schenkten den Details der Effizienz große Aufmerksamkeit und veröffentlichten einen Algorithmus mit einer Komplexität von $O(n)$. Dies wurde erreicht, indem die Berechnungen iterativ (oder rekursiv) durchgeführt wurden und indem die Geschwindigkeiten und Beschleunigungen der Glieder im lokalen Gliedrahmen ausgedrückt wurden. Hollerbach [14] und Silver [15] untersuchten verschiedene Computeralgorithmen intensiver. Hollerbach und Sahar [21] zeigten, dass sich die Komplexität des Algorithmus für bestimmte spezielle Geometrien weiter verringern würde.

6.13.2 Effizienz der geschlossenen Form gegenüber der iterativen Form

Das in diesem Kapitel vorgestellte iterative Verfahren ist als allgemeines Mittel zur Berechnung der **Dynamik** eines beliebigen Manipulators recht effizient, aber für einen bestimmten Manipulator hergeleitete Gleichungen in geschlossener Form sind in der Regel noch effizienter. Betrachten wir den zweigliedrigen planaren Manipulator aus ▶ **Abschnitt 6.7**. Durch Einsetzen von $n = 2$ in die Formeln in ▶ **Abschnitt 6.13** stellen wir fest, dass unser iteratives Verfahren 153 Multiplikationen und 120 Additionen erfordern würde, um die Dynamik eines beliebigen zweigliedrigen Arms zu berechnen. Unser spezieller zweigliedriger Arm ist jedoch recht einfach: Er ist planar, und die Massen werden als Punktmassen behandelt. Wenn wir also die Gleichungen in geschlossener Form betrachten, die wir in ▶ **Abschnitt 6.7** aufgestellt haben, sehen wir, dass die Berechnung der Dynamik in dieser Form etwa 30 Multiplikationen und 13 Additionen erfordert. Dies ist ein Extremfall, da der betreffende Manipulator sehr einfach ist, aber er veranschaulicht, dass symbolische Gleichungen in geschlossener Form wahrscheinlich die effizienteste Formulierung der Dynamik sind. Mehrere Autoren haben Artikel veröffentlicht, die zeigen, dass für jeden beliebigen Manipulator eine maßgeschneiderte Dynamik in geschlossener Form effizienter ist als selbst die besten der allgemeinen Verfahren [22–27].

Wenn also **Manipulatoren** im kinematischen und dynamischen Sinne *einfach* gestaltet sind, haben sie auch einfache dynamische Gleichungen. Wir könnten einen **kinematisch einfachen Manipulator** als einen Manipulator definieren, bei dem viele (oder alle) Verdrehungen seiner Glieder gleich $0°, 90°$ oder $-90°$ und viele seiner Gliederlängen und Offsets gleich null sind. Wir könnten einen **dynamisch einfachen Manipulator** als einen definieren, für den der Trägheitstensor jedes Glieds im Rahmen $\{C_i$ $\}$ diagonal ist.

Der Nachteil der Formulierung von Gleichungen in geschlossener Form besteht einfach darin, dass dies derzeit einen ziemlich hohen menschlichen Aufwand erfordert. Es wurden jedoch symbolische Manipulationsprogramme entwickelt, welche die Bewegungsgleichungen eines Geräts in geschlossener Form bestimmen und automatisch gemeinsame Terme herauskürzen und trigonometrische Substitutionen durchführen können [25, 28–30].

6.13.3 Effiziente Dynamik für Simulationen

Wenn die **Dynamik** berechnet werden soll, um eine numerische **Simulation** eines **Manipulators** durchzuführen, sind wir daran interessiert, die Gelenkbeschleunigungen unter Berücksichtigung der aktuellen Position, der Geschwindigkeit und der Eingangsdrehmomente des Manipulators zu berechnen. Ein effizientes Berechnungsverfahren muss daher sowohl die Berechnung der in diesem Kapitel untersuchten dynamischen Gleichungen als auch effiziente Verfahren zur Lösung der Gleichungen (für die Gelenkbeschleunigungen) und zur Durchführung der numerischen Integration beinhalten. Mehrere effiziente Methoden für die dynamische Simulation von Manipulatoren werden in [31] beschrieben.

6.13.4 Verfahren zum Erlernen

In jedem Berechnungsverfahren kann ein Kompromiss zwischen Berechnungen und Speichernutzung gefunden werden. Bei dem Problem der Berechnung der dynamischen Gleichung eines **Manipulators (6.59)** haben wir implizit angenommen, dass, wenn ein Wert von τ benötigt wird, dieser während der Laufzeit so schnell wie möglich aus $\Theta, \dot{\Theta}$ und $\ddot{\Theta}$ berechnet wird. Wenn wir möchten, können wir diese Rechenlast auf Kosten eines größeren Speichers ausgleichen, indem wir **(6.59)** vorher für alle möglichen $\Theta, \dot{\Theta}$ und $\ddot{\Theta}$ Werte berechnen (und in geeigneter Weise quantisieren). Wenn dann dynamische Informationen benötigt werden, wird die Antwort durch Nachschlagen in einer **Tabelle** gefunden.

Der erforderliche **Speicherplatz** ist groß. Gehen wir davon aus, dass jeder Gelenkwinkelbereich in zehn diskrete Werte aufgeteilt wird. Nehmen wir weiterhin an, dass für die Geschwindigkeiten und Beschleunigungen ebenfalls jeweils zehn Werte hinterlegt werden. Bei einem Manipulator mit sechs Gelenken ist die Anzahl der Zellen im quantifizierten $(\Theta, \dot{\Theta}, \ddot{\Theta})$-Raum dann $(10 \times 10 \times 10)^6$. In jeder dieser Zellen befinden sich sechs Drehmomentwerte. Unter der Annahme, dass jeder Drehmomentwert den Speicherplatz eines Computerworts benötigt, beträgt die erforderliche Speichergröße 6×10^{18} Worte! Beachten Sie auch, dass die Tabelle bei einer Änderung der Ladungsmasse neu berechnet werden muss – oder eine weitere Dimension hinzugefügt werden muss, um alle möglichen Lasten zu berücksichtigen.

Es gibt viele Zwischenlösungen, die auf verschiedene Weise einen Ausgleich zwischen **Speicher-** und **Rechenbedarf** schaffen. Wenn zum Beispiel die Matrizen in Gleichung **(6.63)** vorher berechnet würden, hätte die Tabelle nur eine Dimension (in Θ) anstelle von drei. Nachdem die Funktionen von Θ nachgeschlagen sind, ist nur ein bescheidener Rechenaufwand (gegeben durch **(6.63)**) erforderlich. Weitere Details und andere mögliche Parametrisierungen dieses Problems finden Sie in [3] und [6].

Literatur

[1] I. Shames, *Engineering Mechanics*, 2. Auflage, Prentice-Hall, Englewood Cliffs, NJ, 1967.

[2] J.Y.S. Luh, M.W. Walker und R.P. Paul, „On-Line Computational Scheme for Mechanical Manipulators", *Transactions of the ASME Journal of Dynamic Systems, Measurement, and Control*, 1980.

[3] M. Raibert, „Mechanical Arm Control Using a State Space Memory", SME paper MS77-750, 1977.

[4] K.R. Symon, *Mechanics*, 3. Auflage, Addison-Wesley, Reading, MA, 1971.

[5] B. Noble, *Applied Linear Algebra*, Prentice-Hall, Englewood Cliffs, NJ, 1969.

[6] O. Khatib, „Commande Dynamique dans L'Espace Operationnel des Robots Manipulateurs en Presence d'Obstacles", These de Docteur-Ingenieur. Ecole Nationale Superieure de l'Aeronautique et de L'Espace (ENSAE), Toulouse.

[7] O. Khatib, „Dynamic Control of Manipulators in Operational Space", Sixth IFTOMM Congress on Theory of Machines and Mechanisms, New Delhi, 15.–20. Dezember, 1983.

[8] O. Khatib, „The Operational Space Formulation in Robot Manipulator Control", 15th ISIR, Tokyo, 11.–13. September, 1985.

[9] E. Schmitz, „Experiments on the End-Point Position Control of a Very Flexible One-Link Manipulator", Unveröffentlichte Doktorarbeit, Department of Aeronautics and Astronautics, Stanford University, SUDAAR Nr. 547, Juni 1985.

[10] W. Book, „Recursive Lagrangian Dynamics of Flexible Manipulator Arms", *International Journal of Robotics Research*, Vol. 3, No. 3, 1984.

[11] S. Conte und C. DeBoor, *Elementary Numerical Analysis: An Algorithmic Approach*, 2. Auflage, McGraw-Hill, New York, 1972.

[12] J. Uicker, „On the Dynamic Analysis of Spatial Linkages Using 4 × 4 Matrices", Unveröffentlichte Dissertation, Northwestern University, Evanston, IL, 1965.

[13] J. Uicker, „Dynamic Behaviour of Spatial Linkages“, *ASME Mechanisms*, Vol. 5, No. 68, S. 1–15.

[14] J.M. Hollerbach, „A Recursive Lagrangian Formulation of Manipulator Dynamics and a Comparative Study of Dynamics Formulation Complexity“, in *Robot Motion*, M. Brady et al., Editoren, MIT Press, Cambridge, MA, 1983.

[15] W. Silver, „On the Equivalence of Lagrangian and Newton Euler Dynamics for Manipulators“, *International Journal of Robotics Research*, Vol. 1, No. 2, S. 60-70.

[16] M. Renaud, „Contribution à l'Etude de la Modélisation et de la Commande des Systèmes Mécaniques Articulés“, Thèse de Docteur-Ingénieur, Université Paul Sabatier, Toulouse, Dezember 1975.

[17] A. Liegois, W. Khalil, J.M. Dumas und M. Renaud, „Mathematical Models of Interconnected Mechanical Systems“, Symposium on the Theory and Practice of Robots and Manipulators, Poland, 1976.

[18] Y. Stepanenko und M. Vukobratovic, „Dynamics of Articulated Open-Chain Active Mechanisms“, *Math-Biosciences* Vol. 28, 1976, S. 137–170.

[19] D.E. Orin et al, „Kinematic and Kinetic Analysis of Open-Chain Linkages Utilizing Newton Euler Methods“, *Math-Biosciences* Vol. 43, 1979, S. 107–130.

[20] W.W. Armstrong, „Recursive Solution to the Equations of Motion of an N-Link Manipulator“, *Proceedings of the 5th World Congress on the Theory of Machines and Mechanisms*, Montreal, Juli 1979.

[21] J.M. Hollerbach und G. Sahar, „Wrist-Partitioned Inverse Accelerations and Manipulator Dynamics“, MIT AI Memo No. 717, April 1983.

[22] T.K. Kanade, P.K. Khosla und N. Tanaka, „Real-Time Control of the CMU Direct Drive Arm II Using Customized Inverse Dynamics“, *Proceedings of the 23rd IEEE Conference on Decision and Control*, Las Vegas, NV, Dezember 1984.

[23] A. Izaguirre und R.P. Paul, „Computation of the Inertial and Gravitational Coefficients of the Dynamic Equations for a Robot Manipulator with a Load“, *Proceedings of the 1985 International Conference on Robotics and Automation*, St. Louis, März 1985, S. 1024–1032.

[24] B. Armstrong, O. Khatib und J. Burdick, „The Explicit Dynamic Model and Inertial Parameters of the PUMA 560 Arm“, *Proceedings of the 1986 IEEE International Conference on Robotics and Automation*, San Francisco, April 1986, S. 510–518.

[25] J.W. Burdick, „An Algorithm for Generation of Efficient Manipulator Dynamic Equations“, *Proceedings of the 1986 IEEE International Conference on Robotics and Automation*, San Francisco, 7.–11. April, 1986, S. 212–218.

[26] T.R. Kane und D.A. Levinson, „The Use of Kane's Dynamical Equations in Robotics“, *The International Journal of Robotics Research*, Vol. 2, No. 3, Herbst 1983, S. 3–20.

[27] M. Renaud, „An Efficient Iterative Analytical Procedure for Obtaining a Robot Manipulator Dynamic Model“, First International Symposium of Robotics Research, NH, August 1983.

[28] W. Schiehlen, „Computer Generation of Equations of Motion“, in *Computer Aided Analysis and Optimization of Mechanical System Dynamics*, E.J. Haug, Editor, Springer-Verlag, Berlin & New York, 1984.

[29] G. Cesareo, F. Nicolo und S. Nicosia, „DYMIR: A Code for Generating Dynamic Model of Robots“, in *Advanced Software in Robotics*, Elsevier Science Publishers, North-Holland, 1984.

[30] J. Murray und C. Neuman, „ARM: An Algebraic Robot Dynamic Modelling Program“, IEEE International Conference on Robotics, Atlanta, März 1984.

[31] M. Walker und D. Orin, „Efficient Dynamic Computer Simulation of Robotic Mechanisms“, *ASME Journal of Dynamic Systems, Measurement, and Control*, Vol. 104, 1982.

Übungen

6.1 [12] Ermitteln Sie den Trägheitstensor eines geraden Zylinders mit homogener Dichte in Bezug auf einen Rahmen mit Ursprung im Massenschwerpunkt des Körpers.

6.2 [32] Konstruieren Sie die dynamischen Gleichungen für den zweigliedrigen Manipulator in ▶ **Abschnitt 6.7**, wenn jedes Glied als quaderförmiger Körper mit homogener Dichte modelliert wird. Jedes Glied besitzt die Abmessungen l_i, ω_i und h_i und die Gesamtmasse m_i.

6.3 [43] Konstruieren Sie die dynamischen Gleichungen für den dreigliedrigen Manipulator aus ▶ **Kapitel 3**, ▶ **Übung 3.3**. Betrachten Sie jedes Glied als einen quaderförmigen Körper mit homogener Dichte und den Abmessungen l_i, ω_i und h_i sowie der Gesamtmasse m_i.

6.4 [13] Schreiben Sie den Satz von Gleichungen, der den **(6.45)** bis **(6.53)** entspricht, für den Fall, dass der Mechanismus gleitende Gelenke haben könnte.

6.5 [30] Konstruieren Sie die dynamischen Gleichungen für den in **Abbildung 6.8** gezeigten nicht-planaren Manipulator mit zwei Gliedern. Nehmen Sie an, dass die gesamte Masse jedes der Glieder als eine Punktmasse betrachtet werden kann, die sich am distalen (äußersten) Ende des jeweilgen Glieds befindet. Die Werte der Massen sind m_1 sowie m_2 und die Gliederlängen sind l_1 sowie l_2. Dieser Manipulator entspricht den ersten beiden Gliedern des Arms in ▶ **Übung 3.3**. Nehmen wir weiter an, dass an jedem Gelenk viskose Reibung mit den Koeffizienten v_1 und v_2 auftritt.

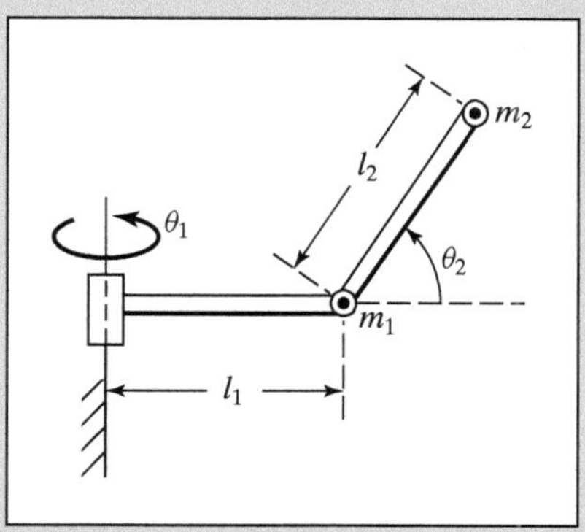

Abbildung 6.8 Nicht-planarer Manipulator mit zwei Gliedern und Punktmassen an den distalen Enden der Glieder.

6.6 [32] Leiten Sie die Form der Dynamik für den kartesischen Raum des zweigliedrigen planaren Manipulators aus ▶ **Abschnitt 6.7** in Bezug auf den Basisrahmen her. *Tipp*: Siehe ▶ **Beispiel 6.5**, verwenden Sie aber die für den Basisrahmen formulierte Jacobi-Matrix.

6.7 [18] Wie viele Speicherplätze wären erforderlich, um die dynamischen Gleichungen eines allgemeinen dreigliedrigen Manipulators in einer Tabelle zu speichern? Teilen Sie die Zahlenwerte für Ort, Geschwindigkeit und Beschleunigung jedes Gelenks in jeweils 16 Bereiche auf. Treffen Sie alle erforderlichen Annahmen.

6.8 [32] Leiten Sie die dynamischen Gleichungen für den in ▶ **Abbildung 4.6** gezeigten zweigliedrigen Manipulator her. Der Trägheitstensor von Glied 1 ist gegeben durch:

$$^{C_1}I = \begin{bmatrix} I_{xx1} & 0 & 0 \\ 0 & I_{yy1} & 0 \\ 0 & 0 & I_{zz1} \end{bmatrix}.$$

Nehmen Sie an, dass sich die gesamte Masse m_2 des Glieds 2 in einem Punkt am Endeffektor befindet. Nehmen Sie außerdem an, dass die Schwerkraft nach unten gerichtet ist (in die Gegenrichtung von $\hat{Z}_1$).

6.9 [37] Leiten Sie die dynamischen Gleichungen für den in ▶ **Abbildung 3.9** dargestellten dreigliedrigen Manipulator mit einem prismatischen Gelenk her. Der Trägheitstensor von Glied 1 ist gegeben durch:

$$^{C_1}I = \begin{bmatrix} I_{xx1} & 0 & 0 \\ 0 & I_{yy1} & 0 \\ 0 & 0 & I_{zz1} \end{bmatrix}.$$

Glied 2 besitzt eine Punktmasse m_2, die sich im Ursprung des Gliedrahmens befindet. Der Trägheitstensor von Glied 3 ist gegeben durch:

$$^{C_3}I = \begin{bmatrix} I_{xx3} & 0 & 0 \\ 0 & I_{yy3} & 0 \\ 0 & 0 & I_{zz3} \end{bmatrix}.$$

Nehmen Sie an, dass die Schwerkraft entgegengesetzt zu $\hat{Z}_1$ gerichtet ist und dass viskose Reibung vom Betrag v_i an jedem Gelenk wirkt.

6.10 [35] Leiten Sie die dynamischen Gleichungen im kartesischen Raum für den Manipulator aus **Übung 6.8** her. Schreiben Sie die Gleichungen bezüglich des Rahmens {2}.

6.11 [20] Für einen bestimmten eingliedrigen Manipulator gilt:

$$^{C_1}I = \begin{bmatrix} I_{xx1} & 0 & 0 \\ 0 & I_{yy1} & 0 \\ 0 & 0 & I_{zz1} \end{bmatrix}.$$

Gehen Sie davon aus, dass dies nur die Trägheit des Glieds selbst ist. Wie groß ist das gesamte Trägheitsmoment von der Motorwelle aus gesehen, wenn der Motoranker das Trägheitsmoment I_m besitzt und das Übersetzungsverhältnis 100 beträgt [1]?

6.12 [20] Der „Manipulator" mit einem Freiheitsgrad in **Abbildung 6.9** hat eine Gesamtmasse von $m = 1$, mit dem Massenschwerpunkt bei

$$^1P_C = \begin{bmatrix} 2 \\ 0 \\ 0 \end{bmatrix}$$

und dem Trägheitstensor

$$^{C}I_1 = \begin{bmatrix} 1 & 0 & 0 \\ 0 & 2 & 0 \\ 0 & 0 & 2 \end{bmatrix}.$$

Aus dem Ruhezustand bei $t = 0$ verändert sich der Gelenkwinkel θ_1 (im Bogenmaß, rad) gemäß der folgenden Funktion in Abhängigkeit von der Zeit t:

$$\theta_1(t) = bt + ct^2$$

Geben Sie die Winkelbeschleunigung des Glieds und die lineare Beschleunigung des Massenmittelpunkts in Bezug auf den Rahmen {1} als Funktion von t an.

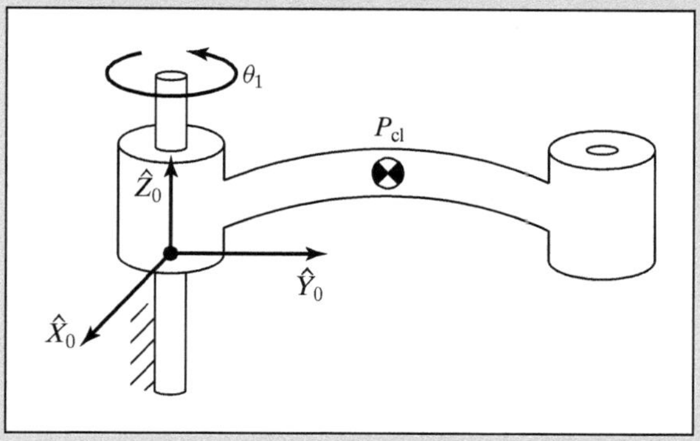

Abbildung 6.9 Eingliedriger „Manipulator" aus **Übung 6.12**.

6.13 [40] Konstruieren Sie die kartesischen dynamischen Gleichungen für den in **Abbildung 6.8** dargestellten nicht-planaren Manipulator mit zwei Gliedern. Nehmen Sie an, dass die gesamte Masse jedes der Glieder als Punktmasse betrachtet werden kann, die sich am distalen (äußersten) Ende des jeweiligen Glieds befindet. Die Werte der Massen betragen m_1 und m_2 und die Gliederlängen sind l_1 und l_2. Dieser Manipulator entspricht den ersten beiden Gliedern des Arms in ▶ **Übung 3.3**. Nehmen Sie außerdem an, dass an jedem Gelenk viskose Reibung mit den Koeffizienten v_1 und v_2 wirkt. Formulieren Sie die kartesische Dynamik in Bezug auf Rahmen {3}, der sich an der Spitze des Manipulators befindet und die gleiche Ausrichtung wie Gliedrahmen {2} aufweist.

6.14 [18] Die folgenden Gleichungen wurden für einen 2-DOF-*RP*-Manipulator hergeleitet:

$$\begin{aligned}\tau_1 &= m_1(d_1^2 + d_2)\ddot{\theta}_1 + m_2 d_2^2 \ddot{\theta}_1 + 2 m_2 d_2 \dot{d}_2 \dot{\theta}_1 \\ &\quad + g\cos(\theta_1)\,[m_1(d_1 + d_2\dot{\theta}_1) + m_2(d_2 + \dot{d}_2)] \\ \tau_2 &= m_1 \dot{d}_2 \ddot{\theta}_1 + m_2 \ddot{d}_2 - m_1 d_1 \dot{d}_2 - m_2 d_2 \dot{\theta}^2 + m_2(d_2 + 1)\,g\sin(\theta_1).\end{aligned}$$

Einige der Terme in den obigen Gleichungen sind offensichtlich falsch. Identifizieren Sie die falschen Terme an.

6.15 [28] Leiten Sie die dynamischen Gleichungen für den *RP*-Manipulator aus ▶ **Beispiel 6.5** her, indem Sie das Newton-Euler-Verfahren anstelle der Lagrangeschen Technik verwenden.

6.16 [25] Leiten Sie die Bewegungsgleichungen für den in **Abbildung 6.10** dargestellten *PR*-Manipulator her. Vernachlässigen Sie die Reibung, berücksichtigen Sie aber die Schwerkraft. (Hier zeigt $\hat{X}_0$ nach oben.) Die Trägheitstensoren der Glieder sind diagonal, mit den Momenten $I_{xx1}, I_{yy1}, I_{zz1}$ und $I_{xx2}, I_{yy2}, I_{zz2}$. Die Massenschwerpunkte der Glieder sind gegeben durch:

$$^1P_{C_1} = \begin{bmatrix} 0 \\ 0 \\ -l_1 \end{bmatrix} \quad \text{und}$$

$$^2P_{C_2} = \begin{bmatrix} 0 \\ 0 \\ 0 \end{bmatrix}.$$

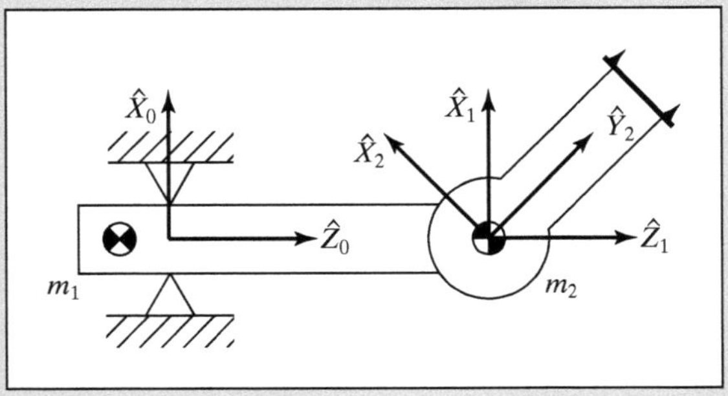

Abbildung 6.10 *PR*-Manipulator aus **Übung 6.16**.

6.17 [40] Die geschwindigkeitsbezogenen Terme in der dynamischen Gleichung des Manipulators können als Matrix-Vektor-Produkt geschrieben werden, das heißt:

$$V(\Theta, \dot{\Theta}) = V_m(\Theta, \dot{\Theta})\,\dot{\Theta},$$

wobei der Index m für „Matrixform“ steht. Zeigen Sie, dass zwischen der zeitlichen Ableitung der Massenmatrix des Manipulators und $V_m(\cdot)$ eine Beziehung besteht, nämlich:

$$\dot{M}(\Theta) = 2\,V_m(\Theta, \dot{\Theta}) - S,$$

wobei S eine schiefsymmetrische Matrix ist.

6.18 [15] Nennen Sie zwei Eigenschaften, die jedes vernünftige Reibungsmodell (d. h. der Term $F(\Theta, \dot{\Theta})$ in **(6.114)**) besitzen würde.

6.19 [28] Vervollständigen Sie **Übung 6.5** unter Verwendung der Lagrange-Gleichungen.

6.20 [28] Leiten Sie die dynamischen Gleichungen des 2-DOF-Manipulators aus **Abschnitt 6.7** mit Hilfe einer Lagrangeschen Formulierung her.

6.21 [24] Vervollständigen Sie ▶ **Beispiel 6.5**, wobei sich die potenzielle Energie auf die Höhe bezieht, in der sich der Ursprung von Rahmen {1} befindet. Vergleichen Sie die resultierenden Bewegungsgleichungen mit **(6.88)**.

6.22 [25] Finden Sie die dynamische Gleichung für das neue Gelenkmoment τ_3, wenn dem Manipulator aus **Abschnitt 6.7** ein drittes Glied der Länge l_3 und der Masse m_3 hinzugefügt und die Schwerkraft aufgehoben wird.

6.23 [30] Konstruieren Sie die dynamischen Gleichungen für den zweigliedrigen Manipulator in ▶ **Abbildung 6.6**, bei dem der Massenschwerpunkt von Glied 2 im Ursprung von Rahmen {2} liegt. Der Massenschwerpunkt von Glied 1 liegt in dessen Mitte. Die Massen und Trägheitstensoren der Glieder sind m_1, m_2,

$$^{c_1}I_1 = \begin{bmatrix} I_{XX1} & 0 & 0 \\ 0 & I_{YY1} & 0 \\ 0 & 0 & I_{ZZ1} \end{bmatrix} \text{ und } ^{c_2}I_2 = \begin{bmatrix} I_{XX2} & 0 & 0 \\ 0 & I_{YY2} & 0 \\ 0 & 0 & I_{ZZ2} \end{bmatrix}.$$

6.24 [28] An irgendeinem starren Körper sind zwei Rahmen {A} und {B} angeheftet, die durch eine Rotationstransformation verbunden sind. Bestimmen Sie den Trägheitstensor ^BI in Abhängigkeit von ^AI. *Hinweis*: Beachten Sie die folgenden Beziehungen für die Winkelgeschwindigkeit ω und den Drehimpuls H.

$$^B\omega = {}^B_AR\,{}^A\omega$$
$$^AH = {}^AI\,{}^A\omega$$
$$^BH = {}^BI\,{}^B\omega = {}^B_AR\,{}^AH$$

6.25 [41] Verwenden Sie für diese Übung die folgenden Parameter für den zweigliedrigen Manipulator in ▶ **Abschnitt 6.7**, wobei die Rahmen wie in ▶ **Abbildung 4.7** definiert sind:

$$m_1 = 2$$
$$m_2 = 1$$
$$l_1 = 4$$
$$l_2 = 3$$

Der Manipulator soll durch einen Motor mit der Masse 0,1 an den beiden Gelenkachsen angetrieben werden. Der Motor hat ein Spitzendrehmoment von 220 und ein Dauerdrehmoment von 160. Die Schwerkraftbeschleunigung sei $-10\,\hat{Y}_0$.

1. Bestätigen Sie, dass dieser Motor geeignet ist, wenn der Manipulator die Einstellung $\Theta = (0,0)$ unbegrenzt beibehalten soll.
2. Ermitteln Sie die maximale Nutzlast (die als Punktmasse angenommen wird und mit m_2 zusammenfällt), wenn die Motoren für kurze Zeitspannen Beschleunigungen bis zu $\ddot{\Theta} = (0{,}2,\ 0{,}4)$ bewirken müssen.

6.26 [34] Führen Sie **Übung 6.8** unter Verwendung der Lagrange-Gleichungen durch.

6.27 [27] Konstruieren Sie mit Hilfe der Lagrange-Gleichungen die dynamischen Gleichungen für den in **Abbildung 6.11** dargestellten Wagen mit dem einfachen Pendel. Das System besteht aus einem Wagen der Masse m_c der mit einer Punktmasse m_p durch einen masselosen Stab der Länge l verbunden ist.

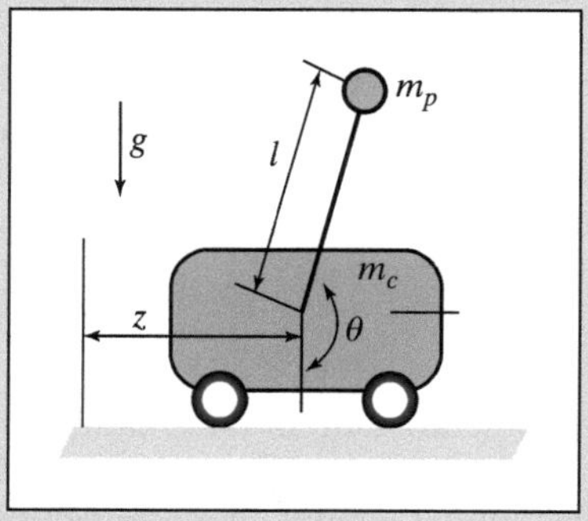

Abbildung 6.11 Wagen und einfaches Pendel.

6.28 [26] Die viskose Reibung wirkt sich auf die Gelenke des Manipulators in **Übung 6.25** aus, wobei für jedes die gleiche Konstante der viskosen Reibung $v = 2$ gilt. Bestimmen Sie die Gelenkdrehmomente für den folgenden Zustand:

$$\theta = (\pi/6,\ \pi/3)$$
$$\dot{\theta} = (0{,}1,\ 0{,}5)$$
$$\ddot{\theta} = (0{,}2,\ -0{,}25)\,.$$

6.29 [14] Ermitteln Sie den Trägheitstensor eines geraden zylindrischen Rohrs mit homogener Dichte in Bezug auf einen Rahmen mit Ursprung im Massenschwerpunkt des Körpers.

Programmierübung (Teil 6)

1 Leiten Sie die dynamischen Bewegungsgleichungen für den dreigliedrigen Manipulator aus ▶ **Beispiel 3.3** her. Erweitern Sie also ▶ **Abschnitt 6.7** für den Fall mit drei Gliedern. Die folgenden numerischen Werte beschreiben den Manipulator:

$$L_1 = L_2 = 0{,}5\ \text{m}, L_3 = 0{,}15\ \text{m}$$
$$m_1 = 4{,}6\ \text{kg},$$
$$m_2 = 2{,}3\ \text{kg},$$
$$m_3 = 1{,}0\ \text{kg} \quad \text{sowie}$$
$$g = 9{,}8\ \text{m/s}^2.$$

Bei den ersten beiden Gliedern gehen wir davon aus, dass sich die gesamte Masse am distalen (äußeren) Ende des jeweiligen Glieds befindet. Für Glied 3 nehmen wir an, dass sich der Massenschwerpunkt im Ursprung des Rahmens {3} befindet – also am proximalen (nächstgelegenen) Ende des Glieds. Der Trägheitstensor für Glied 3 lautet:

$$^{C_3}I = \begin{bmatrix} 0{,}05 & 0 & 0 \\ 0 & 0{,}1 & 0 \\ 0 & 0 & 0{,}1 \end{bmatrix} \text{kg m}^2.$$

Die Vektoren, die jeden Massenschwerpunkt relativ zum jeweiligen Gliedrahmen festlegen, lauten:

$$^1P_{C_1} = l_1\hat{X}_1,$$
$$^2P_{C_2} = l_2\hat{X}_2 \quad \text{und}$$
$$^3P_{C_3} = 0.$$

2 Schreiben Sie einen Simulator für den dreigliedrigen Manipulator. Eine einfache Routine nach dem Euler-Verfahren reicht aus, um die numerische Integration durchzuführen (wie in ▶ **Abschnitt 6.12**). Um Ihren Code modular zu halten, könnte es hilfreich sein, das folgende Unterprogramm zu definieren:

```
Procedure UPDATE(VAR tau: vec3; VAR period: real; VAR theta, thetadot:
vec3);
```

Dabei ist „tau“ der Drehmomentbefehl an den Manipulator (bei dieser Zuweisung immer gleich null) und „period“ ist die Zeitspanne, um die die Zeit voranschreiten soll (in Sekunden). „theta“ und „thetadot“ beschreiben den Zustand des Manipulators. „theta" und „thetadot" werden jedes Mal, wenn Sie UPDATE aufrufen, um „period" Sekunden aktualisiert. Beachten Sie, dass „period" normalerweise länger ist als das Zeitintervall des Integrationsschritts Δt, das bei der numerischen Integration verwendet wird. Obwohl die Schrittweite für die numerische Integration beispielsweise 0,001 Sekunden beträgt, möchten Sie die Position und Geschwindigkeit des Manipulators vielleicht nur alle 0,1 Sekunden ausgeben.

Um Ihre Simulation zu testen, setzen Sie die Gelenkdrehmomentbefehle auf null (für jede Zeit) und führen Sie die folgenden Tests durch:

Verwenden Sie als Ausgangsposition des Manipulators

$$[\theta_1 \quad \theta_2 \quad \theta_3] = [-90° \quad 0° \quad 0°].$$

Lassen Sie die Simulation ein paar Sekunden lang laufen. Verläuft die Bewegung des Manipulators so, wie Sie es erwarten würden?
Verwenden Sie als Ausgangsposition des Manipulators

$$[\theta_1 \quad \theta_2 \quad \theta_3] = [30° \quad 30° \quad 10°].$$

Lassen Sie die Simulation ein paar Sekunden lang laufen. Verläuft die Bewegung des Manipulators so, wie Sie es erwarten würden?

3 Fügen Sie an jedem Gelenk des simulierten Manipulators etwas viskose Reibung hinzu, d. h., fügen Sie der Dynamik für jedes Gelenk einen Term in der Form $\tau_f = v\dot{\theta}$ hinzu, wobei für jedes Gelenk $v = 5{,}0$ Nms ist. Wiederholen Sie Test (b). Entspricht die Bewegung dem, was Sie erwarten würden?

MATLAB-Übung 6A

Diese Übung konzentriert sich auf die Analyse der inversen Dynamik (in einem Rahmen für die Steuerung mit aufgelöster Geschwindigkeit, siehe ▶ **MATLAB-Übung 5**) für den planaren **2-DOF-2*R*-Roboter**. Dieser Roboter bildet die ersten beiden *R*-Gelenke und die ersten beiden beweglichen Glieder des planaren 3-DOF-3*R*-Roboters (siehe ▶ **Abbildungen 3.6** und **3.7**; die DH-Parameter sind in den ersten beiden Zeilen von ▶ **Abbildung 3.8** angegeben).

Berechnen Sie für den planaren **2*R*-Roboter** die erforderlichen Gelenkdrehmomente (d. h., lösen Sie das Problem der inversen Dynamik), um die vorgegebene Bewegung in jedem Zeitschritt eines Kontrollschemas mit aufgelöster Geschwindigkeit bereitzustellen. Sie können entweder die numerische Newton-Euler-Iteration oder die analytischen Gleichungen aus den Ergebnissen von ▶ **Übung 6.2** oder beides verwenden.

Gegeben seien die Längen $L_1 = 1{,}0$ m und $L_2 = 0{,}5$ m. Beide Glieder sind aus massivem Stahl mit der Massendichte $\rho = 7806$ kg/m^3. Die Breite (**w**idth) und Dicke (**t**hickness) beider Glieder betragen $w = t = 5$ cm. Wir gehen davon aus, dass die Drehgelenke perfekt sind und die Glieder genau an ihren Kanten verbinden (was physikalisch nicht möglich ist).

Die Anfangswinkel sind: $\Theta = \begin{bmatrix}\theta_1\\ \theta_2\end{bmatrix} = \begin{bmatrix}10°\\ 90°\end{bmatrix}$.

Die (konstante) vorgegebene kartesische Geschwindigkeit ist: ${}^0\dot{X} = {}^0\begin{bmatrix}\dot{x}\\ \dot{y}\end{bmatrix} = {}^0\begin{bmatrix}0\\ 0{,}5\end{bmatrix}$(m/s).

Simulieren Sie die Bewegung für eine Sekunde in Zeitschritten von 0,01 Sekunden.

Erzeugen Sie fünf Abbildungen (für jede ein separates Diagramm):

1. die beiden Gelenkwinkel (in Grad) $\Theta = [\theta_1 \ \ \theta_2]^T$ über der Zeit;
2. die beiden Gelenkgeschwindigkeiten (rad/s) $\dot{\Theta} = [\dot{\theta}_1 \ \ \dot{\theta}_2]^T$ über der Zeit;
3. die beiden Gelenkbeschleunigungen (rad/s^2) $\ddot{\Theta} = [\ddot{\theta}_1 \ \ \ddot{\theta}_2]^T$ über der Zeit;
4. die drei kartesischen Komponenten von ${}^0_HT, X = [x \ \ y \ \ \phi]^T$ (rad ist für ϕ geeignet) über der Zeit;
5. die beiden inversen dynamischen Gelenkmomente (Nm) $T = [\tau_1 \ \ \tau_2]^T$ über der Zeit.

Beschriften Sie sorgfältig jede Komponente in jedem Diagramm (von Hand genügt!). Beschriften Sie auch die Achsen mit Namen und Einheiten.

Führen Sie diese Simulation zweimal durch. Ignorieren Sie beim ersten Mal die Schwerkraft (die Bewegungsebene verläuft senkrecht zur Richtung der Schwerkraft). Beim zweiten Mal berücksichtigen Sie die Schwerkraft g in negativer Y-Richtung.

MATLAB-Übung 6B

Diese Übung konzentriert sich auf die Lösung der inversen Dynamik einer Momentaufnahme der Bewegung in der Zeit für den planaren **3-DOF-3*R*-Roboter** (aus den ► **Abbildungen 3.6** und **3.7**; die DH-Parameter sind in ► **Abbildung 3.8** angegeben). Die folgenden Parameter mit fester Länge sind gegeben: $L_1 = 4, L_2 = 3$ und $L_3 = 2\,(m)$. Für die Dynamik müssen wir auch Masse und Trägheitsmoment kennen: $m_1 = 20, m_2 = 15, m_3 = 10\,(\mathrm{kg}), {}^CI_{ZZ1} = 0{,}5, {}^CI_{ZZ2} = 0{,}2$ und ${}^CI_{ZZ3} = 0{,}1\,(\mathrm{kg\,m^2})$. Nehmen Sie an, dass der Schwerpunkt jedes Glieds in seinem geometrischen Mittelpunkt liegt. Nehmen Sie außerdem an, dass die Schwerkraft in $-Y$-Richtung in der Ebene der Bewegung wirkt. Ignorieren Sie für diese Übung die Dynamik der Aktuatoren und das Getriebe der Gelenke.

1. Schreiben Sie ein MATLAB-Programm, um die Lösung der rekursiven inversen Newton-Euler-Dynamik (d. h., berechnen Sie anhand der vorgegebenen Bewegung die erforderlichen Antriebsdrehmomente der Gelenke) für die folgenden Momentaufnahmen der Bewegung zu implementieren:

$$\Theta = \begin{bmatrix} \theta_1 \\ \theta_2 \\ \theta_3 \end{bmatrix} = \begin{bmatrix} 10° \\ 20° \\ 30° \end{bmatrix}$$

$$\dot{\Theta} = \begin{bmatrix} \dot{\theta}_1 \\ \dot{\theta}_2 \\ \dot{\theta}_3 \end{bmatrix} = \begin{bmatrix} 1 \\ 2 \\ 3 \end{bmatrix} (\mathrm{rad/s})$$

$$\ddot{\Theta} = \begin{bmatrix} \ddot{\theta}_1 \\ \ddot{\theta}_2 \\ \ddot{\theta}_3 \end{bmatrix} = \begin{bmatrix} 0{,}5 \\ 1 \\ 1{,}5 \end{bmatrix} (\mathrm{rad/s^2})$$

2. Überprüfen Sie Ihre Ergebnisse aus (a) mithilfe der Corke MATLAB Robotics Toolbox. Probieren Sie die Funktionen *rne()* und *gravload()* aus.

MATLAB-Übung 6C

Diese Übung konzentriert sich auf die Lösung der Vorwärtsdynamik für den planaren **3-DOF-3*R*-Roboter** (mit den Parametern aus der ▶ **MATLAB-Übung 6B**) für die Bewegung über der Zeit. Ignorieren Sie in diesem Fall die Schwerkraft (d. h., nehmen Sie an, dass die Schwerkraft in einer Richtung senkrecht zur Bewegungsebene wirkt). Verwenden Sie die Corke MATLAB Robotics Toolbox, um das Problem der Vorwärtsdynamik (d. h. die Berechnung der resultierenden Roboterbewegung aus den vorgegebenen Antriebsdrehmomenten der Gelenke) für die folgenden konstanten Gelenkdrehmomente sowie die gegebenen anfänglichen Gelenkwinkel und anfänglichen Gelenkgeschwindigkeiten zu lösen:

$$T = \begin{bmatrix} \tau_1 \\ \tau_2 \\ \tau_3 \end{bmatrix} = \begin{bmatrix} 20 \\ 5 \\ 1 \end{bmatrix} \text{(Nm, konstant)} \quad \Theta_0 = \begin{bmatrix} \theta_{10} \\ \theta_{20} \\ \theta_{30} \end{bmatrix} = \begin{bmatrix} -60^\circ \\ 90^\circ \\ 30^\circ \end{bmatrix}$$

$$\dot{\Theta}_0 = \begin{bmatrix} \dot{\theta}_{10} \\ \dot{\theta}_{20} \\ \dot{\theta}_{30} \end{bmatrix} = \begin{bmatrix} 0 \\ 0 \\ 0 \end{bmatrix} \text{(rad/s)}$$

Führen Sie diese Simulation für vier Sekunden durch. Versuchen Sie die Funktion *fdyn()*.

Erstellen Sie zwei Abbildungen für die resultierende Roboterbewegung (jede in einem separaten Diagramm) mit:

1. den drei Gelenkwinkeln (in Grad) $\Theta = [\theta_1 \;\; \theta_2 \;\; \theta_3]^T$ über der Zeit;
2. den drei Gelenkgeschwindigkeiten (in rad/s) $\dot{\Theta} = [\dot{\theta}_1 \;\; \dot{\theta}_2 \;\; \dot{\theta}_3]^T$ über der Zeit.

Beschriften Sie sorgfältig (am besten von Hand!) jede Komponente in jeder Abbildung. Beschriften Sie auch die Achsen mit Namen und Einheiten.

Erzeugung von Trajektorien

7

7.1 Einleitung

In diesem Kapitel werden wir uns mit Methoden zur Berechnung einer Trajektorie beschäftigen, die die gewünschte Bewegung eines Manipulators im mehrdimensionalen Raum beschreibt. Dabei bezieht sich der Begriff **Trajektorie** auf den zeitlichen Verlauf von Ort, Geschwindigkeit und Beschleunigung für jeden Freiheitsgrad.

Dieses Thema beinhaltet das Problem der menschlichen Schnittstelle, das in der Frage besteht, wie wir eine Trajektorie oder einen Pfad durch den Raum *festlegen* möchten. Um die Beschreibung der Bewegung eines Manipulators für den menschlichen Benutzer eines Robotersystems einfach zu halten, sollte der Benutzer keine komplizierten Raum- und Zeitfunktionen aufschreiben müssen, um die Aufgabe festzulegen. Vielmehr müssen wir die Möglichkeit bieten, Trajektorien mit einfachen Beschreibungen der gewünschten Bewegung zu erstellen und dem System die Berechnung der Details zu überlassen. So könnte der Benutzer beispielsweise lediglich die gewünschte Zielposition und die Ausrichtung des Endeffektors angeben und es dem System überlassen, die genaue Form des Pfads dorthin, die Dauer bis zum Erreichen der Zielposition, das Geschwindigkeitsprofil und andere Details zu bestimmen.

Wir befassen uns auch damit, wie die Trajektorien im Computer *dargestellt* werden, nachdem sie geplant wurden. Schließlich gibt es noch das Problem der tatsächlichen Berechnung der Trajektorie aus der internen Darstellung – die *Erzeugung* der Trajektorie. Die Erzeugung erfolgt zur *Laufzeit*; im allgemeinsten Fall werden Ort, Geschwindigkeit und Beschleunigung berechnet. Diese Trajektorien werden auf digitalen Computern berechnet, daher werden die Trajektorienpunkte mit einer bestimmten Geschwindigkeit, der sogenannten **Pfadaktualisierungsrate**, berechnet. Bei typischen Manipulator-Systemen liegt diese zwischen 60 und 2000 Hz.

7.2 Allgemeine Überlegungen zur Pfadbeschreibung und Pfaderzeugung

Wir werden die Bewegungen eines Manipulators zumeist als Bewegungen des Werkzeugrahmens $\{T\}$ relativ zum stationären Rahmen $\{S\}$ betrachten. Ein möglicher Benutzer des Systems würde genauso denken und die Entwicklung eines derartigen Systems zur Beschreibung und Erzeugung von **Pfaden** bringt einige wichtige Vorteile mit sich.

Wenn wir **Pfade** als Bewegungen des **Werkzeugrahmens** relativ zum stationären Rahmen angeben, entkoppeln wir die Bewegungsbeschreibung von einem bestimmten Roboter, Endeffektor oder Werkstück. Dies führt zu einer gewissen Modularität und würde es ermöglichen, dieselbe Pfadbeschreibung für einen anderen Manipulator zu verwenden – oder für denselben Manipulator, aber eine andere Werkzeuggröße. Außerdem können wir Bewegungen relativ zu einer sich bewegenden Arbeitsstation (z. B. einem Förderband) festlegen und planen, indem wir die Bewegungen immer relativ zum stationären Rahmen planen und zur Laufzeit dafür sorgen, dass sich die Definition von $\{S\}$ mit der Zeit ändert.

Wie **Abbildung 7.1** zeigt, besteht das Grundproblem darin, den Manipulator von einer **Anfangsposition** zu einer gewünschten **Endposition** zu bewegen. Das heißt, wir möchten den Werkzeugrahmen von seinem aktuellen Wert $\{T_{\text{Anfangsposition}}\}$ zu einem gewünschten Endwert $\{T_{\text{Endposition}}\}$ bewegen. Beachten Sie, dass diese Bewegung im

Allgemeinen sowohl eine Änderung der Ausrichtung als auch eine Änderung des Orts des Werkzeugs relativ zum stationären Rahmen beinhaltet.

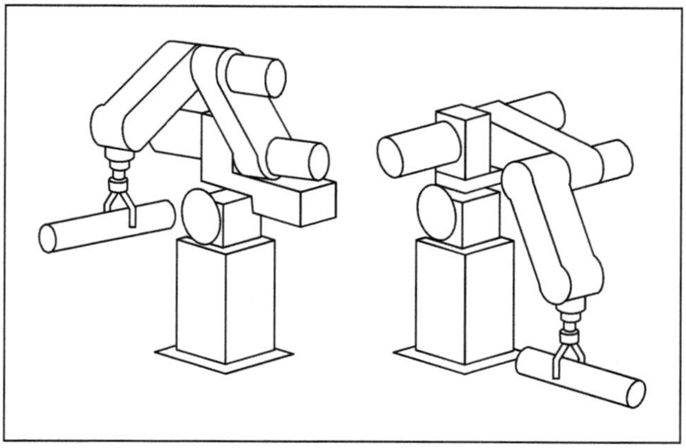

Abbildung 7.1 Beim Durchfahren einer Trajektorie bewegt sich ein Manipulator gleichmäßig von seiner Ausgangsposition zu einer gewünschten Zielposition.

Manchmal ist es notwendig, die Bewegung viel detaillierter zu beschreiben als nur durch die Angabe der gewünschten Endkonfiguration. Eine Möglichkeit, mehr Details in eine Pfadbeschreibung aufzunehmen, ist die Angabe einer Reihe von gewünschten **Wegpunkten (via points; Zwischenpunkte** zwischen der Anfangs- und der Endposition). So muss der Werkzeugrahmen bei der Ausführung der Bewegung eine Reihe von Zwischenpositionen und Ausrichtungen durchlaufen, die durch die Wegpunkte beschrieben werden. Jeder dieser Wegpunkte ist eigentlich ein **Rahmen**, der sowohl den Ort als auch die Ausrichtung des Werkzeugs relativ zum stationären Rahmen angibt. Der Begriff **Pfadpunkte** umfasst alle Wegpunkte sowie die Anfangs- und Endpunkte. Denken Sie daran, dass es sich, obwohl wir im Allgemeinen den Begriff „**Punkte**" verwenden, eigentlich um Rahmen handelt, die sowohl den Ort als auch die Ausrichtung angeben. Neben diesen *räumlichen* **Beschränkungen** der Bewegung kann der Benutzer auch *zeitliche* Attribute der **Bewegung** angeben. So könnte zum Beispiel die Zeit, die zwischen bestimmten Wegpunkten verstreichen soll, in der Beschreibung des Pfads festgelegt werden.

Normalerweise ist eine *gleichmäßige, fließende* Bewegung des Manipulators von Vorteil. Für unsere Zwecke definieren wir eine gleichmäßige **Funktion** als eine Funktion, die stetig ist und eine stetige erste Ableitung besitzt. Manchmal ist auch eine stetige zweite Ableitung wünschenswert. Raue, ruckartige **Bewegungen** führen zu erhöhtem Verschleiß des Mechanismus und verursachen Vibrationen, indem sie Resonanzen im Manipulator anregen. Um gleichmäßige Pfade zu garantieren, müssen wir irgendwelche Einschränkungen für die räumlichen und zeitlichen Eigenschaften des Pfades *zwischen* den Wegpunkten festlegen.

An diesem Punkt können viele Alternativen gewählt werden und folglich gibt es eine große Vielfalt an Möglichkeiten, um Pfade zu spezifizieren und zu planen. Wir können jede beliebige gleichmäßige Funktion der Zeit, die durch die Wegpunkte verläuft, verwenden, um die genaue Form des Pfades zu bestimmen. In diesem Kapitel werden wir ein paar einfache Möglichkeiten für diese Funktionen diskutieren. Weitere Ansätze finden Sie in [1, 2] und [13–16].

7.3 Gelenkraumverfahren

In diesem Abschnitt werden wir Methoden zur **Pfaderzeugung** betrachten, bei denen der Verlauf der **Pfade** (in Raum und Zeit) als Funktionen der **Gelenkwinkel** beschrieben werden.

Jeder Punkt auf dem Pfad wird in der Regel in Form einer gewünschten Position und Ausrichtung des Werkzeugrahmens $\{T\}$ relativ zum stationären Rahmen $\{S\}$ angegeben. Jeder dieser Wegpunkte wird durch Anwendung der inversen Kinematik in eine Reihe von gewünschten Gelenkwinkeln „umgerechnet“. Anschließend wird für jedes der n Gelenke eine stetige Funktion bestimmt, die durch die Wegpunkte verläuft und am Zielpunkt endet. Die für jedes Segment zwischen zwei Wegpunkten benötigte Zeit ist für jedes Gelenk gleich, sodass alle Gelenke den Wegpunkt zur gleichen Zeit erreichen, was zu der gewünschten kartesischen Position von $\{T\}$ an jedem Wegpunkt führt. Abgesehen davon, dass für jedes Gelenk die gleiche Dauer festgelegt wird, hängt die Bestimmung der gewünschten Gelenkwinkelfunktion für ein bestimmtes Gelenk nicht von den Funktionen für die anderen Gelenke ab.

Daher bestimmen **Gelenkraumverfahren** die gewünschte Position und Orientierung an den Wegpunkten. Zwischen den Wegpunkten ist die Form des Pfades, obwohl sie im Gelenkraum recht einfach ist, im kartesischen Raum nur schwer zu beschreiben. Gelenkraumverfahren sind in der Regel am einfachsten zu berechnen. Und da wir keine kontinuierlichen Entsprechungen zwischen dem Gelenkraum und dem kartesischen Raum formulieren, gibt es im Grunde keine Probleme mit Singularitäten des Mechanismus.

7.3.1 Kubische Polynome

Betrachten Sie das Problem, das Werkzeug in einer bestimmten Zeit von seiner Ausgangsposition zu einer Zielposition zu bewegen. Mithilfe der inversen Kinematik lässt sich der Satz von Gelenkwinkeln berechnen, welcher der Position und Ausrichtung des Ziels entspricht. Die Ausgangsposition und -ausrichtung des Manipulators ist ebenfalls in Form eines Satzes von Gelenkwinkeln bekannt. Wir benötigen eine Funktion für jedes Gelenk, deren Wert bei t_0 der Ausgangsposition des Gelenks und deren Wert bei t_f der gewünschten Zielposition des Gelenks entspricht. Wie **Abbildung 7.2** zeigt, gibt es viele stetige **Funktionen** $\theta(t)$, die zur Interpolation des Gelenkwerts verwendet werden können.

Um eine einzelne gleichmäßige Bewegung durchzuführen, sind mindestens vier Beschränkungen oder **Randbedingungen** für $\theta(t)$ offensichtlich. Zwei **Randbedingungen** für die Funktionswerte ergeben sich aus der Auswahl der Anfangs- und Endwerte:

$$\begin{aligned} \theta(0) &= \theta_0 \quad \text{und} \\ \theta(t_f) &= \theta_f. \end{aligned} \tag{7.1}$$

Zwei weitere Randbedingungen beruhen darauf, dass die Funktion hinsichtlich der Geschwindigkeit stetig sein soll, was in diesem Fall bedeutet, dass die Anfangs- und Endgeschwindigkeit gleich null ist:

$$\begin{aligned} \dot{\theta}(0) &= 0 \quad \text{und} \\ \dot{\theta}(t_f) &= 0. \end{aligned} \tag{7.2}$$

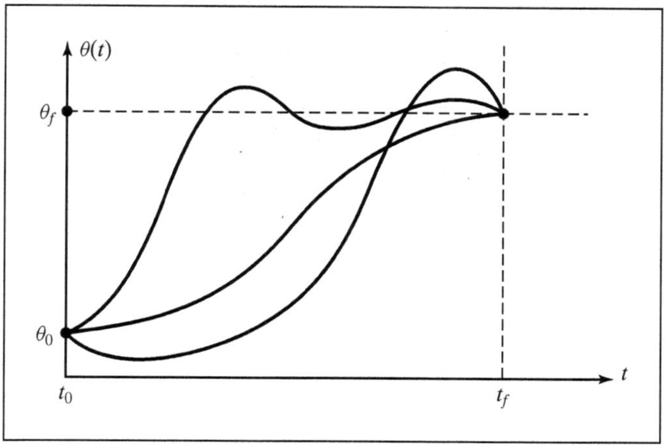

Abbildung 7.2 Mehrere mögliche Pfadverläufe für ein einzelnes Gelenk.

Diese vier Bedingungen werden durch ein Polynom mindestens 3. Grades erfüllt. (Ein kubisches Polynom hat vier Koeffizienten, sodass es die vier durch **(7.1)** und **(7.2)** gegebenen Randbedingungen erfüllen kann). Diese Randbedingungen legen ein bestimmtes **kubisches Polynom** eindeutig fest. Es hat die folgende Form:

$$\theta(t) = a_0 + a_1 t + a_2 t^2 + a_3 t^3. \tag{7.3}$$

Daraus ergibt sich für die Gelenkgeschwindigkeit und die Gelenkbeschleunigung entlang dieses Pfades:

$$\begin{aligned} \dot{\theta}(t) &= a_1 + 2a_2 t + 3a_3 t^2, \\ \ddot{\theta}(t) &= 2a_2 + 6a_3 t. \end{aligned} \tag{7.4}$$

Die Kombination von **(7.3)** und **(7.4)** führt mit den vier gewünschten Randbedingungen zu vier Gleichungen mit vier Unbekannten:

$$\begin{aligned} \theta_0 &= a_0, \\ \theta_f &= a_0 + a_1 t_f + a_2 t_f^2 + a_3 t_f^3, \\ 0 &= a_1 \quad \text{sowie} \\ 0 &= a_1 + 2a_2 t_f + 3a_3 t_f^2. \end{aligned} \tag{7.5}$$

Lösen wir diese Gleichungen für die a_i, erhalten wir:

$$\begin{aligned} a_0 &= \theta_0, \\ a_1 &= 0, \\ a_2 &= \frac{3}{t_f^2}(\theta_f - \theta_0) \quad \text{und} \\ a_3 &= -\frac{2}{t_f^3}(\theta_f - \theta_0). \end{aligned} \tag{7.6}$$

Mithilfe von **(7.6)** können wir das kubische Polynom berechnen, das jede beliebige Anfangsposition des Gelenkwinkels mit jeder gewünschten Endposition verbindet. Diese Lösung gilt für den Fall, dass das Gelenk mit der Geschwindigkeit gleich null beginnt und endet.

BEISPIEL 7.1

Ein eingliedriger Roboter mit einem Drehgelenk steht bewegungslos bei $\theta = 15°$. Das Gelenk soll gleichmäßig innerhalb von drei Sekunden auf $\theta = 75°$ bewegt werden. Bestimmen Sie die Koeffizienten eines kubischen Polynoms, das diese Bewegung ermöglicht und den Manipulator am Zielort zum Stillstand bringt. Stellen Sie die Position (Winkel), die Geschwindigkeit (Winkelgeschwindigkeit) und die Beschleunigung (Winkelbeschleunigung) des Gelenks als Funktion der Zeit dar.

Durch Einsetzen in **(7.6)** erhalten wir:

$$\begin{aligned} a_0 &= 15{,}0, \\ a_1 &= 0{,}0, \\ a_2 &= 20{,}0 \quad \text{sowie} \\ a_3 &= -4{,}44. \end{aligned} \tag{7.7}$$

Unter Verwendung von **(7.3)** und **(7.4)** ergeben sich die folgenden Funktionen für den Gelenkwinkel, die Gelenkgeschwindigkeit und die Gelenkbeschleunigung:

$$\begin{aligned} \theta(t) &= 15{,}0 + 20{,}0\,t^2 - 4{,}44\,t^3, \\ \dot{\theta}(t) &= 40{,}0t - 13{,}33\,t^2 \quad \text{und} \\ \ddot{\theta}(t) &= 40{,}0 - 26{,}66t. \end{aligned} \tag{7.8}$$

Abbildung 7.3 zeigt diese zeitabhängigen Funktionen der Position, Geschwindigkeit und Beschleunigung für diese mit 40 Hz abgetastete Bewegung. Beachten Sie, dass das Geschwindigkeitsprofil für jede kubische Funktion eine Parabel und dass das Beschleunigungsprofil eine Gerade ist.

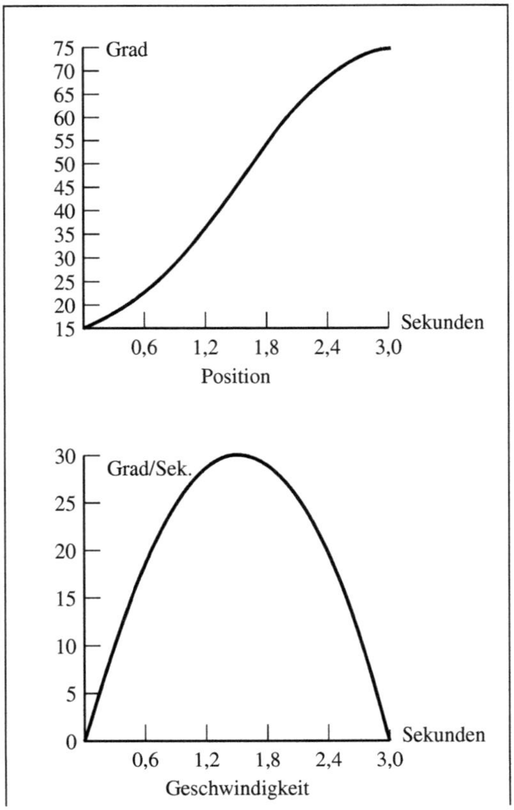

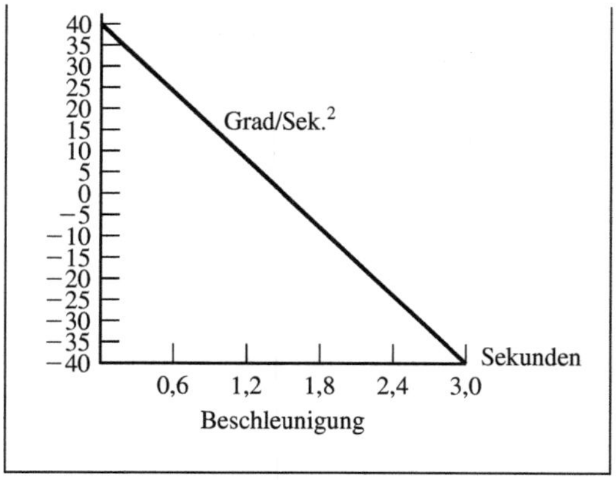

Abbildung 7.3 Zeitabhängige Funktionen der Position, Geschwindigkeit und Beschleunigung eines einzelnes kubischen Segments, das sich zu Beginn und am Ende in Ruhe befindet.

7.3.2 Kubische Polynome für einen Pfad mit Wegpunkten

Bisher haben wir Bewegungen betrachtet, die durch eine gewünschte Dauer und einen endgültigen Zielpunkt beschrieben wurden. Im Allgemeinen möchten wir Pfade festlegen können, die **Wegpunkte** enthalten. Soll der Manipulator an jedem Wegpunkt zur Ruhe kommen, dann können wir die kubische Lösung aus **Abschnitt 7.3** verwenden.

In der Regel möchten wir einen Wegpunkt aber passieren, ohne anzuhalten. Daher müssen wir die Art und Weise verallgemeinern, in der wir kubische Polynome an die Randbedingungen der Pfade anpassen.

Wie bei einem einzelnen Zielpunkt wird jeder Wegpunkt in der Regel durch die gewünschte Position und Ausrichtung des Werkzeugrahmens relativ zum stationären Rahmen festgelegt. Jeder dieser Wegpunkte wird durch Anwendung der inversen Kinematik in eine Reihe von gewünschten Gelenkwinkeln „umgerechnet“. Dann betrachten wir das Problem der Berechnung von kubischen Funktionen, welche die Wegpunkte für jedes Gelenk stetig miteinander verbinden.

Wenn die gewünschten Geschwindigkeiten der Gelenke an den Wegpunkten bekannt sind, können wir wie zuvor kubische Polynome konstruieren. Jetzt forden die Randbedingungen an den Enden jedoch keine Geschwindigkeiten von null, sondern Geschwindigkeiten mit einem bekannten, von null verschiedenen Wert, das heißt:

$$\begin{aligned} \dot{\theta}(0) &= \dot{\theta}_0 \quad \text{und} \\ \dot{\theta}(t_f) &= \dot{\theta}_f. \end{aligned} \tag{7.9}$$

Die vier Gleichungen, die dieses allgemeine kubische Polynom beschreiben, lauten:

$$\begin{aligned} \theta_0 &= a_0, \\ \theta_f &= a_0 + a_1 t_f + a_2 t_f^2 + a_3 t_f^3, \\ \dot{\theta}_0 &= a_1 \quad \text{sowie} \\ \dot{\theta}_f &= a_1 + 2a_2 t_f + 3a_3 t_f^2. \end{aligned} \tag{7.10}$$

Lösen wir diese Gleichungen für die a_i, erhalten wir:

$$\begin{aligned} a_0 &= \theta_0, \\ a_1 &= \dot{\theta}_0, \\ a_2 &= \frac{3}{t_f^2}(\theta_f - \theta_0) - \frac{2}{t_f}\dot{\theta}_0 - \frac{1}{t_f}\dot{\theta}_f, \\ a_3 &= -\frac{2}{t_f^3}(\theta_f - \theta_0) + \frac{1}{t_f^2}(\dot{\theta}_f + \dot{\theta}_0). \end{aligned} \tag{7.11}$$

Mithilfe von Gleichung **(7.11)** können wir das kubische Polynom berechnen, das beliebige Anfangs- und Endpositionen mit beliebigen Anfangs- und Endgeschwindigkeiten verknüpft.

Wenn wir die gewünschten Gelenkgeschwindigkeiten an jedem Wegpunkt kennen, dann wenden wir einfach **(7.11)** auf jedes Segment an, um die erforderlichen kubischen Funktionen zu finden. Es gibt mehrere Möglichkeiten, wie die gewünschten **Geschwindigkeiten** an den **Wegpunkten** angegeben werden können:

1. Der Benutzer gibt die zu diesem Zeitpunkt gewünschte Geschwindigkeit an jedem Wegpunkt in Form einer kartesischen linearen und Winkelgeschwindigkeit des Werkzeugrahmens an.
2. Das System wählt die Geschwindigkeiten an den Wegpunkten automatisch, indem es entweder im kartesischen Raum oder im Gelenkraum eine geeignete Heuristik anwendet.
3. Das System wählt die Geschwindigkeiten an den Wegpunkten automatisch so, dass die Beschleunigung an den Wegpunkten stetig ist.

Bei der ersten Option werden die gewünschten kartesischen Geschwindigkeiten an den Wegpunkten auf die gewünschten Gelenkgeschwindigkeiten „abgebildet“, indem die inverse **Jacobi-Matrix** des Manipulators am **Wegpunkt** ausgewertet wird. Wenn sich der Manipulator an einem bestimmten Wegpunkt in einem singulären Punkt befindet, kann der Benutzer an diesem Punkt keine beliebige Geschwindigkeit zuweisen. Es ist eine nützliche Fähigkeit eines Pfaderzeugungsverfahrens, eine vom Benutzer vorgegebene Geschwindigkeit zu unterstützen, aber es wäre zu umständlich, wenn der Benutzer immer diese Angaben machen müsste. Daher sollte ein geeignetes System entweder Option 2 oder 3 (oder beide) enthalten.

Bei Option 2 wählt das System mithilfe einer Art **Heuristik** automatisch sinnvolle Zwischengeschwindigkeiten aus. Betrachten Sie den Pfad, der durch die dargestellten Wegpunkte für ein bestimmtes Gelenk in **Abbildung 7.4** vorgegeben ist.

In **Abbildung 7.4** haben wir eine sinnvolle Wahl der Gelenkgeschwindigkeiten an den Wegpunkten getroffen. Dies wird durch kleine Liniensegmente angezeigt, die an jedem Wegpunkt die Tangenten an die Kurve darstellen. Diese Wahl ist das Ergebnis der Anwendung einer konzeptionell und rechnerisch einfachen Heuristik. Stellen Sie sich vor, dass die Wegpunkte mit geraden Liniensegmenten verbunden sind. Wenn die Steigung dieser Linien am Wegpunkt das Vorzeichen wechselt, wählen Sie als Geschwindigkeit gleich null. Wenn die Steigung dieser Linien das Vorzeichen nicht wechselt, wählen Sie den Durchschnitt der beiden Steigungen als Geschwindigkeit im Wegpunkt. Auf diese Weise kann das System allein durch die Angabe der gewünschten Wegpunkte die Geschwindigkeit an jedem Punkt bestimmen.

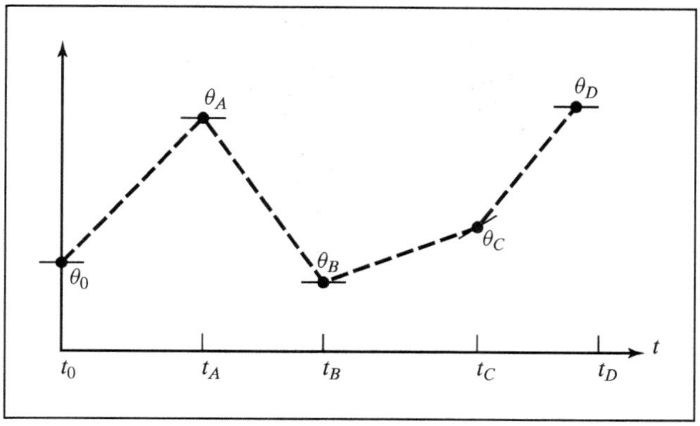

Abbildung 7.4 Wegpunkte mit den gewünschten Geschwindigkeiten an den durch Tangenten gekennzeichneten Punkten.

Bei Option 3 wählt das System die Geschwindigkeiten so, dass die Beschleunigung an jedem Wegpunkt stetig ist. Hierfür ist ein neuer Ansatz erforderlich. Bei dieser Art von Spline-Datensatz[27] (Polynomzug-Datensatz) ersetzen wir die beiden Randbedingungen der Geschwindigkeit an der Verbindung zweier kubischer Funktionen durch die beiden Randbedingungen, nach denen die Geschwindigkeit und die Beschleunigung stetig sein müssen.

BEISPIEL 7.2

Bestimmen Sie die Koeffizienten von zwei kubischen Funktionen, die in einem **Spline** (**Polynomzug**) mit zwei Segmenten und stetiger Beschleunigung am Wegpunkt verbunden sind. Der Anfangswinkel ist θ_0, der Wegpunkt ist θ_v und der Zielpunkt ist θ_g.

Das erste **kubische Polynom** lautet:

$$\theta(t) = a_{10} + a_{11}\,t + a_{12}\,t^2 + a_{13}\,t^3 \tag{7.12}$$

und das zweite lautet:

$$\theta(t) = a_{20} + a_{21}\,t + a_{22}\,t^2 + a_{23}\,t^3. \tag{7.13}$$

Jedes kubische Polynom wird über ein Intervall ausgewertet, das bei $t = 0$ beginnt und bei $t = t_{fi}$ endet, wobei $i = 1$ oder $i = 2$ ist.

Die Randbedingungen, die wir erzwingen wollen, sind die Folgenden:

$$\begin{aligned}
\theta_0 &= a_{10},\\
\theta_v &= a_{10} + a_{11}\,t_{f1} + a_{12}\,t_{f1}^2 + a_{13}\,t_{f1}^3,\\
\theta_v &= a_{20},\\
\theta_g &= a_{20} + a_{21}\,t_{f2} + a_{22}\,t_{f2}^2 + a_{23}\,t_{f2}^3,\\
0 &= a_{11},\\
0 &= a_{21} + 2a_{22}\,t_{f2} + 3a_{23}\,t_{f2}^2,\\
a_{11} + 2a_{12}\,t_{f1} + 3a_{12}\,t_{f1}^2 &= a_{21} \quad \text{und}\\
2a_{12} + 6a_{13}\,t_{f1} &= 2a_{22}.
\end{aligned} \tag{7.14}$$

27 In unserem Sprachgebrauch bezeichnen wir mit dem Begriff „Spline“ einfach eine Funktion der Zeit.

Diese Randbedingungen bilden ein lineares Gleichungssystem mit acht Gleichungen und acht Unbekannten. Lösen wir dies für den Fall $t_f = t_{f1} = t_{f2}$, erhalten wir:

$$\begin{aligned}
a_{10} &= \theta_0, \\
a_{11} &= 0, \\
a_{12} &= \frac{12\theta_v - 3\theta_g - 9\theta_0}{4t_f^2}, \\
a_{13} &= \frac{-8\theta_v + 3\theta_g + 5\theta_0}{4t_f^3}, \\
a_{20} &= \theta_v, \\
a_{21} &= \frac{3\theta_g - 3\theta_0}{4t_f}, \\
a_{22} &= \frac{-12\theta_v + 6\theta_g + 6\theta_0}{4t_f^2}, \\
a_{23} &= \frac{8\theta_v - 5\theta_g - 3\theta_0}{4t_f^3}.
\end{aligned} \tag{7.15}$$

Für den allgemeinen Fall mit n kubischen Segmenten können die Gleichungen, die sich aus der Anforderung einer stetigen Beschleunigung an den Wegpunkten ergeben, in Matrixform gelöst werden, um die Geschwindigkeiten an den Wegpunkten zu berechnen. Die Matrix erweist sich als tridiagonal und ist leicht zu lösen [4].

7.3.3 Polynome höherer Ordnung

Auch **Polynome** höherer Ordnung werden manchmal für **Pfadsegmente** verwendet. Wenn wir zum Beispiel Position, Geschwindigkeit *und* Beschleunigung am Anfang und am Ende eines Pfadsegments angeben möchten, benötigen wir ein Polynom fünfter Ordnung, nämlich:

$$\theta(t) = a_0 + a_1 t + a_2 t^2 + a_3 t^3 + a_4 t^4 + a_5 t^5, \tag{7.16}$$

wobei die Randbedingungen wie folgt lauten:

$$\begin{aligned}
\theta_0 &= a_0, \\
\theta_f &= a_0 + a_1 t_f + a_2 t_f^2 + a_3 t_f^3 + a_4 t_f^4 + a_5 t_f^5, \\
\dot{\theta}_0 &= a_1, \\
\dot{\theta}_f &= a_1 + 2a_2 t_f + 3a_3 t_f^2 + 4a_4 t_f^3 + 5a_5 t_f^4, \\
\ddot{\theta}_0 &= 2a_2 \quad \text{und} \\
\ddot{\theta}_f &= 2a_2 + 6a_3 t_f + 12a_4 t_f^2 + 20a_5 t_f^3.
\end{aligned} \tag{7.17}$$

Diese Bedingungen spezifizieren einen linearen Satz von sechs Gleichungen mit sechs Unbekannten, dessen Lösung wie folgt lautet:

$$
\begin{aligned}
a_0 &= \theta_0, \\
a_1 &= \dot{\theta}_0, \\
a_2 &= \frac{\ddot{\theta}_0}{2}, \\
a_3 &= \frac{20\theta_f - 20\theta_0 - (8\dot{\theta}_f + 12\dot{\theta}_0)t_f - (3\ddot{\theta}_0 - \ddot{\theta}_f)t_f^2}{2t_f^3}, \\
a_4 &= \frac{30\theta_0 - 30\theta_f + (14\dot{\theta}_f + 16\dot{\theta}_0)t_f + (3\ddot{\theta}_0 - 2\ddot{\theta}_f)t_f^2}{2t_f^4}, \\
a_5 &= \frac{12\theta_f - 12\theta_0 - (6\dot{\theta}_f + 6\dot{\theta}_0)t_f - (\ddot{\theta}_0 - \ddot{\theta}_f)t_f^2}{2t_f^5}.
\end{aligned}
\tag{7.18}
$$

Es gibt verschiedene Algorithmen zur Berechnung stetiger Funktionen (Polynome und andere), die durch eine gegebene Menge von Datenpunkten verlaufen [3, 4]. Eine vollständige Behandlung dieser Thematik würde den Rahmen dieses Buches sprengen.

7.3.4 Lineare Funktion mit parabolischen Übergängen

Eine andere Wahl der Form des **Pfads** ist linear. Das heißt, wir interpolieren einfach linear, um von der aktuellen Gelenkposition zur Endposition zu gelangen, wie in **Abbildung 7.5** dargestellt. Denken Sie daran, dass zwar die Bewegung jedes Gelenks in diesem Verfahren linear ist, der Endeffektor sich aber im Allgemeinen nicht auf einer geraden Linie durch den Raum bewegt.

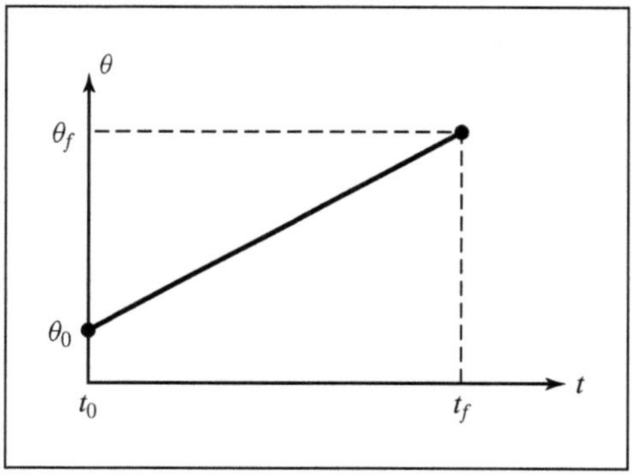

Abbildung 7.5 Lineare Interpolation erfordert unendliche Beschleunigung.

Eine einfache **lineare Interpolation** würde jedoch dazu führen, dass die Geschwindigkeit am Anfang und am Ende der Bewegung unstetig ist. Um eine stetigen Pfad mit stetiger Position und Geschwindigkeit zu erstellen, beginnen wir mit der linearen Funktion, fügen aber an jedem Pfadpunkt eine parabolische ***Übergangsregion*** hinzu.

Auf dem Überblendungsabschnitt der Trajektorie wird die Geschwindigkeit durch eine konstante Beschleunigung stetig geändert. **Abbildung 7.6** zeigt einen einfachen Pfad, der auf diese Weise konstruiert wurde. Die lineare Funktion und die beiden parabolischen Funktionen werden „gesplined" (durch Splines miteinander verbunden), sodass der gesamte Pfad bezüglich Position und Geschwindigkeit stetig ist.

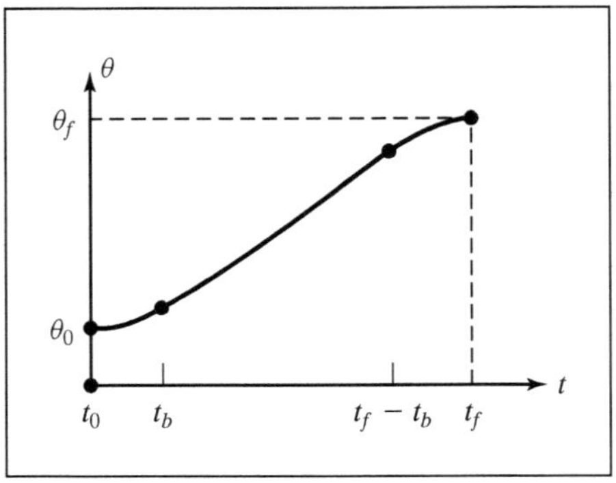

Abbildung 7.6 Lineares Segment mit parabolischen **Übergangsregionen**.

Um dieses einzelne Segment zu konstruieren, gehen wir davon aus, dass die parabolischen Übergänge beide die gleiche Dauer haben. Daher wird während beider Übergänge die gleiche konstante Beschleunigung (bis auf das Vorzeichen) verwendet. Wie in **Abbildung 7.7** zu sehen ist, gibt es viele Lösungen für das Problem – aber beachten Sie, dass die Antwort immer punktsymmetrisch bezüglich des Punktes (t_h,θ_h) ist, der den Mittelpunkt des Pfads bezüglich Zeit und Position bildet. Die Geschwindigkeit am Ende des Überblendungsbereichs muss der Geschwindigkeit des linearen Abschnitts entsprechen. Daher gilt:

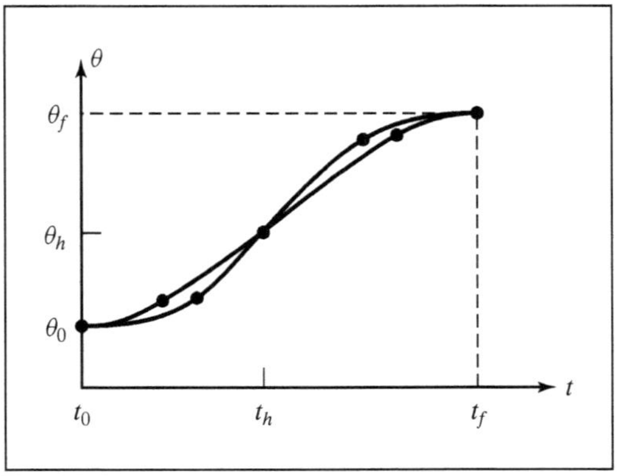

Abbildung 7.7 Lineares Segment mit parabolischen Übergangsregionen.

$$\ddot{\theta} t_b = \frac{\theta_h - \theta_b}{t_h - t_b}, \tag{7.19}$$

wobei θ_b der Wert von θ am Ende der Übergangsregion und $\ddot{\theta}$ die Beschleunigung ist, die in diesem Übergangsbereich wirkt. Der Wert von θ_b ist gegeben durch:

$$\theta_b = \theta_0 + \frac{1}{2}\ddot{\theta} t_b^2. \tag{7.20}$$

Durch die Kombination von **(7.19)** und **(7.20)** sowie mit $t = 2t_h$ und $2(\theta_h - \theta_0) = (\theta_f - \theta_0)$ erhalten wir:

$$\ddot{\theta} t_b^2 - \ddot{\theta} t t_b + (\theta_f - \theta_0) = 0, \tag{7.21}$$

wobei t die gewünschte Dauer der Bewegung ist. Bei jedem θ_f, θ_0 und t können wir jedem der Pfade folgen, die durch die Wahl von $\ddot{\theta}$ und t_b Gleichung **(7.21)** erfüllen. Normalerweise wird eine Beschleunigung $\ddot{\theta}$ gewählt und **(7.21)** wird für das entsprechende t_b gelöst. Die gewählte Beschleunigung muss hoch genug sein, sonst gibt es keine Lösung. Lösen wir **(7.21)** nach t_b in Abhängigkeit von der Beschleunigung und anderen bekannten Parametern auf, erhalten wir:

$$t_b = \frac{t}{2} - \frac{\sqrt{\ddot{\theta}^2 t^2 - 4\ddot{\theta}(\theta_f - \theta_0)}}{2\ddot{\theta}}. \tag{7.22}$$

Die für die Beschleunigung in der **Übergangsregion** verwendete Randbedingung lautet:

$$\ddot{\theta} \geq \frac{4(\theta_f - \theta_0)}{t^2}. \tag{7.23}$$

Gilt in **(7.23)** das Gleichheitszeichen, ist der lineare Teil auf eine Länge von null geschrumpft und der Pfad besteht aus zwei Übergangsregionen, die an ihrem Kontaktpunkt die gleiche Steigung aufweisen. Je größer die verwendete Beschleunigung ist, desto kürzer wird die Länge des Übergangsbereichs. Im Grenzfall unendlicher Beschleunigung, sind wir wieder beim einfachen Fall der linearen Interpolation angelangt.

BEISPIEL 7.3

Zeigen Sie für denselben einteiligen Pfad, der in **Beispiel 7.1** besprochen wurde, zwei Beispiele eines linearen Pfads mit parabolischen Übergangsbereichen.

Abbildung 7.8(a) zeigt eine Möglichkeit, bei der $\ddot{\theta}$ recht hoch gewählt wurde. In diesem Fall beschleunigen wir (mit einer positiven Beschleunigung) zu Beginn schnell, bewegen uns dann zunächst mit konstanter Geschwindigkeit (bei einer Beschleunigung von null) weiter und bremsen zum Ende hin (mit einer negativen Beschleunigung) schnell ab. **Abbildung 7.8(b)** zeigt eine Trajektorie, bei der der Betrag der Beschleunigung recht klein gehalten wird, sodass der lineare Abschnitt fast verschwindet.

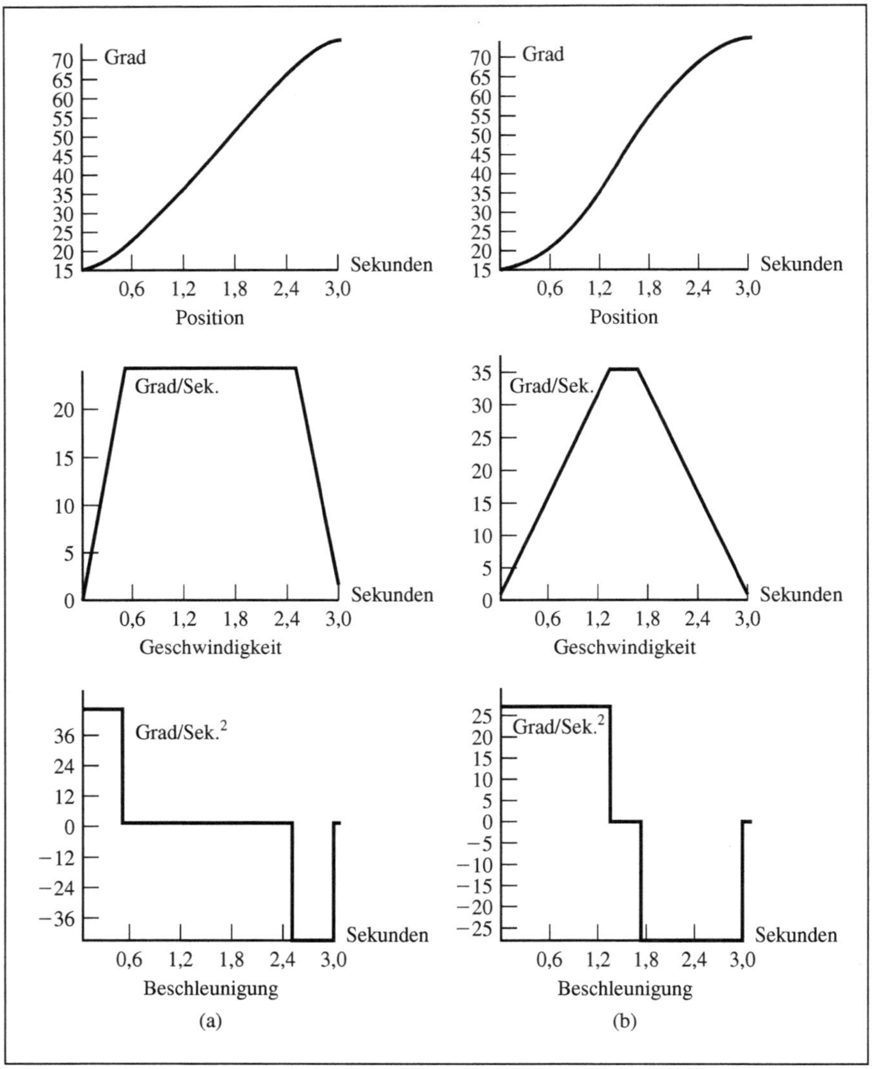

Abbildung 7.8 Zeitabhängige Funktionen der Position, Geschwindigkeit und Beschleunigung für eine lineare Interpolation mit parabolischen Übergangsregionen. In den Kurven auf der linken Seite sind die Beschleunigungen während der Übergänge höher als in den Kurven auf der rechten Seite.

7.3.5 Lineare Funktion mit parabolischen Übergängen für einen Pfad mit Wegpunkten

Wir werden nun lineare Pfade mit parabolischen Übergängen für den Fall betrachten, dass eine beliebige Anzahl von Wegpunkten angegeben ist. **Abbildung 7.9** zeigt eine Reihe von Wegpunkten im Gelenkraum für ein Gelenk mit dem Gelenkwinkel θ. Lineare Funktionen verbinden die Wegpunkte und um jeden Wegpunkt herum werden parabolische Übergangsbereiche hinzugefügt.

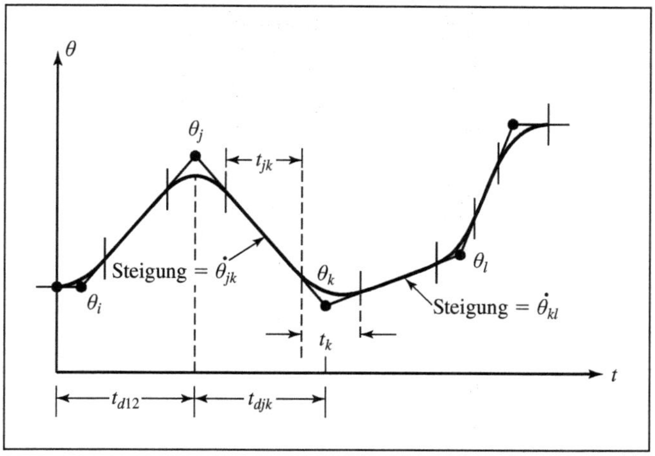

Abbildung 7.9 Linearer Pfad mit mehreren Segmenten und parabolischen Übergängen.

Wir werden die folgende Schreibweise verwenden: Betrachten wir drei benachbarte Pfadpunkte, die wir mit *j*, *k* und *l* bezeichnen. Die Dauer der Übergangsregion am Wegpunkt *k* beträgt t_k. Die Dauer des linearen Abschnitts zwischen den Punkten *j* und *k* ist t_{jk}. Die Gesamtdauer des Segments, das die Punkte *j* und *k* verbindet, ist t_{djk}. Die Geschwindigkeit während des linearen Abschnitts ist $\dot{\theta}_{jk}$ und die Beschleunigung während der Überblendung am Punkt *j* ist $\ddot{\theta}_j$. Ein Beispiel finden Sie in **Abbildung 7.9**.

Wie im Fall des einzelnen Segments gibt es viele mögliche Lösungen, die von dem Wert der Beschleunigung abhängen, der bei jedem Übergang verwendet wird. Sind alle Pfadpunkte θ_k, die gewünschten Zeitspannen t_{djk} und die Beträge der Beschleunigungen $|\ddot{\theta}_k|$, die an den einzelnen Pfadpunkten verwendet werden sollen, bekannt, können wir die Übergangsdauern t_k berechnen. Für innere Pfadpunkte ergibt sich dies einfach aus den folgenden Gleichungen:

$$\begin{aligned} \dot{\theta}_{jk} &= \frac{\theta_k - \theta_j}{t_{djk}}, \\ \ddot{\theta}_k &= SGN(\dot{\theta}_{kl} - \dot{\theta}_{jk})\,|\ddot{\theta}_k|, \\ t_k &= \frac{\dot{\theta}_{kl} - \dot{\theta}_{jk}}{\ddot{\theta}_k} \quad \text{und} \\ t_{jk} &= t_{djk} - \frac{1}{2}t_j - \frac{1}{2}t_k. \end{aligned} \tag{7.24}$$

Dabei steht $SGN(\dot{\theta}_{kl} - \dot{\theta}_{jk})$ für das Vorzeichen (*engl.* sign) der Differenz der Steigungen der linearen Abschnitte, welche die jeweilige parabolische Übergangsregion einrahmen. Das erste und das letzte Segment müssen etwas anders gehandhabt werden, da ein ganzer Übergangsbereich an einem Ende des Segments in die Gesamtdauer des Segments eingerechnet werden muss.

Für das erste Segment ermitteln wir t_1, indem wir zwei Ausdrücke für die Geschwindigkeit während der linearen Phase des Segments gleichsetzen:

$$\frac{\theta_2 - \theta_1}{t_{d12} - \frac{1}{2}t_1} = \ddot{\theta}_1 t_1. \tag{7.25}$$

Dies kann nach t_1, die Übergangsdauer am Anfangspunkt, aufgelöst werden. Dann sind $\dot{\theta}_{12}$ und t_{12} leicht zu berechnen:

$$\begin{aligned}
\ddot{\theta}_1 &= SGN(\theta_2 - \theta_1)\,|\,\ddot{\theta}_1\,|, \\
t_1 &= t_{d12} - \sqrt{t_{d12}^2 - \frac{2(\theta_2 - \theta_1)}{\ddot{\theta}_1}}, \\
\dot{\theta}_{12} &= \frac{\theta_2 - \theta_1}{t_{d12} - \frac{1}{2}t_1} \quad \text{sowie} \\
t_{12} &= t_{d12} - t_1 - \frac{1}{2}t_2.
\end{aligned} \tag{7.26}$$

Analog gilt für das letzte Segment (das die Punkte $n-1$ und n verbindet):

$$\frac{\theta_{n-1} - \theta_n}{t_{d(n-1)n} - \frac{1}{2}t_n} = \ddot{\theta}_n t_n, \tag{7.27}$$

mit der folgenden Lösung:

$$\begin{aligned}
\ddot{\theta}_n &= SGN(\theta_{n-1} - \theta_n)\,|\,\ddot{\theta}_n\,|, \\
t_n &= t_{d(n-1)n} - \sqrt{t_{d(n-1)n}^2 + \frac{2(\theta_n - \theta_{n-1})}{\ddot{\theta}_n}}, \\
\dot{\theta}_{(n-1)n} &= \frac{\theta_n - \theta_{n-1}}{t_{d(n-1)n} - \frac{1}{2}t_n} \quad \text{sowie} \\
t_{(n-1)n} &= t_{d(n-1)n} - t_n - \frac{1}{2}t_{n-1}.
\end{aligned} \tag{7.28}$$

Mit **(7.24)** bis **(7.28)** können wir die Dauern der verschiedenen Abschnitte sowie die Geschwindigkeiten in den linearen Abschnitten und die Beschleunigungen in den Übergangsregionen eines Pfads mit mehreren Segmenten ermitteln. Normalerweise gibt der Benutzer nur die Wegpunkte und die gewünschte Dauer der Segmente an. In diesem Fall verwendet das System Standardwerte für die Beschleunigung der einzelnen Gelenke. Um es dem Benutzer noch einfacher zu machen, berechnet das System manchmal die Dauer auf der Grundlage von vorgegebenen Geschwindigkeiten. An allen Übergängen muss die Beschleunigung groß genug sein, damit genügend Zeit zur Verfügung steht, um in den linearen Teil des Segments zu gelangen, bevor die nächste Übergangsregion beginnt.

BEISPIEL 7.4

Die Trajektorie eines bestimmten Gelenks wird wie folgt festgelegt: Pfadpunkte in Grad: 10, 35, 25, 10. Die Dauer dieser drei Segmente sollte 2, 1 und 3 Sekunden betragen. Die Standardbeschleunigung, die in allen Übergangsregionen verwendet werden soll, beträgt ± 50 Grad/Sekunde^2. Berechnen Sie die Winkelgeschwindigkeiten in den linearen Abschnitten aller Segment sowie die Dauern der Übergänge und der linearen Abschnitte.

Für das erste Segment wenden wir **(7.26)** an und finden:

$$\ddot{\theta}_1 = 50{,}0. \tag{7.29}$$

Wenden wir **(7.26)** an, um die Übergangszeit am Anfangspunkt zu berechnen, erhalten wir:

$$t_1 = 2 - \sqrt{4 - \frac{2(35-10)}{50{,}0}} = 0{,}27. \tag{7.30}$$

Die Geschwindigkeit $\dot{\theta}_{12}$ wird mithilfe von **(7.26)** wie folgt berechnet:

$$\dot{\theta}_{12} = \frac{35-10}{2-0{,}5(0{,}27)} = 13{,}50. \tag{7.31}$$

Die Geschwindigkeit $\dot{\theta}_{23}$ wird mit **(7.24)** wie folgt berechnet:

$$\dot{\theta}_{23} = \frac{25-35}{1} = -10{,}0. \tag{7.32}$$

Als Nächstes wenden wir **(7.24)** an und ermitteln

$$\ddot{\theta}_2 = -50{,}0. \tag{7.33}$$

Dann wird t_2 mithilfe von **(7.24)** berechnet und wir erhalten:

$$t_2 = \frac{-10{,}0-13{,}50}{-50{,}0} = 0{,}47. \tag{7.34}$$

Die Dauer des linearen Abschnitts von Segment 1 wird dann mit **(7.26)** berechnet:

$$t_{12} = 2 - 0{,}27 - \frac{1}{2}(0{,}47) = 1{,}50. \tag{7.35}$$

Aus **(7.29)** ergibt sich dann:

$$\ddot{\theta}_4 = 50{,}0. \tag{7.36}$$

Für das letzte Segment wird nun **(7.28)** verwendet, um t_4 zu berechnen, und wir erhalten:

$$t_4 = 3 - \sqrt{9 + \frac{2(10-25)}{50{,}0}} = 0{,}102. \tag{7.37}$$

Die Geschwindigkeit $\dot{\theta}_{34}$ wird mithilfe von **(7.28)** wie folgt berechnet:

$$\dot{\theta}_{34} = \frac{10-25}{3-0{,}050} = -5{,}10. \tag{7.38}$$

Als Nächstes berechnen wir mit **(7.24)**

$$\ddot{\theta}_3 = 50{,}0. \tag{7.39}$$

Dann wird t_3 mit **(7.24)** bestimmt:

$$t_3 = \frac{-5{,}10-(-10{,}0)}{50} = 0{,}098. \tag{7.40}$$

Schließlich berechnen wir unter Verwendung von **(7.24)**

$$t_{23} = 1 - \frac{1}{2}(0{,}47) - \frac{1}{2}(0{,}098) = 0{,}716 \quad \text{und} \tag{7.41}$$

$$t_{34} = 3 - \frac{1}{2}(0{,}098) - 0{,}012 = 2{,}849. \tag{7.42}$$

Die Ergebnisse dieser Berechnungen bilden einen „Plan" für die **Trajektorie**. Zur Ausführungszeit werden diese Zahlen vom **Pfadgenerator** verwendet, um mit der Pfadaktualisierungsrate die Werte von $\theta, \dot{\theta}$ und $\ddot{\theta}$ zu berechnen.

Beachten Sie, dass die Wegpunkte bei diesen linear-parabolischen Übergangs-Splines nicht wirklich erreicht werden, außer der Manipulator kommt zu einem Stillstand. Wenn die Beschleunigungsfähigkeit ausreichend hoch ist, kommen die Pfade den gewünschten Wegpunkten oft recht nahe. Wenn wir einen Punkt tatsächlich passieren möchten, indem wir dort anhalten, wird der Wegpunkt einfach in der Pfadangabe wiederholt.

Wenn der Benutzer möchte, dass der Manipulator *ohne anzuhalten* tatsächlich *genau* durch einen Wegpunkt fährt, kann diese Festlegung durch die gleiche Formulierung wie zuvor mit dem folgenden Zusatz verwirklicht werden: Das System ersetzt den Wegpunkt, den der Manipulator tatsächlich durchfahren soll, automatisch durch zwei *Pseudo-**Wegpunkte***, einen auf jeder Seite des ursprünglichen Punktes (wie in **Abbildung 7.10**). Die Pfaderzeugung erfolgt dann wie zuvor. Der ursprüngliche Wegpunkt liegt nun im linearen Abschnitt des Pfades, der die beiden Pseudo-Wegpunkte verbindet. Der Benutzer kann nicht nur verlangen, dass der Manipulator einen Wegpunkt genau durchfährt, sondern auch, dass er ihn mit einer bestimmten Geschwindigkeit durchfährt. Wenn der Benutzer diese Geschwindigkeit nicht angibt, wählt das System sie mit Hilfe einer geeigneten **Heuristik** aus. Der Begriff **Durchgangspunkt** kann (anstelle von Wegpunkt) verwendet werden, um einen Punkt auf dem Pfad anzugeben, *durch* den wir den Manipulator exakt hindurchzwingen.

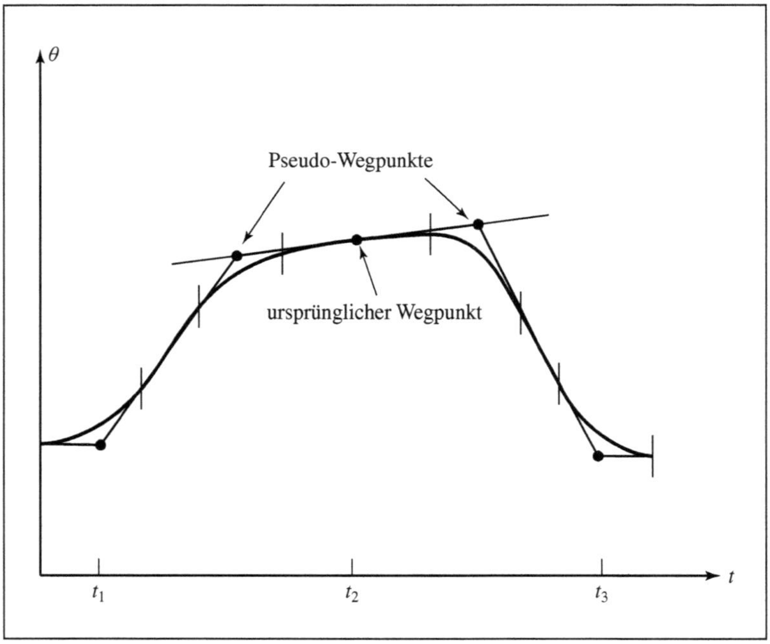

Abbildung 7.10 Verwendung von Pseudo-Wegpunkten (**via points**) zur Erzeugung eines *Durchgangspunkts* (**through point**).

7.4 Verfahren im kartesischen Raum

Wie in **Abschnitt 7.3** erwähnt, können im Gelenkraum berechnete Pfade sicherstellen, dass Weg- und Zielpunkte erreicht werden, selbst wenn diese Pfadpunkte mit Hilfe von kartesischen Rahmen festgelegt wurden. Der räumliche Verlauf des Pfades, den der Endeffektor nimmt, ist jedoch keine gerade Linie durch den Raum, sondern eine komplizierte Figur, die von der speziellen Kinematik des verwendeten Manipulators abhängt. In diesem Abschnitt werden wir Methoden zur **Pfaderzeugung** betrachten, bei denen die Formen der Pfade durch Funktionen beschrieben werden, welche die **kartesische** Position und Ausrichtung als Funktionen der Zeit berechnen. Auf diese Weise können wir auch den räumlichen Verlauf des Pfads zwischen den Pfadpunkten festlegen. Die gängigste Pfadform ist eine gerade Linie, aber auch kreisförmige, sinusförmige oder andere Pfadverläufe können verwendet werden.

Jeder Pfadpunkt wird in der Regel in Form einer gewünschten Position und der Ausrichtung des Werkzeugrahmens relativ zum stationären Rahmen angegeben. In Pfaderzeugungsverfahren auf kartesischer Basis sind die **Funktionen**, die durch Splines zusammengefügt werden, um eine Trajektorie zu bilden, Funktionen der Zeit, die kartesische Variablen darstellen. Diese Pfade können direkt anhand der vom Benutzer definierten Pfadpunkte, die in $\{T\}$ relativ zu $\{S\}$ festgelegt werden, *geplant* werden, ohne dass zuvor eine inverse Kinematik durchgeführt werden muss. Allerdings sind kartesische Verfahren während der Ausführung **rechenintensiver**, da die inverse Kinematik zur Laufzeit mit der Geschwindigkeit der Pfadaktualisierung durchgeführt werden muss – d. h., nachdem der Pfad im kartesischen Raum generiert wurde, wird als letzter Schritt die inverse kinematische Berechnung durchgeführt, um die gewünschten Gelenkwinkel zu berechnen.

In der Literatur wurden durch die Forschung und die Netzwerke der Industrierobotik mehrere Verfahren zur Erzeugung kartesischer Pfade vorgeschlagen [1, 2]. Im folgenden Abschnitt werden wir ein Verfahren als Beispiel vorstellen. In diesem Verfahren können wir denselben linearen/parabolischen Spline verwenden, den wir für den Fall des Gelenkraums entwickelt haben.

7.4.1 Kartesische geradlinige Bewegung

Oft möchten wir einfach einen räumlichen Pfad angeben, der die Spitze des Werkzeugs dazu bringt, sich in einer geraden Linie durch den Raum zu bewegen. Wenn wir viele eng beieinanderliegende Wegpunkte angeben, die auf einer geraden Linie liegen, dann scheint die Werkzeugspitze einer geraden Linie zu folgen, unabhängig von der Wahl der stetigen Funktion, die die Wegpunkte miteinander verbindet. Es ist jedoch viel bequemer, wenn das Werkzeug auch zwischen weit auseinander liegenden Wegpunkten geradlinigen Pfaden folgt. Diese Art der Pfadangabe und -ausführung wird als **kartesische geradlinige Bewegung** bezeichnet. Die Definition von Bewegungen in Form von geraden Linien ist eine Teilbereich der allgemeineren **kartesischen Bewegung**. Bei ihr werden beliebige Funktionen kartesischer Variablen als Funktionen der Zeit verwendet, um einen Pfad festzulegen. In einem System, das allgemeine kartesische Bewegungen zulässt, könnten auch Pfadverläufe wie Ellipsen oder Sinuslinien ausgeführt werden.

Für die Planung und Erzeugung von kartesischen geradlinigen Pfaden ist ein **Spline** aus linearen Funktionen mit parabolischen Übergängen geeignet. Auf dem linearen Teil jedes Segments ändern sich alle drei Komponenten der Position auf lineare Weise und der Endeffektor bewegt sich entlang eines linearen Pfads im Raum. Wenn wir jedoch die Ausrichtung an jedem Wegpunkt als Rotationsmatrix angeben, können wir ihre Elemente nicht linear interpolieren, da dies nicht unbedingt zu einer jederzeit gültigen Rotationsmatrix führen würde. Eine Rotationsmatrix muss aus orthonormalen Spalten bestehen, und diese Bedingung wäre nicht gewährleistet, wenn sie durch lineare Interpolation von Matrixelementen zweier gültiger Matrizen erstellt würde. Stattdessen werden wir eine andere Darstellung der Ausrichtung verwenden.

Wie in ▶ **Kapitel 2** erwähnt kann die sogenannte **Winkel-Achsen-Darstellung** verwendet werden, um eine **Ausrichtung** durch nur drei Zahlen anzugeben. Wenn wir diese Darstellung der Ausrichtung mit der kartesischen 3×1-Positionsdarstellung kombinieren, erhalten wir eine 6×1-Darstellung der kartesischen Position und der Ausrichtung. Betrachten Sie einen Wegpunkt, der durch ${}^S_A T$ relativ zum stationären Rahmen festgelegt ist. Das heißt, Rahmen $\{A\}$ legt einen Wegpunkt fest, wobei der Ort des Endeffektors durch ${}^S P_{AORG}$ und die Ausrichtung des Endeffektors durch ${}^S_A R$ gegeben ist. Diese Rotationsmatrix kann in die Winkel-Achsen-Darstellung $ROT({}^S\hat{K}_A, \theta_{SA})$ umgewandelt werden – oder, einfach ausgedrückt, in ${}^S K_A$. Wir verwenden das Symbol χ für diesen 6×1-Vektor des kartesischen Orts und der Ausrichtung. Wir haben also:

$$ {}^S\chi_A = \begin{bmatrix} {}^S P_{AORG} \\ {}^S K_A \end{bmatrix}, \tag{7.43} $$

wobei ${}^S K_A$ durch Skalierung des Einheitsvektors ${}^S\hat{K}_A$ mit dem Betrag der Drehung θ_{SA} gebildet wird. Wenn jeder Pfadpunkt durch diese Darstellung angegeben ist, müssen wir anschließend Spline-Funktionen beschreiben, die diese sechs Größen von Pfadpunkt zu Pfadpunkt als Funktionen der Zeit gleichmäßig verändern. Werden lineare Splines mit parabolischen Übergängen verwendet, ist die Pfadform zwischen den Wegpunkten linear. Beim Passieren von Wegpunkten werden die lineare und die Winkelgeschwindigkeit des Endeffektors gleichmäßig verändert.

Beachten Sie, dass diese Methode, im Gegensatz zu einigen anderen vorgeschlagenen Verfahren für kartesische geradlinige Bewegungen, nicht garantiert, dass Rotationen bei der Bewegung von Punkt zu Punkt um eine einzige „äquivalente Achse" stattfinden. Vielmehr handelt es sich bei unserem Verfahren um eine einfache Methode, die gleichmäßige Änderungen der Ausrichtung ermöglicht und die Verwendung derselben Mathematik erlaubt, die wir bereits für die Planung von gelenkinterpolierten Trajektorien entwickelt haben.

Eine kleine Komplikation ergibt sich aus der Tatsache, dass die Winkel-Achsen-Darstellung der Ausrichtung nicht eindeutig ist, d. h.:

$$ ({}^S\hat{K}_A, \theta_{SA}) = ({}^S\hat{K}_A, \theta_{SA} + n360°), \tag{7.44} $$

wobei n eine beliebige positive oder negative ganze Zahl ist. Bei der Bewegung von einem Wegpunkt $\{A\}$ zu einem Wegpunkt $\{B\}$ sollte der Gesamtbetrag der **Rotation** minimiert werden. Wenn wir unsere Darstellung der Ausrichtung von $\{A\}$ mit ${}^S K_A$ bezeichnen, müssen wir ein bestimmtes ${}^S K_B$ so wählen, dass $\left| {}^S K_B - {}^S K_A \right|$ minimiert wird. **Abbildung 7.11** zeigt zum Beispiel vier verschiedene mögliche ${}^S K_B$ sowie ihre

Beziehung zum gegebenen ${}^{S}K_{A}$. Die Differenzvektoren (gestrichelte Linien) werden verglichen, um zu erfahren, durch welche ${}^{S}K_{B}$ die Drehung minimal wird – in diesem Fall ist das ${}^{S}K_{B(-1)}$.

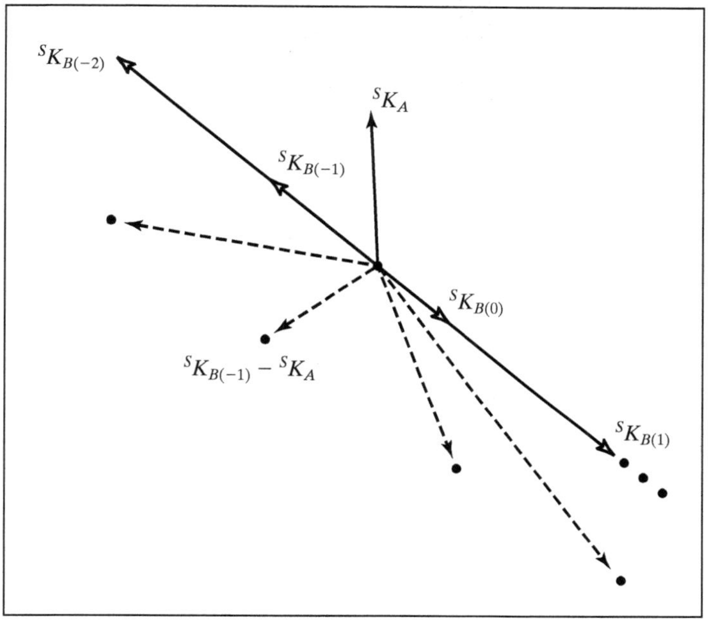

Abbildung 7.11 Wahl der Winkel-Achsen-Darstellung, um die Rotation zu minimieren.

Sobald wir die sechs Werte von χ für jeden Wegpunkt ausgewählt haben, können wir die gleiche Mathematik anwenden, die wir bereits für die Erzeugung von Splines entwickelt haben, die aus linearen und parabolischen Abschnitten bestehen. Allerdings müssen wir eine weitere Bedingung hinzufügen: Die Überblendungszeiten müssen für jeden **Freiheitsgrad** identisch sein. Dadurch wird sichergestellt, dass die resultierende Bewegung in allen Freiheitsgraden eine gerade Linie im Raum ist. Da alle **Übergangszeiten** gleich sein müssen, sind die Beschleunigungen, die während der Übergänge für die einzelnen Freiheitsgrade verwendet werden, verschieden. Daher geben wir die Zeitdauer für den Übergang an und berechnen mit Hilfe von **(7.24)** die benötigte Beschleunigung (und nicht umgekehrt). Die Übergangszeit kann so gewählt werden, dass eine bestimmte Obergrenze der Beschleunigung nicht überschritten wird.

Für die Darstellung und Interpolation des Anteils der Ausrichtung eines kartesischen Pfads können viele andere Verfahren verwendet werden. Dazu gehört auch die Verwendung einiger der anderen 3×1-Darstellungen der Ausrichtung, die in ▶ **Abschnitt 2.8** vorgestellt wurden. Einige Industrieroboter bewegen sich zum Beispiel entlang kartesischer geradliniger Pfade, bei denen die Interpolation der Ausrichtung mit Hilfe einer Darstellung erfolgt, die der Z-Y-Z-Euler-Winkelkonvention ähnelt.

7.5 Geometrische Probleme mit kartesischen Pfaden

Da eine kontinuierliche Zuordnung zwischen einem im kartesischen Raum beschriebenen Pfadverlauf und den Gelenkpositionen hergestellt wird, sind kartesische Pfade anfällig für verschiedene Probleme im Zusammenhang mit dem Arbeitsraum und Singularitäten.

7.5.1 Probleme des Typs 1: Wegpunkte unerreichbar

Auch wenn die Ausgangsposition des Manipulators und der endgültige Zielpunkt beide im Arbeitsraum des Manipulators liegen, ist es möglich, dass dies *nicht auf alle* Punkte auf einer geraden Linie zwischen Start- und Zielpunkt zutrifft. Betrachten Sie als Beispiel den in **Abbildung 7.12** dargestellten planaren Roboter mit zwei Gliedern und den dazugehörigen Arbeitsraum. In diesem Fall ist Glied 2 kürzer als Glied 1, sodass der Arbeitsraum in der Mitte ein Loch enthält, dessen Radius der Differenz der Gliedlängen entspricht. Im Arbeitsraum sind ein Startpunkt A und ein Zielpunkt B eingezeichnet. Die Bewegung von A nach B wäre im Gelenkraum kein Problem, aber bei einer kartesischen geradlinigen Bewegung wären nicht alle Punkte auf dem Pfad erreichbar. Dies ist ein Beispiel für eine Situation, in der ein Pfad im Gelenkraum problemlos ausgeführt werden könnte, ein kartesischer geradliniger Pfad jedoch zum Scheitern führt.[28]

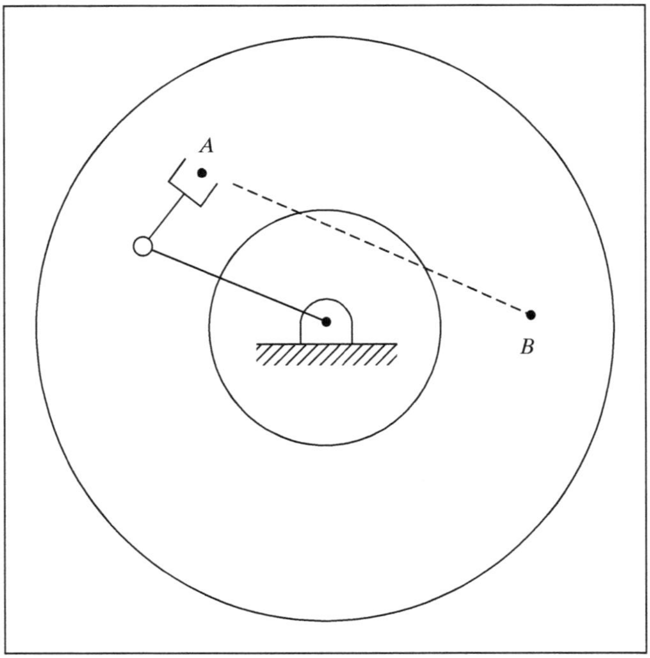

Abbildung 7.12 Kartesisches Pfadproblem vom Typ 1.

28 Bei einigen Robotersystemen wird der Benutzer über ein Problem informiert, bevor der Manipulator bewegt wird. Bei anderen Systemen beginnt die Bewegung entlang des Pfades, bis ein Gelenk seine Grenze erreicht hat, woraufhin die Bewegung des Manipulators angehalten wird.

7.5.2 Probleme des Typs 2: Hohe Gelenkgeschwindigkeiten nahe der Singularität

Wir haben in ▶ **Kapitel 5** gesehen, dass es im Arbeitsraum des Manipulators Stellen gibt, an denen es unmöglich ist, endliche Gelenkgeschwindigkeiten zu wählen, welche die gewünschte Geschwindigkeit des Endeffektors im kartesischen Raum ergeben. Es sollte daher nicht überraschen, dass es bestimmte (kartesisch beschriebene) Pfade gibt, die ein **Manipulator** unmöglich abfahren kann. Wenn ein Manipulator beispielsweise einem kartesischen geradlinigen Pfad folgt und sich einer singulären Konfiguration des Mechanismus nähert, können die Geschwindigkeiten eines oder mehrerer Gelenke gegen unendlich ansteigen. Da die Geschwindigkeiten des Mechanismus nach oben begrenzt sind, führt diese Situation in der Regel dazu, dass der Manipulator vom gewünschten Pfad abweicht.

Abbildung 7.13 zeigt als Beispiel einen planaren zweigliedrigen Manipulator (mit gleichen Gliedlängen), der sich entlang eines Pfades von Punkt A zu Punkt B bewegt. Die gewünschte Trajektorie besteht darin, die Endspitze des Manipulators mit konstanter linearer Geschwindigkeit entlang des geradlinigen Pfades zu bewegen. In der Abbildung sind mehrere Zwischenpositionen des Manipulators eingezeichnet, um seine Bewegung zu verdeutlichen. Alle Punkte entlang des Pfads sind in Reichweite, aber wenn der Roboter den mittleren Teil des Pfads passiert, ist die Geschwindigkeit des ersten Gelenks sehr hoch. Je näher sich der Pfad an die Achse des ersten Gelenks annähert, desto höher wird diese Geschwindigkeit. Ein Ansatz besteht darin, die Gesamtgeschwindigkeit des Pfades auf eine Geschwindigkeit zu reduzieren, bei der alle Gelenke innerhalb ihrer Geschwindigkeitsgrenzen bleiben. Auf diese Weise könnten zwar die gewünschten zeitlichen Attribute des Pfads verlorengehen, aber zumindest der räumliche Aspekt der Definition der Trajektorie wird beibehalten.

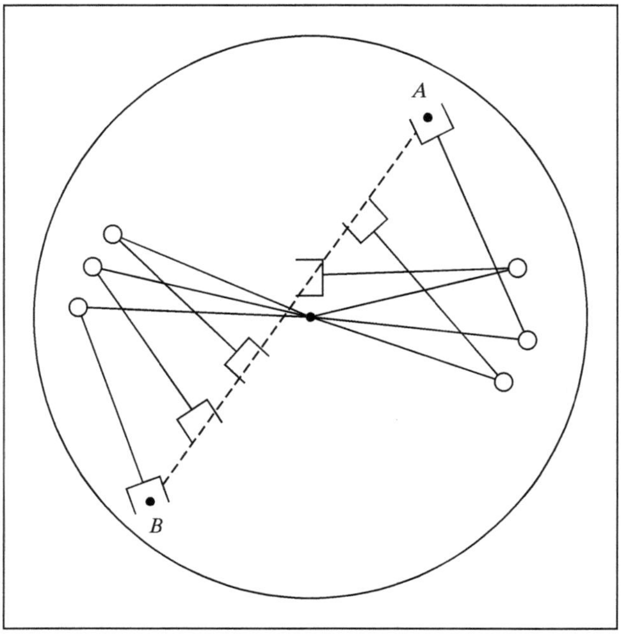

Abbildung 7.13 Kartesisches Pfadproblem vom Typ 2.

7.5.3 Probleme des Typs 3: Start und Ziel sind in verschiedenen Lösungen erreichbar

Eine dritte Art von Problem, das auftreten kann, ist in **Abbildung 7.14** dargestellt. Hier sind die Gelenkgrenzen eines planaren zweigliedrigen Manipulators mit gleichen Gliedlängen begrenzt, sodass die Anzahl der Lösungen, mit denen er einen bestimmten Punkt im Raum erreichen kann, beschränkt ist. Ein Problem entsteht insbesondere dann, wenn der Zielpunkt nicht in der gleichen physikalischen Lösung erreicht werden kann, in der sich der Roboter am Startpunkt befindet. In **Abbildung 7.14** kann der Manipulator alle Punkte des Pfades in einigen Lösungen erreichen, aber nicht in jeder beliebigen Lösung. In dieser Situation kann das System zur **Trajektorienplanung** des Manipulators dieses Problem erkennen, ohne dass der Roboter jemals versucht, sich entlang des Pfades zu bewegen und kann dem Benutzer einen Fehler melden.

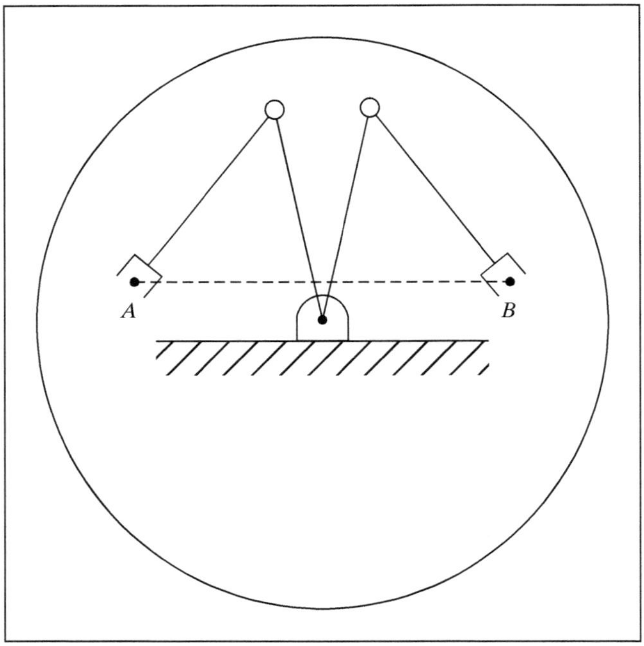

Abbildung 7.14 Kartesisches Pfadproblem vom Typ 3.

Um mit diesen Probleme von Pfaden, die im kartesischen Raum spezifiziert sind, umzugehen, unterstützen die meisten industriellen Manipulator-Steuerungssysteme sowohl die Erzeugung von Pfaden im Gelenkraum als auch im kartesischen Raum. Ein Benutzer lernt schnell, dass aufgrund der Schwierigkeiten mit kartesischen Pfaden standardmäßig Pfade im Gelenkraum verwendet werden sollten. Kartesische Pfade sollten nur dann verwendet werden, wenn sie von der Anwendung tatsächlich benötigt werden.

7.6 Pfaderzeugung zur Laufzeit

Zur **Laufzeit** konstruiert die Pfaderzeugungsroutine die **Trajektorie**, normalerweise in Abhängigkeit von $\theta, \dot{\theta}$ und $\ddot{\theta}$, und leitet diese Informationen an das Steuerungssystem des Manipulators weiter. Dieser Pfadgenerator berechnet die Trajektorie mit der Pfadaktualisierungsrate.

7.6.1 Erzeugung von Pfaden im Gelenkraum

Das Ergebnis der Planung eines Pfades mit einer der in ▶ **Abschnitt 7.3** erwähnten Spline-Methoden ist eine Reihe von Daten für jedes Segment der Trajektorie. Diese Daten werden zur Laufzeit vom Pfadgenerator verwendet, um $\theta, \dot{\theta}$ und $\ddot{\theta}$ zu berechnen.

Im Fall von kubischen Splines berechnet der Pfadgenerator einfach **(7.3)**, während die Zeit t voranschreitet. Wenn das Ende eines Segments erreicht ist, wird ein neuer Satz von kubischen Koeffizienten abgerufen, t wird auf null gesetzt und die Erzeugung wird fortgesetzt.

Bei linearen Splines mit parabolischen Übergängen wird der Wert der Zeit t bei jeder Aktualisierung überprüft, um festzustellen, ob wir uns gerade im linearen oder im Übergangsbereich des Segments befinden. Im linearen Abschnitt wird die Trajektorie für jedes Gelenk wie folgt berechnet:

$$\begin{aligned} \theta &= \theta_j + \dot{\theta}_{jk}\, t, \\ \dot{\theta} &= \dot{\theta}_{jk} \quad \text{und} \\ \ddot{\theta} &= 0, \end{aligned} \tag{7.45}$$

wobei t die Zeit seit dem j-ten Wegpunkt ist und $\dot{\theta}_{jk}$ zum Zeitpunkt der Pfadplanung aus **(7.24)** berechnet wurde. In der Übergangsregion (*engl.* blend region) wird der Pfad für jedes Gelenk wie folgt berechnet:

$$\begin{aligned} t_{inb} &= t - \left(\tfrac{1}{2}t_j + t_{jk}\right), \\ \theta &= \theta_j + \dot{\theta}_{jk}(t - t_{inb}) + \tfrac{1}{2}\ddot{\theta}_k\, t_{inb}^2, \\ \dot{\theta} &= \dot{\theta}_{jk} + \ddot{\theta}_k\, t_{inb} \quad \text{sowie} \\ \ddot{\theta} &= \ddot{\theta}_k, \end{aligned} \tag{7.46}$$

wobei $\dot{\theta}_{jk}, \ddot{\theta}_k, t_j$ und t_{jk} zum Zeitpunkt der Pfadplanung mit den Gleichungen **(7.24)** bis **(7.28)** berechnet wurden. Diese Pfadberechnungen werden mit der Pfadaktualisierungsrate fortgesetzt. Dabei wird t wieder auf $\frac{1}{2}t_k$ zurückgesetzt, wenn ein neues lineares Segment erreicht wird, bis wir uns durch alle Datensätze, die die Pfadsegmente repräsentieren, durchgearbeitet haben.

7.6.2 Erzeugung von Pfaden im kartesischen Raum

Für das kartesische Pfadverfahren, das in ▶ **Abschnitt 7.4** vorgestellt wurde, verwenden wir den Pfadgenerator für den linearen Spline mit parabolischen Übergangsregionen. Die berechneten Werte stellen jedoch den kartesische Ort und die Ausrichtung dar und nicht die Werte der Gelenkvariablen. Daher formulieren wir **(7.45)** und **(7.46)** um, wobei das Symbol x eine Komponente des kartesischen Orts- und Ausrichtungsvektors darstellt. Im linearen Abschnitt des Segments wird jeder Freiheitsgrad in χ wie folgt berechnet:

$$\begin{aligned} x &= x_j + \dot{x}_{jk}\, t, \\ \dot{x} &= \dot{x}_{jk} \quad \text{und} \\ \ddot{x} &= 0, \end{aligned} \tag{7.47}$$

wobei t die Zeit seit dem j-ten Wegpunkt ist und $\dot{x}_{jk}$ zum Zeitpunkt der Pfadplanung mit Hilfe einer Gleichung analog zu **(7.24)** berechnet wurde. In der Übergangsregion wird die Trajektorie für jeden Freiheitsgrad folgendermaßen berechnet:

$$\begin{aligned} t_{inb} &= t - \left(\tfrac{1}{2}t_j + t_{jk}\right), \\ x &= x_j + \dot{x}_{jk}(t - t_{inb}) + \tfrac{1}{2}\ddot{x}_k\, t_{inb}^2, \\ \dot{x} &= \dot{x}_{jk} + \ddot{x}_k\, t_{inb} \quad \text{und} \\ \ddot{x} &= \ddot{x}_k, \end{aligned} \tag{7.48}$$

wobei die Größen $\dot{x}_{jk}, \ddot{x}_k, t_j$ und t_{jk}, genau wie im Fall des Gelenkraums, zur Planungszeit bestimmt werden.

Schließlich muss diese kartesische **Trajektorie** ($\chi, \dot{\chi}$ und $\ddot{\chi}$) in äquivalente Größen im Gelenkraum umgerechnet werden. Eine vollständige analytische Lösung dieses Problems würde die Gelenkpositionen mithilfe der inversen Kinematik, die Geschwindigkeiten mithilfe der inversen Jacobi-Matrix und die Beschleunigungen mithilfe der inversen Jacobi-Matrix einschließlich deren Ableitung berechnen [5]. Eine in der Praxis häufig verwendete einfachere Methode ist die Folgende: Wir konvertieren χ mit der Pfadaktualisierungsrate in seine äquivalente Rahmen-Darstellung ${}^S_G T$. Danach verwenden wir die SOLVE-Routine (siehe ▶ **Abschnitt 4.9**), um den erforderlichen Vektor der Gelenkwinkel Θ zu berechnen. $\dot{\Theta}$ und $\ddot{\Theta}$ werden dann mittels numerischer Integration berechnet.[29] Der Algorithmus lautet daher:

$$\begin{aligned} \chi &\rightarrow {}^S_G T, \\ \Theta(t) &= SOLVE({}^S_G T), \\ \dot{\Theta}(t) &= \frac{\Theta(t) - \Theta(t - \delta t)}{\delta t}, \\ \ddot{\Theta}(t) &= \frac{\dot{\Theta}(t) - \dot{\Theta}(t - \delta t)}{\delta t}. \end{aligned} \tag{7.49}$$

Dann werden $\Theta, \dot{\Theta}$ und $\ddot{\Theta}$ dem Steuerungssystem des Manipulators zur Verfügung gestellt.

29 Diese Differenziation kann bei vorgeplanten Pfaden nicht-kausal erfolgen, was zu einer besseren Qualität von $\dot{\Theta}$ und $\ddot{\Theta}$ führt. Auch benötigen viele Steuerungssysteme keine Eingabe von $\ddot{\Theta}$, sodass es nicht berechnet werden würde.

7.7 Beschreibung von Pfaden mit einer Roboterprogrammiersprache

In ▸ **Kapitel 12** werden wir uns näher mit **Roboterprogrammiersprachen** beschäftigen. Hier werden wir veranschaulichen, wie verschiedene Arten von **Pfaden**, die wir in diesem Kapitel besprochen haben, in einer Robotersprache spezifiziert werden könnten. In diesen Beispielen verwenden wir die Syntax von **AL**, einer Roboterprogrammiersprache, die an der Stanford University entwickelt wurde [6].

Die Symbole A, B, C und D stehen in den folgenden AL-Sprachbeispielen für Variablen vom Typ „Rahmen". Diese Rahmen geben Pfadpunkte an, von denen wir annehmen, dass sie dem System beigebracht oder in Textform zur Verfügung gestellt wurden. Nehmen wir an, dass der Manipulator an der Position A beginnt. Um den Manipulator im Gelenkraum-Modus entlang linear-parabolischer Übergangspfade zu bewegen, könnten wir die folgende Anweisung geben:

```
move ARM to C with duration = 3*seconds;
```

Um die gleiche Position und Ausrichtung in einer geraden Linie zu erreichen, könnten wir die Anweisung wie folgt erweitern:

```
move ARM to C linearly with duration = 3*seconds;
```

Dabei bedeutet das Schlüsselwort „linearly", dass eine kartesische geradlinige Bewegung verwendet werden soll. Wenn die Dauer (*engl.* duration) nicht wichtig ist, kann der Benutzer diese Angabe weglassen und das System wird eine Standardgeschwindigkeit verwenden: Die Anweisung vereinfacht sich dann zu:

```
move ARM to C;
```

Ein Zwischenpunkt auf dem Weg nach C knn wie folgt hinzugefügt werden:

```
move ARM to C via B;
```

Oder auf die folgende Weise auch mehrere Zwischenpunkte:

```
move ARM to C via B,A,D;
```

Beachten Sie, dass in

```
move ARM to C via B with duration = 6*seconds;
```

die Dauer für die *gesamte* Bewegung angegeben wird. Das System entscheidet, wie diese Dauer auf die beiden Segmente aufgeteilt wird. Es ist in AL auch möglich, die Dauer eines einzelnen Segments anzugeben, zum Beispiel so:

```
move ARM to C via B where duration = 3*seconds;
```

Das erste Segment, das zu Punkt B führt, wird dann vom Manipulator mit einer Dauer von 3 Sekunden durchfahren.

7.8 Pfadplanung bei Verwendung des dynamischen Modells

Normalerweise verwenden wir bei der Planung von **Pfaden** an jedem Übergangspunkt eine **Standard-** oder **Maximalbeschleunigung**. Tatsächlich ist die Beschleunigung, die der Manipulator zu jedem Zeitpunkt erreichen kann, eine Funktion der Dynamik des Arms und der Grenzwerte der Aktuatoren. Die meisten **Aktuatoren** sind nicht durch ein festes maximales Drehmoment oder eine maximale Beschleunigung gekennzeichnet, sondern durch eine Drehmoment-Geschwindigkeit-Kurve.

Wenn wir bei der Planung eines Pfads von einer maximalen Beschleunigung an jedem Gelenk oder entlang jedes Freiheitsgrads ausgehen, vereinfachen wir das Ganze enorm. Um die tatsächlichen Fähigkeiten des Geräts nicht zu überschreiten, muss diese maximale Beschleunigung konservativ gewählt werden. Daher nutzen wir bei den Pfaden, die mit den in diesem Kapitel vorgestellten Methoden geplanten wurden, die möglichen Geschwindigkeitsbereiche des Manipulators nicht voll aus.

Wir könnten uns die folgende Frage stellen: Wie können wir die Informationen für die zeitliche Steuerung (die eine Beschreibung eines räumlichen Pfads in eine Trajektorie umwandeln) bestimmen, sodass der Manipulator den Zielpunkt in minimaler Zeit erreicht, wenn der gewünschte räumliche Pfad des Endeffektors gegeben ist? Solche Probleme wurden bereits mit numerischen Methoden gelöst [7, 8]. Die Lösung berücksichtigt sowohl die Starrkörperdynamik als auch die Drehmoment-Geschwindigkeit-Kurven von Aktuatoren.

7.9 Kollisionsfreie Pfadplanung

Es wäre äußerst praktisch, wenn wir dem Robotersystem einfach sagen könnten, wo der gewünschte Zielpunkt der Manipulator-Bewegung ist, und das System bestimmen lassen könnten, wo und wie viele Wegpunkte erforderlich sind, damit das Ziel erreicht wird, ohne dass der Manipulator auf ein Hindernis stößt. Dazu muss das System über Modelle des Manipulators, des Arbeitsraums und aller potenziellen Hindernisse in diesem Bereich verfügen. Es könnte sogar ein zweiter Manipulator in demselben Bereich arbeiten. In diesem Fall müsste jeder Arm als bewegliches Hindernis für den anderen betrachtet werden.

Systeme, die **kollisionsfreie Pfade** planen, sind nicht auf dem Markt erhältlich. Die Forschung auf diesem Gebiet hat zu zwei konkurrierenden Haupttechniken sowie zu mehreren Variationen und Kombinationen davon geführt. Ein Ansatz löst das Problem, indem er eine Darstellung des freien Raums in Form eines zusammenhängenden **Graphen** erstellt und dann den Graphen nach einem kollisionsfreien Pfad durchsucht [9–11, 17, 18]. Leider haben diese Techniken eine exponentielle Komplexität in Bezug auf die Anzahl der Gelenke im Gerät. Der zweite Ansatz basiert auf der Erzeugung künstlicher **Potenzialfelder** um Hindernisse herum, welche den/die Manipulator(en) veranlassen, die Hindernisse zu umgehen, während sie zu einem künstlichen anziehenden Pol am Zielpunkt gezogen werden [12]. Leider haben diese Methoden in der Regel einen lokalen Blick auf die Umgebung und sind anfällig dafür, an lokalen Minima des künstlichen Feldes „hängen zu bleiben".

Literatur

[1] R.P. Paul und H. Zong, „Robot Motion Trajectory Specification and Generation“, 2nd International Symposium on Robotics Research, Kyoto, Japan, August 1984.

[2] R. Taylor, „Planning and Execution of Straight Line Manipulator Trajectories“, in *Robot Motion*, Brady et al., Editoren, MIT Press, Cambridge, MA, 1983.

[3] C. DeBoor, *A Practical Guide to Splines*, Springer-Verlag, New York, 1978.

[4] D. Rogers und J.A. Adams, *Mathematical Elements for Computer Graphics*, McGraw-Hill, New York, 1976.

[5] B. Gorla und M. Renaud, *Robots Manipulateurs*, Cepadues-Editions, Toulouse, 1984.

[6] R. Goldman, *Design of an Interactive Manipulator Programming Environment*, UMI Research Press, Ann Arbor, MI, 1985.

[7] J. Bobrow, S. Dubowsky und J. Gibson, „On the Optimal Control of Robotic Manipulators with Actuator Constraints“, *Proceedings of the American Control Conference*, Juni 1983.

[8] K. Shin und N. McKay, „Minimum-Time Control of Robotic Manipulators with Geometric Path Constraints“, *IEEE Transactions on Automatic Control*, Juni 1985.

[9] T. Lozano-Perez, „Spatial Planning: A Configuration Space Approach“, AI Memo 605, MIT Artificial Intelligence Laboratory, Cambridge, MA, 1980.

[10] T. Lozano-Perez, „A Simple Motion Planning Algorithm for General Robot Manipulators“, *IEEE Journal of Robotics and Automation*, Vol. RA-3, No. 3, Juni 1987.

[11] R. Brooks, „Solving the Find-Path Problem by Good Representation of Free Space“, *IEEE Transactions on Systems, Man, and Cybernetics*, SMC-13: 190–197, 1983.

[12] O. Khatib, „Real-Time Obstacle Avoidance for Manipulators and Mobile Robots“, *The International Journal of Robotics Research*, Vol. 5, No. 1, Frühling 1986.

[13] R.P. Paul, „Robot Manipulators: Mathematics, Programming, and Control“, MIT Press, Cambridge, MA, 1981.

[14] R. Castain und R.P. Paul, „An Online Dynamic Trajectory Generator“, *The International Journal of Robotics Research*, Vol. 3, 1984.

[15] C.S. Lin und P.R. Chang, „Joint Trajectory of Mechanical Manipulators for Cartesian Path Approximation“, *IEEE Transactions on Systems, Man, and Cybernetics*, Vol. SMC-13, 1983.

[16] C.S. Lin, P.R. Chang und J.Y.S. Luh, „Formulation and Optimization of Cubic Polynomial Joint Trajectories for Industrial Robots“, *IEEE Transactions on Automatic Control*, Vol. AC-28, 1983.

[17] L. Kavraki, P. Svestka, J.C. Latombe und M. Overmars, „Probabilistic Roadmaps for Path Planning in High-Dimensional Configuration Spaces“, *IEEE Transactions on Robotics and Automation*, 12(4): 566–580, 1996.

[18] J. Barraquand, L. Kavraki, J.C. Latombe, T.Y. Li, R. Motwani und P. Raghavan, „A Random Sampling Scheme for Path Planning“, *The International Journal of Robotics Research*, 16(6): 759–774, 1997.

Übungen

7.1 [8] Wie viele einzelne kubische Gleichungen werden berechnet, wenn sich ein Roboter mit sechs Gelenken entlang eines kubischen Splines durch zwei Wegpunkte bewegt und an einem Zielpunkt anhält? Wie viele Koeffizienten werden gespeichert, um diese kubischen Gleichungen zu beschreiben?

7.2 [13] Ein eingliedriger Roboter mit einem Drehgelenk bewegt sich nicht und steht bei $\theta = -5°$. Das Gelenk soll gleichmäßig in 4 Sekunden zu $\theta = 80°$ bewegt werden. Ermitteln Sie die Koeffizienten eines kubischen Polynoms, das diese Bewegung beschreibt und den Arm am Ziel zur Ruhe bringt. Zeichnen Sie die Position, die Geschwindigkeit und die Beschleunigung des Gelenks als Funktion der Zeit.

7.3 [14] Ein eingliedriger Roboter mit einem Drehgelenk bewegt sich nicht und steht bei $\theta = -5°$. Das Gelenk soll gleichmäßig in 4 Sekunden zu $\theta = 80°$ bewegt werden und sanft abstoppen. Berechnen Sie die entsprechenden Parameter einer linearen Trajektorie mit parabolischen Übergängen. Zeichnen Sie die Position, Geschwindigkeit und Beschleunigung des Gelenks als Funktion der Zeit.

7.4 [30] Schreiben Sie eine Software-Routine für die Pfadplanung, die **(7.24)** bis **(7.28)** auf allgemeine Weise für Pfade implementiert, die durch eine beliebige Anzahl von Pfadpunkten beschrieben werden. Diese Routine könnte zum Beispiel für die Lösung von ▶ **Beispiel 7.4** verwendet werden.

7.5 [18] Skizzieren Sie Graphen von Position, Geschwindigkeit und Beschleunigung für den zweisegmentigen Spline aus ▶ **Beispiel 7.2**, der mit stetiger Beschleunigung durchfahren werden soll. Erstellen Sie Ihre Abbildungen für ein Gelenk, für das $\theta_0 = 5{,}0°, \theta_v = 15{,}0°$ sowie $\theta_g = 40{,}0°$ gilt und jedes Segment eine Zeitdauer von 1,0 Sekunden aufweist.

7.6 [18] Skizzieren Sie Graphen von Position, Geschwindigkeit und Beschleunigung für einen zweisegmentigen Spline, wobei jedes Segment eine kubische Funktion ist, und verwenden Sie die in **(7.11)** angegebenen Koeffizienten. Erstellen Sie Ihre Abbildungen für ein Gelenk, bei dem $\theta_0 = 5{,}0°$ den Startpunkt, $\theta_v = 15{,}0°$ einen Wegpunkt und $\theta_g = 40{,}0°$ den Zielpunkt angibt. Nehmen Sie an, dass jedes Segment eine Zeitdauer von 1,0 Sekunden aufweist und dass die Geschwindigkeit am Wegpunkt 17,5 Grad/Sekunde betragen soll.

7.7 [20] Berechnen Sie $\dot{\theta}_{12}, \dot{\theta}_{23}, t_1, t_2$ und t_3 für einen linearen zweisegmentigen Spline mit parabolischen Übergangsbereichen. (Verwenden Sie **(7.24)** bis **(7.28)**.) Für dieses Gelenk ist $\theta_1 = 5{,}0°$, $\theta_2 = 15{,}0°$ und $\theta_3 = 40{,}0°$. Nehmen Sie an, dass $t_{d12} = t_{d23} = 1{,}0$ Sekunde ist und dass die Standardbeschleunigung während des Übergangs 80 Grad/Sekunde^2 beträgt. Skizzieren Sie Abbildungen von Position, Geschwindigkeit und Beschleunigung von θ.

7.8 [18] Skizzieren Sie Graphen von Position, Geschwindigkeit und Beschleunigung für den zweisegmentigen Spline aus ▶ **Beispiel 7.2**, der mit stetiger Beschleunigung durchfahren werden soll. Erstellen Sie Ihre Abbildungen für ein Gelenk, für das $\theta_0 = 5{,}0°$, $\theta_v = 15{,}0°$ und $\theta_g = -10{,}0°$ gilt und jedes Segment 2,0 Sekunden dauert.

7.9 [18] Skizzieren Sie Graphen von Position, Geschwindigkeit und Beschleunigung für einen zweisegmentigen Spline, wobei jedes Segment eine kubische Funktion ist, und verwenden Sie die in **(7.11)** angegebenen Koeffizienten. Erstellen Sie Ihre Abbildungen für ein Gelenk mit $\theta_0 = 5{,}0°$ für den Anfangspunkt, $\theta_v = 15{,}0°$ für den Wegpunkt und $\theta_g = -10{,}0°$ als Zielpunkt. Nehmen Sie an, dass jedes Segment eine Zeitdauer von 2,0 Sekunden aufweist und dass die Geschwindigkeit am Wegpunkt 0,0 Grad/Sekunde betragen soll.

7.10 [20] Berechnen Sie $\dot{\theta}_{12}, \dot{\theta}_{23}, t_1, t_2$ und t_3 für einen linearen zweisegmentigen Spline mit parabolischen Übergängen. (Verwenden Sie **(7.24)** bis **(7.28)**.) Für diese Gelenk ist $\theta_1 = 5{,}0°$, $\theta_2 = 15{,}0°$ und $\theta_3 = -10{,}0°$. Nehmen Sie an, dass $t_{d12} = t_{d23} = 2{,}0$ Sekunden betragen und dass die Standardbeschleunigung während des Übergangs 60 Grad/Sekunde^2 beträgt. Skizzieren Sie für θ Abbildungen von Position, Geschwindigkeit und Beschleunigung.

7.11 [6] Geben Sie die zu ${}^S_GT$ äquivalente kartesische 6×1-Darstellung von Position und Ausrichtung ${}^S\chi_G$ an, wobei ${}^S_GR = ROT(\hat{Z}, 30°)$ und ${}^SP_{GORG} = [10{,}0 \;\; 20{,}0 \;\; 30{,}0]^T$ gilt.

7.12 [6] Geben Sie die Transformationsmatrix ${}^S_GT$ an, die zur kartesischen 6×1-Darstellung von Position und Ausrichtung ${}^S\chi_G = [5{,}0 \;\; -20{,}0 \;\; 10{,}0 \;\; 45{,}0 \;\; 0{,}0 \;\; 0{,}0]^T$ äquivalent ist.

7.13 [30] Schreiben Sie ein Programm, das die dynamischen Gleichungen aus ▶ **Abschnitt 6.7** (der zweigliedrige planare Manipulator) verwendet, um den zeitlichen Verlauf der Drehmomente zu berechnen, die erforderlich sind, um den Arm entlang der Trajektorie von **Übung 7.8** zu bewegen. Welches sind die maximal erforderlichen Drehmomente und wo treten sie entlang des Pfads auf?

7.14 [32] Schreiben Sie ein Programm, das die dynamischen Gleichungen aus ▶ **Abschnitt 6.7** (der zweigliedrige planare Manipulator) verwendet, um den zeitlichen Verlauf der Drehmomente zu berechnen, die erforderlich sind, um den Arm entlang der Trajektorie in **Übung 7.8** zu bewegen. Erstellen Sie separate Diagramme für die Gelenkdrehmomente, die aufgrund von Trägheit, Geschwindigkeitstermen und Schwerkraft notwendig sind.

7.15 [22] Vervollständigen Sie ▶ **Beispiel 7.2** für $t_{f1} \neq t_{f2}$.

7.16 [25] Wir möchten ein einzelnes Gelenk, das sich am Anfang und Ende der Bewegung in Ruhe befinden soll, in der Zeit t_f von θ_0 zu θ_f bewegen. Die Werte von θ_0 und θ_f sind gegeben. Wir wollen t_f berechnen, sodass $\|\dot{\theta}(t)\| < \dot{\theta}_{max}$ und $\|\ddot{\theta}(t)\| < \ddot{\theta}_{max}$ für alle t, wobei $\dot{\theta}_{max}$ und $\ddot{\theta}_{max}$ vorgegebene positive Konstanten sind. Verwenden Sie ein einzelnes kubisches Segment und geben Sie einen Ausdruck für t_f und für die Koeffizienten der kubischen Funktion.

7.17 [10] Eine einzelne kubische Trajektorie ist durch die Gleichung

$$\theta(t) = 10 + 90t^2 - 60t^3$$

gegeben und wird über das Zeitintervall von $t = 0$ bis $t = 1$ verwendet. Bestimmen Sie die Anfangs- und Endposition sowie die zugehörigen Geschwindigkeiten und Beschleunigungen.

7.18 [12] Eine einzelne kubische Trajektorie ist durch die Gleichung

$$\theta(t) = 10 + 90t^2 - 60t^3$$

gegeben und wird über das Zeitintervall von $t = 0$ bis $t = 2$ verwendet. Bestimmen Sie die Anfangs- und Endposition sowie die zugehörigen Geschwindigkeiten und Beschleunigungen.

7.19 [13] Eine einzelne kubische Trajektorie ist durch die Gleichung

$$\theta(t) = 10 + 5t + 70t^2 - 45t^3$$

gegeben und wird über das Zeitintervall von $t = 0$ bis $t = 1$ verwendet. Bestimmen Sie die Anfangs- und Endposition sowie die zugehörigen Geschwindigkeiten und Beschleunigungen.

7.20 [15] Eine einzelne kubische Trajektorie ist durch die Gleichung

$$\theta(t) = 10 + 5t + 70t^2 - 45t^3$$

gegeben und wird über das Zeitintervall von $t = 0$ bis $t = 2$ verwendet. Bestimmen Sie die Anfangs- und Endposition sowie die zugehörigen Geschwindigkeiten und Beschleunigungen.

7.21 [12] Wie wirkt es sich auf die maximale Beschleunigung entlang einer Trajektorie aus, wenn die Zeit für die Bewegung, die einer kubischen Funktion folgt sowie in Ruhe beginnt und endet, halbiert wird?

7.22 [17] Ein Gelenk soll sich von θ_0 zu θ_f bewegen, indem es einer linearen Trajektorie mit parabolischen Übergängen folgt. Für den parabolischen Teil ist $\ddot{\theta}$ gegeben und $\dot{\theta}_l$ ist die Geschwindigkeit im linearen Abschnitt. Bestimmen Sie t und t_b in Abhängigkeit von diesen vier bekannten Parametern.

7.23 [18] Die Werkzeugspitze soll einer linearen Trajektorie mit parabolischen Übergängen folgen, die bei $P_1 = [0{,}0 \ \ 0{,}0]^T$ beginnt und bei $P_3 = [3{,}0 \ \ 3{,}0]^T$ endet, wobei $P_2 = [2{,}0 \ \ 1{,}0]^T$ ein Wegpunkt ist. Die gewünschten Zeitdauern der Segmente sind $t_{d12} = t_{d23} = 1$ und die Beträge der Beschleunigungen sind $\ddot{x} = \ddot{y} = 2$. Zeichnen Sie die x-y -Koordinaten dieser Trajektorie.

7.24 [15] Der zweigliedrige Manipulator aus ▶ **Abbildung 6.6** steht still bei $\Theta = [-5° \ \ 125°]^T$. Die Gelenke sollen sich in vier Sekunden gleichmäßig zu $\Theta = [80° \ \ 45°]^T$ bewegen. Finden Sie die Koeffizienten zweier kubischer Funktionen, die diese Bewegung beschreiben und den Arm am Zielpunkt zur Ruhe bringen. Zeichnen Sie die x-y-Koordinaten dieser Trajektorie, wenn die Gliederlängen $l_1 = 3$ und $l_2 = 2{,}2$ betragen.

7.25 [17] Ein eingliedriger Roboter mit einem Drehgelenk befindet sich bei $\theta = -20°$ in Ruhe. Das Gelenk soll sich über $\theta = 15°$ gleichmäßig zu $\theta = 60°$ bewegen. Die Zeitdauern dieser Abschnitte der Trajektorie sind $t_{f1} = 1$ und $t_{f2} = 2$. Ermitteln Sie die Koeffizienten von zwei kubischen Funktionen, die in einem zweisegmentigen Spline mit stetiger Beschleunigung am Wegpunkt verbunden sind.

7.26 [17] Ein eingliedriger Roboter mit einem Drehgelenk befindet sich bei $\theta = -20°$ in Ruhe. Das Gelenk soll sich gleichmäßig durch $\theta = 15°$ zu $\theta = 60°$ bewegen. Die Zeitdauern dieser Abschnitte der Trajektorien sind $t_{f1} = 1$ und $t_{f2} = 2$. Ermitteln Sie die

Koeffizienten von zwei kubischen Funktionen eines zweisegmentigen Splines, wobei die Geschwindigkeit am Wegpunkt wie in ▶ **Abbildung 7.4** bestimmt wird.

7.27 [19] Die Beschleunigung für eine einzelne lineare Trajektorie mit parabolischen Übergängen ist im ersten Abschnitt eine positive Konstante $\ddot{\theta}$, im mittleren Abschnitt gleich null und während des letzten Abschnitts $-\ddot{\theta}$. In der gegebenen Zeit t_f, in der die Trajektorie durchfahren wird, ändern sich die Zeitdauern t_b, $t_f - 2t_b$ und t_b der einzelnen Abschnitte mit dem Betrag der Beschleunigung $\ddot{\theta}$. Finden Sie die maximale Geschwindigkeit $\dot{\theta}_{max}$ in Abhängigkeit von θ_0, θ_f und t_f für (a) $t_b = 0$, (b) $t_b = t_f/3$ und (c) $t_b = t_f/2$.

7.28 [19] Beschreiben Sie die Geschwindigkeitsprofile (d.h. Position, Geschwindigkeit und Beschleunigung) für die drei Szenarien aus **Übung 7.27**.

7.29 [14] Eine einzelne lineare Trajektorie mit parabolischen Übergängen wird durch $\theta_0 = 0$, $\theta_f = 45°$ und $\dot{\theta} = 1$ für den linearen Abschnitt und durch $\ddot{\theta} = 5$ für die parabolischen Abschnitte erzeugt. Bestimmen Sie die Gesamtdauer und die Endposition der Bewegung.

Programmierübung (Teil 7)

1 Schreiben Sie ein Pfadplanungssystem für den Gelenkraum, das kubische Splines verwendet. Eine Routine, die Ihr System enthalten sollte, ist:

```
Procedure CUBCOEF (VAR th0, thf, thdot0, thdotf: real; VAR cc: vec4);
```

wobei

th0 = Startposition von θ am Segmentanfang,
thf = Zielposition von θ am Segmentende,
thdot0 = Anfangsgeschwindigkeit des Segments,
thdotf = Endgeschwindigkeit des Segments.

Diese vier Größen sind die Eingaben und „cc", ein Array der vier kubischen Koeffizienten, ist die Ausgabe.
Ihr Programm sollte die Spezifikationen von bis zu (mindestens) fünf Wegpunkten akzeptieren – als Werkzeugrahmen $\{T\}$ relativ zum stationären Rahmen $\{S\}$ – in der üblichen Benutzerform (x, y, φ). Der Einfachheit halber werden alle Segmente die gleiche Dauer haben. Ihr System sollte die Koeffizienten der kubischen Funktionen bestimmen und dabei eine vernünftige Heuristik für die Zuweisung der Gelenkgeschwindigkeiten an den Wegpunkten verwenden. *Tipp*: Siehe Option 2 in ▶ **Abschnitt 7.3**.

2 Schreiben Sie einen Pfaderzeuger, der auf der Grundlage von Sätzen kubischer Koeffizienten für jedes Segment eine Trajektorie im Gelenkraum berechnet. Er muss in der Lage sein, den in Problem 1 geplanten Pfad aus mehreren Segmenten zu erzeugen. Die Dauer der Segmente wird vom Benutzer festgelegt. Der Pfaderzeuger sollte Positions-, Geschwindigkeits- und Beschleunigungsinformationen mit der Pfadaktualisierungsrate erzeugen, die ebenfalls vom Benutzer festgelegt wird.

3. Der Manipulator ist derselbe dreigliedrige Manipulator, der schon früher verwendet wurde. Die Definitionen des Werkzeugrahmens $\{T\}$ und des stationären Rahmens $\{S\}$ sind dieselben wie zuvor:

$$ {}^{W}_{T}T = [x \quad y \quad \theta] = [0{,}1 \quad 0{,}2 \quad 30{,}0] \quad \text{und} $$
$$ {}^{B}_{S}T = [x \quad y \quad \theta] = [0{,}0 \quad 0{,}0 \quad 0{,}0]. $$

Die Zeitdauer beträgt 3,0 Sekunden pro Segment. Planen Sie den Pfad und führen Sie ihn aus, wobei sich der Manipulator am Anfang in der Position

$$ [x_1 \; y_1 \; \varphi_1] = [0{,}758 \quad 0{,}173 \quad 0{,}0] $$

befindet, dann durch die Wegpunkte

$$ [x_2 \; y_2 \; \varphi_2] = [0{,}6 \quad -0{,}3 \quad 45{,}0] $$

und

$$ [x_3 \; y_3 \; \varphi_3] = [-0{,}4 \quad 0{,}3 \quad 120{,}0] $$

bewegt und am folgenden Zielpunkt endet (in diesem Fall ist das wieder der Anfangspunkt):

$$ [x_4 \; y_4 \; \varphi_4] = [0{,}758 \quad 0{,}173 \quad 0{,}0]. $$

Verwenden Sie eine Pfadaktualisierungsrate von 40 Hz, aber geben Sie die Position nur alle 0,2 Sekunden aus. Geben Sie die Positionen in der kartesischen Benutzerform aus. Sie müssen weder Geschwindigkeiten noch Beschleunigungen ausgeben, obwohl Sie daran interessiert sein könnten.

MATLAB-Übung 7

Das Ziel dieser Übung besteht darin, **Polynomgleichungen** für die Erzeugung von **Trajektorien** im Gelenkraum für ein einzelnes Gelenk zu implementieren. (Für mehrere Gelenke wären *n* Anwendungen des Ergebnisses erforderlich.) Schreiben Sie ein MATLAB-Programm, um die Trajektorienerzeugung im Gelenkraum für die drei unten unter (a) bis (c) beschriebenen Fälle zu implementieren. Geben Sie Ihre Ergebnisse für die spezifischen Aufgabenstellungen an. Geben Sie für jeden Fall die Polynomfunktionen für den Gelenkwinkel, die Winkelgeschwindigkeit, die Winkelbeschleunigung und den Winkelruck (die Ableitung der Beschleunigung nach der Zeit) an. Stellen Sie für jeden Fall die Ergebnisse grafisch dar. (Ordnen Sie die Diagramme vertikal an, mit derselben Zeitskale für Winkel, Geschwindigkeit, Beschleunigung und Ruck – sehen Sie sich dazu die MATLAB-Funktion *subplot* an). Stellen Sie die Ergebnisse nicht nur dar, sondern diskutieren Sie sie: Machen Ihre Ergebnisse Sinn? Hier sind die drei Fälle:

1. *Polynom dritter Ordnung.* Erzwingen Sie beim Start und am Ziel eine Winkelgeschwindigkeit von null. Gegeben sind $\theta_s = 120°$ (Start), $\theta_f = 60°$ (Ende) und $t_f = 1$ s.
2. *Polynom fünfter Ordnung.* Erzwingen Sie beim Start und am Ziel eine Winkelgeschwindigkeit von null. Gegeben sind $\theta_s = 120°$, $\theta_f = 60°$ und $t_f = 1$ s. Vergleichen Sie Ihre Ergebnisse (Funktionen und Diagramme) mit demselben Beispiel, aber unter Verwendung eines einzelnen Polynoms dritter Ordnung – wie in Aufgabenteil (a).

3 *Zwei Polynome dritter Ordnung mit Wegpunkt.* Erzwingen Sie beim Start und am Ziel eine Winkelgeschwindigkeit von null. Die Winkelgeschwindigkeit am Wegpunkt muss nicht notwendigerweise gleich null sein. Sie müssen die Geschwindigkeit und die Beschleunigung an diesem Punkt an *beide*, sich zu diesem Zeitpunkt treffenden, Polynome anpassen. Zeigen Sie, dass diese Bedingung erfüllt ist. Gegeben sind $\theta_s = 60°$ (Start), $\theta_v = 120°$ (Wegpunkt), $\theta_f = 30°$ (Ende) und $t_1 = t_2 = 1$ s (einzelne Zeitschritte – d. h., $t_f = 2$ s).

4 Überprüfen Sie die Ergebnisse von (a) und (b) mit Hilfe der Corke MATLAB Robotics Toolbox. Probieren Sie die Funktion *jtraj*() aus.

Manipulator-Design

8

8.1 Einleitung

In den vorherigen Kapiteln haben wir gesehen, dass die spezifische Struktur eines gegebenen Manipulators die kinematische und dynamische Analyse beeinflusst. So sind beispielsweise einige kinematische Konfigurationen leicht zu lösen, während es für andere keine kinematische Lösung in geschlossener Form gibt. Ebenso kann die Komplexität der dynamischen Gleichungen in Abhängigkeit von der kinematischen Konfiguration und der Massenverteilung der Glieder stark variieren. In den nächsten Kapiteln werden wir sehen, dass die Steuerung von Manipulatoren nicht nur von der Dynamik starrer Körper abhängt, sondern auch von der Reibung und Flexibilität der Antriebssysteme.

Auch die Aufgaben, die ein **Manipulator** ausführen kann, variieren deutlich, je nach dem jeweiligen Design. Obwohl wir uns im Allgemeinen mit dem Robotermanipulator als abstraktem Gebilde befasst haben, wird seine Leistung letzten Endes durch so pragmatische Faktoren wie Tragfähigkeit, Geschwindigkeit, Größe des Arbeitsbereichs und Wiederholbarkeit begrenzt. Bei bestimmten Anwendungen sind die Gesamtgröße des Manipulators, sein Gewicht, der Energieverbrauch und die Kosten wichtige Faktoren.

Dieses Kapitel befasst sich mit einigen der Fragen, die mit dem Design des Manipulators verbunden sind. Im Allgemeinen sind Designmethoden und sogar die Bewertung eines fertigen Designs teilweise subjektive Themen. Es ist schwierig, das Spektrum der Designmöglichkeiten durch viele starre Regeln einzugrenzen.

Die Elemente eines **Robotersystems** lassen sich grob in vier Kategorien einteilen:

1. Den Manipulator, einschließlich seiner internen oder **propriozeptiven Sensoren**;
2. den **Endeffektor** oder das **Greifwerkzeug**;
3. externe Sensoren und Effektoren, wie Bildverarbeitungssysteme und Teilezuführungen sowie
4. den **Controller**.

Die Bandbreite der abgedeckten Ingenieurdisziplinen zwingt uns dazu, unsere Aufmerksamkeit auf die Konstruktion des Manipulators selbst zu beschränken.

Bei der Konstruktion eines Manipulators werden wir zunächst die Faktoren untersuchen, die wahrscheinlich den größten Einfluss auf die Konstruktion haben, und uns dann detaillierteren Fragen zuwenden. Letztendlich ist die Entwicklung eines Manipulators jedoch ein iterativer Prozess. In den meisten Fällen zwingen Probleme, die bei der Lösung eines Detailproblems auftreten, dazu, frühere Designentscheidungen auf höherer Ebene zu überdenken.

8.2 Konstruktionsgrundlagen anhand von Anforderungen der Aufgabe

Obwohl **Roboter** eigentlich „universell programmierbare“ Maschinen sind, die eine Vielzahl von Aufgaben ausführen können, erfordern wirtschaftliche und praktische Gründe, dass für bestimmte Arten von Aufgaben verschiedene Manipulatoren entwickelt werden. So sind große Roboter, die Hunderte Kilo an Nutzlast handhaben können, üblicherweise nicht in der Lage, elektronische Bauteile in Leiterplatten einzusetzen. Wie wir sehen werden, variieren nicht nur die Größe, sondern auch die Anzahl und Anordnung der Gelenke, die Antriebe, Sensorik und Steuerung deutlich mit der Art der auszuführenden Aufgabe.

8.2.1 Die Anzahl der Freiheitsgrade

Die Anzahl der **Freiheitsgrade** eines **Manipulators** sollte der Anzahl entsprechen, die für die Aufgabe erforderlich ist. Nicht alle Aufgaben erfordern die vollen sechs Freiheitsgrade.

Am häufigsten ist dies der Fall, wenn der **Endeffektor** eine **Symmetrieachse** hat. **Abbildung 8.1** zeigt einen Manipulator, der ein Schleifwerkzeug auf zwei verschiedene Arten positioniert. In diesem Fall ist die Ausrichtung des Werkzeugs in Bezug auf die Achse des Werkzeugs $\hat{Z}_T$ unerheblich, da sich die Schleifscheibe mit mehreren hundert Umdrehungen pro Minute dreht. Statt zu sagen, dass wir diesen **6-DOF-Roboter** auf unendlich viele Weisen für diese Aufgabe (Drehung um $\hat{Z}_T$ ist eine freie Variable) positionieren können, sagen wir, dass der Roboter für diese Aufgabe **redundant** ist. Lichtbogenschweißen, Punktschweißen, Entgraten, Kleben und Polieren sind weitere Beispiele für Aufgaben, bei denen häufig Endeffektoren mit mindestens einer Symmetrieachse eingesetzt werden.

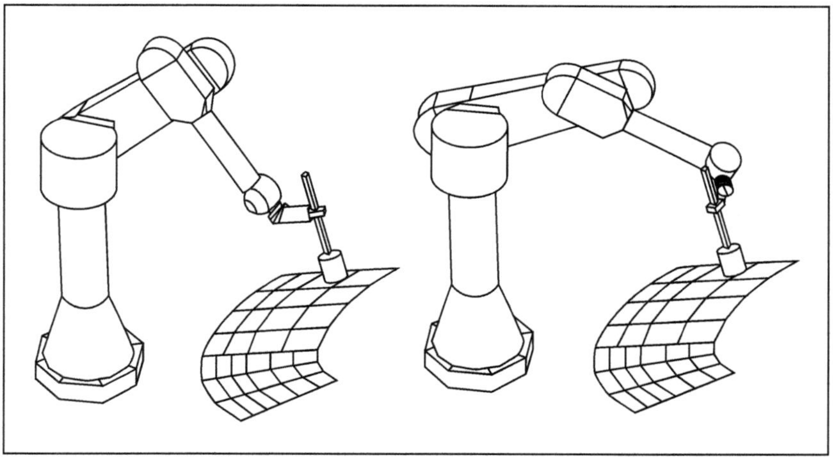

Abbildung 8.1 Ein 6-DOF-Manipulator mit einem symmetrischen Werkzeug enthält einen redundanten Freiheitsgrad.

Zur Analyse der Situation bei symmetrischen **Werkzeugen** ist es manchmal hilfreich, sich ein *fiktives Gelenk* vorzustellen, dessen Achse entlang der Symmetrieachse liegt. Um einen beliebigen Endeffektor in eine bestimmte Position zu bringen, benötigen wir insgesamt sechs Freiheitsgrade. Da eines dieser sechs **Gelenke** unser fiktives Gelenk ist, muss der tatsächliche Manipulator nicht mehr als fünf Freiheitsgrade haben. Würde in der Anwendung von **Abbildung 8.1** ein Roboter mit 5 Freiheitsgraden verwendet, wären wir wieder bei dem üblichen Fall, dass nur eine endliche Anzahl von verschiedenen Lösungen für die Positionierung des Werkzeugs möglich ist. Ein recht großer Prozentsatz der existierenden **Industrieroboter** sind 5-DOF-Roboter, die der relativen Verbreitung von Anwendungen mit symmetrischen Werkzeugen Rechnung tragen.

Einige Aufgaben werden in Bereichen ausgeführt, die im Grunde weniger als sechs Freiheitsgrade haben. Die Platzierung von Komponenten auf **Leiterplatten** ist ein gängiges Beispiel dafür. Leiterplatten sind in der Regel planar und enthalten Teile unterschiedlicher Höhe. Die Positionierung von Teilen auf einer ebenen Fläche erfordert drei Freiheitsgrade (x, y und θ). Um die Teile anzuheben und einzusetzen, kommt mit (z) eine vierte Bewegung senkrecht zur Ebene hinzu.

Roboter mit weniger als sechs Freiheitsgraden können auch Aufgaben übernehmen, bei denen eine Art aktive Positionierungsvorrichtung die Teile zur Verfügung stellt. Beim Schweißen von Rohren zum Beispiel hält oft eine Kipp-/Rollplattform (siehe **Abbildung 8.2**) die zu schweißenden Teile. Zählen wir die Anzahl der Freiheitsgrade zwischen den Rohren und dem Endeffektor, entfallen auf die Kipp-/Rollplattform zwei. Dies und die Tatsache, dass das Lichtbogenschweißen eine symmetrische Werkzeugaufgabe ist, bedeutet, dass theoretisch ein 3-DOF-Manipulator verwendet werden könnte. In der Praxis erfordert die Notwendigkeit, **Kollisionen** mit dem Werkstück zu vermeiden, in der Regel den Einsatz eines Roboters mit mehr Freiheitsgraden.

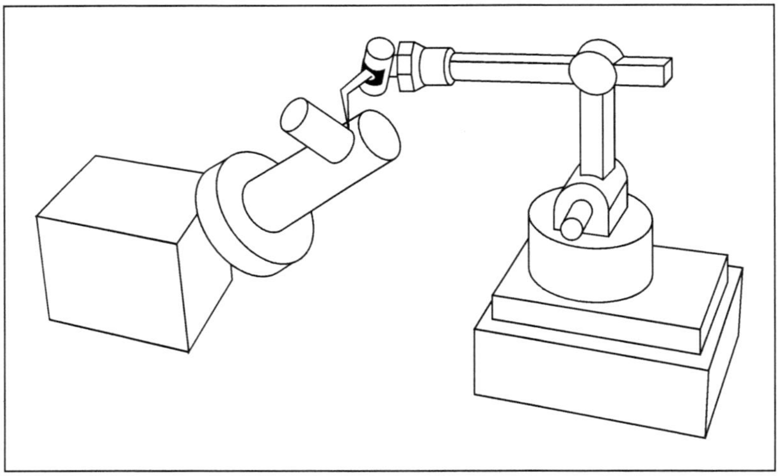

Abbildung 8.2 Eine Kipp-/Rollplattform bietet dem gesamten Manipulator-System zwei Freiheitsgrade.

Teile mit einer Symmetrieachse reduzieren ebenfalls die erforderlichen Freiheitsgrade für den Manipulator. Beispielsweise können zylindrische Teile in vielen Fällen unabhängig von der Ausrichtung des Greifers in Bezug auf die Achse des Zylinders aufgenommen und eingesetzt werden. Beachten Sie jedoch, dass nach dem Ergreifen des Teils, seine Ausrichtung um die Symmetrieachse für *alle* nachfolgenden Operationen keine Rolle mehr spielen darf, da seine Ausrichtung nicht garantiert ist.

8.2.2 Arbeitsraum

Bei der Ausführung von Aufgaben muss ein Manipulator eine Reihe von Werkstücken oder Vorrichtungen erreichen. In einigen Fällen können diese beliebig so positioniert werden, dass sie sich im Arbeitsraum des Manipulators befinden. In anderen Fällen kann ein **Roboter** in einer festen Umgebung mit starren Anforderungen an den Arbeitsraum installiert werden. Der **Arbeitsraum** wird manchmal auch als **Arbeitsvolumen** oder **Arbeitsbereich** bezeichnet.

Der Gesamtumfang der Aufgabe bestimmt den erforderlichen Arbeitsraum des Manipulators. In einigen Fällen sind Details der Form des Arbeitsraums und die Lage der Singularitäten des Arbeitsraums wichtige Überlegungen.

Das Einführen des Manipulators selbst in den Arbeitsbereich kann manchmal ein Faktor sein. Je nach kinematischer Konstruktion kann der Betrieb eines Manipulators in einer bestimmten Anwendung mehr oder weniger Platz um die Befestigungen herum erfordern, um Kollisionen zu vermeiden. Eingeschränkte Umgebungen können die Wahl der kinematischen Konfiguration beeinflussen.

8.2.3 Tragfähigkeit

Die **Tragfähigkeit** eines **Manipulators** hängt von der Dimensionierung seiner Strukturelemente, des Energieübertragungssystems und der Aktuatoren ab. Die Last, die auf Aktuatoren und Antriebssystems wirkt, ist eine Funktion der Konfiguration des Roboters, des prozentualen Anteils der Zeit, in der die Last wirkt, und der dynamischen Belastung durch trägheits- und geschwindigkeitsabhängige Kräfte.

8.2.4 Geschwindigkeit

Ein offensichtliches Ziel bei der Entwicklung sind schnellere Manipulatoren. Eine hohe **Geschwindigkeit** bietet bei vielen Anwendungen Vorteile, wenn eine geplante Roboterlösung unter wirtschaftlichen Gesichtspunkten mit harter Automatisierung oder menschlichen Arbeitskräften konkurrieren muss. Bei einigen Anwendungen begrenzt jedoch der Prozess selbst die Geschwindigkeit und nicht der Manipulator. Dies ist bei vielen Schweiß- und Spritzlackieranwendungen der Fall.

Eine wichtige Unterscheidung ist die zwischen der maximalen Geschwindigkeit des Endeffektors und der **Gesamtzykluszeit** für eine bestimmte Aufgabe. Bei **Pick-and-Place**-Anwendungen (**Greifen und Platzieren**) muss der Manipulator innerhalb einer gewissen Positionsgenauigkeit zu und von den *Pick*- und *Place*-Positionen beschleunigen und abbremsen. Oft nehmen die Beschleunigungs- und Abbremsphasen den größten Teil der Zykluszeit in Anspruch. Daher ist die **Beschleunigungsfähigkeit**, und nicht nur die Spitzengeschwindigkeit, sehr wichtig.

8.2.5 Reproduzierbarkeit und Genauigkeit

Hohe Wiederholbarkeit und Genauigkeit sind zwar bei der Entwicklung eines Manipulators wünschenswert, aber nur mit hohen Kosten zu erreichen. Es wäre zum Beispiel absurd, einen Farbspritzroboter mit einer **Genauigkeit** von 0,001 Zentimeter zu konstruieren, wenn der Durchmesser des Sprühstrahls 8 ± 2 Zentimeter beträgt. Die Genauigkeit eines bestimmten Industrierobotermodells hängt größtenteils von den Details seiner Herstellung und nicht von seinem Design ab. Eine hohe Genauigkeit wird durch eine gute Kenntnis der Gliederparameter (und anderer Parameter) erreicht. Um dies zu ermöglichen, sind genaue Messungen nach der Herstellung oder eine sorgfältige Beachtung der Toleranzen während der Herstellung erforderlich.

8.3 Kinematische Konfiguration

Sobald die erforderliche Anzahl von Freiheitsgraden festgelegt ist, muss eine bestimmte **Konfiguration** von Gelenken gewählt werden, um diese Freiheitsgrade zu realisieren. Bei seriellen kinematischen Verbindungen entspricht die Anzahl der Gelenke der erforderlichen Anzahl von Freiheitsgraden. Die meisten **Manipulatoren** sind so konstruiert, dass die letzten $n - 3$ Gelenke den Endeffektor ausrichten und Achsen haben, die sich im **Handgelenkpunkt** schneiden, während die ersten drei Gelenke diesen **Handgelenkpunkt** positionieren. Man könnte sagen, dass **Manipulatoren** mit diesem Design aus einer **Positionierungsstruktur** bestehen, gefolgt von einer **Ausrichtungsstruktur** bzw. einem **Handgelenk**. Wie wir in ▶ **Kapitel 4** gesehen haben, besitzen diese **Manipulatoren** immer geschlossene kinematische Lösungen. Obwohl es auch andere Konfigurationen gibt, die geschlossene kinematische Lösungen aufweisen, gehören fast alle industriellen Manipulatoren zu dieser Klasse von **Handgelenk-positionierten** Mechanismen. Darüber hinaus ist die Positionierungsstruktur fast ausnahmslos so konzipiert, dass sie kinematisch einfach ist, die Verdrehungen der Glieder gleich 0° oder ±90° beträgt und viele der Gliederlängen und Offsets gleich null sind.

Es hat sich eingebürgert, Manipulatoren dieser Handgelenk-positionierten, kinematisch einfachen Klasse gemäß der Konstruktion ihrer ersten drei Gelenke (der Positionierungsstruktur) zu klassifizieren. In den folgenden Abschnitten werden wir die gängigsten dieser Klassifizierungen kurz beschreiben.

8.3.1 Kartesisch

Ein **kartesischer Manipulator** hat vielleicht die einfachste Konfiguration. Wie in **Abbildung 8.3** dargestellt, sind die Gelenke 1 bis 3 prismatisch, stehen orthogonal zueinander und entsprechen den kartesischen Richtungen $\hat{X}$, $\hat{Y}$ und $\hat{Z}$. Die inverse kinematische Lösung für diese Konfiguration ist trivial.

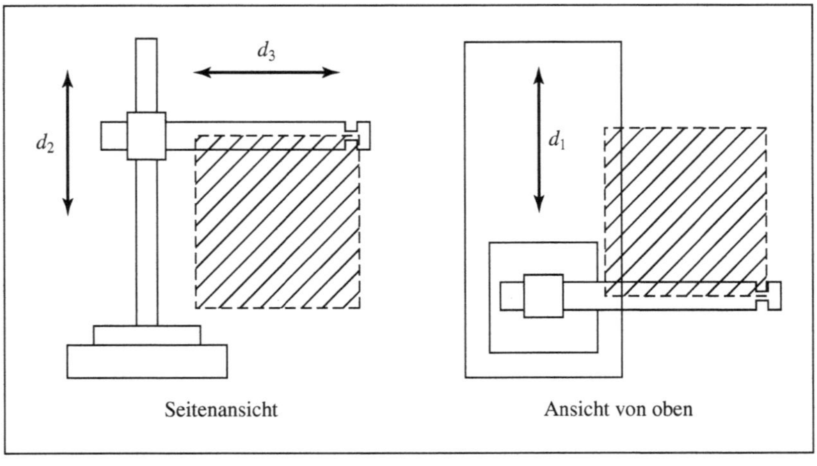

Abbildung 8.3 Ein kartesischer Manipulator.

Diese Konfiguration führt zu Robotern mit sehr steifen Strukturen. Infolgedessen können sehr große Roboter gebaut werden. Diese großen Roboter, die oft als **Portalroboter**

(**Gantry-Roboter**) bezeichnet werden, ähneln Brückenkränen. Portalroboter bearbeiten manchmal ganze Automobile oder inspizieren ganze Flugzeuge.

Die weiteren Vorteile kartesischer Manipulatoren ergeben sich aus der Tatsache, dass die ersten drei Gelenke *entkoppelt* sind. Dadurch sind sie einfacher zu konstruieren und verhindern kinematische Singularitäten durch die ersten drei Gelenke.

Ihr größter Nachteil besteht darin, dass sich alle mit einer Anwendung verbundenen Zuführungen und Vorrichtungen „innerhalb" des Roboters befinden müssen. Folglich sind die Arbeitsbereiche von kartesischen Robotern sehr maschinenabhängig. Die Größe der Stützstruktur des Roboters begrenzt die Größe und Platzierung von Vorrichtungen und Sensoren. Durch diese Einschränkungen ist die Nachrüstung von kartesischen Robotern in bestehenden Arbeitsbereichen extrem schwierig.

8.3.2 Gelenkig

Abbildung 8.4 zeigt einen **Knickarm-Manipulator**, der manchmal auch als **gelenkhaltiger, ellenbogenförmiger** oder **anthropomorpher** Manipulator bezeichnet wird. Ein solcher **Manipulator** besteht in der Regel aus zwei „Schultergelenken" (eines für die Drehung um eine vertikale Achse und eines für die Anhebung aus der horizontalen Ebene), einem „Ellbogengelenk" (dessen Achse in der Regel parallel zum Schulterhebegelenk verläuft) und zwei oder drei Handgelenken am Ende des Manipulators. Sowohl der **PUMA 560** als auch der **Motoman L-3**, die wir in früheren Kapiteln betrachtet haben, fallen in diese Klasse.

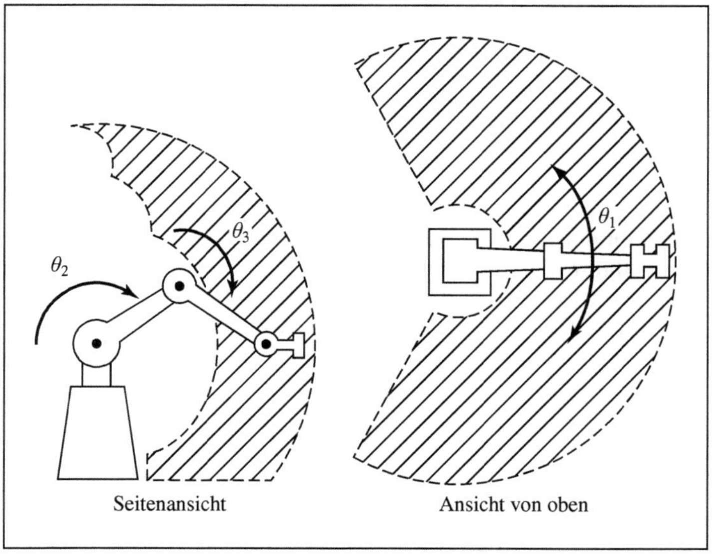

Abbildung 8.4 Ein Knickarm-Manipulator.

Knickarmroboter minimieren das Eindringen der Manipulator-Struktur in den Arbeitsbereich, sodass sie auch in enge Räume vordringen können. Sie benötigen viel weniger Gesamtstruktur als kartesische Roboter, was sie für Anwendungen, die kleinere Arbeitsräume benötigen, günstiger macht.

8.3.3 SCARA

Die in **Abbildung 8.5** dargestellte **SCARA-Konfiguration**[30] verfügt über drei parallele Drehgelenke (welche die Bewegung und Ausrichtung in einer Ebene ermöglichen) und ein viertes prismatisches Gelenk für die Bewegung des Endeffektors senkrecht zur Ebene. Der größte Vorteil ist, dass die ersten drei Gelenke weder das Gewicht des **Manipulators** noch Last tragen müssen. Außerdem können in Glied 0 problemlos die Aktuatoren für die ersten beiden Gelenke untergebracht werden. Die Aktuatoren können sehr groß dimensioniert werden, sodass sich der Roboter sehr schnell bewegen kann. Der **Adept One SCARA Manipulator** kann sich zum Beispiel mit bis zu 9 Meter pro Sekunde bewegen, etwa 10 Mal schneller als die meisten Knickarm-Industrieroboter [1]. Diese Konfiguration ist am besten für ebene Aufgaben geeignet.

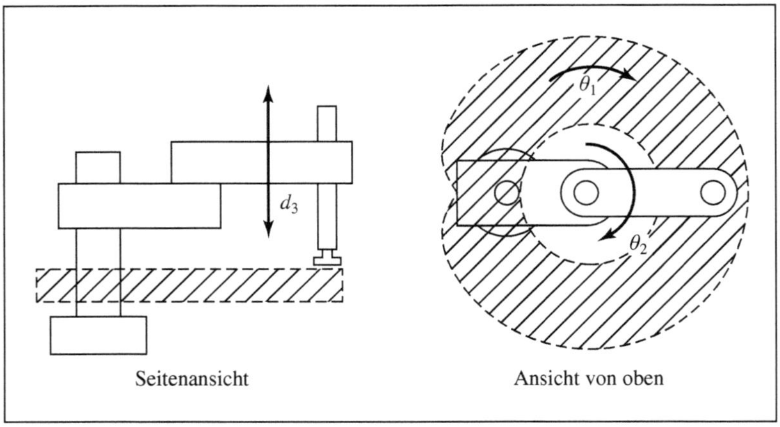

Abbildung 8.5 Ein SCARA-Manipulator.

8.3.4 Sphärisch

Die **sphärische Konfiguration** in **Abbildung 8.6** hat viele Ähnlichkeiten mit einem **Knickarm-Manipulator**, bei dem das Ellbogengelenk durch ein prismatisches Gelenk ersetzt wurde. Dieses Design ist für manche Anwendungen besser geeignet als das Knickarm-Design. Das Glied, das sich prismatisch bewegt, kann teleskopartig ausgefahren werden oder nach dem Einfahren sogar „auf der Rückseite herausragen“.

30 SCARA steht für „selectively compliant assembly robot arm“ (etwa: selektiv beweglicher Roboterarm für die Montage).

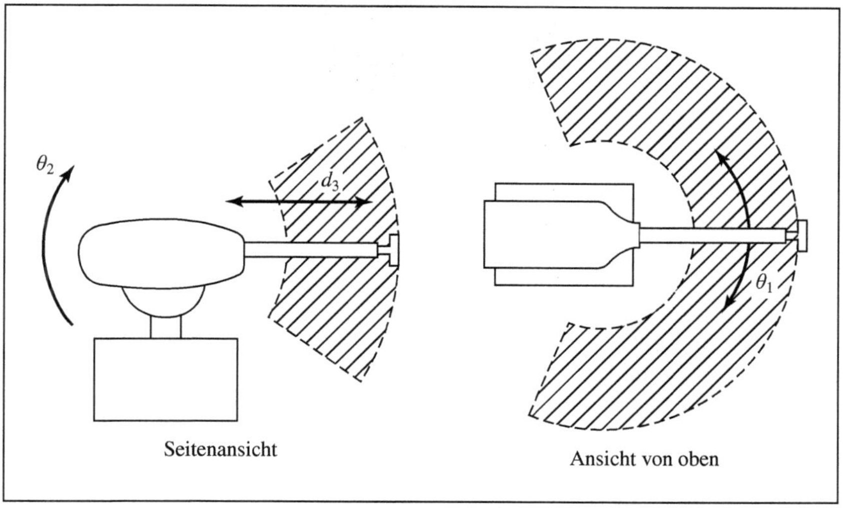

Abbildung 8.6 Ein sphärischer Manipulator.

8.3.5 Zylindrisch

Zylindrische Manipulatoren (siehe **Abbildung 8.7**) bestehen aus einem prismatischen Gelenk für die vertikale Verschiebung des Arms, einem Drehgelenk mit vertikaler Achse, einem weiteren prismatischen Gelenk orthogonal zur Achse des Drehgelenks und schließlich einer Art von Handgelenk.

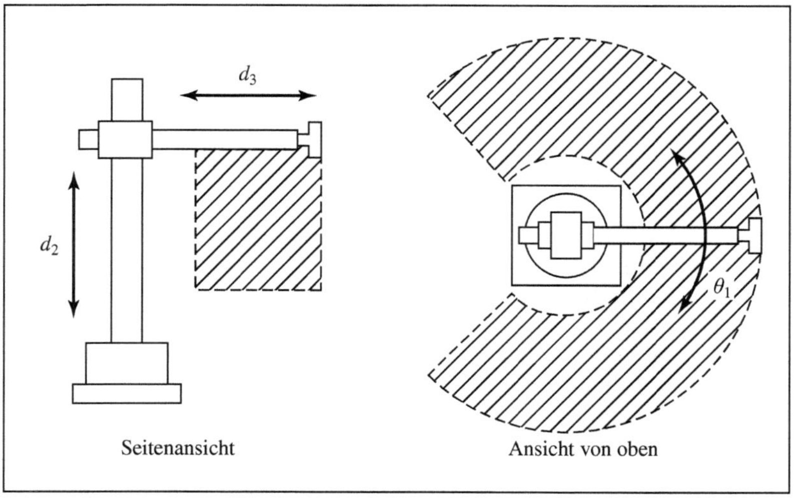

Abbildung 8.7 Ein zylindrischer Manipulator.

8.3.6 Handgelenke

Die gängigsten **Handgelenk-Konfigurationen** bestehen entweder aus zwei oder aus drei Drehgelenken mit orthogonalen, sich kreuzenden Achsen. Das erste der Handgelenke bildet normalerweise das Gelenk 4 des Manipulators.

Eine Konfiguration aus drei orthogonalen Achsen garantiert, dass jede beliebige Ausrichtung erreicht werden kann (vorausgesetzt, es gibt keine Einschränkungen für den Gelenkwinkel) [2]. Wie bereits in ▶ **Kapitel 4** erwähnt, besitzt jeder Manipulator mit drei aufeinanderfolgenden, sich in einem Punkt schneidenden Achsen eine geschlossene kinematische Lösung. Daher kann ein Handgelenk mit drei orthogonalen Achsen ohne Nachteil am Ende des Manipulators in jeder gewünschten Ausrichtung platziert werden. **Abbildung 8.8** zeigt die schematische Darstellung eines möglichen Designs eines solchen Handgelenks, bei dem mehrere Sätze von Kegelradgetrieben verwendet werden, um den Mechanismus mithilfe entfernt liegender Aktuatoren anzutreiben.

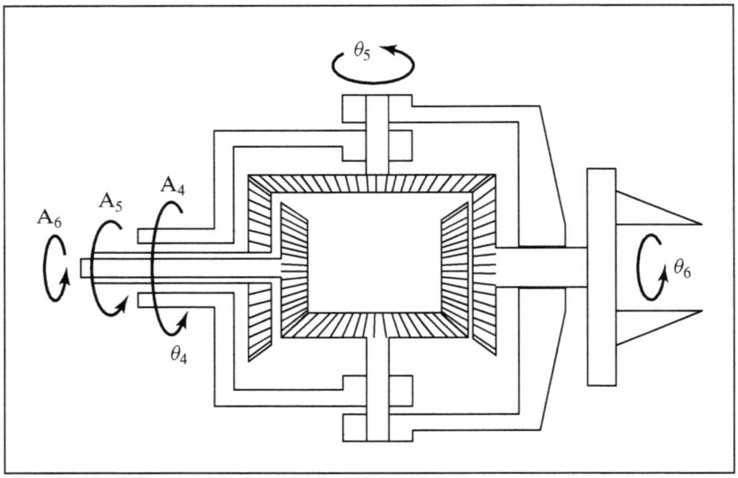

Abbildung 8.8 Ein Handgelenk mit **orthogonalen Achsen**, das über drei konzentrische Wellen mithilfe entfernt liegender Aktuatoren angetrieben wird.

In der Praxis ist es schwierig, ein Handgelenk mit drei orthogonalen Achsen zu bauen, in dem die Gelenkwinkel nicht deutlichen Einschränkungen unterliegen. Eine interessante Konstruktion, die in mehreren, von **Cincinatti Milacron** hergestellten Robotern verwendet wird, besteht aus einem Handgelenk, das drei sich kreuzende, aber nicht orthogonale Achsen aufweist (siehe ▶ **Abbildung 1.4**). Bei dieser Konstruktion (dem sogenannten „**Drei-Rollen-Handgelenk**") können sich alle drei Gelenke des **Handgelenks** kontinuierlich und ohne Einschränkung drehen. Die Nichtorthogonalität der Achsen führt jedoch zu einer Reihe von Ausrichtungen, die mit diesem Handgelenk nicht erreicht werden können. Dieser Satz unerreichbarer Ausrichtungen wird durch einen Kegel beschrieben, innerhalb dessen die dritte Achse des Handgelenks nicht liegen kann (siehe ▶ **Übung 8.11**). Das Handgelenk kann jedoch so an Glied 3 des Manipulators montiert werden, dass die Gliedstruktur diesen Kegel besetzt, der somit ohnehin nicht erreichbar wäre. **Abbildung 8.9** zeigt zwei Zeichnungen eines solchen Handgelenks [24].

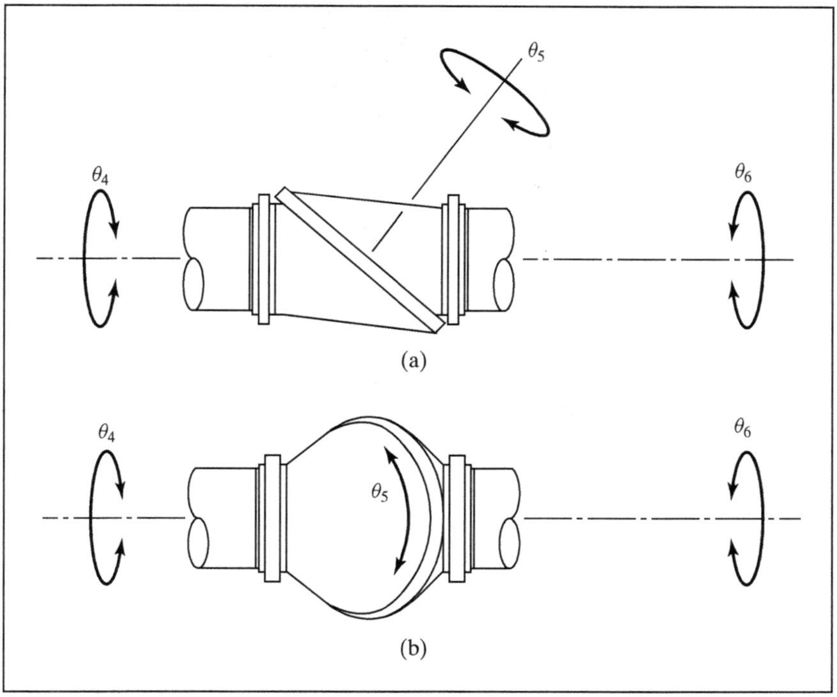

Abbildung 8.9 Zwei Ansichten eines Handgelenks mit nicht-orthogonalen Achsen [24]. Adaptiert aus *International Encyclopedia of Robotics*, von R. Dorf und S. Nof (Herausgeber). Aus *Wrists*, von M. Rosheim, John C. Wiley and Sons, Inc., New York, NY ©1988, 1991–1999.

Einige Industrieroboter haben **Handgelenke**, die *keine* sich kreuzenden Achsen aufweisen. Dies bedeutet, dass eine geschlossene kinematische Lösung möglicherweise nicht existiert. Wird das Handgelenk jedoch so an einen Knickarm-Manipulator montiert, dass die Achse von Gelenk 4 parallel zu den Achsen von Gelenk 2 und 3 verläuft (wie in **Abbildung 8.10**), *gibt* es eine geschlossene kinematische Lösung. Ebenso führt ein Handgelenk mit sich nicht schneidenden Achsen, das auf einen kartesischen Roboter montiert ist, zu einem Manipulator, für den eine Lösung in geschlossener Form existiert.

Typischerweise verwenden **5-DOF-Schweißroboter** zweiachsige Handgelenke, die, wie in **Abbildung 8.11** dargestellt, ausgerichtet sind. Beachten Sie, dass dieses „fiktive Gelenk“ den Regeln der Handgelenkkonstruktion folgen muss, wenn der Roboter ein symmetrisches Werkzeug aufweist. Das heißt, um alle Ausrichtungen erreichen zu können, muss das Werkzeug mit seiner Symmetrieachse orthogonal zur Achse von Gelenk 5 montiert werden. Wenn im schlimmsten Fall die Symmetrieachse parallel zur Achse von Gelenk 5 verläuft, befindet sich die fiktive sechste Achse in einer dauerhaft singulären Konfiguration.

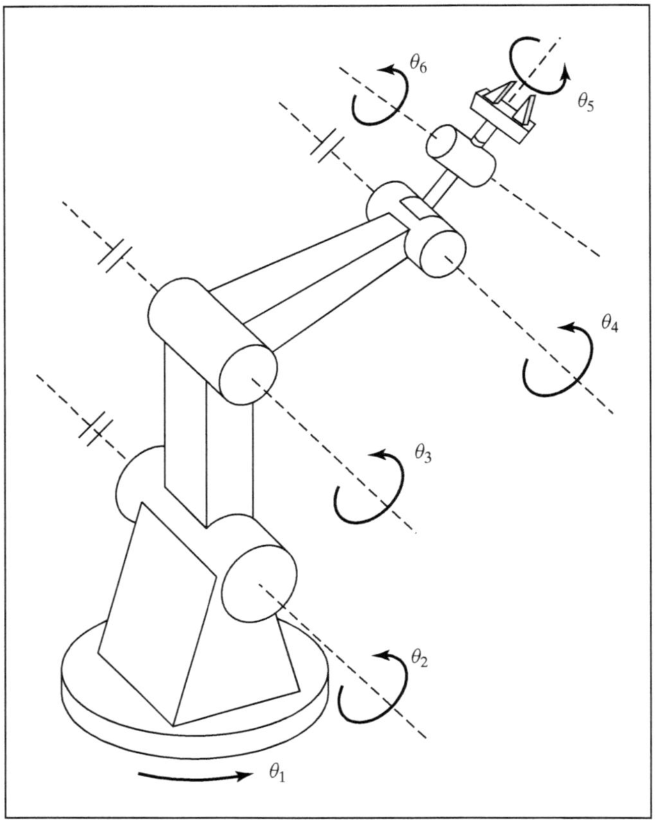

Abbildung 8.10 Ein Manipulator mit einem Handgelenk, dessen Achsen sich nicht schneiden. Dieser Roboter verfügt jedoch trotzdem über eine geschlossene kinematische Lösung.

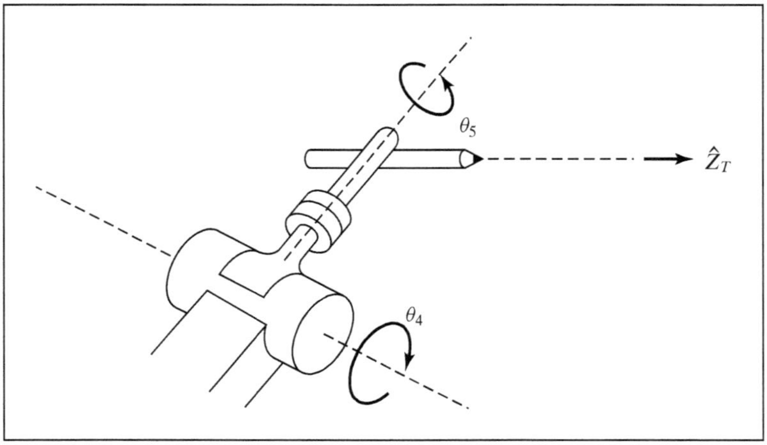

Abbildung 8.11 Typische Handgelenkkonstruktion eines 5-DOF-Schweißroboters.

8.4 Quantitative Messungen von Eigenschaften des Arbeitsraums

Konstrukteure von Manipulatoren haben mehrere interessante quantitative Messungen für verschiedene Eigenschaften des **Arbeitsraums** vorgeschlagen.

8.4.1 Effizienz der Konstruktion im Hinblick auf die Erzeugung von Arbeitsraum

Einigen Konstrukteuren ist aufgefallen, dass für den Bau eines kartesischen Manipulators anscheinend mehr Material benötigt wird als für einen Knickarm-Manipulator mit ähnlichem Arbeitsraumvolumen. Um dies quantitativ beschreiben zu können, definieren wir zunächst die **Längensumme** eines **Manipulators** als:

$$L = \sum_{i=1}^{N}(a_{i-1} + d_i), \tag{8.1}$$

wobei a_{i-1} und d_i, wie in ▶ **Kapitel 3** definiert, die Gliedlänge und der Gelenkversatz sind. Die Längensumme eines Manipulators bildet also ein grobes Maß für die „Länge" des gesamten Manipulatorarms. Beachten Sie, dass d_i bei prismatischen Gelenken als eine Konstante zu verstehen ist, die der Länge des Weges zwischen den Begrenzungen des Gelenkweges entspricht.

In [3] wird der **strukturelle Längenindex** Q_L als das Verhältnis der Längensumme des Manipulators zur Kubikwurzel des Arbeitsraumvolumens definiert, das heißt:

$$Q_L = L/\sqrt[3]{w}, \tag{8.2}$$

wobei L in **(8.1)** definiert wurde und w das Volumen des Arbeitsraums des Manipulators ist. Somit versucht Q_L den relativen Umfang der Struktur (die Länge des Manipulatorarms) anzugeben, den verschiedene Konfigurationen benötigen, um ein bestimmtes Arbeitsvolumen zu erzeugen. Eine gute Konstruktion wäre also eine, bei dem ein Manipulator mit einer kleinen Längensumme dennoch ein großes Arbeitsraumvolumen besitzt. Gute Konstruktionen weisen also einen niedrigen strukturellen Längenindex Q_L auf.

Betrachten wir nur die Positionierungsstruktur eines kartesischen Manipulators (und damit den Arbeitsraum des Handgelenkpunkts), so ist der Wert von Q_L minimal, wenn alle drei Gelenke eine gleichlange Strecke zurücklegen müssten. Dieser Minimalwert ist $Q_L = 3{,}0$. Für einen idealen Knickgelenk-Manipulator, wie den in ▶ **Abbildung 8.4**, beträgt der strukturelle Längenindex dagegen $Q_L = \frac{1}{\sqrt[3]{4\pi/3}} \cong 0{,}62$. Dies hilft, unsere frühere Aussage zu quantifizieren, derzufolge Knickgelenk-Manipulatoren anderen Konfigurationen überlegen sind, da sie nur minimal in ihren eigenen Arbeitsraum eingreifen. Bei jeder realen Manipulatorstruktur würde der strukturelle Längenindex durch den Effekt der Reduzierung des Arbeitsraumvolumens durch Gelenkbegrenzungen natürlich etwas größer ausfallen als der soeben angegebene ideale Wert.

BEISPIEL 8.1

Ein SCARA-Manipulator, wie der in ▶ **Abbildung 8.5**, besitzt Glieder 1 und 2 von gleicher Länge $l/2$ und der Bewegungsbereich des prismatischen Gelenks 3 ist durch d_3 gegeben. Nehmen wir der Einfachheit halber an, dass die Gelenke keine Begrenzungen haben und bestimmen wir Q_L. Bei welchem Wert von d_3 wird Q_L minimal und wie groß ist dieser Minimalwert?

Die Längensumme dieses Manipulators beträgt $L = l/2 + l/2 + d_3 = l + d_3$ und das Volumen des Arbeitsraums ist das eines geraden Zylinders mit dem Radius l und der Höhe d_3. Damit gilt:

$$Q_L = \frac{l + d_3}{\sqrt[3]{\pi l^2 d_3}}. \tag{8.3}$$

Die Minimierung von Q_L als Funktion des Verhältnisses d_3/l ergibt $d_3 = l/2$ als optimalen Wert [3]. Der zugehörige Minimalwert von Q_L ist 1,29.

8.4.2 Gestaltung von gut konditionierten Arbeitsumgebungen

An singulären Punkten verliert ein Manipulator im Wesentlichen einen oder mehrere Freiheitsgrade, sodass bestimmte Aufgaben an diesen Punkten möglicherweise nicht ausgeführt werden können. In der Nähe von singulären Punkten (einschließlich der Singularitäten an den Grenzen des Arbeitsraums) können die Aktionen des Manipulators tatsächlich nicht **gut konditioniert** sein. Je weiter der Manipulator von Singularitäten entfernt ist, desto besser ist er in der Lage, sich gleichmäßig zu bewegen und gleichmäßig Kräfte in alle Richtungen auszuüben. Zur Quantifizierung dieses Effekts wurden verschiedene Messgrößen vorgeschlagen. Die Verwendung solcher Messgrößen während der Konstruktion könnte zu einem Manipulator-Entwurf mit einem maximal großen gut konditionierten Unterraum des Arbeitsraums führen.

Singuläre **Konfigurationen** sind gegeben durch:

$$\det(J(\Theta)) = 0. \tag{8.4}$$

Daher ist es naheliegend, die Determinante der Jacobi-Matrix als Maß für die Beweglichkeit des Manipulators zu verwenden. In [4] wird das **Maß der Manipulierbarkeit** w wie folgt definiert:

$$w = \sqrt{\det(J(\Theta)\, J^T(\Theta))}, \tag{8.5}$$

was sich für einen nichtredundanten Manipulator auf den folgenden Ausdruck reduziert:

$$w = |\det(J(\Theta))|. \tag{8.6}$$

Bei einem guten Manipulator-Design sind große Bereiche seines Arbeitsraums durch hohe Werte von w gekennzeichnet.

Während die Analyse der Geschwindigkeit die Motivation für **(8.6)** war, haben andere Forscher Messgrößen für die Manipulierbarkeit vorgeschlagen, die auf der Analyse der Beschleunigung oder der Fähigkeit zur Kraftanwendung basieren. Asada [5] schlug eine Untersuchung der Eigenwerte der kartesischen Massenmatrix

$$M_x(\Theta) = J^{-T}(\Theta)\, M(\Theta)\, J^{-1}(\Theta) \tag{8.7}$$

als Maß dafür vor, wie gut der Manipulator in verschiedene kartesische Richtungen **beschleunigen** kann. Er schlug eine grafische Darstellung dieser Messgröße als **Trägheitsellipsoid** vor, gegeben durch:

$$X^T M_x(\Theta) X = 1. \qquad (8.8)$$

Das ist die Gleichung einer n-dimensionalen Ellipse, wobei n der Dimension von X entspricht. Die Achsen des in **(8.8)** angegebenen Ellipsoids liegen in den Richtungen der Eigenvektoren von $M_x(\Theta)$. Die Kehrwerte der Quadratwurzeln der entsprechenden Eigenwerte liefern die Längen der Achsen des Ellipsoids. Gut konditionierte Punkte im **Arbeitsraum** des Manipulators sind durch Trägheitsellipsoide gekennzeichnet, die kugelförmig (oder nahezu kugelförmig) sind.

Abbildung 8.12 zeigt grafisch die Eigenschaften eines planaren Manipulators mit zwei Gliedern. In der Mitte des Arbeitsraums ist der Manipulator gut konditioniert, was durch nahezu kreisförmige Ellipsoide angezeigt wird. An den Rändern des Arbeitsraums werden die Ellipsen flacher, was darauf hindeutet, dass es für den Manipulator schwierig ist, in bestimmte Richtungen zu beschleunigen.

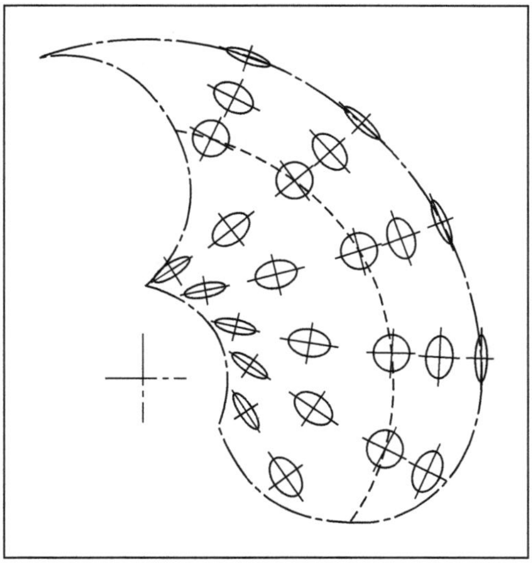

Abbildung 8.12 Arbeitsraum eines planaren 2-DOF-Arms mit Trägheitsellipsoiden, adaptiert aus [5] (©1984 IEEE). Die gestrichelte Linie kennzeichnet einen Ort mit isotropen Punkten im Arbeitsraum.

Andere Messgrößen zur Konditionierung des Arbeitsraums wurden in [6–8, 25] vorgeschlagen.

8.5 Redundante und geschlossene Ketten-Strukturen

Im Allgemeinen beschränkt sich der Umfang dieses Buches auf **Manipulatoren**, die aus einer seriellen Verkettung von sechs oder weniger Gelenken bestehen. In diesem Abschnitt werden wir jedoch kurz auf Manipulatoren außerhalb dieser Klasse eingehen.

8.5.1 Mikromanipulatoren und andere Redundanzen

Die Fähigkeit, Dinge ganz allgemein im Raum zu positionieren, erfordert nur sechs Freiheitsgrade, aber es ist vorteilhaft, wenn noch mehr steuerbare Gelenke vorhanden sind.

Eine Einsatzmöglichkeit für diese zusätzlichen **Freiheitsgrade** findet bereits praktische Anwendung [9,10] und stößt in der Forschung auf wachsendes Interesse: ein **Mikromanipulator**. Ein Mikromanipulator wird im Allgemeinen durch mehrere schnelle und präzise Freiheitsgrade nahe am distalen Ende eines „herkömmlichen" Manipulators gebildet. Der konventionelle Manipulator ist für die großen Bewegungen zuständig, während der Mikromanipulator, dessen Gelenke im Allgemeinen einen kleinen Bewegungsbereich aufweisen, feine Bewegungen ausführt und die Kraftregelung übernimmt.

Zusätzliche Gelenke können auch **singuläre** Konfigurationen eines Mechanismus vermeiden, wie in [11, 12] vorgeschlagen wird. Zum Beispiel leidet jedes Handgelenk mit drei **Freiheitsgraden** unter singulären Konfigurationen (wenn alle drei Achsen in einer Ebene liegen), aber ein Handgelenk mit vier Freiheitsgraden kann solche Konfigurationen effektiv vermeiden [13–15].

Abbildung 8.13 zeigt zwei Konfigurationen, die für Manipulatoren mit sieben Freiheitsgraden vorgeschlagen wurden [11, 12].

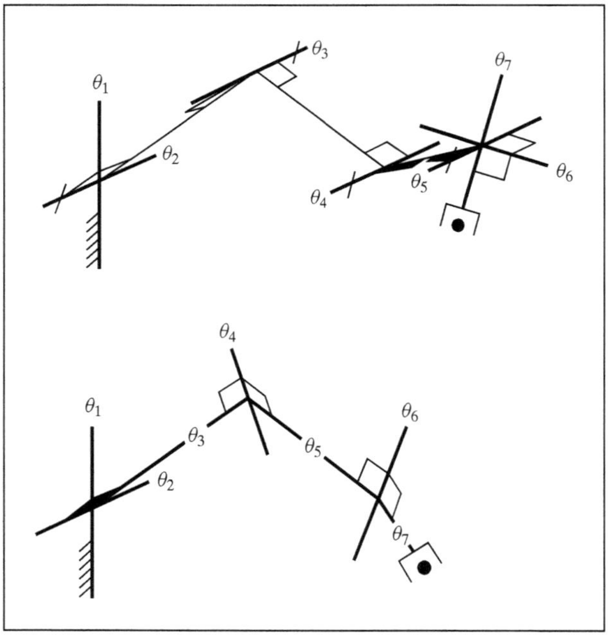

Abbildung 8.13 Zwei Design-Vorschläge für Manipulatoren mit sieben Freiheitsgraden [3].

Ein wichtiger potenzieller Einsatzbereich von redundanten Robotern ist die Vermeidung von Kollisionen bei der Arbeit in unübersichtlichen Arbeitsumgebungen. Wie wir gesehen haben, kann ein Manipulator mit sechs Freiheitsgraden eine bestimmte Position und Ausrichtung nur auf eine begrenzte Anzahl von Wegen erreichen. Das Hinzufügen eines siebten Gelenks ermöglicht eine unendliche Anzahl von Wegen, sodass der Wunsch, Hindernisse zu vermeiden, die Wahl beeinflussen kann.

8.5.2 Strukturen mit geschlossenen Wegen

Obwohl wir in unserer Analyse nur **Manipulatoren** mit serieller Kettenstruktur betrachtet haben, enthalten einige Manipulatoren **geschlossene Strukturen** (**closed-loop structures**). Der Roboter Motoman L-3 verfügt zum Beispiel über geschlossene Strukturen im Antriebsmechanismus der Gelenke 2 und 3. Geschlossene Strukturen bieten einen Vorteil: eine höhere Steifigkeit des Mechanismus [16]. Andererseits reduzieren geschlossene Strukturen in der Regel den zulässigen Bewegungsbereich der Gelenke und verringern somit die Größe des Arbeitsraums.

Abbildung 8.14 zeigt einen **Stewart-Mechanismus**, eine Alternative zum seriellen **6-DOF-Manipulator** mit geschlossenem Weg. Position und Ausrichtung des „Endeffektors" werden durch die Länge der sechs linearen **Aktuatoren** gesteuert, die ihn mit der Basis verbinden. Mit der *Basis* ist jeder Aktuator über ein Universalgelenk mit zwei Freiheitsgraden verbunden. Die Verbindung mit dem *Endeffektor* erfolgt bei jedem Aktuator über ein Kugelgelenk mit drei Freiheitsgraden. Dieser Mechanismus weist die gleichen Eigenschaften auf wie die meisten Mechanismen mit geschlossenen Strukturen: Er kann sehr steif gebaut werden, aber die Glieder haben einen viel begrenzteren Bewegungsbereich als serielle Verbindungen. Insbesondere der Stewart-Mechanismus zeigt eine interessante Umkehrung in der Natur der vorwärtsgerichteten und inversen kinematischen Lösungen: Die inverse Lösung ist recht einfach, während die vorwärtsgerichtete Lösung typischerweise recht komplex ist und manchmal keine Lösung in geschlossener Form besitzt (siehe ▶ **Übungen 8.7** und **8.12**).

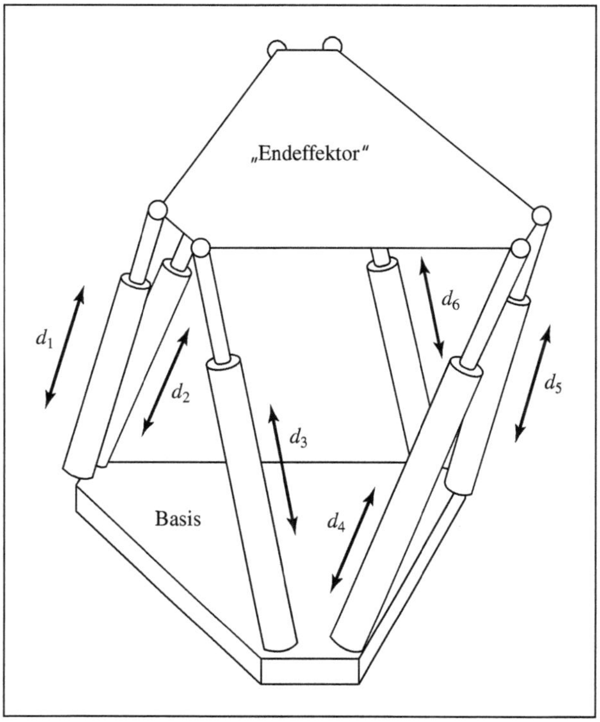

Abbildung 8.14 Der Stewart-Mechanismus ist ein vollständig **paralleler Manipulator** mit sechs Freiheitsgraden.

Im Allgemeinen ist die Anzahl der Freiheitsgrade eines Mechanismus mit geschlossener Struktur nicht offensichtlich. Die Gesamtzahl der **Freiheitsgrade** kann mit Hilfe der **Grüblerschen Formel** [17] berechnet werden:

$$F = 6(l - n - 1) + \sum_{i=1}^{n} f_i, \tag{8.9}$$

wobei F die Gesamtzahl der Freiheitsgrade des Mechanismus, l die Anzahl der Glieder (einschließlich der Basis), n die Gesamtzahl der Gelenke und f_i die Anzahl der Freiheitsgrade des i-ten Gelenks ist. Eine planare Version der Grüblerschen Formel (wenn wir davon ausgehen, dass alle nicht eingeschränkten Objekte drei Freiheitsgrade besitzen) erhalten wir, indem wir die 6 in **(8.9)** durch eine 3 ersetzen.

BEISPIEL 8.2

Zeigen Sie mithilfe der Grüblerschen Formel, dass der Stewart-Mechanismus (siehe **Abbildung 8.14**) tatsächlich sechs Freiheitsgrade besitzt.

Die Anzahl der Gelenke beträgt 18 (6 Universalgelenke, 6 Kugelgelenke und 6 prismatische Gelenke in den Aktuatoren). Die Anzahl der Glieder beträgt 14 (der Endeffektor und die Basis sowie 2 Glieder für jeden Aktuator). Die Summe aller Freiheitsgrade der Gelenke beträgt 36. Mit der Grüblerschen Formel können wir berechnen, dass die Gesamtzahl der Freiheitsgrade sechs beträgt:

$$F = 6(14 - 18 - 1) + 36 = 6. \tag{8.10}$$

8.6 Antriebskonzepte

Sobald die allgemeine kinematische Struktur eines Manipulators gewählt wurde, ist das nächste und wichtigste Thema, mit dem wir uns befassen müssen, wie die Gelenke angetrieben werden. In der Regel sind der Antrieb (der Aktuator), die Untersetzung und die Übertragung eng miteinander verbunden und müssen gemeinsam konstruiert werden.

8.6.1 Position des Aktuators

Am einfachsten ist es, den **Aktuator** am oder in der **Nähe** des **Gelenks** zu platzieren, das er antreibt. Erzeugt der Antrieb ein ausreichendes Drehmoment oder eine ausreichende Kraft, kann sein Ausgang direkt mit dem Gelenk verbunden werden. Diese Anordnung, die als **Direktantrieb** [18] bekannt ist, bietet die Vorteile einer einfachen Konstruktion und einer überlegenen Steuerbarkeit, d. h., ohne Übertragungselemente oder **Untersetzungsgetriebe** zwischen Antrieb und Gelenk können die Bewegungen des Gelenks mit der gleichen Genauigkeit gesteuert werden wie der Antrieb selbst.

Leider sind viele Aktuatoren am besten für relativ hohe Geschwindigkeiten und niedrige Drehmomente geeignet und benötigen daher ein **System zur Geschwindigkeitsreduzierung**. Außerdem sind **Aktuatoren** in der Regel ziemlich schwer. Wenn sie weit entfernt vom Gelenk und in Richtung der Basis des Manipulators angebracht werden können, lässt sich die Gesamtträgheit des Manipulators erheblich reduzieren. Dies wiederum reduziert die notwendige Größe der Aktuatoren. Um diese Vorteile zu nutzen, wird ein **Übertragungssystem** benötigt, das die Bewegung vom **Aktuator** auf das Gelenk überträgt.

In einem Gelenkantriebssystem mit einem entfernt eingebauten Aktuator kann das Untersetzungssystem entweder am Aktuator oder am Gelenk angebracht werden. Einige Systeme kombinieren die Funktionen von Übertragung und Untersetzung. Abgesehen von der zusätzlichen Komplexität besteht der größte Nachteil von Untersetzungs- und Übertragungssystemen darin, dass sie zusätzliche Reibung und Flexibilität in den Mechanismus bringen. Befindet sich die Untersetzung am Gelenk, arbeitet das Übertragungssystem mit höheren Geschwindigkeiten und niedrigeren Drehmomenten. Bei einem geringeren Drehmoment, ist die Flexibilität weniger das Problem. Ist aber das Gewicht des Untersetzungsgetriebes beträchtlich hoch, geht ein Teil des Vorteils der entfernt eingebauten Antriebe verloren.

In ▶ **Kapitel 3** wurde das Antriebskonzept des **Yasukawa Motoman L-3** beschrieben. Es ist typisch für eine Konstruktion, bei der die Aktuatoren weiter entfernt montiert und die daraus resultierenden Gelenkbewegungen gekoppelt sind. Die Gleichungen **(3.15)** zeigen explizit, wie die Bewegungen der Aktuatoren die Bewegungen der Gelenke verursachen. Beachten Sie zum Beispiel, dass die Bewegung des Aktuators 2 die Bewegung der Gelenke 2, 3 und 4 verursacht.

Die optimale Verteilung der Untersetzungsstufen über das gesamte Übertragungssystem hängt letztlich von der Flexibilität des Getriebes, dem Gewicht des Untersetzungssystems und der mit ihm verbundenen Reibung sowie davon, wie leicht diese Komponenten in die Gesamtkonstruktion des Manipulators integriert werden können, ab.

8.6.2 Untersetzungs- und Übertragungssysteme

Zahnräder sind das am häufigsten verwendete Element bei der Untersetzung. Sie können für große Untersetzungen in relativ kompakten Konfigurationen sorgen. Zahnradpaare gibt es in verschiedenen Konfigurationen für parallele Wellen (z. B. Stirnräder), sich orthogonal schneidende Wellen (z. B. Kegelräder), schräge Wellen (z. B. Schneckenräder oder Kreuzschrägverzahnungen) und andere Konfigurationen. Die verschiedenen Arten von Zahnrädern haben unterschiedliche Lastkennwerte, Verschleiß- und Reibungseigenschaften.

Die größten Nachteile bei der Verwendung von Zahnrädern sind zusätzliches **Spiel** und **Reibung**. Das Spiel, das durch ein unvollkommenes Ineineinandergreifen der Zahnräder entsteht, kann als die maximal mögliche Winkelbewegung des Ausgangszahnrads bei fixiertem Eingangszahnrad definiert werden. Wenn die Zähne der Zahnräder eng ineinander greifen, um das Spiel zu eliminieren, kann es zu übermäßiger Reibung kommen. Sehr präzise Zahnräder und eine sehr präzise Montage minimieren diese Probleme, erhöhen aber auch die Kosten.

Das **Übersetzungsverhältnis** η beschreibt die geschwindigkeitsreduzierende und drehmomentsteigernde Wirkung eines Zahnradpaares. Für geschwindigkeitsreduzierende Systeme definieren wir $\eta > 1$. Dann sind die Beziehungen zwischen Geschwindigkeiten und Drehmomenten an Eingang und Ausgang gegeben durch:

$$\begin{aligned} \dot{\theta}_A &= (1/\eta)\,\dot{\theta}_E \quad \text{und} \\ \tau_A &= \eta\,\tau_E, \end{aligned} \tag{8.11}$$

wobei $\dot{\theta}_A$ und $\dot{\theta}_E$ die Ausgangs- bzw. Eingangsgeschwindigkeit sowie τ_A und τ_E das Ausgangs- bzw. Eingangsdrehmoment sind.

Die zweite große Klasse von Untersetzungselementen umfasst flexible **Bänder**, **Kabel** und **Riemen**. Da alle diese Elemente so flexibel sein müssen, dass sie sich um Riemenscheiben biegen können, sind sie auch in Längsrichtung flexibel. Die Flexibilität dieser Elemente ist proportional zu ihrer Länge. Da diese Systeme flexibel sind, muss es einen Mechanismus zum Vorspannen geben, um sicherzustellen, dass der Riemen oder das Kabel auf der Riemenscheibe liegen bleibt. Große Vorspannungen können das flexible Element übermäßig belasten und zu übermäßiger Reibung führen.

Kabel oder flexible Bänder können entweder in einer geschlossenen Schleife oder als einseitig eingespannte Elemente verwendet werden, die durch eine Art **Vorspannug** immer unter Spannung gehalten werden. In einem Gelenk, das in eine Richtung federnd belastet ist, könnte ein einseitig eingespanntes Kabel verwendet werden, um dagegen zu ziehen. Alternativ können zwei aktive einseitig eingespannte Systeme einander entgegenwirken. Diese Anordnung beseitigt das Problem einer übermäßigen Vorspannung, fügt aber weitere Aktuatoren hinzu.

Rollenketten ähneln flexiblen Bändern, können sich aber um relativ kleine Scheiben biegen und behalten dabei eine hohe Steifigkeit. Aufgrund des Verschleißes und der hohen Belastung der Bolzen, die die Glieder verbinden, sind Zahnriemensysteme für bestimmte Anwendungen kompakter als Rollenketten.

Durch Band-, Seil-, Riemen- und Kettenantriebe lassen sich Übertragung und Untersetzung miteinander kombinieren. Hat, wie in **Abbildung 8.15** zu sehen ist, die Antriebsscheibe den Radius r_1 und die Abtriebsscheibe den Radius r_2, ist das „Übersetzungsverhältnis“ des Übertragungssystems gegeben durch:

$$\eta = \frac{r_2}{r_1}. \tag{8.12}$$

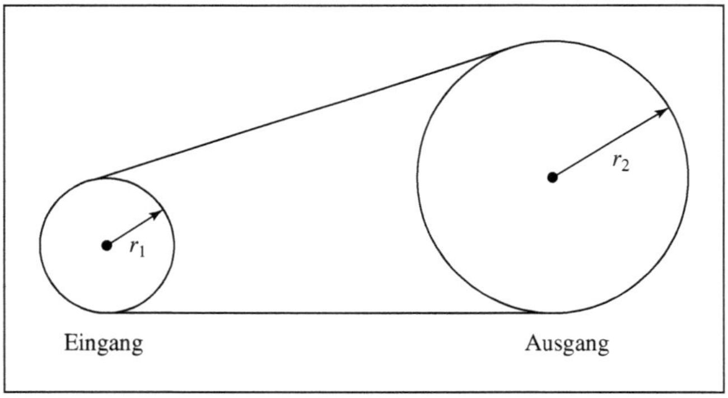

Abbildung 8.15 Durch Band-, Kabel-, Riemen- und Kettenantriebe lassen sich Übertragung und Untersetzung miteinander kombinieren.

Gewindespindeln oder Kugelgewindespindeln sind eine weitere beliebte Methode, um eine große Untersetzung in einem kompakten Gehäuse unterzubringen (siehe **Abbildung 8.16**). Spindelantriebe sind sehr steif, können sehr große Lasten aufnehmen und haben die Eigenschaft, dass sie Drehbewegungen in lineare Bewegungen umwandeln. Kugelgewindespindeln ähneln den Gewindespindeln, aber die Mutterngewinde sitzen nicht direkt auf den Gewindegängen. Stattdessen rollt ein Umlaufkreislauf von Kugellagern zwischen den Gewindegängen. Kugelgelagerte Spindeln haben eine sehr geringe Reibung und sind in der Regel rückwärts drehbar.

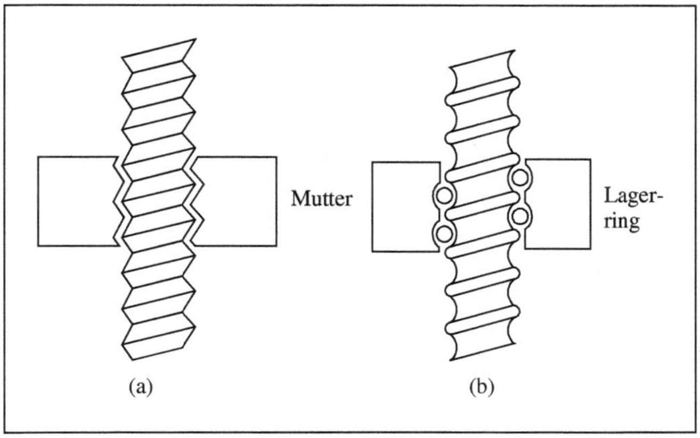

Abbildung 8.16 Gewindespindeln (a) und kugelgelagerte Spindeln (b) kombinieren eine starke Untersetzung und Umwandlung von Dreh- in Linearbewegungen.

8.7 Steifigkeit und Durchbiegung

Ein wichtiges Ziel bei der Entwicklung der meisten **Manipulatoren** ist die **Gesamtsteifigkeit** der Struktur und des **Antriebssystems**. Steife Systeme bieten zwei Hauptvorteile. Erstens: Da typische Manipulatoren nicht über Sensoren zur direkten Messung der Position des Werkzeugrahmens verfügen, wird diese anhand der Vorwärtskinematik auf der Grundlage der gemessenen Gelenkpositionen berechnet. Für eine genaue Berechnung dürfen die **Gelenke** nicht durch die Schwerkraft oder andere Lasten durchhängen. Mit anderen Worten wollen wir, dass unsere Denavit-Hartenberg-Beschreibung der Gelenke unter verschiedenen Belastungsbedingungen fest bleibt. Zweitens führen Flexibilitäten in der Struktur oder im Antriebsstrang zu **Resonanzen** , die sich unerwünscht auf die Leistung des Manipulators auswirken. In diesem Abschnitt befassen wir uns mit Fragen der Steifigkeit und den daraus resultierenden **Durchbiegungen** unter Belastung. Wir verschieben die weitere Diskussion über Resonanzen auf ▶ **Kapitel 9**.

8.7.1 Parallel und seriell verbundene flexible Elemente

Wie sich leicht zeigen lässt (siehe ▶ **Übung 8.21**), führt die Kombination von zwei flexiblen Bestandteilen der Steifigkeit k_1 und k_2, die „parallel miteinander verbunden" sind, auf die Netto-**Steifigkeit**

$$k_{\text{parallel}} = k_1 + k_2. \tag{8.13}$$

Für die Netto-Steifigkeit k_{Serie} „seriell miteinander verbundener" Bestandteile führt die Kombination zu der folgenden Beziehung:

$$\frac{1}{k_{\text{Serie}}} = \frac{1}{k_1} + \frac{1}{k_2}. \tag{8.14}$$

Bei der Betrachtung von Übertragungssystemen haben wir oft den Fall einer Untersetzungs- oder Übertragungsstufe in Serie mit einer nachfolgenden Untersetzungs- oder Übertragungsstufe, in dem **(8.14)** nützlich ist.

8.7.2 Wellen

Eine gängige Methode zur Übertragung von Drehbewegungen besteht in der Verwendung von **Wellen**. Die **Torsionssteifigkeit** einer runden Welle kann wie folgt berechnet werden [19]:

$$k = \frac{G\pi d^4}{32l}, \tag{8.15}$$

wobei d der Wellendurchmesser, l die Länge der Wellen und G das Schubmodul (etwa $7{,}5 \times 10^{10}$ N/m^2 für Stahl; für Aluminium etwa ein Drittel des Wertes für Stahl) ist.

8.7.3 Zahnräder

Auch wenn **Zahnräder** in der Regel recht steif sind, bringen dennoch sie eine gewisse Nachgiebigkeit in das Antriebssystem ein. Eine Gleichung zur groben Schätzung der **Steifigkeit** des Ausgangszahnrads (unter der Annahme, dass das Eingangszahnrad fest ist) wird in [20] wie folgt angegeben:

$$k = C_g b r^2, \tag{8.16}$$

wobei b die Breite der Zahnradflanken, r der Radius des Ausgangszahnrads und $C_g = 1{,}34 \times 10^{10}$ N/m^2 für Stahl ist.

Die Verzahnung hat außerdem den Effekt, dass sich die effektive Steifigkeit des Antriebssystems um einen Faktor von η^2 ändert. Ist die Steifigkeit des Übertragungssystems vor der Untersetzung (d. h. auf der Eingangsseite) gleich k_{E}, sodass

$$\tau_{\mathrm{E}} = k_{\mathrm{E}} \delta\theta_{\mathrm{E}} \tag{8.17}$$

gilt, und ist die Steifigkeit der Ausgangsseite der Untersetzung k_{A}, sodass

$$\tau_{\mathrm{A}} = k_{\mathrm{A}} \delta\theta_{\mathrm{A}}, \tag{8.18}$$

gilt, dann können wir die Beziehung zwischen k_{E} und k_{A} (unter der Annahme eines vollkommen starren Zahnradpaares) wie folgt berechnen:

$$k_{\mathrm{A}} = \frac{\tau_{\mathrm{A}}}{\delta\theta_{\mathrm{A}}} = \frac{\eta k_{\mathrm{E}} \delta\theta_{\mathrm{E}}}{(1/\eta)\delta\theta_{\mathrm{E}}} = \eta^2 k_{\mathrm{E}}. \tag{8.19}$$

Eine Untersetzung der Zahnräder hat also den Effekt, die Steifigkeit um den Faktor des Quadrats der Getriebeübersetzung zu erhöhen.

BEISPIEL 8.3

Eine Welle mit einer Torsionssteifigkeit von 500,0 Nm/rad ist mit der Eingangsseite eines Zahnradsatzes mit $\eta = 10$ verbunden, dessen Abtriebsrad (bei feststehendem Antriebsrad) eine Steifigkeit von 5000,0 Nm/rad aufweist. Bestimmen Sie die Ausgangssteifigkeit des kombinierten Antriebssystems?

Mit **(8.14)** und **(8.19)** ergibt sich:

$$\frac{1}{k_{\mathrm{Serie}}} = \frac{1}{5000{,}0} + \frac{1}{10^2(500{,}0)} \tag{8.20}$$

oder

$$k_{\mathrm{Serie}} = \frac{50000}{11} \cong 4545{,}4 \text{ Nm/rad}. \tag{8.21}$$

Wenn eine relativ große Geschwindigkeitsreduzierung das letzte Element eines mehrteiligen Übertragungssystems ist, können die Steifigkeiten der vorangegangenen Elemente im Allgemeinen ignoriert werden.

8.7.4 Treibriemen

Bei einem Riemenantrieb wie dem in **Abbildung 8.15** ist die **Steifigkeit** gegeben durch:

$$k = \frac{AE}{l}, \tag{8.22}$$

wobei A die Querschnittsfläche des Riemens, E das Elastizitätsmodul des Riemens und l die Summe aus den Längen des freien Riemens zwischen den Riemenscheiben und einem Drittel der Längen der Kontaktbereiche zwischen Riemen und Riemenscheiben ist [19].

8.7.5 Glieder

Als grobe Annäherung an die Steifigkeit eines **Glieds** können wir, wie in **Abbildung 8.17** gezeigt, ein einzelnes Glied als Kragträger modellieren und die **Steifigkeit** am freien Endpunkt berechnen. Für einen runden hohlen Träger ist diese Steifigkeit gegeben durch [19]:

$$k = \frac{3\pi E(d_a^4 - d_i^4)}{64 l^3}, \tag{8.23}$$

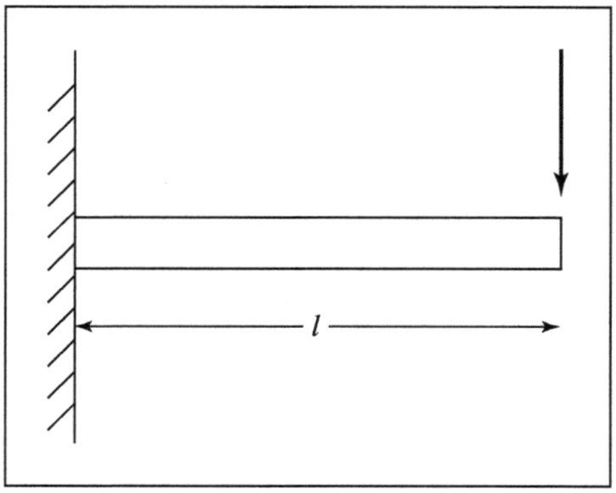

Abbildung 8.17 Einfacher freitragender **Kragarm**, der zur Modellierung der Steifigkeit einer Verbindung zu einer Endlast verwendet wird.

wobei d_i und d_a Innen- und Außendurchmesser des röhrenförmigen Trägers sind, während l seine Länge und E sein **Elastizitätsmodul** (etwa $2 \times 10^{11}\,\mathrm{N/m^2}$ für Stahl und für Aluminium etwa ein Drittel des Wertes für Stahl) ist. Für einen Hohlträger mit quadratischem Querschnitt ist diese Steifigkeit gegeben durch:

$$k = \frac{E(w_a^4 - w_i^4)}{4 l^3}, \tag{8.24}$$

wobei w_a und w_i die äußere und innere Breite des Trägers sind (d. h., seine Wandstärke ist $(w_a - w_i)/2$).

BEISPIEL 8.4

Ein hohles Glied aus Stahl mit quadratischem Querschnitt und den Abmessungen $5 \times 5 \times 50$ cm mit einer Wandstärke von 0,5 cm wird von einem Satz starrer Zahnräder mit $\eta = 10$ angetrieben. Der Eingang des Zahnradsatzes wird von einer Welle aus Stahl mit einem Durchmesser von 0,5 cm und einer Länge von 30 cm angetrieben. Welche Durchbiegung wird durch eine Kraft von 100 N verursacht, die am Ende des Glieds senkrecht zur Längsachse des Glieds angreift?

Unter Verwendung von **(8.24)** berechnen wir die Steifigkeit des Glieds wie folgt:

$$k_{\text{Glied}} = \frac{(2 \times 10^{11})(0{,}05^4 - 0{,}04^4)}{4(0{,}5)^3} \cong 1{,}48 \times 10^6. \tag{8.25}$$

Bei einer Belastung von 100 N ergibt sich also eine Durchbiegung des Glieds von:

$$\delta x = \frac{100}{k_{\text{Glied}}} \cong 6{,}8 \times 10^{-5} \text{ m} \tag{8.26}$$

oder 0,068 mm ≈ 0,01 cm.

Außerdem verursacht die Kraft von 100 N am Ende des 50 cm langen Glieds ein Drehmoment von 50 Nm auf das Abtriebsrad. Die Zahnräder sind starr, aber die (endliche) Torsionssteifigkeit der Antriebswelle ist gemäß Gleichung **(8.15)**:

$$k_{\text{Welle}} = \frac{(7{,}5 \times 10^{10})(3{,}14)(5 \times 10^{-3})^4}{(32)(0{,}3)} \cong 15{,}3 \text{ Nm/rad}, \tag{8.27}$$

die vom Abtriebsrad aus gesehen wie folgt aussieht:

$$k'_{\text{Welle}} = \left(15{,}3\right)\left(10^2\right) = 1530{,}0 \text{ Nm/rad}. \tag{8.28}$$

Eine Belastung mit 50 Nm verursacht eine Verdrehung des Abtriebsrads und somit des Glieds um den folgenden Winkel:

$$\delta\theta = \frac{50{,}0}{1530{,}0} \cong 0{,}0326 \text{ rad}. \tag{8.29}$$

Damit ist die gesamte lineare Durchbiegung an der Spitze des Glieds:

$$\delta x \cong 0{,}01 + (0{,}0326)(50) = 0{,}01 + 1{,}630 = 1{,}64 \text{ cm}. \tag{8.30}$$

In unserer Lösung haben wir berücksichtigt, dass die Welle und das Gelenk aus Stahl bestehen. Die Steifigkeit beider Elemente ist in *E*, dem Elastizitätsmodul, linear. Für Aluminiumelemente können wir unser Ergebnis mit etwa 3 multiplizieren.

In diesem Abschnitt haben wir einige einfache Formeln zur Schätzung der Steifigkeit von Zahnrädern, Wellen, Riemen und Gliedern untersucht. Sie sollen Hilfe bei der Bemessung von Bauteilen und Übertragungselementen bieten. In der Praxis sind jedoch viele Quellen der Flexibilität nur sehr schwer zu modellieren. Oft bringt der Antriebsstrang wesentlich mehr Flexibilität mit sich als das Glied eines Manipulators. Außerdem wurden hier viele Quellen der Flexibilität im Antriebssystem nicht berücksichtigt (Flexibilität der Lager, Flexibilität der Antriebsbefestigung usw.). Im Allgemeinen führt jeder Versuch, die Steifigkeit analytisch vorherzusagen, zu einer überhöhten Vorhersage, da viele Quellen nicht berücksichtigt werden.

Mit Hilfe der **Finite-Elemente-Methode** können wir die **Steifigkeit** (und andere Eigenschaften) von realistischeren Strukturelementen genauer vorhersagen. Dies ist ein ganz eigenes Feld [21], das den Rahmen dieses Buches sprengen würde.

8.7.6 Aktuatoren

Unter den verschiedenen **Aktuatoren** waren **Hydraulikzylinder** oder **Flügelaktuatoren** ursprünglich die beliebtesten für den Einsatz in Manipulatoren. In einem relativ kompakten Gehäuse können sie genügend Kraft erzeugen, um Gelenke ohne ein Untersetzungssystem anzutreiben. Die Arbeitsgeschwindigkeit hängt von der Pumpe und dem Akkumulatorsystem ab, die sich in der Regel weit entfernt vom Manipulator befinden. Die Positionssteuerung von Hydrauliksystemen ist gut bekannt und relativ einfach. Alle frühen Industrieroboter und viele moderne große Industrieroboter verwenden hydraulische Aktuatoren.

Leider erfordert die Hydraulik eine Menge Ausrüstung, wie Pumpen, Druckspeicher, Schläuche und Servoventile. Außerdem sind hydraulische Systeme von Natur aus schmutzig, was sie für einige Anwendungen ungeeignet macht. Mit dem Aufkommen fortschrittlicherer Robotersteuerungsstrategien, bei denen die Kräfte der Aktuatoren präzise aufgebracht werden müssen, erwies sich die Hydraulik aufgrund der Reibung, die durch ihre Dichtungen entsteht, als nachteilig.

Pneumatische Zylinder besitzen alle vorteilhaften Eigenschaften der Hydraulik und sie sind sauberer – ihnen entströmt Luft anstelle von Hydraulikflüssigkeit. Allerdings hat sich die präzise Steuerung von pneumatischen **Aktuatoren** aufgrund der Komprimierbarkeit von Luft und der hohen Reibung der Dichtungen als schwierig erwiesen.

Elektromotoren sind die beliebtesten **Aktuatoren** für Manipulatoren. Sie haben zwar nicht das Leistungsgewicht von Hydrauliken oder Pneumatiken, aber ihre Steuerbarkeit und die einfachen Anschlüsse machen sie für kleine bis mittelgroße Manipulatoren attraktiv.

Gleichstrom-Bürstenmotoren (siehe Abbildung 8.18) sind am einfachsten anzuschließen und zu steuern. Der Strom wird über Bürsten, die mit dem sich drehenden Kommutator in Kontakt kommen, zu den Wicklungen des Rotors geleitet. Bürstenverschleiß und Reibung können ein Problem darstellen. Neue magnetische Materialien haben hohe Spitzendrehmomente möglich gemacht. Der begrenzende Faktor für die Drehmomentabgabe dieser Motoren ist die Überhitzung der Wicklungen. Bei kurzen Arbeitszyklen können hohe Drehmomente erreicht werden, über lange Zeiträume können aber nur sehr viel niedrigere Drehmomente aufrechterhalten werden.

Bürstenlose Motoren lösen die **Probleme** mit Bürstenverschleiß und Reibung. Hier bleiben die Wicklungen stationär und das Bauteil, welches das Magnetfeld trägt, dreht sich. Ein Sensor auf dem Rotor erfasst den Wellenwinkel und wird dann von der externen Elektronik zur Durchführung der Kommutierung verwendet. Ein weiterer Vorteil bürstenloser Motoren besteht darin, dass die Wicklung außen am Motorgehäuse angebracht ist, was eine wesentlich bessere Kühlung ermöglicht. Das Dauerdrehmoment ist tendenziell etwas höher als bei Bürstenmotoren ähnlicher Größe.

Wechselstrom- und **Schrittmotoren** wurden in der **Industrierobotik** nur selten eingesetzt. Erstere sind nur schwer zu steuern und Letztere haben ein geringes Drehmoment, was ihre Verwendung einschränkt.

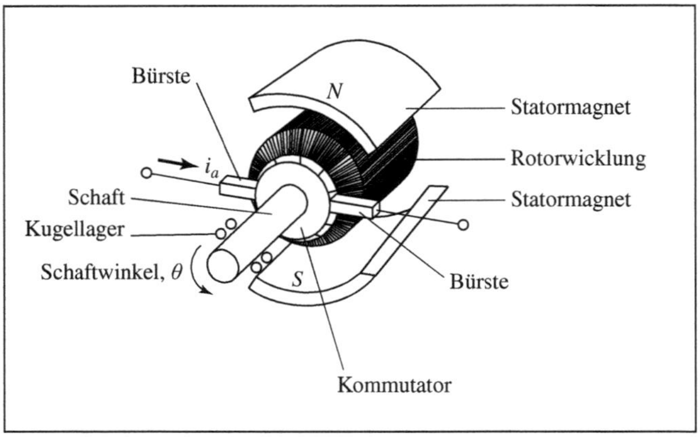

Abbildung 8.18 Gleichstrom-Bürstenmotoren gehören zu den Aktuatoren, die bei der Entwicklung von Manipulatoren am häufigsten vorkommen. Adaptiert aus Franklin, Powell, Emami-Naeini, *Feedback Control of Dynamic Systems*, © 1988, Addison-Wesley, Reading, MA.

8.8 Positionsbestimmung

Praktisch alle Manipulatoren sind servogesteuerte Mechanismen, d. h., der Kraft- oder Drehmomentbefehl an einen Aktuator basiert auf dem Fehler zwischen der erfassten Position des Gelenks und der gewünschten Position. Dies setzt voraus, dass jedes **Gelenk** über eine Vorrichtung zur **Positionsbestimmung** verfügt.

Der gängigste Ansatz besteht darin, einen Positionssensor direkt auf der Welle des Aktuators anzubringen. Wenn der Antriebsstrang steif ist und kein Spiel hat, können die wahren Gelenkwinkel aus den Positionen der Antriebswelle berechnet werden. Solche Paare, in denen sich **Sensor** und Aktuator **am selben Standort** (**co-located**) befinden, sind am einfachsten zu steuern.

Das beliebteste **Gerät** zur Rückmeldung von **Positionen** ist der **optische Drehencoder** oder **Rotationsencoder** (**rotary optical encoder**). Wenn sich die Welle des Encoders dreht, unterbricht eine Scheibe mit einem Muster aus feinen Linien einen Lichtstrahl. Ein Fotodetektor wandelt diese Lichtimpulse in eine binäre Wellenform um. In der Regel gibt es zwei solcher Kanäle, in denen die Wellenpulse um 90 Grad phasenverschoben sind. Der Winkel der Welle wird bestimmt, indem die Anzahl der Impulse gezählt wird, und die Drehrichtung wird durch die relative Phase der beiden Rechteckwellen bestimmt. Darüber hinaus geben Encoder in der Regel an einer Stelle einen **Indeximpuls** ab, der dazu verwendet werden kann, eine Ausgangsposition festzulegen, um eine absolute Winkelposition zu berechnen. Mehr zu optischen Encodern finden Sie in ▶ **Abschnitt 8.9**.

Resolver (**Winkelgeber**) sind Geräte, die zwei analoge Signale ausgeben – eines ist der Sinus des Wellenwinkels, das andere ist der Kosinus. Der Winkel, der sich drehenden Wellen wird aus dem relativen Betrag der beiden Signale errechnet. Die Auflösung ist eine Funktion der Qualität des Resolvers und des Rauschens, das von der Elektronik und aus der Verkabelung aufgenommen wird. Resolver sind oft zuverlässiger als optische Encoder, aber ihre Auflösung ist geringer. In der Regel können Resolver nicht ohne ein zusätzliches Getriebe zur Verbesserung der Auflösung direkt am Gelenk angebracht werden.

Potentiometer sind die einfachste Form der **Positionserfassung**. In einer Brückenkonfiguration angeschlossen erzeugen sie eine zur Wellenposition proportionale Spannung. Schwierigkeiten mit der Auflösung, der Linearität und der Anfälligkeit für Rauschen schränken ihre Verwendung ein.

Manchmal werden **Tachometer** verwendet, um ein analoges Signal proportional zur Geschwindigkeit der sich drehenden Wellen zu liefern. Bei Abwesenheit solcher Geschwindigkeitssensoren wird das zurückgesandte Geschwindigkeitssignal aus den Zeitdifferenzen der gemessenen Position abgeleitet. Diese **numerische Differenziation** kann sowohl Rauschen als auch eine Zeitverzögerung hervorrufen. Trotz dieser potenziellen Probleme ermöglichen die meisten Manipulatoren keine direkte Geschwindigkeitsmessung.

8.9 Mehr zu optischen Encodern

Optische Encoder nutzen die Optik in der Regel so, dass ein Lichtsensor eine Spannung mit sinusförmiger Amplitude ausgibt, wenn ein Schlitz in der Scheibe über die Lichtquelle läuft. Ein zweiter Sensor ist versetzt und erzeugt eine ähnliche Sinuskurve, die um 90 Grad phasenverschoben zum ersten Sensor ist (wir können sie uns auch als Kosinuswelle vorstellen). Diese **Quadratur-Anordnung** wird verwendet, um die **Drehrichtung** der (mechanischen) Welle zu bestimmen. Dies ist möglich, weil es von der Drehrichtung abhängt, welche der beiden phasenverschobenen Sinuslichtwellen der anderen „vorausläuft“. Denken Sie daran, dass ein kompletter Sinuszyklus von diesen Sensoren erzeugt wird, wenn sich die Scheibe nur um einen Schlitz oder eine eingeritzte Linie bewegt. Ein Encoder mit 500 Linien auf der Scheibe erzeugt also während einer vollen Umdrehung der Welle 500 Impulse.

Die Auflösung von **Encodern** wird durch den Prozess der **Interpolation** über die Anzahl der Schlitze in der Scheibe hinaus erhöht. Wir können uns das so vorstellen: Die beiden von der Optik kommenden Wellenformen werden mit einem A/D-Wandler in eine CPU eingelesen. Die CPU bildet das Verhältnis der beiden Signale (Sinus durch Kosinus) und berechnet so den Tangens eines Winkels. Anschließend berechnen wir den Arcustangens dieses Wertes und erhalten einen Winkel. Dieser variiert von 0 bis 360 Grad, während sich die Scheibe über eine einzelne Gitterlinie dreht. Wenn wir beispielsweise für jedes Grad eine Zählung ausgeben, würden wir effektiv mit einem Faktor von 360 interpolieren. Wenn die Scheibe also 500 Schlitze aufweist, haben wir einen Encoder, der $500 \times 360 = 180\,000$ Zählungen pro Umdrehung ausgibt.

Die Genauigkeit eines **Encoders** wird durch zwei große Fehlerquellen begrenzt. Diese beiden Fehlerquellen werden manchmal als **Fehler im Kleinen** und **Fehler im Großen** bezeichnet. Die vom optischen System kommenden Wellenformen sind nie perfekte Sinuswellen, sodass die Formulierung des Tangens eines Winkels eine Annäherung ist. Dies führt zu „Fehlern im Kleinen“ aufgrund der Interpolation während der Rotation über eine einzelne Gitterlinie. Fehler im Kleinen können bis zu einem gewissen Grad korrigiert werden, indem wir eine Tabelle erstellen, anhand der wir die Berechnung des Arcustangens durchführen und dabei die den Tabellenwerten zugrundeliegende Funktion an die tatsächlich von der Optik erzeugte Wellenform anpassen.

Die andere Hauptfehlerquelle ist in erster Linie auf die Mechanik der rotierenden Scheibe auf einer Welle zurückzuführen: Es ist nicht möglich, eine Scheibe mit einem perfekten radialen Schlitzmuster herzustellen und es ist nicht möglich, eine Scheibe so zu montieren, dass die Mitte des Gittermusters genau auf der Achsenmitte der Motorwelle liegt. Die „Fehler im Großen" werden also hauptsächlich dadurch verursacht, dass die Scheibe nicht exakt auf der Welle zentriert ist. Das Ausmaß der „Fehler im Großen" variiert im Verlauf einer vollen Umdrehung der Encoderwelle. Dies steht im Gegensatz zu Fehlern im Kleinen, die innerhalb einer einzigen Gitterlinie auftreten. Fehler im Großen werden manchmal auch als **Rundlauffehler**, **Exzentrizitätsfehler** oder **Auslauffehler** bezeichnet. Die Korrektur des Rundlauffehlers erfordert in der Regel eine externe Messung, sobald der **Encoder** mit der Welle verbunden ist. Beide Arten der Korrektur werden in einigen kommerziellen Encodern verwendet [26].

Es wird oft behauptet, dass **Rundlauffehler** sinusförmig sind [27], aber eine sorgfältige geometrische Analyse zeigt, dass die tatsächliche Form etwas komplizierter als sinusförmig ist. Die Form nähert sich aber an eine Sinuswelle, sofern einige Näherungen verwendet werden.

In **Abbildung 8.19** definieren wir Symbole, die wir bei der Beschreibung unserer Methode verwenden werden. In **Abbildung 8.19** steht das Symbol **O** für die Optik des Encoders und **R** für das Rotationszentrum der Welle, deren Winkelposition gemessen werden soll. Der optische Radius **d** ist der feste Abstand zwischen diesen beiden Punkten. Der Mittelpunkt der Scheibe befindet sich bei **C** und hat einen Ausrichtungsfehler von **e** zum Rotationszentrum bei **R**. Der Abstand **e** ist ebenfalls ein fester Abstand. Wenn wir „Zentrum der Scheibe" sagen, meinen wir das Zentrum des optischen Musters der Gitterlinien auf dieser Scheibe.

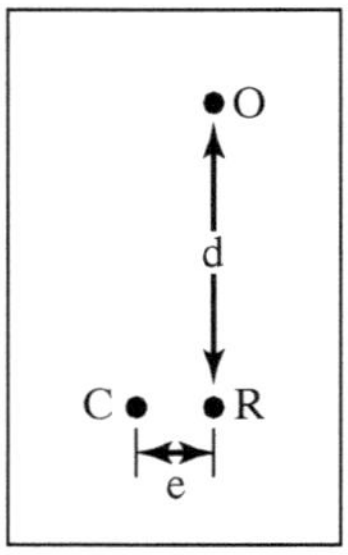

Abbildung 8.19 Der optische Sensor liegt bei **O**, der Mittelpunkt der Scheibe bei **C**, aber der Mittelpunkt der Welle bei **R**.

In **Abbildung 8.19** haben wir die Situation mit einem willkürlichen Winkel zwischen den Linien **RO** und **RC** gezeichnet, der hier etwa 90 Grad beträgt. Dieser Winkel ändert sich, wenn sich die Welle dreht.

Abbildung 8.20 zeigt die Scheibe mit dem Mittelpunkt **C** des Gittermusters, der relativ zum Rotationszentrum **R** einen Versatz der Größe **e** aufweist. Der Versatz **e** ist in der Abbildung übertrieben groß dargestellt – in der Praxis könnte der Wert von **e** typischerweise in der Größenordnung von 5 bis 100 Mikrometer liegen. In **Abbildung 8.20** läuft eine Gitterlinie gerade unter der Optik durch. Der Encoder zählt und interpoliert zwischen den unter ihm durchlaufenden Gitterlinien, um seine Winkelposition zu berechnen.

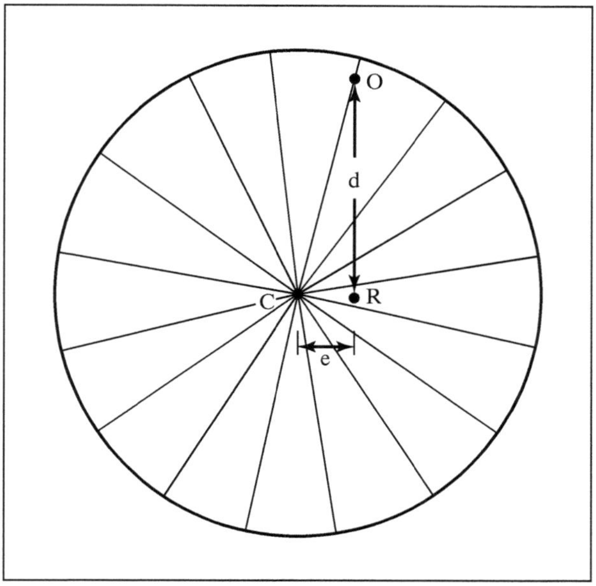

Abbildung 8.20 Wie **Abbildung 8.19**, aber mit den zusätzlich dargestellten Gitterlinien.

In **Abbildung 8.21** zeigen wir die Lage einer bestimmten Gitterlinie **CA** in zwei verschiedenen Positionen: vor und nach der Drehung der Welle um θ. Zu Beginn befindet sich die Gitterlinie **CA** auf der Scheibe in vertikaler Position und der Mittelpunkt der Scheibe befindet sich in der Position $\mathbf{C}_1$. Das andere Ende der Gitterlinie befindet sich bei $\mathbf{A}_1$ und liegt genau unter der Optik bei **O**. Nach Drehen der Welle um den Winkel θ um den Punkt **R** hat sich der Mittelpunkt der Scheibe nach $\mathbf{C}_2$ bewegt und das andere Ende der Gitterlinie befindet sich nun bei $\mathbf{A}_2$. In dieser Position sehen wir nun, dass die Gitterlinie, die sich gerade unter der Optik befindet, diejenige ist, die von $\mathbf{C}_2$ nach **O** verläuft. Angesichts der Zahl der Gitterlinien, die unter der Optik durchgelaufen sein muss, ist klar, dass alle Gitterlinien innerhalb der durch θ' gegebenen Winkelspanne unter der Optik durchgelaufen sein müssen und gezählt wurden. Obwohl die Welle also um θ gedreht wurde, hat der Encoder eine Winkeländerung von θ' gemessen. **Abbildung 8.21** veranschaulicht die grundlegende Geometrie der Kodierfehler, die durch eine falsche Ausrichtung zwischen Scheibenzentrum und Rotationszentrum verursacht und manchmal auch als „einmaliger Rundlauffehler“ bezeichnet werden.

Setzen wir die Drehung der Welle fort und zeichnen **Abbildung 8.21** für verschiedene andere Positionen erneut, wird deutlich, dass der gemessene Wert in den ersten 90 Grad der Wellendrehung Zähler „gewinnt“ und dann beginnt, Zähler „zu verlieren“, bis bei einem Drehwinkel von 180 Grad die wahren und gemessenen Winkel wieder übereinstimmen. Im weiteren Verlauf scheint der Encoder während der nächsten 90 Grad Zähler zu „verlieren“ und auf den letzten 90 Grad wieder Zähler „zu gewinnen“, bis der gemessene und der tatsächliche Drehwinkel am Startpunkt wieder übereinstimmen. Ein Diagramm dieses „einmaligen Rundlauffehlers“ zeigt eine grob sinusförmige Kurve.

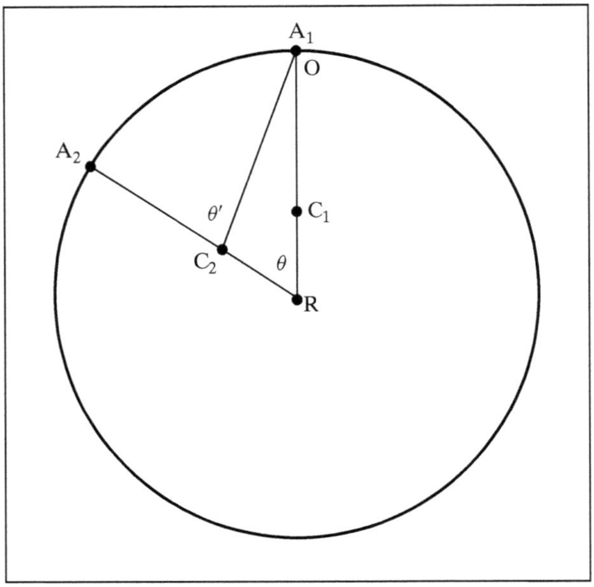

Abbildung 8.21 Das Liniensegment CA, das eine Gitterlinie darstellt, wird in zwei verschiedenen Positionen gezeigt, bei denen sich der Winkel der Welle um θ geändert hat.

In **Abbildung 8.22** zeigen wir eine konstruierte Linie, die so durch den Punkt $\mathbf{C_2}$ gelegt wird, dass sie parallel zur Linie **RO** verläuft. Anhand dieses Konstrukts sehen wir, dass der Winkelfehler zwischen der tatsächlichen Drehung der Welle und der gemessenen Drehung gleich dem eingezeichneten Winkel $\boldsymbol{\Phi}$ ist.

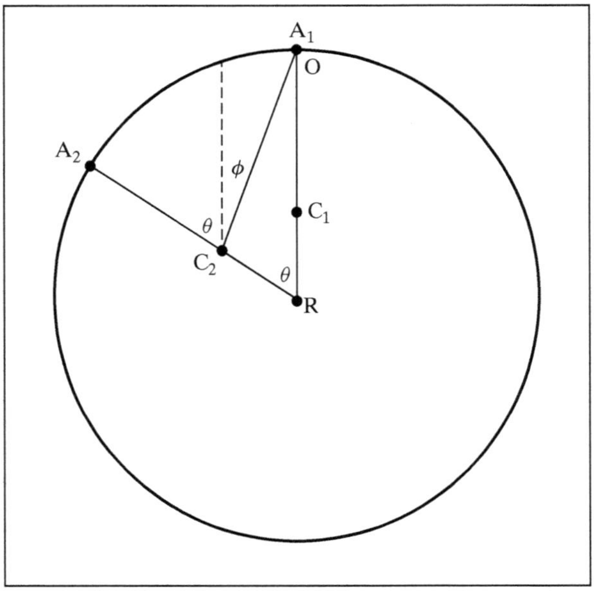

Abbildung 8.22 Gestrichelte Linie durch C_2, die parallel zu RO verläuft.

In **Abbildung 8.23** zeigen wir das Dreieck aus **Abbildung 8.22** und stellen fest, dass der spitze Winkel oben in der Abbildung den gleichen Wert $\boldsymbol{\Phi}$ wie der Winkel $\boldsymbol{\Phi}$ aus **Abbildung 8.22** besitzt. Außerdem haben wir die zuvor definierten Abstände **d** und **e** hinzugefügt und das neue Symbol **L** einführt, das die während der Drehung variable Länge der dritten Seite des Dreiecks bezeichnet.

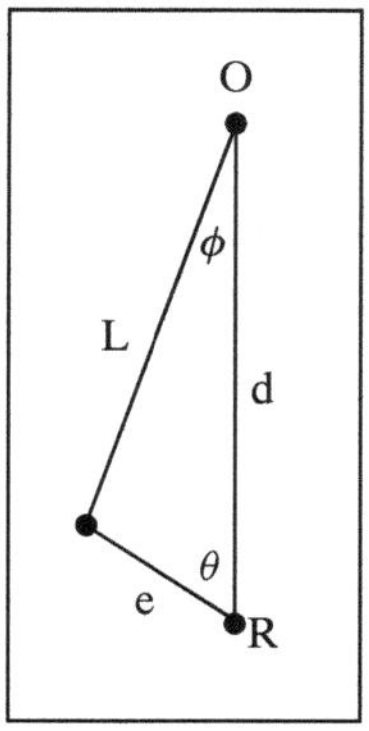

Abbildung 8.23 Dreieck aus **Abbildung 8.22**, das wir analysieren werden.

Mithilfe der Geometrie aus **Abbildung 8.23** suchen wir nun einen Ausdruck für $\boldsymbol{\Phi}$ als Funktion von **d**, **e** und $\boldsymbol{\theta}$, das heißt:

$$\boldsymbol{\Phi} = \mathbf{f}(\mathbf{d}, \mathbf{e}, \boldsymbol{\theta}) \tag{8.31}$$

Der Ausdruck aus Gleichung **(8.31)** liefert uns direkt den „**Einmal**-Rundlauffehler" als Funktion der Wellendrehung $\boldsymbol{\theta}$ für jeden Versatz **e** und jeden optischen Radius **d**.

Wenn wir den „Kosinussatz" auf das Dreieck in **Abbildung 8.23** anwenden, können wir die folgende Gleichung herleiten:

$$\cos(\boldsymbol{\Phi}) = \frac{\mathbf{d} - \mathbf{e}\cos(\boldsymbol{\theta})}{\mathbf{L}}\ . \tag{8.32}$$

Und durch die Anwendung des „Sinussatzes" erhalten wir:

$$\sin(\boldsymbol{\Phi}) = \frac{\mathbf{e}\sin(\boldsymbol{\theta})}{\mathbf{L}}\ . \tag{8.33}$$

Durch Kombination von **(8.32)** und **(8.33)** ergibt sich:

$$\tan(\boldsymbol{\Phi}) = \frac{\mathbf{e}\sin(\boldsymbol{\theta})}{\mathbf{d} - \mathbf{e}\cos(\boldsymbol{\theta})} \tag{8.34}$$

Der „Einmal-Rundlauffehler" ist somit durch die folgende Gleichung gegeben:

$$\boldsymbol{\Phi} = \tan^{-1}\left(\frac{\mathbf{e}\sin(\boldsymbol{\theta})}{\mathbf{d} - \mathbf{e}\cos(\boldsymbol{\theta})}\right) \tag{8.35}$$

Aufzeichnen von **(8.35)** ergibt eine Form, die einer Sinusfunktion ähnelt, aber nicht ganz sinusförmig ist. Wenn **e** jedoch gegen null geht, nähert sich die Funktion der Sinusform an.

Analysieren wir das näherungsweise auf Basis von $\mathbf{e} \ll \mathbf{d}$, erhalten wir den folgenden näherungsweisen Ausdruck für den „Einmal-Rundlauffehler“:

$$\Phi = \tan^{-1}\left(\frac{\mathbf{e}}{\mathbf{d}}\right)\sin(\theta). \tag{8.36}$$

Durch weitere Vereinfachung mithilfe von Näherungen für kleine Winkel ergibt sich schließlich der folgende näherungsweise Ausdruck:

$$\Phi = \frac{\mathbf{e}}{\mathbf{d}}\sin(\theta) \tag{8.37}$$

Der Ausdruck **(8.37)** wird an anderer Stelle als Formulierung für den „Einmal-Rundlauffehler“ zitiert, aber er ist eigentlich ein Näherungswert, während **(8.35)** präziser ist.

8.10 Kraftbestimmung

Es wurde eine Vielzahl von Geräten entwickelt, um die Kräfte zu messen, die beim Kontakt zwischen dem Endeffektor eines Manipulators und der von ihm berührten Umgebung auftreten. Die meisten dieser Sensoren verwenden Sensorelemente, die **Dehnungsmessstreifen** genannt werden und entweder aus Halbleitern oder Metallfolien bestehen. Diese Dehnungsmessstreifen sind mit einer Metallstruktur verbunden und erzeugen ein Ausgangssignal, das proportional zur Dehnung des Metalls ist. Bei dieser Art von Kraftsensoren muss der Konstrukteur unter anderem folgende Fragen beantworten:

1. Wie viele Sensoren werden benötigt, um die gewünschten Informationen zu ermitteln?
2. Wie sind die Sensoren im Verhältnis zueinander an der Struktur angebracht?
3. Welche Struktur ermöglicht eine hohe Empfindlichkeit bei gleichbleibender Steifigkeit?
4. Wie kann ein Schutz gegen mechanische Überlastung in das Gerät eingebaut werden?

Es gibt drei Stellen, an denen solche Sensoren normalerweise an einem Manipulator angebracht werden:

1. **An den Gelenkaktuatoren.** Diese Sensoren messen das Drehmoment oder die Kraft des Aktuators/der Untersetzung selbst. Sie sind für einige Steuerungsverfahren nützlich, bieten aber in der Regel keine gute Erkennung des Kontakts zwischen dem Endeffektor und der Umgebung.
2. **Zwischen dem Endeffektor und dem letzten Gelenk des Manipulators.** Diese Sensoren werden normalerweise als **Handgelenksensoren** bezeichnet. Es handelt sich um mechanische Strukturen, die mit Dehnungsmessstreifen ausgestattet sind und die auf den Endeffektor wirkenden Kräfte und Drehmomente messen können. In der Regel sind diese Sensoren in der Lage, drei bis sechs Komponenten des auf den Endeffektor wirkenden Kraft-/Drehmomentvektors zu messen.
3. **An den „Fingerspitzen“ des Endeffektors.** Normalerweise haben diese **kraftsensorischen Finger** eingebaute Dehnungsmessstreifen, um eine bis vier Komponenten der an jeder Fingerspitze wirkenden Kraft zu messen.

Als Beispiel zeigt **Abbildung 8.24** eine Zeichnung des inneren Aufbaus eines beliebten Handgelenkkraftsensors, der von Scheinman [22] entworfen wurde. An die Struktur der Querträger des Geräts sind acht Paare von Halbleiter-Dehnungsmessstreifen befestigt. Jedes Paar ist in einer Spannungsteiler-Anordnung verdrahtet. Jedes Mal, wenn das Handgelenk abgefragt wird, werden acht analoge Spannungen digitalisiert und in den Computer eingelesen. Es wurden Kalibrierungsverfahren entwickelt, mit denen man eine konstante 6 × 8-**Kalibrierungsmatrix** erhält, die diese acht Dehnungsmessungen auf den Kraft-Drehmoment-Vektor $\mathscr{F}$ abbildet, der auf den **Endeffektor** wirkt. Der ermittelte Kraft-Drehmoment-Vektor kann, wie wir in ▶ **Beispiel 5.8** gesehen haben, in einen erwünschten Bezugsrahmen transformiert werden.

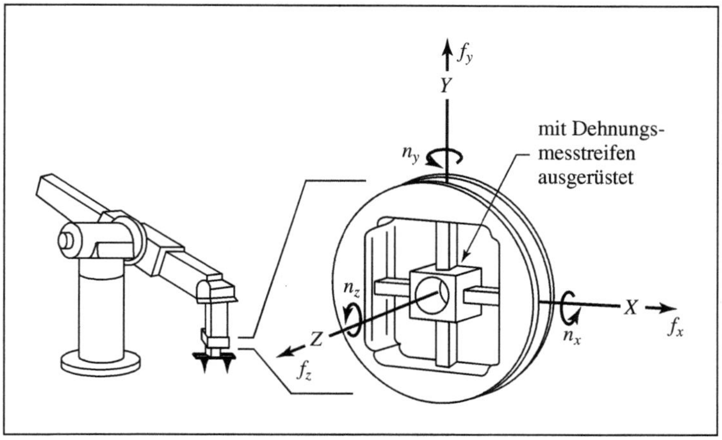

Abbildung 8.24 Der innere Aufbau eines typischen kraftsensorischen Handgelenks.

8.10.1 Fragen zur Konstruktion von Kraftsensoren

Die Verwendung von Dehnungsmessstreifen zur Kraftmessung beruht auf der Messung der **Durchbiegung** eines belasteten **Biegeelements** im Sensor. Daher ist einer der wichtigsten Kompromisse während der Entwicklung eines Sensors derjenige zwischen der Steifigkeit und der Empfindlichkeit seines Biegeelements. Ein steiferer Sensor ist von Natur aus weniger empfindlich.

Die **Steifigkeit** des Sensors beeinflusst auch die Konstruktion des **Überlastungsschutzes**. Dehnungsmessstreifen können durch Stoßbelastungen beschädigt werden und müssen daher vor solchen Überbelastungen geschützt werden. Eine Beschädigung des **Wandlers (Transducer)** kann durch **Endanschläge** verhindert werden. Sie bewirken, dass die Durchbiegungen einen bestimmten Punkt nicht überschreiten. Leider kann sich ein sehr steifer Sensor nur um ein paar Zehntausendstel eines Zolls durchbiegen. Die Herstellung von Endanschlägen mit solch geringen Abständen ist sehr schwierig. Konsequenterweise *muss* bei vielen Arten von Wandlern ein gewisses Maß an Flexibilität vorhanden sein, um effektive Endanschläge zu ermöglichen.

Die Eliminierung der **Hysterese** ist eine der schwierigsten Aufgaben bei der Konstruktion des **Sensors**. Die meisten Metalle, die als Biegeelemente verwendet werden, weisen eine sehr geringe Hysterese auf, sofern sie nicht überbeansprucht werden. Verschraubte, eingepresste oder geschweißte **Gelenke** in der Nähe des Biegeelements führen jedoch zu Hysterese. Idealerweise sind das Biegeelement und das Material in seiner Nähe aus einem einzigen Stück Metall gefertigt.

Es ist auch wichtig, differenzielle Messungen zu verwenden, um die Linearität und Störungsunterdrückung von Drehmomentsensoren zu erhöhen. Verschiedene physikalische Konfigurationen von Wandlern können Einflüsse durch Temperatureffekte und außeraxiale Kräfte eliminieren.

Folien-Dehnungsmessstreifen sind relativ langlebig, aber sie erzeugen bei voller Belastung eine sehr geringe Widerstandsänderung. Die Eliminierung von **Rauschen** in der Verkabelung von **Dehnungsmessstreifen** und der Verstärkungselektronik ist von entscheidender Bedeutung für einen weiten Dynamikbereich.

Halbleiter-Dehnungsmessstreifen sind viel anfälliger für Schäden durch Überlastung. Zu ihren Gunsten spricht, dass die Widerstandsänderung bei einer bestimmten **Dehnung** etwa siebzigmal größer ist als bei Folien-Dehnungsmessstreifen. Das macht die Aufgabe der Signalverarbeitung bei einem bestimmten Dynamikbereich viel einfacher.

Literatur

[1] W. Rowe, Herausgeber, *Robotics Technical Directory 1986*, Instrument Society of America, Research Triangle Park, NC, 1986.

[2] R. Vijaykumar und K. Waldron, „Geometric Optimization of Manipulator Structures for Working Volume and Dexterity", *International Journal of Robotics Research*, Vol. 5, No. 2, 1986.

[3] K. Waldron, „Design of Arms", *The International Encyclopedia of Robotics*, R. Dorf und S. Nof, Editoren, John Wiley and Sons, New York, 1988.

[4] T. Yoshikawa, „Manipulability of Robotic Mechanisms", *The International Journal of Robotics Research*, Vol. 4, No. 2, MIT Press, Cambridge, MA, 1985.

[5] H. Asada, „Dynamic Analysis and Design of Robot Manipulators Using Inertia Ellipsoids", *Proceedings of the IEEE International Conference on Robotics*, Atlanta, März 1984.

[6] J.K. Salisbury und J. Craig, „Articulated Hands: Force Control and Kinematic Issues", *The International Journal of Robotics Research*, Vol. 1, No. 1, 1982.

[7] O. Khatib und J. Burdick, „Optimization of Dynamics in Manipulator Design: The Operational Space Formulation", *International Journal of Robotics and Automation*, Vol. 2, No. 2, IASTED, 1987.

[8] T. Yoshikawa, „Dynamic Manipulability of Robot Manipulators", *Proceedings of the IEEE International Conference on Robotics and Automation*, St. Louis, März 1985.

[9] J. Trevelyan, P. Kovesi und M. Ong, „Motion Control for a Sheep Shearing Robot", *The 1st International Symposium of Robotics Research*, MIT Press, Cambridge, MA, 1984.

[10] P. Marchal, J. Cornu und J. Detriche, „Self Adaptive Arc Welding Operation by Means of an Automatic Joint Following System", *Proceedings of the 4th Symposium on Theory and Practice of Robots and Manipulators*, Zaburow, Poland, September 1981.

[11] J.M. Hollerbach, „Optimum Kinematic Design for a Seven Degree of Freedom Manipulator“, *Proceedings of the 2nd International Symposium of Robotics Research*, Kyoto, Japan, August 1984.

[12] K. Waldron und J. Reidy, „A Study of Kinematically Redundant Manipulator Structure“, *Proceedings of the IEEE Robotics and Automation Conference*, San Francisco, April 1986.

[13] V. Milenkovic, „New Nonsingular Robot Wrist Design“, *Proceedings of the Robots 11 / 17th ISIR Conference*, SME, 1987.

[14] E. Rivin, *Mechanical Design of Robots*, McGraw-Hill, New York, 1988.

[15] T. Yoshikawa, „Manipulability of Robotic Mechanisms“, *Proceedings of the 2nd International Symposium on Robotics Research*, Kyoto, Japan, 1984.

[16] M. Leu, V. Dukowski und K. Wang, „An Analytical and Experimental Study of the Stiffness of Robot Manipulators with Parallel Mechanisms“, *Robotics and Manufacturing Automation*, M. Donath und M. Leu, Editoren, ASME, New York, 1985.

[17] K. Hunt, *Kinematic Geometry of Mechanisms*, Cambridge University Press, Cambridge, MA, 1978.

[18] H. Asada und K. Youcef-Toumi, *Design of Direct Drive Manipulators*, MIT Press, Cambridge, MA, 1987.

[19] J. Shigley, *Mechanical Engineering Design*, 3. Auflage, McGraw-Hill, New York, 1977.

[20] D. Welbourne, „Fundamental Knowledge of Gear Noise–A Survey“, *Proceedings of the Conference on Noise and Vibrations of Engines and Transmissions*, Institute of Mechanical Engineers, Cranfield, UK, 1979.

[21] O. Zienkiewicz, *The Finite Element Method*, 3. Auflage, McGraw-Hill, New York, 1977.

[22] V. Scheinman, „Design of a Computer Controlled Manipulator“, Masterarbeit, Mechanical Engineering Department, Stanford University, 1969.

[23] K. Lau, N. Dagalakis und D. Meyers, „Testing“, *The International Encyclopedia of Robotics*, R. Dorf und S. Nof, Editoren, John Wiley and Sons, New York, 1988.

[24] M. Roshiem, „Wrists“, *The International Encyclopedia of Robotics*, R. Dorf und S. Nof, Editoren, John Wiley and Sons, New York, 1988.

[25] A. Bowling und O. Khatib, „Robot Acceleration Capability: The Actuation Efficiency Measure“, *Proceedings of the IEEE International Conference on Robotics and Automation*, San Francisco, April 2000.

[26] Lee Wei Yan, „Implementation of a DSP-based 20-bit High Resolution Quasi-Absolute Encoder for Low-Speed Feedback Control Applications“, White Paper, Avago Technologies, November 2007, ▶ **https://docs.broadcom.com/docs/1210897890105**.

[27] Roel Merry et al, „Error modeling and improved position estimation for optical incremental encoders by means of time stamping“, Proceedings of the 2007 American Control Conference, New York City, NY, USA, 11.–13. Juli 2007.

Übungen

8.1 [15] Ein Roboter soll für die Positionierung eines Laserschneiders eingesetzt werden. Der Laser erzeugt einen punktgenauen, nichtdivergenten Strahl. Wie viele Freiheitsgrade braucht der Positionierungsroboter für beliebige Schnitte? Begründen Sie Ihre Antwort.

8.2 [15] Skizzieren Sie eine mögliche Gelenkkonfiguration für den Laser-Positionierungsroboter aus **Übung 8.1** unter der Annahme, dass er hauptsächlich in ungewöhnlicher Schräglage zum Schneiden von 1 Zoll dicken und 8 × 8 Fuß großen Platten verwendet wird.

8.3 [17] Bestimmen Sie für einen sphärischen Roboter wie in ▶ **Abbildung 8.6** den strukturellen Längenindex Q_L für den Handgelenkpunkt, wenn die Gelenke 1 und 2 keine Begrenzungen haben und Gelenk 3 eine untere Grenze l und eine obere Grenze u besitzt.

8.4 [25] Eine Stahlwelle mit einer Länge von 30 cm und einem Durchmesser von 0,2 cm treibt das Eingangsrad eines Untersetzungsgetriebes mit $\eta = 8$ an. Das Abtriebsrad treibt eine Stahlwelle mit einer Länge von 30 cm und einem Durchmesser von 0,3 cm an. Wie hoch ist die Gesamtsteifigkeit des Getriebesystems, wenn durch die Zahnräder selbst keine Flexibilität in das System eingebracht wird?

8.5 [20] In **Abbildung 8.25** wird ein Glied nach einer Getriebeuntersetzung durch eine Welle angetrieben. Modellieren Sie ein starres Glied mit einer Masse von 10 kg, die sich in einem Punkt in einer Entfernung von 30 cm von der Wellenachse befindet. Nehmen Sie an, dass die Zahnräder starr sind und dass die Untersetzung η groß ist. Die Welle ist aus Stahl und muss 30 cm lang sein. Wie groß sollte der Wellendurchmesser sein, um die dynamischen Verbiegungen des Gelenkwinkels auf 0,1 rad zu begrenzen, wenn die Konstruktionsspezifikationen vorsehen, dass der Massenmittelpunkt des Glieds Beschleunigungen von 2,0 g ausgesetzt ist?

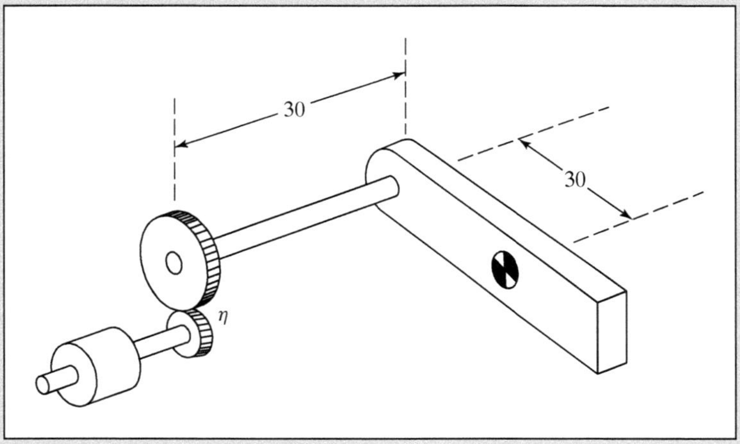

Abbildung 8.25 Ein Glied, das über eine Welle hinter einer Getriebeuntersetzung angetrieben wird.

8.6 [15] Wenn das Abtriebsrad bei blockiertem Antriebsrad eine Steifigkeit von 1000 Nm/rad aufweist und die Welle eine Steifigkeit von 300 Nm/rad besitzt, wie hoch ist dann die kombinierte Steifigkeit des Antriebssystems in **Abbildung 8.25?**

8.7 [43] Piepers Kriterien für Manipulatoren mit seriellen Gliedern besagen, dass die Berechnungen für den Manipulator lösbar sind, wenn sich drei aufeinanderfolgende Achsen in einem einzigen Punkt schneiden oder parallel sind. Dies beruht auf der Idee, dass die inverse Kinematik entkoppelt werden kann, indem man die Position des Handgelenkpunktes unabhängig von der Ausrichtung des Handgelenkrahmens betrachtet. Schlagen Sie ein ähnliches Ergebnis für den Stewart-Mechanismus in ▶ **Abbildung 8.14** vor, damit die vorwärtsgerichtete kinematische Lösung auf ähnliche Weise entkoppelt werden kann.

8.8 [20] Wie viele Freiheitsgrade hätte der Stewart-Mechanismus in ▶ **Abbildung 8.14**, wenn die 2-DOF-Kardangelenke an der Basis durch 3-DOF-Kugelgelenke ersetzt würden? Verwenden Sie die Formel von Grübler.

8.9 [22] **Abbildung 8.26** zeigt eine vereinfachte schematische Darstellung des Antriebssystems von Gelenk 4 des PUMA 560. Die Torsionssteifigkeit der Kupplungen beträgt jeweils 100 Nm/rad und die der Welle 400 Nm/rad und jedes der Untersetzungspaare hat bei fixiertem Eingangszahnrad eine gemessene Ausgangssteifigkeit von 2000 Nm/rad. Sowohl für die erste als auch für die zweite Untersetzung gilt $\eta = 6$.[31] Wie groß ist die Steifigkeit des Gelenks unter der Annahme, dass die Struktur und das Lager vollkommen starr sind (d. h., wenn die Motorwelle blockiert ist)?

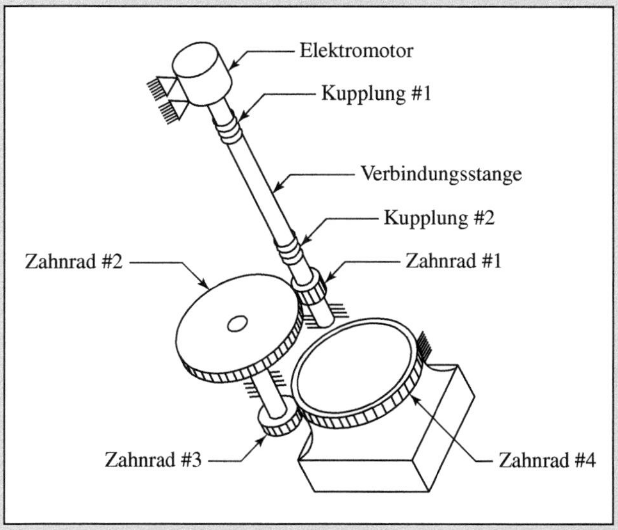

Abbildung 8.26 Vereinfachte Version des Antriebsstrangs von Gelenk 4 des Manipulators PUMA 560 [23].

8.10 [25] Wie groß ist der Fehler, wenn man die Antwort auf **Aufgabe 8.9** abschätzt, indem man nur die Steifigkeit des letzten Untersetzungsgetriebes berücksichtigt?

31 Keiner der Zahlenwerte in dieser Übung ist als realistisch zu betrachten!

8.11 [20] ▶ **Abbildung 4.14** zeigt ein Handgelenk mit orthogonalen Achsen sowie ein nicht-orthogonales Handgelenk. Die Glieder des orthogonalen Handgelenks weisen Verdrehungen in der Größenordnung von 90° auf. Die Glieder des nicht-orthogonalen Handgelenks zeigen eine Verdrehung der Größenordnungen ϕ und $180° - \phi$. Beschreiben Sie die Menge der Ausrichtungen, die mit dem nicht-orthogonalen Mechanismus *unerreichbar* sind. Nehmen Sie an, dass sich alle Achsen um 360° drehen können und dass die Glieder bei Bedarf einander durchdringen können (d. h., dass der Arbeitsraum nicht durch Selbstkollisionen begrenzt ist).

8.12 [18] Schreiben Sie eine allgemeine invers-kinematische Lösung für den in **Abbildung 8.27** dargestellten Stewart-Mechanismus auf. Die Lage von $\{T\}$ relativ zum Basisrahmen $\{B\}$ ist gegeben. Bestimmen Sie die Variablen der Gelenkpositionen d_1 bis d_6. Die ${}^{B}p_i$ sind 3×1-Vektoren, welche die Positionen der Verbindungen zwischen der Basis und den Linearantrieben relativ zum Rahmen $\{B\}$ angeben. Die ${}^{T}q_i$ sind 3×1-Vektoren, welche die Positionen der oberen Verbindungen der Linearantriebe mit dem Werkzeug relativ zum Rahmen $\{T\}$ beschreiben.

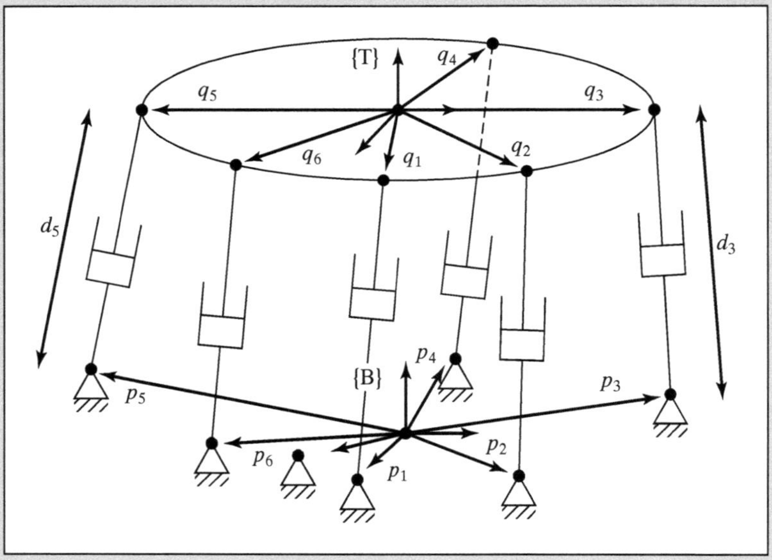

Abbildung 8.27 Stewart-Mechanismus aus Übung 8.12.

8.13 [20] Die Determinante der Jacobi-Matrix des planaren zweigliedrigen Manipulators aus ▶ **Beispiel 5.3** ist durch die folgende Gleichung gegeben:

$$\det(J(\Theta)) = l_1 l_2 s_2. \tag{8.38}$$

Wie groß sollten die Längen der beiden Glieder relativ zueinander sein, um die Manipulierbarkeit des Manipulators gemäß **(8.6)** zu maximieren, wenn die Summe der beiden Gliederlängen $l_1 + l_2$ so eingeschränkt ist, dass sie gleich einer Konstanten sein muss?

8.14 [28] Wie sieht bei einem SCARA-Roboter die optimale Wahl der relativen Längen der Glieder 1 und 2 in Bezug auf den in **(8.6)** angegebenen Manipulierbarkeitsindex aus, wenn die Summe der Gliederlängen von Glied 1 und Glied 2 konstant sein muss? Es könnte hilfreich sein, zuerst **Aufgabe 8.13** zu lösen.

8.15 [35] Zeigen Sie, dass das in **(8.6)** definierte Manipulierbarkeitsmaß auch gleich dem Produkt der Eigenwerte von $J(\Theta)$ ist.

8.16 [15] Wie groß ist die Torsionssteifigkeit eines 40 cm langen Aluminiumstabs mit einem Radius von 0,1 cm?

8.17 [5] Wie groß ist die effektive Untersetzung η eines Riemensystems, dessen Eingangsscheibe einen Radius von 2,0 cm und dessen Ausgangsscheibe einen Radius von 12,0 cm aufweist?

8.18 [10] Wie viele Freiheitsgrade benötigt ein Manipulator, der zylinderförmige Teile auf einer ebenen Fläche platziert? Die zylindrischen Teile sind vollkommen symmetrisch um ihre Hauptachsen.

8.19 [25] **Abbildung 8.28** zeigt eine Hand mit drei Fingern, die einen Gegenstand ergreift. Jeder Finger hat drei Gelenke mit jeweils einem Freiheitsgrad. Die Kontaktpunkte zwischen den Fingerspitzen und dem Objekt werden als „Punktkontakt" modelliert – d. h., die Position ist fest, aber die relative Ausrichtung ist in allen drei Freiheitsgraden frei. Daher können diese Punktkontakte für die Zwecke der Analyse durch 3-DOF-Kugelgelenke ersetzt werden. Wenden Sie die Grüblersche Formel an, um die Anzahl der Freiheitsgrade des Gesamtsystems zu berechnen.

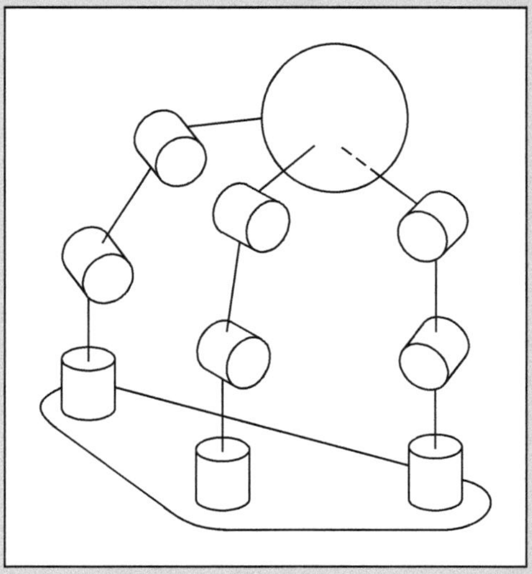

Abbildung 8.28 Eine Hand mit drei Fingern, bei der jeder Finger drei Freiheitsgrade besitzt, ergreift ein Objekt über „Punktkontakte" zwischen den Fingerspitzen und dem Objekt.

8.20 [23] **Abbildung 8.29** zeigt ein Objekt, das über drei Stangen mit dem Boden verbunden ist. Jede Stange ist über ein 2-DOF-Kardangelenk mit dem Objekt und über ein 3-DOF-Kugelgelenk mit dem Boden verbunden. Über wie viele Freiheitsgrade verfügt das System?

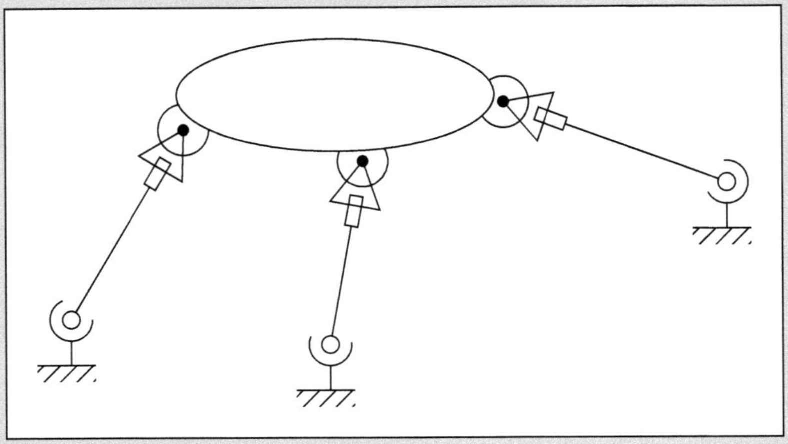

Abbildung 8.29 Der geschlossene Mechanismus aus **Übung 8.20**.

8.21 [18] Bestätigen Sie, dass die äquivalente Steifigkeit des Gesamtsystems durch **(8.14)** gegeben ist, wenn zwei Übertragungssysteme seriell verbunden sind. Es ist vielleicht am einfachsten, die serielle Verbindung zweier linearer Federn, deren Steifigkeitskoeffizienten k_1 und k_2 und die folgenden resultierenden Gleichungen zu betrachten:

$$\begin{aligned} f &= k_1\, \delta x_1, \\ f &= k_2\, \delta x_2, \\ f &= k_{\text{Summe}}(\delta x_1 + \delta x_2). \end{aligned} \tag{8.39}$$

8.22 [20] Leiten Sie eine Formel für die Steifigkeit eines Riemenantriebssystems in Abhängigkeit von den Radien der Riemenscheiben (r_1 und r_2) und dem Achsabstand d_c zwischen den Rollen her. Beginnen Sie mit **(8.22)**.

8.23 [19] Ein Pneumatikzylinder wird, wie in **Abbildung 8.30** dargestellt, zum Antreiben eines linearen Aktuators verwendet. Die beiden Zahnräder des Zahnstangenmechanismus teilen sich eine gemeinsame Achse mit r_i = 15 mm und r_o = 40 mm. Ein Hohlträger aus Stahl mit quadratischem Querschnitt und den Abmessungen l = 50 mm, w_o = 15 mm und w_i = 12 mm ist an der Abtriebszahnstange befestigt, wie in **Abbildung 8.30** dargestellt. Wenn die Kompression der Luft im Inneren des Zylinders als isotherm angenommen wird, verhält er sich ungefähr wie eine lineare Feder mit der Steifigkeit k_c = 1 N/mm. Wie groß ist die Steifigkeit des Gelenks?

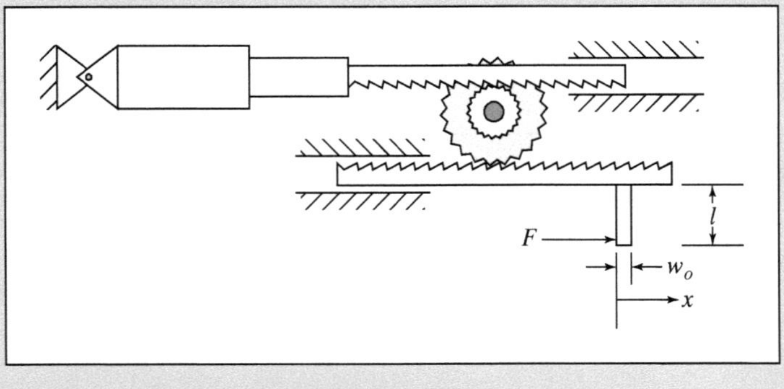

Abbildung 8.30 Linearer Antrieb mit Zahnstangenmechanismus.

8.24 [19] Ein Elektromotor ist über eine Kupplung mit der Steifigkeit k_c = 100 Nm/rad mit einer Riemenscheibe mit dem Radius r_1 = 20 mm verbunden (siehe **Abbildung 8.31**). Die stählerne nach außen gehende Welle ist direkt an der Abtriebsscheibe mit dem Radius r_2 = 80 mm befestigt. Ein Riemen mit der Steifigkeit k_b = 400 kN/m treibt die Abtriebsscheibe an. Die Welle ist aus Stahl gefertigt und hat die Länge l_s = 200 mm und den Radius r_s = 10 mm. Wie groß ist die Gesamtsteifigkeit des Übertragungssystems?

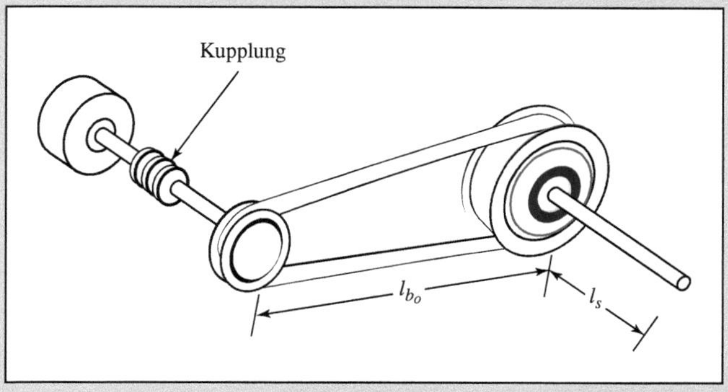

Abbildung 8.31 Riemengetriebenes System.

8.25 [18] Die Spitze eines Schleifwerkzeugs stehe bei ${}^{W}P = [0 \quad 0 \quad 100]^T$ in Punktkontakt mit einem Werkstück. Dieses Werkzeug ist mit einem Kraftsensor verbunden, der sich im Ursprung von $\{W\}$ befindet. Zu einem bestimmten Zeitpunkt während des Schleifvorgangs ist der Roboter so ausgerichtet, dass

$$ {}^{B}_{W}T = \begin{bmatrix} -0{,}712 & 0{,}0502 & 0{,}701 & 412{,}0 \\ 0{,}449 & 0{,}734 & 0{,}509 & 243{,}0 \\ -0{,}540 & 0{,}677 & -0{,}5 & 516{,}0 \\ 0{,}0 & 0{,}0 & 0{,}0 & 1{,}0 \end{bmatrix} $$

ist und der Kraftsensor ${}^{W}f_W = [-2 \quad -3 \quad -8]^T$ misst. Welchen Wert des Drehmoments könnten Sie am Sensor ablesen? Welche Kraft übt die Schleifmaschine auf das Werkstück in diesem Moment in $\hat{Z}_B$-Richtung aus?

8.26 [15] Wie viele Freiheitsgrade besitzt die planare geschlossene Struktur aus **Abbildung 8.32**?

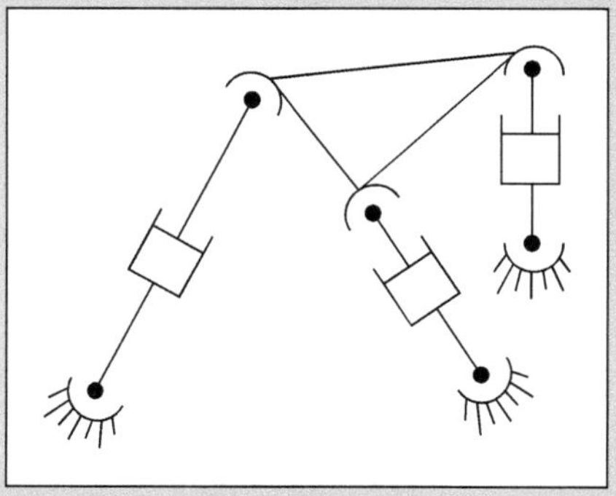

Abbildung 8.32 Planarer Mechanismus mit geschlossener Struktur.

8.27 [15] Über wie viele Freiheitsgrade verfügt der planare Mechanismus mit geschlossener Struktur aus **Abbildung 8.33**?

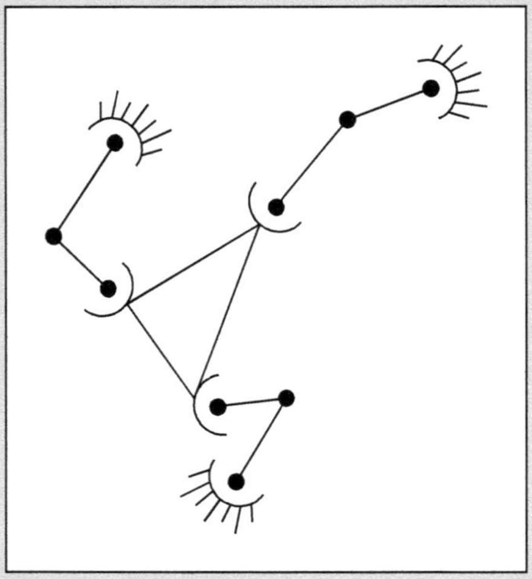

Abbildung 8.33 Planarer Mechanismus mit geschlossener Struktur.

8.28 [25] Eine Stahlwelle mit einer Länge von 50 cm und einem Durchmesser von 0,25 cm treibt das Eingangsrad eines Untersetzungsgetriebes mit $\eta = 10$ an. Das Abtriebsrad treibt eine Stahlwelle mit einer Länge von 40 cm und einem Durchmesser von 0,4 cm an. Wie groß ist die Gesamtsteifigkeit des Getriebesystems, wenn die Zahnräder selbst keinerlei Flexibilität aufweisen?

8.29 [15] Wie groß ist die kombinierte Steifigkeit des Antriebssystems in **Abbildung 8.25**, wenn das Abtriebsrad bei blockiertem Antriebsrad eine Steifigkeit von 1500 Nm/rad aufweist und die Welle eine Steifigkeit von 100 Nm/rad besitzt?

8.30 [22] **Abbildung 8.26** zeigt eine vereinfachte schematische Darstellung des Antriebssystems von Gelenk 4 des PUMA 560 [23]. Die Torsionssteifigkeit der Kupplungen beträgt jeweils 150 Nm/rad, die der Welle 300 Nm/rad und für jedes der Untersetzungspaare wurde eine Ausgangssteifigkeit von 3000 Nm/rad gemessen, wenn die Eingangszahnräder feststehen. Sowohl für die erste als auch für die zweite Untersetzung gilt $\eta = 4$. Nehmen Sie an, dass die Struktur und das Lager vollkommen starr sind. Wie groß ist dann die Steifigkeit des Gelenks (d. h., wenn die Motorwelle blockiert ist)?

8.31 [15] Wie groß ist die Torsionssteifigkeit eines 30 cm langen Aluminiumstabs mit einem Radius von 1 cm?

8.32 [5] Wie groß ist die effektive Untersetzung η eines Riemensystems mit einer Eingangsscheibe mit dem Radius 1,2 cm und einer Ausgangsscheibe mit dem Radius 5,1 cm?

Programmierübung (Teil 8)

1. Schreiben Sie ein Programm zur Berechnung der Determinante einer 3 × 3-Matrix.
2. Schreiben Sie ein Programm, um den simulierten dreigliedrigen Roboter in 20 Schritten von jeweils 0,05 Meter, entlang einer geraden Linie mit konstanter Ausrichtung von

$$ {}^{0}_{3}T = \begin{bmatrix} 0{,}25 \\ 0{,}0 \\ 0{,}0 \end{bmatrix} $$

nach

$$ {}^{0}_{3}T = \begin{bmatrix} 0{,}95 \\ 0{,}0 \\ 0{,}0 \end{bmatrix} $$

zu bewegen. Berechnen Sie an jeder Position das Maß der Manipulierbarkeit des Roboters in der jeweiligen Konfiguration (d. h. die Determinante der Jacobi-Matrix). Listen Sie die Werte auf, oder besser noch, stellen Sie sie grafisch als Funktion der Position entlang der $\hat{X}_0$-Achse dar. Erzeugen Sie die vorgenannten Daten für zwei Fälle:

1) $l_1 = l_2 = 0{,}5$ m und
2) $l_1 = 0{,}625$ m, $l_2 = 0{,}375$ m.

Welche Konstruktion des Manipulators ist Ihrer Meinung nach besser? Begründen Sie Ihre Antwort.

MATLAB-Übung 8

In ▶ **Abschnitt 8.5** wurde das Konzept der kinematisch redundanten Roboter vorgestellt. Diese Übung befasst sich mit der Simulation der nach der Geschwindigkeit aufgelösten Steuerung für einen kinematisch redundanten Roboter. Wir konzentrieren uns auf den planaren 4-DOF-4*R*-Roboter mit einem Grad an kinematischer Redundanz (vier Gelenke stehen für drei kartesische Bewegungen zur Verfügung: zwei Translationen und eine Rotation). Dieser Roboter entsteht durch Hinzufügen eines vierten *R*-Gelenks und eines vierten beweglichen Glieds L_4 zu einem planaren 3-DOF-3*R*-Roboter (aus den ▶ **Abbildungen 3.6** und ▶ **3.7**; die DH-Parameter können durch Hinzufügen einer Zeile in ▶ **Abbildung 3.8** erweitert werden).

Leiten Sie für den planaren 4*R*-Roboter analytische Ausdrücke für die 3 × 4-Jacobi-Matrix her. Führen Sie dann eine Simulation der nach der Geschwindigkeit aufgelösten Steuerung in MATLAB durch (wie in Übung 5). Die Form der Geschwindigkeitsgleichung ist wieder ${}^{k}\dot{X} = {}^{k}J\dot{\Theta}$. Diese Gleichung kann jedoch nicht mit Hilfe der normalen Matrixinversion invertiert werden, da die Jacobi-Matrix nicht quadratisch ist (drei Gleichungen, vier Unbekannte, unendlich viele Lösungen für $\dot{\Theta}$). Wir verwenden daher die **Moore-Penrose-Pseudoinverse** J^{*}der **Jacobi-Matrix**: $J^{*} = J^{T}(JJ^{T})^{-1}$. Für die resultierenden vorgegebenen relativen Gelenkgeschwindigkeiten $\dot{\Theta} = {}^{k}J^{*k}\dot{X}$ des nach der Geschwindigkeit aufgelösten Algorithmus wählen wir aus den unendlich vielen Möglichkeiten die Lösung mit der niedrigsten Norm aus (d. h., dieses spezifische $\dot{\Theta}$ ist so klein wie möglich, um die vorgegebenen kartesischen Geschwindigkeiten ${}^{k}\dot{X}$ zu erfüllen).

Diese Lösung stellt nur die spezielle Lösung dar, d. h., es gibt eine homogene Lösung zur Optimierung der Leistung (z. B. zur Vermeidung von Singularitäten des Manipulators oder zur Vermeidung von Gelenkgrenzen), die zudem noch die vorgegebene kartesische Bewegung erfüllt. Die Optimierung der Leistung liegt außerhalb des Rahmens dieser Übung.

Gegeben sind: $L_1 = 1{,}0\,\text{m}, L_2 = 1{,}0\,\text{m}, L_3 = 0{,}2\,\text{m}, L_4 = 0{,}2\,\text{m}$.

Die Ausgangswinkel sind:

$$\theta = \begin{bmatrix} \theta_1 \\ \theta_2 \\ \theta_3 \\ \theta_4 \end{bmatrix} = \begin{bmatrix} -30° \\ 70° \\ 30° \\ 40° \end{bmatrix}.$$

Die (konstante) vorgegebene kartesische Geschwindigkeit ist:

$${}^{0}\dot{X} = {}^{0}\begin{bmatrix} \dot{x} \\ \dot{y} \\ \omega_z \end{bmatrix} = {}^{0}\begin{bmatrix} -0{,}2 \\ -0{,}2 \\ 0{,}2 \end{bmatrix} (\text{m/s}, \text{rad/s}).$$

Simulieren Sie nur für die spezielle Lösung, die nach der Geschwindigkeit aufgelöste Bewegung über 3 Sekunden hinweg in Zeitschritten von 0,1 Sekunden. Animieren Sie den Roboter in der gleichen Schleife während jedes Zeitschritts auf dem Bildschirm, damit Sie überprüfen können, ob die simulierte Bewegung korrekt ist.

1 Erstellen Sie vier Kurven (jede in einem separaten Diagramm):
   1) die vier Gelenkwinkel $\Theta = \{\theta_1 \quad \theta_2 \quad \theta_3 \quad \theta_4\}^T$ (Grad) über der Zeit;
   2) die vier Gelenkgeschwindigkeiten $\dot{\Theta} = \{\dot{\theta}_1 \quad \dot{\theta}_2 \quad \dot{\theta}_3 \quad \dot{\theta}_4\}^T$ (rad/s) über der Zeit;
   3) die euklidische Norm der Gelenkgeschwindigkeiten $\|\dot{\Theta}\|$ (Größe des Vektors) über der Zeit;
   3) die drei kartesischen Komponenten von ${}^{0}_{H}T, X = \{x \quad y \quad \phi\}^T$ (rad ist für ϕ ratsam, damit die Werte passen) über der Zeit.

   Beschriften Sie sorgfältig jede Komponente in jedem Diagramm (am besten von Hand!). Geben Sie auch die Namen der Achsen und die Einheiten an.

2 Überprüfen Sie die Ergebnisse Ihrer Jacobi-Matrix für die anfänglichen und endgültigen Gelenkwinkel mit Hilfe der Corke MATLAB Robotics Toolbox. Probieren Sie die Funktion *jacob0()* an. *Vorsicht*: Die Jacobi-Funktionen der Toolbox gelten für die Bewegung von {4} in Bezug auf {0}, nicht für {*H*} in Bezug auf {0}, wie in der Aufgabenstellung verlangt. Die vorhergehende Funktion liefert das Ergebnis der Jacobi-Matrix im Koordinatensystem von {0}; *jacobn()* liefert Ergebnisse im Koordinatensystem von {4}.

Lineare Steuerung von Manipulatoren

9

9.1 Einleitung

Mit dem bisher Gelernten sind wir nun in der Lage, die zeitliche Entwicklung der Gelenkpositionen zu berechnen, die den gewünschten Bewegungen des Endeffektors im Raum entsprechen. In diesem Kapitel werden wir nun erörtern, wie wir den **Manipulator** dazu bringen können, diese gewünschten Bewegungen tatsächlich auszuführen.

Die Steuerungsverfahren, die wir besprechen werden, fallen in die Klasse der sogenannten **linearen Steuerungssysteme**. Streng genommen ist der Einsatz von linearen Steuerungsverfahren nur dann gerechtfertigt, wenn das untersuchte System mathematisch durch *lineare* Differenzialgleichungen modelliert werden kann. Im Fall der Manipulator-Steuerung müssen solche linearen Methoden im Wesentlichen als Näherungsmethoden betrachtet werden, denn wie wir in ▶ **Kapitel 6** gesehen haben, wird die Dynamik eines Manipulators besser durch eine *nichtlineare* Differenzialgleichung dargestellt. Nichtsdestotrotz werden wir sehen, dass es oft sinnvoll ist, solche Näherungen vorzunehmen, und außerdem werden diese linearen Methoden in der heutigen industriellen Praxis am häufigsten verwendet.

Schließlich dient die Betrachtung des linearen Ansatzes als Grundlage für die komplexere Behandlung nichtlinearer Steuerungssysteme in ▶ **Kapitel 10**. Obwohl wir die lineare Steuerung als Näherungsmethode für die Steuerung von Manipulatoren betrachten, ist die Rechtfertigung für die Verwendung von linearen Controllern nicht nur empirischer Natur. In ▶ **Kapitel 10** werden wir beweisen, dass ein bestimmter linearer Controller auch dann zu einem vernünftigen Regelungssystem führt, wenn wir nicht auf eine lineare Näherung der Manipulator-Dynamik zurückgreifen. Leser, die mit linearen Steuerungssystemen vertraut sind, können die ersten vier Abschnitte des vorliegenden Kapitels überspringen.

9.2 Rückkopplung und geschlossener Regelkreis

Wir werden einen **Manipulator** als einen Mechanismus modellieren, der mit Sensoren an jedem Gelenk ausgestattet ist, um den Gelenkwinkel zu messen, und der einen Aktuator an jedem Gelenk besitzt, um ein Drehmoment auf das benachbarte (nächsthöhere) Glied auszuüben.[32] Obwohl manchmal andere physische Anordnungen von Sensoren verwendet werden, hat die große Mehrheit der Roboter einen Positionssensor an jedem Gelenk. Manchmal sind auch Geschwindigkeitssensoren (Tachometer) an den Gelenken vorhanden. Bei Industrierobotern sind verschiedene Antriebs- und Transmissionsverfahren üblich, aber viele davon können durch die Annahme modelliert werden, dass an jedem Gelenk ein einzelner Aktuator vorhanden ist.

Wir möchten, dass die Positionen der Gelenke des Manipulators auf vorgegebenen Trajektorien verlaufen, aber die Aktuatoren werden in Abhängigkeit von Drehmomenten gesteuert. Daher müssen wir eine Art **Regelungssystem** verwenden, um geeignete Aktuatorbefehle zu berechnen, die diese gewünschte Bewegung realisieren. Fast immer werden diese Drehmomente auf Grundlage der **Rückmeldungen** von den **Gelenksensoren** bestimmt, um das erforderliche Drehmoment zu berechnen.

32 Erinnern Sie sich daran, dass alle Bemerkungen zu rotierenden Gelenken analog für lineare Gelenke gelten und umgekehrt.

Abbildung 9.1 zeigt die Beziehung zwischen dem Trajektoriengenerator und dem physischen Roboter. Der Roboter erhält vom Steuerungssystem einen Vektor τ von Gelenkdrehmomenten. Die Sensoren des Manipulators ermöglichen der Steuerung das Auslesen der Vektoren der Gelenkpositionen Θ und der Gelenkgeschwindigkeiten $\dot{\Theta}$. Alle Signalleitungen in **Abbildung 9.1** übertragen $N \times 1$-Vektoren (wobei N die Anzahl der Gelenke des Manipulators ist).

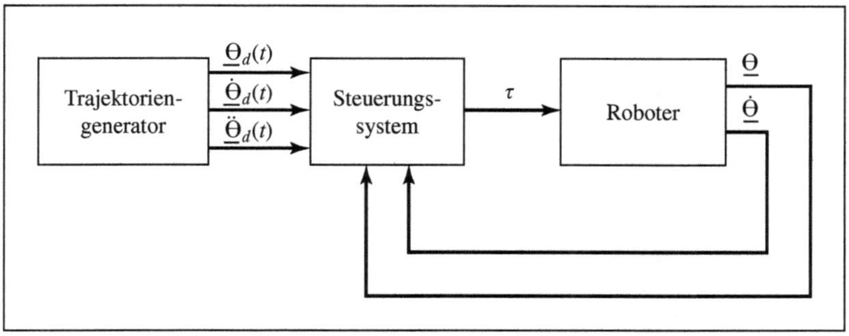

Abbildung 9.1 Übersichtsblockdiagramm eines **Roboter-Steuerungssystems**.

Lassen Sie uns überlegen, welcher Algorithmus in dem mit „**Steuerungssystem**" (**control system**) bezeichneten Block in **Abbildung 9.1** implementiert werden könnte. Eine Möglichkeit besteht darin, die dynamische Gleichung des Roboters zu verwenden (wie in **Kapitel 6** untersucht), um die für eine bestimmte Trajektorie erforderlichen Drehmomente zu berechnen. Der **Trajektoriengenerator** liefert uns $\Theta_d, \dot{\Theta}_d$ und $\ddot{\Theta}_d$, sodass wir **(6.59)** für diesen Zweck verwenden können:

$$\tau = M(\Theta_d)\ddot{\Theta}_d + V(\Theta_d, \dot{\Theta}_d) + G(\Theta_d). \tag{9.1}$$

Dadurch werden die Drehmomente berechnet, die laut unserem Modell erforderlich sind, um die gewünschte Trajektorie zu realisieren. Wäre unser dynamisches Modell vollständig und genau und gäbe es kein „Rauschen" oder andere Störungen, würde die kontinuierliche Anwendung von **(9.1)** entlang der gewünschten Trajektorie diese Trajektorie erzeugen. Leider machen die Unvollkommenheit des dynamischen Modells und das unvermeidliche Vorhandensein von Störungen eine solche Regelung für den Einsatz in realen Anwendungen unpraktisch. Eine solche Steuerungstechnik wird als **offener Regelkreis (open-loop scheme)** bezeichnet, da die Rückmeldungen der Gelenksensoren nicht genutzt werden (d. h., **(9.1)** ist nur eine Funktion der gewünschten Trajektorie Θ_d und ihrer Ableitungen aber *keine* Funktion von Θ, der tatsächlich vom Roboter durchgeführten Trajektorie).

Im Allgemeinen besteht die einzige Möglichkeit, ein leistungsfähiges Steuerungssystem aufzubauen, in der Verwendung von **Rückmeldungen** der **Gelenksensoren**, wie in **Abbildung 9.1** dargestellt. In der Regel wird dieses Feedback verwendet, um einen **Servofehler** zu berechnen, indem die Differenz zwischen der gewünschten und der tatsächlichen Position und die Differenz zwischen der gewünschten und der tatsächlichen Geschwindigkeit ermittelt wird:

$$\begin{aligned} E &= \Theta_d - \Theta \quad \text{und} \\ \dot{E} &= \dot{\Theta}_d - \dot{\Theta}. \end{aligned} \tag{9.2}$$

Das Steuersystem kann dann berechnen, wie viel Drehmoment es von den Aktuatoren als Funktion des Servofehlers verlangen muss. Die Grundidee ist natürlich, Drehmomente zu berechnen, die den Servofehler reduzieren. Ein **Steuerungssystem**, das diese Rückkopplungen verwendet, wird als **geschlossener Regelkreis (closed-loop)** bezeichnet. Der „Kreis“, den ein solches Sterungssystem um den Manipulator schließt, ist in **Abbildung 9.1** zu erkennen.

Das zentrale Problem bei der Entwicklung eines **Steuerungssystems** besteht darin, sicherzustellen, dass das resultierende geschlossene System bestimmte Leistungsanforderungen erfüllt. Das grundlegendste dieser Kriterien ist, dass das System **stabil** bleibt. Für unsere Zwecke definieren wir ein System als stabil, wenn die Fehler bei der Ausführung verschiedener gewünschter Trajektorien „klein“ bleiben, selbst bei Vorhandensein einiger „moderater“ Störungen. Es sei darauf hingewiesen, dass ein unsachgemäß entworfenes **Steuerungssystem** manchmal zu **instabilen** Verläufen führen kann, bei denen die Servofehler vergrößert statt verkleinert werden. Es ist daher die erste Aufgabe eines Regelungsingenieurs nachzuweisen, dass sein Entwurf zu einem stabilen System führt. Die zweite Aufgabe besteht darin, nachzuweisen, dass die Leistung des Systems im geschlossenen Regelkreis zufriedenstellend ist. In der Praxis reicht die Spannbreite solcher „Nachweise“ von mathematischen Beweisen, die auf bestimmten Annahmen und Modellen beruhen, bis hin zu eher empirischen Ergebnissen, die beispielsweise durch Simulationen oder Experimente gewonnen werden.

Abbildung 9.1, in der alle Signalleitungen $N \times 1$-Vektoren übertragen, fasst die Tatsache zusammen, dass das Problem der Manipulator-Steuerung ein **MIMO-Steuerungsproblem (Multi-Input, Multi-Output)** ist. In diesem Kapitel wählen wir einen einfachen Ansatz für die Konstruktion eines Steuerungssystems, indem wir jedes Gelenk als ein separates zu steuerndes System behandeln. Daher entwickeln wir für einen Manipulator mit N Gelenken N unabhängige **Steuerungssysteme** mit jeweils **einem Eingang und einem Ausgang (SISO) (single-input, single-output)**. Solche Entwürfe werden derzeit von den meisten Anbietern von Industrierobotern verfolgt. Dieser Ansatz der **unabhängigen Gelenksteuerung** ist eine Näherungsmethode, da die (in **Kapitel 6** entwickelten) Bewegungsgleichungen nicht unabhängig, sondern stark gekoppelt sind. Später in diesem Kapitel werden wir den linearen Ansatz rechtfertigen – zumindest für den Fall, dass die Manipulatoren stark gekoppelt sind.

9.3 Lineare Systeme zweiter Ordnung

Bevor wir uns mit dem Problem der Manipulator-Steuerung befassen, sollten wir einen Schritt zurückgehen und ein einfaches mechanisches **System** betrachten. **Abbildung 9.2** zeigt einen Block der Masse m, der an einer Feder mit der **Federkonstanten** k befestigt ist und einer Reibung mit dem Koeffizienten b unterliegt. **Abbildung 9.2** zeigt auch die Nullposition – die dargestellte Position des Blocks – und die positive Richtung von x. Unter der Annahme einer Reibungskraft, die proportional zur Geschwindigkeit des Blocks ist, führt ein Freikörperdiagramm der auf den Block wirkenden Kräfte direkt zur folgenden **Bewegungsgleichung**:

$$m\ddot{x} + b\dot{x} + kx = 0. \tag{9.3}$$

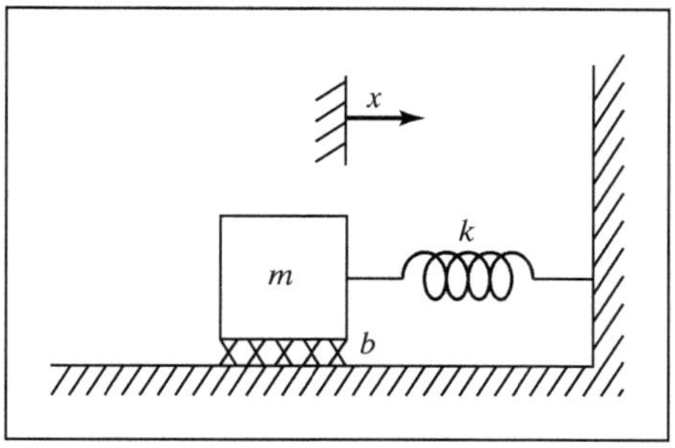

Abbildung 9.2 System aus Feder und Masse mit Reibung.

Daher wird die Dynamik des offenen Regelkreises dieses Systems mit einem Freiheitsgrad durch eine **lineare** Differenzialgleichung zweiter Ordnung mit konstanten Koeffizienten beschrieben [1]. Die Lösung der Differenzialgleichung **(9.3)** ist eine zeitabhängige Funktion $x(t)$, die die Bewegung des Blocks beschreibt. Diese Lösung hängt von den **Anfangsbedingungen** des Blocks ab – d. h. von seiner Anfangsposition und Anfangsgeschwindigkeit.

Wir werden dieses einfache mechanische System als Beispiel verwenden, um einige grundlegende Konzepte von Steuerungssystemen zu erläutern. Leider ist es unmöglich, dem Gebiet der Regelungstheorie mit einer kurzen Einführung gerecht zu werden. Wir werden das Problem der Steuerung erörtern und setzen dabei lediglich voraus, dass die Studierenden mit einfachen Differenzialgleichungen vertraut sind. Daher werden wir viele der beliebten Werkzeuge der Regelungstechnik nicht verwenden. Beispielsweise sind **Laplace-Transformationen** und andere gängige Techniken weder eine Voraussetzung für das Verständnis dieses Kapitels noch werden sie hier vorgestellt. Ein gutes Nachschlagewerk für dieses Gebiet ist [4].

Die Intuition legt nahe, dass das System aus **Abbildung 9.2** mehrere verschiedene charakteristische Bewegungen aufweisen könnte. Im Falle einer sehr schwachen Feder (d. h. kleines k) und sehr starken Reibung (d. h. großes b) könnten wir uns zum Beispiel vorstellen, dass der Block, wenn seine Lage gestört wird, sehr langsam und träge in seine Ruheposition zurückkehren würde. Bei sehr steifer Feder und sehr geringer Reibung könnte der Block hingegen mehrmals hin- und herschwingen, bevor er zur Ruhe kommt. Diese unterschiedlichen Möglichkeiten ergeben sich, weil der Charakter der Lösung von **(9.3)** von den Werten der Parameter m, b und k abhängt.

Aus der Untersuchung von Differenzialgleichungen [1] wissen wir, dass die Lösung einer **Gleichung** der Form von **(9.3)** von den Nullstellen ihrer **charakteristischen Gleichung** abhängt:

$$ms^2 + bs + k = 0. \tag{9.4}$$

Diese Gleichung hat die folgenden Lösungen:

$$\begin{aligned} s_1 &= -\frac{b}{2m} + \frac{\sqrt{b^2 - 4mk}}{2m}, \\ s_2 &= -\frac{b}{2m} - \frac{\sqrt{b^2 - 4mk}}{2m}. \end{aligned} \tag{9.5}$$

Die Positionen von s_1 und s_2 (manchmal auch die **Pole** des Systems genannt) in der reell-imaginären Ebene diktieren die Art der Bewegungen des Systems. Sind s_1 und

s_2 reell, dann ist das Verhalten des Systems träge und es schwingt nicht. Sind s_1 und s_2 komplex (d. h., sie haben eine imaginäre Komponente), dann ist das Verhalten des **Systems** oszillierend. Wenn wir den speziellen Grenzfall zwischen diesen beiden Verhaltensweisen einbeziehen, müssen wir in Abhängigkeit von der Art der Lösungen der charakteristischen Gleichung drei Klassen von **Reaktionen** untersuchen:

1. **Reelle, ungleiche Lösungen.** Dies ist der Fall, wenn $b^2 > 4mk$ ist. Dann überwiegt die Reibung, woraus ein träges Verhalten resultiert. Diese Reaktion wird als **überdämpft** bezeichnet.
2. **Komplexe Lösungen.** Dies ist der Fall, wenn $b^2 < 4mk$ ist. Dann dominiert die Steifigkeit und das System verhält sich schwingend. Diese Reaktion wird als **unterdämpft** bezeichnet.
3. **Reelle, gleiche Lösungen.** Dies ist der besondere Fall, in dem $b^2 = 4mk$ ist. Reibung und Steifigkeit sind dann „ausgeglichen", was zu der schnellstmöglichen nichtschwingenden Reaktion führt. Diese Reaktion wird als **kritisch gedämpft** bezeichnet.

Der dritte Fall (die kritische **Dämpfung**) ist in der Regel eine wünschenswerte Situation: Das System eliminiert Ausgangsbedingungen, die nicht gleich null sind, und kehrt so schnell wie möglich zu seiner nominalen Position zurück, ohne dabei hin- und herzuschwingen.

9.3.1 Reelle, ungleiche Lösungen

Es kann leicht gezeigt werden (durch direkte Substitution in **(9.3)**), dass die Lösung $x(t)$, welche die Bewegung des Blocks im Fall von reellen, ungleichen Lösungen der charakeristischen Gleichung angibt, die Form

$$x(t) = c_1 e^{s_1 t} + c_2 e^{s_2 t} \tag{9.6}$$

besitzt, wobei s_1 und s_2 durch **(9.5)** gegeben sind. Die Koeffizienten c_1 und c_2 sind Konstanten, die für jeden beliebigen Satz von Anfangsbedingungen (d. h. Anfangsposition und Anfangsgeschwindigkeit des Blocks) berechnet werden können.

Abbildung 9.3 zeigt ein Beispiel für die Lage der Pole und das entsprechende Zeitverhalten bei einer Anfangsbedingung ungleich null. Sind die Pole eines Systems zweiter Ordnung reel und ungleich, zeigt das System eine träge oder überdämpfte Bewegung.

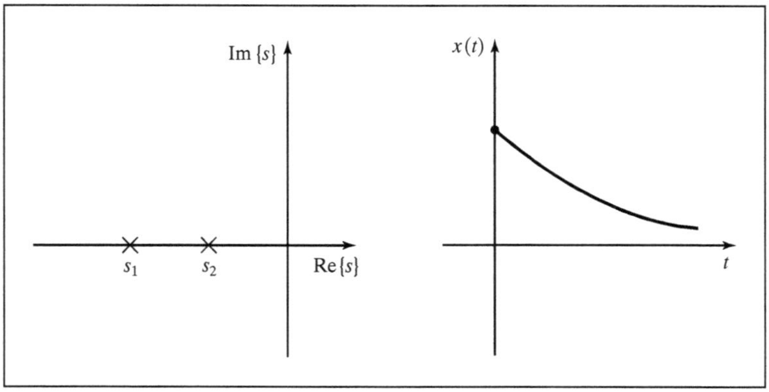

Abbildung 9.3 Position der Polstellen und die Reaktion auf Anfangsbedingungen ungleich null für ein überdämpftes System.

In Fällen, in denen einer der Pole einen viel größeren Wert aufweist als der andere, kann der Pol mit dem größeren Wert vernachlässigt werden, da der zugehörige Term viel schneller auf null abklingt als der Term des anderen Pols, dem **dominanten Pol**. Diese Vorstellung von der **Dominanz** gilt auch für Systeme höherer Ordnung. So kann beispielsweise ein System dritter Ordnung oft als System zweiter Ordnung untersucht werden, wenn nur zwei dominante Pole berücksichtigt werden.

BEISPIEL 9.1

Bestimmen Sie die Bewegung des Systems in **Abbildung 9.2**, wenn die Parameterwerte $m = 1, b = 5$ sowie $k = 6$ betragen und der (zunächst ruhende) Block an der Position $x = -1$ losgelassen wird.

Die charakteristische Gleichung lautet:

$$s^2 + 5s + 6 = 0, \tag{9.7}$$

mit den Lösungen $s_1 = -2$ und $s_2 = -3$. Die Antwort (Reaktion) hat also die folgende Form:

$$x(t) = c_1 e^{-2t} + c_2 e^{-3t}. \tag{9.8}$$

Wir verwenden nun die gegebenen Anfangsbedingungen, $x(0) = -1$ und $\dot{x}(0) = 0$, um c_1 und c_2 zu berechnen. Um diese Bedingungen bei $t = 0$ zu erfüllen, muss Folgendes gelten:

$$c_1 + c_2 = -1$$

und

$$-2c_1 - 3c_2 = 0, \tag{9.9}$$

was durch $c_1 = -3$ und $c_2 = 2$ erfüllt wird. Also ist die Bewegung des Systems für $t \geq 0$ durch die folgende Gleichung gegeben:

$$x(t) = -3e^{-2t} + 2e^{-3t}. \tag{9.10}$$

9.3.2 Komplexe Lösungen

Auch für den Fall, dass die Lösungen der charakteristischen Gleichung komplex sind, weil sie **komplexe Wurzeln** enthalten, und die Form

$$\begin{aligned} s_1 &= \lambda + \mu i, \\ s_2 &= \lambda - \mu i \end{aligned} \tag{9.11}$$

aufweisen, besitzt die Lösung $x(t)$, welche die Bewegung des Blocks im Fall von komplexen Wurzeln angibt, immer noch die folgende Form:

$$x(t) = c_1 e^{s_1 t} + c_2 e^{s_2 t}. \tag{9.12}$$

Die Gleichung **(9.12)** ist jedoch schwer direkt zu verwenden, da sie explizit imaginäre Zahlen einbezieht. Es kann gezeigt werden (siehe ▶ **Übung 9.1**), dass die Lösung **(9.12)** mithilfe der **Eulerschen Formel**

$$e^{ix} = \cos x + i \sin x \tag{9.13}$$

in die folgende Form überführt werden kann:

$$x(t) = c_1 e^{\lambda t}\cos(\mu t) + c_2 e^{\lambda t}\sin(\mu t). \tag{9.14}$$

Wie zuvor sind die Koeffizienten c_1 und c_2 Konstanten, die für jeden beliebigen Satz von Anfangsbedingungen (d. h. Anfangsposition und Anfangsgeschwindigkeit des Blocks) berechnet werden können. Schreiben wir die Konstanten c_1 und c_2 in der Form

$$\begin{aligned} c_1 &= r \cos \delta \quad \text{und} \\ c_2 &= r \sin \delta, \end{aligned} \tag{9.15}$$

dann erhält **(9.14)** die folgende Form:

$$x(t) = r e^{\lambda t} \cos(\mu t - \delta), \tag{9.16}$$

wobei gilt:

$$\begin{aligned} r &= \sqrt{c_1^2 + c_2^2} \quad \text{und} \\ \delta &= \text{Atan2}(c_2, c_1). \end{aligned} \tag{9.17}$$

In dieser Form ist einfacher zu erkennen, dass die resultierende Bewegung eine Oszillation ist, deren Amplitude exponentiell gegen null abnimmt.

Eine weitere gängige Methode zur Beschreibung von schwingungsfähigen **Systemen** zweiter Ordnung verwendet die Eigenschaften **Dämpfungsgrad** und **Eigenfrequenz**. Diese Begriffe werden durch die Parametrisierung der charakteristischen Gleichung definiert, die durch

$$s^2 + 2\zeta\omega_n s + \omega_n^2 = 0 \tag{9.18}$$

gegeben ist – mit dem Dämpfungsverhältnis ζ (eine dimensionslose Zahl zwischen 0 und 1) und der Eigenfrequenz ω_n.[33] Die Beziehungen zwischen den Polstellen und diesen Parametern lauten:

$$\lambda = -\zeta\omega_n$$

und

$$\mu = \omega_n \sqrt{1 - \zeta^2}. \tag{9.19}$$

In dieser Terminologie wird der Imaginärteil der Pole μ manchmal auch als **gedämpfte Eigenfrequenz** bezeichnet. Bei einem gedämpften System aus Feder und Masse, wie das in **Abbildung 9.2**, ergibt sich für das Dämpfungsverhältnis und die Eigenfrequenz:

$$\begin{aligned} \zeta &= \frac{b}{2\sqrt{km}} \quad \text{sowie} \\ \omega_n &= \sqrt{k/m}. \end{aligned} \tag{9.20}$$

Ist keine Dämpfung vorhanden (in unserem Beispiel bei $b = 0$), wird das Dämpfungsverhältnis gleich null. Bei kritischer Dämpfung ($b^2 = 4km$) ist das Dämpfungsverhältnis gleich eins.

Abbildung 9.4 zeigt ein Beispiel für die Lage der Pole und die entsprechende zeitliche Reaktion auf eine Anfangsbedingung ungleich null. Sind die Pole eines Systems zweiter Ordnung komplex, zeigt das System eine oszillierende oder unterdämpfte Bewegung.

33 Die Begriffe *Dämpfungsverhältnis* und *Eigenfrequenz* können auch auf überdämpfte Systeme angewendet werden, für die $\zeta > 1{,}0$ gilt.

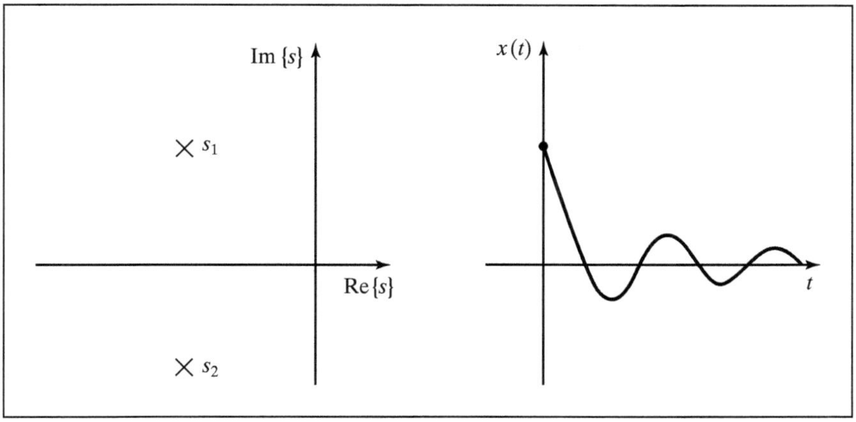

Abbildung 9.4 Position der Polstellen und die Reaktion auf Anfangsbedingungen ungleich null für ein unterdämpftes System.

BEISPIEL 9.2

Finden Sie die Bewegung des Systems in **Abbildung 9.2**, wenn die Parameterwerte $m = 1, b = 1$ sowie $k = 1$ sind und der (zunächst ruhende) Block an der Position $x = -1$ losgelassen wird.

Die charakteristische Gleichung lautet:

$$s^2 + s + 1 = 0, \tag{9.21}$$

mit den Lösungen $s_i = -\frac{1}{2} \pm \frac{\sqrt{3}}{2}i$. Die Antwort (Reaktion) weist daher die folgende Form auf:

$$x(t) = e^{-\frac{t}{2}}\left(c_1 \cos\frac{\sqrt{3}}{2}t + c_2 \sin\frac{\sqrt{3}}{2}t\right). \tag{9.22}$$

Wir verwenden nun die gegebenen Anfangsbedingungen $x(0) = -1$ und $\dot{x}(0) = 0$, um c_1 und c_2 zu berechnen. Um diese Bedingungen bei $t = 0$ zu erfüllen, muss Folgendes gelten:

$$c_1 = -1$$

und

$$-\frac{1}{2}c_1 + \frac{\sqrt{3}}{2}c_2 = 0. \tag{9.23}$$

Diese Gleichungen werden durch $c_1 = -1$ und $c_2 = \frac{-\sqrt{3}}{3}$ erfüllt. Also ist die Bewegung des Systems für $t \geq 0$ durch die folgende Gleichung gegeben:

$$x(t) = e^{-\frac{t}{2}}\left(-\cos\frac{\sqrt{3}}{2}t - \frac{\sqrt{3}}{3}\sin\frac{\sqrt{3}}{2}t\right). \tag{9.24}$$

Dieses Ergebnis kann unter Verwendung von **(9.16)** auch wie folgt ausgedrückt werden:

$$x(t) = \frac{2\sqrt{3}}{3}e^{-\frac{t}{2}}\cos\left(\frac{\sqrt{3}}{2}t - 120°\right). \tag{9.25}$$

9.3.3 Reelle, gleiche Lösungen

Durch Substitution in **(9.3)** kann gezeigt werden, dass die **Lösung** $x(t)$, welche die Bewegung des Blocks im Fall von **reellen, gleichen Lösungen** der charakteristischen Gleichung angibt, die folgende Form besitzt:

$$x(t) = c_1 e^{s_1 t} + c_2 t e^{s_2 t}, \tag{9.26}$$

wobei in diesem Fall $s_1 = s_2 = -\frac{b}{2m}$ ist. **(9.26)** kann also wie folgt geschrieben werden:

$$x(t) = (c_1 + c_2 t) e^{-\frac{b}{2m} t}. \tag{9.27}$$

Für den Fall, dass dies nicht sofort ersichtlich ist, zeigt eine schnelle Anwendung der **Regel von l'Hôpital** [2], dass für jedes c_1, c_2 und a der folgende Grenzwert für $x(t)$ resultiert:

$$\lim_{t \to \infty} (c_1 + c_2 t) e^{-at} = 0. \tag{9.28}$$

Abbildung 9.5 zeigt ein Beispiel für die Lage der Pole und die entsprechende zeitliche Reaktion auf eine Anfangsbedingung ungleich null. Wenn die Pole eines Systems zweiter Ordnung reel und gleich sind, zeigt das System eine kritisch gedämpfte Bewegung, die schnellstmögliche nicht-oszillatorische Reaktion.

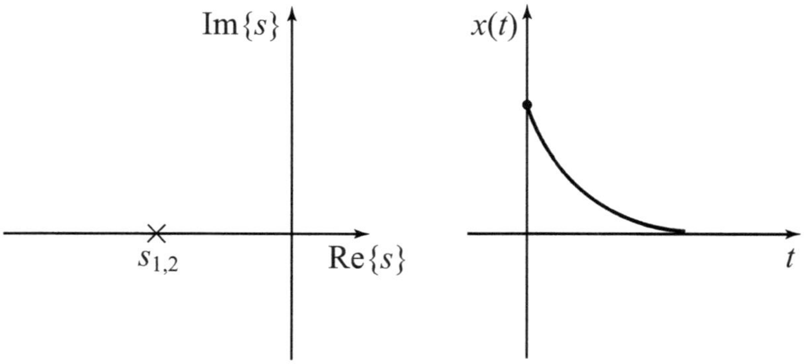

Abbildung 9.5 Position der Polstellen und die Reaktion auf Anfangsbedingungen ungleich null für ein kritisch gedämpftes System.

BEISPIEL 9.3

Berechnen Sie die Bewegung des Systems in **Abbildung 9.2** mit den Parameterwerten $m = 1, b = 4$ und $k = 4$. Der (zunächst ruhende) Block wird an der Position $x = -1$ losgelassen.

Die charakteristische Gleichung lautet:

$$s^2 + 4s + 4 = 0, \tag{9.29}$$

mit den Lösungen $s_1 = s_2 = -2$. Die Antwort (Reaktion) besitzt also die folgende Form:

$$x(t) = (c_1 + c_2 t) e^{-2t}. \tag{9.30}$$

Wir verwenden nun die gegebenen Anfangsbedingungen $x(0) = -1$ und $\dot{x}(0) = 0$, um c_1 und c_2 zu berechnen. Um diese Bedingungen bei $t = 0$ zu erfüllen, muss Folgendes gelten:

$$c_1 = -1$$

und

$$-2c_1 + c_2 = 0, \tag{9.31}$$

die durch $c_1 = -1$ und $c_2 = -2$ erfüllt sind. Somit ist die Bewegung des Systems für $t \geq 0$ durch die folgende Gleichung gegeben:

$$x(t) = (-1 - 2t)e^{-2t}. \tag{9.32}$$

In den **Beispielen 9.1** bis **9.3** waren alle Systeme stabil. Dies ist bei jedem passiven physikalischen System wie dem in **Abbildung 9.2** der Fall. Bei solchen mechanischen Systemen gilt für die Koeffizienten m, b und k der charakteristischen Gleichung **(9.4)** immer:

$$\begin{aligned} &m > 0, \\ &b > 0 \quad \text{und} \\ &k > 0. \end{aligned} \tag{9.33}$$

Im nächsten Abschnitt werden wir sehen, dass die Aktion eines Regelungssystems darin besteht, den Wert eines oder mehrerer dieser Koeffizienten zu ändern. Anschließend müssen wir prüfen, ob das resultierende System stabil ist.

9.4 Regelung von Systemen zweiter Ordnung

Nehmen wir an, dass die natürliche Reaktion unseres mechanischen **Systems** zweiter Ordnung nicht so ist, wie wir sie uns wünschen. Vielleicht ist es unterdämpft und oszilliert, während wir es gerne kritisch gedämpft hätten. Vielleicht fehlt die Feder ganz ($k = 0$), sodass das System nach einer Störung nie wieder zu $x = 0$ zurückkehrt. Durch den Einsatz von Sensoren, eines Aktuators und eines Regelungssystems können wir das Verhalten des Systems nach Belieben verändern.

Abbildung 9.6 zeigt ein gedämpftes System aus Feder und Masse sowie einem zusätzlichen Aktuator, mit dem man eine Kraft f auf die Masse ausüben kann. Ein Freikörperdiagramm führt zu der folgenden Bewegungsgleichung:

$$m\ddot{x} + b\dot{x} + kx = f. \tag{9.34}$$

Nehmen wir außerdem an, dass wir über Sensoren verfügen, die die Position und Geschwindigkeit des Blocks erfassen können. Wir schlagen nun ein **Regelungsgesetz** vor, das die Kraft, die der **Aktuator** ausüben soll, in Abhängigkeit von der Rückmeldung der Sensoren berechnet:

$$f = -k_p x - k_v \dot{x}. \tag{9.35}$$

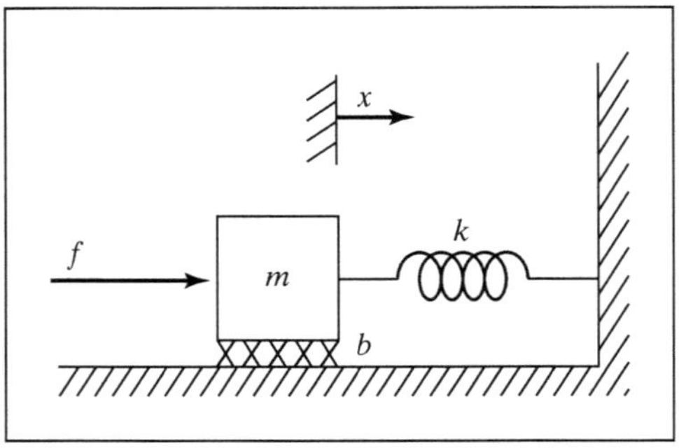

Abbildung 9.6 Ein gedämpftes Feder-Masse-System mit einem Aktuator.

Abbildung 9.7 zeigt ein Blockdiagramm des geschlossenen Regelkreises, in dem der Teil links von der gestrichelten Linie das Steuerungssystem darstellt (normalerweise in einem Computer implementiert), während der Teil rechts von der gestrichelten Linie das physikalische System repräsentiert. In der Abbildung sind die Schnittstellen zwischen dem Steuerungscomputer, den Befehlen für die Aktuatorausgabe sowie den Eingangsinformationen der Sensoren implizit enthalten.

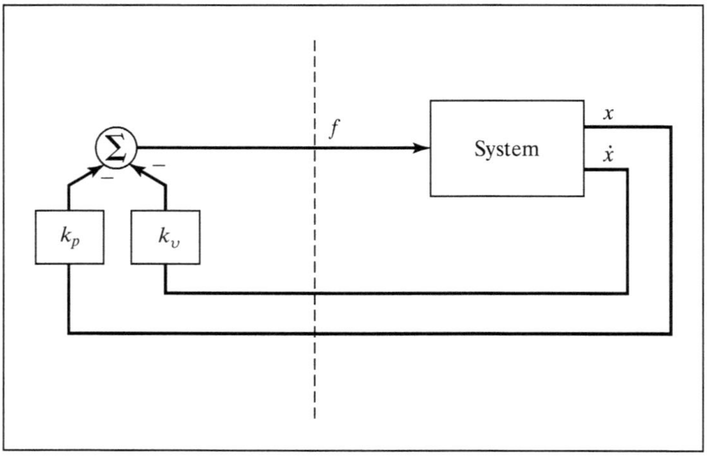

Abbildung 9.7 Ein **Steuerungssystem** mit geschlossenem Regelkreis. Der Steuerungscomputer (links von der gestrichelten Linie) liest Sensoreingaben und gibt Befehle an den Aktuator.

Das von uns vorgeschlagene Steuerungssystem ist ein **Lageregelungssystem** – es versucht einfach, die Position der Masse an einem festen Ort zu halten, unabhängig von Störkräften, die auf die Masse einwirken. In einem späteren Abschnitt werden wir ein **bahnverfolgendes Regelungssystem** konstruieren, das die Masse dazu bringen kann, den Positionen auf einer gewünschten Trajektorie zu folgen.

Wenn wir die Dynamik des offenen Regelkreises von **(9.34)** mit dem Regelungsgesetz von **(9.35)** gleichsetzen, können wir die Dynamik des geschlossenen Regelkreises herleiten und erhalten das folgende Ergebnis:

$$m\ddot{x} + b\dot{x} + kx = -k_p x - k_v \dot{x} \tag{9.36}$$

oder

$$m\ddot{x} + (b + k_v)\dot{x} + (k + k_p)x = 0 \tag{9.37}$$

oder

$$m\ddot{x} + b'\dot{x} + k'x = 0, \tag{9.38}$$

wobei $b' = b + k_v$ und $k' = k + k_p$ ist. Aus **(9.37)** und **(9.38)** ist ersichtlich, dass wir durch die Einstellungen der **Kontrollverstärkungen** k_v und k_p dafür sorgen können, dass der geschlossene Regelkreis ein beliebiges von uns gewünschtes zweites **Systemverhalten** zeigt. Oft werden die **Verstärkungen (gains)** so gewählt, dass eine kritische Dämpfung (d. h., $b' = 2\sqrt{mk'}$) und eine gewünschte **Steifigkeit des geschlossenen Regelkreises** erreicht wird, die direkt durch k' gegeben ist.

Beachten Sie, dass k_v und k_p positiv oder negativ sein können, je nach den Parametern des ursprünglichen Systems. Wenn jedoch b' oder k' negativ wird, wäre das Ergebnis ein instabiles Steuerungssystem. Diese Instabilität wird offensichtlich, wenn man die Lösung der Differenzialgleichung zweiter Ordnung [in Form von **(9.6)**, **(9.14)** oder **(9.26)**] aufschreibt. Es macht auch intuitiv Sinn, dass Servofehler eher vergrößert als verringert werden, wenn b' oder k' negativ sind.

BEISPIEL 9.4

Die Parameter des Systems in **Abbildung 9.6** seien $m = 1, b = 1$ und $k = 1$. Bestimmen Sie die Verstärkungen k_p und k_v eines Positionsregelungsgesetzes, das zu einem kritisch gedämpften System mit einer Regelkreissteifigkeit von 16,0 führt.

Die Regelkreissteifigkeit k' soll den Wert 16,0 aufweisen. Dann gilt für eine kritische Dämpfung $b' = 2\sqrt{mk'} = 8{,}0$. Laut Aufgabenstellung sollen $k = 1$ und $b = 1$ sein. Aus $b' = b + k_v$ und $k' = k + k_p$ folgt somit:

$$\begin{aligned} k_p &= 15{,}0 \quad \text{und} \\ k_v &= 7{,}0. \end{aligned} \tag{9.39}$$

9.5 Partitionierung von Regelungsgesetzen

Zur Vorbereitung des Entwurfs von **Regelungsgesetzen** für kompliziertere Systeme wollen wir für das Beispielproblem in **Abbildung 9.6** eine etwas andere Regelungsstruktur betrachten. Bei dieser Methode unterteilen wir den **Regelkreis** in einen **modellbasierten Teil** und einen **Servoteil**. Als Ergebnis kommen die Parameter des Systems (d. h. in diesem Fall *m*, *b* und *k*) nur im modellbasierten Teil vor und der Servoteil ist unabhängig von diesen Parametern. Im Moment mag diese Unterscheidung noch unwichtig erscheinen, aber ihre Bedeutung wird offensichtlicher, wenn wir in ▸ **Kapitel 10** nichtlineare Systeme betrachten. Wir werden diesen Ansatz **der Partitionierung von Regelungsgesetzen** im gesamten Buch verwenden.

Die Bewegungsgleichung für das System mit offenem Regelkreis lautet:

$$m\ddot{x} + b\dot{x} + kx = f. \tag{9.40}$$

Wir möchten die Steuerung für dieses System in zwei Teile zerlegen. In diesem Fall nutzt der modellbasierte Teil des Regelkreises, dass wir annehmen, m, b und k zu kennen. Dieser Teil des Regelungsgesetzes ist so aufgebaut, dass er *das System reduziert, sodass es wie eine Einheitsmasse erscheint*. Dies wird deutlich, wenn wir uns **Beispiel 9.5** ansehen. Der zweite Teil des Regelungsgesetzes nutzt die Rückkopplung, um das Verhalten des Systems zu verändern. Der modellbasierte Teil des Regelungsgesetzes bewirkt, dass das System als Einheitsmasse erscheint. Daher ist der Entwurf des Servoteils sehr einfach: Die Verstärkungen werden so gewählt, dass sie ein System steuern, das aus einer einzigen Einheitsmasse besteht (d. h. ohne Reibung und ohne Steifigkeit).

Der modellbasierte Teil der Steuerung geht von einem Regelungsgesetz der Form

$$f = \alpha f' + \beta \tag{9.41}$$

aus, wobei α und β Funktionen oder Konstanten sind und so gewählt werden, dass *das System als Einheitsmasse erscheint*, wenn f' als *neue Eingabe* des Systems verwendet wird. Mit dieser Struktur des Regelungsgesetzes lautet die Systemgleichung (das Ergebnis der Kombination von **(9.40)** und **(9.41)**):

$$m\ddot{x} + b\dot{x} + kx = \alpha f' + \beta. \tag{9.42}$$

Damit das System nach der Eingabe von f' als Einheitsmasse erscheint, sollten wir für dieses spezielle System α und β wie folgt wählen:

$$\begin{aligned} \alpha &= m \quad \text{und} \\ \beta &= b\dot{x} + kx. \end{aligned} \tag{9.43}$$

Wenn wir diese Zuordnungen vornehmen und in **(9.42)** einsetzen, erhalten wir die folgende Systemgleichung:

$$\ddot{x} = f'. \tag{9.44}$$

Dies ist die Bewegungsgleichung einer Einheitsmasse. Wir gehen nun so vor, als ob **(9.44)** die Dynamik eines zu steuernden Systems wäre. Wir entwerfen ein Regelungsgesetz zur Berechnung von f', genau wie wir es zuvor getan haben:

$$f' = -k_v \dot{x} - k_p x. \tag{9.45}$$

Kombinieren wir dieses Regelungsgesetz mit Gleichung **(9.44)**, erhalten wir:

$$\ddot{x} + k_v \dot{x} + k_p x = 0. \tag{9.46}$$

Mit dieser Methodik ist die Einstellung der Kontrollverstärkungen einfach und unabhängig von den Systemparametern, d. h., für eine kritische Dämpfung muss

$$k_v = 2\sqrt{k_p} \tag{9.47}$$

gelten. **Abbildung 9.8** zeigt ein Blockdiagramm des partitionierten Controllers, der zur Steuerung des Systems aus **Abbildung 9.6** verwendet wird.

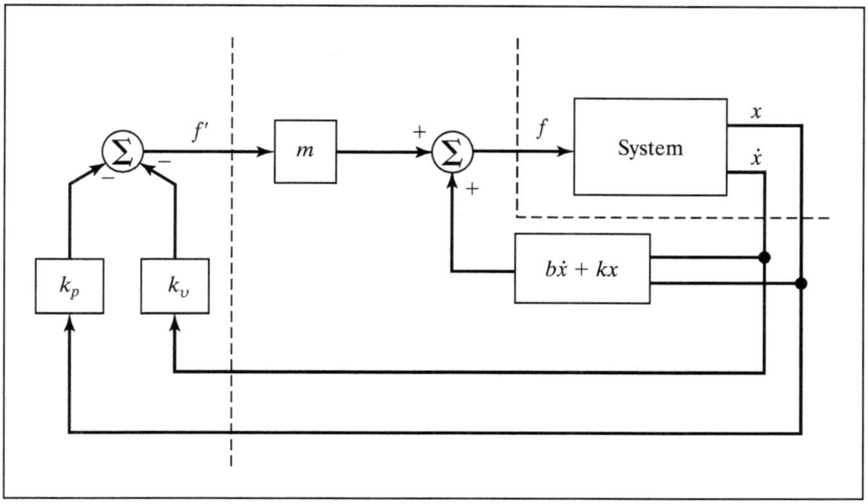

Abbildung 9.8 Ein geschlossener Regelkreis, der die Methode der partitionierten Regelungsgesetze verwendet.

BEISPIEL 9.5

Für die Parameter des Systems in **Abbildung 9.6** gelte: $m = 1, b = 1$ und $k = 1$. Bestimmen Sie α, β und die Verstärkungen k_p sowie k_v für ein Lageregelungsgesetz, das dazu führt, dass das System mit einer Regelkreissteifigkeit von 16,0 kritisch gedämpft ist.

Wir wählen

$$\begin{aligned} \alpha &= 1 \quad \text{und} \\ \beta &= \dot{x} + x, \end{aligned} \tag{9.48}$$

sodass das System nach der fiktiven Eingabe von f'als Einheitsmasse erscheint. Wir setzen dann die Verstärkung k_p auf die gewünschte Regelkreissteifigkeit sowie $k_v = 2\sqrt{k_p}$ für die kritische Dämpfung. Dadurch erhalten wir:

$$\begin{aligned} k_p &= 16{,}0 \quad \text{und} \\ k_v &= 8{,}0. \end{aligned} \tag{9.49}$$

9.6 Trajektorienfolgende Steuerung

Anstatt die Masse nur an einer gewünschten Stelle zu halten, sollten wir unseren Controller so verbessern, dass die Masse einer **Trajektorie** folgt. Die **Trajektorie** ist durch eine Funktion der Zeit $x_d(t)$ gegeben, welche die gewünschte Position der Masse angibt. Wir gehen davon aus, dass die Trajektorie stetig ist (d. h., dass die ersten beiden Ableitungen existieren) und dass unser Trajektoriengenerator zu allen Zeitpunkten t die Werte $x_d, \dot{x}_d$ und $\ddot{x}_d$ liefert. Wir definieren den Servofehler zwischen der gewünschten und der tatsächlichen Trajektorie als $e = x_d - x$. Ein **Servo-Regelungsgesetz**, das die Verfolgung einer Trajektorie bewirkt, lautet:

$$f' = \ddot{x}_d + k_v \dot{e} + k_p e. \tag{9.50}$$

Wir sehen, dass **(9.50)** eine gute Wahl ist, wenn wir sie mit der Gleichung der Bewegung einer Einheitsmasse **(9.44)** kombinieren, was zu

$$\ddot{x} = \ddot{x}_d + k_v \dot{e} + k_p e \qquad (9.51)$$

führt, bzw. zu

$$\ddot{e} + k_v \dot{e} + k_p e = 0. \qquad (9.52)$$

Es handelt sich um eine Differenzialgleichung zweiter Ordnung, deren Koeffizienten wir frei wählen können, sodass wir jede von uns gewünschte Reaktion erreichen können. (Oft wird die kritische Dämpfung gewählt.) Wir sagen manchmal, dass eine solche Gleichung im **Fehlerraum** geschrieben wird, weil sie die Entwicklung der Fehler relativ zur gewünschten Trajektorie beschreibt. **Abbildung 9.9** zeigt ein Blockdiagramm unseres trajektorienfolgenden Regelkreises.

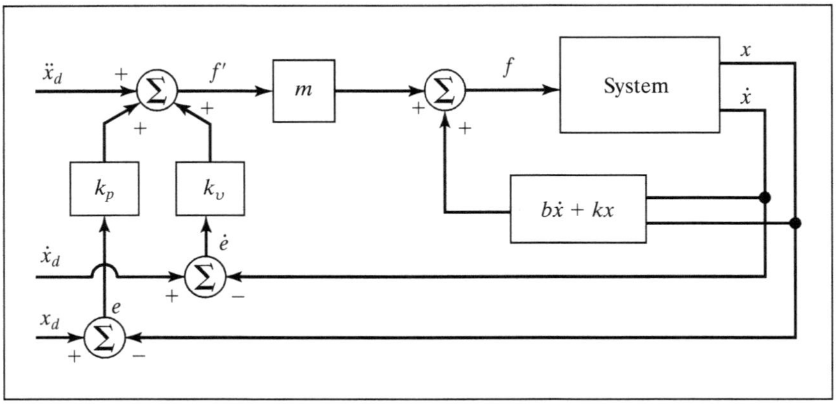

Abbildung 9.9 Ein **trajektorienfolgender Regelkreis** für das System in **Abbildung 9.6**.

Sofern unser Modell (d. h. unser Wissen über m, b und k) perfekt ist und wenn es kein Rauschen und keinen anfänglichen Fehler gibt, wird die Masse genau der gewünschten Trajektorie folgen. Liegt ein Anfangsfehler vor, wird er gemäß **(9.52)** unterdrückt und danach folgt das System genau der Trajektorie.

9.7 Störungsunterdrückung

Einer der Zwecke eines **Steuerungssystems** ist die **Störungsunterdrückung**, also das Sicherstellen einer guten Leistung (d. h. die Minimierung von Fehlern), selbst wenn einige externe Störungen oder **Rauschen** vorliegen. In **Abbildung 9.10** zeigen wir den trajektorienfolgenden Controller mit einer zusätzlichen Eingabe: einer Störkraft f_{dist}. Eine Analyse unseres geschlossenen Regelkreises führt zu der folgenden Fehlergleichung:

$$\ddot{e} + k_v \dot{e} + k_p e = f_{\text{dist}}/m. \qquad (9.53)$$

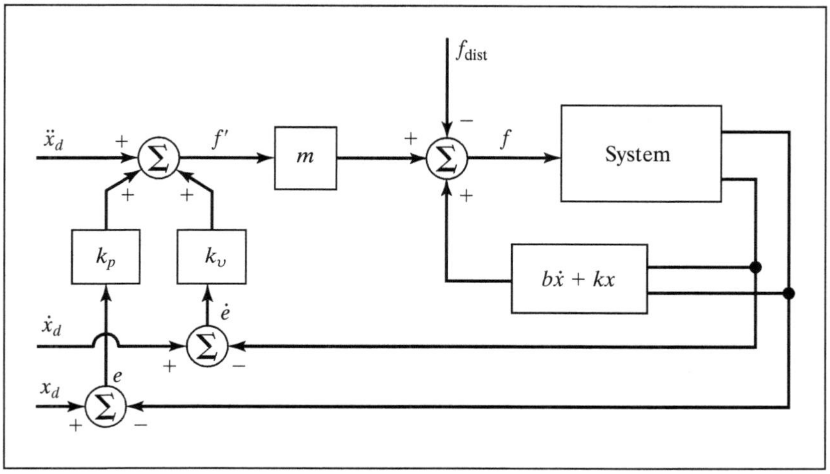

Abbildung 9.10 Ein **trajektorienfolgendes Steuerungssystem** mit einer **Störung**.

Bei Gleichung **(9.53)** handelt es sich um eine Differenzialgleichung, die durch eine **Erregungsfunktion** gesteuert wird. Wenn bekannt ist, dass f_{dist} **beschränkt** ist – das heißt, dass eine Konstante a existiert, sodass

$$\max_t f_{dist}(t) < a \tag{9.54}$$

gilt –, dann ist die Lösung der Differenzialgleichung $e(t)$ ebenfalls beschränkt. Dieses Ergebnis ist auf eine Eigenschaft stabiler linearer Systeme zurückzuführen, die als **„beschränkter Eingang, beschränkter Ausgang"**- oder **BIBO-Stabilität (bounded-input, bounded-output)** [3, 4] bezeichnet wird. Dieses sehr grundlegende Ergebnis gewährleistet, dass wir wenigstens sicher sein können, dass das System bei einer großen Klasse möglicher Störungen stabil bleibt.

9.7.1 Fehler im Gleichgewichtszustand

Betrachten wir die einfachste Art der Störung, nämlich die, dass f_{dist} eine Konstante ist. In diesem Fall können wir eine **Analyse des Gleichgewichtszustands** durchführen, indem wir das System im Ruhezustand analysieren (dann sind die Ableitungen aller Systemvariablen gleich null). Setzen wir die Ableitungen in **(9.53)** auf null, erhalten wir die Gleichung für den Gleichgewichtszustand:

$$k_p e = f_{dist}/m \tag{9.55}$$

oder

$$e = f_{dist}/k_p m. \tag{9.56}$$

Der in **(9.56)** angegebene Wert von e stellt einen **Fehler im Gleichgewichtszustand** dar. Aus der Gleichung ist klar ersichtlich: Je größer die Positionsverstärkung k_p ist, desto kleiner wird dieser Fehler.

9.7.2 Addition eines integralen Terms

Um Fehler im Gleichgewichtszustand zu eliminieren, wird manchmal ein modifiziertes **Regelungsgesetz** verwendet. Die Modifikation beinhaltet das Hinzufügen eines *integralen* Terms zum Regelungsgesetz, das anschließend wie folgt lautet:

$$f' = \ddot{x}_d + k_v \dot{e} + k_p e + k_i \int e dt, \tag{9.57}$$

was zu folgender Fehlergleichung führt:

$$\ddot{e} + k_v \dot{e} + k_p e + k_i \int e dt = f_{\text{dist}} / m. \tag{9.58}$$

Dieser Term wird hinzugefügt, damit das System bei konstanten Störungen keinen Fehler im Gleichgewichtszustand aufweist. Wenn $e(t) = 0$ für $t < 0$, können wir **(9.58)** für $t > 0$ wie folgt schreiben:

$$\dddot{e} + k_v \ddot{e} + k_p \dot{e} + k_i e = \dot{f}_{\text{dist}} / m. \tag{9.59}$$

Daraus wird im Gleichgewichtszustand (bei einer konstanten Störung):

$$k_i e = 0 \tag{9.60}$$

und somit

$$e = 0. \tag{9.61}$$

Mit diesem Regelungsgesetz wird das System zu einem System dritter Ordnung und man kann die entsprechende Differenzialgleichung dritter Ordnung lösen, um die Reaktion des Systems auf die Anfangsbedingungen zu berechnen. Oft wird k_i recht klein gehalten, sodass das System dritter Ordnung dem System zweiter Ordnung ohne diesen Term „nahe kommt" (d. h., es kann eine Analyse des dominanten Pols durchgeführt werden). Die Form des Regelungsgesetzes **(9.57)** wird als **PID-Regelungsgesetz** bezeichnet, für „Proportional-, Integral- und Ableitungs-Regelungsgesetz" (proportional, integral, derivative) [4]. Im Allgemeinen enthalten die in diesem Buch dargestellten Gleichungen der Regelungsgesetze der Einfachheit halber keinen Integralterm.

9.8 Kontinuierliche versus diskrete Zeitregelung

Bei den von uns besprochenen Regelungssystemen sind wir implizit davon ausgegangen, dass der Steuerungscomputer die Berechnung des **Regelungsgesetzes** in Nullzeit (d. h. unendlich schnell) durchführt, sodass der Wert der Aktuatorkraft f eine kontinuierliche Funktion der Zeit ist. In der Realität benötigt die Berechnung natürlich eine gewisse Zeit und die resultierende Sollkraft ist daher eine diskrete „Treppenfunktion". Wir werden diese Näherung an einen sehr schnellen Steuerungscomputer im gesamten Buch verwenden. Diese Näherung bleibt richtig, solange die Geschwindigkeit, mit der neue Werte von f berechnet werden, viel schneller ist als die **Eigenfrequenz** des zu steuernden Systems. Im Bereich der **diskreten Zeitregelung** oder der **digitalen Regelung** nimmt man diese **Näherung** nicht vor, sondern berücksichtigt bei der Analyse des Systems die **Servorate** des **Steuerungssystems** [3].

Wir gehen im Allgemeinen davon aus, dass die Berechnungen so schnell durchgeführt werden können, dass unsere Annahme eines kontinuierlichen Zeitablaufs gültig ist. Dies wirft die Frage auf: Wie schnell ist schnell genug? Es gibt mehrere Punkte, die bei der Wahl einer ausreichend schnellen Servo-(oder Abtast-)Rate berücksichtigt werden müssen:

- **Verfolgung von Referenzeingängen:** Das Frequenzspektrum des gewünschten Eingangs oder Referenzeingangs setzt der **Abtastrate** eine absolute Untergrenze. Die Abtastrate muss mindestens das Doppelte der Bandbreite der Referenzeingänge betragen. Dies ist normalerweise nicht der begrenzende Faktor.
- **Störungsunterdrückung:** Bei der **Störungsunterdrückung** wird durch ein kontinuierliches Zeitsystem eine Obergrenze für die Leistung vorgegeben. Wenn die Abtastperiode länger ist als die Korrelationszeit der Störeffekte (unter der Annahme eines statistischen Modells für zufällige Störungen), dann werden diese Störungen nicht unterdrückt. Eine gute Faustregel ist vielleicht, dass die Abtastperiode 10 Mal kürzer sein sollte als die Korrelationszeit des **Rauschens** [3].
- **Antialiasing:** Immer, wenn ein analoger Sensor in einem digitalen Regelungsverfahren verwendet wird, gibt es ein Problem mit dem **Aliasing** (der **Abtastverzerrung**), es sei denn, der Ausgang des Sensors ist streng bandbegrenzt. In den meisten Fällen haben Sensoren keine bandbegrenzte Ausgabe. Daher sollte die Abtastrate so gewählt werden, dass der Anteil der Energie, der im Aliasing-Signal erscheint, gering ist.
- **Strukturelle Resonanzen:** Wir haben in unsere Charakterisierung der Manipulator-Dynamik keine Biegemoden einbezogen. Alle realen Mechanismen haben eine endliche Steifigkeit und sind daher verschiedenen Arten von Vibrationen ausgesetzt. Wenn es wichtig ist, diese Schwingungen zu unterdrücken (und das ist oft der Fall), müssen wir eine Abtastrate wählen, die mindestens doppelt so hoch ist wie die Eigenfrequenz dieser Resonanzen. Wir werden später in diesem Kapitel auf das Thema Resonanz zurückkommen.

9.9 Modellierung und Steuerung eines einzelnen Gelenks

In diesem Abschnitt werden wir ein vereinfachtes Modell für ein einzelnes Drehgelenk eines Manipulators entwickeln. Wir werden einige Annahmen machen, mit denen wir das resultierende System als lineares System zweiter Ordnung modellieren können. Ein vollständigeres **Modell** eines angetriebenen **Gelenks** finden Sie in [5].

Ein gängiger Antrieb, der in vielen **Industrierobotern** zu finden ist, ist der **Gleichstrom-Drehmomentmotor** (wie in **Abbildung 8.18**). Der Teil des Motors, der sich nicht dreht (der **Stator**) besteht aus einem Gehäuse, Lagern und entweder Permanentmagneten oder Elektromagneten. Diese Statormagnete erzeugen ein Magnetfeld um den sich drehenden Teil des Motors (den **Rotor**). Der Rotor besteht aus einer Welle und Wicklungen, durch die der Strom fließt, der den Motor antreibt. Der Strom wird über Bürsten zu den Wicklungen geleitet, die mit dem Kommutator in Kontakt kommen. Der **Kommutator** ist mit den verschiedenen Wicklungen (auch **Anker** genannt) so verdrahtet, dass das Drehmoment immer in der gewünschten Richtung erzeugt wird. Das zugrunde liegende physikalische Phänomen [6], durch das ein Motor ein Drehmoment erzeugt, wenn Strom durch die Wicklungen fließt, lässt sich wie folgt ausdrücken:

$$F = qV \times B, \tag{9.62}$$

wobei sich die Ladung q mit der Geschwindigkeit V durch ein Magnetfeld B bewegt und eine Kraft F erfährt. Die Ladungen stammt von den Elektronen, die sich durch die Wicklungen bewegen und das Magnetfeld wird von den Statormagneten aufgebaut. Im

Allgemeinen wird die Fähigkeit eines Motors, ein Drehmoment zu erzeugen, mit Hilfe einer einzigen **Motor-Drehmomentkonstante** angegeben, die den Ankerstrom mit dem Ausgangsdrehmoment wie folgt in Beziehung setzt:

$$\tau_m = k_m i_a. \tag{9.63}$$

Wenn sich ein Motor dreht, wirkt er wie ein Generator und es entsteht eine Spannung über dem Anker. Eine zweite Motorkonstante, die **Gegenelektromotorische Kraft-Konstante (kurz Gegen-EMK**-Konstante)[34], beschreibt die Spannung, die bei einer bestimmten Rotationsgeschwindigkeit erzeugt wird:

$$v = k_e \dot{\theta}_m. \tag{9.64}$$

Die Tatsache, dass der Kommutator den Strom durch verschiedene Wicklungssätze schaltet, führt im Allgemeinen dazu, dass das erzeugte Drehmoment gewisse **Drehmomentschwankungen** aufweist. Obwohl dieser Effekt manchmal wichtig ist, kann er normalerweise ignoriert werden. (In jedem Fall ist er recht schwer zu modellieren – und selbst wenn er modelliert wird, ist er schwer zu kompensieren).

9.9.1 Motor-Anker-Induktivität

Abbildung 9.11 zeigt den Stromkreis des Ankers. Die wichtigsten Komponenten sind eine Spannungsquelle v_a, die Induktivität der Ankerwicklungen l_a, der Widerstand der Ankerwicklungen r_a und die erzeugte Gegen-EMK v. Die Schaltung wird durch eine Differenzialgleichung erster Ordnung beschrieben:

$$l_a \dot{i}_a + r_a i_a = v_a - k_e \dot{\theta}_m. \tag{9.65}$$

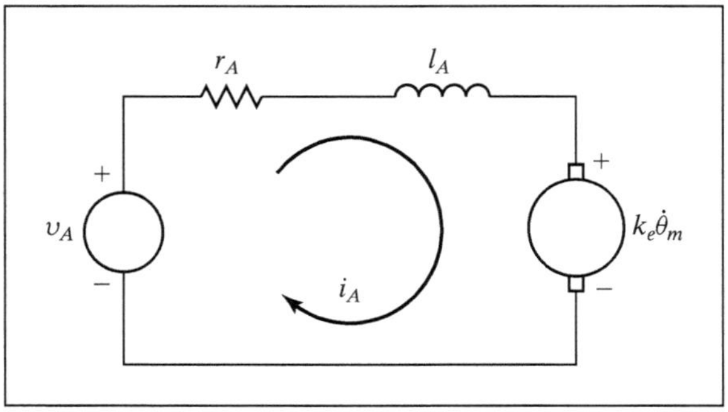

Abbildung 9.11 Der Ankerkreis eines Gleichstrom-Drehmomentmotors.

Im Allgemeinen ist es wünschenswert, das vom Motor erzeugte Drehmoment (und nicht die Geschwindigkeit) mit einer **elektronischen Motorantriebs-Schaltung** zu steuern. Diese Motorantriebs-Schaltungen erfassen den Strom durch den Anker und passen die Spannungsquelle v_a kontinuierlich so an, dass ein gewünschter Strom i_a durch den Anker fließt. Eine solche Schaltung wird als **Stromverstärker-Motorantrieb** bezeichnet [7]. Bei diesen Stromantriebssystemen wird die Geschwindigkeit, mit der der Ankerstrom geregelt werden kann, durch die Motorinduktivität l_a und durch eine

34 „EMK" steht für elektromotorische Kraft.

Obergrenze für die Spannung der Spannungsquelle v_a begrenzt. Der Nettoeffekt ist der eines **Tiefpassfilters** zwischen dem angeforderten Strom und dem Ausgangsdrehmoment.

Unsere erste vereinfachende Annahme vernachlässigt die Induktivität des Motors. Dies ist eine vernünftige Annahme, wenn die Eigenfrequenz des Regelkreises im Vergleich zur Grenzfrequenz des impliziten Tiefpassfilters im Schaltkreis des Stromantriebs aufgrund der Induktivität recht niedrig ist. Diese Annahme, zusammen mit der Annahme, dass die Drehmomentschwankungen ein vernachlässigbarer Effekt sind, bedeutet, dass wir das Drehmoment im Wesentlichen direkt steuern können. Auch wenn ein Skalierungsfaktor (wie z. B. k_m) berücksichtigt werden muss, gehen wir davon aus, dass der Antrieb als reine Drehmomentquelle fungiert, die wir direkt ansteuern können.

9.9.2 Effektive Trägheit

Abbildung 9.12 zeigt das mechanische Modell des Rotors eines Gleichstrom-Drehmomentmotors, der über ein Untersetzungsgetriebe mit einer Trägheitslast verbunden ist. Das auf den Rotor wirkende Drehmoment τ_m ist durch **(9.63)** gegeben – als Funktion des Stroms i_a, der im Ankerkreis fließt. Das Übersetzungsverhältnis η bewirkt eine Erhöhung des Drehmoments an der Last und eine Verringerung der Geschwindigkeit der Last, die durch

$$\begin{aligned} \tau &= \eta\, \tau_m \quad \text{und} \\ \dot{\theta} &= (1/\eta)\, \dot{\theta}_m \end{aligned} \tag{9.66}$$

gegeben sind, wobei $\eta > 1$ ist.

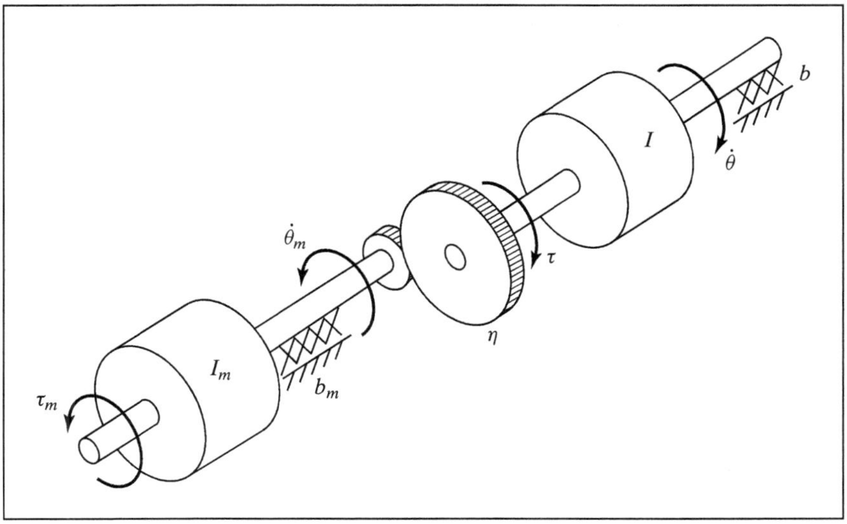

Abbildung 9.12 Mechanisches Modell eines **Gleichstrom-Drehmomentmotors**, der über ein Getriebe mit einer Trägheitslast verbunden ist.

Formulieren wir eine Drehmomentbilanz für dieses System in Abhängigkeit vom Drehmoment am Rotor, so erhalten wir:

$$\tau_m = I_m \ddot{\theta}_m + b_m \dot{\theta}_m + (1/\eta)\left(I\ddot{\theta} + b\dot{\theta}\right), \tag{9.67}$$

wobei I_m und I die Trägheitsmomente des Motor-Rotors bzw. der Last sowie b_m und b die viskosen Reibungskoeffizienten für den Rotor bzw. die Lastlager sind. Unter Verwendung der Beziehungen **(9.66)** können wir **(9.67)** in Bezug auf die Motorvariablen als

$$\tau_m = \left(I_m + \frac{I}{\eta^2}\right)\ddot{\theta}_m + \left(b_m + \frac{b}{\eta^2}\right)\dot{\theta}_m \tag{9.68}$$

schreiben oder in Form von Lastvariablen als

$$\tau = (I + \eta^2 I_m)\ddot{\theta} + (b + \eta^2 b_m)\dot{\theta}. \tag{9.69}$$

Der Term $I + \eta^2 I_m$ wird manchmal als **effektives Trägheitsmoment** bezeichnet, das am Ausgang des Getriebes (auf der Gliedseite) „gesehen" wird. Analog wird der Term $b + \eta^2 b_m$ als **effektive Dämpfung** bezeichnet. Beachten Sie, dass die Trägheit des Motorrotors bei einem Gelenk, das über ein Getriebe mit großem Übersetzungsverhältnis (d. h., $\eta \gg 1$) angetrieben wird, einen erheblichen Anteil an der kombinierten effektiven Trägheit ausmachen kann. Durch diesen Effekt können wir davon ausgehen, dass die effektive Trägheit eine Konstante ist.

Aus ▶ **Kapitel 6** wissen wir, dass die Trägheit I eines **Gelenks** des Mechanismus tatsächlich mit der Konfiguration und der Last variiert. Bei Robotern, die über Getriebe mit hoher Übersetzung angetrieben werden, machen die Schwankungen jedoch einen geringeren Prozentsatz aus als bei einem **direkt angetriebenen Manipulator** (d. h., bei $\eta = 1$). Um sicherzustellen, dass die Bewegung des Roboterglieds niemals unterdämpft ist, sollte der für I verwendete Wert das Maximum des Wertebereichs sein, den I annimmt. Wir nennen diesen Wert I_{max}. Diese Wahl führt zu einem System, das in allen Situationen kritisch gedämpft oder überdämpft ist. In ▶ **Kapitel 10** werden wir uns direkt mit variierender Trägheit befassen und wir werden diese Annahme nicht mehr treffen müssen.

BEISPIEL 9.6

Bestimmen Sie das Minimum und Maximum der effektiven Trägheit, wenn die scheinbare Trägheit des Glieds I zwischen 2 und 6 $kg\,m^2$ beträgt und die Rotorträgheit $I_m = 0{,}01$ sowie das Übersetzungsverhältnis $\eta = 30$ ist.

Die minimale effektive Trägheit ist:

$$I_{min} + \eta^2 I_m = 2{,}0 + (900)(0{,}01) = 11{,}0. \tag{9.70}$$

Für das Maximum der effektiven Trägheit gilt:

$$I_{max} + \eta^2 I_m = 6{,}0 + (900)(0{,}01) = 15{,}0. \tag{9.71}$$

Wir sehen also, dass die Schwankung der Trägheit als Prozentsatz der gesamten effektiven Trägheit durch das Getriebe reduziert wird.

9.9.3 Nicht modellierte Flexibilität

Die andere wichtige Annahme, die wir in unserem **Modell** getroffen haben, besteht darin, dass das Getriebe, die Wellen, die Lager und das angetriebene Glied nicht flexibel sind. In Wirklichkeit haben alle diese Elemente eine endliche Steifigkeit und ihre **Flexibilität** würde, wenn sie modelliert würde, die Ordnung des Systems erhöhen. Für das Ignorieren der Flexibilitätseffekte spricht, dass die Eigenfrequenzen dieser **nicht modellierten Resonanzen** bei ausreichend steifem System sehr hoch sind und im Vergleich zum Einfluss der dominanten Pole zweiter Ordnung, die wir modelliert haben, vernachlässigt werden können.[35] Der Begriff „nicht modelliert" bezieht sich auf die Tatsache, dass wir für die Analyse und den Entwurf des Regelungssystems diese Effekte vernachlässigen und ein einfacheres dynamisches Modell wie **(9.69)** verwenden.

Da wir uns dafür entschieden haben, keine strukturellen Flexibilitäten im System zu modellieren, müssen wir darauf achten, diese Resonanzen nicht anzuregen. Ist die niedrigste strukturelle Resonanz ω_{res}, dann besagt eine Faustregel aus [8], dass wir unsere **Eigenfrequenz** im geschlossenen Regelkreis gemäß der folgenden Beziehung begrenzen müssen:

$$\omega_n \leq \frac{1}{2}\omega_{\text{res}}. \tag{9.72}$$

Dies gibt uns einige Hinweise für die Wahl der Verstärkungen in unserem Controller. Wie wir gesehen haben, führt eine Erhöhung der **Verstärkung** zu einer schnelleren Reaktion und einem geringeren Fehler im Gleichgewichtszustand. Aber wir sehen jetzt, dass nicht modellierte strukturelle Resonanzen die Höhe der Verstärkung begrenzen. Typische industrielle Manipulatoren haben strukturelle Resonanzen im Bereich von 5 Hz bis 25 Hz [8]. Bei neueren Konstruktionen mit Direktantrieben, die keine Flexibilität durch Untersetzungs- und Übertragungssysteme aufweisen, liegen die niedrigsten strukturellen Resonanzen bei bis zu 70 Hz [9].

BEISPIEL 9.7

Betrachten Sie das System aus ▶ **Abbildung 9.7** mit den Parametern $m = 1, b = 1$ und $k = 1$. Außerdem ist bekannt, dass die niedrigste nicht modellierte Resonanz des Systems bei 8 rad/s liegt. Bestimmen Sie α **und** β sowie die Verstärkungen k_p und k_v für ein Lageregelungsgesetz, sodass das System kritisch gedämpft ist, keine unmodellierte Dynamik anregt und eine möglichst hohe Steifigkeit im geschlossenen Regelkreis aufweist.

Wir wählen

$$\begin{aligned} \alpha &= 1 \quad \text{und} \\ \beta &= \dot{x} + x, \end{aligned} \tag{9.73}$$

sodass das System als eine Einheitsmasse nach dem fiktiven Eingang von f' in Erscheinung tritt. Mit unserer Faustregel **(9.72)** wählen wir die Eigenfrequenz des geschlossenen Regelkreises zu $\omega_n = 4$ rad/s. Mithilfe von **(9.18)** und **(9.46)** erhalten wir $k_p = \omega_n^2$ und somit:

$$\begin{aligned} k_p &= 16{,}0, \\ k_v &= 8{,}0. \end{aligned} \tag{9.74}$$

---

35 Dies ist im Grunde das gleiche Argument, das wir verwendet haben, um den Pol aufgrund der Motorinduktivität zu vernachlässigen. Die Einbeziehung dieses Pols hätte auch die Ordnung des Gesamtsystems erhöht.

9.9.4 Schätzen der Resonanzfrequenz

Dieselben Quellen der strukturellen Flexibilität, die in ▶ **Kapitel 8** besprochen wurden, führen zu **Resonanzen**. In jedem Fall, in dem eine strukturelle Flexibilität identifiziert werden kann, ist eine ungefähre Analyse der resultierenden Schwingung möglich, sofern wir die effektive Masse oder Trägheit des flexiblen Elements beschreiben können. Dazu wird die Situation durch ein einfaches System aus Feder und Masse angenähert, das [siehe **(9.20)**] die folgende Eigenfrequenz aufweist:

$$\omega_n = \sqrt{k/m}, \tag{9.75}$$

mit der Steifigkeit des flexiblen Bauteils k und der äquivalenten Masse m, die bei Vibrationen verschoben wird.

BEISPIEL 9.8

Eine (als masselos angenommene) Welle mit einer Steifigkeit von 400 Nm/rad treibt eine rotierende Masse mit einem Trägheitsmoment von $1\ \mathrm{kg\,m^2}$ an. Wie groß ist die Frequenz dieser nicht modellierten Resonanz, wenn die Steifigkeit der Welle bei der Modellierung der Dynamik vernachlässigt wurde?

Unter Verwendung von **(9.75)** ergibt sich:

$$\omega_{\mathrm{res}} = \sqrt{400/1} = 20\ \mathrm{rad/s} = 20/(2\pi)\ \mathrm{Hz} \cong 3{,}2\ \mathrm{Hz}. \tag{9.76}$$

Für eine grobe Schätzung der niedrigsten Resonanzfrequenz von Trägern und Wellen schlägt [10] die Verwendung eines **Klumpenmodells** der Masse vor. Wir haben bereits Formeln zur Abschätzung der Steifigkeit an den Enden von Trägern und Wellen. Diese Klumpenmodelle liefern die effektive Masse oder Trägheit, die wir für unsere Abschätzung der Resonanzfrequenz benötigen. **Abbildung 9.13** zeigt die Ergebnisse einer Energieanalyse [10], der zufolge ein Balken mit der Masse m durch eine Punktmasse am Ende von 0,23 m und analog eine verteilte Trägheit von I durch einen Klumpen von 0,33 I am Ende der Welle zu ersetzen ist.

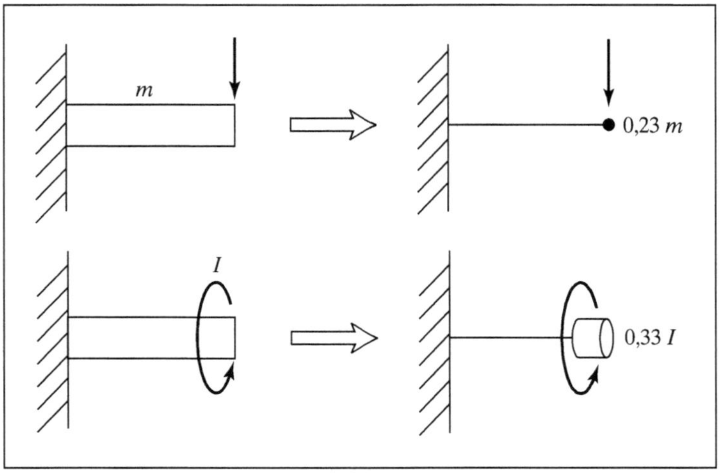

Abbildung 9.13 Klumpenmodelle von Trägern zur Abschätzung der niedrigsten lateralen (seitlich gerichteten) Resonanz und Torsionsresonanz.

BEISPIEL 9.9

Ein Glied mit einer Masse von 4,347 kg besitzt eine laterale Endpunktsteifigkeit von 3600 N/m. Unter der Annahme, dass das Antriebssystem völlig starr ist, wird die Resonanz aufgrund der Flexibilität des Glieds die Regelungsverstärkung begrenzen. Wie groß ist ω_{res}?

Die Masse von 4,347 kg ist entlang des Glieds verteilt. Nach der Methode von **Abbildung 9.13** beträgt die effektive Masse $(0{,}23)\,(4{,}347) \cong 1{,}0\,\text{kg}$. Für die Schwingungsfrequenz gilt daher:

$$\omega_{\text{res}} = \sqrt{3600/1{,}0} = 60 \text{ rad/s} = 60/(2\pi) \text{ Hz} \cong 9{,}6 \text{ Hz}. \tag{9.77}$$

Die Einbeziehung der strukturellen Flexibilitäten in das Modell des Systems, das für die Synthese der Regelungsgesetze verwendet wird, ist erforderlich, wenn wir Bandbreiten im geschlossenen Regelkreis erreichen wollen, die höher sind als die durch **(9.75)** gegebenen. Die sich daraus ergebenden Systemmodelle sind von hoher Ordnung, und die auf diese Situation anwendbaren Regelungstechniken werden recht anspruchsvoll. Derartige Regelungssysteme sind in der industriellen Praxis derzeit jenseits des Stands der Technik, bilden aber ein aktives Forschungsgebiet [11, 12].

9.9.5 Regelung eines einzelnen Gelenks

Zusammengefasst gehen wir von den folgenden drei Hauptannahmen aus:

1. Die Motorinduktivität l_a kann vernachlässigt werden.
2. Unter Berücksichtigung einer hohen Übersetzung modellieren wir die effektive Trägheit als eine Konstante $I_{\max} + \eta^2 I_m$.
3. Strukturelle Flexibilitäten werden vernachlässigt, ausgenommen die niedrigste strukturelle Resonanz ω_{res}, die bei der Einstellung der Servoverstärkungen verwendet wird.

Mit diesen Annahmen kann ein einzelnes Gelenk eines Manipulators mit der partitionierten Regelung gesteuert werden, die durch die folgenden Gleichungen gegeben ist:

$$\begin{aligned} \alpha &= I_{\max} + \eta^2 I_m, \\ \beta &= (b + \eta^2 b_m)\,\dot{\theta} \quad \text{und} \end{aligned} \tag{9.78}$$

$$\tau' = \ddot{\theta}_d + k_v\,\dot{e} + k_p\,e. \tag{9.79}$$

Die resultierende Dynamik des Systems im geschlossenen Regelkreis ist:

$$\ddot{e} + k_v\,\dot{e} + k_p\,e = \tau_{\text{dist}}, \tag{9.80}$$

wobei die Verstärkungen wie folgt gewählt werden:

$$\begin{aligned} k_p &= \omega_n^2 = \frac{1}{4}\omega_{\text{res}}^2 \quad \text{und} \\ k_v &= 2\sqrt{k_p} = \omega_{\text{res}}. \end{aligned} \tag{9.81}$$

9.10 Architektur der Regelung eines Industrieroboters

Um eine Vorstellung davon zu vermitteln, wie die **Regelungsarchitektur** eines typischen **Industrieroboters** aussieht, lassen Sie uns kurz eine fiktive, aber repräsentative Regelung beschreiben. Sehr oft wird eine einfache zweistufige Hierarchie verwendet, wobei eine CPU auf der obersten Ebene als „Master" des **Steuerungssystems** fungiert. Dieser Leitrechner gibt Befehle an jede der untergeordneten Steuerungen weiter, in der Regel eine pro gesteuertem Gelenk. Jede dieser untergeordneten Steuerungen regelt einen Gelenkservo, wobei häufig ein einfaches PID-Regelungsgesetz verwendet wird, das dem in diesem Kapitel vorgestellten ähnelt. Jedes Gelenk ist in der Regel mit einem optischen **Encoder** ausgestattet, der die Position zurückmeldet. Nur selten verfügt ein Roboter über Tachometer oder eine andere Form von Geschwindigkeitssensoren. Stattdessen wird die Geschwindigkeit durch numerische Differenziation in der lokalen Gelenkregelung geschätzt.

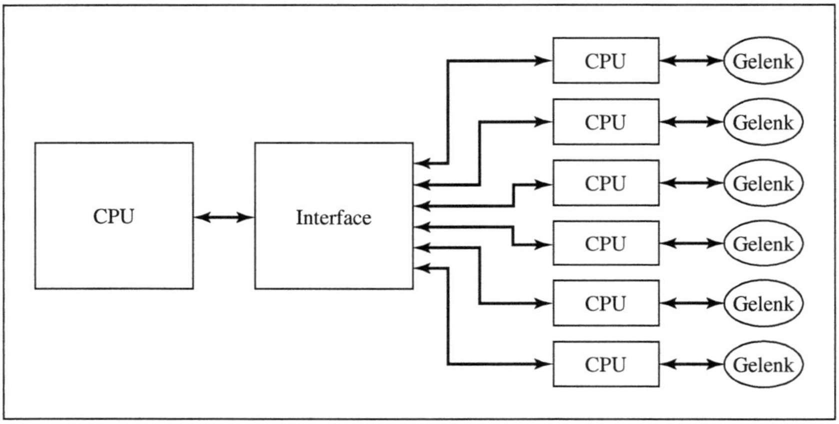

Abbildung 9.14 Hierarchische Computerarchitektur, die ein typisches **Roboter-Regelungssystem** bildet.

Um die Drehmomente der Gleichstrom-Drehmomentmotoren, die in den meisten Robotern zu finden sind, zu steuern, ist jede untergeordnete CPU mit einem **Digital-Analog-Wandler (DAW)** verbunden, sodass die Motorströme an die Stromtreiber-Schaltungen weitergegeben werden können. Der durch den Motor fließende Strom wird durch analoge Schaltkreise gesteuert, indem die Spannung über dem Anker nach Bedarf angepasst wird, um den gewünschten Ankerstrom aufrechtzuerhalten. Ein entsprechendes Blockdiagramm finden Sie in **Abbildung 9.15**.

Mit einer festen Aktualisierungsrate für den **Sollwert** sendet die Master-CPU einen neuen Positionsbefehl an die untergeordnete Gelenkregelung. Aufgrund dieser Gelenksteuerung, die mit einer hohen Servorate läuft, folgt das Gelenk den Positionsbefehlen.

Der Mastercomputer interpretiert auch die Hochsprache, in der das Roboterprogramm geschrieben ist und führt inverse kinematische Funktionen sowie Funktionen zu Pfadplanung aus. In der Regel ist der Mastercomputer auch mit einem **Programmierhandgerät** (einem sogenannten „**teach pendant**") gekoppelt. Ein Programmierhandgerät ist ein tragbares Tastenfeld, mit dem der Bediener den Roboter in einer Vielzahl von Modi bewegen kann. Die Verwendung eines Programmierhandgeräts ist eine der Möglichkeiten, wie einem Roboter die Orte beigebracht werden können, die er während seiner Aufgabe anfahren muss.

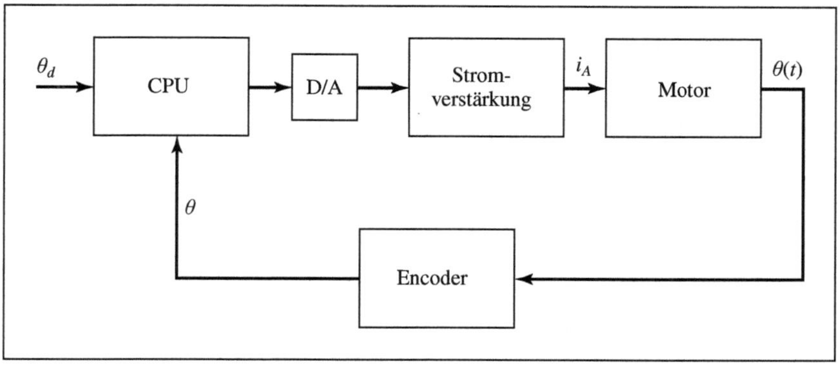

Abbildung 9.15 Funktionale Blöcke eines Systems zur Gelenksteuerung.

Literatur

[1] W. Boyce und R. DiPrima, *Elementary Differential Equations*, 3. Auflage, John Wiley and Sons, New York, 1977.

[2] E. Purcell, *Calculus with Analytic Geometry*, Meredith Corporation, New York, 1972.

[3] G. Franklin und J.D. Powell, *Digital Control of Dynamic Systems*, Addison-Wesley, Reading, MA, 1980.

[4] G. Franklin, J.D. Powell und A. Emami-Naeini, *Feedback Control of Dynamic Systems*, Addison-Wesley, Reading, MA, 1986.

[5] J. Luh, „Conventional Controller Design for Industrial Robots–a Tutorial“, *IEEE Transactions on Systems, Man, and Cybernetics*, Vol. SMC-13, No. 3, Juni 1983.

[6] D. Halliday und R. Resnik, *Fundamentals of Physics*, Wiley, New York 1970.

[7] Y. Koren und A. Ulsoy, „Control of DC Servo-Motor Driven Robots“, *Proceedings of Robots 6 Conference*, SME, Detroit, März 1982.

[8] R.P. Paul, *Robot Manipulators*, MIT Press, Cambridge, MA, 1981.

[9] H. Asada und K. Youcef-Toumi, *Direct-Drive Robots–Theory and Practice*, MIT Press, Cambridge, MA, 1987.

[10] J. Shigley, *Mechanical Engineering Design*, 3. Auflage, McGraw-Hill, New York, 1977.

[11] W. Book, „Recursive Lagrangian Dynamics of Flexible Manipulator Arms“, *The International Journal of Robotics Research*, Vol. 3, No. 3, 1984.

[12] R. Cannon und E. Schmitz, „Initial Experiments on the End-Point Control of a Flexible One Link Robot“, *The International Journal of Robotics Research*, Vol. 3, No. 3, 1984.

[13] R.J. Nyzen, „*Analysis and Control of an Eight-Degree-of-Freedom Manipulator*“, Ohio University Master's Thesis, Mechanical Engineering, Dr. Robert L. Williams II, Advisor, August 1999.

[14] R.L. Williams II, „*Local Performance Optimization for a Class of Redundant Eight-Degree-of-Freedom Manipulators*“, NASA Technical Paper 3417, NASA Langley Research Center, Hampton, VA, März 1994.

Übungen

9.1 [20] Zeigen Sie für eine Differenzialgleichung zweiter Ordnung mit komplexen Lösungen der charakteristischen Gleichung

$$s_1 = \lambda + \mu i \quad \text{und}$$
$$s_2 = \lambda - \mu i,$$

dass die allgemeine Lösung

$$x(t) = c_1 e^{s_1 t} + c_2 e^{s_2 t}$$

wie folgt geschrieben werden kann:

$$x(t) = c_1 e^{\lambda t} \cos(\mu t) + c_2 e^{\lambda t} \sin(\mu t).$$

9.2 [13] Berechnen Sie die Bewegung des Systems in ▶ **Abbildung 9.2**, wenn die Parameterwerte $m = 2, b = 6$ und $k = 4$ betragen und die (zunächst ruhende) Masse bei der Position $x = 1$ losgelassen wird.

9.3 [13] Berechnen Sie die Bewegung des Systems in ▶ **Abbildung 9.2**, wenn die Parameterwerte $m = 1, b = 2$ und $k = 1$ betragen und die (zunächst ruhende) Masse bei der Position $x = 4$ losgelassen wird.

9.4 [13] Berechnen Sie die Bewegung des Systems in ▶ **Abbildung 9.2**, wenn die Parameterwerte $m = 1, b = 4$ und $k = 5$ betragen und die (zunächst ruhende) Masse bei der Position $x = 2$ losgelassen wird.

9.5 [15] Berechnen Sie die Bewegung des Systems in ▶ **Abbildung 9.2**, wenn die Parameterwerte $m = 1, b = 7$ und $k = 10$ betragen und die Masse bei der Position $x = 1$ mit einer Anfangsgeschwindigkeit von $x = 2$ losgelassen wird.

9.6 [15] Verwenden Sie das Element (1, 1) von **(6.60)**, um die Variation der Trägheit (als Prozentsatz des Maximums) zu berechnen, die vom Gelenk 1 dieses Roboters „gesehen" wird, wenn er seine Konfiguration ändert. Verwenden Sie die folgenden numerischen Werte:

$$l_1 = l_2 = 0{,}5\,\text{m},$$
$$m_1 = 4{,}0\,\text{kg} \quad \text{und}$$
$$m_2 = 2{,}0\,\text{kg}.$$

Gehen Sie davon aus, dass der Roboter direkt angetrieben wird und dass die Rotorträgheit vernachlässigbar ist.

9.7 [17] Wiederholen Sie ▶ **Übung 9.6** für den Fall eines über Getriebe angetriebenen Roboters (verwenden Sie $\eta = 20$) und eines Rotorträgheitsmoments von $I_m = 0{,}01\ \text{kg m}^2$.

9.8 [18] Betrachten Sie das System aus ▶ **Abbildung 9.6** mit den Parameterwerten $m = 1, b = 4$ und $k = 5$. Bekannt ist auch eine nicht modellierte Resonanz des Systems bei $\omega_{\text{res}} = 6{,}0$ rad/s. Bestimmen Sie die Verstärkungen k_v und k_p, die das System mit einer so hohen Steifigkeit wie möglich kritisch dämpfen.

9.9 [25] In einem System wie dem in ▶ **Abbildung 9.12** variiert die Trägheitslast I zwischen 4 und 5 kg m^2. Das Trägheitsmoment des Rotors ist I_m = 0,01 kg m^2 und das Übersetzungsverhältnis ist η = 10. Das System besitzt nicht modellierte Resonanzen bei 8,0, 12,0 und 20,0 rad/s. Erstellen Sie α und β des partitionierten Reglers und geben Sie die Werte von k_p und k_v so an, dass das System niemals unterdämpft ist und niemals Resonanzen anregt, sondern so steif wie möglich ist.

9.10 [18] Ein Konstrukteur eines direkt angetriebenen Roboters vermutet, dass die Resonanz aufgrund der Trägerflexibilität des Glieds selbst die Ursache für die niedrigste nicht modellierte Resonanz sein wird. Bestimmen Sie ω_{res}, wenn es sich bei dem Glied um einen Aluminiumhohlträger mit quadratischem Querschnitt mit den Abmessungen 5 × 5 × 50 cm, einer Wandstärke von 0,5 cm und einer Gesamtmasse von 5 kg handelt.

9.11 [15] Ein direkt angetriebenes Roboterglied wird über eine Welle mit einer Steifigkeit von 1000 Nm/rad angetrieben. Das Trägheitsmoment des Glieds beträgt 1 kg m^2. Angenommen, die Welle ist masselos, wie groß ist dann ω_{res}?

9.12 [18] Eine Welle mit einer Steifigkeit von 500 Nm/rad treibt das Eingangsrad eines starren Zahnradpaares mit η = 8 an. Der Ausgang der Zahnräder treibt ein starres Glied mit dem Trägheitsmoment 1 kg m^2 an. Wie groß ist das durch die Flexibilität der Welle verursachte ω_{res}?

9.13 [25] Eine Welle mit einer Steifigkeit von 500 Nm/rad treibt das Eingangsrad eines starren Zahnradpaares mit η = 8 an. Die Welle weist ein Trägheitsmoment von 0,1 kg m^2 auf. Der Ausgang des Getriebes treibt ein starres Glied mit dem Trägheitsmoment 1 kg m^2 an. Wie groß ist das durch die Flexibilität der Welle verursachte ω_{res}?

9.14 [28] In einem System wie dem in ▶ **Abbildung 9.12** variiert die Trägheitslast I zwischen 4 und 5 kg m^2. Das Trägheitsmoment des Rotors ist I_m = 0,01 kg m^2 und das Übersetzungsverhältnis ist η = 10. Das System besitzt eine nicht modellierte Resonanz aufgrund einer Endpunktsteifigkeit des Glieds von 2400 Nm/rad. Entwerfen Sie α und β des partitionierten Reglers und geben Sie die Werte von k_p und k_v so an, dass das System niemals unterdämpft ist und niemals Resonanzen anregt, sondern so steif wie möglich ist.

9.15 [25] Eine Stahlwelle mit einer Länge von 30 cm und einem Durchmesser von 0,2 cm treibt das Antriebsrad einer Untersetzung von η = 8 an. Das starre Abtriebsrad treibt eine Stahlwelle mit einer Länge von 30 cm und einem Durchmesser von 0,3 cm an. Wie groß ist der Bereich der beobachteten Resonanzfrequenzen, wenn das Trägheitsmoment der Last zwischen 1 und 4 kg m^2 variiert?

9.16 [9] Geben Sie einige Beispiele von Störungen des in ▶ **Abbildung 9.10** dargestellten trajektorienfolgenden Regelungssystems eines Gelenks an.

9.17 [10] Ermitteln Sie die minimale Abtastrate und die maximale Eigenfrequenz des geschlossenen Regelkreises für das folgende System: Eine Welle mit einer Steifigkeit von 500 Nm/rad treibt den Eingang eines starren Zahnradpaares mit η = 8 an. Der Ausgang des Getriebes treibt ein starres Glied mit einem Trägheitsmoment von 1 kg m^2 an.

9.18 [17] Ein Motor mit einem Rotorträgheitsmoment von $I_m = 0{,}02$ kg m^2 ist direkt an eine starre, masselose Welle gekoppelt, die mit dem Eingang eines idealen (reibungsfreien, masselosen und starren) Zahnradpaares mit dem Übersetzungsverhältnis $\eta = 12$ verbunden ist. Das Abtriebsrad ist mit einer Stahlwelle mit dem Durchmesser $d_o = 50$ mm und der Länge $l_o = 500$ mm gekoppelt. Verwenden Sie die Dichte von Stahl (8050 kg/m^3) und formulieren Sie eine grobe Schätzung der niedrigsten Resonanzfrequenz des Systems.

9.19 [27] Ein bestimmtes System dritter Ordnung hat die Lösungen $s_{1a} = -20$ und $s_{2a,3a} = -3 \pm 4i$ der charakteristischen Gleichung. Die charakteristische Gleichung eines anderen Systems besitzt die Lösungen $s_{1b} = -4$ und $s_{2b,3b} = -3 \pm 4i$. Welches der Systeme wird durch ein System zweiter Ordnung mit den Lösungen $s_{1c,2c} = -3 \pm 4i$ der charakteristischen Gleichung besser angenähert?

Überprüfen Sie Ihre Antwort, indem Sie die folgenden Zeitverläufe der drei folgenden Systeme über den Bereich $0 \le t \le \frac{5}{2}$ hinweg aufzeichnen.

$$x_a(t) = -(5/61)(56\cos(4t) + 67\sin(4t))e^{-3t} - (25/61)e^{-20t} + 5$$

$$x_b(t) = -(5/17)(8\cos(4t) - 19\sin(4t))e^{-3t} - (125/17)e^{-4t} + 5$$

$$x_c(t) = -(5/4)(4\cos(4t) + 3\sin(4t))e^{-3t} + 5$$

9.20 [16] Bestimmen Sie die für eine kritische Dämpfung erforderlichen Werte von α, β, k_p und k_v sowie $\omega_n = \frac{1}{2}\omega_{res}$, wenn das in ▸ **Abbildung 9.6** dargestellte System die Masse $m = 7$, einen Dämpfungskoeffizienten von $b = 1$ und eine Steifigkeit von $k = 9$ aufweist.

9.21 [13] Berechnen Sie die Bewegung des Systems in ▸ **Abbildung 9.2**, wenn die Parameterwerte $m = 3, b = 5$ sowie $k = 2$ betragen und die (zunächst ruhende) Masse bei der Position $x = 3$ losgelassen wird.

9.22 [18] Betrachten Sie das System aus ▸ **Abbildung 9.6** mit den Parameterwerten $m = 2, b = 3$ und $k = 8$. Von dem System ist bekannt, dass es bei $\omega_{res} = 6{,}0$ rad/s eine nicht modellierte Resonanz besitzt. Bestimmen Sie die Verstärkungen k_v und k_p, die das System mit einer so hohen Steifigkeit wie möglich kritisch dämpfen.

9.23 [25] Eine Welle mit einer Steifigkeit von 600 Nm/rad treibt das Eingangsrad eines starren Zahnradpaares mit $\eta = 12$ an. Die Welle besitzt ein Trägheitsmoment von 0,15 kg m^2. Der Ausgang des Getriebes treibt ein starres Glied mit dem Trägheitsmoment 2 kg m^2 an. Welchen Wert hat das durch die Flexibilität der Welle verursachte ω_{res}?

9.24 [25] Eine Stahlwelle mit einer Länge von 25 cm und einem Durchmesser von 0,5 cm treibt das Eingangsrad einer Untersetzung von $\eta = 10$ an. Das starre Abtriebsrad treibt eine Stahlwelle mit einer Länge von 35 cm und einem Durchmesser von 1 cm an. Wie groß ist der Bereich der beobachteten Resonanzfrequenzen, wenn das Trägheitsmoment der Last zwischen 0,1 und 0,5 kg m^2 beträgt?

Programmierübung (Teil 9)

Wir möchten ein einfaches, trajektorienfolgendes Regelungssystem für einen dreigliedrigen, planaren Arm simulieren. Dieses Steuerungssystem wird als PD-Regelungsgesetz (proportional plus derivativ) für unabhängige Gelenke implementiert. Stellen Sie die Servo-Verstärkungen so ein, dass die Steifigkeit des geschlossenen Regelkreises für die Gelenke 1 bis 3 jeweils 175,0, 110,0 und 20,0 beträgt. Versuchen Sie, die kritische Dämpfung annähernd zu erreichen.

Verwenden Sie die Simulationsroutine UPDATE, um einen zeitlich diskreten Servo zu simulieren, der mit 100 Hz läuft – d. h., berechnen Sie das Regelungsgesetz mit 100 Hz und nicht mit der Frequenz des numerischen Integrationsprozesses. Überprüfen Sie das Regelungsverfahren mithilfe der folgenden Tests:

1. Starten Sie den Arm bei $\Theta = (60, -110, 20)$ und geben Sie ihm das Kommando, dort bis time = 3,0 zu bleiben. Dann sollten die Sollwerte sofort auf $\Theta = (60, -50, 20)$ springen. Geben Sie also Gelenk 2 als Eingabe eine Schrittweite von 60 Grad vor. Zeichnen Sie für jedes Glied den Verlauf des Fehlers über der Zeit auf.
2. Steuern Sie den Arm so, dass er der Trajektorie in Form des kubischen Splines aus Programmierübung Teil 7 folgt. Zeichnen Sie für jedes Glied den Verlauf des Fehlers über der Zeit auf.

MATLAB-Übung 9

Diese Übung konzentriert sich auf die Simulation einer linearisierten unabhängigen Gelenkregelung für das Schultergelenk (Gelenk 2) des achtachsigen Manipulator-Arms AAI ARMII (**Advanced Research Manipulator II**) der NASA – siehe [14]. Es wird vorausgesetzt, dass Sie mit linearen klassischen Rückkopplungsregelsystemen, einschließlich Blockdiagrammen und Laplace-Transformationen, vertraut sind. Wir werden Simulink verwenden, die grafische Benutzeroberfläche von MATLAB.

Abbildung 9.16 zeigt das linearisierte Systemdynamikmodell im offenen Regelkreis für das elektromechanische Schultergelenk/-glied des ARMII, das von einem Gleichstrom-Servomotor mit Ankersteuerung angetrieben wird. Am Eingang des offenen Regelkreises liegt die Referenzspannung V_{ref} an (die über einen Verstärker auf die Ankerspannung angehoben wird) und der gesuchte Ausgang ist der Lastwellenwinkel ThetaL. Die Abbildung zeigt auch das Diagramm der **Rückkopplungssteuerung**, bei der der Lastwellenwinkel über einen optischen Encoder erfasst und als Rückkopplung für den PID-Regler bereitgestellt wird. Die Tabelle beschreibt alle Systemparameter und Variablen.

Wenn wir die Trägheit der Lastwelle und die Dämpfung auf die Motorwelle übertragen, sind das effektive polare Trägheitsmoment und der Dämpfungskoeffizient $J = J_M + J_L(t)/n^2$ und $C = C_M + C_L/n^2$. Aufgrund des großen Übersetzungsverhältnisses n unterscheiden sich diese effektiven Werte nicht wesentlich von den Werten der Motorwelle. Das Übersetzungsverhältnis erlaubt es uns also, Variationen im konfigurationsabhängigen Trägheitsmoment der Lastwelle $J_L(t)$ zu ignorieren und einfach einen vernünftigen Durchschnittswert festzulegen.

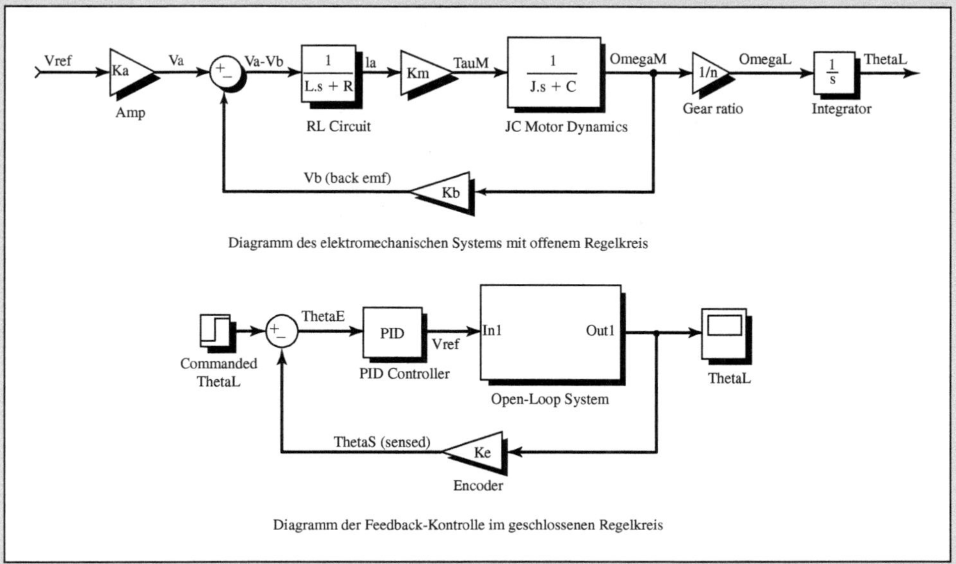

Abbildung 9.16 Linearisiertes systemdynamisches **Modell** für das elektromechanische Schultergelenk ARMII, das von einem Gleichstrom-Servomotor mit Ankersteuerung angetrieben wird.

Die konstanten Parameter des ARMII-Schultergelenks finden Sie in **Tabelle 9.1** [13]. Beachten Sie, dass wir die englischen Einheiten direkt verwenden können, da sich ihre Wirkung innerhalb des Kontrolldiagramms aufhebt. Außerdem können wir direkt die Einheit „deg" (Grad) für den Winkel verwenden. Entwickeln Sie ein **Simulink-Modell**, um das Modell der Ein-Gelenk-Steuerung anhand des gezeigten Modells und des Regelungsdiagramms zu simulieren. Verwenden Sie die spezifischen Parameter aus der Tabelle. Bestimmen Sie mittels Versuch und Irrtum die PID-Verstärkungen für den Nominalfall, welche „gute" Leistung (angemessene prozentuale Überschwingung, Anstiegszeit, Spitzenzeit und Einschwingzeit) liefern. Simulieren Sie die resultierende Bewegung, wenn dieses Schultergelenk in Schritten von 0 bis 60 Grad bewegt wird. Tragen Sie den simulierten Wert des Lastwinkels sowie die Winkelgeschwindigkeit der Lastwelle über der Zeit auf. Tragen Sie außerdem den Regelungsaufwand – d. h. die Ankerspannung V_a – über der Zeit auf. (Geben Sie in demselben Diagramm auch die Gegen-EMK V_b an.)

Probieren Sie nun einige Änderungen aus – Simulink ist so einfach und angenehm zu ändern:

1. Die Eingabe der einzelnen Schritte ist bei der Entwicklung der Regelung frustrierend. Versuchen Sie es stattdessen mit einer rampenförmigen Schritteingabe: Lassen Sie die Rampe in 1,5 Sekunden von 0 bis 60 Grad ansteigen und halten Sie dann in der gesamten Zeit oberhalb von 1,5 Sekunden den Befehl für die 60 Grad fest. Erstellen Sie die PID-Verstärkungen neu und regen Sie sie erneut an.
2. Untersuchen Sie, ob der Induktor L in diesem System von Bedeutung ist. (Das elektrische System steigt viel schneller an als das mechanische System – dieser Effekt kann durch Zeitkonstanten dargestellt werden).

3 Wir haben keine gute Schätzung für das Trägheitsmoment der Last und die Dämpfung (J_L und C_L). Untersuchen Sie mit Ihren besten der oben gefundenen PID-Verstärkungen, wie groß diese Werte werden können (indem Sie die Nennparameter gleichmäßig erhöhen), bevor sie das System beeinflussen.

4 Berücksichtigen Sie nun die Wirkung der Schwerkraft als Störfaktor für das Motordrehmoment T_M. Nehmen Sie an, dass die Masse des sich bewegenden Roboters 200 lb beträgt und die Bewegungsweite über das Gelenk 2 hinaus 6,4 Fuß beträgt. Testen Sie die von Ihnen gefundenen nominalen „guten" PID-Verstärkungen. Entwerfen Sie sie gegebenenfalls neu. Die Nullkonfiguration des Schulterlastwinkels θ_2 weist genau senkrecht nach oben.

$V_a(t)$	Ankerspannung	$\tau_M(t)$	erzeugtes Motordrehmoment
$L = 0{,}0006\,\text{H}$	Ankerinduktivität	$\theta_M(t)$	Motorwellenwinkel
$R = 1{,}40\,\Omega$	Ankerwiderstand	$\omega_M(t)$	Geschwindigkeit der Motorwelle
$i_a(t)$	Ankerstrom	$J_M = 0{,}00844\,\text{lb}_f\text{-in-s}^2$	Klumpenträgheit des Motors um die Polachse
$V_b(t)$	Gegen-EMK-Spannung	$C_M = 0{,}00013\,\text{lb}_f\text{-in/deg/s}$	Koeffizient der viskosen Dämpfung der Motorwelle
$K_a = 12$	Verstärkungsfaktor	$n = 200$	Getriebeübersetzung
$K_b = 0{,}00867\,\text{V/deg/s}$	Konstante der Gegen-EMK	$K_M = 4{,}375\,\text{lb}_f\text{-in/A}$	Drehmomentkonstante
$\tau_L(t)$	Lastdrehmoment	$C_L = 0{,}5\,\text{lb}_f\text{-in/deg/s}$	Koeffizient der viskosen Dämpfung der Lastwelle
$\theta_L(t)$	Lastwellenwinkel	$g = 0\,\text{in/s}^2$	Schwerkraft (ignorieren Sie zunächst die Schwerkraft)
$\omega_L(t)$	Geschwindigkeit der Lastwelle	$K_e = 1$	Encoder-Übertragungsfunktion
$J_L(t) = 1\,\text{lb}_f\text{-in-s}^2$	Klumpenträgheit der Last um die Polachse		

Nichtlineare Steuerung von Manipulatoren

10

10.1 Einleitung

Im vorigen Kapitel haben wir mehrere Näherungen vorgenommen, um eine lineare Analyse des Problems der **Manipulator-Steuerung** zu ermöglichen. Die wichtigste dieser Näherungen war, dass jedes Gelenk als unabhängig betrachtet werden kann und dass die Trägheit, die jeder Gelenkaktuator „sieht“, konstant ist. Bei der Implementierung von linearen Controllern, wie sie im vorigen Kapitel vorgestellt wurden, führt diese Näherung zu ungleichmäßiger Dämpfung im gesamten Arbeitsraum und anderen unerwünschten Effekten. In diesem Kapitel werden wir eine fortschrittlichere Regelungstechnik vorstellen, für die diese Annahme nicht getroffen werden muss.

In ▶ **Kapitel 9** haben wir den Manipulator durch n unabhängige Differenzialgleichungen zweiter Ordnung modelliert und unseren Controller auf dieses Modell gestützt. In diesem Kapitel basiert unser Regelungsentwurf direkt auf der nichtlinearen vektoriellen $n \times 1$-Differenzialgleichung der Bewegung, die wir in ▶ **Kapitel 6** für einen beliebigen Manipulator hergeleitet hatten.

Das Gebiet der nichtlinearen **Steuerungstheorie** ist groß. Wir müssen uns deswegen auf ein oder zwei Methoden beschränken, die für mechanische Manipulatoren gut geeignet erscheinen. Der Schwerpunkt dieses Kapitels liegt daher auf einer bestimmten Methode, die offenbar erstmals in [1] vorgeschlagen und in [2, 3] als **„berechnete Drehmoment-Methode“** (**computed-torque method**) bezeichnet wurde. Wir werden auch eine Methode zur **Stabilitätsanalyse nichtlinearer Systeme** vorstellen, die sogenannte **Lyapunov-Methode** [4].

Um unsere Diskussion über nichtlineare Techniken zur Regelung eines Manipulators zu beginnen, kehren wir noch einmal zu einem sehr einfachen System mit Reibung aus Masse und Feder mit einem Freiheitsgrad zurück.

10.2 Nichtlineare und zeitvariable Systeme

In den vorangegangenen Herleitungen haben wir uns mit einer linearen Differenzialgleichung mit konstanten Koeffizienten beschäftigt. Diese mathematische Form ergab sich, weil das Masse-Feder-Reibungssystem aus ▶ **Abbildung 9.6** als lineares zeitinvariantes System modelliert wurde. Für Systeme, deren Parameter mit der Zeit variieren, oder Systeme, die von Natur aus nichtlinear sind, sind die Lösungen schwieriger.

Solange die Nichtlinearitäten nicht schwerwiegend sind, kann eine **lokale Linearisierung** verwendet werden, um lineare Modelle abzuleiten, die Annäherungen an die nichtlinearen Gleichungen in der Umgebung eines **Arbeitspunkts** sind. Leider ist das Problem der Manipulator-Steuerung für diesen Ansatz nicht gut geeignet, da sich die Manipulatoren ständig zwischen Regionen ihres Arbeitsraums bewegen, die so weit voneinander entfernt sind, dass keine für alle Regionen gültige Linearisierung gefunden werden kann.

Ein anderer Ansatz besteht darin, den Arbeitspunkt mit der Bewegung des Manipulators mitzuführen und dabei immer um die gewünschte Position des Manipulators herum zu linearisieren. Das Ergebnis dieser Art der ***beweglichen Linearisierung*** ist ein lineares, aber zeitlich veränderliches System. Obwohl diese quasi-statische Linearisierung des ursprünglichen Systems in einigen Analyse- und Entwurfstechniken nützlich ist, werden wir sie in unserem Verfahren zur Synthese von Regelungsgesetzen nicht verwenden. Vielmehr werden wir uns direkt mit den nichtlinearen Bewegungsgleichungen befassen und bei der Herleitung einer Regelung nicht auf Linearisierungen zurückgreifen.

Wenn die Feder in ▶ **Abbildung 9.6** nicht linear wäre, sondern ein nichtlineares Element enthielte, könnten wir das System quasi-statisch betrachten und zu jedem Zeitpunkt herausfinden, wo sich die Pole des Systems befinden. Wir würden feststellen, dass sich die Pole in der reell-imaginären Ebene in Abhängigkeit von der Position der Masse „bewegen“. Daher könnten wir keine festen Verstärkungen wählen, die die Pole an einer gewünschten Stelle halten würden (zum Beispiel bei kritischer Dämpfung). Wir könnten also versucht sein, ein komplizierteres Regelungsgesetz in Betracht zu ziehen, bei dem die Verstärkungen zeitlich variieren (und zwar in Abhängigkeit von der Position des Blocks), sodass das System immer kritisch gedämpft ist. Dies würden wir im Wesentlichen durch die Berechnung von k_p erreichen, sodass die Kombination der nichtlinearen Wirkung der Feder durch einen nichtlinearen Term im Regelungsgesetz genau aufgehoben wird, wobei die Gesamtsteifigkeit jederzeit konstant bleibt. Ein solches Regelungsverfahren könnte als **linearisierendes Regelungsgesetz** bezeichnet werden, da es einen nichtlinearen Regelungsterm verwendet, um eine Nichtlinearität im kontrollierten System „aufzuheben“, sodass das gesamte geschlossene Regelsystem linear ist.

Wir werden nun zu unserem partitionierten **Regelungsgesetz** zurückkehren und sehen, dass es diese Linearisierungsfunktion erfüllen kann. In unserem partitionierten Regelungsverfahren bleibt das Servogesetz dasselbe wie bisher, aber der modellbasierte Teil enthält nun ein Modell der Nichtlinearität. Der modellbasierte Teil der Regelung führt also eine Linearisierungsfunktion aus. Dies lässt sich am besten anhand des folgenden Beispiels veranschaulichen.

BEISPIEL 10.1

Betrachten Sie die in **Abbildung 10.1** gezeigte nichtlineare Federkennlinie. Anstelle der üblichen linearen Federbeziehung $f = kx$ wird diese Feder durch $f = qx^3$ beschrieben. Sei diese Feder die Feder des in ▶ **Abbildung 9.6** gezeigten physikalischen Systems. Konstruieren Sie ein Regelungsgesetz, um das System mit einer Steifigkeit von k_{CL} kritisch gedämpft zu halten.

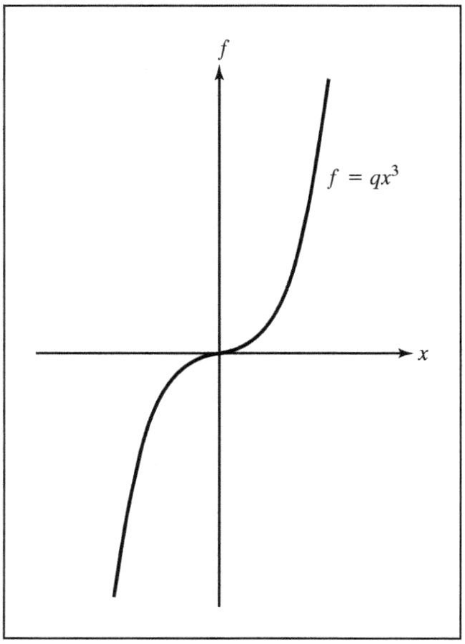

Abbildung 10.1 Die **Kraft-Weg-Kennlinie** einer nichtlinearen Feder.

Die Gleichung für den offenen Regelkreis lautet:

$$m\ddot{x} + b\dot{x} + qx^3 = f. \qquad (10.1)$$

Der modellbasierte Teil der Regelung lautet $f = \alpha f' + \beta$, wobei nun Folgendes gilt:

$$\begin{aligned} \alpha &= m \quad \text{und} \\ \beta &= b\dot{x} + qx^3. \end{aligned} \qquad (10.2)$$

Der Servoanteil ist wie immer:

$$f' = \ddot{x}_d + k_v \dot{e} + k_p e, \qquad (10.3)$$

wobei die Werte der Verstärkungen anhand einer gewünschten Leistungsspezifikation berechnet werden. **Abbildung 10.2** zeigt ein Blockdiagramm dieses Regelungssystems. Das resultierende geschlossene System hält die Pole an festen Stellen.

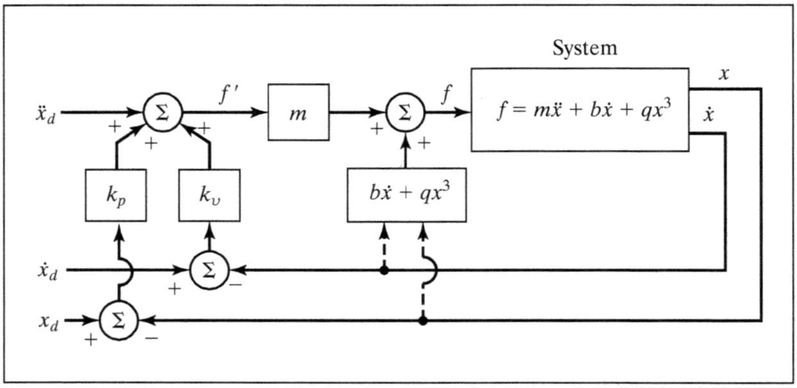

Abbildung 10.2 Ein **nichtlineares Regelungssystem** für ein System mit einer nichtlinearen Feder.

BEISPIEL 10.2

Betrachten Sie die in **Abbildung 10.3** gezeigte Kennlinie der nichtlineare **Reibung**. Während die lineare Reibung durch $f = b\dot{x}$ beschrieben wird, lautet die Formulierung dieser **Coulombschen Reibung** $f = b_c \,\mathrm{sgn}(\dot{x})$ [wobei „sgn" für „Vorzeichen (*engl.* sign) von" steht]. Bei den meisten heutigen Manipulatoren wird die Reibung des Gelenks in seinem Lager (sei es rotierend oder linear) durch diese nichtlineare Charakteristik genauer modelliert als durch das einfachere, lineare Modell. Entwerfen Sie für das System aus ▶ **Abbildung 9.6** unter der Annahme, dass das System Coulombscher Reibung unterliegt, ein Regelungssystem, das einen nichtlinearen modellbasierten Anteil verwendet, um das System jederzeit kritisch zu dämpfen.

Die Gleichung für den offenen Regelkreis lautet:

$$m\ddot{x} + b_c \,\mathrm{sgn}(\dot{x}) + kx = f. \qquad (10.4)$$

Das partitionierte Regelungsgesetz lautet $f = \alpha f' + \beta$, mit:

$$\begin{aligned} \alpha &= m, \\ \beta &= b_c \,\mathrm{sgn}(\dot{x}) + kx \quad \text{und} \\ f' &= \ddot{x}_d + k_v \dot{e} + k_p e, \end{aligned} \qquad (10.5)$$

wobei die Werte der Verstärkungen anhand einer gewünschten Leistungsspezifikation berechnet werden.

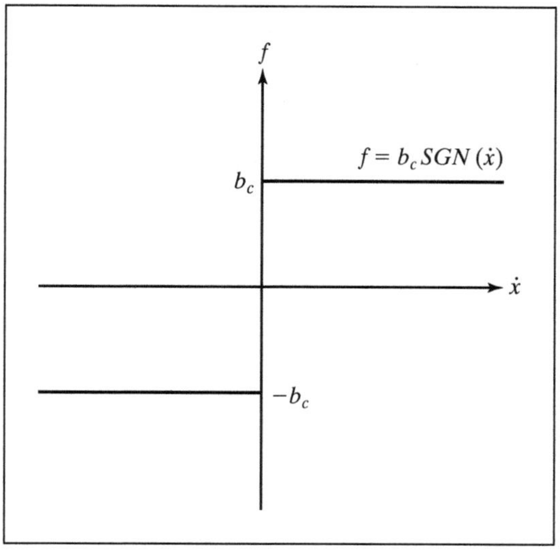

Abbildung 10.3 Die **Kraft-Geschwindigkeits-Kennline** der Coulombschen Reibung.

BEISPIEL 10.3

Betrachten Sie den in **Abbildung 10.4** dargestellten Manipulator mit einem Glied und einem Drehgelenk. Gehen Sie davon aus, dass sich die gesamte Masse in einem Punkt am distalen Ende des Gelenks befindet. Dann ist das Trägheitsmoment durch ml^2 gegeben. Am Gelenk wirken Coulombsche und viskose Reibung, und es gibt eine Belastung durch die Schwerkraft.

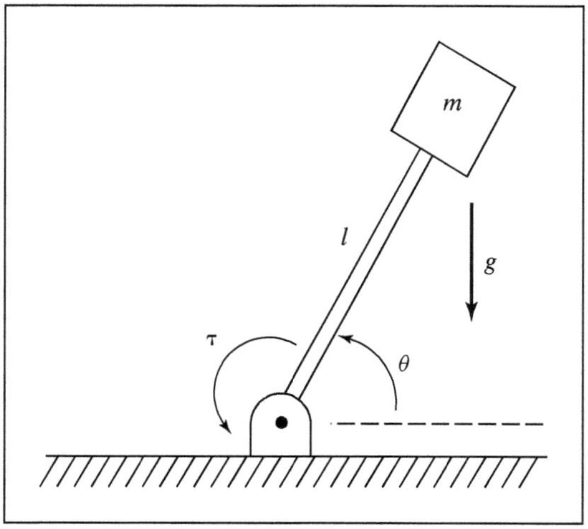

Abbildung 10.4 Ein umgekehrtes Pendel oder ein Manipulator mit einem Glied.

Das Modell des Manipulators lautet:

$$\tau = ml^2\ddot{\theta} + v\dot{\theta} + c\,\mathrm{sgn}(\dot{\theta}) + mlg\cos(\theta)\,. \qquad (10.6)$$

Wie immer besteht das Regelungssystem aus zwei Teilen: dem linearisierenden, modellbasierten Teil und dem Teil mit den Servo-Gesetzen.

Der modellbasierte Teil der Regelung lautet $f = \alpha f' + \beta$, mit:

$$\begin{aligned} \alpha &= m l^2 \quad \text{und} \\ \beta &= v\dot{\theta} + c\,\mathrm{sgn}(\dot{\theta}) + mlg\cos(\theta)\,. \end{aligned} \tag{10.7}$$

Der Servoanteil ist wie immer:

$$f' = \ddot{\theta}_d + k_v\,\dot{e} + k_p\,e, \tag{10.8}$$

wobei die Werte der Verstärkungen anhand einer gewünschten Leistungsspezifikation berechnet werden.

Wir haben gesehen, dass es in bestimmten einfachen Fällen nicht schwierig ist, eine **nichtlineare Regelung** zu entwerfen. Die allgemeine Methode, die in den vorangegangenen einfachen Beispielen verwendet wurde, ist die gleiche Methode, die wir auch für das Problem der Manipulator-Steuerung verwenden werden:

1. Wir berechnen ein nichtlineares modellbasiertes Regelungsgesetz, das die Nichtlinearitäten des zu steuernden Systems „aufhebt".
2. Wir reduzieren das System auf ein lineares System, das mit dem einfachen linearen Servogesetz gesteuert werden kann, das für die Einheitsmasse entwickelt wurde.

In gewissem Sinne implementiert das linearisierende Regelungsgesetz ein *inverses Modell* des zu steuernden Systems. Die Nichtlinearitäten im System heben die Nichtlinearitäten im inversen Modell auf. Zusammen mit dem Servogesetz führt dies zu einem linearen geschlossenen Regelkreis. Um diese Aufhebung durchzuführen, müssen wir natürlich die Parameter und die Struktur des nichtlinearen Systems kennen. Dies ist bei der praktischen Anwendung dieser Methode oft ein Problem.

10.3 Regelungssysteme mit mehreren Eingängen und Ausgängen

Im Gegensatz zu den einfachen Beispielen, die wir bisher in diesem Kapitel besprochen haben, ist das Problem der Steuerung eines Manipulators ein **MIMO-Problem** (**Multi-Input, Multi-Output**). Das heißt, wir haben einen *Vektor* von gewünschten Gelenkpositionen, Geschwindigkeiten und Beschleunigungen und das Regelungsgesetz muss einen ***Vektor*** aus Gelenk-Aktuator-Signalen berechnen. Unser grundlegendes Verfahren, bei dem das **Regelungsgesetz** in einen modellbasierten Teil und einen Servoteil unterteilt wird, ist immer noch anwendbar, aber es erscheint jetzt in einer Matrix-Vektor-Form. Das Regelungsgesetz lautet:

$$F = \alpha F' + \beta, \tag{10.9}$$

wobei F, F' und β für ein System mit n Freiheitsgraden $n \times 1$-Vektoren repräsentieren und α eine $n \times n$-Matrix ist. Beachten Sie, dass die Matrix α nicht unbedingt diagonal ist, sondern so gewählt wird, dass die n **Bewegungsgleichungen entkoppelt** werden. Werden α und β richtig gewählt, dann erscheint nach der Eingabe von F' das System aus n unabhängigen Einheitsmassen. Aus diesem Grund wird im mehrdimensionalen

Fall der modellbasierte Teil des Regelungsgesetz als **linearisierendes und entkoppelndes Regelungsgesetz** bezeichnet. Das **Servogesetz** für ein mehrdimensionales System lautet:

$$F' = \ddot{X}_d + K_v \dot{E} + K_p E, \tag{10.10}$$

wobei K_v und K_p jetzt $n \times n$-Matrizen sind, die im Allgemeinen so gewählt werden, dass sie Diagonalform haben und auf der Diagonalen konstante Verstärkungen aufweisen. E und $\dot{E}$ sind $n \times 1$-Vektoren der Positions- bzw. Geschwindigkeitsfehler.

10.4 Das Regelungsproblem für Manipulatoren

Für die Regelung von Manipulatoren haben wir in ▶ **Kapitel 6** ein Modell und die entsprechenden Bewegungsgleichungen entwickelt. Wie wir gesehen haben, sind diese Gleichungen ziemlich kompliziert. Die Dynamik starrer Körper hat die folgende Form:

$$\tau = M(\Theta)\ddot{\Theta} + V(\Theta,\dot{\Theta}) + G(\Theta), \tag{10.11}$$

wobei $M(\Theta)$ die $n \times n$-Trägheitsmatrix des Manipulators, $V(\Theta,\dot{\Theta})$ ein $n \times 1$-Vektor der Zentrifugal- und Coriolis-Terme und $G(\Theta)$ ein $n \times 1$-Vektor der Schwerkraftterme ist. Jedes Element von $M(\Theta)$ und $G(\Theta)$ ist eine komplizierte Funktion, die von der Position aller Gelenke des Manipulators Θ abhängt. Jedes Element von $V(\Theta,\dot{\Theta})$ ist eine komplizierte Funktion von Θ und $\dot{\Theta}$.

Zusätzlich konnten wir ein Modell der Reibung (oder anderer Effekte, die mit nichtstarren Körpern zusammenhängen) einbeziehen. Unter der Annahme, dass unser Modell der Reibung eine Funktion der Gelenkpositionen und Gelenkgeschwindigkeiten ist, fügen wir den Term $F(\Theta,\dot{\Theta})$ in **(10.11)** ein und erhalten das folgende Modell:

$$\tau = M(\Theta)\ddot{\Theta} + V(\Theta,\dot{\Theta}) + G(\Theta) + F(\Theta,\dot{\Theta}). \tag{10.12}$$

Das Problem der Steuerung eines komplizierten Systems wie **(10.12)** kann mit dem partitionierten Regelungsverfahren gelöst werden, das wir in diesem Kapitel vorgestellt haben. In diesem Fall gilt:

$$\tau = \alpha\tau' + \beta, \tag{10.13}$$

wobei τ der $n \times 1$-Vektor der Gelenkmomente ist. Wir wählen

$$\begin{aligned} \alpha &= M(\Theta) \quad \text{und} \\ \beta &= V(\Theta,\dot{\Theta}) + G(\Theta) + F(\Theta,\dot{\Theta}). \end{aligned} \tag{10.14}$$

Das Servogesetz lautet:

$$\tau' = \ddot{\Theta}_d + K_v \dot{E} + K_p E, \tag{10.15}$$

wobei

$$E = \Theta_d - \Theta. \tag{10.16}$$

Das resultierende Kontrollsystem ist in **Abbildung 10.5** dargestellt.

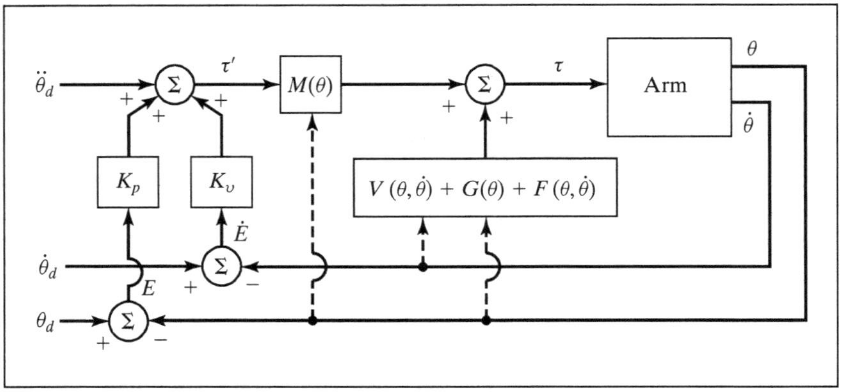

Abbildung 10.5 Ein modellbasiertes **Manipulator-Regelungssystem**.

Anhand von **(10.12)** bis **(10.15)** lässt sich leicht zeigen, dass das System mit geschlossenem Regelkreis durch die folgende Fehlergleichung gekennzeichnet ist:

$$\ddot{E} + K_v \dot{E} + K_p E = 0 \tag{10.17}$$

Beachten Sie, dass diese Vektorgleichung entkoppelt ist: Die Matrizen K_v und K_p sind diagonal, sodass **(10.17)** ebenso gut wie folgt für jedes einzelne Gelenk geschrieben werden könnte:

$$\ddot{e}_i + k_{vi} \dot{e} + k_{pi} e = 0. \tag{10.18}$$

Die **ideale Leistung**, die durch **(10.17)** dargestellt wird, ist in der **Praxis** aus vielen Gründen unerreichbar. Die beiden wichtigsten sind:

1. Die diskrete Natur einer Implementierung in digitalen Computern im Gegensatz zum idealen, zeitlich kontinuierlichen Regelungsgesetz, wie wir in **(10.14)** und **(10.15)** ablesen können.
2. Ungenauigkeit des Manipulatormodells (das zur Berechnung von **(10.14)** erforderlich ist).

Im nächsten Abschnitt werden wir (zumindest teilweise) auf diese beiden Punkte eingehen.

10.5 Praktische Überlegungen

Bei der Entwicklung der entkoppelnden und linearisierenden **Regelung** in den letzten Abschnitten haben wir implizit einige Annahmen getroffen, die in der Praxis selten zutreffen.

10.5.1 Benötigte Zeit für die Berechnung des Modells

Bei all unseren Überlegungen zur Strategie des **partitionierten Regelungsgesetzes** sind wir implizit davon ausgegangen, dass das die Zeit für das gesamte System kontinuierlich verläuft und dass die Berechnungen im Regelungsgesetz keine Zeit benötigen. Steht ein ausreichend großer Computer mit beliebiger Rechenleistung zur Verfügung, können wir die Berechnungen schnell genug durchführen, sodass dies eine vernünftige Näherung ist. Allerdings könnte das Verfahren wegen der Kosten für den Computer wirtschaftlich unrentabel werden. Im Fall der Manipulator-Steuerung muss die gesamte dynamische Gleichung des Manipulators **(10.14)** im Regelungsgesetz berechnet werden. Diese Berechnungen sind recht aufwendig. Wie in ▶ **Kapitel 6** erläutert, besteht daher ein großes Interesse an der Entwicklung schneller Berechnungsverfahren, die effizient durchgeführt werden können. Je erschwinglicher die Computerleistung wird, desto praktikabler werden Regelungsgesetze die hohen Rechenaufwand erfordern. Es wurde über mehrere experimentelle Implementierungen nichtlinearer modellbasierter **Regelungsgesetze** berichtet [5–9] und es gibt erste Teilimplementierungen in industriellen Steuerungen.

Wie wir in ▶ **Kapitel 9** diskutiert haben, werden fast alle Manipulator-Steuerungssysteme heute in digitalen Schaltkreisen ausgeführt und mit einer bestimmten **Abtastrate** betrieben. Das bedeutet, dass die Positionssensoren (und möglicherweise weitere Sensoren) zu bestimmten Zeitpunkten ausgelesen werden. Aus den gelesenen Werten wird ein Stellbefehl für den Aktuator berechnet und an den Aktuator gesendet. Das Ablesen der Sensoren und das Senden von Aktuatorbefehlen erfolgt also nicht kontinuierlich, sondern in diskreten Schritten mit einer endlichen Abtastrate. Um die Auswirkungen der Verzögerung durch die Berechnung und die endliche Abtastrate zu analysieren, müssen wir Werkzeuge aus dem Bereich der **diskreten Zeitregelung** verwenden. Ist die Zeit diskret, werden Differenzialgleichungen zu Differenzengleichungen. Es wurde ein kompletter Satz von Werkzeugen entwickelt, um Fragen zur Stabilität und Platzierung der Pole für diese Systeme zu beantworten. Die zeitlich diskrete **Regelungstheorie** geht über den Rahmen dieses Buches hinaus, obwohl für Wissenschaftler, die im Bereich der Manipulator-Steuerung arbeiten, viele der Konzepte zeitlich diskreter Systeme wesentlich sind (siehe [10]).

Obwohl sie wichtig sind, lassen sich Ideen und Methoden aus der zeitlich diskreten Regelungstheorie oft nur schwer auf nichtlineare Systeme anwenden. Auch wenn es uns gelungen ist, eine komplizierte Differenzialgleichung für die dynamische Gleichung des Manipulators zu schreiben, ist es im Allgemeinen unmöglich, eine zeitlich diskrete Entsprechung zu erhalten. Denn die einzige Möglichkeit, um die Bewegung eines allgemeinen Manipulators für einen gegebenen Satz von Anfangsbedingungen, eine Eingabe und ein endliches Intervall zu berechnen, besteht (wie wir in ▶ **Kapitel 6** gesehen haben) in der numerischen Integration. Zeitlich diskrete Modelle sind möglich, wenn wir bereit sind, **Reihenentwicklungen** für die Differenzialgleichungen zu verwenden oder Näherungen durchzuführen. Wenn wir jedoch Näherungen vornehmen müssen, um ein diskretes Modell zu entwickeln, dann ist nicht klar, ob daraus ein besseres Modell resultiert als das, welches wir durch Verwendung des kontinuierlichen Modells und der Näherung eines kontinuierlichen Zeitverlaufs hätten. Es genügt zu sagen, dass die Analyse des Problems der Manipulator-Steuerung im zeitlich diskreten Fall schwierig ist. Normalerweise wird auf Simulationen zurückgegriffen, um die Auswirkungen einer bestimmten Abtastrate auf die Leistung zu beurteilen.

Wir werden im Allgemeinen davon ausgehen, dass die Berechnungen schnell genug und oft genug durchgeführt werden können, sodass die Näherung eines kontinuierlichen Zeitverlaufs gültig ist.

10.5.2 Nichtlineare Vorwärtssteuerung

Die Verwendung der **Vorwärtssteuerung** wurde als Methode zur Verwendung eines nichtlinearen dynamischen Modells in einem Regelungsgesetz vorgeschlagen, ohne dass komplexe und zeitaufwändige Berechnungen mit der Geschwindigkeit der Servos durchgeführt werden müssen [11]. In **Abbildung 10.5** befindet sich der modellbasierte Teil des Regelungsgesetzes „in der Servoschleife", in der die Signale bei jedem Servotakt durch diese Black Box „fließen". Wenn wir eine Abtastrate von 200 Hz wählen möchten, dann muss das dynamische Modell des Manipulators mit dieser Rate berechnet werden. Ein anderes mögliches Steuerungssystem ist in **Abbildung 10.6** dargestellt. Hier befindet sich die modellbasierte **Steuerung** „außerhalb" des **Servo-Regelkreises**. Daher ist es möglich, einen schnellen inneren Servoregelkreis zu haben, der einfach aus der Multiplikation von Fehlern mit Verstärkungen besteht, auf den die modellbasierten Drehmomente mit langsamerer Rate addiert werden.

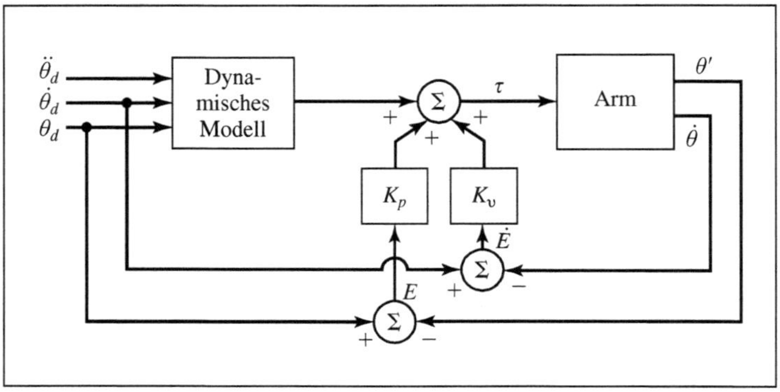

Abbildung 10.6 Regelungsverfahren, bei dem sich der modellbasierte Teil „außerhalb" des Servoregelkreises befindet.

Leider bietet das Verfahren der Vorwärtssteuerung in **Abbildung 10.6** keine vollständige Entkopplung. Wenn wir die Systemgleichungen[36] schreiben, stellen wir fest, dass die **Fehlergleichung** dieses Systems wie folgt lautet:

$$\ddot{E} + M^{-1}(\Theta)K_v\dot{E} + M^{-1}(\Theta)K_pE = 0. \tag{10.19}$$

Wenn sich die Konfiguration des Arms ändert, ändert sich natürlich auch die effektive Verstärkung des geschlossenen Regelkreises und die quasistatischen Pole bewegen sich in der reell-imaginären Ebene. Gleichung **(10.19)** könnte jedoch als Ausgangspunkt für die Entwicklung eines **robusten Controllers** verwendet werden – eines Reglers, der einen guten Satz konstanter Verstärkungen findet, sodass gewährleistet ist, dass die Pole trotz ihrer „Bewegung" an einigermaßen günstigen Positionen bleiben. Alternativ könnte man auch Systeme in Betracht ziehen, bei denen variable Verstärkungen, die sich mit der Konfiguration des Roboters ändern, sodass die quasistatischen Pole des Systems an festen Positionen bleiben, vorausberechnet werden.

Beachten Sie, dass im System von **Abbildung 10.6** das **dynamische Modell** nur als Funktion des gewünschten Weges berechnet wird. Wenn also der gewünschte Weg im

36 Wir haben die folgenden vereinfachenden Annahmen verwendet:
$M(\Theta_d) \cong M(\Theta), V(\Theta_d, \dot{\Theta}_d) \cong V(\Theta, \dot{\Theta}), G(\Theta_d) \cong G(\Theta)$ und $F(\Theta_d, \dot{\Theta}_d) \cong F(\Theta, \dot{\Theta})$.

Voraus bekannt ist, können die Werte „offline“ berechnet werden, bevor die Bewegung beginnt. Zur Laufzeit würden dann die vorausberechneten Drehmomentverläufe aus dem Speicher ausgelesen werden. Wenn zeitlich veränderliche Verstärkungen berechnet werden, könnten diese ebenfalls im Voraus berechnet und gespeichert werden. Ein solches System könnte zur Laufzeit wenig rechenintensiv sein und so hohe Servoraten erreichen.

10.5.3 Implementierung von mit dualer Rate berechneten Drehmomenten

Abbildung 10.7 zeigt das Blockdiagramm einer möglichen praktikablen Implementierung des entkoppelnden und linearisierenden **Lageregelungssystems**. Das dynamische Modell wird in seinem *Konfigurationsraum* ausgedrückt, sodass die dynamischen Parameter des Manipulators nur als Funktionen der Manipulator-Position auftreten. Diese Funktionen können dann von einem *Hintergrundprozess* beziehungsweise von einem zweiten Steuerungscomputer [8] berechnet werden oder in einer vorausberechneten Tabelle nachgeschlagen werden [12]. Bei dieser Architektur können die dynamischen **Parameter** langsamer aktualisiert werden als mit der Geschwindigkeit des geschlossenen Regelkreises. So könnte die Hintergrundberechnung beispielsweise mit 60 Hz erfolgen, während der geschlossene Regelkreis mit 250 Hz läuft.

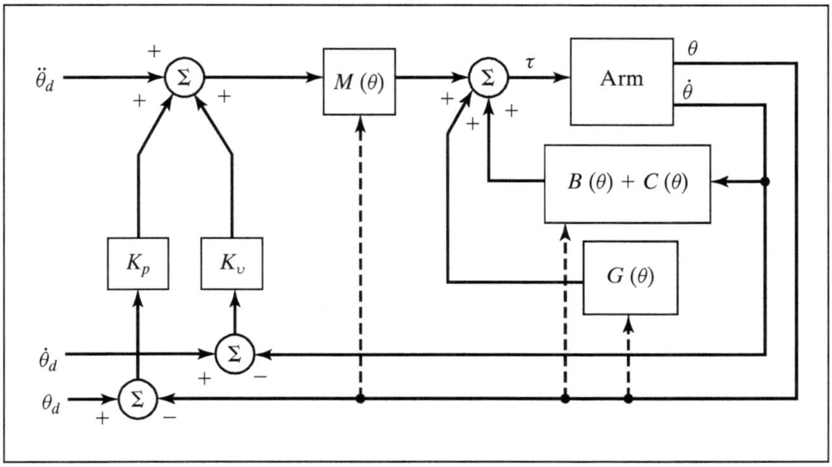

Abbildung 10.7 Eine Implementierung des modellbasierten Manipulator-Kontrollsystems.

10.5.4 Mangelnde Kenntnis der Parameter

Die zweite potenzielle Schwierigkeit bei der Anwendung des Algorithmus zur Drehmomentberechnung besteht darin, dass das dynamische Modell des Manipulators oft nicht genau bekannt ist. Dies gilt insbesondere für bestimmte Komponenten der Dynamik, wie z. B. die Reibungseffekte. In der Tat ist es üblicherweise äußerst schwierig, die Struktur des Reibungsmodells zu kennen, geschweige denn die Parameterwerte [13]. Wenn schließlich ein Teil der Dynamik des Manipulators nicht wiederholbar ist – weil sie sich beispielsweise mit dem Alter des Roboters verändert –, ist es schwierig, immer gute Parameterwerte im Modell zu haben.

Es liegt in der Natur der Sache, dass die meisten Roboter verschiedene Teile und Werkzeuge aufnehmen werden. Wenn ein Roboter ein **Werkzeug** hält, verändern die Trägheit und das Gewicht des Werkzeugs die Dynamik des Manipulators. In einer industriellen Situation sind die Masseeigenschaften der Werkzeuge möglicherweise bekannt – in diesem Fall können sie im modellierten Teil des Steuerungsgesetzes berücksichtigt werden. Wird ein Werkzeug ergriffen, können die Trägheitsmatrix, die Gesamtmasse und der Massenschwerpunkt des letzten Glieds des Manipulators auf neue Werte aktualisiert werden, welche die kombinierten Auswirkungen des letzten Glieds und des Werkzeugs darstellen. In vielen Anwendungen sind die Masseeigenschaften der Objekte, die der Manipulator aufnimmt, jedoch nicht allgemein bekannt, sodass die Pflege eines genauen dynamischen Modells schwierig ist.

Die einfachste nicht-ideale Situation ist eine, in der wir immer noch von einem perfekten Modell ausgehen, das mit einem kontinuierlichen Zeitablauf implementiert ist, in der aber externes Rauschen das System stört. **Abbildung 10.8** zeigt einen Vektor von störenden Drehmomenten, die auf die Gelenke einwirken. Formulieren wir die Systemfehlergleichung unter Einbeziehung dieser unbekannten Störungen, erhalten wir:

$$\ddot{E} + K_v \dot{E} + K_p E = M^{-1}(\Theta)\tau_d, \tag{10.20}$$

wobei τ_d der Vektor der Störungsdrehmomente an den Gelenken ist. Die linke Seite von **(10.20)** ist ungekoppelt, aber auf der rechten Seite erkennen wir, dass eine Störung an einem bestimmten Gelenk Fehler an allen anderen Gelenken verursacht, weil $M(\Theta)$ im Allgemeinen nicht diagonal ist.

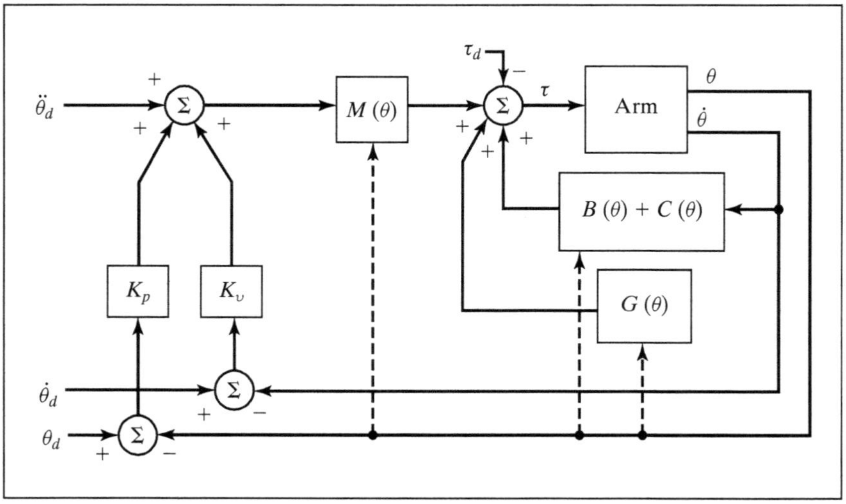

Abbildung 10.8 Der **modellbasierte Controller** mit einer **externen Störung**.

Einige einfache Analysen können auf der Grundlage von **(10.20)** durchgeführt werden. Es ist zum Beispiel einfach, den stationären Servofehler aufgrund einer konstanten Störung folgendermaßen zu berechnen:

$$E = K_p^{-1} M^{-1}(\Theta)\tau_d. \tag{10.21}$$

Dies ist die mehrdimensionale Entsprechung von Gleichung **(9.56)**.

Wenn unser Modell der Manipulator-Dynamik nicht perfekt ist, wird die Analyse des resultierenden geschlossenen Regelkreises schwieriger. Wir definieren die folgende Schreibweise: $\hat{M}(\Theta)$ ist unser Modell der Trägheitsmatrix des Manipulators $M(\Theta)$. Gleichermaßen sind $\hat{V}(\Theta,\dot{\Theta}), \hat{G}(\Theta)$ und $\hat{F}(\Theta,\dot{\Theta})$ unsere Modelle der Geschwindigkeitsterme, der Gravitationsterme bzw. der Reibungsterme des tatsächlichen Mechanismus. Eine perfekte Kenntnis des Modells würde bedeuten, dass

$$\begin{aligned}\hat{M}(\Theta) &= M(\Theta),\\ \hat{V}(\Theta,\dot{\Theta}) &= V(\Theta,\dot{\Theta}),\\ \hat{G}(\Theta) &= G(\Theta) \quad \text{und}\\ \hat{F}(\Theta,\dot{\Theta}) &= F(\Theta,\dot{\Theta}).\end{aligned} \tag{10.22}$$

Obwohl die Dynamik des Manipulators also durch

$$\tau = M(\Theta)\ddot{\Theta} + V(\Theta,\dot{\Theta}) + G(\Theta) + F(\Theta,\dot{\Theta}) \tag{10.23}$$

gegeben ist, berechnet unser Regelungsgesetz

$$\begin{aligned}\tau &= \alpha\tau' + \beta,\\ \alpha &= \hat{M}(\Theta) \quad \text{und}\\ \beta &= \hat{V}(\Theta,\dot{\Theta}) + \hat{G}(\Theta) + \hat{F}(\Theta,\dot{\Theta}).\end{aligned} \tag{10.24}$$

Die Entkopplung und Linearisierung wird daher nicht perfekt gelingen, wenn die Parameter nicht genau bekannt sind. Wenn wir die Gleichung für den geschlossenen Regelkreis des Systems schreiben, erhalten wir:

$$\begin{aligned}&\ddot{E} + K_v\dot{E} + K_p E\\ &= \hat{M}^{-1}[(M-\hat{M})\ddot{\Theta} + (V-\hat{V}) + (G-\hat{G}) + (F-\hat{F})],\end{aligned} \tag{10.25}$$

wobei wir die Argumente der dynamischen Funktionen der Kürze halber nicht zeigen. Beachten Sie: Wäre das Modell exakt, sodass **(10.22)** wahr wäre, dann wäre auch die rechte Seite von **(10.25)** gleich null und die Fehler würden verschwinden. Sind die Parameter nicht genau bekannt, führt die Diskrepanz zwischen den tatsächlichen und den modellierten Parametern dazu, dass gemäß der recht komplizierten Gleichung **(10.25)** Servofehler angeregt werden (was sogar zu einem instabilen System führen kann [21]).

Die Diskussion der Stabilitätsanalyse eines nichtlinearen geschlossenen Regelkreises wird auf ▶ **Abschnitt 10.7** verschoben.

10.6 Aktuelle Regelungssysteme für Industrieroboter

Aufgrund der Probleme, die die erforderliche gute Kenntnis der Parameter mit sich bringt, ist es nicht klar, ob die Mühe einer Berechnung des komplizierten modellbasierten Regelungsgesetzes für die Manipulator-Steuerung sinnvoll ist. Die Kosten für die notwendige Computerleistung, um das Modell des Manipulators mit ausreichender Geschwindigkeit zu berechnen, könnten sich nicht lohnen, insbesondere wenn mangelnde Kenntnis der Parameter die Vorteile eines solchen Ansatzes zunichte macht. Die Hersteller von **Industrierobotern** haben, wahrscheinlich aus wirtschaftlichen Gründen, beschlossen, dass sich der Versuch, ein vollständiges Manipulator-

Modell in der Steuerung zu verwenden, nicht lohnt. Stattdessen werden die heutigen Manipulatoren mit sehr einfachen **Regelungsgesetzen** gesteuert, die im Allgemeinen vollständig fehlergesteuert sind und in Architekturen implementiert werden, die wir in ▶ **Abschnitt 9.10** untersucht haben. Ein Industrieroboter mit einem Hochleistungs-Servosystem ist in **Abbildung 10.9** dargestellt.

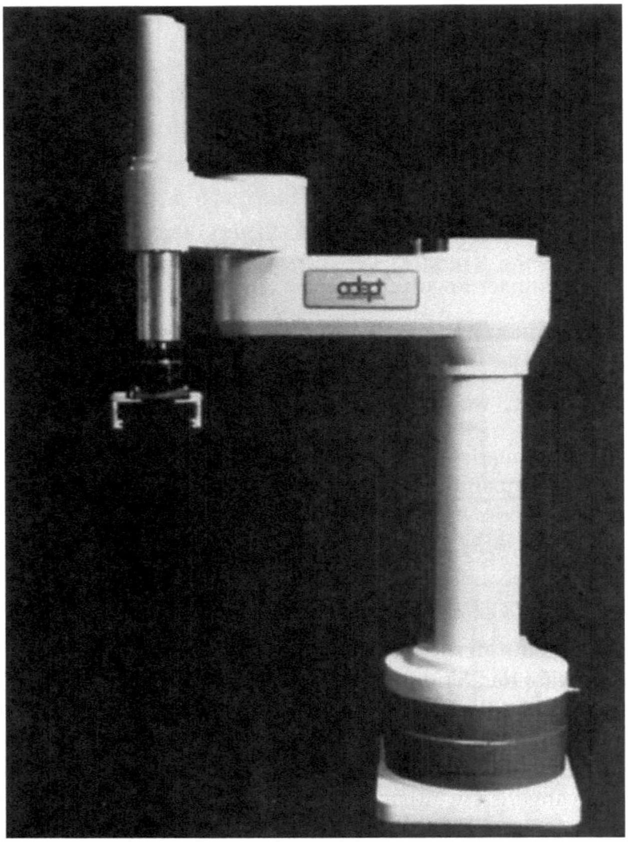

Abbildung 10.9 Der Adept One, ein direkt angetriebener Roboter von Adept Technology, Inc.

10.6.1 Individuelle PID-Regelung der einzelnen Gelenke

Die meisten **Industrieroboter** verfügen heutzutage über ein Regelungsverfahren, das in unserer Schreibweise folgendermaßen formuliert würde:

$$\begin{aligned} \alpha &= I \quad \text{und} \\ \beta &= 0, \end{aligned} \tag{10.26}$$

worin I die $n \times n$-Einheitsmatrix ist. Der Servoanteil lautet:

$$\tau' = \ddot{\Theta}_d + K_v \dot{E} + K_p E + K_i \int E \, dt, \tag{10.27}$$

wobei K_v, K_p und K_i konstante diagonale Matrizen sind. In vielen Fällen steht $\ddot{\Theta}_d$ nicht zur Verfügung und dieser Term wird einfach gleich null gesetzt. Das heißt, die meisten einfachen Robotersteuerungen nutzen *gar* keine modellbasierte Komponente in ihrem Regelungsgesetz. Diese Art der PID-Regelung ist einfach, weil jedes Gelenk als separates Regelungssystem gesteuert wird. Häufig wird ein Mikroprozessor pro **Gelenk** verwendet, um **(10.27)** zu implementieren, wie in ▶ **Abschnitt 9.10** diskutiert.

Die Leistung eines auf diese Weise gesteuerten Manipulators ist nicht einfach zu beschreiben. Es findet keine Entkopplung statt, daher beeinflusst die Bewegung jedes Gelenks die anderen Gelenke. Diese Wechselwirkungen verursachen Fehler, die durch das fehlergesteuerte Regelungsgesetz unterdrückt werden. Es ist unmöglich, feste Verstärkungen zu wählen, welche die Reaktion auf Störungen für alle Konfigurationen kritisch dämpfen würden. Daher werden „durchschnittliche" Verstärkungen gewählt, die der kritischen Dämpfung in der Mitte des Arbeitsraums des Roboters nahe kommen. In verschiedenen extremen Konfigurationen des Arms wird das System entweder unter- oder überdämpft. Je nach den Details der mechanischen Konstruktion des Roboters können diese Effekte recht gering sein, dann wäre die Steuerung gut. Bei solchen Systemen ist es wichtig, die Verstärkungen so hoch wie möglich zu halten, damit die unvermeidlichen Störungen schnell unterdrückt werden.

10.6.2 Hinzufügen der Schwerkraftkompensation

Die **Schwerkrafterme** führen zu statischen **Positionierungsfehlern**, daher bieten einige Roboterhersteller ein Schwerkraftmodell $G(\theta)$ im Regelungsgesetz an (in unserer Schreibweise wäre das $\beta = \hat{G}(\Theta)$). Das vollständige Regelungsgesetz besitzt die folgende Form:

$$\tau' = \ddot{\Theta}_d + K_v \dot{E} + K_p E + K_i \int E\, dt + \hat{G}(\Theta)\,. \tag{10.28}$$

Ein solches Steuerungsgesetz ist vielleicht das einfachste Beispiel für eine modellbasierte Steuerung. Da **(10.28)** nicht mehr auf einer strikten Gelenk-zu-Gelenk-Basis implementiert werden kann, muss die Architektur des Controllers die Kommunikation zwischen den Gelenksteuerungen ermöglichen oder einen zentralen Prozessor anstelle von Einzelgelenk-Prozessoren verwenden.

10.6.3 Verschiedene Näherungen an die Entkopplungsregelung

Es gibt verschiedene Möglichkeiten, die dynamischen Gleichungen eines bestimmten Manipulators zu vereinfachen [3,14]. Nach der Vereinfachung kann ein ungefähres Entkopplungs- und Linearisierungsgesetz hergeleitet werden. Eine übliche Vereinfachung wäre die Vernachlässigung von Komponenten des Drehmoments, die auf die Geschwindigkeitsterme zurückzuführen sind – d. h., nur die Trägheits- und Schwerkraftterme würden modelliert. Oft sind Reibungsmodelle nicht im Controller enthalten, weil Reibung so schwer korrekt zu modellieren ist. Manchmal wird die Trägheitsmatrix vereinfacht, sodass sie zwar die Hauptkopplung zwischen den Achsen berücksichtigt, nicht aber kleinere Kreuzkopplungseffekte. In [14] wird beispielsweise eine vereinfachte Version der Massenmatrix des PUMA 560 vorgestellt, die nur etwa 10 % der Rechenschritte erfordert, die für die Berechnung der vollständigen Massenmatrix erforderlich sind, und dennoch innerhalb 1 % genau ist.

10.7 Lyapunov-Stabilitätsanalyse

In ▶ **Kapitel 9** haben wir lineare Regelungssysteme analytisch untersucht, um die Stabilität und auch die Leistung der dynamischen Reaktion in Bezug auf Dämpfung und Bandbreite des geschlossenen Regelkreises zu bewerten. Die gleichen Analysen gelten auch für ein nichtlineares System, das mit Hilfe einer perfekten modellbasierten nichtlinearen Steuerung entkoppelt und linearisiert wurde, da das resultierende Gesamtsystem wieder linear ist. Wenn jedoch die Entkopplung und Linearisierung durch die Steuerung nicht durchgeführt wird oder unvollständig oder ungenau ist, bleibt das geschlossene Gesamtsystem nichtlinear. Bei nichtlinearen Systemen ist die Stabilitäts- und Leistungsanalyse sehr viel schwieriger. In diesem Abschnitt stellen wir eine Methode der **Stabilitätsanalyse** vor, die sowohl auf lineare als auch auf nichtlineare Systeme anwendbar ist.

Betrachten wir das einfache System aus Masse und Feder mit Reibung, das ursprünglich in ▶ **Kapitel 9** eingeführt wurde und dessen Bewegungsgleichung wie folgt lautet:

$$m\ddot{x} + b\dot{x} + kx = 0. \tag{10.29}$$

Die Gesamtenergie des Systems ist durch die folgende Gleichung gegeben:

$$v = \frac{1}{2}m\dot{x}^2 + \frac{1}{2}kx^2, \tag{10.30}$$

wobei der erste Term die kinetische Energie der Masse und der zweite Term die in der Feder gespeicherte potenzielle Energie angibt. Beachten Sie, dass der Wert v der Systemenergie nie negativ ist (d.h., er ist positiv oder gleich null). Ermitteln wir die *Änderungsrate* der **Gesamtenergie**, indem wir **(10.30)** nach der Zeit differenzieren, so ergibt sich:

$$\dot{v} = m\dot{x}\ddot{x} + kx\dot{x}. \tag{10.31}$$

Setzen wir **(10.29)** für $m\ddot{x}$ in **(10.31)** ein, erhalten wir:

$$\dot{v} = -b\dot{x}^2, \tag{10.32}$$

was, wie wir festgestellt haben, nie positiv ist (weil $b > 0$). Das System verliert also ständig Energie, es sei denn $\dot{x} = 0$. Das bedeutet, egal wie das System ursprünglich gestört wurde, es wird Energie verlieren, bis es zur Ruhe kommt. Die Untersuchung möglicher Ruhepositionen mit Hilfe einer stationären Analyse von **(10.29)** ergibt:

$$kx = 0 \tag{10.33}$$

oder

$$x = 0. \tag{10.34}$$

Mit Hilfe einer Energieanalyse haben wir also gezeigt, dass das System von **(10.29)** mit beliebigen Anfangsbedingungen (d. h. beliebiger Anfangsenergie) schließlich am Gleichgewichtspunkt zur Ruhe kommt. Dieser Stabilitätsnachweis mittels einer **Energieanalyse** ist ein einfaches Beispiel für eine allgemeinere Technik, die **Lyapunov-Stabilitätsanalyse** oder **Lyapunovs zweite** (oder **direkte**) **Methode** genannt wird, benannt nach einem russischen Mathematiker des 19. Jahrhunderts [15].

Ein interessantes Merkmal dieser Methode der Stabilitätsanalyse besteht darin, dass wir auf die Stabilität schließen können, ohne die Lösung der Differenzialgleichung zu finden, die das System bestimmt. Die Lyapunov-Methode ist zwar für die Untersuchung der *Stabilität* nützlich, liefert aber im Allgemeinen keine Informationen über das Einschwingverhalten oder die ***Leistung*** des Systems. Beachten Sie, dass unsere Energieanalyse keine Informationen darüber geliefert hat, ob das System über- oder unterdämpft war oder wie lange es dauern würde, bis das System eine Störung unterdrückt. Es ist wichtig, zwischen Stabilität und Leistung zu unterscheiden: Ein stabiles System kann immer noch ein für seinen Verwendungszweck unbefriedigendes Regelungsverhalten aufweisen.

Die Lyapunov-Methode ist etwas allgemeiner als unser Beispiel vermuten lässt. Sie ist eine der wenigen Techniken, die direkt auf nichtlineare Systeme angewendet werden kann, um deren Stabilität zu untersuchen. Damit Sie sich schnell ein Bild von der Lyapunov-Methode machen können (und zwar in einer für unsere Zwecke ausreichenden Ausführlichkeit), betrachten wir zunächst eine äußerst knappe Einführung in die Theorie und gehen dann direkt zu einigen Beispielen über. Eine ausführlichere Behandlung der Lyapunov-Theorie finden Sie in [16, 17].

Die Lyapunov-Methode befasst sich mit der Bestimmung der **Stabilität** einer Differenzialgleichung

$$\dot{X} = f(X), \tag{10.35}$$

wobei X ein $m \times 1$-Vektor ist und $f(\cdot)$ nichtlinear sein könnte. Beachten Sie, dass Differenzialgleichungen höherer Ordnung immer als eine Reihe von Gleichungen erster Ordnung der Form **(10.35)** geschrieben werden können. Um die Stabilität eines Systems mit der Lyapunov-Methode zu beweisen, muss man eine verallgemeinerte **Energiefunktion** $v(X)$ mit den folgenden Eigenschaften definieren:

1. $v(X)$ hat stetige erste partielle Ableitungen und $v(X) > 0$ für alle X außer $v(0) = 0$.
2. $\dot{v}(X) \leq 0$. Hier bedeutet $\dot{v}(X)$ die Veränderung von $v(X)$ entlang aller Trajektorien des Systems.

Diese Eigenschaften können nur in einer bestimmten Region gelten oder global sein – mit entsprechend schwächeren oder stärkeren Ergebnissen für die Stabilität. Die intuitive Idee besteht darin, dass eine positiv definite „energieähnliche" Zustandsfunktion immer abnimmt oder konstant bleibt – das System ist also in dem Sinne stabil, dass die Größe des **Zustandsvektors** begrenzt ist.

Ist $\dot{v}(X)$ strikt kleiner als null, kann auf eine asymptotische Konvergenz des Zustands an den Nullvektor geschlossen werden. Lyapunovs ursprüngliche Arbeit wurde von LaSalle und Lefschetz [4] auf bedeutende Weise erweitert. Sie zeigten, dass in bestimmten Situationen sogar dann asymptotische Stabilität nachgewiesen werden kann, wenn $\dot{v}(X) \leq 0$ ist (beachten Sie: einschließlich der Gleichheit). Für unsere Zwecke können wir uns mit dem Fall $\dot{v}(X) = 0$ befassen, indem wir eine Analyse des stationären Zustands durchführen, um herauszufinden, ob die Stabilität asymptotisch ist oder ob das untersuchte System irgendwo anders „steckenbleiben" kann als bei $v(X) = 0$.

Ein **System**, das durch **(10.35)** beschrieben wird, gilt als **autonom**, weil die Funktion $f(\cdot)$ keine explizite Funktion der Zeit ist. Die Lyapunov-Methode lässt sich auch auf **nicht-autonome** Systeme anwenden, in denen die Zeit ein Argument der nichtlinearen Funktion ist. Siehe [4, 17] für Details.

BEISPIEL 10.4

Betrachten wir das folgende lineare System:

$$\dot{X} = -AX, \tag{10.36}$$

wobei A die Form $m \times m$ besitzt und positiv definit ist. Definieren wir die **Kandidaten-Lyapunov-Funktion**

$$v(X) = \frac{1}{2} X^T X, \tag{10.37}$$

die kontinuierlich und überall nicht-negativ (also ≥ 0) ist. Differenziation ergibt:

$$\begin{aligned} \dot{v}(X) &= X^T \dot{X} \\ &= X^T(-AX) \\ &= -X^T AX, \end{aligned} \tag{10.38}$$

die überall nicht-positiv (also ≤ 0) ist, weil A eine positiv definite Matrix ist. Daher ist **(10.37)** tatsächlich eine Lyapunov-Funktion für das System von **(10.36)**. Das System ist asymptotisch stabil, denn $\dot{v}(X)$ kann nur bei $X = 0$ gleich null sein. Überall sonst muss X abnehmen.

BEISPIEL 10.5

Betrachten wir ein mechanisches System aus Feder und Dämpfer, bei dem sowohl die Feder als auch der Dämpfer nichtlinear sind:

$$\ddot{x} + b(\dot{x}) + k(x) = 0. \tag{10.39}$$

Die Funktionen $b(\cdot)$ und $k(\cdot)$ sind stetige Funktionen im ersten und dritten Quadranten, sodass

$$\begin{aligned} \dot{x}b(\dot{x}) > 0 \quad &\text{für} \quad x \neq 0 \quad \text{und} \\ xk(x) > 0 \quad &\text{für} \quad x \neq 0. \end{aligned} \tag{10.40}$$

Definieren der Lyapunov-Funktion

$$v(x, \dot{x}) = \frac{1}{2}\dot{x}^2 + \int_0^x k(\lambda)\, d\lambda \tag{10.41}$$

führt uns zu

$$\begin{aligned} \dot{v}(x, \dot{x}) &= \dot{x}\ddot{x} + k(x)\dot{x} \\ &= -\dot{x}b(\dot{x}) - k(x)\dot{x} + k(x)\dot{x} \\ &= -\dot{x}b(\dot{x}). \end{aligned} \tag{10.42}$$

Folglich ist $\dot{v}(\cdot)$ nicht-positiv aber nur semidefinit, weil es keine Funktion von x ist, sondern nur von $\dot{x}$. Um auf asymptotische Stabilität schließen zu können, müssen wir sicherstellen, dass das System bei x ungleich null nicht „steckenbleiben" kann. Um alle Trajektorien zu untersuchen, für die $\dot{x} = 0$ ist, müssen wir

$$\ddot{x} = -k(x) \tag{10.43}$$

berücksichtigen, deren einzige Lösung $x = 0$ ist. Das System kommt also nur zur Ruhe, wenn $x = \dot{x} = \ddot{x} = 0$.

BEISPIEL 10.6

Betrachten wir einen Manipulator, dessen Dynamik durch

$$\tau = M(\Theta)\ddot{\Theta} + V(\Theta,\dot{\Theta}) + G(\Theta) \tag{10.44}$$

gegeben ist und mit dem Regelungsgesetz

$$\tau = K_p E - K_d \dot{\Theta} + G(\Theta) \tag{10.45}$$

gesteuert wird, wobei K_p und K_d diagonale Matrizen der Verstärkung sind. Beachten Sie, dass dieser Controller den Manipulator nicht zwingt, einer Trajektorie zu folgen, sondern den Manipulator entlang eines durch die Manipulator-Dynamik vorgegebenen Pfades zu einem Zielpunkt bewegt und dann die Position dort reguliert. Das resultierende geschlossene System, das durch Gleichsetzung von **(10.44)** und **(10.45)** entsteht, ist gegeben durch:

$$M(\Theta)\ddot{\Theta} + V(\Theta,\dot{\Theta}) + K_d\dot{\Theta} + K_p\Theta = K_p\Theta_d. \tag{10.46}$$

Mit der Lyapunov-Methode [18, 19] kann bewiesen werden, dass dieses System global asymptotisch stabil ist.

Betrachten wir die Kandidaten-Lyapunov-Funktion:

$$v = \frac{1}{2}\dot{\Theta}^T M(\Theta)\dot{\Theta} + \frac{1}{2}E^T K_p E. \tag{10.47}$$

Die Funktion **(10.47)** ist immer positiv oder gleich null, weil die Massenmatrix des Manipulators $M(\Theta)$ und die Positionsverstärkungsmatrix K_p positiv definite Matrizen sind. Die Differenziation von **(10.47)** ergibt:

$$\begin{aligned} \dot{v} &= \frac{1}{2}\dot{\Theta}^T \dot{M}(\Theta)\dot{\Theta} + \dot{\Theta}^T M(\Theta)\ddot{\Theta} - E^T K_p \dot{\Theta} \\ &= \frac{1}{2}\dot{\Theta}^T \dot{M}(\Theta)\dot{\Theta} - \dot{\Theta}^T K_d \dot{\Theta} - \dot{\Theta}^T V(\Theta,\dot{\Theta}) \\ &= -\dot{\Theta}^T K_d \dot{\Theta}. \end{aligned} \tag{10.48}$$

Dieses Ergebnis ist nicht positiv, solange K_d positiv definit ist. Für den letzten Schritt in **(10.48)** haben wir die folgende interessante Identität genutzt:

$$\frac{1}{2}\dot{\Theta}^T \dot{M}(\Theta)\dot{\Theta} = \dot{\Theta}^T V(\Theta,\dot{\Theta}). \tag{10.49}$$

Diese Identität kann durch die Untersuchung der Struktur der Lagrangeschen Bewegungsgleichungen gezeigt werden [18–20] (siehe auch ▶ **Übung 6.17**).

Als Nächstes untersuchen wir, ob das System bei einem von null verschiedenen Fehler „steckenbleiben" kann. Da $\dot{v}$ nur entlang von Trajektorien gleich null bleiben kann, für die $\dot{\Theta} = 0$ und $\ddot{\Theta} = 0$ gilt, sehen wir anhand von **(10.46)**, dass in diesem Fall

$$K_p E = 0 \tag{10.50}$$

ist. Weil K_p nicht-singulär ist, folgt:

$$E = 0. \tag{10.51}$$

Daher führt das auf das System **(10.44)** angewandte **Regelungsgesetz (10.45)** zu globaler asymptotischer Stabilität.

Dieser Beweis ist insofern wichtig, als er in gewissem Maße erklärt, warum die heutigen Industrieroboter funktionieren. Die meisten Industrieroboter verwenden einen einfachen fehlergesteuerten Servo, gelegentlich mit Schwerkraftmodellen, und sind daher **(10.45)** recht ähnlich.

In den ▶ **Übungen 10.11** bis ▶ **10.16** finden Sie weitere Beispiele für nichtlineare Manipulator-Regelungsgesetze, deren Stabilität mit der Lyapunov-Methode nachgewiesen werden kann. In letzter Zeit hat die Lyapunov-Theorie in Veröffentlichungen zur Robotikforschung immer mehr an Bedeutung gewonnen [18–25].

10.8 Kartesische Regelungssysteme

In diesem Abschnitt stellen wir das Konzept der **kartesischen Regelung** vor. Obwohl solche Ansätze derzeit nicht bei Industrierobotern verwendet werden, gibt es an mehreren Forschungseinrichtungen Aktivitäten zu solchen Systemen.

10.8.1 Vergleich mit gelenkbasierten Verfahren

Bei allen bisher besprochenen Regelungsverfahren für Manipulatoren sind wir davon ausgegangen, dass die gewünschte **Trajektorie** in Form der zeitlichen Verläufe von Position, Geschwindigkeit und Beschleunigung der Gelenke verfügbar ist. Unter der Voraussetzung, dass diese gewünschten Eingaben verfügbar waren, haben wir **gelenkbasierte Regelungssysteme** entwickelt – d. h. Verfahren, mit denen wir Trajektorienfehler aufdecken, indem wir die Differenz zwischen den gewünschten und den tatsächlichen Größen im Gelenkraum ermitteln. Sehr oft möchten wir, dass der Endeffektor des Manipulators geraden Linien oder anderen Bahnformen folgt, die in kartesischen Koordinaten beschrieben sind. Wie wir in ▶ **Kapitel 7** gesehen haben, ist es möglich, diejenigen zeitlichen Verläufe der Trajektorie im Gelenkraum zu berechnen, die geradlinigen kartesischen Pfaden entsprechen. **Abbildung 10.10** zeigt diesen Ansatz zur Regelung der **Manipulator-Trajektorie**. Ein grundlegendes Merkmal des Ansatzes ist der **Trajektorien-Umwandlungsprozess**, mit dem die Gelenk-Trajektorien berechnet werden. Diesen folgt irgendein gelenkbasiertes Servoverfahren, wie das von uns untersuchte.

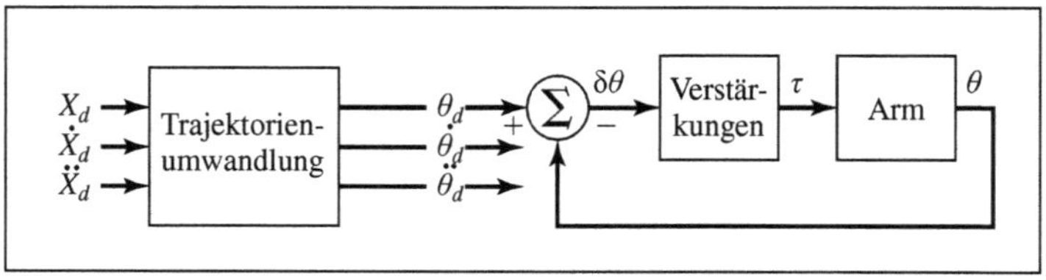

Abbildung 10.10 Ein gelenkbasiertes Regelungsverfahren mit kartesischem Pfad als Eingabe.

Der Prozess der Trajektorienumwandlung ist recht schwierig (in Bezug auf den **Rechenaufwand**), wenn er analytisch durchgeführt werden soll. Die erforderlichen Berechnungen sind die Folgenden:

$$\begin{aligned} \Theta_d &= INVKIN(\chi_d), \\ \dot{\Theta}_d &= J^{-1}(\Theta)\,\dot{\chi}_d \quad \text{und} \\ \ddot{\Theta}_d &= \dot{J}^{-1}(\Theta)\,\dot{\chi}_d + J^{-1}(\Theta)\,\ddot{\chi}_d. \end{aligned} \tag{10.52}$$

Soweit eine solche Berechnung in heutigen Systemen überhaupt durchgeführt wird, wird in der Regel nur die Lösung für Θ_d durchgeführt, indem inverse Kinematik verwendet wird. Anschließend werden die Geschwindigkeiten und Beschleunigungen der Gelenke numerisch mittels der ersten und zweiten Ableitungen berechnet. Eine solche numerische Differenziation neigt jedoch dazu, das Rauschen zu verstärken, und führt zu einer Verzögerung, es sei denn, sie kann mit einem nicht-kausalen Filter durchgeführt werden.[37] Daher sind wir daran interessiert, entweder einen weniger rechenintensiven Weg zur Berechnung von **(10.52)** zu finden oder ein Regelungsverfahren einzusetzen, bei dem diese Information nicht benötigt wird.

Ein alternativer Ansatz ist in **Abbildung 10.11** dargestellt. Hier wird die erfasste Position des Manipulators sofort mit Hilfe der kinematischen Gleichungen in eine kartesische Beschreibung der Position umgewandelt. Diese kartesische Beschreibung wird dann mit der gewünschten kartesischen Position verglichen, um **Fehler** im kartesischen Raum zu bestimmen. Regelungsverfahren, die auf der Bestimmung von Fehlern im kartesischen Raum beruhen, werden als **kartesisch basierte Regelungsverfahren** bezeichnet. Der Einfachheit halber ist die Rückkopplung der Geschwindigkeit in **Abbildung 10.11** nicht dargestellt, aber sie wäre in jeder Implementierung vorhanden.

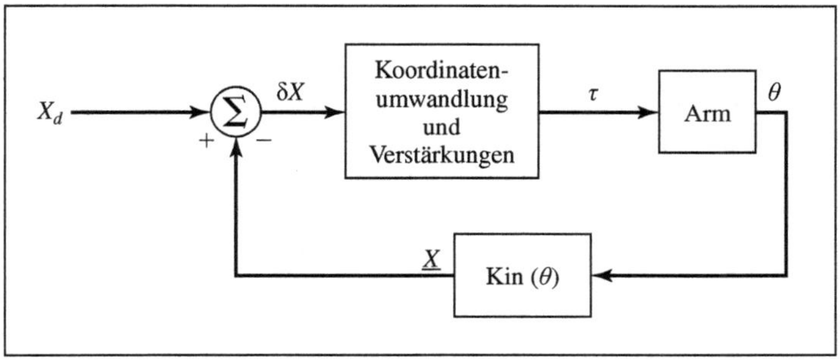

Abbildung 10.11 Das Konzept eines kartesisch basierten Regelungsverfahrens.

Der Prozess der Trajektorienumwandlung wird innerhalb der Servoschleife durch eine Art Koordinatenumwandlung ersetzt. Beachten Sie, dass kartesisch basierte Steuerungen viele Berechnungen in der Schleife durchführen müssen. Die Kinematik und andere Transformationen befinden sich jetzt „innerhalb der Schleife". Dies kann ein Nachteil der kartesisch basierten Methoden sein, da as resultierende System mit einer niedrigeren Abtastfrequenz laufen könnte als die gelenkbasierten Systeme (bei gleicher Computergröße). Dies würde im Allgemeinen die Stabilität und die Fähigkeit des Systems zur Unterdrückung von Störungen beeinträchtigen.

10.8.2 Intuitive Verfahren der kartesischen Regelung

Ein mögliches Regelungsverfahren, das uns intuitiv in den Sinn kommt, ist in **Abbildung 10.12** dargestellt. Hier wird die kartesische Position mit der gewünschten Position verglichen, um einen Fehler δX im kartesischen Raum zu bestimmen. Dieser Fehler, von dem wir annehmen dürfen, dass er klein ist, sofern das Regelungssystem seine Aufgabe erfüllt, kann mit Hilfe der inversen Jacobi-Matrix in eine kleine Verschiebung im Gelenkraum umgewandelt werden. Die resultierenden Fehler im Gelenkraum $\delta\theta$ werden dann mit Verstärkungen multipliziert, um Drehmomente zu berechnen, die

37 Die numerische Differenziation führt zu einer Verzögerung, wenn sie nicht auf vergangenen, gegenwärtigen und zukünftigen Werten basieren kann. Ist der gesamte Pfad vorausgeplant, kann diese Art der nicht-kausalen numerischen Differenziation durchgeführt werden.

diese Fehler grundsätzlich reduzieren. Beachten Sie, dass **Abbildung 10.12** einen vereinfachten Controller zeigt, in dem die Rückkopplung der Geschwindigkeit aus Gründen der Übersichtlichkeit nicht dargestellt ist. Sie könnte ohne Weiteres hinzugefügt werden. Wir nennen dieses Verfahren das **inverse Jacobi-Regelungsverfahren**.

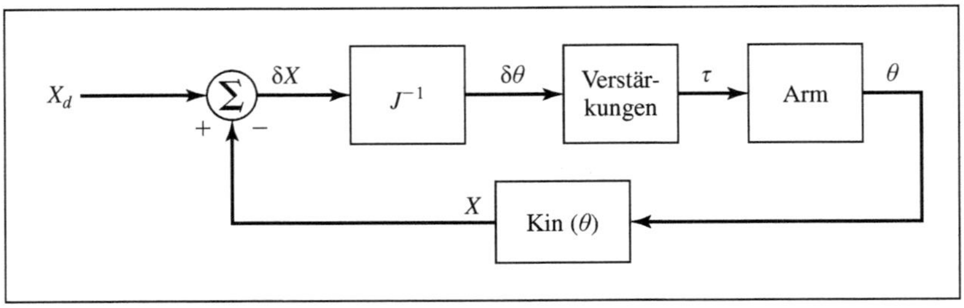

Abbildung 10.12 Das kartesische inverse Jacobi-Regelungsverfahren.

Ein anderes Verfahren, an das wir denken sollten, ist in **Abbildung 10.13** dargestellt. Hier wird der kartesische Fehlervektor mit einer Verstärkung multipliziert, um einen kartesischen **Kraftvektor** zu berechnen. Diesen kann man sich als kartesische Kraft vorstellen, die bei Einwirkung auf den Endeffektor des Roboters diesen in eine Richtung schiebt, die mit einer Reduktion des kartesischen Fehlers verbunden ist. Dieser kartesische Kraftvektor (eigentlich ein Kraft-Drehmoment-Vektor) wird dann durch die Transponierte der Jacobi-Matrix abgebildet, um so die äquivalenten Gelenkdrehmomente zu berechnen, welche die beobachteten Fehler reduzieren würden. Wir nennen dieses Verfahren das **transponierte Jacobi-Regelungsverfahren**.

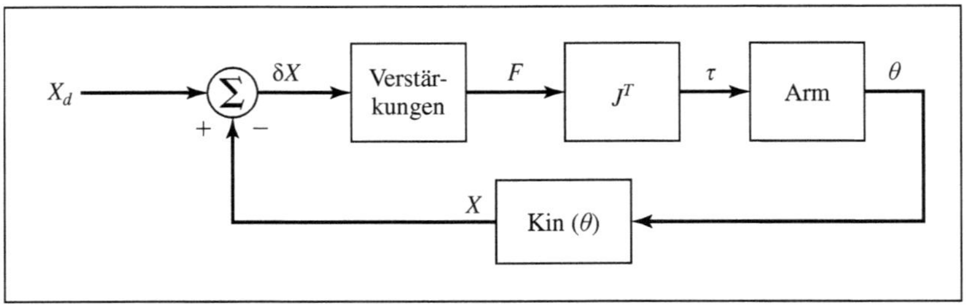

Abbildung 10.13 Das kartesische transponierte Jacobi-Regelungsverfahren.

Der inverse Jacobi-Controller und der transponierte Jacobi-Controller sind beide intuitiv entstanden. Wir können nicht sicher sein, dass solche Arrangements stabil sind, geschweige denn gut funktionieren. Es ist auch kurios, dass sich die Verfahren extrem ähneln, außer dass das eine die Inverse der Jacobi-Matrix enthält und das andere ihre Transponierte. Denken Sie daran, dass die Inverse im Allgemeinen nicht gleich der Transponierten ist (nur im Falle eines streng kartesischen Manipulators gilt $J^T = J^{-1}$). Die genaue dynamische Leistung solcher Systeme (wenn sie z. B. in einer Gleichung zweiter Ordnung im Fehlerraum ausgedrückt wird) ist sehr kompliziert. Es zeigt sich, dass beide Systeme funktionieren (d. h. stabil gemacht werden können), aber nicht gut (d. h., die Leistung ist nicht über den gesamten Arbeitsbereich gut). Beide können durch eine geeignete Wahl der **Verstärkung** stabilisiert werden, einschließlich einer

Form der Geschwindigkeitsrückkopplung (die in **Abbildung 10.12** und **10.13** nicht gezeigt wurde). Obwohl beide Systeme funktionieren, ist keines von ihnen *korrekt* – in dem Sinne, dass wir keine festen Verstärkungen wählen können, die zu festen Polen des geschlossenen Regelkreises führen. Die dynamische Reaktion eines solchen Controllers hängt von der Konfiguration des Arms ab.

10.8.3 Kartesisches Entkopplungsverfahren

Bei kartesisch basierten Controllern, wie auch bei gelenkbasierten Controllern, wäre eine gute Leistung durch eine konstante Fehlerdynamik über alle Konfigurationen des Manipulators gekennzeichnet. Bei kartesisch basierten Systemen werden Fehler im kartesischen Raum ausgedrückt. Das bedeutet, dass wir ein System entwerfen möchten, das über alle möglichen Konfigurationen hinweg kartesische Fehler durch kritische Dämpfung unterdrückt.

Mit einem gelenkbasierten Controller, der auf einem linearisierenden und entkoppelnden Modell des Arms basiert, haben wir eine gute Steuerung erreicht. Das Gleiche können wir für den kartesischen Fall tun. Allerdings müssen wir jetzt die dynamischen Bewegungsgleichungen des Manipulators durch kartesische Variablen ausdrücken. Dies kann wie in ▶ **Kapitel 6** diskutiert erfolgen. Die sich daraus ergebende Form der Bewegungsgleichungen ist ganz analog zur Version für den Gelenkraum. Die **Dynamik starrer Körper** kann durch die folgende Gleichung beschrieben werden:

$$\mathcal{F} = M_x(\Theta)\ddot{\chi} + V_x(\Theta,\dot{\Theta}) + G_x(\Theta). \tag{10.53}$$

Darin ist $\mathcal{F}$ ein fiktiver Kraft-Drehmoment-Vektor, der auf den Endeffektor des Roboters wirkt, und χ ein geeigneter kartesischer Vektor, der die Position und Ausrichtung des Endeffektors darstellt [8]. Analog zu den Größen im Gelenkraum ist $M_x(\Theta)$ die Massenmatrix im kartesischen Raum, $V_x(\Theta,\dot{\Theta})$ ein Vektor der Geschwindigkeitsterme im kartesischen Raum und $G_x(\Theta)$ ein Vektor der Gravitationsterme im kartesischen Raum.

Genau wie im gelenkbasierten Fall können wir die dynamischen Gleichungen in einem entkoppelnden und linearisierenden Controller verwenden. Da **(10.53)** $\mathcal{F}$ berechnet, einen fiktiven kartesischen Kraftvektor, der auf die Hand einwirken soll, müssen wir auch die Transponierte der Jacobi-Matrix verwenden, um die Regelung zu implementieren – d. h., nachdem $\mathcal{F}$ durch **(10.53)** berechnet wurde, können wir nicht wirklich eine kartesische Kraft auf den Endeffektor ausüben. Stattdessen berechnen wir die Gelenkdrehmomente, die erforderlich sind, um das System effektiv auszubalancieren, wenn wir diese Kraft ausüben würden:

$$\tau = J^T(\Theta)\mathcal{F}. \tag{10.54}$$

Abbildung 10.14 zeigt ein **kartesisches Armsteuerungssystem** mit vollständiger dynamischer Entkopplung. Beachten Sie, dass sich vor dem Arm die transponierte Jacobi-Matrix befindet. Beachten Sie, dass mit dem Controller in **Abbildung 10.14** kartesische Bahnen direkt beschrieben werden können, ohne dass eine Trajektorienumwandlung erforderlich ist.

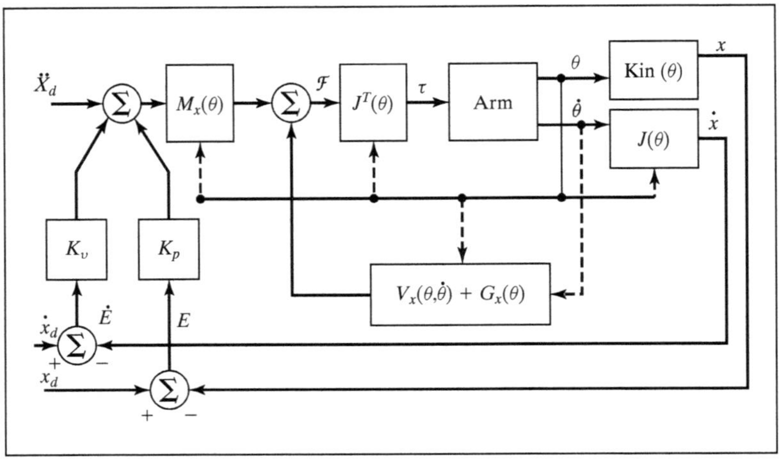

Abbildung 10.14 Das kartesische modellbasierte Regelungsverfahren.

Wie im Fall des Gelenkraums lässt sich eine praktische Implementierung am besten durch die Verwendung eines Dual-Rate-Regelungssystems erreichen. **Abbildung 10.15** zeigt ein Blockdiagramm einer Entkopplungs- und Linearisierungssteuerung auf kartesischer Basis, bei der die dynamischen Parameter als Funktionen allein der Manipulator-Position geschrieben werden. Diese dynamischen Parameter werden durch einen Hintergrundprozess oder einen zweiten Steuerungscomputer langsamer als mit der Servorate aktualisiert. Das ist zulässig, denn wir wollen einen schnellen Servo (der mit vielleicht 500 Hz oder sogar mehr läuft), um die Störungsunterdrückung und Stabilität zu maximieren. Die dynamischen Parameter sind nur von der Position des Manipulators abhängig und müssen daher mit einer Rate (Frequenz) aktualisiert werden, die nur davon abhängt, wie schnell der Manipulator seine Konfiguration ändert. Die Aktualisierungsrate der Parameter muss wahrscheinlich nicht höher als 100 Hz sein [8].

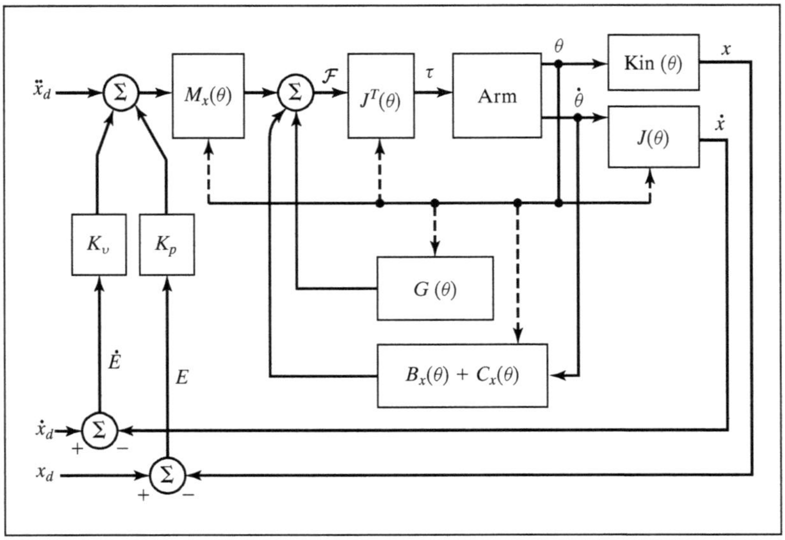

Abbildung 10.15 Eine Implementierung des kartesischen modellbasierten Regelungsverfahrens.

10.9 Adaptive Steuerung

Bei der Diskussion über die modellbasierte Steuerung wurde festgestellt, dass die Parameter eines Manipulators oft nicht genau bekannt sind. Wenn die Parameter des Modells nicht mit den Parametern des realen Geräts übereinstimmen, kommt es zu Servofehlern, wie in **(10.25)** deutlich gemacht wird. Diese **Servofehler** könnten verwendet werden, um ein Anpassungsverfahren zu steuern, das versucht, die Werte der Modellparameter zu aktualisieren, bis die Fehler verschwinden. Es wurden mehrere derartige Anpassungsverfahren vorgeschlagen.

Ein ideales **adaptives Verfahren** könnte so aussehen wie in **Abbildung 10.16** gezeigt. Hier verwenden wir ein in diesem Kapitel entwickeltes modellbasiertes Regelungsgesetz. Es gibt einen adaptiven Prozess, der bei Beobachtungen des Manipulator-Zustands und der Servofehler die Parameter des nichtlinearen Modells nachjustiert, bis die Fehler verschwinden. Ein solches System würde seine eigenen dynamischen Eigenschaften ***erlernen***. Eine Methode, die genau die in **Abbildung 10.16** gezeigte Struktur besitzt und sich als global stabil erwiesen hat, wird in [20, 21] vorgestellt und in diesem Abschnitt zusammengefasst. In [22] ist eine verwandte Technik zu finden.

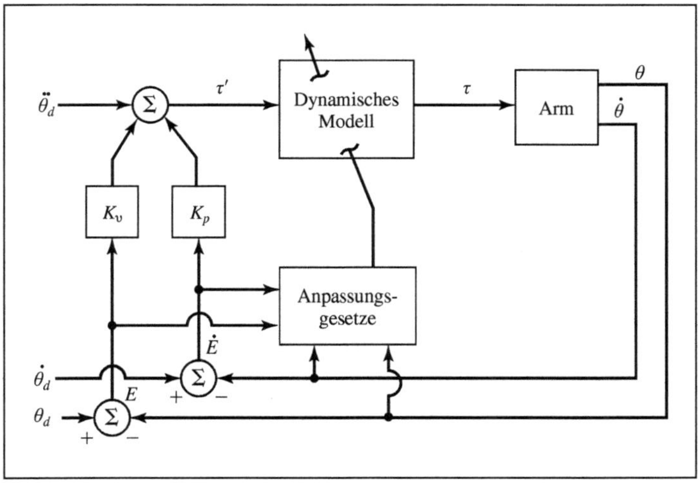

Abbildung 10.16 Das Konzept einer **adaptiven Manipulator-Steuerung**.

In diesem Abschnitt stellen wir ein adaptives Verfahren der Manipulator-Steuerung vor, das alle bekannten Parameter nutzt, während die verbleibenden unbekannten Parameter geschätzt werden. Das komplette adaptive Kontrollsystem behält die Struktur des berechneten Drehmomentservos bei, verfügt aber zusätzlich über ein adaptives Element. Nach ausreichendem Online-Lernen entkoppelt und linearisiert der Steuerungsalgorithmus den Manipulator, sodass sich jedes Gelenk wie ein unabhängiges System zweiter Ordnung mit fixierter Dynamik verhält.

Der Manipulator wird als ein Satz von n starren Körpern modelliert, die in einer seriellen Kette verbunden sind und an deren Gelenken Reibung wirkt. Die vektorielle Bewegungsgleichung eines solchen Geräts kann wie in **(10.12)** oder in der folgenden kompakten Form beschrieben werden:

$$T = M(\Theta)\ddot{\Theta} + Q(\Theta,\dot{\Theta}). \tag{10.55}$$

Das j-te Element von **(10.55)** kann wie folgt als Summe von Produkten geschrieben werden:

$$\tau_j = \sum_{i=1}^{a_j} m_{ji} f_{ji}(\Theta, \ddot{\Theta}) + \sum_{i=1}^{b_j} q_{ji} g_{ji}(\Theta, \dot{\Theta}) \tag{10.56}$$

worin m_{ji} und q_{ji} Parameter sind, die aus Produkten von Größen wie Gliedermassen, Elementen des Glieder-Trägheitstensors, Längen, Reibungskoeffizienten und der Konstante der Gravitationsbeschleunigung gebildet werden. Die $f_{ji}(\Theta, \ddot{\Theta})$ und die $g_{ji}(\Theta, \dot{\Theta})$ sind Funktionen, welche die dynamische Struktur der Geometrie des Manipulators verkörpern. In diesem Abschnitt gehen wir davon aus, dass die *Struktur* dieser Parameter und Funktionen bekannt ist, während die numerischen Werte einiger oder aller Parameter m_{ji} und q_{ji} unbekannt sind. Wir gehen jedoch davon aus, dass die Grenzen der Parameterwerte bekannt sind, auch wenn diese Schranken manchmal recht locker sein können.[38] Dies entspricht der Situation, in der wir die kinematische Struktur eines Manipulators kennen und über parametrische Modelle der Gelenkreibungseffekte verfügen, aber nur einige oder vielleicht gar keine der dynamischen Parameter wie die Massenverteilung der Glieder und die Reibungskoeffizienten kennen.

Zur Steuerung des Manipulators schlagen wir das Regelungsgesetz

$$T = \hat{M}(\Theta)\ddot{\Theta}^* + \hat{Q}(\Theta, \dot{\Theta}) \tag{10.57}$$

vor, wobei $\hat{M}(\Theta)$ und $\hat{Q}(\Theta, \dot{\Theta})$ Schätzungen von $M(\Theta)$ und $Q(\Theta, \dot{\Theta})$ sind und Folgendes gilt:

$$\ddot{\Theta}^* = \ddot{\Theta}_d + K_v \dot{E} + K_p E. \tag{10.58}$$

In **(10.58)** ist der Servo-Fehler $E = [e_1 e_2 ... e_n]^T$ als

$$E = \Theta_d - \Theta \tag{10.59}$$

definiert und K_v und K_p sind konstante diagonale $n \times n$-Matrizen der Verstärkung, auf deren Diagonalen k_{vj} und k_{pj} stehen. Wie in diesem Kapitel eingeführt, wird **(10.57)** manchmal auch als die *Methode des berechneten Drehmoments* der Manipulator-Steuerung bezeichnet. Wir gehen davon aus, dass die gewünschte Trajektorie des Manipulators in Form zeitabhängiger Funktionen von Positionen, Geschwindigkeiten und Beschleunigungen $\Theta_d(t), \dot{\Theta}_d(t)$ und $\ddot{\Theta}_d(t)$ der Gelenke bekannt ist.

Das j-te Element von **(10.57)** kann wie folgt als Summe von Produkten geschrieben werden:

$$\tau_j = \sum_{i=1}^{n_j} \hat{m}_{ji} f_{ji}(\Theta, \ddot{\Theta}^*) + \sum_{i=1}^{b_j} \hat{q}_{ji} g_{ji}(\Theta, \dot{\Theta}), \tag{10.60}$$

wobei die $\hat{m}_{ji}$ und $\hat{q}_{ji}$ Schätzungen der in **(10.56)** erscheinenden Parameter sind.

38 Tatsächlich werden solche Grenzen nur für die Parameter benötigt, die in der Massenmatrix des Manipulators auftreten. Aus Gründen der Allgemeinheit gehen wir jedoch davon aus, dass die Schranken aller Parameter bekannt sind.

Das Regelungsgesetz **(10.57)** wird gewählt, weil in der günstigen Situation perfekter Kenntnisse der Parameterwerte und ohne Störungen das *j*-te Gelenk eine Dynamik des geschlossenen Regelkreises aufweist, die durch die folgende Fehlergleichung gegeben ist:

$$\ddot{e}_j + k_{vj}\dot{e}_j + k_{pj}e_j = 0. \quad (10.61)$$

Daher können in dieser idealen Situation die k_{vj} und k_{pj} so gewählt werden, dass sie die jedem Gelenk zugeordneten Pole des geschlossenen Regelkreises platzieren und die Unterdrückung von Störungen gleichmäßig über den gesamten Arbeitsraum des Manipulators erfolgt.

Abbildung 10.16 ist ein Blockdiagramm, das die Struktur des Controllers zeigt, der ein dynamisches Modell des Manipulators verwendet. Ein adaptives Element ist ebenfalls eingezeichnet. Dieses adaptive Element behält die **Servofehler** im Auge und passt die Parameter an, die im Regelungsgesetz **(10.57)** erscheinen. Der Rest dieses Kapitels befasst sich mit dem Entwurf dieses adaptiven Elements, dem Nachweis der globalen Stabilität des Entwurfs und anderen damit verbundenen Fragen.

Wir betrachten den sogenannten „Idealfall", in dem wir ein perfektes Strukturmodell der Manipulator-Dynamik zur Verfügung haben. In diesem Fall sind Parameterfehler die einzige Quelle für eine nicht perfekte Entkopplung und Linearisierung des Systems. Das heißt, es gibt eine Feinabstimmung (oder Festlegung) der Parameter, die dazu führt, dass das Modell im Computer genau mit der Dynamik des tatsächlichen mechanischen Manipulators übereinstimmt. Natürlich wird immer ein gewisser (zumindest kleiner) Anteil an Störungen vorhanden sein, und wir müssen sicherstellen, dass das adaptive System diesen Störungen gegenüber insgesamt robust ist.

Wenn die geschätzten Parameter nicht mit den wahren Parameterwerten übereinstimmen, funktioniert das System im geschlossenen Regelkreis nicht wie in **(10.61)** angegeben. Durch Gleichsetzung von **(10.55)** und **(10.57)** erhalten wir:

$$\ddot{E} + K_v\dot{E} + K_pE = \hat{M}^{-1}(\Theta)\left[\tilde{M}(\Theta)\ddot{\Theta} + \tilde{Q}(\Theta,\dot{\Theta})\right], \quad (10.62)$$

wobei $\tilde{M}(\Theta) = M(\Theta) - \hat{M}(\Theta)$ und $\tilde{Q}(\Theta,\dot{\Theta}) = Q(\Theta,\dot{\Theta}) - \hat{Q}(\Theta,\dot{\Theta})$ Fehler in dem dynamischen Modell darstellen, das im Controller verwendet wird. Diese Fehler entstehen durch Fehler in den Parametern des Modells.

In einer gegebenen Anwendung können wir einige der Parameter m_{ji} und q_{ji} kennen. Von den a_j-Parametern m_{ji} und von den b_j-Parametern q_{ji}, die in der dynamischen Gleichung des *j*-ten Gelenks **(10.56)** vorkommen, seien r_j und s_j jeweils *unbekannt*, mit $r_j \leq a_j$ und $s_j \leq b_j$ für *j*. Wir indizieren die unbekannten Parameter neu (falls erforderlich) und beachten, dass die *j*-te Komponente des Ausdrucks in den Klammern in **(10.62)** als

$$\tilde{\tau}_j = \sum_{i=1}^{r_j}\tilde{m}_{ji}f_{ji}(\Theta,\ddot{\Theta}) + \sum_{i=1}^{s_j}\tilde{q}_{ji}g_{ji}(\Theta,\dot{\Theta}) \quad (10.63)$$

geschrieben werden kann, wobei

$$\begin{aligned}\tilde{m}_{ji} &= m_{ji} - \hat{m}_{ji} \quad \text{und} \\ \tilde{q}_{ji} &= q_{ji} - \hat{q}_{ji}\end{aligned} \quad (10.64)$$

Parameterfehler sind.

Die **Fehlergleichung (10.62)** verbindet Fehler in den Parameterschätzungen mit Servofehlern. Die Diskussion vor **(10.63)** zeigt, wie man die Dynamik beliebig in bekannte und unbekannte Teile aufteilen kann. Durch diese Unterteilung ist es möglich, ein adaptives Verfahren zu entwickeln, das die bekannten Parameter vollständig nutzt und nur die Schätzungen der unbekannten Parameter anpasst. Zum Beispiel könnten wir die Trägheitseigenschaften des Manipulators kennen, aber nicht die Reibungskoeffizienten, oder wir kennen die Parameter einiger Glieder, aber nicht die anderer usw.

Wir schreiben die Fehlergleichung **(10.62)** in der folgenden Form:

$$\ddot{E} + K_v \dot{E} + K_p E = \hat{M}^{-1}(\Theta) \; W(\Theta, \dot{\Theta}, \ddot{\Theta}) \, \Phi, \tag{10.65}$$

wobei Φ ein $r \times 1$-Vektor, der die Parameterfehler für alle Parameter des Systems enthält, und $W(\Theta, \dot{\Theta}, \ddot{\Theta})$ eine $n \times r$-Matrix von Funktionen ist. Der Einfachheit halber lassen wir die Argumente von $\hat{M}^{-1}$ und W im Folgenden weg. Für die Anzahl der Systemparameter gilt:

$$r \leq \sum_{j=1}^{n} (r_j + s_j). \tag{10.66}$$

Diese Systemparameter r, welche die m_{ji} und q_{ji} umfassen – entweder allein oder in Kombination – werden nun als $P = [p_1 \; p_2 \; \ldots \; p_r]^T$ bezeichnet und ihre Schätzungen als $\hat{P} = [\hat{p}_1 \hat{p}_2 \; \ldots \; \hat{p}_r]^T$. Somit gilt:

$$\Phi = P - \hat{P}. \tag{10.67}$$

Aus Gründen der Einheitlichkeit können W und P so definiert werden, dass jedes Element von P positiv ist.

Für das j-te **Gelenk** kann eine Fehlergleichung wie folgt geschrieben werden:

$$\ddot{e}_j + k_{vj} \dot{e}_j + k_{pj} e_j = (\hat{M}^{-1} W \Phi)_j, \tag{10.68}$$

wobei $(\cdot)_j$ das j-te Element des $n \times 1$-Vektors $\hat{M}^{-1} W\Phi$ ist. Im Allgemeinen führt also ein Parameterfehler für *einen beliebigen* Parameter des Systems zu Fehlern am j-ten Gelenk.

In der folgenden Analyse wird es wichtig sein, dass das Produkt $\hat{M}^{-1} W$ immer begrenzt bleibt. Da W aus beschränkten Funktionen der Manipulator-Trajektorie zusammengesetzt ist, bleibt W begrenzt, wenn die Trajektorie des Manipulators begrenzt bleibt. Die Matrix $\hat{M}(\Theta)$ bleibt positiv definit und invertierbar, wenn wir sicherstellen, dass alle Parameter m_{ji} innerhalb eines hinreichend kleinen Bereichs in der Nähe des tatsächlichen Parameterwerts liegen. Mit dieser Motivation begrenzen wir unsere Schätzungen der Parameter so, dass

$$l_i - \delta < \hat{p}_i < h_i + \delta \tag{10.69}$$

gilt, wobei wir wissen, dass der tatsächliche Wert p_i zwischen l_i und h_i liegt, δ positiv ist und so gewählt wird, dass $\hat{M}^{-1}$ begrenzt bleibt, solange **(10.69)** gilt.

Das adaptive Gesetz berechnet, wie die Parameterschätzungen in Abhängigkeit von einem gefilterten Servo-Fehlersignal geändert werden sollen. Der gefilterte Servo-Fehler des j-ten Gelenks ist:

$$e_{1j}(s) = (s + \psi_j)\, e_j(s)\,, \tag{10.70}$$

wobei die ψ_j positive Konstanten sind. Daraus folgt:

$$E_1 = \dot{E} + \Psi E, \tag{10.71}$$

mit $\Psi = \text{diag}(\psi_1 \;\; \psi_2 \;\; \ldots \;\; \psi_n)$. Beachten Sie, dass der Wert E_1 bei Manipulatoren, die mit Positions- und Geschwindigkeitssensoren ausgestattet sind, einfach aus den Messwerten der Sensoren berechnet werden kann und der Filter als solcher nicht implementiert werden muss.

Die ψ_j werden so gewählt, dass die Transferfunktion

$$\frac{s + \psi_j}{s^2 + k_{vj}\, s + k_{pj}} \tag{10.72}$$

streng positiv reel (SPR) ist.[39] Dann wird durch das positiv reelle Lemma [26] die Existenz der positiv definiten Matrizen P_j und Q_j sichergestellt, sodass Folgendes gilt:

$$\begin{aligned} A_j^T P_j + P_j A_j &= -Q_j \\ P_j B_j &= C_j^T, \end{aligned} \tag{10.73}$$

wobei A_j, B_j und C_j die Matrizen einer minimalen Zustandsraum-Realisierung der gefilterten Fehlergleichung des j-ten Gelenks sind:

$$\begin{aligned} \dot{x}_j &= A_j x_j + B_j (\hat{M}^{-1} W\Phi)_j \\ e_{1j} &= C_j x_j. \end{aligned} \tag{10.74}$$

Dabei ist der Zustandsvektor $x_j = [e_j \;\; \dot{e}_j]^T$.

Die gefilterte Fehlergleichung des gesamten Systems in Form des Zustandsraums ist gegeben durch:

$$\begin{aligned} \dot{X} &= AX + B\hat{M}^{-1} W\Phi \\ E_1 &= CX, \end{aligned} \tag{10.75}$$

wobei A, B und C alle Blockdiagonalen sind (mit A_j, B_j und C_j jeweils auf den Diagonalen) und $X = [x_1 \;\; x_2 \;\; \ldots \;\; x_n]^T$. Bilden wir die $2n \times 2n$-Matrizen $P = \text{diag}(P_1\, P_2 \;\; \ldots \;\; P_n)$ und $Q = \text{diag}(Q_1 \;\; Q_2 \;\; \ldots \;\; Q_n)$, dann gilt $P > 0, Q > 0$ und

$$\begin{aligned} A^T P + P A &= -Q \quad \text{sowie} \\ P B &= C^T. \end{aligned} \tag{10.76}$$

Wir verwenden nun die **Lyapunov-Theorie**, um ein **Adaptionsgesetz** herzuleiten [27]. Die Kandidat-Lyapunov-Funktion

$$v(X, \Phi) = X^T P X + \Phi^T \Gamma^{-1} \Phi \tag{10.77}$$

39 Eine rationale **SPR-Funktion** $T(s)$ ist eine Funktion, die in der geschlossenen rechten Halbebene analytisch ist und für die $Re(T(j\omega)) > 0 \; \forall \omega$ gilt.

mit $\Gamma = \mathrm{diag}(\gamma_1\ \gamma_2\ \ldots\ \gamma_r)$ und $\gamma_i > 0$ ist sowohl bei Servo- als auch bei Parameterfehlern nicht-negativ. Die Differenziation nach der Zeit führt zu:

$$\dot{v}(X,\Phi) = -X^T QX + 2\Phi^T\left(W^T \hat{M}^{-1} E_1 + \Gamma^{-1}\dot{\Phi}\right). \tag{10.78}$$

Wählen wir

$$\dot{\Phi} = -\Gamma W^T \hat{M}^{-1} E_1, \tag{10.79}$$

dann ist

$$\dot{v}(X,\Phi) = -X^T QX. \tag{10.80}$$

Diese ist nicht-positiv, weil Q positiv definit ist. Da $\Phi = P - \hat{P}$ ist, folgt $\dot{\Phi} = -\dot{\hat{P}}$, und durch Einsetzen in **(10.79)** erhalten wir das Adaptionsgesetz:

$$\dot{\hat{P}} = \Gamma W^T \hat{M}^{-1} E_1. \tag{10.81}$$

Die Gleichungen **(10.77)** und **(10.80)** implizieren, dass X und Φ beschränkt sind. Das grundlegende Aktualisierungsgesetz ist durch **(10.81)** gegeben. Um jedoch die Parameterschätzungen so einzuschränken, dass sie innerhalb der in **(10.69)** angegebenen Grenzen liegen, erweitern wir das Aktualisierungsgesetz für den Parameter p_i mit den folgenden Rücksetzungsbedingungen:

$$\begin{cases} \hat{p}_i(t^+) = l_i, & \text{wenn} \quad \hat{p}_i(t) \le l_i - \delta; \\ \hat{p}_i(t^+) = h_i, & \text{wenn} \quad \hat{p}_i(t) \ge h_i - \delta. \end{cases} \tag{10.82}$$

Wenn sich also eine Schätzung um mindestens den Betrag δ außerhalb ihrer bekannten Grenzen bewegt, wird sie auf ihre nächstgelegene Grenze zurückgesetzt. Dieses *Zurücksetzen* der Parameter bewirkt eine sprunghafte Änderung von Φ in **(10.75)**. Dies kann keine augenblickliche Änderung von X bewirken und so können wir den Wert der Lyapunov-Funktion vor und nach der Rücksetzung von p_i auf seine untere Grenze zum Zeitpunkt t_j wie folgt formulieren:

$$\begin{aligned} v(t_j) &= X^T PX + \sum_{\substack{k=1 \\ k\neq i}}^{r} \frac{1}{\gamma_k}\phi_k^2 + \frac{1}{\gamma_i}(p_i + l_i + \delta)^2 \\ v(t_j^+) &= X^T PX + \sum_{\substack{k=1 \\ k\neq i}}^{r} \frac{1}{\gamma_k}\phi_k^2 + \frac{1}{\gamma_i}(p_i - l_i)^2. \end{aligned} \tag{10.83}$$

Daher gilt für die Änderung von v durch das Zurücksetzen von $\hat{p}_i$ zum Zeitpunkt t_j:

$$-\epsilon_j = v(t_j^+) - v(t_j) = -(2(p_i - l_i) - \delta)\left(\frac{\delta}{\gamma_i}\right), \tag{10.84}$$

wobei ϵ_j positiv ist und nach unten durch $\frac{\delta^2}{\gamma_i}$ begrenzt wird. Setzen wir auf ähnliche Weise p_i zum Zeitpunkt t_j auf seine obere Grenze zurück, erhalten wir:

$$-\epsilon_j = v(t_j^+) - v(t_j) = (2(p_i - h_i) - \delta)\left(\frac{\delta}{\gamma_i}\right), \tag{10.85}$$

wobei ϵ_j positiv ist und nach unten durch $\frac{\delta^2}{\gamma_i}$ begrenzt wird. Mit diesem Zusatz der Parameter-Rücksetzung wird **(10.80)** zu:

$$\dot{v}(X,\Phi) = -X^T QX - \sum_j^q \delta(t - t_j)\epsilon_j. \tag{10.86}$$

Darin finden q Rücksetzungen statt und $\delta(\cdot)$ bezieht sich hier auf die Einheitsimpulsfunktion. Das Hinzufügen der Rücksetzung von Parametern erhält also die Nicht-Positivität von $\dot{v}(X,\Phi)$ und daher ist das System stabil im Sinne von Lyapunov, mit X und Φ beschränkt.

Da X, Φ, $\hat{M}^{-1}$ und W beschränkt sind, sehen wir anhand von **(10.75)**, dass $\dot{X}$ ebenfalls beschränkt ist. Somit ist X gleichmäßig stetig und $\dot{v}(X,\Phi)$ ebenso. Anhand von **(10.77)** und **(10.80)** wissen wir, dass der Grenzwert

$$\lim_{t\to\infty} v(X,\Phi) \rightleftharpoons v^* \tag{10.87}$$

existiert, mit

$$v^* - v(X_0,\Phi_0) = -\int_0^\infty X^T QXdt - \sum_{j=1}^q \epsilon_j, \tag{10.88}$$

in der q Parameterrücksetzungen stattfinden. Da die linke Seite bekanntermaßen endlich ist und beide Terme auf der rechten Seite das gleiche Vorzeichen haben, wissen wir, dass jeder Term auf der rechten Seite endlich sein muss. Daher findet höchstens eine endliche Anzahl von q Parameterrücksetzungen statt.

Da $X^T QX$ positiv und gleichmäßig stetig ist und ein endliches Integral besitzt, wissen wir [28], dass

$$\lim_{t\to\infty} X^T QX = 0 \tag{10.89}$$

und somit

$$\begin{aligned} &\lim_{t\to\infty} E = 0 \quad \text{und} \\ &\lim_{t\to\infty} \dot{E} = 0. \end{aligned} \tag{10.90}$$

Daher ist das adaptive Verfahren **stabil** (in dem Sinne, dass alle Signale beschränkt bleiben) und die Fehler E und $\dot{E}$ der Trajektorienverfolgung konvergieren gegen null. Was die Konvergenz der Parameterfehler betrifft, so ist zu beachten, dass wir, wenn die Trajektorie nicht dauernd angeregt ist, nur Fogelndes sagen können:

$$\lim_{t\to\infty} \left| \Gamma^{-\frac{1}{2}}\Phi \right| = \sqrt{v^*}. \tag{10.91}$$

Beachten Sie, dass die tatsächliche Beschleunigung des Manipulators $\ddot{\Theta}$ im adaptiven Gesetz eines jeden Parameters erscheint, der eine Trägheit repräsentiert. Manipulatoren haben normalerweise keine Beschleunigungssensoren. Die integrierende Wirkung des Parameter-Aktualisierungsgesetzes verringert jedoch die Notwendigkeit einer guten Beschleunigungsinformation. Dies wurde in der Simulation und in Experimenten mit einem tatsächlichen Manipulator [21] bestätigt.

Nach einer endlichen Zeitspanne sind alle Parameter zurückgesetzt worden und wir können die Gleichungen, die das gesamte System beschreiben (also **(10.75)** und **(10.79)**) wie folgt formulieren:

$$\begin{bmatrix} \dot{X} \\ \dot{\Phi} \end{bmatrix} = \begin{bmatrix} A & BU^T \\ -\Gamma UC & 0 \end{bmatrix} \begin{bmatrix} X \\ \Phi \end{bmatrix}, \tag{10.92}$$

wobei $U = (\hat{M}^{-1} W)^T$ ist. Mehrere Forscher haben die asymptotische Stabilität von **(10.92)** untersucht. In [29–31] wird gezeigt, dass **(10.92)** gleichmäßig asymptotisch stabil ist, wenn das lineare System (A, B, C) die frühere SPR-Bedingung erfüllt und wenn U der Bedingung der ständigen Anregung

$$\alpha' I_r \leq \int_{t_0}^{t_0+\rho} U U^T dt \leq \beta' I_r \tag{10.93}$$

für alle t_0 genügt, wobei α', β' und ρ alle positiv sind. Die Bedingung **(10.93)** besagt, dass das Integral von UU^T positiv definit und über alle Intervalle der Länge ρ beschränkt sein muss. Beachten Sie, dass eine Matrix der Form UU^T die Dimension $r \times r$ aufweist, aber einen Rang von nicht mehr als n haben kann (und normalerweise ist $r > n$). Folglich bedeutet **(10.93)**, dass U ausreichend über das Intervall ρ variieren muss, sodass der gesamte r-dimensionale Raum aufgespannt wird. Beachten Sie, dass wir durch die Einschränkung der Bereiche unserer Schätzungen sichergestellt haben, dass $\hat{M}$ invertierbar bleibt und somit U begrenzt ist, sodass die rechte Ungleichung in **(10.93)** bereits erfüllt ist.

Wir behaupten als Nächstes, dass, weil $\hat{M}$ eine beschränkte positiv definite symmetrische Matrix ist, die linke Ungleichung von **(10.93)** erfüllt sein wird, wenn für einige $\alpha > 0$

$$\alpha I_r \leq \int_{t_0}^{t_0+\rho} W^T W \, dt \tag{10.94}$$

erfüllt ist. Ein Beweis durch Gegenteil dieser Aussage verläuft folgendermaßen: Nehmen wir an, dass **(10.94)** nicht **(10.93)** impliziert. Dann können wir immer einen Vektor v finden, sodass für jedes $\gamma > 0$ Folgendes gilt:

$$\gamma > v^T \left[\int_{t_0}^{t_0+\rho} (\hat{M}^{-1} W)^T (\hat{M}^{-1} W) \, dt \right] v. \tag{10.95}$$

Insbesondere gilt **(10.95)** für $\gamma = \alpha \lambda_{\hat{m}\min}^2$, wobei

$$\lambda_{\hat{m}\min} = \min_t \left[\min_i \left[\lambda_i(\hat{M}^{-1}(t)) \right] \right] > 0. \tag{10.96}$$

Also ist

$$\begin{aligned} \alpha \lambda_{\hat{m}\min}^2 &> v^T \left[\int_{t_0}^{t_0+\rho} (\hat{M}^{-1} W)^T (\hat{M}^{-1} W) \, dt \right] v \\ &= \int_{t_0}^{t_0+\rho} \| \hat{M}^{-1} W v \|^2 \, dt \\ &> \lambda_{\hat{m}\min}^2 \int_{t_0}^{t_0+\rho} \| W v \|^2 \, dt \end{aligned} \tag{10.97}$$

oder

$$\alpha > \int_{t_0}^{t_0+\rho} \| W v \|^2 \, dt. \tag{10.98}$$

Aber das widerspricht **(10.94)** und daher ist es wahr, dass **(10.94)** **(10.93)** impliziert.

Da wir schließlich (unabhängig von der dauerhaften Anregung) gezeigt haben, dass der Servofehler in diesem Regelungsverfahren gegen null konvergiert, ist die Bedingung der dauernden Anregung von **(10.94)** erfüllt, wenn für die *gewünschte Trajektorie* die folgende Bedingung gilt:

$$\alpha I_r \leq \int_{t_0}^{t_0+\rho} W_d^T W_d \, dt \leq \beta I_r, \tag{10.99}$$

in der W_d die W-Funktion ist, die entlang der gewünschten und nicht der tatsächlichen Trajektorie des Manipulators ausgewertet wird. Somit haben wir eine Bedingung für die gewünschte Trajektorie hergeleitet, sodass alle Parameter nach einem ausreichenden Lernintervall identifiziert werden können.

Literatur

[1] R.P. Paul, „Modeling, Trajectory Calculation, and Servoing of a Computer Controlled Arm“, Technical Report AIM-177, Stanford University Artificial Intelligence Laboratory, 1972.

[2] B. Markiewicz, „Analysis of the Computed Torque Drive Method and Comparison with Conventional Position Servo for a Computer-Controlled Manipulator“, Jet Propulsion Laboratory Technical Memo 33–601, März 1973.

[3] A. Bejczy, „Robot Arm Dynamics and Control“, Jet Propulsion Laboratory Technical Memo 33-669, Februar 1974.

[4] J. LaSalle und S. Lefschetz, *Stability by Liapunov's Direct Method with Applications*, Academic Press, New York, 1961.

[5] P.K. Khosla, „Some Experimental Results on Model-Based Control Schemes“, IEEE Conference on Robotics and Automation, Philadelphia, April 1988.

[6] M. Leahy, K. Valavanis und G. Saridis, „The Effects of Dynamic Models on Robot Control“, IEEE Conference on Robotics and Automation, San Francisco, April 1986.

[7] L. Sciavicco und B. Siciliano, *Modelling and Control of Robot Manipulators*, 2. Auflage, Springer-Verlag, London, 2000.

[8] O. Khatib, „A Unified Approach for Motion and Force Control of Robot Manipulators: The Operational Space Formulation“, *IEEE Journal of Robotics and Automation*, Vol. RA-3, No. 1, 1987.

[9] C. An, C. Atkeson und J. Hollerbach, „Model-Based Control of a Direct Drive Arm, Part II: Control“, IEEE Conference on Robotics and Automation, Philadelphia, April 1988.

[10] G. Franklin, J. Powell und M. Workman, *Digital Control of Dynamic Systems*, 2. Auflage, Addison-Wesley, Reading, MA, 1989.

[11] A. Liegeois, A. Fournier und M. Aldon, „Model Reference Control of High Velocity Industrial Robots“, *Proceedings of the Joint Automatic Control Conference*, San Francisco, 1980.

[12] M. Raibert, „Mechanical Arm Control Using a State Space Memory“, SME paper MS77–750, 1977.

[13] B. Armstrong, „Friction: Experimental Determination, Modeling and Compensation“, IEEE Conference on Robotics and Automation, Philadelphia, April 1988.

[14] B. Armstrong, O. Khatib und J. Burdick, „The Explicit Dynamic Model and Inertial Parameters of the PUMA 560 Arm“, IEEE Conference on Robotics and Automation, San Francisco, April 1986.

[15] A.M. Lyapunov, „On the General Problem of Stability of Motion“, (auf Russisch), Kharkov Mathematical Society, Sowjetunion, 1892.

[16] C. Desoer und M. Vidyasagar, *Feedback Systems: Input-Output Properties*, Academic Press, New York, 1975.

[17] M. Vidyasagar, *Nonlinear Systems Analysis*, Prentice-Hall, Englewood Cliffs, NJ, 1978.

[18] S. Arimoto und F. Miyazaki, „Stability and Robustness of PID Feedback Control for Robot Manipulators of Sensory Capability“, Third International Symposium of Robotics Research, Gouvieux, Frankreich, Juli 1985.

[19] D. Koditschek, „Adaptive Strategies for the Control of Natural Motion“, *Proceedings of the 24th Conference on Decision and Control*, Ft. Lauderdale, FL, Dezember 1985.

[20] J. Craig, P. Hsu und S. Sastry, „Adaptive Control of Mechanical Manipulators“, IEEE Conference on Robotics and Automation, San Francisco, April 1986.

[21] J. Craig, *Adaptive Control of Mechanical Manipulators*, Addison-Wesley, Reading, MA, 1988.

[22] J.J. Slotine und W. Li, „On the Adaptive Control of Mechanical Manipulators“, *The International Journal of Robotics Research*, Vol. 6, No. 3, 1987.

[23] R. Kelly und R. Ortega, „Adaptive Control of Robot Manipulators: An Input-Output Approach“, IEEE Conference on Robotics and Automation, Philadelphia, 1988.

[24] H. Das, J.J. Slotine und T. Sheridan, „Inverse Kinematic Algorithms for Redundant Systems“, IEEE Conference on Robotics and Automation, Philadelphia, 1988.

[25] T. Yabuta, A. Chona und G. Beni, „On the Asymptotic Stability of the Hybrid Position/Force Control Scheme for Robot Manipulators“, IEEE Conference on Robotics and Automation, Philadelphia, 1988.

[26] B.D.O. Anderson und S. Vongpanitlerd, *Network Synthesis: A State Space Approach*. Englewood Cliffs, N.J.: Prentice-Hall, 1973.

[27] Parks, „Liapunov Redesign of Model Reference Adaptive Control Systems“. *IEEE Trans. Auto. Contr.* 1966; AC-11(3).

[28] W. Rudin, *Principles of Mathematical Analysis*. New York: McGraw-Hill, 1976.

[29] A.P. Morgan und K.S. Narendra, „On the Uniform Asymptotic Stability of Certain Linear Nonautonomous Differential Equations“. *SIAM J. Contr. Optim.* 1977; 15.

[30] B.D.O. Anderson, „Exponential Stability of Linear Equations Arising in Adaptive Identification". *IEEE Trans. Auto. Contr.* 1977; AC-22: 83–88.

[31] G. Kreisselmeier, „Adaptive Observers with Exponential Rate of Convergence". *IEEE Trans. Auto. Contr.* 1977; AC-22: 2–8.

Übungen

10.1 [15] Formulieren Sie die nichtlinearen Steuerungsgleichungen für einen α,β-partitionierten Controller für das System

$$\tau = (2\sqrt{\theta} + 1)\ddot{\theta} + 3\dot{\theta}^2 - \sin(\theta).$$

Wählen Sie die Verstärkungen so, dass dieses System immer mit $k_{CL} = 10$ kritisch gedämpft ist.

10.2 [15] Formulieren Sie die nichtlinearen Steuerungsgleichungen für einen α,β-partitionierten Controller für das System

$$\tau = 5\theta\dot{\theta} + 2\ddot{\theta} - 13\dot{\theta}^3 + 5.$$

Wählen Sie die Verstärkungen so, dass dieses System immer mit $k_{CL} = 10$ kritisch gedämpft ist.

10.3 [19] Zeichnen Sie ein Blockdiagramm, das einen Controller im Gelenkraum für den zweigliedrigen Arm aus ▶ **Abschnitt 6.7** zeigt, sodass der Arm über seinen gesamten Arbeitsraum kritisch gedämpft ist. Tragen Sie die Gleichungen in die Blöcke des Blockdiagramms ein.

10.4 [20] Zeichnen Sie ein Blockdiagramm, das einen Controller im kartesischen Raum für den zweigliedrigen Arm aus ▶ **Abschnitt 6.7** zeigt, sodass der Arm über seinen gesamten Arbeitsraum kritisch gedämpft ist (siehe ▶ **Beispiel 6.6**). Tragen Sie die Gleichungen in die Blöcke des Blockdiagramms ein.

10.5 [18] Entwerfen Sie ein trajektorienfolgendes Regelungssystem für das System, dessen Dynamik durch

$$\tau_1 = m_1 l_1^2 \ddot{\theta}_1 + m_1 l_1 l_2 \dot{\theta}_1 \dot{\theta}_2,$$
$$\tau_2 = m_2 l_2^2 (\ddot{\theta}_1 + \ddot{\theta}_2) + v_2 \dot{\theta}_2$$

gegeben ist. Sind Sie der Meinung, dass diese Gleichungen ein reales System darstellen könnten?

10.6 [17] Geben Sie für das Regelungssystem, das für den Ein-Gelenk-Manipulator in ▶ **Beispiel 10.3** entworfen wurde, einen Ausdruck für den stationären Positionsfehler als Funktion des Fehlers im Massenparameter an. Sei $\psi_m = m - \hat{m}$. Das Ergebnis sollte eine Funktion von $l, g, \theta, \psi_m, \hat{m}$ und k_p sein. Bei welcher Position des Manipulators ist dieser Wert maximal?

10.7 [26] Entwerfen Sie für das mechanische System mit zwei Freiheitsgraden aus **Abbildung 10.17** einen Controller, durch den x_1 und x_2 Trajektorien folgen und der Störungen kritisch gedämpft unterdrückt.

10.8 [30] Betrachten Sie die dynamischen Gleichungen des zweigliedrigen Manipulators aus ▶ **Abschnitt 6.7** im Konfigurationsraum. Leiten Sie Ausdrücke für die Empfindlichkeit des berechneten Drehmomentwertes hinsichtlich kleiner Abweichungen in Θ her. Können Sie etwas darüber sagen, wie oft die Dynamik in einem Controller wie dem in ▶ **Abbildung 10.7** als Funktion der durchschnittlichen Gelenkgeschwindigkeiten, die während des normalen Betriebs erwartet werden, neu berechnet werden sollte?

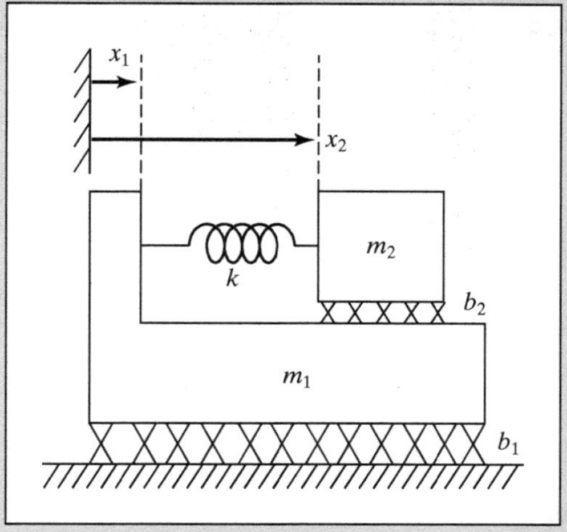

Abbildung 10.17 Mechanisches System mit zwei Freiheitsgraden.

10.9 [32] Betrachten Sie die dynamischen Gleichungen des zweigliedrigen Manipulators aus ▶ **Beispiel 6.6** im kartesischen Konfigurationsraum. Leiten Sie Ausdrücke für die Empfindlichkeit des berechneten Drehmomentwertes hinsichtlich kleiner Abweichungen in Θ her. Können Sie etwas darüber sagen, wie oft die Dynamik in einem Controller wie dem in ▶ **Abbildung 10.15** in Abhängigkeit von den durchschnittlichen Gelenkgeschwindigkeiten, die während des normalen Betriebs erwartet werden, neu berechnet werden sollte?

10.10 [15] Entwerfen Sie ein Regelungssystem für das System

$$f = 5x\dot{x} + 2\ddot{x} - 12.$$

Wählen Sie die Verstärkungen so, dass dieses System immer kritisch gedämpft ist und die Steifigkeit des geschlossenen Regelkreises 20 beträgt.

10.11 [20] Betrachten Sie ein System zur Lageregelung, das (ohne Verlust der Allgemeinheit) versucht, $\Theta_d = 0$ beizubehalten. Beweisen Sie, dass das Regelungsgesetz

$$\tau = -K_p\Theta - M(\Theta)K_v\dot{\Theta} + G(\Theta)$$

auf ein asymptotisch stabiles nichtlineares System führt. Sie können annehmen, dass K_v die Form $K_v = k_v I_n$ besitzt, wobei k_v ein Skalar und I_n die $n \times n$-Einheitsmatrix ist. *Hinweis*: Die Aufgabe ähnelt ▶ **Beispiel 10.6**.

10.12 [20] Betrachten Sie ein System zur Lageregelung, das (ohne Verlust der Allgemeinheit) versucht, $\Theta_d = 0$ beizubehalten. Beweisen Sie, dass das Regelungsgesetz

$$\tau = -K_p\Theta - \hat{M}(\Theta)K_v\dot{\Theta} + G(\Theta)$$

auf ein asymptotisches stabiles nichtlineares System führt. Sie können annehmen, dass K_v die Form $K_v = k_v I_n$ besitzt, wobei k_v ein Skalar und I_n ist die $n \times n$-Einheitsmatrix ist. Die Matrix $\hat{M}(\Theta)$ ist eine positiv definite Schätzung der Massenmatrix des Manipulators. *Hinweis*: Die Aufgabe ähnelt ▶ **Beispiel 10.6**.

10.13 [25] Betrachten Sie ein System zur Lageregelung, das (ohne Verlust der Allgemeinheit) versucht, $\Theta_d = 0$ beizubehalten. Beweisen Sie, dass das Regelungsgesetz

$$\tau = -M(\Theta)[K_p\Theta + K_v\dot{\Theta}] + G(\Theta)$$

auf ein asymptotisch stabiles nichtlineares System führt. Sie können annehmen, dass K_v die Form $K_v = k_v I_n$ aufweist, wobei k_v ein Skalar und I_n die $n \times n$-Einheitsmatrix ist. *Hinweis*: Die Aufgabe ähnelt ▶ **Beispiel 10.6**.

10.14 [25] Betrachten Sie ein System zur Lageregelung, das (ohne Verlust der Allgemeinheit) versucht, $\Theta_d = 0$ beizubehalten. Beweisen Sie, dass das Rgelungsgesetz

$$\tau = -\hat{M}(\Theta)[K_p\Theta + K_v\dot{\Theta}] + G(\Theta)$$

auf ein asymptotisch stabiles nichtlineares System führt. Sie können annehmen, dass K_v die Form $K_v = k_v I_n$ aufweist, wobei k_v ein Skalar und I_n die $n \times n$-Einheitsmatrix ist. Die Matrix $\hat{M}(\Theta)$ ist eine positiv definite Schätzung der Massenmatrix des Manipulator. *Hinweis*: Die Aufgabe ähnelt ▶ **Beispiel 10.6**.

10.15 [28] Betrachten Sie ein System zur Lageregelung, das (ohne Verlust der Allgemeinheit) versucht, $\Theta_d = 0$ beizubehalten. Beweisen Sie, dass das Regelungsgesetz

$$\tau = -K_p\Theta - K_v\dot{\Theta}$$

auf ein stabiles nichtlineares System führt. Zeigen Sie, dass die Stabilität nicht asymptotisch ist und geben Sie einen Ausdruck für den Fehler im stationären Zustand an. *Hinweis*: Die Aufgabe ähnelt ▶ **Beispiel 10.6**.

10.16 [30] Beweisen Sie die globale Stabilität des in ▶ **Abschnitt 10.8** vorgestellten kartesischen transponierten Jacobi-Regelungsverfahrens. Verwenden Sie eine geeignete Form der Geschwindigkeitsrückkopplung, um das System zu stabilisieren. *Hinweis*: Siehe [18].

10.17 [15] Entwerfen Sie einen trajektorienfolgenden Controller für ein System, dessen Dynamik durch

$$f = ax^2\dot{x}\ddot{x} + b\dot{x}^2 + c\sin(x)$$

gegeben ist, sodass Fehler über alle Konfigurationen hinweg kritisch gedämpft unterdrückt werden.

10.18 [15] Ein System mit offenem Regelkreis, das durch

$$\tau = m\ddot{\theta} + b\dot{\theta}^2 + c\theta$$

gegeben ist, wird mit dem Regelungsgesetz

$$\tau = m[\ddot{\theta}_d + k_v\dot{e} + k_p e] + \sin(\theta)$$

gesteuert. Geben Sie die Differenzialgleichung an, die das Verhalten des Systems im geschlossenen Regelkreis charakterisiert.

10.19 [11] Bestimmen Sie die Energie des Systems in ▶ **Abbildung 9.2** bei $t = 1$ s, wenn die Parameterwerte $m = 1, b = 4$ sowie $k = 5$ sind und die (zunächst ruhende) Masse von der Position $x = 2$ losgelassen wird.

10.20 [12] Geben Sie die nichtlinearen Regelungsgleichungen für einen α,β-partitionierten Controller für das System aus ▶ **Beispiel 10.1** mit $m = 2, b = 3$ und $q = 1$ an. Wählen Sie die Verstärkungen so, dass dieses System eine Eigenfrequenz im Fehlerraum von $w_n = 8$ aufweist und kritisch gedämpft ist.

10.21 [15] Beweisen Sie, dass das System aus ▶ **Beispiel 10.1** stabil ist.

10.22 [16] Entwerfen Sie einen partitionierten Gelenkraum-Controller für den zweigliedrigen Arm aus ▶ **Abschnitt 6.7**, sodass der Arm eine Steifigkeit von 18 besitzt und über seinen gesamten Arbeitsraum kritisch gedämpft ist, wobei die folgenden Parameter gegeben sind:

$$l_1 = 7, \quad m_1 = 3,$$
$$l_2 = 4, \quad m_2 = 1.$$

10.23 [16] Geben Sie die nichtlinearen Regelungsgleichungen für einen α,β-partitionierten Controller für das System

$$\tau = 16\theta\dot{\theta} + 7\ddot{\theta} - 8\dot{\theta}^4 + 1$$

an. Wählen Sie die Verstärkungen so, dass dieses System immer mit $k_{CL} = 9$ kritisch gedämpft ist.

10.24 [15] Entwerfen Sie ein Regelungssystem für das System

$$f = 15x\dot{x} + 3\ddot{x} - 48.$$

Wählen Sie die Verstärkungen so, dass dieses System immer kritisch gedämpft ist und eine Steifigkeit des geschlossenen Regelkreises von 4 aufweist.

10.25 [15] Entwerfen Sie einen trajektorienfolgenden Controller für ein System, dessen Dynamik durch

$$f = ax^3\dot{x}^2\ddot{x} + b\dot{x} + c\cos(x)$$

gegeben ist, sodass Fehler über alle Konfigurationen hinweg kritisch gedämpft unterdrückt werden.

10.26 [15] Ein System mit einer Dynamik mit offenem Regelkreis, das durch

$$\tau = m\ddot{\theta} + b\dot{\theta}^2 + c\dot{\theta} + q\theta^2 - k\theta$$

gegeben ist, wird mit dem Regelungsgesetz

$$\tau = m[\ddot{\theta}_d + k_v\dot{\theta} + k_p e] + \cos(\theta) + \sin(e)$$

gesteuert. Geben Sie die Differenzialgleichung an, die das Verhalten des Systems im geschlossenen Regelkreis charakterisiert.

Programmierübung (Teil 10)

Wiederholen Sie die Programmierübung Teil 9 und verwenden Sie die gleichen Tests, aber mit einem neuen Controller, der ein vollständiges dynamisches Modell des dreigliedrigen Manipulators verwendet, um das System zu entkoppeln und zu linearisieren. Verwenden Sie für diesen Fall

$$K_p = \begin{bmatrix} 100{,}0 & 0{,}0 & 0{,}0 \\ 0{,}0 & 100{,}0 & 0{,}0 \\ 0{,}0 & 0{,}0 & 100{,}0 \end{bmatrix}.$$

Wählen Sie ein diagonales K_v, das eine kritische Dämpfung für alle Konfigurationen des Arms garantiert. Vergleichen Sie die Ergebnisse mit denen, die Sie mit dem einfacheren Controller aus Programmierübung Teil 9 erhalten haben.

Kraftregelung von Manipulatoren

11

11.1 Einleitung

Lageregelung ist angebracht, wenn ein Manipulator einer Trajektorie durch den Raum folgt. Wenn jedoch irgendein Kontakt zwischen dem Endeffektor und der Umgebung des Manipulators stattfindet, reicht die reine Lageregelung möglicherweise nicht aus. Stellen Sie sich einen Manipulator vor, der ein Fenster mit einem Schwamm reinigt. Die Nachgiebigkeit des Schwamms könnte es ermöglichen, die auf das Fenster ausgeübte Kraft zu regulieren, indem die Position des Endeffektors relativ zum Glas gesteuert wird. Wenn der Schwamm sehr nachgiebig ist oder die Position des Glases sehr genau bekannt ist, könnte diese Technik recht gut funktionieren.

Wenn jedoch die Steifigkeit des Endeffektors, des Werkzeugs oder der Umgebung hoch ist, wird es zunehmend schwieriger, Operationen durchzuführen, bei denen der Manipulator gegen eine Oberfläche drückt. Stellen Sie sich vor, dass der Manipulator mit einem starren Werkzeug Farbe von einer Glasoberfläche abkratzt, anstatt sie mit einem Schwamm zu waschen. Wenn es irgendeine Unsicherheit in der Position der Glasoberfläche oder einen Fehler in der Position des Manipulators gibt, würde diese Aufgabe unmöglich werden. Entweder würde das Glas zerbrechen oder der Manipulator würde sich mit dem Schaber in einem gewissen Abstand vom Glas bewegen, ohne damit in Kontakt zu kommen.

Sowohl beim Reinigen als auch beim Schaben wäre es sinnvoller, nicht die Position der Glasebene anzugeben, sondern *eine Kraft, die senkrecht zur Oberfläche aufrechterhalten* werden soll.

Mehr noch als in den vorangegangenen Kapiteln stellen wir in diesem Kapitel Methoden vor, die, außer in extrem vereinfachter Form, noch nicht von Industrierobotern verwendet werden. Das Hauptaugenmerk dieses Kapitels liegt auf der Einführung des **hybriden Lage- und Kraftreglers**, einem Formalismus, mit dem Industrieroboter eines Tages gesteuert werden könnten, um Aufgaben auszuführen, die eine Kraftregelung erfordern. Unabhängig davon, welche Methoden sich für die industrielle Anwendung als praktikabel erweisen, werden viele der in diesem Kapitel vorgestellten Konzepte sicherlich ihre Gültigkeit behalten.

11.2 Anwendung von Industrierobotern für Montageaufgaben

Der Großteil der **Industrieroboter** wird für relativ **einfache Anwendungen** eingesetzt, wie Punktschweißen, Spritzlackieren und Operationen, in denen Objekte aufgenommen und platziert werden (**Pick-and-Place**). Die Kraftregelung ist erst Teil einiger weniger Anwendungen. Einige Roboter sind bereits in der Lage, eine einfache Kraftregelung durchzuführen, die Ihnen Aufgaben wie Schleifen und Entgraten ermöglicht. Der nächste große Anwendungsbereich wird wohl die Fließbandarbeit sein, bei der ein oder mehrere Teile zusammengefügt werden. Bei solchen **Montageaufgaben** sind die Überwachung und Regelung der **Kontaktkräfte** extrem wichtig.

Die präzise Steuerung von Manipulatoren ist angesichts von Unwägbarkeiten und Veränderungen in ihrer Arbeitsumgebung eine Voraussetzung für den Einsatz von Robotermanipulatoren bei Montagearbeiten in der Industrie. Durch die Ausstattung der Hände von Manipulatoren mit Sensoren, die Informationen über den Stand der Manipulationsaufgaben liefern können, könnten wichtige Fortschritte bei der Verwendung von Robotern für Montageaufgaben erzielt werden. Derzeit ist die Geschicklichkeit von Manipulatoren noch recht gering, wodurch ihre Anwendung im Bereich der automatisierten Montage eingeschränkt ist.

Der Einsatz von **Manipulatoren** für Montageaufgaben erfordert eine sehr hohe Präzision bei der Anordnung der Teile zueinander. Aktuelle Industrieroboter sind für diese Aufgaben oft nicht genau genug und der Bau von Robotern, die es sind, ist möglicherweise nicht sinnvoll. Präzisere Manipulatoren lassen sich nur auf Kosten von Größe, Gewicht und finanziellem Aufwand realisieren. Die Fähigkeit, die an der Hand auftretenden Kontaktkräfte zu messen und zu steuern, bietet jedoch eine mögliche Alternative, um die effektive Präzision einer Manipulation zu erhöhen. Da relative Messungen verwendet werden, sind absolute Fehler in der Position des Manipulators und der manipulierten Objekte nicht so wichtig wie bei einem rein positionsgesteuerten System. Wenn Teile mit mäßiger Steifigkeit zusammenwirken, erzeugen kleine Schwankungen der relativen Position große Kontaktkräfte. Kenntnis und Regelung dieser Kräfte kann also zu einer enormen Steigerung der effektiven Ortsgenauigkeit führen.

11.3 Ein Bezugsrahmen für die Steuerung von teilweise eingeschränkten Aufgaben

Der in diesem Kapitel vorgestellte Ansatz basiert auf einem **Bezugsrahmen** für die Steuerung in Situationen, in denen die Bewegung des Manipulators durch den Kontakt mit einer oder mehreren Oberflächen teilweise eingeschränkt ist [1–3]. Dieser Rahmen zum Verständnis von teilweise eingeschränkten Aufgaben basiert auf einem vereinfachten Modell der Interaktion zwischen dem Endeffektor des Manipulators und der Umgebung: Wir sind daran interessiert, den Kontakt und die Freiheitsgrade zu beschreiben, also betrachten wir nur die durch den **Kontakt** verursachten Kräfte. Dies ist gleichbedeutend mit einer quasistatischen **Analyse**, bei der andere statische Kräfte, wie bestimmte Reibungskomponenten und die Schwerkraft, ignoriert werden. Die Analyse ist dann sinnvoll, wenn die auf den Kontakt zwischen relativ steifen Objekten zurückzuführenden Kräfte die vorherrschende Quelle der auf das System wirkenden Kräfte sind. Beachten Sie, dass die hier vorgestellte Methodik vereinfachend ist und bestimmte Einschränkungen aufweist, aber sie ist ein guter Weg, um die grundlegenden Konzepte einzuführen und sogar auf einem für diesen Text angemessenem Niveau. Eine ähnliche, aber allgemeinere und strengere Methodik finden Sie in [19].

Jede Manipulation kann in Teilaufgaben untergliedert werden, die durch eine bestimmte Kontaktsituation zwischen dem Endeffektor (oder Werkzeug) des Manipulators und der Arbeitsumgebung definiert sind. Jeder dieser Teilaufgaben können wir eine Reihe von **Beschränkungen** zuordnen, die wir als **natürliche Beschränkungen** bezeichnen und die sich aus den besonderen mechanischen und geometrischen Eigenschaften der Aufgabendetails ergeben. Zum Beispiel kann sich eine Hand, die mit einer stationären, starren Oberfläche in Kontakt ist, nicht frei durch diese Oberfläche bewegen. Daher gibt es eine *natürliche* Beschränkung der Position. Wenn die Oberfläche reibungsfrei ist, kann die Hand keine beliebigen Kräfte tangential zur Oberfläche ausüben. Daher besteht eine ***natürliche*** **Kraftbeschränkung**.

In unserem Modell des Kontakts mit der Umgebung kann für jede Konfiguration der Teilaufgaben eine **verallgemeinerte Oberfläche** definiert werden, mit Positionsbeschränkungen entlang der Normalen zu dieser Oberfläche und Kraftbeschränkungen in der Tangentialrichtung. Diese beiden Arten von Beschränkungen – Kraft und Position – teilen die **Freiheitsgrade** möglicher **Endeffektor**-Bewegungen in zwei orthogonale Gruppen auf, die nach unterschiedlichen Kriterien gesteuert werden müssen. Beachten Sie, dass dieses Regelungsmodell nicht alle möglichen Kontaktsituationen umfasst (ein allgemeineres Verfahren finden Sie in [19]).

Abbildung 11.1 zeigt zwei charakteristische Aufgaben mit den dazugehörigen natürlichen Beschränkungen. Beachten Sie, dass die Aufgabe in beiden Fällen in Bezug auf einen Rahmen $\{C\}$ beschrieben wird, dem sogenannten **Beschränkungsrahmen (constraint frame)**, der sich an einem für die Aufgabe relevanten Ort befindet. Je nach Aufgabe kann $\{C\}$ in der Umgebung fixiert sein oder sich mit dem Endeffektor des Manipulators bewegen. In **Abbildung 11.1(a)** ist der Beschränkungsrahmen an der Kurbel befestigt und bewegt sich mit der Kurbel, wobei die $\hat{X}$-Richtung immer auf den Drehpunkt der Kurbel gerichtet ist. Die Reibung an den Fingerspitzen sorgt für einen festen Kontakt zum Griff der Kurbel, der auf einer Spindel sitzt, sodass er sich relativ zum Kurbelarm drehen kann. In **Abbildung 11.1(b)** ist der Beschränkungsrahmen an der Spitze des Schraubendrehers befestigt und bewegt sich beim Durchführen der Aufgabe mit ihm. Beachten Sie, dass die Kraft in $\hat{Y}$-Richtung auf null beschränkt ist, weil der Schraubendreher in dieser Richtung ansonsten aus dem Schlitz der Schraube herausrutschen könnte. In diesen Beispielen bleibt ein gegebener Satz von Beschränkungen während der gesamten Aufgabe bestehen. In komplexeren Situationen wird die Aufgabe in Teilaufgaben unterteilt, für die ein konstanter Satz natürlicher Beschränkungen ermittelt werden kann.

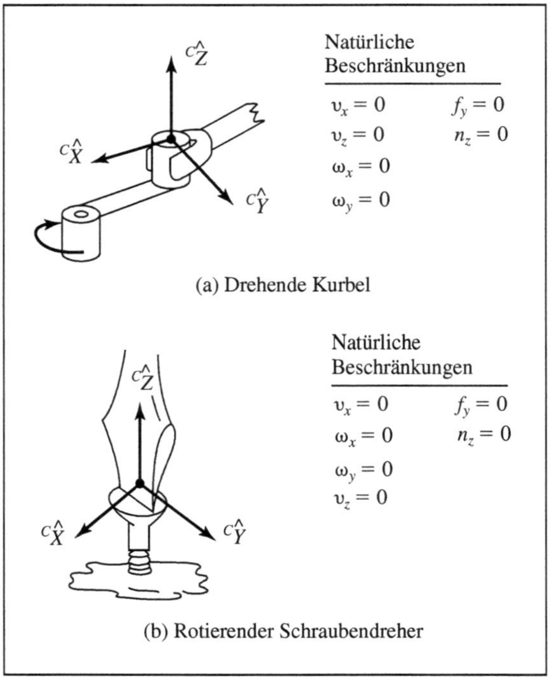

Abbildung 11.1 Die natürlichen Beschränkungen für zwei verschiedene Aufgaben.

In **Abbildung 11.1** werden die Positionsbeschränkungen durch die Angabe von Werten für die Geschwindigkeitskomponenten v des Endeffektors angegeben, die bezüglich Rahmen $\{C\}$ beschrieben werden. Wir hätten die Positionsbeschränkungen auch durch den Ort anstelle der Geschwindigkeit ausdrücken können. In vielen Fällen ist es jedoch einfacher, eine Positionsbeschränkung durch die Beschränkung „Geschwindigkeit gleich null" anzugeben. Ebenso werden Kraftbeschränkungen durch die Angabe von Komponenten des **Kraft-Momenten-Vektors** $\mathcal{F}$ angegeben, die auf den Endeffektor wirken und in Bezug auf Rahmen $\{C\}$ beschrieben werden. Beachten Sie: Wenn wir von ***Positionsbeschränkungen*** sprechen, meinen wir Beschränkungen des Orts oder der Ausrichtung, während wir bei ***Kraftbeschränkungen*** Kraft- oder Momentenbeschränkungen meinen. Der Begriff *natürliche Beschränkungen* weist darauf hing, dass sich diese Beschränkungen ganz natürlich aus der jeweiligen Kontaktsituation heraus ergeben. Sie haben nichts mit der gewünschten oder beabsichtigten Bewegung des Manipulators zu tun.

Zusätzliche Beschränkungen, sogenannte **künstliche Beschränkungen**, werden in Übereinstimmung mit den natürlichen Beschränkungen eingeführt, um die gewünschten Bewegungen oder den Kraftaufwand festzulegen. Das heißt, jedes Mal, wenn der Benutzer eine gewünschte Trajektorie durch eine Position oder eine Kraft angibt, wird eine künstliche Zwangsbedingung definiert. Diese Beschränkungen treten auch entlang der Tangenten und Normalen der allgemein beschränkten Oberfläche auf. Im Gegensatz zu natürlichen Beschränkungen werden die künstlichen Beschränkungen der Kraft entlang der Normalen von Oberflächen und die künstlichen Beschränkungen der Position entlang der Tangenten festgelegt. Somit bleibt die Konsistenz mit den natürlichen Beschränkungen erhalten.

Abbildung 11.2 zeigt die natürlichen und künstlichen Beschränkungen für zwei Aufgaben. In **Abbildung 11.2** ist α_1 die Geschwindigkeit, mit der die Kurbel gedreht wird, und α_2 ist die Geschwindigkeit, mit der der Schraubendreher gedreht wird. Zu beachten ist: Wird eine natürliche Positionsbeschränkung für einen bestimmten Freiheitsgrad bezüglich $\{C\}$ angegeben, sollte auch eine künstliche Kraftbeschränkung angegeben werden und umgekehrt. Zu jedem Zeitpunkt wird jeder Freiheitsgrad im Beschränkungsrahmen so gesteuert, dass er entweder eine Positions- oder eine Kraftbeschränkung erfüllt.

Die **Montagestrategie** ist ein Begriff, der sich auf eine Abfolge von geplanten künstlichen Beschränkungen bezieht, die dazu führen, dass die Montage in gewünschter Weise durchgeführt wird. Solche Strategien müssen Methoden beinhalten, mit denen das System eine Änderung der Kontaktsituation erkennen kann, sodass Übergänge in den natürlichen Beschränkungen verfolgt werden können. Bei jeder solchen Änderung der natürlichen Beschränkungen wird ein neuer Satz künstlicher Beschränkungen aus dem Satz der Montagestrategien abgerufen und vom Regelungssystem in Gang gesetzt. Methoden für die automatische Auswahl der Beschränkungen für eine bestimmte Montageaufgabe müssen noch weiter erforscht werden. In diesem Kapitel gehen wir davon aus, dass eine Aufgabe analysiert wurde, um die natürlichen Beschränkungen zu bestimmen, und dass ein menschlicher Planer eine **Montagestrategie** festgelegt hat, welche den **Manipulator** steuert.

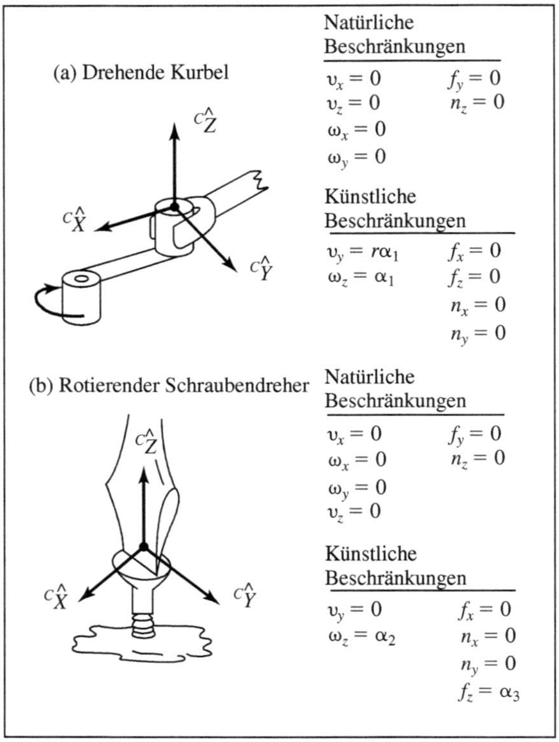

Abbildung 11.2 Die natürlichen und künstlichen Beschränkungen für zwei Aufgaben.

Beachten wir, dass wir die Reibungskräfte zwischen sich berührenden Oberflächen bei der Analyse von Aufgaben in der Regel ignorieren werden. Für unsere Einführung in das Problem reicht das aus und führt in der Tat zu Strategien, die in vielen Fällen funktionieren. Normalerweise wirken die Reibungskräfte beim Gleiten in Richtungen, die für die Positionssteuerung gewählt wurden, daher erscheinen diese Kräfte als Störungen für den Positionsservo und werden vom Regelungssystem ausgeglichen.

BEISPIEL 11.1

Abbildung 11.3 (a)–(d) zeigt eine Montagesequenz, in der ein runder Stift in ein rundes Loch gesteckt wird. Der Stift wird auf die Fläche links neben dem Loch gebracht und dann an der Fläche entlang verschoben, bis er in das Loch fällt. Dann wird er weiter eingeführt, bis der Stift den Boden des Lochs erreicht, womit die Montage abgeschlossen ist. Jede der vier gezeigten Kontaktsituationen definiert eine Teilaufgabe. Wir geben für jede dieser Teilaufgaben die natürlichen und künstlichen Beschränkungen an. Wir geben auch an, wie das System die Veränderung der natürlichen Beschränkungen im Laufe des Vorgangs erkennt.

Zunächst befestigen wir den Beschränkungsrahmen an dem Stift, wie in **Abbildung 11.3(a)** dargestellt. Dort befindet sich der Stift frei im Raum, somit lauten die natürlichen Beschränkungen:

$$^C\mathcal{F} = 0. \tag{11.1}$$

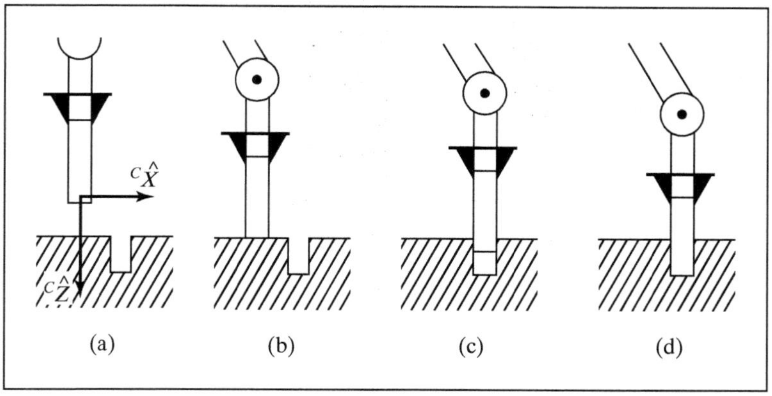

Abbildung 11.3 Die Abfolge der vier Kontaktsituationen beim Einsetzen des Stifts.

Die künstlichen Beschränkungen stellen in diesem Fall eine gesamte Positionstrajektorie dar, die den Stift in $^C\hat{Z}$-Richtung auf die Oberfläche zubewegt. Zum Beispiel wie folgt:

$$^C\upsilon = \begin{bmatrix} 0 \\ 0 \\ \upsilon_{\text{Annäherung}} \\ 0 \\ 0 \\ 0 \end{bmatrix}, \tag{11.2}$$

wobei $\upsilon_{\text{Annäherung}}$ die Geschwindigkeit ist, mit der wir uns der Oberfläche nähern.

In **Abbildung 11.3(b)** hat der Stift die Oberfläche erreicht. Um dies festzustellen, beobachten wir die Kraft in $^C\hat{Z}$-Richtung. Wenn diese Kraft einen Schwellenwert überschreitet, spüren wir einen Kontakt, was eine neue Berührungssituation und somit eine neue Reihe von natürlichen Beschränkungen bedeutet. Unter der Annahme, dass die Kontaktsituation wie in **Abbildung 11.3(b)** dargestellt ist, kann sich der Stift nicht frei in $^C\hat{Z}$-Richtung bewegen oder um $^C\hat{X}$ oder $^C\hat{Y}$ rotieren. In den anderen drei Freiheitsgraden kann er keine Kräfte ausüben. Daher lauten die natürlichen Beschränkungen nun:

$$\begin{aligned} ^C\upsilon_z &= 0, \\ ^C\omega_x &= 0, \\ ^C\omega_y &= 0, \\ ^Cf_x &= 0, \\ ^Cf_y &= 0, \\ ^Cn_z &= 0. \end{aligned} \tag{11.3}$$

Die künstlichen Beschränkungen beschreiben die Strategie des Gleitens entlang der Oberfläche in der $^C\hat{X}$-Richtung, während gleichzeitig kleine Kräfte in $^C\hat{Z}$-Richtung angewendet werden, um sicherzustellen, dass der Kontakt erhalten bleibt. Somit gilt für die künstlichen Beschränkungen jetzt:

$$\begin{aligned} ^C\upsilon_x &= \upsilon_{\text{Gleiten}}, \\ ^C\upsilon_y &= 0, \\ ^C\omega_z &= 0, \\ ^Cf_z &= f_{\text{Kontakt}}, \\ ^Cn_x &= 0, \\ ^Cn_y &= 0. \end{aligned} \tag{11.4}$$

Dabei ist f_{Kontakt} die Kraft, die normal zur Oberfläche wirkt, während der Stift entlang dieser verschoben wird, und v_{Gleiten} ist die Geschwindigkeit, mit der der Stift über die Oberfläche gleitet.

In **Abbildung 11.3(c)** ist der Stift geringfügig in das Loch hineingefallen. Diese Situation wird durch Messung der Geschwindigkeit in ${}^C\hat{Z}$-Richtung beobachtet und es wird gewartet, bis ein Schwellenwert überschritten wird (der im Idealfall von null verschieden ist). Ist dies der Fall, wird signalisiert, dass sich die natürlichen Beschränkungen geändert haben und wir unsere Strategie (die in den künstlichen Beschränkungen verankert ist) ändern müssen. Die neuen natürlichen Beschränkungen lauten:

$$
\begin{aligned}
{}^C v_x &= 0, \\
{}^C v_y &= 0, \\
{}^C \omega_x &= 0, \\
{}^C \omega_y &= 0, \\
{}^C f_x &= 0, \\
{}^C n_z &= 0.
\end{aligned}
\tag{11.5}
$$

Die künstliche Beschränkungen wählen wir nun wie folgt:

$$
\begin{aligned}
{}^C v_z &= v_{\text{Einfügen}}, \\
{}^C \omega_z &= 0, \\
{}^C f_x &= 0, \\
{}^C f_y &= 0, \\
{}^C n_x &= 0, \\
{}^C n_y &= 0.
\end{aligned}
\tag{11.6}
$$

Dabei ist $v_{\text{Einfügen}}$ die Geschwindigkeit, mit der der Stift tiefer in das Loch eingeführt wird. Wenn die Kraft in der ${}^C\hat{Z}$-Richtung dann wieder einen Schwellenwert übersteigt, wird schließlich die in **Abbildung 11.3(d)** dargestellte Situation erkannt.

Es ist interessant festzustellen, dass Änderungen in den natürlichen Beschränkungen immer durch die Beobachtung der Positions- oder Kraftvariablen, die *nicht* gesteuert werden, erkannt werden. Um zum Beispiel den Übergang von **Abbildung 11.3(b)** zu **Abbildung 11.3(c)** zu erkennen, überwachen wir die Geschwindigkeit in ${}^C\hat{Z}$-Richtung, während wir die Kraft in ${}^C\hat{Z}$-Richtung steuern. Um herauszufinden, wann der Stift den Boden des Lochs erreicht hat, überwachen wir ${}^C f_z$, obwohl wir eigentlich ${}^C v_z$ steuern.

Der von uns vorgestellte Bezugsrahmen ist etwas vereinfacht. Eine allgemeinere und strengere Methode zur „Aufteilung" von Aufgaben in positionsgesteuerte und kraftgesteuerte Komponenten finden Sie in [19].

Die Festlegung von Montagestrategien für den Zusammenbau komplizierterer Teile ist recht komplex. Außerdem haben wir darauf verzichtet, die Auswirkungen von Ungenauigkeiten in unsere einfache Analyse dieser Aufgabe einzubeziehen. Die Entwicklung automatischer Planungssysteme, die die Auswirkungen von Ungenauigkeiten einbeziehen und auf praktische Situationen angewendet werden können, ist ein Forschungsthema [4–8]. Eine gute Übersicht über diese Methoden finden Sie in [9].

11.4 Das Problem der hybriden Lageregelung und Kraftregelung

Abbildung 11.4 zeigt zwei extreme Beispiele für Kontaktsituationen. In **Abbildung 11.4(a)** bewegt sich der Manipulator durch den freien Raum. In diesem Fall sind die natürlichen Beschränkungen alle Kraftbeschränkungen – es gibt nichts, worauf man reagieren könnte, also sind alle Kräfte auf null beschränkt.[40] Mit einem Arm, der sechs Freiheitsgrade besitzt, können wir uns frei in sechs **Freiheitsgraden** des Orts und der Ausrichtung bewegen, aber wir sind nicht in der Lage, Kräfte in irgendeine Richtung auszuüben. **Abbildung 11.4(b)** zeigt die extreme Situation eines **Manipulators**, dessen **Endeffektor** an eine Wand geklebt ist. In diesem Fall unterliegt der Manipulator sechs natürlichen Positionsbeschränkungen, da er nicht frei positioniert werden kann. Allerdings kann der Manipulator mit sechs Freiheitsgraden Kräfte und Drehmomente auf das Objekt ausüben.

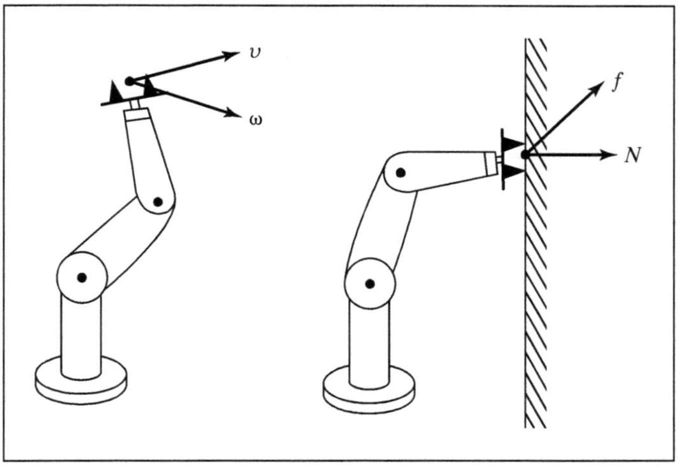

Abbildung 11.4 Die beiden Extreme der Kontaktsituationen. Der Manipulator auf der linken Seite bewegt sich im freien Raum, in dem es keine Reaktionsfläche gibt. Der Manipulator auf der rechten Seite ist an die Wand geklebt, sodass keine freie Bewegung möglich ist.

In den ▸ **Kapiteln 9** und **10** haben wir das Problem der Lageregelung untersucht, das auf die Situation von **Abbildung 11.4(a)** zutrifft. Die Situation von **Abbildung 11.4(b)** kommt in der Praxis nicht sehr oft vor. Normalerweise müssen wir die Kraftregelung im Kontext von teilweise beschränkten Aufgaben betrachten, bei denen einige Freiheitsgrade des Systems der Lageregelung und andere der Kraftregelung unterliegen. Daher sind wir in diesem Kapitel daran interessiert, **hybride Lage-Kraft-Regelungssysteme** zu betrachten.

40 Es ist wichtig, sich daran zu erinnern, dass es hier um die ***Kontaktkräfte*** zwischen dem Endeffektor und der Umgebung geht, nicht um Trägheitskräfte.

Der hybride Lage-Kraft-Regler muss drei Probleme lösen:

1. Lageregelung eines Manipulators entlang von Richtungen, in denen eine natürliche Kraftbeschränkung existiert.
2. Kraftregelung eines Manipulators in Richtungen, in denen eine natürliche Positionsbeschränkung existiert.
3. Ein Verfahren zur Implementierung einer beliebigen Mischung dieser Modi entlang orthogonaler Freiheitsgrade eines beliebigen Rahmens $\{C\}$.

11.5 Kraftregelung eines Systems aus Masse und Feder

In ▸ **Kapitel 9** begannen wir unsere Untersuchung des Problems der vollständigen Lageregelung mit der Betrachtung des sehr einfachen Problems der Steuerung eines einzelnen Massenblocks. In ▸ **Kapitel 10** waren wir dann in der Lage, ein Modell des Manipulators so zu verwenden, dass das Problem der Steuerung des gesamten Manipulators gleichbedeutend wurde mit der Steuerung von n unabhängigen Massen (durch einen Manipulator mit n Gelenken). In ähnlicher Weise beginnen wir unsere Untersuchung der Kraftregelung mit der Regelung der Kraft, die von einem einfachen System mit einem Freiheitsgrad ausgeübt wird.

Wenn wir über **Kontaktkräfte** nachdenken, müssen wir ein Modell der Umgebung erstellen, in der wir uns bewegen. Um das Konzept zu entwickeln, werden wir ein sehr einfaches Modell der Wechselwirkung zwischen einem gesteuerten Körper und der Umwelt verwenden. Wir modellieren den Kontakt mit der Umgebung als Feder – d. h., wir nehmen an, dass unser System starr ist und die Umgebung eine gewisse Steifigkeit k_e aufweist.

Betrachten wir die Steuerung einer Masse, die, wie in **Abbildung 11.5** dargestellt, an einer Feder befestigt ist. Wir werden auch eine unbekannte Störkraft f_{dist} einbeziehen, die man sich als Modell einer unbekannten Reibung oder eines Rastmoments im Getriebe des Manipulators vorstellen kann. Die Variable, die wir regeln wollen, ist die Kraft f_e, die auf die Umgebung wirkt, also die Kraft, die in der Feder wirkt:

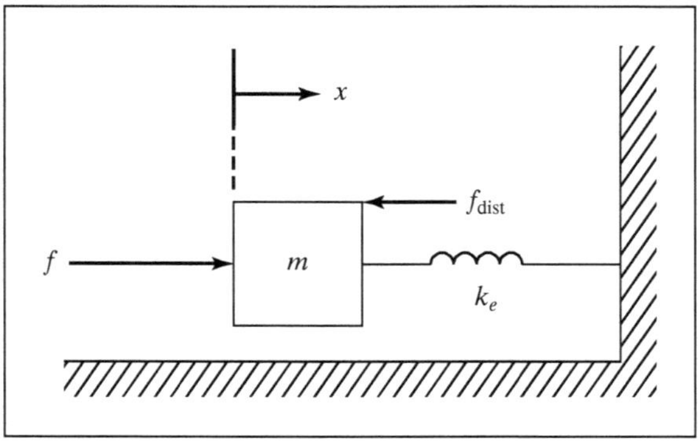

Abbildung 11.5 Ein **Feder-Masse-System**.

$$f_e = k_e x. \tag{11.7}$$

Die Gleichung, die dieses physikalische System beschreibt, lautet:

$$f = m\ddot{x} + k_e x + f_{\text{dist}}. \tag{11.8}$$

Oder in Abhängigkeit von der Variablen f_e, die wir regeln wollen, ausgedrückt:

$$f = mk_e^{-1}\ddot{f}_e + f_e + f_{\text{dist}}. \tag{11.9}$$

Mit dem Konzept der partitionierten Regelung sowie

$$\alpha = mk_e^{-1}$$

und

$$\beta = f_e + f_{\text{dist}}$$

erhalten wir das folgende **Regelungsgesetz**:

$$f = mk_e^{-1}[\ddot{f}_d + k_{vf}\dot{e}_f + k_{pf}e_f] + f_e + f_{\text{dist}}, \tag{11.10}$$

wobei $e_f = f_d - f_e$ der Fehler zwischen der gewünschten Kraft f_d und der gemessenen Kraft f_e auf die Umgebung ist. Wenn wir **(11.10)** berechnen könnten, hätten wir das System des geschlossenen Regelkreises:

$$\ddot{e}_f + k_{vf}\dot{e}_f + k_{pf}e_f = 0. \tag{11.11}$$

Allerdings haben wir keine Kenntnis über f_{dist} in unserem Regelungsgesetz und daher ist **(11.10)** nicht realisierbar. Wir könnten diesen Term in dem Regelungsgesetz weglassen, aber eine Analyse des stationären Zustands zeigt, dass es eine bessere Wahl gibt, insbesondere wenn die Steifigkeit der Umgebung k_e hoch ist (die übliche Situation).

Wenn wir uns dafür entscheiden f_{dist} aus unserem Regelungsgesetz herausnehmen, **(11.9)** und **(11.10)** gleichsetzen und eine Analyse des stationären Zustands durchführen, indem wir alle Ableitungen nach der Zeit auf null setzen, stellen wir fest, dass Folgendes gilt:

$$e_f = \frac{f_{\text{dist}}}{\alpha}, \tag{11.12}$$

wobei $\alpha = mk_e^{-1}k_{pf}$ die effektive Verstärkung der **Kraft-Rückkopplung** ist. Wenn wir uns jedoch für die Verwendung von f_d anstelle des Terms $f_e + f_{\text{dist}}$ im Regelungsgesetz **(11.10)** entscheiden, ergibt sich der folgende Fehler im stationären Zustand:

$$e_f = \frac{f_{\text{dist}}}{1+\alpha}. \tag{11.13}$$

Ist die Umgebung, wie so oft, steif, kann α klein sein, sodass der in **(11.13)** berechnete stationäre Fehler eine deutliche Verbesserung gegenüber **(11.12)** darstellt. Deswegen schlagen wir das folgende Regelungsgesetz vor:

$$f = mk_e^{-1}[\ddot{f}_d + k_{vf}\dot{e}_f + k_{pf}e_f] + f_d. \tag{11.14}$$

Abbildung 11.6 ist ein Blockdiagramm des geschlossenen Regelkreises unter Verwendung des Regelungsgesetzes **(11.14)**.

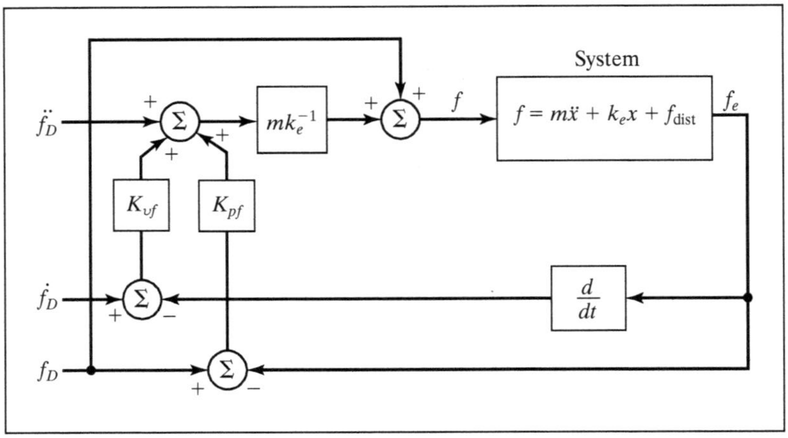

Abbildung 11.6 Ein **Kraftreglungssystem** für das System aus Feder und Masse.

Im Allgemeinen weicht die Implementierung eines Servos zur Kraftregelung aus praktischen Gründen von dem in **Abbildung 11.6** dargestellten Ideal ab. Erstens sind die Krafttrajektorien in der Regel Konstanten – d. h., wir sind in der Regel daran interessiert, die Kontaktkraft so zu steuern, dass sie einen konstanten Wert aufweist. Anwendungen, bei denen die Kontaktkräfte einer beliebigen Funktion der Zeit folgen sollen, sind selten. Daher sind die Eingaben $\dot{f}_d$ und $\ddot{f}_d$ des Steuersystems sehr oft dauerhaft auf null gesetzt. Weiterhin sind die gemessenen Kräfte ziemlich „verrauscht" und eine numerische Differenziation zur Berechnung von $\dot{f}_e$ ist nicht ratsam. Allerdings gilt $f_e = k_e x$, sodass wir die Ableitung der Kraft auf die Umgebung durch $\dot{f}_e = k_e \dot{x}$ erhalten. Dies ist viel realistischer, da die meisten Manipulatoren über die Fähigkeit verfügen, die Geschwindigkeit gut zu messen. Nachdem wir diese beiden pragmatischen Entscheidungen getroffen haben, schreiben wir das Regelungsgesetz nun wie folgt:

$$f = m\,[\,k_{pf} k_e^{-1} e_f - k_{vf}\,\dot{x}\,] + f_d, \tag{11.15}$$

mit dem zugehörigen Blockdiagramm in **Abbildung 11.7**.

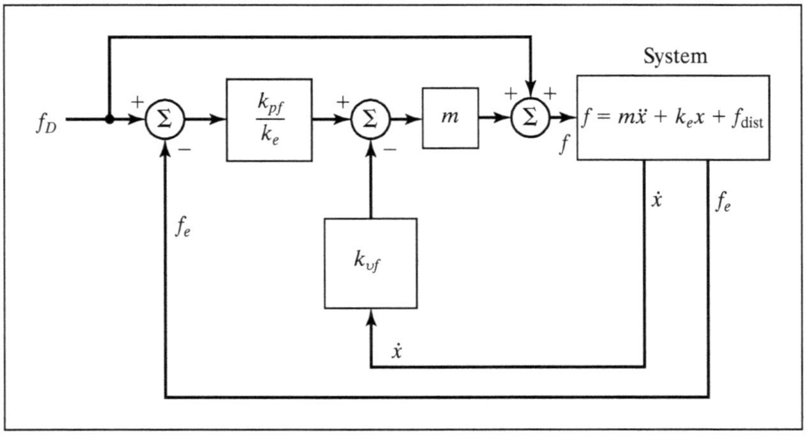

Abbildung 11.7 Ein praktisches Kraftregelungssystem für das System aus Feder und Masse.

Beachten Sie, dass eine Interpretation des Systems aus **Abbildung 11.7** darin besteht, dass Fehler in der Kraft einen Sollwert für einen inneren Geschwindigkeitsregelkreis mit der Verstärkung k_{vf} erzeugen. Einige Kraftregelungsgesetze enthalten auch einen Integralterm, um die Leistung im stationären Zustand zu verbessern.

Ein wichtiges verbleibendes Problem ist die Steifigkeit der Umgebung k_e, die in unserem Kontrollgesetz auftaucht, aber oft unbekannt ist und sich vielleicht auch noch von Zeit zu Zeit ändert. Ein Montageroboter hat jedoch oft mit starren Teilen zu tun, daher darf k_e als ziemlich hoch angenommen werden. Im Allgemeinen geht man von dieser Annahme aus und wählt die Verstärkungen so, dass das System einigermaßen robust gegenüber Schwankungen von k_e ist.

Der Zweck der Konstruktion eines Regelungsgesetzes zur Steuerung der Kontaktkraft in diesem Abschnitt bestand darin, eine nutzbare Struktur vorzustellen und einige Probleme aufzuzeigen. Im Rest dieses Kapitels gehen wir einfach davon aus, dass ein solcher Servo gebaut werden kann und abstrahieren ihn in eine Blackbox, wie in **Abbildung 11.8** dargestellt. In der Praxis ist es nicht einfach, einen leistungsstarken Kraftservo zu bauen, und dies ist derzeit ein aktives Forschungsgebiet [11–14]. Einen guten Überblick über diesen Bereich finden Sie in [15].

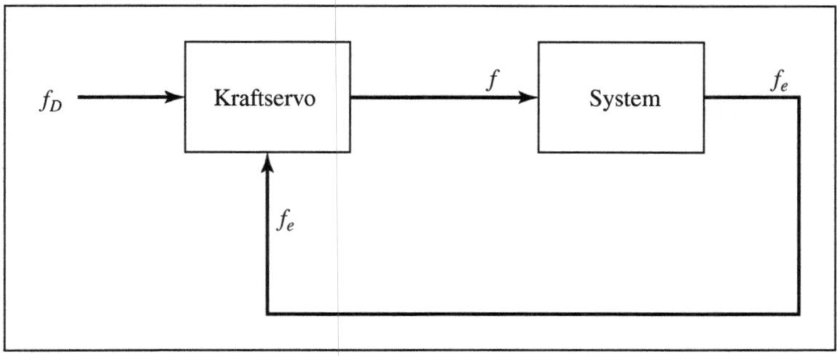

Abbildung 11.8 Der Kraftregelungsservo als Blackbox.

11.6 Das hybride Verfahren zur Lageregelung und Kraftregelung

In diesem Abschnitt stellen wir eine Architektur für ein Regelungssystem vor, das den **hybriden Lage-Kraft-Regler** enthält.

11.6.1 Ein kartesischer Manipulator, ausgerichtet an {C}

Wir betrachten zunächst den einfachen Fall eines Manipulators mit drei Freiheitsgraden und prismatischen Gelenken, die in den Richtungen von $\hat{Z}, \hat{Y}$ und $\hat{X}$ wirken. Der Einfachheit halber nehmen wir an, dass jedes Glied die Masse m besitzt und auf reibungsfreien Lagern gleitet. Wir nehmen außerdem an, dass die Bewegungen der Gelenke genau mit dem Beschränkungsrahmen $\{C\}$ übereinstimmen. Der **Endeffektor** hat Kontakt mit einer Oberfläche der Steifigkeit k_e, deren Normale in Richtung von $^C\hat{Y}$ ausgerichtet ist. Daher ist in dieser Richtung eine Kraftregelung erforderlich, aber eine Lageregelung in den Richtungen von $^C\hat{X}$ und $^C\hat{Z}$ (siehe **Abbildung 11.9**).

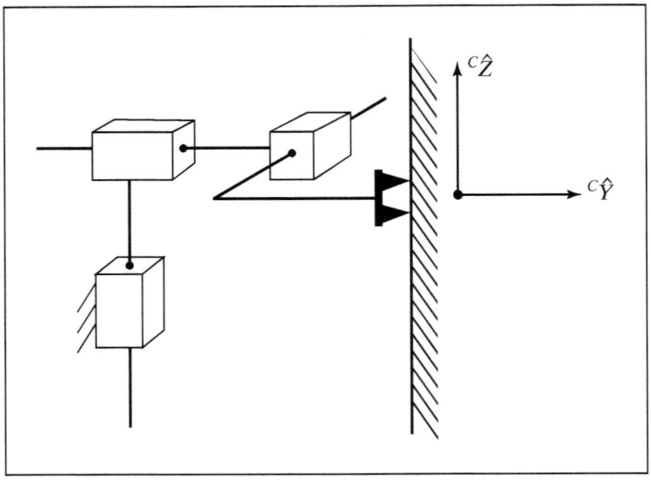

Abbildung 11.9 Ein kartesischer Manipulator mit drei Freiheitsgraden in Kontakt mit einer Oberfläche.

In diesem Fall ist die Lösung für das Problem der hybriden Lage-Kraft-Regelung klar. Wir sollten die Gelenke 1 und 3 mit dem Positionsregler steuern, der in ▶ **Kapitel 9** für eine Einheitsmasse entwickelt wurde. Gelenk 2 (das in $\hat{Y}$-Richtung arbeitet) sollte mit dem in ▶ **Abschnitt 11.4** entwickelten Kraftregler gesteuert werden. Wir könnten dann eine Positionstrajektorie in den Richtungen von $^C\hat{X}$ und $^C\hat{Z}$ bereitstellen, während wir unabhängig davon eine Krafttrajektorie (die vielleicht nur eine Konstante ist) in $^C\hat{Y}$-Richtung bereitstellen.

Wenn wir in der Lage sein wollen, die Beschaffenheit der beschränkenden Fläche so zu ändern, dass ihre Normale auch $\hat{X}$ oder $\hat{Z}$ sein kann, können wir unser kartesisches Armregelungssystem wie folgt leicht verallgemeinern: Wir bauen die Struktur des Controllers so auf, dass wir eine vollständige Positionstrajektorie in allen drei Freiheitsgraden und auch eine Krafttrajektorie in allen drei Freiheitsgraden angeben können. Natürlich können wir nicht so steuern, dass diese sechs Bedingungen zu jedem beliebigen Zeitpunkt erfüllt werden. Vielmehr werden wir Betriebsmoden festlegen, die angeben, welche Komponenten welcher Trajektorie zu einem bestimmten Zeitpunkt verfolgt werden.

Betrachten Sie den in **Abbildung 11.10** dargestellten Controller. Hier zeigen wir die Steuerung aller drei **Gelenke** unseres einfachen kartesischen Arms in einem einzigen Diagramm, indem wir sowohl den Lageregler als auch den Kraftregler darstellen. Die Matrizen S und S' wurden eingeführt, um steuern zu können, welcher Modus – Position oder Kraft – zur Steuerung der einzelnen Gelenke des kartesischen Arms verwendet wird. Die Matrix S ist diagonal, mit Einsen und Nullen auf der Diagonale. Befindet sich in S eine Eins, dann steht in S' eine Null und die Lageregelung ist in Kraft. Steht in S eine Null, dann steht in S' eine Eins und die Kraftregelung ist in Kraft. Folglich sind die Matrizen S und S' einfach Schalter, die den Regelungsmodus für jeden Freiheitsgrad in $\{C\}$ festlegen. Entsprechend der Einstellung von S werden immer drei Komponenten der **Trajektorie** geregelt, wobei die Mischung zwischen Lageregelung und Kraftregelung beliebig ist. Die anderen drei Komponenten der gewünschten Trajektorie und die damit verbundenen Servofehler werden ignoriert. Wenn also ein bestimmter Freiheitsgrad unter Kraftkontrolle steht, werden Positionsfehler in diesem Freiheitsgrad ignoriert.

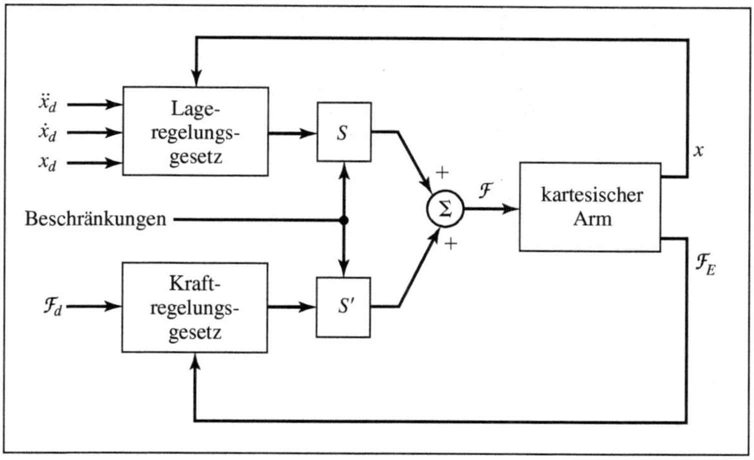

Abbildung 11.10 Der **Hybrid-Controller** für einen kartesischen **3-DOF-Arm**.

BEISPIEL 11.2

Geben Sie für die in **Abbildung 11.9** dargestellte Situation, in der Bewegungen in der ${}^C\hat{Y}$-Richtung durch die Reaktionsfläche beschränkt sind, die Matrizen S und S' an.

Weil die $\hat{X}$- und $\hat{Z}$-Komponenten positionsgeregelt werden sollen, geben an den Positionen auf der Diagonale von S, die diesen beiden Komponenten entsprechen, Einsen ein. Dies bewirkt, dass der Positionsservo in diesen beiden Richtungen aktiv und die eingegebene Trajektorie verfolgt wird. Jede Eingabe einer Positionstrajektorie für die $\hat{Y}$-Komponente wird ignoriert. In der Matrix S' sind die Einsen und Nullen auf der Diagonale im Vergleich zu S invertiert. Somit ergibt sich:

$$S = \begin{bmatrix} 1 & 0 & 0 \\ 0 & 0 & 0 \\ 0 & 0 & 1 \end{bmatrix} \quad \text{und} \qquad S' = \begin{bmatrix} 0 & 0 & 0 \\ 0 & 1 & 0 \\ 0 & 0 & 0 \end{bmatrix}. \tag{11.16}$$

Abbildung 11.10 zeigt den hybriden Controller für den Spezialfall, dass die Gelenke genau mit dem Beschränkungsrahmen $\{C\}$ übereinstimmen. Im folgenden Unterabschnitt verwenden wir die in den vorangegangenen Kapiteln untersuchten Techniken, um den Controller so zu verallgemeinern, dass er mit allgemeinen Manipulatoren und für einen beliebigen Rahmen $\{C\}$ funktioniert. Im Idealfall verhält sich das System jedoch so, als hätte der Manipulator einen Aktuator, der die gleiche „Ausrichtung“ aufweist wie jeder der Freiheitsgrade in $\{C\}$.

11.6.2 Ein allgemeiner Manipulator

Die Verallgemeinerung des in **Abbildung 11.10** dargestellten hybriden Controllers, sodass ein beliebiger Manipulator verwendet werden kann, ist mit dem Konzept der kartesisch basierten Steuerung einfach. In ▶ **Kapitel 6** hatten wir erörtert, wie die Bewegungsgleichungen eines Manipulators in Form der kartesischen Bewegung des Endeffektors formuliert werden können. In ▶ **Kapitel 10** wurde gezeigt, wie eine solche Formulierung verwendet werden kann, um eine entkoppelte kartesische Lageregelung eines Manipulators zu erreichen. Der Grundgedanke ist, dass es durch die Verwendung eines dynamischen Modells, das im kartesischen Raum geschrieben wurde, möglich ist, das kombinierte System aus dem tatsächlichen Manipulator und dem berechneten Modell so zu steuern, dass es als ein Satz unabhängiger, ungekoppelter Einheitsmassen erscheint. Sobald diese Entkopplung und Linearisierung erfolgt ist, können wir den einfachen Servo anwenden, der bereits in ▶ **Abschnitt 11.4** entwickelt wurde.

Abbildung 11.11 zeigt die Kompensation, die auf der Formulierung der Manipulator-Dynamik im kartesischen Raum basiert, sodass der Manipulator als ein Satz von entkoppelten Einheitsmassen erscheint. Für die Verwendung im hybriden Regelungsverfahren werden die kartesische Dynamik und die Jacobi-Matrix im Beschränkungsrahmen $\{C\}$ formuliert. Ebenso wird die Kinematik in Bezug auf den Beschränkungsrahmen berechnet.

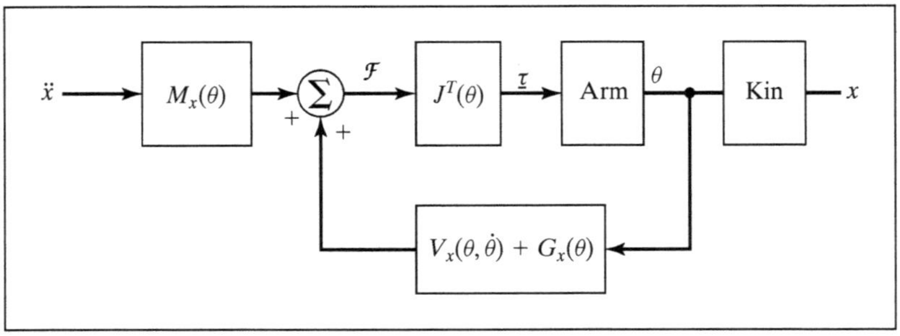

Abbildung 11.11 Das in **Kapitel 10** vorgestellte **kartesische Entkopplungsverfahren.**

Da wir den hybriden Controller für einen kartesischen Manipulator entworfen haben, der an dem Beschränkungsrahmen ausgerichtet ist, und da das kartesische Entkopplungsverfahren ein System mit den gleichen Input-Output-Eigenschaften liefert, müssen wir die beiden nur kombinieren, um den verallgemeinerten hybriden Lage-Kraft-Regler zu erzeugen.

Abbildung 11.12 zeigt ein Blockdiagramm des hybriden Controllers für einen allgemeinen Manipulator. Beachten Sie, dass die Dynamik und die Jacobi-Matrix im Beschränkungsrahmen formuliert werden. Die Kinematik wird so geschrieben, dass sie die Transformation der Koordinaten in den Beschränkungsrahmen enthält, und die gemessenen Kräfte werden ebenfalls in den Rahmen $\{C\}$ transformiert. Die Servofehler werden bezüglich $\{C\}$ berechnet und die Steuerungsmodi innerhalb von $\{C\}$ werden durch die richtige Wahl von S festgelegt.[41] **Abbildung 11.13** zeigt einen Manipulator, der von einem solchen System gesteuert wird.

41 Die Partitionierung der Steuerungsmodi entlang bestimmter aufgabenbezogener Richtungen wurde in [10] von dem in diesem Kapitel vorgestellten grundlegenderen Ansatz verallgemeinert.

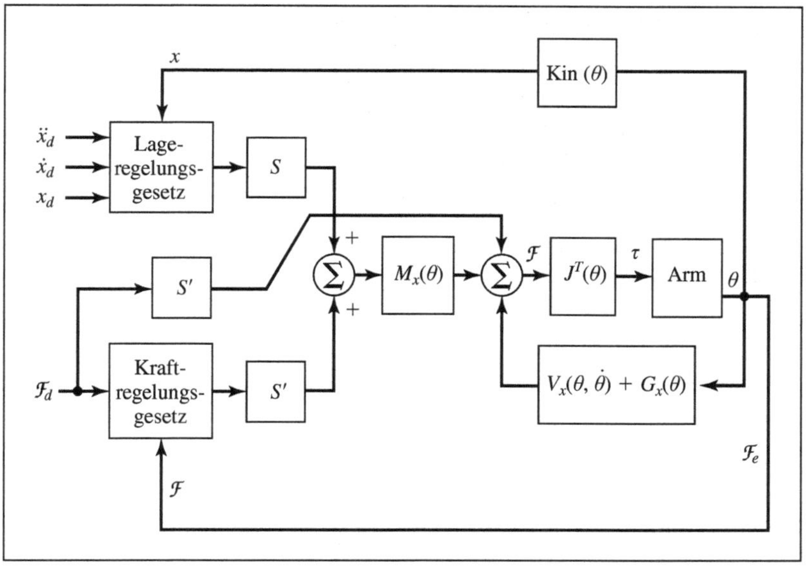

Abbildung 11.12 Der hybride Lage-Kraft-Regler für einen allgemeinen Manipulator. Der Einfachheit halber wurde die Rückkopplungsschleife der Geschwindigkeit nicht dargestellt.

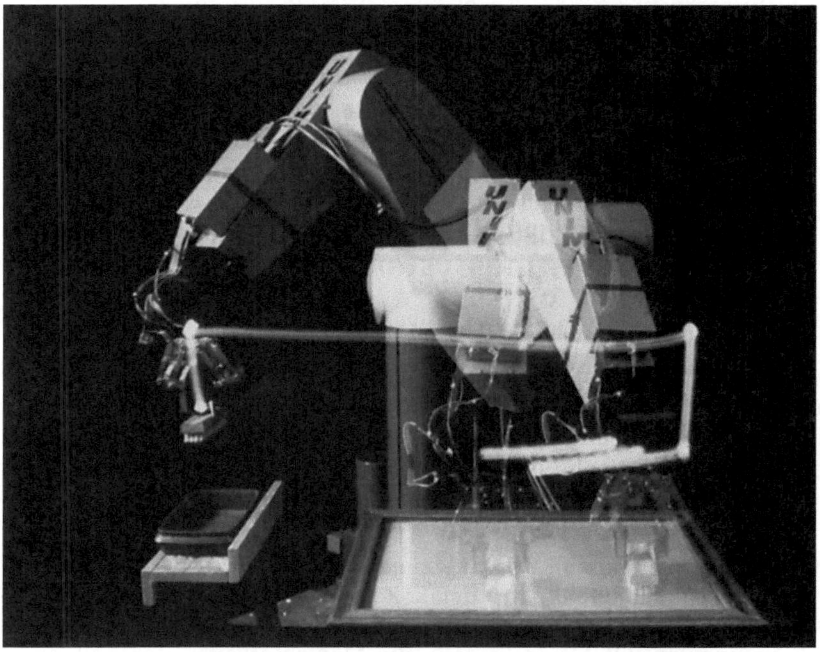

Abbildung 11.13 Ein PUMA-560-Manipulator wäscht ein Fenster unter Kontrolle des COSMOS-Systems, das unter O. Khatib an der Stanford University entwickelt wurde. Bei diesen Experimenten werden kraftmessende Finger und eine Regelungsstruktur ähnlich der aus **Abbildung 11.12** [10] verwendet. Foto mit freundlicher Genehmigung von O. Khatib.

11.6.3 Variable Steifigkeit hinzufügen

Die Steuerung eines Freiheitsgrads mit einer strikten Lage- oder Kraftregelung bedeutet, dass an zwei Enden des Spektrums der **Servosteifigkeit** gesteuert werden muss. Ein idealer Positionsservo ist unendlich steif und weist alle auf das System einwirkenden Kraftstörungen ab. Im Gegensatz dazu besitzt ein idealer Kraftservo eine **Steifigkeit** von null und hält die gewünschte Kraftanwendung unabhängig von Störungen der Position aufrecht. Es könnte nützlich sein, den Endeffektor so zu steuern, dass er eine andere Steifigkeit als null oder unendlich aufweist. Im Allgemeinen wollen wir die **mechanische Impedanz** des **Endeffektors** steuern [14, 16, 17].

Bei unserer Analyse des Kontakts sind wir davon ausgegangen, dass die Umgebung sehr steif ist. Wenn wir mit einer steifen Umgebung in Kontakt kommen, verwenden wir eine Kraftregelung mit der Steifigkeit null. Beim Kontakt mit etwas der Steifigkeit null (bei Bewegung im freien Raum) verwenden wir eine Lageregelung mit hoher Steifigkeit. Eine gute Strategie könnte daher darin bestehen, den Endeffektor so zu steuern, dass seine Steifigkeit ungefähr dem Kehrwert der lokalen Umgebung entspricht. Wenn wir mit Kunststoffteilen oder Federn zu tun haben, sollten wir die Servosteifigkeit deswegen auf einen anderen Wert als null oder unendlich einstellen.

Im Bezugsrahmen des Hybridreglers geschieht dies einfach durch die Verwendung der Lageregelung und die Verringerung der Positionsverstärkung, die dem entsprechenden Freiheitsgrad in $\{C\}$ entspricht. Wenn dies geschieht, wird im Allgemeinen auch die entsprechende Geschwindigkeitsverstärkung verringert, sodass dieser Freiheitsgrad kritisch gedämpft bleibt. Die Möglichkeit, sowohl die Positions- als auch die **Geschwindigkeitsverstärkung** des Positionsservos entlang der Freiheitsgrade von $\{C\}$ zu ändern, ermöglicht es dem hybriden Lage-Kraft-Regler, eine verallgemeinerte Impedanz des Endeffektors umzusetzen [17]. In vielen praktischen Situationen haben wir es jedoch mit der Interaktion steifer Teile zu tun, sodass eine reine Lageregelung oder eine reine Kraftsteuerung erwünscht ist.

11.7 Aktuelle Steuerungssysteme für Industrieroboter

Eine echte Kraftregelung wie die in diesem Kapitel vorgestellte hybride Lage-Kraft-Regelung gibt es heute bei **Industrierobotern** nicht. Zu den Problemen bei der praktischen Umsetzung gehören der recht hohe Rechenaufwand, der Mangel an genauen Parametern für das dynamische Modell, der Mangel an robusten Kraftsensoren und die Schwierigkeit für den Benutzer, eine Positions-Kraft-Strategie festzulegen.

11.7.1 Passive Nachgiebigkeit

Extrem starre Manipulatoren mit sehr steifen Positionsservos sind schlecht für Aufgaben geeignet, bei denen Teile in Kontakt kommen und Kontaktkräfte entstehen. In solchen Situationen werden die Teile oft eingeklemmt oder beschädigt. Schon bei den ersten Experimenten mit Manipulatoren, die Montagearbeiten durchführen sollten, stellte man fest, dass die Roboter solche Aufgaben nur dank der Nachgiebigkeit (**compliance**) der Teile, der Befestigungen oder des Arms selbst bewältigen konnten. Diese Fähigkeit eines oder mehrerer Teile des Systems, ein wenig „nachzugeben“, reichte oft aus, um die Teile erfolgreich zusammenzufügen.

Als dies erkannt wurde, wurden spezielle Geräte entwickelt, um Nachgiebigkeit absichtlich in das System einzuführen. Das erfolgreichste Gerät dieser Art ist das RCC oder ***Remote Center Compliance*** Device, das von Draper Labs entwickelt wurde [18]. Das RCC wurde geschickt so konstruiert, dass es die „richtige" Art von Nachgiebigkeit aufwies, mit der es möglich war, bestimmte Aufgaben reibungslos und schnell zu erledigen, ohne dass es zu einer Störung kam. Das RCC ist im Wesentlichen eine **Feder** mit sechs Freiheitsgraden, die zwischen dem Handgelenk des Manipulators und dem Endeffektor eingesetzt wird. Durch die Einstellung der Steifigkeit der sechs Federn kann die Nachgiebigkeit variiert werden. Solche Verfahren werden als **passive Nachgiebigkeitsverfahren** bezeichnet und in industriellen Anwendungen von Manipulatoren für einige Aufgaben verwendet.

11.7.2 Nachgiebigkeit durch Abschwächung der Positionsverstärkung

Anstatt die **Nachgiebigkeit** auf passive und daher fixierte Weise zu erreichen, ist es möglich, Verfahren zu entwickeln, bei denen die scheinbare Steifigkeit des Manipulators durch die Anpassung der Verstärkungen eines **Lageregelungssystems** verändert wird. Einige wenige Industrieroboter machen etwas derartiges für Anwendungen wie das Schleifen, bei denen der Kontakt mit einer Oberfläche aufrechterhalten werden muss, aber keine präzise Kraftkontrolle erforderlich ist.

Ein besonders interessanter Ansatz wurde von Salisbury [16] vorgeschlagen. Bei diesem Verfahren werden die Positionsverstärkungen in einem gelenkbasierten Servosystem so modifiziert, dass der Endeffektor eine bestimmte Steifigkeit entlang der kartesischen Freiheitsgrade besitzt: Betrachten wir eine allgemeine Feder mit sechs Freiheitsgraden. Ihre Aktion könnte durch die folgende Gleichung beschrieben werden:

$$\mathcal{F} = K_{px}\,\delta\chi, \tag{11.17}$$

wobei K_{px} eine 6×6-Diagonalmatrix mit drei linearen Steifigkeiten, gefolgt von drei Torsionssteifigkeiten auf der Diagonale ist. Wie können wir erreichen, dass der Endeffektor eines Manipulators diese Steifigkeitscharakteristik aufweist?

Wenn wir uns an die Definition der Jacobi-Matrix des Manipulators erinnern, ergibt sich:

$$\delta\chi = J(\Theta)\,\delta\Theta. \tag{11.18}$$

Durch Einsetzen in **(11.17)** erhalten wir:

$$\mathcal{F} = K_{px}J(\Theta)\,\delta\Theta. \tag{11.19}$$

Aus den Betrachtungen zur statischen Kraft wissen wir:

$$\tau = J^T(\Theta)\,\mathcal{F}, \tag{11.20}$$

was durch Einsetzen von **(11.19)** zu folgendem Ergebnis führt:

$$\tau = J^T(\Theta)\,K_{px}J(\Theta)\,\delta\Theta. \tag{11.21}$$

Hier wird die Jacobi-Matrix normalerweise bezüglich des Werkzeugrahmens geschrieben. Gleichung **(11.21)** ist ein Ausdruck dafür, wie Gelenkdrehmomente in Abhängigkeit von kleinen Änderungen der Gelenkwinkel $\delta\Theta$ erzeugt werden sollten, damit sich der Endeffektor des Manipulators wie eine kartesische Feder mit sechs Freiheitsgraden verhält.

Während ein einfacher gelenkbasierter Lageregler das Regelungsgesetz

$$\tau = K_p E + K_v \dot{E} \tag{11.22}$$

verwenden könnte, wobei K_p und K_v konstante diagonale Verstärkungsmatrizen sind und E der als $\Theta_d - \Theta$ definierte Servofehler ist, schlägt Salisbury die Verwendung des folgenden Regelungsgesetzes vor:

$$\tau = J^T(\Theta) K_{px} J(\Theta) E + K_v \dot{E}, \tag{11.23}$$

wobei K_{px} die gewünschte Steifigkeit des Endeffektors im kartesischen Raum ist. Für einen Manipulator mit sechs Freiheitsgraden ist K_{px} diagonal, wobei die sechs Werte auf der Diagonale die drei Translations- und die drei Rotationssteifigkeiten repräsentieren, die der Endeffektor aufweisen soll. Durch die Verwendung der Jacobi-Matrix wird eine kartesische **Steifigkeit** im Wesentlichen in eine Steifigkeit im Gelenkraum umgewandelt.

11.7.3 Kraftsensorik

Durch die **Kraftsensorik** kann ein Manipulator den Kontakt mit einer Oberfläche erkennen und als Reaktion auf dieses Ereignis eine Aktion ausführen. So wird beispielsweise der Begriff **geführte Bewegung** (**guarded move**) manchmal für die Strategie verwendet, sich unter Lageregelung zu bewegen, bis eine Kraft spürbar wird, und dann die Bewegung zu stoppen. Darüber hinaus kann die Kraftsensorik dazu verwendet werden, **Objekte** zu wiegen, die der Manipulator anhebt. Dies kann als einfache Überprüfung während der Handhabung von Teilen durch den Manipulator eingesetzt werden, etwa um sicherzustellen, dass überhaupt ein Teil aufgenommen wurde oder sogar dass das richtige Teil aufgenommen wurde.

Einige im Handel erhältliche Roboter sind mit Kraftsensoren im Endeffektor ausgestattet. Diese Roboter können so programmiert werden, dass sie ihre Bewegung anhalten oder eine andere Aktion ausführen, wenn die Kraft eine Schwelle überschreitet. Einige können auch so programmiert werden, dass sie Objekte wiegen, die mit dem Endeffektor gegriffen werden.

Literatur

[1] M. Mason, „Compliance and Force Control for Computer Controlled Manipulators“, M.S. Thesis, MIT AI Laboratory, Mai 1978.

[2] J. Craig und M. Raibert, „A Systematic Method for Hybrid Position/Force Control of a Manipulator“, *Proceedings of the 1979 IEEE Computer Software Applications Conference*, Chicago, November 1979.

[3] M. Raibert und J. Craig, „Hybrid Position/Force Control of Manipulators“, *ASME Journal of Dynamic Systems, Measurement, and Control*, Juni 1981.

[4] T. Lozano-Perez, M. Mason und R. Taylor, „Automatic Synthesis of Fine-Motion Strategies for Robots“, 1st International Symposium of Robotics Research, Bretton Woods, NH, August 1983.

[5] M. Mason, „Automatic Planning of Fine Motions: Correctness and Completeness“, IEEE International Conference on Robotics, Atlanta, März 1984.

[6] M. Erdmann, „Using Backprojections for the Fine Motion Planning with Uncertainty“, *The International Journal of Robotics Research*, Vol. 5, No. 1, 1986.

[7] S. Buckley, „Planning and Teaching Compliant Motion Strategies“, Ph.D. Dissertation, Department of Electrical Engineering and Computer Science, MIT, Januar 1986.

[8] B. Donald, „Error Detection and Recovery for Robot Motion Planning with Uncertainty“, Ph.D. Dissertation, Department of Electrical Engineering and Computer Science, MIT, Juli 1987.

[9] J.C. Latombe, „Motion Planning with Uncertainty: On the Preimage Backchaining Approach“, *The Robotics Review*, O. Khatib, J. Craig und T. Lozano-Perez, Editoren, MIT Press, Cambridge, MA, 1988.

[10] O. Khatib, „A Unified Approach for Motion and Force Control of Robot Manipulators: The Operational Space Formulation“, *IEEE Journal of Robotics and Automation*, Vol. RA-3, No. 1, 1987.

[11] D. Whitney, „Force Feedback Control of Manipulator Fine Motions“, *Proceedings of the Joint Automatic Control Conference*, San Francisco, 1976.

[12] S. Eppinger und W. Seering, „Understanding Bandwidth Limitations in Robot Force Control“, *Proceedings of the IEEE Conference on Robotics and Automation*, Raleigh, NC, 1987.

[13] W. Townsend und J.K. Salisbury, „The Effect of Coulomb Friction and Stiction on Force Control“, *Proceedings of the IEEE Conference on Robotics and Automation*, Raleigh, NC, 1987.

[14] N. Hogan, „Stable Execution of Contact Tasks Using Impedance Control“, *Proceedings of the IEEE Conference on Robotics and Automation*, Raleigh, NC, 1987.

[15] N. Hogan und E. Colgate, „Stability Problems in Contact Tasks“, *The Robotics Review*, O. Khatib, J. Craig und T. Lozano-Perez, Editoren, MIT Press, Cambridge, MA, 1988.

[16] J.K. Salisbury, „Active Stiffness Control of a Manipulator in Cartesian Coordinates“, 19th IEEE Conference on Decision and Control, Dezember 1980.

[17] J.K. Salisbury und J. Craig, „Articulated Hands: Force Control and Kinematic Issues“, *International Journal of Robotics Research*, Vol. 1, No. 1.

[18] S. Drake, „Using Compliance in Lieu of Sensory Feedback for Automatic Assembly“, Ph.D. Thesis, Mechanical Engineering Department, MIT, September 1977.

[19] R. Featherstone, S.S. Thiebaut und O. Khatib, „A General Contact Model for Dynamically-Decoupled Force/Motion Control“, *Proceedings of the IEEE Conference on Robotics and Automation*, Detroit, 1999.

Übungen

11.1 [12] Geben Sie die natürlichen Beschränkungen an, die für einen Zapfen mit quadratischem Querschnitt gelten, der in ein Loch mit quadratischem Querschnitt gleitet. Beschreiben Sie Ihre Definition von $\{C\}$ in einer Skizze.

11.2 [10] Nennen Sie die künstlichen Beschränkungen (d. h. die Trajektorie), die Sie vorschlagen würden, damit der Stift aus **Übung 11.1** tiefer in das Loch gleitet, ohne sich zu verklemmen.

11.3 [20] Zeigen Sie, dass die Anwendung des Regelungsgesetzes **(11.14)** bei einem System, das durch **(11.9)** gegeben ist, zu der Fehlerraumgleichung

$$\ddot{e}_f + k_{v_f}\dot{e}_f + (k_{pf} + m^{-1}k_e)e_f = m^{-1}k_e f_{\text{dist}}$$

führt und dass deshalb die Wahl von Verstärkungen, die eine kritische Dämpfung bieten, nur möglich ist, wenn die Steifigkeit der Umgebung k_e bekannt ist.

11.4 [17] Gegeben sei

$$^A_BT = \begin{bmatrix} 0{,}866 & -0{,}500 & 0{,}000 & 10{,}0 \\ 0{,}500 & 0{,}866 & 0{,}000 & 0{,}0 \\ 0{,}000 & 0{,}000 & 1{,}000 & 5{,}0 \\ 0 & 0 & 0 & 1 \end{bmatrix}.$$

Bestimmen Sie für den Fall, dass der Kraft-Drehmoment-Vektor im Ursprung von $\{A\}$ durch

$$^A\nu = \begin{bmatrix} 0{,}0 \\ 2{,}0 \\ -3{,}0 \\ 0{,}0 \\ 0{,}0 \\ 4{,}0 \end{bmatrix}$$

gegeben ist, den 6×1-Kraft-Drehmoment-Vektor mit Bezugspunkt im Ursprung von $\{B\}$.

11.5 [17] Gegeben sei

$$^A_BT = \begin{bmatrix} 0{,}866 & 0{,}500 & 0{,}000 & 10{,}0 \\ -0{,}500 & 0{,}866 & 0{,}000 & 0{,}0 \\ 0{,}000 & 0{,}000 & 1{,}000 & 5{,}0 \\ 0 & 0 & 0 & 1 \end{bmatrix}.$$

Bestimmen Sie für den Fall, dass der Kraft-Drehmoment-Vektor im Ursprung von $\{A\}$ durch

$$^A\nu = \begin{bmatrix} 6{,}0 \\ 6{,}0 \\ 0{,}0 \\ 5{,}0 \\ 0{,}0 \\ 0{,}0 \end{bmatrix}$$

gegeben ist, den 6×1-Kraft-Drehmoment-Vektor mit Bezugspunkt im Ursprung von $\{B\}$.

11.6 [18] Beschreiben Sie auf Deutsch, wie Sie es schaffen, ein Buch in eine schmale Lücke zwischen den Büchern in Ihrem überfüllten Bücherregal einzufügen.

11.7 [20] Geben Sie die natürlichen und künstlichen Beschränkungen für die Aufgabe an, eine Flügeltür mit einem Manipulator zu schließen. Treffen Sie alle notwendigen Annahmen. Beschreiben Sie Ihre Definition von $\{C\}$ in einer Skizze.

11.8 [20] Geben Sie die natürlichen und künstlichen Beschränkungen für die Aufgabe an, eine Champagnerflasche mit einem Manipulator zu entkorken. Treffen Sie alle notwendigen Annahmen. Beschreiben Sie Ihre Definition von $\{C\}$ in einer Skizze.

11.9 [41] Für das Steifigkeits-Servosystem aus ▶ **Abschnitt 11.7** haben wir nicht verlangt, dass das System stabil ist. Nehmen wir an, dass **(11.23)** als Servoteil eines entkoppelten und linearisierten Manipulators verwendet wird (sodass die n Gelenke als Einheitsmassen auftreten). Beweisen Sie, dass der Controller für jedes negativ definite K_v stabil ist.

11.10 [48] Für das Steifigkeits-Servosystem aus ▶ **Abschnitt 11.7** haben wir nicht verlangt, dass das System kritisch gedämpft ist oder werden kann. Nehmen wir an, dass **(11.23)** als Servoteil eines entkoppelten und linearisierten Manipulators verwendet wird (sodass die n Gelenke als Einheitsmassen auftreten). Ist es möglich ein K_p zu entwerfen, das eine Funktion von Θ ist und dazu führt, dass das System über alle Konfigurationen hinweg kritisch gedämpft ist?

11.11 [15] Wie in **Abbildung 11.14** dargestellt wird ein Block von unten durch einen Boden und seitlich durch eine Wand begrenzt. Geben Sie für den Fall, dass diese Kontaktsituation ein Zeit lang beibehalten wird, die vorhandenen natürlichen Beschränkungen an.

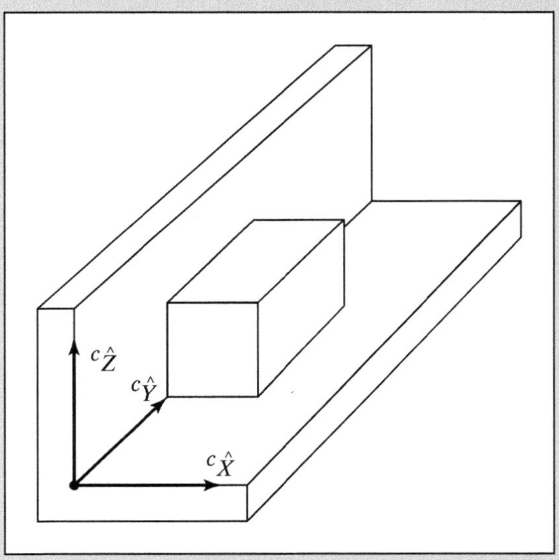

Abbildung 11.14 Ein Block, der von unten durch einen Boden und seitlich durch eine Wand begrenzt wird.

11.12 [14] Bei der Verarbeitung von Geflügel ist ein Schnitt um die Schulter herum erforderlich, der die Sehnen durchtrennt, die Knochen aber unverändert lässt. Mit anderen Worten, die Messerklinge drückt fest nach unten, aber nicht zu stark. Geben Sie die natürlichen und künstlichen Beschränkungen an, wenn die maschinelle Bildverarbeitung den kartesischen Pfad für den Schnitt und auch die Oberflächennormale bestimmt. Beschreiben Sie Ihre Definition von $\{C\}$ in einer Skizze.

11.13 [17] Das sorgfältige Aufschrauben einer Mutter auf eine Schraube wird dadurch erleichtert, dass man mit einer Drehung gegen den Uhrzeigersinn beginnt, um den Beginn des Muttergewindes auf den Beginn des Schraubengewindes zu legen. Dann wird die Mutter mit einer Drehung im Uhrzeigersinn aufgeschraubt. Während der Drehung gegen den Uhrzeigersinn wird die Mutter von der Schraube weggedrückt, bis die Gewinde beginnen, sich gegenseitig zu passieren. Dann fällt die Mutter kurz in Richtung der Schraube zurück, was dazu dient, anzuzeigen, dass nun die Drehung im Uhrzeigersinn beginnen sollte. Geben Sie für diese beiden Schritte des Verfahrens die natürlichen und künstlichen Beschränkungen an. Beschreiben Sie Ihre Definition von $\{C\}$ in einer Skizze.

11.14 [15] Um Äpfel zu pflücken, ziehen die Erntemaschinen gleichzeitig mit einer gemessenen Kraft in eine Richtung parallel zum Stiel und verdrehen die Frucht mit einem gemessenen Drehmoment um ihren Stiel. Geben Sie unter der Annahme eines geeigneten Greifers die natürlichen und künstlichen Beschränkungen für diese Aufgabe an. Beschreiben Sie Ihre Definition von $\{C\}$ in einer Skizze. Wie kann der Controller den Abschluss dieser Pflückaufgabe erkennen?

11.15 [17] Nehmen Sie an, dass ein Torus durch einen Zylinder, der durch sein Zentrum geht, beschränkt wird. Geben Sie die vorhanden natürlichen Beschränkungen an, wenn der Innendurchmesser des Torus und der Außendurchmesser des Zylinders gleich groß sind. Beschreiben Sie Ihre Definition von $\{C\}$ in einer Skizze.

11.16 [15] Ein Roboter soll zwei verschiedene Teile sortieren, die Zylindern ähneln und an einem Ende ergriffen werden sollen. Ein Teil ist länger, aber beide haben die gleiche Masse. Der Schwerpunkt liegt jeweils in der Mitte der Achse. Wie könnte der Controller erkennen, welches Teil gerade gegriffen wird, wenn eine visuelle Erkennung nicht möglich ist?

11.17 [20] Vergleichen Sie die Empfindlichkeit von e_f mit k_e für **(11.12)** und **(11.13)** unter der Annahme, dass $k_e \gg m k_{pf}$ ist.

11.18 [17] Gegeben sei

$$ {}^{A}_{B}T = \begin{bmatrix} 0{,}859 & -0{,}371 & 0{,}354 & 12{,}0 \\ 0{,}245 & 0{,}903 & -0{,}354 & 0{,}0 \\ -0{,}450 & -0{,}271 & 0{,}866 & 5{,}0 \\ 0 & 0 & 0 & 1 \end{bmatrix} $$

Bestimmen Sie für den Fall, dass der Kraft-Drehmoment-Vektor im Ursprung von $\{A\}$ durch

$$ {}^{A}v = \begin{bmatrix} 0{,}0 \\ 3{,}0 \\ -5{,}0 \\ 2{,}0 \\ 0{,}0 \\ 4{,}0 \end{bmatrix} $$

gegeben ist, den 6×1-Kraft-Drehmoment-Vektor mit Bezugspunkt im Ursprung von $\{B\}$.

11.19 [17] Gegeben sei

$$ {}^A_B T = \begin{bmatrix} 0{,}000 & -1{,}000 & 0{,}000 & 19{,}0 \\ 0{,}500 & 0{,}000 & -0{,}866 & 0{,}0 \\ 0{,}866 & 0{,}000 & 0{,}500 & 5{,}0 \\ 0 & 0 & 0 & 1 \end{bmatrix}. $$

Bestimmen Sie für den Fall, dass der Kraft-Drehmoment-Vektor im Ursprung von $\{A\}$ durch

$$ {}^A \nu = \begin{bmatrix} 5{,}0 \\ 5{,}0 \\ 0{,}0 \\ 13{,}0 \\ 1{,}0 \\ 2{,}0 \end{bmatrix} $$

gegeben ist, den 6×1-Kraft-Drehmoment-Vektor mit Bezugspunkt im Ursprung von $\{B\}$.

Programmierübung (Teil 11)

Implementieren Sie ein kartesisches Steifigkeits-Regelungssystem für den dreigliedrigen planaren Manipulator, indem Sie das Regelungsgesetz **(11.23)** verwenden, um den simulierten Arm zu steuern. Verwenden Sie die bezüglich Rahmen {3} formulierte Jacobi-Matrix.

Simulieren Sie für den Manipulator in der Position $\Theta = [60{,}0 \quad -90{,}0 \quad 30{,}0]$ und für K_{px} der Form

$$ K_{px} = \begin{bmatrix} k_{\text{klein}} & 0{,}0 & 0{,}0 \\ 0{,}0 & k_{\text{groß}} & 0{,}0 \\ 0{,}0 & 0{,}0 & k_{\text{groß}} \end{bmatrix} $$

die Anwendung der folgenden statischen Kräfte:

1. eine Kraft von 1 Newton, die im Ursprung von {3} angreift und in ${}^3\hat{X}$-Richtung wirkt sowie
2. eine Kraft von 1 Newton, die im Ursprung von {3} angreift und in ${}^3\hat{Y}$-Richtung wirkt.

Die Werte von k_{klein} und $k_{\text{groß}}$ sollten experimentell ermittelt werden. Verwenden Sie einen hohen Wert von $k_{\text{groß}}$ für eine hohe Steifigkeit in ${}^3\hat{Y}$-Richtung und einen niedrigen Wert von k_{klein} für eine geringe Steifigkeit in ${}^3\hat{X}$-Richtung. Wie groß sind in den beiden Fällen die stationären Durchbiegungen?

Roboterprogrammiersprachen und Robotersysteme

12

12.1 Einleitung

In diesem Kapitel beginnen wir damit, die **Schnittstelle** zwischen dem menschlichen Benutzer und einem Industrieroboter zu betrachten. Durch diese Schnittstelle nutzt der Benutzer die ganze zugrundeliegende Mechanik und die Steuerungsalgorithmen, die wir in den vorherigen Kapiteln untersucht haben.

Eine ausgeklügelte Benutzeroberfläche wird immer wichtiger, da Manipulatoren und andere programmierbare Automatisierungssysteme für immer anspruchsvollere industrielle Anwendungen eingesetzt werden. Es stellt sich heraus, dass die Art der Benutzeroberfläche ein sehr wichtiges Thema ist. In der Tat konzentriert sich ein Großteil der Herausforderungen bei der Entwicklung und dem Einsatz von Industrierobotern auf diesen Aspekt des Problems.

Robotermanipulatoren unterscheiden sich von der auf festgelegte Aufgaben ausgerichteten Automatisierung dadurch, dass sie „flexibel" sind, womit auf andere Aufgaben anpassbar und programmierbar gemeint ist. Die Bewegungen der **Manipulatoren** sind nicht einfach nur programmierbar. Vielmehr können sich die Manipulatoren durch den Einsatz von Sensoren und die Kommunikation mit anderen Automatisierungssystemen in einer Fabrik auch an Veränderungen *anpassen*, während die Aufgabe voranschreitet.

Bei der Programmierung von Manipulatoren ist es wichtig, sich daran zu erinnern, dass sie in der Regel nur ein kleiner Teil eines automatisierten Prozesses sind. Der Begriff **Arbeitszelle** wird verwendet, um eine lokale Ansammlung von Geräten zu beschreiben, die einen oder mehrere Manipulatoren, Fördersysteme, Teilezuführungen und Spannvorrichtungen umfassen können. Auf der nächsthöheren Ebene können die Arbeitszellen in fabrikweiten Netzwerken miteinander verbunden sein, sodass ein zentraler Steuerungscomputer den gesamten Fabrikablauf regeln kann. Daher wird die Programmierung von Manipulatoren oft im Rahmen des umfassenderen Gesichtspunkts der Programmierung einer Vielzahl miteinander verbundener Maschinen in einer automatisierten **Fabrikarbeitszelle** betrachtet.

Anders als das Material in den vorangegangenen Kapiteln ist das Material in diesem (und dem nächsten) Kapitel ständigen Veränderungen unterworfen. Es ist daher schwierig, dieses Material detailliert darzustellen. Vielmehr werden wir versuchen, die zugrundeliegenden fundamentalen Konzepte aufzuzeigen, und wir überlassen es dem Leser, die neuesten Beispiele zu suchen, da sich die industrielle Technologie ständig weiterentwickelt.

12.2 Die drei Ebenen der Roboterprogrammierung

Für die Programmierung von Robotern wurden viele verschiedene Benutzeroberflächen entwickelt. Vor der rasanten Verbreitung von Mikrocomputern in der Industrie ähnelten die Robotersteuerungen den einfachen Sequenzern, die oft zur Steuerung Automaten mit festen Aufgaben verwendet wurden. Moderne Ansätze konzentrieren sich auf die Computerprogrammierung und die Themen bei der Programmierung von Robotern umfassen all die Aspekte, die bei der Programmierung von Computern im Allgemeinen auftreten – und mehr.

12.2.1 Lehren durch Zeigen

Die frühen Roboter wurden alle mit einer Methode programmiert, die wir als **Lehren durch Zeigen (teach-by-show)** bezeichnen. Dabei wurde der Roboter zu einem gewünschten Zielpunkt bewegt und seine Position in einem Speicher aufgezeichnet, den der Sequenzer während der Wiedergabe ausliest. Während der Lernphase führte der Benutzer den Roboter entweder von Hand oder durch Interaktion mit einem **Handgerät**, dem **Teach-Pendant**. **Teach-Pendants** sind tragbare Tastenboxen, die die Steuerung jedes Manipulator-Gelenks oder jedes kartesischen Freiheitsgrads ermöglichen. Einige dieser Steuerungen ermöglichen Tests und Verzweigungen, sodass einfache logische Programme eingegeben werden können. Einige Teach-Pendants haben alphanumerische Displays und nähern sich in ihrer Komplexität den Handheld-Terminals an. **Abbildung 12.1** zeigt einen Bediener, der mit einem Programmierhandgerät einen großen Industrieroboter programmiert.

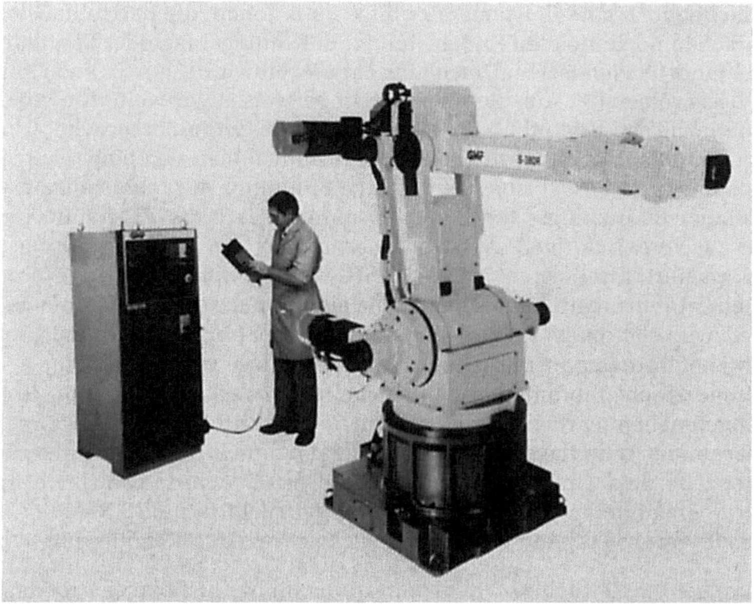

Abbildung 12.1 Der **GMF S380** wird häufig beim Punktschweißen von Automobilkarosserien eingesetzt. Hier verwendet ein Bediener eine Teach-Pendant-Schnittstelle, um den Manipulator zu programmieren. Foto mit freundlicher Genehmigung von GMFanuc Corp.

12.2.2 Explizite Roboterprogrammiersprachen

Seit es preiswerte und leistungsstarke Computer gibt, geht der Trend immer mehr in Richtung der Programmierung von Robotern mit Hilfe von Programmen, die in **Computerprogrammiersprachen** geschrieben wurden. Diese Computerprogrammiersprachen haben in der Regel spezielle Eigenschaften, die auf die Programmierung von **Manipulatoren** zugeschnitten sind, und werden daher **Roboterprogrammiersprachen** (**Robot Programming Languages, RPL**) genannt. Die meisten Systeme, die mit einer Roboterprogrammiersprache ausgestattet sind, enthalten immer auch noch eine Schnittstelle im Teach-Pendant-Stil.

Die **Programmiersprachen** für **Roboter** haben ebenfalls viele Formen angenommen. Wir werden sie in drei Kategorien einteilen:

1. **Spezialisierte Manipulationssprachen.** Diese Roboterprogrammiersprachen sind durch die Entwicklung einer völlig neuen Sprache entstanden, die zwar roboterspezifische Bereiche anspricht aber durchaus als allgemeine Computerprogrammiersprache betrachtet werden kann. Ein Beispiel dafür ist die Sprache **VAL**, die von Unimation, Inc [1] zur Steuerung von Industrierobotern entwickelt wurde. VAL wurde speziell für die Steuerung von Manipulatoren entwickelt. Als allgemeine Computersprache war sie wenig geeignet. So unterstützte sie beispielsweise keine Gleitkommazahlen oder Zeichenketten und Unterprogramme konnten keine Argumente übergeben. V-II, eine neuere Version, bot diese Funktionen [2]. Die aktuelle Variante dieser Sprache, V+, enthält viele neue Funktionen [13]. Ein weiteres Beispiel für eine spezialisierte Manipulationssprache ist **AL**, die an der Stanford University entwickelt wurde [3]. Obwohl AL heute ein Relikt der Vergangenheit ist, bietet sie dennoch gute Beispiele für einige Funktionen, die in den meisten modernen Sprachen noch nicht zu finden sind (z. B. Kraftregelung oder Parallelität). Und da sie in einer akademischen Umgebung entwickelt wurde, gibt es auch Referenzen, die sie beschreiben [3]. Aus diesen Gründen verweisen wir weiterhin auf sie.
2. **Roboterspezifische Bibliothek für eine bestehende Computersprache.** Diese Roboterprogrammiersprachen wurden entwickelt, indem man von einer gängigen Computersprache (z. B. Pascal) ausging und eine Bibliothek mit roboterspezifischen Unterprogrammen hinzufügte. Der Benutzer schreibt ein Pascal-Programm, das häufige Aufrufe des vordefinierten Pakets von Subroutinen für roboterspezifische Anforderungen ausführt. Ein Beispiel ist **AR-BASIC** von American Cimflex [4], im Wesentlichen eine Unterprogrammbibliothek für eine Standard-BASIC-Implementierung. **JARS**, entwickelt vom Jet Propulsion Laboratory der NASA, ist ein Beispiel für eine solche Roboterprogrammiersprache auf der Grundlage von Pascal [5].
3. **Roboterspezifische Bibliothek für eine neue Mehrzwecksprache.** Diese Roboterprogrammiersprachen wurden entwickelt, indem zunächst eine neue Allzwecksprache als **Programmiergrundlage** geschaffen und dann eine Bibliothek mit vordefinierten roboterspezifischen Unterprogrammen bereitgestellt wurde. Beispiele für solche Roboterprogrammiersprachen sind **RAPID**, entwickelt von ABB Robotics [6], **AML**, entwickelt von IBM [7] und **KAREL**, entwickelt von GMF Robotics [8].

Untersuchungen tatsächlicher Anwendungsprogramme für Roboter-Arbeitszellen haben gezeigt, dass ein großer Prozentsatz der Sprachanweisungen nicht roboterspezifisch ist [7]. Stattdessen hat ein großer Teil der Roboterprogrammierung mit Initialisierung, logischen Tests, Verzweigungen, Kommunikation usw. zu tun. Aus diesem Grund könnte sich ein Trend etablieren, der von der Entwicklung spezieller Sprachen für die Roboterprogrammierung weg- und zur Entwicklung von Erweiterungen allgemeiner Sprachen hinführt, ähnlich wie in den Kategorien 2 und 3.

12.2.3 Programmiersprachen auf Aufgabenebene

Die dritte Ebene von Methoden der Roboterprogrammierung wird durch **Programmiersprachen auf Aufgabenebene (task-level programming languages)** verkörpert. Diese Sprachen ermöglichen es dem Benutzer, gewünschte Teilziele der Aufgabe direkt zu befehlen, anstatt die Details jeder Aktion, die der Roboter ausführen soll, festzulegen. In einem solchen System kann der Benutzer Anweisungen auf einer wesentlich höheren Ebene in das Anwendungsprogramm aufnehmen als in einer expliziten

Roboterprogrammiersprache. Ein Roboterprogrammiersystem auf Aufgabenebene muss die Möglichkeit haben, viele **Planungsaufgaben** automatisch durchzuführen. Wird beispielsweise die Anweisung „den Bolzen ergreifen" gegeben, muss das System einen Weg des Manipulators planen, der eine Kollision mit den umliegenden Hindernissen vermeidet, automatisch eine gute Greifposition auf dem Bolzen wählen und diesen greifen. Im Gegensatz dazu müssen in einer expliziten Roboterprogrammiersprache alle diese Entscheidungen vom Programmierer getroffen werden.

Die Grenze zwischen expliziten Roboterprogrammiersprachen und Programmiersprachen auf Aufgabenebene ist fließend. Es werden schrittweise Fortschritte bei expliziten Roboterprogrammiersprachen gemacht, um die Programmierung zu erleichtern, aber diese Verbesserungen können nicht als Komponenten eines Programmiersystems auf Aufgabenebene betrachtet werden. Eine echte Programmierung von Manipulatoren auf Aufgabenebene gibt es noch nicht, aber das war schon in der Vergangenheit ein aktives Forschungsthema [9, 10] und ist es auch heute noch.

12.3 Ein Anwendungsbeispiel

Abbildung 12.2 zeigt eine automatisierte **Arbeitszelle**, die einen kleinen Fertigungsabschnitt in einem hypothetischen Fertigungsprozess fertigstellt. Die Arbeitszelle besteht aus einem computergesteuerten Förderband, das ein Werkstück anliefert; einer Kamera, die an ein optisches System angeschlossen ist, mit dem das Werkstück auf dem Förderband lokalisiert werden kann; einem Industrieroboter (dargestellt ist ein PUMA 560), der mit einem kraftmessenden Handgelenk ausgestattet ist; einer kleinen Zuführung auf der Arbeitsfläche, die dem Manipulator ein weiteres Teil zuführt; einer computergesteuerten Presse, die vom Roboter be- und entladen werden kann, und einer Palette, auf der der Roboter die fertigen Baugruppen ablegt.

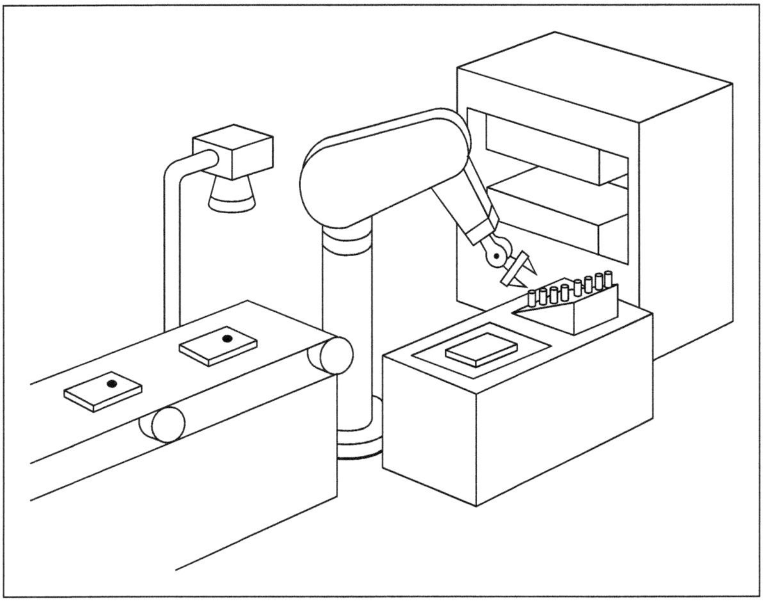

Abbildung 12.2 Eine automatisierte Arbeitszelle mit einem Industrieroboter.

Der gesamte Prozess wird von der **Steuerung** des Manipulators mit der folgenden Sequenz gesteuert:

1. Das Förderband erhält ein Startsignal. Es wird angehalten, wenn das Bildverarbeitungssystem meldet, dass eine Halterung auf dem Förderband erkannt wurde.
2. Das Bildverarbeitungssystem beurteilt die Position und Ausrichtung der Halterung auf dem Förderband und prüft sie auf Fehler, wie z. B. eine falsche Anzahl von Löchern.
3. Mithilfe der Ausgabe des Kamerasystems ergreift der Manipulator die Halterung mit einer bestimmten Kraft. Der Abstand zwischen den Fingerspitzen wird überprüft, um sicherzustellen, dass die Halterung richtig gegriffen wurde. Ist dies nicht der Fall, bewegt sich der Roboter aus dem Weg und die Bildverarbeitungsaufgabe wird wiederholt.
4. Die Halterung wird in die Spannvorrichtung auf der Arbeitsfläche eingesetzt. An diesem Punkt kann dem Förderband signalisiert werden, dass es mit der nächsten Halterung beginnen soll, d. h., die Schritte 1 und 2 können parallel zu den folgenden Schritten erneut durchgeführt werden.
5. Ein Stift wird aus der Zuführung entnommen und teilweise in ein konisches Loch in der Halterung eingeführt. Das Einsetzen erfolgt mit Kraftregelung und ermöglicht eine einfache Detektion der Endposition. (Wenn die Stiftzuführung leer ist, wird ein Bediener benachrichtigt und der Manipulator wartet, bis der Bediener den Befehl zur Wiederaufnahme gibt).
6. Die Halterung mit dem Stift wird vom Roboter gegriffen und in die Presse gelegt.
7. Die Presse wird betätigt und drückt den Stift den Rest des Weges in die Halterung. Die Presse signalisiert, dass sie fertig ist, und die Halterung wird für eine abschließende Prüfung wieder in die Spannvorrichtung eingesetzt.
8. Mit Hilfe der Kraftmessung wird die Baugruppe auf das korrekt erfolgte Einsetzen des Stifts überprüft. Der Manipulator misst die Reaktionskraft, wenn er seitlich auf den Stift drückt, und kann mehrere Prüfungen durchführen, um festzustellen, wie weit der Stift aus der Halterung herausragt.
9. Ist die Prüfung der Montage zufriedenstellend, legt der Roboter das fertige Teil auf den nächsten verfügbaren Palettenplatz. Wenn die Palette voll ist, wird dem Bediener ein Signal gegeben. Eine schlecht montierte Baugruppe wird in den Mülleimer geworfen.
10. Sobald Schritt 2 (der zuvor parallel begonnen wurde) abgeschlossen ist, gehen es mit erneut Schritt 3 weiter.

Diese Aufgabe ist ein Beispiel für das, was mit den heutigen Industrierobotern möglich ist. Es sollte klar sein, dass die Definition eines solchen Prozesses durch „Teach by Showing"-Techniken wahrscheinlich nicht machbar ist. Beim Umgang mit Paletten ist es beispielsweise mühsam, alle Positionen der Palettenfächer zu lernen. Viel besser ist es, nur die Eckposition zu **erlernen** und dann die anderen Positionen aus der Kenntnis der Abmessungen der Palette zu berechnen. Außerdem ist es in der Regel nicht möglich, über ein typisches Teach-Pendant oder eine menügesteuerte Schnittstelle die Signalgebung zwischen den Prozessen und parallele Prozessabläufe festzulegen. Diese Art von Anwendung, erfordert in der Roboterprogrammiersprache die Möglichkeit zur **Prozessbeschreibung** (siehe ▶ **Übung 12.5**). Andererseits ist diese Anwendung zu komplex, als dass sie mithilfe der existierenden Task-Level-Sprachen direkt realisiert werden könnte. Sie ist typisch für die vielen Schritte, die mit einem expliziten Roboter-Programmierungsansatz angegangen werden müssen. Wir werden diese Beispielanwendung im Hinterkopf behalten, wenn wir die Eigenschaften von Roboterprogrammiersprachen diskutieren.

12.4 Anforderungen an eine Roboterprogrammiersprache

12.4.1 Weltmodellierung

Programme für Manipulatoren müssen per Definition die Bewegung von Objekten im dreidimensionalen Raum beinhalten. Es ist also klar, dass jede Roboterprogrammiersprache ein Mittel zur Beschreibung solcher Aktionen benötigt. Das häufigste Element von **Roboterprogrammiersprachen** ist die Existenz von speziellen **geometrischen Typen**. So werden beispielsweise *Typen* zur Darstellung von Gelenkwinkelsätzen, kartesischen Positionen, Ausrichtungen und Rahmen eingeführt. Oft gibt es vordefinierte Operatoren, die diese Typen manipulieren können. Die in ▶ **Kapitel 3** vorgestellten „Standardrahmen" können als ein mögliches Weltmodell dienen: Alle Bewegungen werden als **Werkzeugrahmen** relativ zum stationären Rahmen beschrieben, wobei die Zielrahmen aus beliebigen Ausdrücken mit geometrischen Typen konstruiert werden.

In einer Roboterprogrammierumgebung, die geometrische Typen unterstützt, können der Roboter und andere Maschinen, Teile und Befestigungen modelliert werden, indem benannte Variablen definiert werden, die mit jedem Objekt von Interesse verbunden sind. **Abbildung 12.3** zeigt einen Teil unserer Beispiel-Arbeitszelle mit Rahmen, die an aufgabenrelevanten Stellen festgeheftet sind. Jeder dieser Rahmen würde im Roboterprogramm durch eine Variable vom Typ „Rahmen" dargestellt.

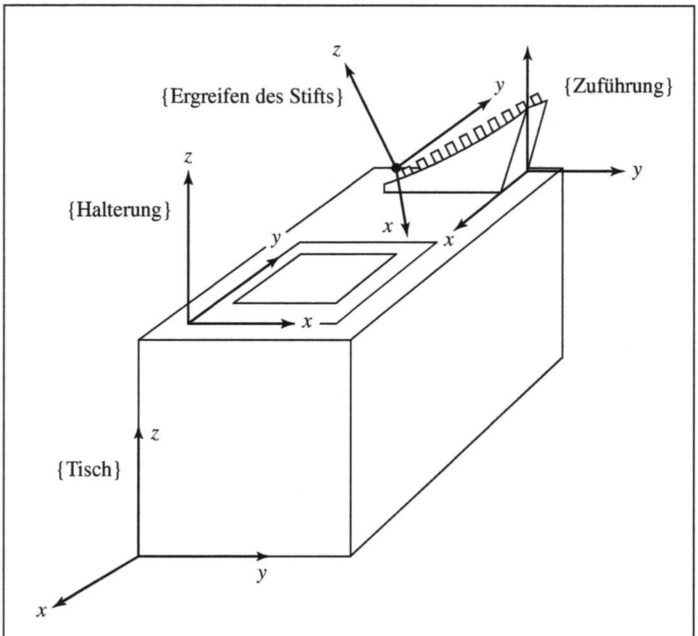

Abbildung 12.3 Oft wird eine Arbeitszelle einfach als eine Reihe von Rahmen modelliert, die mit den entsprechenden Objekten verbunden sind.

In vielen Roboterprogrammiersprachen bildet diese Fähigkeit, benannte Variablen verschiedener geometrischer Typen zu definieren und im Programm auf sie zu verweisen, die Grundlage des Weltmodells. Beachten Sie, dass die tatsächlichen Formen der Objekte nicht Teil eines solchen Weltmodells sind, ebenso wenig wie Oberflächen,

Volumen, Massen oder andere Eigenschaften. In welchem Ausmaß die Objekte in der Welt modelliert werden, ist eine der grundlegenden Designentscheidungen, die bei der Entwicklung eines Roboterprogrammiersystems getroffen werden. Die meisten heutigen Systeme unterstützen nur den eben beschriebenen Stil.

Einige Systeme zur Weltmodellierung erlauben es, **Anhaftungen (affixments)** zwischen benannten Objekten zu beschreiben [3] – d. h., das System kann darüber informiert werden, dass zwei oder mehr benannte Objekte „aneinander haften". Wenn dann ein Objekt mit einer Sprachanweisung explizit verschoben wird, werden alle Objekte, die mit ihm verbunden sind, ebenfalls verschoben. In unserer Anwendung würde also, sobald der Stift in das Loch der Halterung eingefügt wurde, das System (über eine Sprachanweisung) benachrichtigt, dass diese beiden Objekte miteinander verbunden sind. Nachfolgende Bewegungen der Halterung (d. h. Änderungen des Wertes der Rahmenvariablen „Halterung") würden dazu führen, dass der für die Variable „Stift" gespeicherte Wert ebenfalls aktualisiert wird.

Im Idealfall würde ein System zur Weltmodellierung viel mehr Informationen über die Objekte, mit denen der Manipulator zu tun hat, und über den Manipulator selbst enthalten. Stellen Sie sich zum Beispiel ein System vor, in dem Objekte durch CAD-ähnliche **Modelle** beschrieben werden, welche die räumliche Form eines Objekts durch Definitionen seiner Kanten, Oberflächen oder seines Volumens darstellen. Stehen dem System solche Daten zur Verfügung, wird es möglich, viele der Funktionen eines aufgabenbasierten Programmiersystems zu implementieren. Auf diese Möglichkeiten wird in ▶ **Kapitel 13** näher eingegangen.

12.4.2 Spezifikation der Bewegung

Eine ganz grundlegende Funktion einer **Roboterprogrammiersprache** besteht darin, die Beschreibung der gewünschten **Bewegungen** des Roboters zu ermöglichen. Durch die Verwendung von Bewegungsanweisungen der Sprache kommuniziert der Benutzer mit Pfadplanern und Trajektoriengeneratoren, die in ▶ **Kapitel 7** beschrieben wurden. Mit Bewegungsanweisungen kann der Benutzer Wegpunkte und Zielpunkte festlegen und bestimmen, ob die Bewegung gelenkinterpoliert oder linear kartesisch sein soll. Außerdem hat der Benutzer die Kontrolle über Geschwindigkeit oder Dauer einer Bewegung.

Zur Veranschaulichung der verschiedenen Syntaxen für Bewegungsprimitive betrachten wir die folgenden beispielhaften Manipulator-Bewegungen: (1) Bewegen zur Position „Ziel1", dann (2) Bewegen in einer geraden Linie zur Position „Ziel2", dann (3) Bewegen ohne anzuhalten durch den Wegpunkt „Via1" und zum Stillstand kommen bei „Ziel3". Unter der Annahme, dass alle diese Wegpunkte bereits angelernt oder durch einen Text beschrieben wurden, lautete dieses Programmsegment

in VAL II:

```
move Ziel1

move Ziel2

move Via1

move Ziel3
```

Und in AL (hier zur Steuerung des Manipulators „garm"):

```
move garm to Ziel1;

move garm to Ziel2 linearly;

move garm to Ziel3 via Via1;
```

Die meisten Sprachen bieten für einfache Bewegungsanweisungen wie diese eine ähnliche Syntax. Die Unterschiede in den grundlegenden **Bewegungsprimitiven** von einer Roboterprogrammiersprache zur anderen werden deutlicher, wenn wir Merkmale wie die folgenden berücksichtigen:

1. die Fähigkeit, mit strukturierten Typen wie Rahmen, Vektoren und Rotationsmatrizen mathematische Operationen durchzuführen;
2. die Möglichkeit, geometrische Objekte wie Rahmen in verschiedenen praktischen Darstellungen zu beschreiben und zwischen diesen Darstellungen zu wechseln;
3. die Möglichkeit, die Dauer oder die Geschwindigkeit einer bestimmten Bewegung durch Randbedingungen einzugrenzen – viele Systeme erlauben es dem Benutzer beispielsweise, die Geschwindigkeit auf einen Bruchteil der maximalen Geschwindigkeit einzustellen, aber nur wenige erlauben es dem Benutzer, eine gewünschte Dauer oder eine gewünschte maximale Gelenkgeschwindigkeit direkt anzugeben;
4. die Möglichkeit, Ziele relativ zu verschiedenen Rahmen festzulegen, einschließlich vom Benutzer definierter Rahmen und Rahmen in Bewegung (z. B. auf einem Förderband).

12.4.3 Ablauf der Ausführung

Wie in konventionellen Computerprogrammiersprachen kann der Benutzer auch in einem Roboterprogrammiersystem den Ablauf der **Ausführung** festlegen – d. h., Konzepte wie Testen und Verzweigen, Schleifen, Aufrufe von Unterprogrammen und sogar Unterbrechungen sind im Allgemeinen in Roboterprogrammiersprachen zu finden.

Mehr noch als bei vielen anderen Computeranwendungen ist die **Parallelverarbeitung** bei Anwendungen für automatisierte Arbeitszellen wichtig. Zunächst einmal werden sehr oft zwei oder mehr Roboter in einer einzigen Arbeitszelle eingesetzt, die gleichzeitig arbeiten, um die Zeit des Prozesszyklus zu verkürzen. Selbst bei Anwendungen mit nur einem Roboter wie im Fall von ▶ **Abbildung 12.2** müssen andere Geräte in der Arbeitszelle von der Robotersteuerung parallel gesteuert werden. Daher finden sich in Roboterprogrammiersprachen häufig ***Signal***- und ***Warteprimitive*** und gelegentlich werden auch anspruchsvollere Konstrukte zur parallelen Ausführung bereitgestellt [3].

Eine weitere häufige Aufgabe ergibt sich aus der Notwendigkeit, verschiedene Prozesse mit derselben Art von **Sensoren** zu überwachen. Dann muss das Robotersystem in der Lage sein, auf bestimmte von den Sensoren erkannte Ereignisse zu reagieren, entweder durch Unterbrechung oder durch Abfrage. Einige Roboterprogrammiersprachen bieten die Möglichkeit, solche **Ereignismonitore** auf einfache Weise zu spezifizieren [2, 3].

12.4.4 Programmierumgebung

Wie bei allen Computersprachen fördert eine gute **Programmierumgebung** die Produktivität der Programmierer. Die Programmierung von Manipulatoren ist schwierig und neigt dazu, sehr interaktiv zu sein, mit viel Versuch und Irrtum. Wäre der Benutzer gezwungen, den Zyklus von „Bearbeiten – Kompilieren – Ausführen“ der kompilierten Sprachen ständig zu wiederholen, wäre die Produktivität gering. Daher werden die meisten **Roboterprogrammiersprachen** heute *interpretiert*, sodass einzelne Sprachanweisungen während der Programmentwicklung und Fehlersuche nacheinander ausgeführt werden können. Viele der Computeranweisungen verursachen die Bewegung eines realen Geräts, sodass der Zeitaufwand für die **Interpretation** der Sprachanweisungen unbedeutend ist. Typische Programmierhilfen wie Texteditoren, Debugger und ein Dateiverwaltungssystem sind ebenfalls erforderlich.

12.4.5 Integration von Sensoren

Ein äußerst wichtiger Teil der Roboterprogrammierung betrifft die Interaktion mit **Sensoren**. Das System sollte zumindest über die Fähigkeit verfügen, Berührungs- und Kraftsensoren abzufragen und die Antworten in If-Then-Else-Anweisungen zu verwenden. Die Möglichkeit, **Ereignismonitore** zu spezifizieren, die im *Hintergrund* auf Übergänge an solchen Sensoren achten, ist ebenfalls sehr nützlich.

Wird ein System zur Verarbeitung optischer Daten integriert, kann dieses dem Manipulator-System die Koordinaten eines zu bearbeitenden Objekts übermitteln. In unserer Beispielanwendung lokalisiert ein **Kamerasystem** z. B. die Halterungen auf dem Förderband und sendet deren Position und Ausrichtung relativ zur Kamera an die Manipulator-Steuerung zurück. Die Lage des Kamerarahmens ist relativ zum stationären Rahmen bekannt, sodass aus diesen Informationen ein gewünschter Zielrahmen für den Manipulator berechnet werden kann.

Einige Sensoren könnten Teil anderer Geräte in der Arbeitszelle sein. Beispielsweise können einige Robotersteuerungen die Eingaben eines Sensors nutzen, der an einem Förderband befestigt ist, sodass der Manipulator die Bewegung des Bandes verfolgen und Objekte vom Band erfassen kann, während es sich bewegt [2].

Die Schnittstelle zur **Kraftregelung**, die in ▶ **Kapitel 11** vorgestellt wurde, erfolgt über spezielle Sprachelemente, mit denen der Benutzer Strategien für die Kraft festlegen kann [3]. Solche Kraftregelungsstrategien sind notwendigerweise ein integraler Bestandteil des Manipulator-Steuerungssystems: Die Roboterprogrammiersprache dient lediglich als Schnittstelle zu diesen Elementen. Die Programmierung von Robotern, die eine aktive Kraftregelung verwenden, erfordert möglicherweise weitere spezielle Funktionen, wie z. B. die Möglichkeit, Kraftdaten anzuzeigen, die während einer eingeschränkten Bewegung gesammelt wurden [3].

In Systemen, die eine aktive Kraftregelung unterstützen, könnte die Beschreibung der gewünschten Kraftanwendung Teil der Bewegungsspezifikation werden. Die Sprache AL beschreibt die aktive Kraftregelung in den Bewegungsprimitiven, indem sechs Komponenten der Steifigkeit (drei translatorische und drei rotatorische) sowie eine Vorspannkraft angegeben werden. Auf diese Weise ist die scheinbare **Steifigkeit** des Manipulators programmierbar. Um eine Kraft anzuwenden, wird die Steifigkeit in dieser Richtung in der Regel auf null gesetzt und eine Vorspannkraft festgelegt – ein Beispiel:

```
move garm to Ziel

with stiffness=(80, 80, 0, 100, 100, 100)

with force=20*ounces along zhat;
```

12.5 Spezifische Probleme der Roboterprogrammiersprachen

Die Fortschritte der letzten Jahre waren zwar hilfreich, aber die Programmierung von Robotern ist immer noch schwierig. Sie weist die gleichen Probleme auf wie die herkömmliche Computerprogrammierung. Hinzu kommen einige zusätzliche Schwierigkeiten, die durch die Auswirkungen der realen Welt verursacht werden [12].

12.5.1 Internes Weltmodell versus externe Realität

Ein zentrales Merkmal eines Roboterprogrammiersystems ist das **Weltmodell**, das intern im Computer eingesetzt wird. Selbst bei einem recht einfachen Modell kann nur mit zahlreichen Schwierigkeiten sichergestellt werden, dass es mit der physikalischen Realität übereinstimmt, die es zu modellieren versucht. Diskrepanzen zwischen dem internen Modell und der externen Realität führen dazu, dass Objekte schlecht oder gar nicht ergriffen werden, dass es Kollisionen gibt, und zu einer Vielzahl subtilerer Probleme.

Diese Übereinstimmung zwischen dem internen Modell und der externen Welt muss für den Anfangszustand des Programms hergestellt und während der gesamten Ausführung des Programms beibehalten werden. Während der anfänglichen Programmierung oder der Fehlersuche ist es im Allgemeinen Aufgabe des Benutzers, dafür zu sorgen, dass der im Programm dargestellte Zustand mit dem tatsächlichen Zustand der Arbeitszelle übereinstimmt. Im Gegensatz zur konventionellen Programmierung, bei der nur interne Variablen gespeichert und wiederhergestellt werden müssen, um eine frühere Situation wiederherzustellen, müssen bei der Roboterprogrammierung normalerweise physikalische Objekte neu **positioniert** werden.

Neben einer Ungewissheit in der Position jedes Objekts ist auch der Manipulator selbst auf eine bestimmte Genauigkeit beschränkt. Sehr oft erfordern die Schritte während einer Montage, dass der Manipulator Bewegungen ausführt, die eine größere **Präzision** erfordern, als er zu leisten in der Lage ist. Ein gängiges Beispiel hierfür ist das Einsetzen eines Stifts in ein Loch, wobei der Bewegungsspielraum um eine Größenordnung geringer ist als die **Positioniergenauigkeit** des Manipulators. Erschwerend kommt hinzu, dass die Genauigkeit des Manipulators in der Regel über seinen Arbeitsraum variiert.

Beim Umgang mit Objekten, deren Position nicht genau bekannt ist, ist es unerlässlich, die Positionsinformationen irgendwie zu verbessern. Dies kann manchmal mit Hilfe von Sensoren geschehen (z. B. optische oder Berührungssensoren) oder durch die Verwendung geeigneter Kraftstrategien für beschränkte Bewegungen.

Bei der **Fehlersuche** in **Manipulator-Programmen** ist es sinnvoll das Programm ändern zu können, ein Backup zu erstellen und einen Vorgang erneut zu versuchen. Das Backup bedeutet, dass der Manipulator und die manipulierten Objekte in einen früheren Zustand zurückversetzt werden. Bei der Arbeit mit physikalischen Objekten ist es jedoch nicht immer einfach oder gar möglich, eine Aktion rückgängig zu machen. Einige Beispiele dafür sind Lackier-, Niet-, Bohr- oder Schweißarbeiten, die eine physische Veränderung der zu manipulierenden Objekte bewirken. Es kann daher notwendig sein, dass der Benutzer eine neue Kopie des Objekts bereitstellt, um die alte, veränderte Kopie zu ersetzen. Außerdem ist es wahrscheinlich, dass einige der Vorgänge, die dem zu wiederholenden Vorgang vorausgehen, ebenfalls wiederholt werden müssen, um den richtigen Zustand herzustellen, der erforderlich ist, bevor der eigentlich gewünschte Vorgang erfolgreich wiederholt werden kann.

12.5.2 Kontextsensitivität

Die **Bottom-up-Programmierung** ist eine Standardmethode beim Erstellen eines großen Computerprogramms, bei der man kleine Teile eines Programms auf niedriger Ebene entwickelt und diese dann zu größeren Teilen zusammensetzt, bis das Programm schließlich vollständig ist. Damit diese Methode funktioniert, ist es wichtig, dass die kleinen Teile relativ unempfindlich gegenüber den ihnen vorausgehenden Sprachanweisungen sind und dass es keine Annahmen bezüglich des Kontextes gibt, in dem diese Programmteile ausgeführt werden. Bei der Programmierung von Manipulatoren ist dies oft nicht der Fall. Code, der bei isolierten Tests zuverlässig funktionierte, versagt häufig, wenn er in den Kontext des größeren Programms gestellt wird. Diese Probleme entstehen in der Regel durch die Abhängigkeit von der Konfiguration des Manipulators und der Geschwindigkeit der Bewegungen.

Manipulator-Programme können sehr empfindlich auf die **Anfangsbedingungen** reagieren – zum Beispiel auf die Anfangsposition des Manipulators. Bei Bewegungstrajektorien beeinflusst die Ausgangsposition die Trajektorie, die für die Bewegung verwendet wird. Die Ausgangsposition des Manipulators kann auch die Geschwindigkeit beeinflussen, mit der sich der Arm während eines kritischen Teils der Bewegung bewegt. Diese Aussagen treffen beispielsweise auf Manipulatoren zu, die den in ▶ **Kapitel 7** untersuchten, durch kubische Splines erzeugten Bahnen im Gelenkraum folgen. Diese Effekte können manchmal durch eine sorgfältige Programmierung behoben werden, aber oft treten solche Probleme erst auf, nachdem die ersten Sprachanweisungen isoliert debuggt wurden und dann mit den vorhergehenden Anweisungen verbunden werden.

Aufgrund der unzureichenden Genauigkeit des Manipulators muss ein Programmsegment, das für die Ausführung einer Operation an einem Ort geschrieben wurde, wahrscheinlich **angepasst** werden (d. h. Positionen neu einlernen o. Ä.), damit es an einem anderen Ort funktioniert. Änderungen der Position innerhalb der Arbeitszelle führen zu Änderungen in der Konfiguration des Manipulators beim Erreichen der Zielpositionen. Solche Versuche, die Bewegungen des Manipulators innerhalb der Arbeitszelle neu zu erfassen, stellen die Genauigkeit der Manipulator-Kinematik und des Servosystems auf die Probe und führen häufig zu Problemen. Eine solche Neupositionierung kann zu einer Änderung der kinematischen Konfiguration des Manipulators führen, z. B. von der linken Schulter zur rechten Schulter oder von Ellbogen oben zu Ellbogen unten. Darüber hinaus können diese Änderungen der Konfiguration große Armbewegungen bei etwas verursachen, für dass vorher nur eine kurze einfache Bewegung durchgeführt wurde.

Die Art der räumlichen Form der Trajektorien wird sich wahrscheinlich ändern, wenn sich die Pfade in verschiedenen Teilen des Arbeitsraums des Manipulators befinden. Dies gilt insbesondere für Methoden zur Berechnung von Trajektorien im Gelenkraum, aber auch die Verwendung von kartesischen Pfadverfahren kann in der Nähe von Singularitäten zu Problemen führen.

Beim ersten Testen der Bewegung eines Manipulators, ist es oft ratsam, den Manipulator die Bewegung nur langsam ausführen zu lassen. So hat der Benutzer die Möglichkeit, die Bewegung zu stoppen, wenn eine Kollision droht. Außerdem kann der Benutzer so die Bewegung genau überprüfen. Nachdem die Bewegung bei einer langsameren Geschwindigkeit getestet wurde, ist es notwendig, die **Bewegungsgeschwindigkeit** zu erhöhen. Dies kann dazu führen, dass sich einige Aspekte der Bewegung ändern. Die Beschränkungen der meisten Manipulator-Steuerungssysteme führen dazu, dass erhöhte Servofehler zu erwarten sind, wenn die schnellere Trajektorie verfolgt wird. Außerdem können Geschwindigkeitsänderungen in Situationen mit Kraftregelung, in denen ein Kontakt mit der Umgebung besteht, für einen Erfolg ganz neue Kraftstrategien erfordern.

Die Konfiguration des Manipulators wirkt sich auch auf die Feinheit und Genauigkeit der Kräfte aus, die mit ihm ausgeübt werden können. Dies hängt davon ab, wie gut die Jacobi-Matrix auf eine bestimmte Konfiguration des Manipulators abgestimmt ist, was bei der Entwicklung von Roboterprogrammen im Allgemeinen schwer zu berücksichtigen ist.

12.5.3 Fehlerbehebung

Eine weitere unmittelbare Folge der Arbeit mit der wirklichen Welt ist, dass sich Objekte möglicherweise nicht genau dort befinden, wo sie sein sollten, sodass auf diese Objekte abzielende Bewegungen fehlschlagen können. Bei der Programmierung von Manipulatoren wird versucht, dies zu berücksichtigen und die Montagevorgänge so robust wie möglich zu gestalten. Trotzdem sind Fehler wahrscheinlich, und ein wichtiger Aspekt der Manipulator-Programmierung ist die Frage, wie man diese Fehler beheben kann.

Nahezu jede Bewegungsanweisung im Programm des Anwenders kann fehlschlagen, manchmal aus den unterschiedlichsten Gründen. Einige der häufigsten Gründe sind, dass sich Objekte verschieben oder aus der Greifhand fallen, dass ein Objekt nicht dort ist, wo es sein sollte, dass es sich beim Einsetzen verklemmt oder dass ein Loch nicht gefunden wird.

Das erste Problem, das sich bei der Fehlerbehebung stellt, ist die Feststellung, dass tatsächlich ein Fehler aufgetreten ist. Da Roboter im Allgemeinen nur über recht begrenzte Wahrnehmungs- und Denkfähigkeiten verfügen, ist die ***Fehlererkennung*** oft schwierig. Um einen Fehler zu erkennen, muss ein Roboterprogramm eine Art expliziten Test enthalten. Ein solcher Test könnte darin bestehen, die Position des Manipulators zu überprüfen, um festzustellen, ob sie im richtigen Bereich liegt. Wenn sich beispielsweise beim Einfügen eines Objekts in ein Loch die Position nicht ändert, könnte dies auf eine Blockade hindeuten, während eine zu starke Änderung darauf hinweisen könnte, dass das Loch völlig verfehlt wurde oder das Objekt aus der Greifhand gerutscht ist. Wenn das Manipulator-System über visuelle Fähigkeiten verfügt, kann es ein Bild aufnehmen, auf das Vorhandensein oder Fehlen eines Objekts überprüfen und, wenn das Objekt vorhanden ist, seine Position melden. Andere Überprüfungen können eine Kraft nutzen, z. B. das Wiegen der getragenen Last, um zu prüfen, ob das Objekt noch da und nicht heruntergefallen ist, oder die Überprüfung, ob eine Kontaktkraft während einer Bewegung innerhalb bestimmter Grenzen bleibt.

Jede Bewegungsanweisung im Programm könnte fehlschlagen, sodass diese expliziten Prüfungen ziemlich umständlich sein und mehr Platz als der Rest des Programms beanspruchen können. Der Versuch, alle möglichen Fehler zu berücksichtigen, ist äußerst schwierig. In der Regel werden nur die wenigen Anweisungen überprüft, bei denen ein Fehlschlag am wahrscheinlichsten erscheint. Die Vorhersage, welche Teile eines Roboteranwendungsprogramms wahrscheinlich fehlschlagen werden, erfordert ein gewisses Maß an Interaktion und den Einsatz des Roboters für Tests von Teilbereichen während der Programmentwicklungsphase.

Sobald wir einen Fehler erkannt haben, können wir versuchen, ihn zu beheben. Dies kann vollständig durch den programmgesteuerten Manipulator geschehen, durch manuelle Eingriffe des Benutzers oder durch eine Kombination aus beidem. In jedem Fall könnte der Versuch der Korrektur zu neuen Fehlern führen. Es ist leicht nachzuvollziehen, dass der Code zur Fehlerbehebung den Hauptbestandteil eines Manipulator-Programms bilden kann.

Die **Parallelverarbeitung** in Manipulator-Programmen kann die Behebung von Fehlern weiter erschweren. Laufen mehrere Prozesse gleichzeitig und einer von ihnen verursacht einen Fehler, kann sich dies auf andere Prozesse auswirken. In vielen Fällen ist es möglich, den fehlerhaften Prozess zu stoppen, während die anderen weiterlaufen. In anderen Fällen kann es notwendig sein, mehrere oder alle laufenden Prozesse zurückzusetzen.

Literatur

[1] B. Shimano, „VAL: A Versatile Robot Programming and Control System“, *Proceedings of COMPSAC 1979*, Chicago, November 1979.

[2] B. Shimano, C. Geschke und C. Spalding, „VAL II: A Robot Programming Language and Control System“, SME Robots VIII Conference, Detroit, Juni 1984.

[3] S. Mujtaba und R. Goldman, „AL Users' Manual“, 3. Auflage, Stanford Department of Computer Science, Bericht Nr. STAN-CS-81-889, Dezember 1981.

[4] A. Gilbert et al., *AR-BASIC: An Advanced and User Friendly Programming System for Robots*, American Robot Corporation, Juni 1984.

[5] J. Craig, „JARS–JPL Autonomous Robot System: Documentation and Users Guide“, JPL Interoffice Memo, September 1980.

[6] ABB Robotics, „The RAPID Language“, das *SC4Plus Controller Manual*, ABB Robotics, 2002.

[7] R. Taylor, P. Summers und J. Meyer, „AML: A Manufacturing Language“, *International Journal of Robotics Research*, Vol. 1, No. 3, Herbst 1982.

[8] FANUC Robotics, Inc., „KAREL Language Reference“, FANUC Robotics North America, Inc., 2002.

[9] R. Taylor, „A Synthesis of Manipulator Control Programs from Task-Level Specifications“, Stanford University AI Memo 282, Juli 1976.

[10] J.C. LaTombe, „Motion Planning with Uncertainty: On the Preimage Backchaining Approach“, *The Robotics Review,* O. Khatib, J. Craig und T. Lozano-Perez, Editoren, MIT Press, Cambridge, MA, 1989.

[11] W. Gruver und B. Soroka, „Programming, High Level Languages“, *The International Encyclopedia of Robotics*, R. Dorf und S. Nof, Editoren, Wiley Interscience, New York, 1988.

[12] R. Goldman, *Design of an Interactive Manipulator Programming Environment*, UMI Research Press, Ann Arbor, MI, 1985.

[13] Adept Technologie, *V+ Language Reference*, Adept Technology, Livermore, CA, 2002.

Übungen

12.1 [15] Schreiben Sie ein Roboterprogramm (in einer Sprache Ihrer Wahl), um einen Block an einem Ort A aufzunehmen und ihn an einem Ort B abzulegen.

12.2 [20] Beschreiben Sie das Binden Ihres Schnürsenkels mit einfachen Befehlen, die die Grundlage für ein Roboterprogramm bilden könnten.

12.3 [32] Entwerfen Sie die Syntax einer neuen Roboterprogrammiersprache. Fügen Sie Möglichkeiten hinzu, um Bewegungstrajektorien eine Dauer oder Geschwindigkeit zuzuweisen, E/A-Anweisungen an Peripheriegeräte zu geben, Befehle zur Steuerung des Greifers zu erteilen und Befehle zur Krafterkennung (und somit kraftgesteuerte Bewegungen) zu erzeugen. Sie können die Kraftregelung und Parallelverarbeitung (die in **Übung 12.4** behandelt werden) auslassen.

12.4 [28] Erweitern Sie die Spezifikation der neuen Roboterprogrammiersprache, die Sie in **Übung 12.3** begonnen haben, indem Sie eine Syntax für die Kraftregelung und eine Syntax für Parallelverarbeitung hinzufügen.

12.5 [38] Schreiben Sie ein Programm in einer handelsüblichen Roboterprogrammiersprache, um die in **Abschnitt 12.3** beschriebene Anwendung auszuführen. Treffen Sie alle sinnvollen Annahmen bezüglich der E/A-Verbindungen und anderer Details.

12.6 [28] Schreiben Sie in einer beliebigen Roboterprogrammiersprache eine allgemeine Routine zum Entladen einer beliebig großen Palette. Die Routine sollte die Indizierung durch die Palette verfolgen und einen menschlichen Bediener herbeirufen, wenn die Palette leer ist. Nehmen Sie an, die Teile werden auf ein Förderband entladen.

12.7 [35] Schreiben Sie in einer geeigneten Roboterprogrammiersprache eine allgemeine Routine zum Entladen einer beliebig großen Ausgangspalette und zum Beladen einer beliebig großen Zielpalette. Die Routine sollte die Paletten indizieren können und einen menschlichen Bediener herbeirufen, wenn die Ausgangspalette leer und die Zielpalette voll ist.

12.8 [35] Schreiben Sie in einer geeigneten Roboterprogrammiersprache ein Programm, das mit Hilfe der Kraftregelung eine Zigarettenschachtel mit 20 Zigaretten füllt. Gehen Sie davon aus, dass der Manipulator eine Genauigkeit von etwa 0,25 Zoll hat, sodass die Kraftregelung für viele Operationen verwendet werden sollte. Die Zigaretten werden auf einem Förderband bereitgestellt und ein Kamerasystem liefert ihre Koordinaten.

12.9 [35] Schreiben Sie in einer geeigneten Roboterprogrammiersprache ein Programm, um den Handapparat eines Standardtelefons zusammenzubauen. Die sechs Komponenten (Griff, Mikrofon, Lautsprecher, zwei Kappen und Kabel) werden in einem *Bausatz* geliefert, d. h. in einer speziellen Palette, die jeweils ein Teil jeder Komponente enthält. Gehen Sie davon aus, dass es eine Halterung gibt, in die der Griff eingesetzt werden kann und die ihn hält. Treffen Sie alle anderen notwendigen Annahmen.

12.10 [33] Schreiben Sie ein Roboterprogramm, das zwei Manipulatoren verwendet. Der eine, GARM genannt, hat einen speziellen Endeffektor, der eine Weinflasche halten kann. Der andere Arm, BARM, hält ein Weinglas und ist mit einem Kraftsensor am Handgelenk ausgestattet, mit dem Sie GARM signalisieren können, dass er mit dem Einschenken aufhören soll, wenn er merkt, dass das Glas voll ist.

12.11 [17] Welche Rahmen werden, zusätzlich zu den in ▶ **Abbildung 12.3** dargestellten, für die Anwendung von ▶ **Abschnitt 12.3** benötigt?

12.12 [15] Da die Beschränkungen des Manipulator-Steuerungssystems in der Regel zu größeren Servofehlern führen, wenn die Geschwindigkeit der Trajektorie zunimmt, muss ein Roboter bei Wegpunkten auf einem Pfad oft langsamer werden. Im Allgemeinen gilt: Je besser die Trajektorie beim Durchfahren des Wegpunkts eine konstante Geschwindigkeit beibehält, desto weiter ist sie von diesem Punkt im Raum entfernt. Welche Optionen oder Parameter könnten Sie dem Bediener zur Verfügung stellen, um dieses Gleichgewicht einzustellen?

12.13 [20] Schreiben Sie ein Roboterprogramm (in einer Sprache Ihrer Wahl), um einen Eingang abzufragen, der das Vorhandensein eines Teils erkennt. Geht das Eingangssignal auf HIGH, soll das Teil vom Ort A geholt und am Ort B abgelegt werden.

12.14 [25] Schreiben Sie in einer geeigneten Roboterprogrammiersprache eine allgemeine Routine, um ein Teil, dessen Koordinaten von einem Kamerasystem geliefert werden, von einem Tisch aufzunehmen und dann in einer Halterung zu platzieren. Das Teil liegt entweder mit der Oberseite nach oben oder nach unten auf dem Tisch, aber es ist nur eine Ausrichtung möglich, um es in der Halterung zu platzieren.

12.15 [20] Wie könnten sich die Bewegungsbefehle für ein Robotersystem, das ein Objekt auf einem nicht vorhersehbaren Weg verfolgt, von den in ▶ **Abschnitt 12.4** genannten Beispielen unterscheiden? Gehen Sie davon aus, dass die kartesischen Koordinaten des Objekts in Echtzeit verfügbar sind.

Programmierübung (Teil 12)

Erstellen Sie eine Benutzerschnittstelle zu den anderen Programmen, die Sie entwickelt haben, indem Sie ein paar Unterprogramme in Pascal schreiben. Sobald diese Routinen definiert sind, könnte ein „Benutzer" ein Pascal-Programm schreiben, das Aufrufe dieser Routinen enthält, um eine simulierte 2D-Roboteranwendung auszuführen.

Definieren Sie Primitive, die es dem Benutzer ermöglichen, stationäre Rahmen und Werkzeugrahmen zu setzen – nämlich:

```
setstation(SrelB:vec3);

settool(TrelW:vec3);
```

Darin ist „Sre1B" der stationäre Rahmen relativ zum Basisrahmen des Roboters und „Tre1W" der Werkzeugrahmen relativ zum Handgelenkrahmen des Manipulators. Definieren Sie die folgenden Bewegungsprimitive:

```
moveto(ziel:vec3);

moveby(inkrement:vec3);
```

Dabei soll „ziel" die Spezifizierung des Zielrahmens relativ zum stationären Rahmen und „inkrement" die Spezifizierung eines Zielrahmens relativ zum aktuellen Werkzeugrahmen sein. Erlauben Sie die Beschreibung von Pfaden mit mehreren Segmenten, indem der Benutzer zuerst die Funktion „pathmode“ aufruft, dann Bewegungen zu Wegpunkten angibt und schließlich „runpath“ aufruft – zum Beispiel:

```
pathmode; (* in den Pfadmodus wechseln *)

moveto(ziel1);

moveto(ziel2);

runpath; (* den Pfad ausführen, ohne bei ziel1 anzuhalten *)
```

Schreiben Sie ein einfaches „Anwendungs“-Programm und lassen Sie Ihr System die Position des Arms alle *n* Sekunden ausgeben.

Offline-Programmiersysteme

13

13.1 Einleitung

Wir definieren ein **Offline-Programmiersystem** (OLP) als eine Roboterprogrammiersprache, die im Allgemeinen mit Hilfe von Computergrafiken so erweitert wurde, dass die Entwicklung von Roboterprogrammen ohne Zugriff auf den Roboter selbst erfolgen kann.[42] Offline-Programmiersysteme sind als Hilfsmittel bei der Programmierung der heutigen industriellen Automatisierung sowie als Plattformen für die Robotikforschung wichtig. Bei der Entwicklung solcher Systeme müssen zahlreiche Aspekte berücksichtigt werden. In diesem Kapitel werden wir zunächst solche Themen erörtern [1] und dann ein derartiges System näher betrachten [2].

In den letzten 20 Jahren ist der Markt für **Industrieroboter** nicht so schnell gewachsen, wie einst vorhergesagt wurde. Ein Hauptgrund dafür ist, dass Roboter immer noch zu schwierig zu bedienen sind. Es ist sehr viel Zeit und Fachwissen erforderlich, um einen Roboter in einer bestimmten Anwendung zu installieren und das System zur Produktionsreife zu bringen. Aus verschiedenen Gründen ist dieses Problem bei einigen Anwendungen gravierender als bei anderen. Daher wurden bestimmte Anwendungsbereiche (z. B. Punktschweißen und Spritzlackieren) viel früher mit Robotern automatisiert als andere Anwendungsbereiche (z. B. Montage). Es scheint, dass der Mangel an ausreichend geschulten Entwicklern von Robotersystemen das Wachstum in einigen, wenn nicht sogar in allen, Anwendungsbereichen einschränkt. In einigen Fertigungsunternehmen fördert das Management den Einsatz von Robotern in einem Ausmaß, das über das hinausgeht, was von den Anwendungstechnikern realisiert werden kann. Außerdem wird ein großer Prozentsatz der ausgelieferten Roboter auf eine Weise eingesetzt, die ihre Fähigkeiten nicht voll ausschöpft. Diese Symptome deuten darauf hin, dass die derzeitigen Industrieroboter nicht einfach genug zu bedienen sind, um eine erfolgreiche Installation und Programmierung in kurzer Zeit zu ermöglichen.

Es gibt viele Faktoren, die die Roboterprogrammierung zu einer schwierigen Aufgabe machen. Erstens ist sie eng mit der allgemeinen Computerprogrammierung verwandt und teilt daher viele der Probleme, die in diesem Bereich auftreten. Aber die Programmierung von Robotern oder jeder anderen programmierbaren Maschine weist besondere Probleme auf, die die Entwicklung von einsatzbereiter Software noch schwieriger machen. Wie wir im vorigen Kapitel gesehen haben, ergeben sich die meisten dieser speziellen Probleme aus der Tatsache, dass ein Robotermanipulator mit seiner wirklichen Umgebung interagiert [3]. Selbst einfache Programmiersysteme verfügen über ein „Weltmodell" dieser realen Umgebung in Form von Standorten der Objekte und in ihren Programmstrategien ist „Wissen" über die An- und Abwesenheit verschiedener Objekte kodiert. Während der Entwicklung eines Roboterprogramms (und noch mehr im späteren Produktionseinsatz) muss das vom Programmiersystem gepflegte interne Modell mit der tatsächlichen Roboterumgebung in Übereinstimmung gehalten werden. Das interaktive Debuggen von Programmen und seinem Manipulator erfordert ein häufiges manuelles Zurücksetzen des Zustands der Roboterumgebung – Teile, Werkzeuge usw. müssen wieder an ihre ursprünglichen Positionen gebracht werden. Dieses Zurücksetzen des Zustands wird besonders schwierig (und manchmal kostspielig), wenn der Roboter eine irreversible Operation an einem oder mehreren Teilen durchführt (z. B. Bohren oder Fräsen). Die spektakulärsten Auswirkungen einer vorhande-

42 Kapitel 13 ist eine überarbeitete Version von zwei Artikeln: Der eine wurde mit Genehmigung aus *International Symposium of Robotics Research*, R. Bolles und B. Roth (Editoren), 1988 ([1]) nachgedruckt; der andere stammt aus *Robotics: The Algorithmic Perspective*, P. Agarwal et al. (Editoren), 1998 ([2]).

nen wirklichen Umgebung treten auf, wenn sich ein Programmfehler durch unbeabsichtigte irreversible Operationen an Teilen, Werkzeugen oder sogar am Manipulator selbst manifestiert.

Obwohl es schwierig ist, ein genaues internes Modell der **Umgebung** des **Manipulators** aufrechtzuerhalten, scheint es außer Frage zu stehen, dass dies große Vorteile mit sich bringt. Ganze Bereiche der Sensorforschung, vor allem maschinelles Sehen, konzentrieren sich auf die Entwicklung von Techniken, mit denen Weltmodelle verifiziert, korrigiert oder entdeckt werden können. Um einen computergestützten Algorithmus auf das Problem der Erzeugung von Befehlen bei Robotern anwenden zu können, benötigt der Algorithmus natürlich Zugang zu einem Modell des Roboters und seiner Umgebung.

Bei der Entwicklung von Programmiersystemen für Roboter scheinen die Fortschritte in der Leistungsfähigkeit der Programmiertechniken direkt mit der Komplexität des internen Modells verbunden zu sein, auf das sich die Programmiersprache bezieht. Frühe „Teach by Show"-Robotersysteme im Gelenkraum verwendeten ein begrenztes Weltmodell, und es gab nur sehr begrenzte Möglichkeiten, wie das System den Programmierer bei der Erfüllung einer Aufgabe unterstützen konnte. Etwas ausgefeiltere Robotersteuerungen enthielten kinematische Modelle, sodass das System den Benutzer zumindest dabei unterstützen konnte, die Gelenke so zu bewegen, dass kartesische Bewegungen ausgeführt werden konnten. Roboterprogrammiersprachen (RPL) haben sich so entwickelt, dass sie viele verschiedene Datentypen und Operationen unterstützen, mit denen der Programmierer je nach Bedarf Attribute der Umgebung modellieren und Aktionen für den Roboter berechnen kann. Einige RPL unterstützen Primitive für die Weltmodellierung als Anhänge, Datentypen für Kräfte und Momente und andere Funktionen [4].

Die heutigen **Roboterprogrammiersprachen** könnte man als „explizite Programmiersprachen" bezeichnen, da jede Aktion des Systems vom Anwendungsingenieur programmiert werden muss. Am anderen Ende des Spektrums stehen die auf Aufgabenebene programmierten Systeme [**Task-Level-Programming (TLP)**], bei denen der Programmierer übergeordnete Ziele vorgeben kann, wie „den Bolzen einsetzen" oder vielleicht sogar „den Toaster bauen". Diese Systeme verwenden Techniken aus der Forschung zur künstlichen Intelligenz, um Bewegungs- und Strategiepläne automatisch zu erstellen. Allerdings gibt es noch keine derartig ausgefeilten Task-Level-Sprachen. Verschiedene Teile solcher Systeme werden derzeit von Forschern entwickelt [5]. Programmiersysteme auf Aufgabenebene benötigen ein sehr vollständiges Modell des Roboters und seiner Umgebung, um automatische Planungsvorgänge durchzuführen.

Obwohl sich dieses Kapitel bis zu einem gewissen Grad auf das spezielle Problem der Roboterprogrammierung konzentriert, lässt sich das Konzept eines OLP-Systems auf jedes programmierbare Gerät in der Fabrikhalle anwenden. Ein häufig vorgebrachtes vorteilhaftes Argument ist, dass ein OLP-System die Produktionsanlagen nicht blockiert, wenn sie neu programmiert werden müssen. Daher können automatisierte Fabriken einen größeren Prozentsatz der Zeit im Produktionsmodus bleiben. OLP-Systeme dienen auch als natürliches Mittel, um CAD-Datenbanken, die in der Entwicklungsphase eines Produkts verwendet wurden, mit der tatsächlichen Herstellung des Produkts zu verbinden. Bei einigen Anwendungen kann diese direkte Nutzung von **CAD-Konstruktionsdaten** die für die Fertigungsmaschinen erforderliche Programmierzeit drastisch reduzieren.

Die Offline-Programmierung von Robotern bietet weitere potenzielle Vorteile, die die Benutzer von Industrierobotern gerade erst zu schätzen lernen. Wir haben bereits einige Probleme im Zusammenhang mit der Roboterprogrammierung erörtert. Die meisten haben mit der Tatsache zu tun, dass eine externe, reale Arbeitszelle vom Roboterprogramm manipuliert wird. Das macht das Ausprobieren verschiedener Strategien mühsam. Die Programmierung von simulierten **Robotern** erlaubt es, den Großteil der Programmierarbeit strikt auf das Innere eines Computers zu beschränken, bis die Anwendung fast fertig ist. Auf diese Weise verringern sich viele der Probleme, die mit der Roboterprogrammierung verbunden sind.

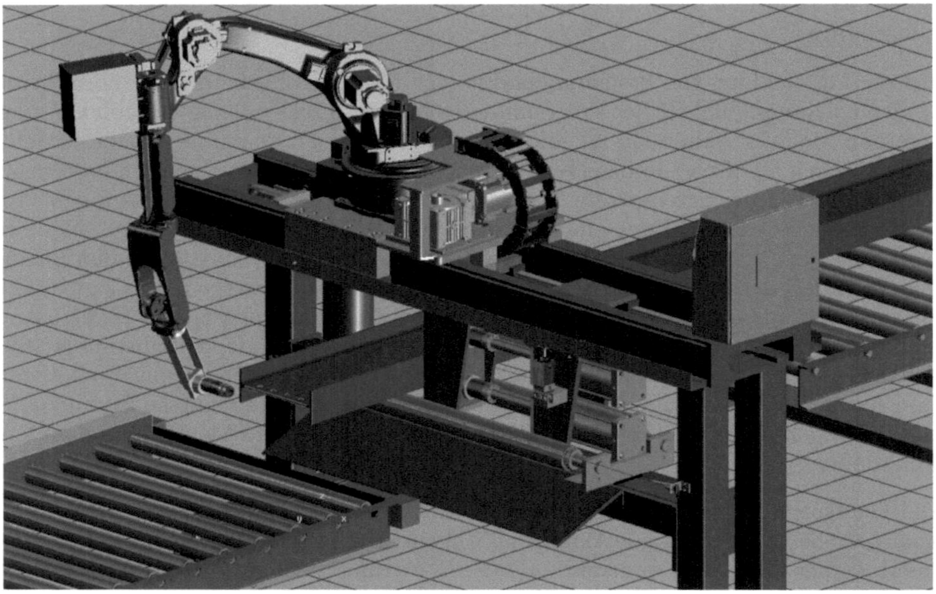

Abbildung 13.1 Eine **simulierte Arbeitszelle** in einem modernen grafischen OLP-System. Bild mit freundlicher Genehmigung von AC&E, Inc.

Offline-Programmiersysteme sollten als natürlicher Entwicklungsweg von expliziten Programmiersystemen zu Task-Level-Programmiersystemen dienen. Das einfachste OLP-System ist lediglich eine grafische Erweiterung einer Roboterprogrammiersprache, kann aber von dort aus zu einem Task-Level-Programmiersystem ausgebaut werden. Diese schrittweise Erweiterung erfolgt durch die Bereitstellung automatischer Lösungen für verschiedene Teilaufgaben (sobald diese Lösungen verfügbar sind), die der Programmierer zur Erkundung von Optionen in der simulierten Umgebung verwenden kann. Bis wir herausfinden, wie wir Systeme auf Aufgabenebene aufbauen können, muss der Benutzer am Ball bleiben, um automatisch geplante Teilaufgaben zu bewerten und die Entwicklung des Anwendungsprogramms zu leiten. Von diesem Standpunkt aus dient ein OLP-System als wichtige Grundlage für die Erforschung und Entwicklung von Planungssystemen auf Aufgabenebene und in der Tat haben viele Forscher zur Unterstützung ihrer Arbeit verschiedene Komponenten eines OLP-Systems entwickelt (z. B. 3D-Modelle und grafische Darstellung, Sprachpostprozessoren). Daher sollten OLP-Systeme sowohl ein nützliches Werkzeug für die Forschung als auch ein Hilfsmittel für die aktuelle industrielle Praxis sein.

13.2 Zentrale Themen in OLP-Systemen

In diesem Abschnitt werden viele der Themen angesprochen, die bei der Entwicklung eines **OLP-Systems** berücksichtigt werden müssen. Die Sammlung der behandelten Themen wird dazu beitragen, den Umfang der Definition eines OLP-Systems festzulegen.

13.2.1 Benutzeroberfläche

Eine wichtige Motivation für die Entwicklung eines **OLP**-Systems ist die Schaffung einer Umgebung, welche die Programmierung von Manipulatoren erleichtert. Daher ist die **Benutzeroberfläche** von entscheidender Bedeutung. Eine andere wichtige Motivation ist jedoch, während der Programmierung nicht mehr von der Verwendung echter Geräte abhängig zu sein. Auf den ersten Blick scheinen sich diese beiden Ziele zu widersprechen: Roboter sind schon schwer genug zu programmieren, wenn man sie sehen kann. Wie kann das ohne die Anwesenheit eines echten Geräts einfacher sein? Diese Frage zeigt den Kern des OLP-Entwicklungsproblems.

Die Hersteller von Industrierobotern haben gelernt, dass die RPL, die sie mit ihren Robotern ausliefern, von einem großen Prozentsatz der Fertigungsmitarbeiter nicht erfolgreich genutzt werden können. Aus diesem und anderen historischen Gründen sind viele **Industrieroboter** mit einer zweistufigen Schnittstelle ausgestattet [6], eine für Programmierer und eine für Nichtprogrammierer. Nichtprogrammierer verwenden ein Programmierhandgerät und interagieren direkt mit dem Roboter, um Roboterprogramme zu entwickeln. Programmierer schreiben den Code in der RPL und interagieren mit dem Roboter, um ihm Arbeitsabläufe beizubringen und den Programmablauf zu debuggen. Im Allgemeinen tauschen diese beiden Ansätzen zur Programmentwicklung Benutzerfreundlichkeit gegen Flexibilität aus.

Wird ein OLP-System als Erweiterung einer RPL betrachtet, enthält das OLP-System von Natur aus eine RPL als Teilmenge seiner Benutzerschnittstelle. Diese RPL sollte Funktionen bieten, die sich in Roboterprogrammiersystemen bereits als wertvoll erwiesen haben. Zum Beispiel sind **interaktive Sprachen** für den Einsatz als RPL viel produktiver als kompilierte Sprachen, die den Benutzer zwingen, bei jeder Programmänderung den Zyklus „Editieren-Kompilieren-Ausführen" zu durchlaufen.

Der Sprachteil der Benutzerschnittstelle hat viel von den „traditionellen" RPL geerbt. Es ist die untergeordnete (d. h. einfacher zu bedienende) Schnittstelle, die in einem OLP-System sorgfältig berücksichtigt werden muss. Eine zentrale Komponente dieser Schnittstelle ist eine **Computergraphik** des gerade programmierten Roboters und seiner Umgebung. Mit Hilfe eines **Zeigegeräts** wie einer **Maus**, kann der Benutzer verschiedene Orte oder Objekte auf dem Grafikbildschirm markieren. Bei der Gestaltung der Benutzeroberfläche wird genau darauf geachtet, wie der Benutzer mit dem Bildschirm interagiert, um ein Roboterprogramm festzulegen. Mit demselben Zeigegerät können Elemente in einem „Menü" angezeigt werden, um Arbeitsmoden festzulegen oder verschiedene Funktionen aufzurufen.

Ein zentrales Primitiv ist das **Erlernen** eines **Arbeitspunkts** oder „Rahmens" mit sechs Freiheitsgraden durch Interaktion mit dem Grafikbildschirm. Die Verfügbarkeit von 3D-Modellen für Halterungen und Werkstücke im OLP-System macht diese Aufgabe oft recht einfach. Die Schnittstelle bietet dem Benutzer die Möglichkeit, Positionen auf Oberflächen anzugeben, sodass die Ausrichtung des Rahmens einer lokalen Oberflächennormale entspricht, und bietet dann Methoden zum Versetzen, Neuausrichten usw. an. Je nach den Besonderheiten der Anwendung lassen sich solche Aufgaben ganz einfach über das Grafikfenster in der simulierten Welt festlegen.

Eine gut gestaltete **Benutzeroberfläche** sollte es auch Nicht-Programmierern ermöglichen, viele Anwendungen von Anfang bis Ende zu erledigen. Darüber hinaus sollten Bilder und Bewegungsabläufe, die von Nicht-Programmierern „gelehrt" werden, vom OLP-System in textuelle RPL-Anweisungen übersetzt werden können. Diese einfachen Programme können von erfahreneren Programmierern in RPL-Form gepflegt und verbessert werden. Die Verfügbarkeit von RPL ermöglicht es Programmierern, beliebigen Code für komplexere Anwendungen zu entwickeln.

13.2.2 3D-Modellierung

Ein zentrales Element in **OLP**-Systemen ist die Verwendung von grafischen Darstellungen des simulierten Roboters und seiner Arbeitszelle. Dazu müssen der Roboter und alle Vorrichtungen, Teile und Werkzeuge in der Arbeitszelle als dreidimensionale Objekte modelliert werden. Um die Programmentwicklung zu beschleunigen, ist es sinnvoll, **CAD-Modelle** von Teilen oder Werkzeugen zu verwenden, die direkt aus dem CAD-System entnommen werden können, in dem sie ursprünglich entworfen wurden. Mit der zunehmenden Verbreitung von CAD-Systemen in der Industrie wird es immer wahrscheinlicher, dass diese Art von geometrischen Daten ohne Weiteres verfügbar ist. Da diese Art von CAD-Integration vom Entwurf bis zur Produktion stark nachgefragt wird, ist es sinnvoll, dass ein OLP-System entweder ein Subsystem zur CAD-Modellierung enthält oder selbst ein Teil einer CAD-Entwicklungsumgebung ist. Ein eigenständiges OLP-System sollte zumindest über eine geeignete Schnittstelle verfügen, um Modelle von und zu externen CAD-Systemen zu übertragen. Aber auch ein eigenständiges OLP-System sollte zumindest über eine einfache lokale CAD-Anwendung verfügen, um schnell Modelle von unkritischen Elementen der Arbeitszelle zu erstellen oder um importierte CAD-Modelle mit roboterspezifischen Daten zu ergänzen.

OLP-Systeme benötigen in der Regel mehrere Darstellungen von räumlichen Formen. Für viele Operationen ist in der Regel eine exakte analytische Beschreibung der Oberfläche oder des Volumens vorhanden. Um jedoch von der Anzeigetechnologie zu profitieren, ist oft eine weitere Darstellung erforderlich. Die derzeitige Technologie eignet sich gut für Systeme, bei denen das zugrunde liegende Anzeigeprimitiv ein ebenes **Polygon** ist. Obwohl eine Objektform durch eine glatte Oberfläche gut dargestellt werden kann, erfordert die praktische Anzeige (insbesondere für Animationen) eine facettierte Darstellung. Grafische Aktionen auf der Benutzeroberfläche, wie z. B. auf einen Punkt auf einer Oberfläche zu deuten, sollten intern so behandelt werden, als ob ein Punkt auf der echten Oberfläche angegeben würde, auch wenn der Benutzer nur die grafische Darstellung des facettierten Modells sieht.

Eine wichtige Verwendung der dreidimensionalen Geometrie der Objektmodelle ist die **automatische Kollisionserkennung**. Wenn es zu Kollisionen zwischen Objekten in der simulierten Umgebung kommt, sollte das OLP-System den Benutzer automatisch warnen und genau angeben, wo die Kollision stattfindet. Anwendungen wie die Montage können viele erwünschte „Kollisionen" enthalten. Daher ist es notwendig, dem System mitzuteilen, dass Kollisionen zwischen bestimmten Objekten akzeptabel sind. Außerdem ist es wichtig, eine Kollisionswarnung ausgeben zu können, wenn Objekte nur mit einer bestimmten Toleranz von einer echten Kollision entfernt sind. Derzeit ist das Problem der exakten Kollisionserkennung für beliebige 3D-Körper schwierig, aber die Kollisionserkennung für facettierte Modelle ist recht praktisch.

13.2.3 Kinematische Emulation

Eine zentrale Komponente, um die Gültigkeit der simulierten Welt aufrecht zu erhalten, ist die getreue Nachbildung der geometrischen Aspekte jedes simulierten **Manipulators**. Im Hinblick auf die inverse Kinematik kann das OLP-System auf zwei verschiedene Arten mit der Robotersteuerung verbunden werden. Erstens könnte das OLP-System die inverse Kinematik der Robotersteuerung ersetzen und die Roboterpositionen immer im Gelenkraum des Mechanismus übermitteln. Die zweite Möglichkeit besteht darin, der Robotersteuerung kartesische Positionen mitzuteilen und die Steuerung dann die vom Hersteller gelieferte inverse Kinematik verwenden zu lassen, um die Roboterkonfigurationen zu ermitteln. Die zweite Option ist fast immer vorzuziehen, vor allem, wenn die Hersteller damit beginnen, Kalibrationen im Stil einer *Armsignatur* in ihre **Roboter** einzubauen. Diese Kalibrierungstechniken passen die inverse Kinematik für jeden einzelnen Roboter an. In diesem Fall ist es wünschenswert, Informationen auf kartesischer Ebene an die Robotersteuerungen zu übermitteln.

Diese Überlegungen bedeuten im Allgemeinen, dass die vom Simulator verwendeten, vorwärts- und invers-kinematischen Funktionen die in der vom Hersteller des Roboters gelieferten Robotersteuerung verwendeten nominalen Funktionen widerspiegeln müssen. Es gibt einige Details der vom Hersteller angegebenen invers-kinematischen Funktion, die von der Simulatorsoftware emuliert werden müssen. Jeder invers-kinematische Algorithmus muss willkürliche Entscheidungen treffen, um Singularitäten aufzulösen. Wenn sich zum Beispiel das Gelenk 5 eines PUMA-560-Roboters in seiner Nullposition befindet, stehen die Achsen 4 und 6 in einer Linie und es liegt eine Singularität vor. Die invers-kinematische Funktion in der Robotersteuerung kann die Summe der Gelenkwinkel 4 und 6 lösen, muss dann aber eine willkürliche Regel verwenden, um einzelne Werte für die Gelenke 4 und 6 zu wählen. Das OLP-System muss jeden verwendeten Algorithmus nachahmen. Ein weiteres Beispiel ist die Wahl der nächstgelegenen Lösung, wenn viele alternative Lösungen existieren. Der Simulator muss denselben Algorithmus verwenden wie der Controller, um potenziell katastrophale Fehler bei der Simulation des tatsächlichen Manipulators zu vermeiden. Eine hilfreiche Funktion, die gelegentlich in Robotersteuerungen zu finden ist, besteht in der Möglichkeit, ein kartesisches Ziel festzulegen und anzugeben, welche der möglichen Lösungen der Manipulator verwenden soll. Mit dieser Funktion entfällt die Anforderung, dass der Simulator den Algorithmus zur Wahl der Lösung emuliert. Das OLP-System kann dem Controller einfach seine Wahl aufzwingen.

13.2.4 Pfadplanungs-Emulation

Neben der kinematischen Emulation für die statische Positionierung des **Manipulators** sollte ein OLP-System auch den Weg, den der Manipulator bei der Bewegung durch den Raum nimmt, genau emulieren. Auch hier besteht das zentrale Problem darin, dass das **OLP**-System die Algorithmen in der verwendeten Robotersteuerung simulieren muss, sich diese Algorithmen für die Pfadplanung und -ausführung von einem Roboterhersteller zum anderen aber erheblich unterscheiden. Die Simulation der räumlichen Form des zurückgelegten Weges ist wichtig, um Kollisionen zwischen dem

Roboter und seiner Umgebung zu erkennen. Die Simulation der zeitlichen Aspekte der Trajektorie ist wichtig für die Vorhersage der Zykluszeiten von Anwendungen. Arbeitet ein Roboter in einer sich bewegenden Umgebung (z. B. in der Nähe eines anderen Roboters), ist eine genaue Simulation der zeitlichen Attribute der Bewegung notwendig, um Kollisionen genau vorherzusagen und in einigen Fällen auch, um Kommunikations- oder Synchronisationsprobleme, wie z. B. Blockaden, vorherzusagen.

13.2.5 Dynamische Emulation

Die simulierte Bewegung von Manipulatoren kann dynamische Attribute vernachlässigen, wenn das **OLP**-System den Trajektorien-Planungsalgorithmus des Controllers gut emuliert und wenn der tatsächliche Roboter den gewünschten Trajektorien mit vernachlässigbaren Fehlern folgt. Bei hohen Geschwindigkeiten oder unter starker Belastung können Fehler bei der Trajektorienverfolgung jedoch wichtig werden. Die Simulation dieser **Nachführfehler** erfordert sowohl die Modellierung der Dynamik des Manipulators und der Objekte, die er bewegt, als auch die Nachbildung des in der Manipulator-Steuerung verwendeten Steuerungsalgorithmus. Derzeit ist es in der Praxis schwierig, genügend Informationen von den Roboterherstellern zu erhalten, sodass diese Art der dynamischen Simulation kaum praktischen Wert hat. Nur in einigen Fällen kann die dynamische Simulation erfolgreich durchgeführt werden.

13.2.6 Multiprozess-Simulation

Bei einigen industriellen Anwendungen müssen zwei oder mehr Roboter in derselben Umgebung zusammenarbeiten. Selbst Arbeitszellen mit nur einem Roboter enthalten oft ein Förderband, eine Transferstraße, ein optisches System oder ein anderes aktives Gerät, mit dem der Roboter interagieren muss. Aus diesem Grund ist es wichtig, dass ein **OLP**-System in der Lage ist, mehrere sich bewegende Geräte und andere Aktivitäten zu simulieren, die **Parallelverarbeitung** beinhalten. Als Grundlage für diese Fähigkeit sollte die zugrunde liegende Sprache, in der das System implementiert ist, eine Multiprozessor-Sprache sein. Eine solche Umgebung ermöglicht es, unabhängige Robotersteuerungsprogramme für jeden der zwei oder mehr Roboter in einer einzigen Zelle zu schreiben und dann die Aktionen der Zelle zu simulieren, während die Programme gleichzeitig laufen. Durch das Hinzufügen von **Signal**- und **Warteprimitiven** in die Sprache können die Roboter genauso miteinander interagieren wie sie es in der Anwendung, die simuliert wird, tun würden.

13.2.7 Simulation von Sensoren

Studien haben gezeigt, dass ein großer Teil der Roboterprogramme nicht aus Bewegungsanweisungen besteht, sondern aus Initialisierung, Fehlerprüfung, E/A- und anderen Arten von Anweisungen [7]. Daher ist die Fähigkeit des **OLP**-Systems, eine Umgebung bereitzustellen, welche die Simulation kompletter Anwendungen (einschließlich der Interaktion mit Sensoren, verschiedenen E/A-Anweisungen und der Kommunikation mit anderen Geräten) ermöglicht, von großer Bedeutung. Ein OLP-System, das die Simulation von Sensoren und Multiprocessing unterstützt, kann nicht nur die Roboterbewegungen auf ihre Machbarkeit prüfen, sondern auch den Kommunikations- und Synchronisationsanteil des Roboterprogramms verifizieren.

13.2.8 Übersetzung der Sprache in das Zielsystem

Ein Ärgernis für die heutigen Benutzer von Industrierobotern (und anderen programmierbaren Automatisierungssystemen) besteht darin, dass fast jeder Anbieter solcher Systeme eine eigene Sprache für die **Programmierung** seines Produkts erfunden hat. Wenn ein OLP-System den Anspruch erhebt, bezüglich der Geräte, die es bedienen kann, universell zu sein, muss es mit dem Problem der Übersetzung in und aus mehreren verschiedenen Sprachen umgehen. Eine Möglichkeit, dieses Problem zu lösen, besteht in der Wahl einer einzigen Sprache, die vom OLP-System verwendet werden soll, und der Nachbearbeitung dieser Sprache, um sie in das für das Zielgerät erforderliche Format zu konvertieren. Wünschenswert ist auch die Möglichkeit, Programme, die bereits auf den Zielcomputern vorhanden sind, hochzuladen und in das OLP-System einzubinden.

Zwei potenzielle Vorteile von OLP-Systemen stehen in direktem Zusammenhang mit dem Thema Sprachübersetzung. Die meisten Befürworter von OLP-Systemen weisen darauf hin, dass eine einzige universelle **Schnittstelle**, die es dem Benutzer ermöglicht, eine Vielzahl von Robotern zu programmieren, das Problem des Erlernens und des Umgangs mit mehreren Automatisierungssprachen löst. Ein zweiter Vorteil ergibt sich aus wirtschaftlichen Überlegungen in zukünftigen Szenarien, in denen Hunderte oder vielleicht Tausende von Robotern die Fabriken füllen. Die Kosten, die mit einer leistungsfähigen Programmierumgebung (wie einer Sprache und einer grafischen Oberfläche) verbunden sind, könnten es unmöglich machen, diese am Standort jedes Roboters zu installieren. Vielmehr wäre es wirtschaftlich sinnvoller, einen einfachen, „dummen“ und billigen Controller in jedem Roboter zu platzieren und ihn von einem leistungsstarken, „intelligenten“ OLP-System laden zu lassen, das sich in einer Büroumgebung befindet. Daher wird das allgemeine Problem der Übersetzung eines Anwendungsprogramms von einer leistungsstarken Universalsprache in eine einfache Sprache, die für die Ausführung in einem billigen Prozessor ausgelegt ist, zu einem wichtigen Thema bei OLP-Systemen.

13.2.9 Kalibrierung der Arbeitszelle

Eine unvermeidliche Realität eines Computermodells jeder realen Situation ist die Ungenauigkeit des Modells. Um Programme, die auf einem OLP-System entwickelt wurden, nutzbar zu machen, müssen Methoden zur **Kalibrierung der Arbeitszellen** ein integraler Bestandteil des Systems sein. Das Ausmaß dieses Problems variiert stark mit der Anwendung; diese Unterschiede machen die Offline-Programmierung einiger Aufgaben viel praktikabler als anderer. Wenn die Mehrheit der Roboterarbeitspunkte für eine Anwendung mit dem eigentlichen Roboter neu angelernt werden muss, um Ungenauigkeitsprobleme zu lösen, verlieren OLP-Systeme ihre Effektivität.

Viele Anwendungen erfordern die häufige Durchführung von Aktionen in Bezug auf ein starres Objekt. Betrachten wir zum Beispiel die Aufgabe, mehrere hundert Löcher in ein Schott zu bohren. Die tatsächliche Position des Schotts im Verhältnis zum Roboter kann erlernt werden, indem der Roboter drei Messungen vornimmt. Anhand dieser Daten können die Positionen aller Löcher automatisch aktualisiert werden, wenn sie im Koordinatensystems des Werkteils anhand eines CAD-System verfügbar sind. In diesem Fall müssen nur diese drei Punkte von dem Roboter erlernt werden und nicht Hunderte. Die meisten Aufgaben beinhalten dieses Paradigma von „viele Operationen in Bezug auf ein starres Objekt" – zum Beispiel das Einsetzen von PC-Plattenkomponenten, Fräsen, Punktschweißen, Lichtbogenschweißen, Arbeiten mit Palettieren, Lackieren und Entgraten.

13.3 Der PILOT-Simulator

In diesem Abschnitt werden wir ein solches **Offline-Simulationssystem** betrachten: das von Adept Technology [8] entwickelte PILOT-System. Das PILOT-System ist eigentlich eine Suite von drei eng miteinander verbundenen **Simulationssystemen**. Hier betrachten wir den Teil von PILOT (bekannt als „PILOT/Cell"), der zur Simulation einer einzelnen Arbeitszelle in einer Fabrik verwendet wird. Dieses System ist insbesondere deshalb ungewöhnlich, weil es versucht, mehrere Aspekte der echten Welt zu modellieren, um den Programmierer des Simulators zu entlasten. In diesem Abschnitt werden wir die „geometrischen Algorithmen" besprechen, die den Simulator in die Lage versetzen, bestimmte Aspekte der Realität zu emulieren.

Das Bedürfnis nach Benutzerfreundlichkeit führt dazu, dass sich das Simulationssystem wie die tatsächliche Welt verhalten muss. Je mehr sich der Simulator wie die **reale Welt** verhält, desto einfacher wird das Konzept der Benutzeroberfläche für den Benutzer, da die echte Welt diejenige ist, mit der wir alle vertraut sind. Gleichzeitig haben Abwägungen zwischen Einfachheit und Rechengeschwindigkeit und andere Faktoren zu einem Design geführt, bei dem ein bestimmter „Ausschnitt" der Realität simuliert wird, während viele Details nicht simuliert werden.

PILOT eignet sich gut als Host für eine Vielzahl von geometrischen Algorithmen. Die Notwendigkeit, verschiedene Teile der realen Welt zu modellieren, zusammen mit dem Bedürfnis, den Benutzer durch die Automatisierung häufiger geometrischer Berechnungen zu entlasten, treibt den Bedarf an solchen Algorithmen voran. PILOT bietet die Umgebung, in der einige fortschrittliche Algorithmen auf reale Probleme in der Industrie angewendet werden können.

Eine Entscheidung, die sehr früh bei der Entwicklung des **PILOT**-Simulationssystems getroffen wurde, bestand darin, dass sich das ***Programmierkonzept*** so stark wie möglich der Art und Weise ähneln sollte, in der das tatsächliche Robotersystem programmiert werden würde. Es werden zwar bestimmte Planungs- und Optimierungswerkzeuge auf höherer Ebene zur Verfügung gestellt, aber es wurde als wichtig erachtet, dass die grundlegende Programmierinteraktion den tatsächlichen Hardwaresystemen entspricht. Diese Entscheidung hat die Entwicklung des Produkts in eine Richtung gelenkt, in der wir einen echten Bedarf an verschiedenen geometrischen Algorithmen haben. Die Bandbreite der benötigten Algorithmen reicht von extrem einfach bis hin zu recht komplex.

Wenn ein Simulator so programmiert werden soll wie ein echtes System, dann müssen die Aktionen und Reaktionen der realen Welt vom Simulator „automatisch" modelliert werden. Das Ziel ist es, den Benutzer des Systems davon zu befreien, „**simulationsspezifischen Code**" schreiben zu müssen. Ein einfaches Beispiel: Wenn der Robotergreifer den Befehl erhält, sich zu öffnen, sollte ein gegriffenes Teil als Reaktion auf die Schwerkraft fallen und möglicherweise sogar abprallen und in einem bestimmten stabilen Zustand zur Ruhe kommen. Würde man den Benutzer des Systems zwingen, diese realen Aktionen festzulegen, würde der Simulator sein Ziel verfehlen: genau so programmiert zu werden wie das tatsächliche System. Die ultimative Benutzerfreundlichkeit kann nur erreicht werden, wenn die simulierte Welt „weiß", wie sie sich entsprechend der realen Welt verhalten soll, ohne den Benutzer zu belasten.

Die meisten, wenn nicht sogar alle, kommerziellen Systeme zur Simulation von Robotern oder anderen Mechanismen versuchen nicht, dieses Problem direkt zu lösen. Vielmehr „erlauben" sie dem Benutzer (eigentlich *zwingen* sie ihn), simulationsspezifische Befehle in das Programm einzubetten, das zur Steuerung des simulierten Geräts geschrieben wurde. Ein einfaches Beispiel wäre die folgende Codesequenz:

```
MOVE TO pick_part

CLOSE gripper

affix(gripper,part[i]);

MOVE TO place_part

OPEN gripper

unaffix(gripper,part[i]);
```

Hier ist der Benutzer gezwungen, „affix"- und „unaffix"-Befehle einzufügen, die (jeweils) bewirken, dass sich das Teil mit dem Greifer bewegt, wenn es gegriffen wurde, und dass es sich nicht mehr mit ihm bewegt, wenn es losgelassen wurde. Wenn der Simulator die Programmierung des Roboters in seiner eigentlichen Sprache erlaubt, ist diese Sprache in der Regel nicht umfangreich genug, um die erforderlichen „simulationsspezifischen" Befehle zu unterstützen. Daher ist ein zweiter Satz von Befehlen erforderlich, möglicherweise sogar mit einer anderen Syntax, um die Interaktion mit der realen Welt zu ermöglichen. Ein solches Schema ist von Natur aus *nicht* so programmiert „wie das reale System" und muss für den Benutzer einen erhöhten Programmieraufwand bedeuten.

Am vorangegangenen Beispiel sehen wir den ersten **geometrischen Algorithmus**, den wir brauchen: Finden wir anhand der Geometrie des Greifers und der relativen Platzierung der Teile heraus, welches Teil (wenn überhaupt) ergriffen wird, sobald sich der Greifer schließt, und möglicherweise auch, wie sich das Teil im Greifer selbst ausrichten wird. Im Falle von PILOT lösen wir den ersten Teil dieses Problems mit einem einfachen Algorithmus. In manchen Fällen wird die „Ausrichtungsaktion" des Teils im Greifer berechnet, aber im Allgemeinen müssen solche Ausrichtungen vom Benutzer des Systems vordefiniert werden. PILOT hat also das ultimative Ziel noch nicht erreicht, ist aber einige Schritte in diese Richtung gegangen.

13.3.1 Physikalische Modellierung und interaktive Systeme

In einem **Simulationssystem** muss man immer die Komplexität des Modells in Form von **Rechenzeit** gegen die Genauigkeit der Simulation abwägen. Im Fall von PILOT und seinen beabsichtigten Zielen ist es besonders wichtig, dass das System vollständig interaktiv bleibt. Dies hat dazu geführt, dass PILOT so konzipiert wurde, dass es verschiedene Näherungsmodelle verwenden kann – zum Beispiel quasistatische Näherungen, obwohl ein vollständiges dynamisches Modell genauer wäre. Auch wenn die Möglichkeit besteht, dass „volldynamische" Modelle bald anwendbar sein könnten [9], sind wir angesichts des aktuellen Stands der Computerhardware, der dynamischen Algorithmen und der Komplexität der CAD-Modelle, die industrielle Anwender einsetzen möchten, der Meinung, dass diese Abwägungen noch vorgenommen werden müssen.

13.3.2 Geometrische Algorithmen für schwankende Teile

Bei einigen Zuführsystemen, die in der industriellen Praxis eingesetzt werden, fallen die Teile von einer Art Zuführband auf eine Präsentationsfläche. Durch computergestützte Kameras werden dann die vom Roboter zu erfassenden Teile lokalisiert. Die Entwicklung solcher **Automatisierungssysteme** mit Hilfe eines Simulators bedeutet, dass der Simulator in der Lage sein muss, vorherzusagen, wie die Teile fallen, aufprallen und eine stabile Ausrichtung oder eine ***stabile Lage*** (**steady state**) einnehmen.

13.3.3 Wahrscheinlichkeiten für eine stabile Lage

Wie in [10] berichtet, wurde ein Algorithmus implementiert, der als Eingabe eine beliebige geometrische Form (dargestellt durch ein CAD-Modell) nimmt und für diese Form die N möglichen Wege berechnen kann, auf denen sie stabil auf einer horizontalen Fläche ruhen kann. Diese werden als *stabile Lagen* des Teils bezeichnet. Darüber hinaus verwendet der Algorithmus einen gestörten quasi-statischen Ansatz, um die Wahrscheinlichkeit für jede der N stabilen Lagen zu schätzen. Wir haben physikalische Experimente mit Beispielteilen durchgeführt, um die daraus resultierende Genauigkeit der Vorhersage stabiler Lagen zu bewerten.

Abbildung 13.2 zeigt die acht stabilen Lagen eines bestimmten Testteils. Mit einem Adept-Roboter und einem Kamerasystem haben wir dieses Teil mehr als 26000 Mal fallen lassen und die daraus resultierende stabile Lage aufgezeichnet, um unseren Algorithmus zur Vorhersage stabiler Lagen mit der Realität zu vergleichen. **Tabelle 13.1** zeigt die Ergebnisse für das Testteil. Diese Ergebnisse sind charakteristisch für unseren aktuellen Algorithmus: Der Fehler bei der Vorhersage der stabilen Lage liegt typischerweise zwischen 5 und 10 %.

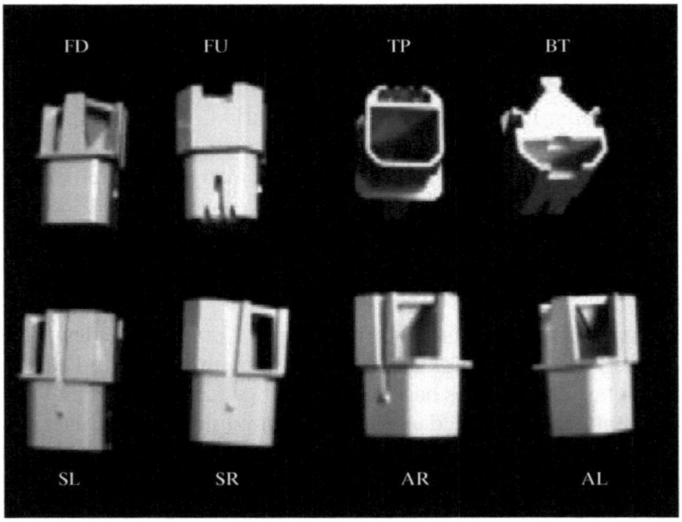

Abbildung 13.2 Die acht stabilen Zustände des Werkstücks.

Stabile Lage	Tatsächliche Anzahl	Tatsächlich in Prozent	Vorhersage in Prozent
FU	1871	7,03%	8,91%
FD	10600	39,80%	44,29%
TP	648	2,43%	7,42%
BT	33	0,12%	8,19%
SR	6467	24,28%	15,90%
SL	6583	24,72%	15,29%
AR/AL	428	1,61%	0,00%
Gesamt	26630	100%	100%

Tabelle 13.1 Vorausgesagte und tatsächliche Wahrscheinlichkeiten für die stabilen Lagen des getesteten Werkteils

13.3.4 Anpassen der Wahrscheinlichkeiten als Funktion der Fallhöhe

Wenn ein Teil von einem Greifer aus einer sehr geringen Höhe über einer Oberfläche fallen gelassen wird (z. B. 1 mm), unterscheiden sich die Wahrscheinlichkeiten der verschiedenen **stabilen Lagen** natürlich von denen, die auftreten, wenn das Teil aus einer größeren als einer *kritischen Höhe* fallen gelassen wird. In PILOT verwenden wir Wahrscheinlichkeiten aus dem Algorithmus *zur Schätzung stabiler Lagen*, wenn Teile aus einer Höhe fallen, die gleich oder größer ist als die größte Abmessung des Teils. Für Fallhöhen unterhalb dieses Wertes werden die Wahrscheinlichkeiten angepasst, um die ursprüngliche Ausrichtung des Teils und die **Fallhöhe** zu berücksichtigen. Die Anpassung erfolgt so, dass das Teil bei Annäherung an eine infinitesimale Fallhöhe in seiner ursprünglichen Ausrichtung verbleibt (vorausgesetzt, es handelt sich um eine stabile Ausrichtung). Dies ist eine wichtige Ergänzung des gesamten Wahrscheinlichkeitsalgorithmus, da es typisch ist, dass Teile in einem geringen Abstand über einer Ablagefläche losgelassen werden.

13.3.5 Simulation des Abprallens

In **PILOT** sind **Werkteile** mit ihrem **Rückprallkoeffizienten** gekennzeichnet, ebenso wie alle Oberflächen, auf denen Teile abgelegt werden können. Das Produkt dieser beiden Faktoren wird in einer Formel zur Vorhersage, wie weit das Teil beim Fallenlassen abprallen wird, verwendet. Diese Details sind wichtig, da sie sich darauf auswirken, wie sich die Teile bei der Simulation mancher Zuführsysteme verstreuen oder häufen. Beim Aufprall werden die Teile gemäß einer gleichmäßigen Verteilung radial gestreut. Die Abpralldistanz (vom anfänglichen Kontaktpunkt weg) ist eine bestimmte Verteilungsfunktion, die bis zu einer maximalen Distanz reicht und als Funktion der Fallhöhe (die Energiezufuhr) und der gültigen Rückprallkoeffizienten berechnet wird.

In PILOT können Teile in bestimmten Anordnungen wiederholt von Oberfläche zu Oberfläche springen. Es ist auch möglich, bestimmte Flächen so zu markieren, dass Teile nicht *von* ihnen abprallen können, sondern nur *innerhalb* dieser Flächen. Entitäten, die in **PILOT** als ***Bins*** (**Tröge**) bezeichnet werden, haben diese Eigenschaft: Teile können in sie hineinfallen, aber niemals herausspringen.

13.3.6 Simulation von Stapeln und Verheddern

Zur Vereinfachung ruhen die Teile in **PILOT** immer auf ebenen Flächen. Wenn Teile **verheddert** (**tangling**) oder übereinander **gestapelt** (**stacking**) sind, werden diese als Teile angezeigt, die sich gegenseitig schneiden (d. h., die Boolesche Schnittmenge ihrer Volumina wäre nicht leer). Dies erspart den enormen Rechenaufwand, der zur Berechnung der verschiedenen Möglichkeiten, wie ein Teil gestapelt oder gemäß der Geometrie eines anderen Teils verheddert werden kann, erforderlich wäre.

In PILOT besitzen die **Teile** einen ***Verhedderungsfaktor***. Eine Murmel zum Beispiel hat einen Verhedderungsfaktor von 0,0, weil sich Murmeln, wenn sie auf eine Unterlage fallen, in der Regel nicht stapeln oder verheddern, sondern sich eher auf der Oberfläche verteilen. Im Gegensatz dazu können Teile wie Spiralfedern einen Verhedderungsfaktor von fast 1,0 haben, denn sie schieben sich sehr leicht ineinander. Fällt ein Teil und prallt auf, wird ein *Findspace-Algorithmus* ausgeführt, bei dem das Teil versucht, auf einen freien Platz auf der Oberfläche zu springen. Wie „sehr es jedoch versucht", einen freien Platz zu finden, hängt von seinem Verhedderungsfaktor ab. Durch Anpassung dieses Koeffizienten kann PILOT Teile simulieren, die herumtaumeln und sich mehr oder weniger verheddern. Derzeit gibt es keinen Algorithmus zur automatischen Berechnung des Verhedderungsfaktors anhand der Teilegeometrie – dies ist ein interessantes ungelöstes Problem. Über die Benutzeroberfläche kann der PILOT-Benutzer den Verhedderungsfaktor so einstellen, wie es ihm angemessen erscheint.

13.3.7 Geometrische Algorithmen für das Greifen von Teilen

Ein großer Teil der Schwierigkeiten bei der Programmierung und dem Einsatz von Robotern beruht auf den Details beim Erlernen der Positionen, an denen die Teile ergriffen werden sollen, sowie an Details im Design der Greifer. Dies ist ein Bereich, in dem zusätzliche Planungsalgorithmen in einem Simulatorsystem einen großen Einfluss haben könnten. In diesem Abschnitt werden wir die Algorithmen diskutieren, die derzeit in PILOT eingesetzt werden. Die aktuellen Ansätze sind recht einfach, daher ist dies ein Bereich, an dem noch geforscht wird.

13.3.8 Berechnen, welches Teil zu fassen ist

Wenn sich ein Werkzeug schließt oder ein saugender Endeffektor aktiviert wird, wendet PILOT einen einfachen Algorithmus an, um zu berechnen, welches Teil (wenn überhaupt) vom Roboter ergriffen werden soll. Zunächst findet das System heraus, welche Ablagefläche sich direkt unter dem Greifer befindet. Dann sucht es unter allen Teile auf dieser Fläche nach jedem Teil, dessen Begrenzungen (für die aktuelle stabile Lage) den TCP (Werkzeugmittelpunkt) des Greifers enthalten. Wenn mehr als ein Teil dieses Kriterium erfüllt, wählt es das nächstgelegene aus.

13.3.9 Berechnung der Standard-Griffposition

PILOT weist automatisch einen Greifpunkt für jede stabile Orientierung zu, die durch die oben beschriebene Schätzung der stabilen Lagen vorhergesagt wurde. Der aktuelle Algorithmus ist vereinfacht, daher gibt es auch eine grafische Benutzeroberfläche, über die der Benutzer diese Greifpunkte bearbeiten und neu definieren kann. Der aktuelle Greifalgorithmus ist eine Funktion der Begrenzungen des Teils und der Geometrie des

Greifers, wobei davon ausgegangen wird, dass es sich um einen Parallelbackengreifer oder einen Saugnapf handelt. Neben der Berechnung einer Standard-Greifposition für jede stabile Lage werden auch die Standardhöhen für die Annäherung das Greifers an das Teil und den Abtransport des ergriffenen Teils automatisch berechnet.

13.3.10 Berechnung der Ausrichtung des Werkteils während des Greifens

In einigen wichtigen Fällen der industriellen Praxis verlässt sich der Systementwickler darauf, dass sich das erfasste Teil bei der Betätigung des Roboter-Endeffektors in gewisser Weise an den Oberflächen des Endeffektors ausrichtet. Dieser Effekt kann wichtig sein, wenn es darum geht, kleine Ausrichtungsfehler bei der Übergabe der Teile an den Roboter zu beseitigen.

Ein sehr realer Effekt, der simuliert werden muss, besteht darin, dass das Werkteil beim Ansaugen durch **Saugnäpfe** so in Richtung Saugnapf „angehoben" wird, dass sich seine Ausrichtung relativ zum Endeffektor erheblich verändert. PILOT simuliert diesen Effekt, indem es die Teilegeometrie mit einer vertikalen Linie durchsticht, die an der Mittellinie des Saugnapfes ausgerichtet ist. Die durchstochene Facette des polygonalen Teilmodells wird für die Berechnung der Ausrichtung beim Greifen verwendet. Die Normale dieser Facette wird entgegen der Normalen der Unterseite des Saugnapfes ausgerichtet. Bei der Änderung der Ausrichtung des Teils wird die Drehung um diese Einstichlinie minimiert (das Teil dreht sich beim Greifen nicht um die Achse des Saugnapfes). Ohne die Simulation dieses Effekts wäre der Simulator nicht in der Lage, einige Pick-and-Place-Strategien, die Saugnäpfe verwenden, realistisch darzustellen.

Wir haben auch eine Planungssoftware implementiert, die es ermöglicht, Teile um die Z-Achse zu drehen, wenn sich ein Parallelbackengreifer um sie schließt. Das geht nur für einfache Fälle automatisch – in anderen Situationen muss der Benutzer die resultierende Ausrichtung anlernen (d. h., wir warten noch auf einen anderen, fast vollständigen Algorithmus).

13.3.11 Geometrische Algorithmen für die Teileverschiebung

Eine Art des Schiebens von Teilen erfolgt, wie im vorherigen Abschnitt erwähnt, zwischen den Backen eines Greifers. In der heutigen industriellen Praxis werden Teile manchmal durch einfache Mechanismen geschoben. Nachdem ein Teil zum Beispiel von einem Wendelförderer vorgelegt wurde, kann es von einem linearen Aktuator direkt in eine Baugruppe geschoben werden, die von einem Tablettförderband in die Zelle gebracht wurde.

PILOT bietet Unterstützung für die Simulation des Verschiebens von Teilen: eine Entität, die als ***Schubstange*** (**pushbar**) bezeichnet wird und an einen Pneumatikzylinder oder einen Spindelantrieb im Simulator angeschlossen werden kann. Wenn der Aktuator die Schubstange entlang einer linearen Bahn bewegt, werden die Werkteile durch die Führungsfläche der Schubstange bewegt. Für die Zukunft ist geplant, dass Schubstangen auch als Führungen entlang von Förderbändern oder an anderen Stellen eingesetzt werden können, an denen die Bewegung von Teilen durch ihre Anwesenheit beeinflusst werden soll. Das derzeitige Schieben ist noch sehr einfach, aber es reicht für viele Aufgaben in der Praxis aus.

13.3.12 Geometrische Algorithmen für Tablettförderbänder

PILOT unterstützt die Simulation von **Tablettfördersystemen**, bei denen sich die Tabletts auf Bahnen bewegen, die aus geraden sowie kreisförmigen Abschnitten bestehen. Entlang der Bahnen können an wichtigen Stellen ***Tore*** (**Gates**) platziert werden, die, wenn der Befehl dazu gegeben wird, vorübergehend auftauchen, um ein Tablett zu blockieren. Zusätzlich können *Sensoren*, die ein vorbeilaufendes Tablett erkennen, an benutzerdefinierten Stellen auf dem Band platziert werden. Solche Fördersysteme sind typisch für viele Automatisierungssysteme.

13.3.13 Verbinden von Tablettförderern, Quellen und Senken

Tablettförderbänder können miteinander verbunden werden, um verschiedene Arten von Verzweigungen zu ermöglichen. Wenn zwei Förderbänder „zusammenfließen", gibt es ein einfaches System zur Vermeidung von Kollisionen, das dafür sorgt, dass die Tabletts auf dem *Abzweigband* den Tabletts auf dem *Hauptband* untergeordnet werden. Die Tabletts auf dem Abzweigband warten, wenn es zu einer Kollision kommen könnte. An „auseinandergehenden" Verzweigungen wird dem Hauptförderband ein Gerät – ein sogenannter *Direktor* – hinzugefügt, mit dem gesteuert werden kann, welche Richtung ein Tablett an der Verzweigung einschlagen soll. Digitale E/A-Leitungen, die mit der simulierten Robotersteuerung verbunden sind, werden zum Auslesen von Sensoren, Aktivieren von Toren und Aktivieren von Direktoren verwendet.

An den Enden eines Tablettförderbands befinden sich eine ***Quelle*** (**source**) und eine ***Senke*** (**sink**). Die Quellen werden vom Benutzer so eingestellt, dass sie in bestimmten statistischen Intervallen Tabletts erzeugen. Die erzeugten Tabletts können entweder leer sein oder mit Teilen oder Vorrichtungen bestückt werden. Am Ende eines Tablettförderbands verschwinden die Tabletts (und ihr Inhalt) in Senken. Jedes Mal, wenn ein Tablett in eine Senke gelangt, werden seine Ankunftszeit und sein Inhalt aufgezeichnet. Diese sogenannten ***Senkenaufzeichnungen*** können dann von einer Quelle an anderer Stelle des Systems abgespielt werden. Daher kann eine Abfolge von Zellen im Simulator zellenweise untersucht werden, indem man die Quelle der Zelle $N + 1$ mit dem Datensatz der Senke für Zelle N gleichsetzt.

13.3.14 Schieben von Tabletts

Auch das Schieben wird für Tabletts implementiert: Mit einer Schubstange können Sie ein Tablett von einem Tablettfördersystem in eine bestimmte Arbeitszelle schieben. Ebenso können Tabletts auf ein Tablettfördersystem geschoben werden. Die Aktualisierung verschiedener Datenstrukturen, wenn **Tabletts** von einem Förderband kommen oder auf einem Förderband erscheinen, ist ein automatischer Teil des Push-Codes.

13.3.15 Geometrische Algorithmen für Sensoren

Die **Simulation** verschiedener Sensorsysteme ist erforderlich, damit der Benutzer nicht mit dem Schreiben von Code zur Emulation ihres Verhaltens in der Zelle belastet wird.

13.3.16 Annäherungssensoren

PILOT unterstützt die Simulation von Annäherungs- und anderen Sensoren. Bei Annäherungssensoren gibt der Benutzer die minimale und maximale Reichweite des Geräts sowie einen Schwellenwert an. Befindet sich ein Objekt innerhalb der Reichweite und ist näher als der Schwellenwert, wird es vom Sensor erkannt. Um diese Berechnung in der simulierten Welt durchzuführen, wird der Welt vorübergehend ein Liniensegment hinzugefügt, das sich von der minimalen bis zur maximalen Reichweite des Sensors erstreckt. Mithilfe eines Kollisionsalgorithmus berechnet das System die Stellen, an denen dieses Liniensegment andere CAD-Geometrien schneidet. Der Schnittpunkt, der dem Sensor am nächsten liegt, entspricht dem realen Objekt, das den Strahl unterbrochen hätte. Ein Vergleich des Abstands zu diesem Punkt mit dem Schwellenwert ergibt die Ausgabe des Sensors. Zurzeit nutzen wir weder den Winkel der betroffenen Oberfläche noch deren Reflexionseigenschaften, obwohl diese Funktionen in Zukunft vermutlich hinzugefügt werden.

13.3.17 Optische 2D-Systeme

PILOT simuliert die Leistung des optischen 2D-Systems von Adept. Die Funktionsweise des simulierten **Kamerasystems** ist eng mit der Funktionsweise des realen Kamerasystems verwandt, sogar mit der Art und Weise, wie es in der von Adept-Robotern verwendeten AIM-Sprache [11] programmiert ist. Die folgenden Elemente dieses Bildverarbeitungssystems werden simuliert:

- Die Form und der Umfang des Sichtfelds.
- Der Mindestabstand und ein einfaches Modell des Fokus.
- Die für die Bildverarbeitung (ungefähr) benötigte Zeit.
- Die räumliche Anordnung der Ergebnisse in der Warteschlange, wenn viele Werkteile in einem Bild gefunden werden.
- Die Fähigkeit, Teile danach zu unterscheiden, in welcher stabilen Lage sie sich befinden.
- Die Unfähigkeit, Teile zu erkennen, die sich berühren oder überlappen.
- Im Rahmen von AIM die Möglichkeit, die Ziele des Roboters auf der Grundlage der Ergebnisse des Kamerabilds zu aktualisieren.

Die Verwendung eines optischen Systems ist gut in das AIM-Roboterprogrammiersystem integriert. Daher impliziert die Implementierung der AIM-Sprache im Simulator auch, dass die Emulation des optischen Systems implementiert ist. AIM unterstützt mehrere Konstrukte, die die Verwendung von Kamerasystemen für die Robotersteuerung erleichtern. Die Entnahme von Teilen, die visuell sowohl auf indexierten (indexing) als auch auf verfolgten (tracking) Förderbändern identifiziert wurden, ist einfach zu bewerkstelligen.

In einer Datenstruktur wird festgehalten, auf welche Ablagefläche das optische System blickt. Für alle Teile, die auf dieser Oberfläche liegen, berechnen wir, welche Teile sich im Sichtfeld des Systems befinden. Wir sondern alle Werkteile aus, die zu nah oder zu weit von der Kamera entfernt sind (und z. B. unscharf sind), sowie alle Teile, die benachbarte Teile berühren. Aus den verbleibenden Teilen wählen wir diejenigen aus, die sich in der gesuchten stabilen Lage befinden, und tragen sie in eine Liste ein. Schließlich wird diese Liste sortiert, um die Reihenfolge nachzuahmen, die das Adept Vision System verwendet, wenn mehrere Teile in einer Szene gefunden werden.

13.3.18 Inspektionssensoren

Es wird eine spezielle Klasse von Sensoren, die sogenannten *Inspektionssensoren* unterstützt. Inspektionssensoren liefern für jedes Teil, das vor ihnen liegt, eine binäre Ausgabe. In **PILOT** können die Teile mit einer ***Fehlerquote*** versehen werden, und die Inspektionssensoren können die fehlerhaften Teile ausfindig machen. Die Inspektionssensoren spielen die Rolle mehrerer realer Sensorsysteme.

13.3.19 Fazit

Wie in diesem Abschnitt bereits erwähnt, gibt es im Simulator zwar einige einfache geometrische Algorithmen, aber es besteht ein Bedarf an mehr und besseren Algorithmen. Insbesondere würden wir gerne die Möglichkeit prüfen, eine quasistatische Simulationsfunktion hinzuzufügen, um die Bewegung von Objekten in Situationen vorherzusagen, in denen Reibungseffekte alle Trägheitseffekte überwiegen. Damit könnte man Teile simulieren, die durch verschiedene Aktionen von Endeffektoren oder anderen Schubmechanismen geschoben oder gekippt werden.

13.4 Automatisieren von Teilaufgaben in OLP-Systemen

In diesem Abschnitt werden wir kurz einige fortgeschrittene Funktionen erwähnen, die in das bereits vorgestellte Konzept des „Basis-OLP-Systems" integriert werden könnten. Die meisten dieser Funktionen ermöglichen die automatische Planung eines kleinen Teils einer industriellen Anwendung.

13.4.1 Automatische Platzierung von Robotern

Eine der grundlegendsten Aufgaben, die mit Hilfe eines OLP-Systems erfüllt werden können, ist die Bestimmung des Layouts der **Arbeitszelle**, damit durch den/die Manipulator(en) alle erforderlichen Arbeitspunkte erreichbar sind. Die Bestimmung der korrekten Roboter- oder Werkstückplatzierung durch Versuch und Irrtum ist in einer simulierten Welt schneller abgeschlossen als in der realen Zelle. Eine erweiterte Funktion, die die Suche nach geeigneten Roboter- oder Werkstückpositionen automatisiert, reduziert die Belastung des Benutzers noch mehr.

Die automatische Platzierung kann durch direkte Suche oder (manchmal) durch heuristisch geführte Suchtechniken berechnet werden. Die meisten Roboter sind flach auf dem Boden (oder der Decke) montiert und die Rotationsachse ihres ersten Drehgelenks steht senkrecht zum Boden, sodass in der Regel nicht mehr nötig ist als eine Suche mittels Tesselierung des dreidimensionalen Raums der Platzierung der Roboterbasis. Die Suche kann ein bestimmtes Kriterium optimieren oder bei der ersten machbaren Platzierung eines Roboters oder Werkteils anhalten. „Geeignet" kann als die Fähigkeit definiert werden, alle Arbeitspunkte kollisionsfrei zu erreichen (oder es wird eine noch strengere Definition verwendet). Ein sinnvolles, zu maximierendes Kriterium könnte eine Art *Maß für die **Manipulierbarkeit*** sein, die in ▶ **Kapitel 8** beschrieben wurde. Eine Implementierung, die ein ähnliches Maß für die Manipulierbarkeit verwendet, wurde in [12] diskutiert. Das Ergebnis einer solchen automatischen Platzierung ist eine Zelle, in der der **Roboter** alle seine Arbeitspunkte in *gut konditionierten* Konfigurationen erreichen kann.

13.4.2 Kollisionsvermeidung und Pfadoptimierung

Forschungen zur Planung kollisionsfreier Pfade [13,14] und zur Planung zeitoptimaler Pfade [15,16] liefern natürliche Kandidaten für die Aufnahme in ein OLP-System. Einige verwandte Probleme, die einen geringeren Umfang und einen kleineren Suchraum haben, sind ebenfalls von Interesse. Betrachten Sie zum Beispiel das Problem, einen Roboter mit sechs Freiheitsgraden für das Lichtbogenschweißen einzusetzen, wobei die Geometrie nur fünf Freiheitsgrade vorgibt. Der überflüssige Freiheitsgrad kann in der automatischen Planung verwendet werden, um Kollisionen und Singularitäten des Roboters zu vermeiden [17].

13.4.3 Automatische Planung von koordinierten Bewegungen

Beim Lichtbogenschweißen erfordern die Details des Prozesses oft, dass eine bestimmte Beziehung zwischen dem Werkstück und dem Schwerkraftvektor während des Schweißens beibehalten wird. Dies führt zu einem Ausrichtungssystem mit zwei oder drei Freiheitsgraden, an dem das Teil befestigt ist und das gleichzeitig und koordiniert mit dem Roboter arbeitet. In einem solchen System können neun oder mehr Freiheitsgrade zu koordinieren sein. Solche Systeme werden heute im Allgemeinen mit Hilfe von Handgeräte-Techniken programmiert. Ein Planungssystem, das die koordinierten Bewegungen für ein solches System automatisch synthetisieren kann, wäre sehr wertvoll [17,18].

13.4.4 Simulation der Kraftkontrolle

In einer simulierten Welt, in der Objekte durch ihre Oberflächen dargestellt werden, ist es möglich, die Simulation von Strategien der Manipulator-Kraftregelung zu untersuchen. Diese Aufgabe beinhaltet das schwierige Problem, einige Oberflächeneigenschaften zu modellieren und den dynamischen Simulator so zu erweitern, dass er die durch verschiedene Kontaktsituationen auferlegten Beschränkungen berücksichtigen kann. In einer solchen Umgebung könnte es möglich sein, verschiedene kraftgesteuerte Montagevorgänge auf ihre Durchführbarkeit zu prüfen [19].

13.4.5 Automatische Terminvorgaben

Neben den geometrischen Problemen, die bei der Roboterprogrammierung auftreten, gibt es oft auch schwierige Probleme der **Zeitplanung** und Kommunikation. Dies ist insbesondere dann der Fall, wenn wir die Simulation über eine einzelne Arbeitszelle hinaus auf eine Gruppe von Arbeitszellen ausdehnen. Einige Simulationssysteme mit diskreten Zeitschritten bieten eine abstrakte Simulation solcher Systeme [20], aber nur wenige bieten Planungsalgorithmen. Die Erstellung von Zeitplänen für interagierende Prozesse ist sowohl ein schwieriges Problem als auch ein Forschungsgebiet [21,22]. Ein OLP-System wäre ein idealer Prüfstand für die Forschungsergebnisse und würde durch alle nützlichen Algorithmen in diesem Bereich sofort verbessert.

13.4.6 Automatische Bewertung von Fehlern und Toleranzen

Ein OLP-System könnte mit einigen der Fähigkeiten ausgestattet werden, die in neueren Arbeiten zur Modellierung von Positionierungsfehlerquellen und der Auswirkung von Daten ungenauer Sensoren diskutiert wurden [23,24]. Das Weltmodell könnte verschiedene Fehlergrenzen und Toleranzinformationen enthalten, und das System könnte die Erfolgswahrscheinlichkeit verschiedener Positionierungs- oder Montageaufgaben bewerten. Das System könnte die Verwendung und Platzierung von Sensoren vorschlagen, um potenzielle Probleme zu korrigieren.

Offline-Programmiersysteme sind in den heutigen industriellen Anwendungen nützlich und können als Grundlage für die weitere Forschung und Entwicklung im Bereich Robotik dienen. Eine große Motivation für die Entwicklung von OLP-Systemen liegt darin, die Lücke zwischen den heute verfügbaren explizit programmierten Systemen und den Systemen auf Aufgabenebene von morgen zu schließen.

Literatur

[1] J. Craig, „Issues in the Design of Off-Line Programming Systems", *International Symposium of Robotics Research*, R. Bolles und B. Roth, Editoren, MIT Press, Cambridge, MA, 1988.

[2] J. Craig, „Geometric Algorithms in AdeptRAPID", *Robotics: The Algorithmic Perspective: 1998 WAFR*, P. Agarwal, L. Kavraki und M. Mason, Editoren, AK Peters, Natick, MA, 1998.

[3] R. Goldman, *Design of an Interactive Manipulator Programming Environment*, UMI Research Press, Ann Arbor, MI, 1985.

[4] S. Mujtaba und R. Goldman, „AL User's Manual", 3. Auflage, Stanford Department of Computer Science, Bericht Nr. STAN-CS-81-889, Dezember 1981.

[5] T. Lozano-Perez, „Spatial Planning: A Configuration Space Approach", *IEEE Transactions on Systems, Man, and Cybernetics*, Vol. SMC-11, 1983.

[6] B. Shimano, C. Geschke und C. Spalding, „VAL - II: A Robot Programming Language and Control System", SME Robots VIII Conference, Detroit, Juni 1984.

[7] R. Taylor, P. Summers und J. Meyer, „AML: A Manufacturing Language", *International Journal of Robotics Research*, Vol. 1, No. 3, Herbst 1982.

[8] Adept Technology Inc., „The PILOT User's Manual", erhältlich bei Adept Technology Inc., Livermore, CA, 2001.

[9] B. Mirtich und J. Canny, „Impulse Based Dynamic Simulation of Rigid Bodies", Symposium on Interactive 3D Graphics, ACM Press, New York, 1995.

[10] B. Mirtich, Y. Zhuang, K. Goldberg, et al., „Estimating Pose Statistics for Robotic Part Feeders", *Proceedings of the IEEE Robotics and Automation Conference*, Minneapolis, April, 1996.

[11] Adept Technology Inc., „AIM Manual", erhältlich bei Adept Technology Inc., San Jose, CA, 2002.

[12] B. Nelson, K. Pedersen und M. Donath, „Locating Assembly Tasks in a Manipulator's Workspace“, IEEE Conference on Robotics and Automation, Raleigh, NC, April 1987.

[13] T. Lozano-Perez, „A Simple Motion Planning Algorithm for General Robot Manipulators“, *IEEE Journal of Robotics and Automation*, Vol. RA-3, No. 3, Juni 1987.

[14] R. Brooks, „Solving the Find-Path Problem by Good Representation of Free Space“, *IEEE Transaction on Systems, Man, and Cybernetics*, SMC-13:190–197, 1983.

[15] J. Bobrow, S. Dubowsky und J. Gibson, „On the Optimal Control of Robotic Manipulators with Actuator Constraints“, *Proceedings of the American Control Conference*, Juni 1983.

[16] K. Shin und N. McKay, „Minimum-Time Control of Robotic Manipulators with Geometric Path Constraints“, *IEEE Transactions on Automatic Control*, Juni 1985.

[17] J.J. Craig, „Coordinated Motion of Industrial Robots and 2-DOF Orienting Tables“, *Proceedings of the 17th International Symposium on Industrial Robots*, Chicago, April 1987.

[18] S. Ahmad und S. Luo, „Coordinated Motion Control of Multiple Robotic Devices for Welding and Redundancy Coordination through Constrained Optimization in Cartesian Space“, *Proceedings of the IEEE Conference on Robotics and Automation*, Philadelphia, 1988.

[19] M. Peshkin und A. Sanderson, „Planning Robotic Manipulation Strategies for Sliding Objects“, IEEE Conference on Robotics and Automation, Raleigh, NC, April 1987.

[20] E. Russel, „Building Simulation Models with Simcript II.5“, C.A.C.I., Los Angeles, 1983.

[21] A. Kusiak und A. Villa, „Architectures of Expert Systems for Scheduling Flexible Manufacturing Systems“, IEEE Conference on Robotics and Automation, Raleigh, NC, April 1987.

[22] R. Akella und B. Krogh, „Hierarchical Control Structures for Multicell Flexible Assembly System Coordination“, IEEE Conference on Robotics and Automation, Raleigh, NC, April 1987.

[23] R. Smith, M. Self und P. Cheeseman, „Estimating Uncertain Spatial Relationships in Robotics“, IEEE Conference on Robotics and Automation, Raleigh, NC, April 1987.

[24] H. Durrant-Whyte, „Uncertain Geometry in Robotics“, IEEE Conference on Robotics and Automation, Raleigh, NC, April 1987.

Übungen

13.1 [10] Definieren Sie in ein oder zwei Sätzen Kollisionserkennung, Kollisionsvermeidung und kollisionsfreie Pfadplanung.

13.2 [10] Definieren Sie in ein oder zwei Sätzen Weltmodell, Pfadplanungsemulation und dynamische Emulation.

13.3 [10] Definieren Sie in ein oder zwei Sätzen die automatische Roboterplatzierung, zeitoptimale Pfade und die Analyse der Fehlerfortpflanzung.

13.4 [10] Definieren Sie in ein oder zwei Sätzen RPL, TLP und OLP.

13.5 [10] Definieren Sie in ein oder zwei Sätzen die Begriffe Kalibrierung, koordinierte Bewegung und automatische Zeitplanung.

13.6 [20] Erstellen Sie ein Diagramm, aus dem hervorgeht, wie die grafische Leistungsfähigkeit von Computern in den letzten zehn Jahren zugenommen hat (z. B. in Bezug auf die Anzahl der pro Sekunde gezeichneten Vektoren pro 10 000 $ Hardware).

13.7 [20] Erstellen Sie eine Liste von Aufgaben, die sich durch „viele Operationen in Bezug auf ein starres Objekt" auszeichnen und somit Kandidaten für die Offline-Programmierung sind.

13.8 [20] Diskutieren Sie die Vor- und Nachteile der Verwendung eines Programmiersystems, das intern ein detailliertes Weltmodell verwaltet.

13.9 [10] Nennen Sie drei Dinge, die durch OLP gewonnen werden können.

13.10 [15] Eine STL-Datei (für **STereoLithography**) verwendet ein Netz aus Dreiecken, um die Oberfläche eines 3D-Objekts darzustellen. Dies könnte in einem Teilebeschreibungsformat für die 3D-Modellierung in der OLP eine Rolle spielen. Wenn Sie an der Erstellung eines solchen Standards arbeiten würden, welche anderen Informationen würden Sie in das Teileformat aufnehmen?

13.11 [15] Nennen Sie ein Beispiel, in dem Wahrscheinlichkeiten für stabile Lagen nützlich sein können.

13.12 [20] Welche Informationen wären bei der automatischen Roboterplatzierung hilfreich?

13.13 [18] Nennen Sie einige Fehlerquellen, die Sie in eine OLP-Simulation der in ▸ **Abschnitt 12.3** beschriebenen Beispielanwendung aufnehmen würden.

Programmierübung (Teil 13)

1. Betrachten Sie die Form einer Rundstange mit halbkugelförmigen Endkappen. Wir werden diese Form als „Kapsel" bezeichnen. Schreiben Sie eine Routine, die aus der Lage zweier solcher Kapseln berechnet, ob sie sich berühren. Beachten Sie, dass alle Oberflächenpunkte einer Kapsel gleich weit von einem einzigen Liniensegment entfernt sind, das man als ihr „Rückgrat" bezeichnen könnte.
2. Bringen Sie ein kapselförmiges Objekt in die Nähe Ihres simulierten Manipulators und prüfen Sie auf Kollisionen, während Sie den Manipulator entlang eines Pfades bewegen. Verwenden Sie kapselförmige Glieder für den Manipulator. Melden Sie alle entdeckten Kollisionen.
3. Wenn Zeit und Computerausstattung es erlauben, schreiben Sie Routinen, um die Kapseln, aus denen Ihr Manipulator besteht, sowie die Hindernisse im Arbeitsraum, grafisch darzustellen.

Anhang A: Trigonometrische Beziehungen

Formeln für die Drehung um die Hauptachsen um den Winkel θ:

$$R_X(\theta) = \begin{bmatrix} 1 & 0 & 0 \\ 0 & \cos\theta & -\sin\theta \\ 0 & \sin\theta & \cos\theta \end{bmatrix}, \tag{A.1}$$

$$R_Y(\theta) = \begin{bmatrix} \cos\theta & 0 & \sin\theta \\ 0 & 1 & 0 \\ -\sin\theta & 0 & \cos\theta \end{bmatrix}, \tag{A.2}$$

$$R_Z(\theta) = \begin{bmatrix} \cos\theta & -\sin\theta & 0 \\ \sin\theta & \cos\theta & 0 \\ 0 & 0 & 1 \end{bmatrix}. \tag{A.3}$$

Beziehungen, die mit der periodischen Natur von Sinus und Kosinus zusammenhängen:

$$\begin{aligned} \sin\theta &= -\sin(-\theta) = -\cos(\theta + 90°) = \cos(\theta - 90°), \\ \cos\theta &= \cos(-\theta) = \sin(\theta + 90°) = -\sin(\theta - 90°). \end{aligned} \tag{A.4}$$

Der Sinus und Kosinus für die Summe oder Differenz der **Winkel** θ_1 und θ_2:

$$\begin{aligned} \cos(\theta_1 + \theta_2) &= c_{12} = c_1 c_2 - s_1 s_2, \\ \sin(\theta_1 + \theta_2) &= s_{12} = c_1 s_2 + s_1 c_2, \\ \cos(\theta_1 - \theta_2) &= c_1 c_2 + s_1 s_2, \\ \sin(\theta_1 - \theta_2) &= s_1 c_2 - c_1 s_2. \end{aligned} \tag{A.5}$$

Die Summe der Quadrate von Sinus und Kosinus desselben Winkels ist gleich eins:

$$c^2\theta + s^2\theta = 1. \tag{A.6}$$

Wenn die Winkel eines Dreiecks mit a, b und c bezeichnet werden, wobei der Winkel a der Seite A gegenüberliegt usw., dann lautet der „**Kosinussatz**“:

$$A^2 = B^2 + C^2 - 2BC \cos a. \tag{A.7}$$

Die Substitution mit dem „**Tangens des halben Winkels**“:

$$\begin{aligned} u &= \tan\frac{\theta}{2}, \\ \cos\theta &= \frac{1 - u^2}{1 + u^2}, \\ \sin\theta &= \frac{2u}{1 + u^2}. \end{aligned} \tag{A.8}$$

Drehen eines **Vektors** Q um den Winkel θ um einen Einheitsvektor $\hat{K}$ mit der **Formel von Rodriques** :

$$Q' = Q\cos\theta + \sin\theta(\hat{K} \times Q) + (1 - \cos\theta)(\hat{K} \cdot \hat{Q})\hat{K}. \tag{A.9}$$

▶ **Anhang B** enthält äquivalente Rotationsmatrizen für die 24 Winkel-Konventionen und ▶ **Anhang C** enthält einige invers-kinematische Beziehungen.

Anhang B: Die 24 Winkelsatz-Konventionen

Die 12 **Eulerschen Winkelsätze** sind gegeben durch:

$$R_{X'Y'Z'}(\alpha,\beta,\gamma)=\begin{bmatrix} c\beta c\gamma & -c\beta s\gamma & s\beta \\ s\alpha s\beta c\gamma + c\alpha s\gamma & -s\alpha s\beta s\gamma + c\alpha c\gamma & -s\alpha c\beta \\ -c\alpha s\beta c\gamma + s\alpha s\gamma & c\alpha s\beta s\gamma + s\alpha c\gamma & c\alpha c\beta \end{bmatrix},$$

$$R_{X'Z'Y'}(\alpha,\beta,\gamma)=\begin{bmatrix} c\beta c\gamma & -s\beta & c\beta s\gamma \\ c\alpha s\beta c\gamma + s\alpha s\gamma & c\alpha c\beta & c\alpha s\beta s\gamma - s\alpha c\gamma \\ s\alpha s\beta c\gamma - c\alpha s\gamma & s\alpha c\beta & s\alpha s\beta s\gamma + c\alpha c\gamma \end{bmatrix},$$

$$R_{Y'X'Z'}(\alpha,\beta,\gamma)=\begin{bmatrix} s\alpha s\beta s\gamma + c\alpha c\gamma & s\alpha s\beta c\gamma - c\alpha s\gamma & s\alpha c\beta \\ c\beta s\gamma & c\beta c\gamma & -s\beta \\ c\alpha s\beta s\gamma - s\alpha c\gamma & c\alpha s\beta c\gamma + s\alpha s\gamma & c\alpha c\beta \end{bmatrix},$$

$$R_{Y'Z'X'}(\alpha,\beta,\gamma)=\begin{bmatrix} c\alpha c\beta & -c\alpha s\beta c\gamma + s\alpha s\gamma & c\alpha s\beta s\gamma + s\alpha c\gamma \\ s\beta & c\beta c\gamma & -c\beta s\gamma \\ -s\alpha c\beta & s\alpha s\beta c\gamma + c\alpha s\gamma & -s\alpha s\beta s\gamma + c\alpha c\gamma \end{bmatrix},$$

$$R_{Z'X'Y'}(\alpha,\beta,\gamma)=\begin{bmatrix} -s\alpha s\beta s\gamma + c\alpha c\gamma & -s\alpha c\beta & s\alpha s\beta c\gamma + c\alpha s\gamma \\ c\alpha s\beta s\gamma + s\alpha c\gamma & c\alpha c\beta & -c\alpha s\beta c\gamma + s\alpha s\gamma \\ -c\beta s\gamma & s\beta & c\beta c\gamma \end{bmatrix},$$

$$R_{Z'Y'X'}(\alpha,\beta,\gamma)=\begin{bmatrix} c\alpha c\beta & c\alpha s\beta s\gamma - s\alpha c\gamma & c\alpha s\beta c\gamma + s\alpha s\gamma \\ s\alpha c\beta & -s\alpha s\beta s\gamma + c\alpha c\gamma & -s\alpha s\beta c\gamma - c\alpha s\gamma \\ -s\beta & c\beta s\gamma & c\beta c\gamma \end{bmatrix},$$

$$R_{X'Y'X'}(\alpha,\beta,\gamma)=\begin{bmatrix} c\beta & s\beta s\gamma & s\beta c\gamma \\ s\alpha s\beta & -s\alpha c\beta s\gamma + c\alpha c\gamma & -s\alpha c\beta c\gamma - c\alpha s\gamma \\ -c\alpha s\beta & c\alpha c\beta s\gamma + s\alpha c\gamma & c\alpha c\beta c\gamma - s\alpha s\gamma \end{bmatrix},$$

$$R_{X'Z'X'}(\alpha,\beta,\gamma)=\begin{bmatrix} c\beta & -s\beta c\gamma & s\beta s\gamma \\ c\alpha s\beta & c\alpha c\beta c\gamma - s\alpha s\gamma & -c\alpha c\beta s\gamma - s\alpha c\gamma \\ s\alpha s\beta & s\alpha c\beta c\gamma + c\alpha s\gamma & -s\alpha c\beta s\gamma + c\alpha c\gamma \end{bmatrix},$$

$$R_{Y'X'Y'}(\alpha,\beta,\gamma)=\begin{bmatrix} -s\alpha c\beta s\gamma + c\alpha c\gamma & s\alpha s\beta & s\alpha c\beta c\gamma + c\alpha s\gamma \\ s\beta s\gamma & c\beta & -s\beta c\gamma \\ -c\alpha c\beta s\gamma - s\alpha c\gamma & c\alpha s\beta & c\alpha c\beta c\gamma - s\alpha s\gamma \end{bmatrix},$$

$$R_{Y'Z'Y'}(\alpha,\beta,\gamma)=\begin{bmatrix} c\alpha c\beta c\gamma - s\alpha s\gamma & -c\alpha s\beta & c\alpha c\beta s\gamma + s\alpha c\gamma \\ s\beta c\gamma & c\beta & s\beta s\gamma \\ -s\alpha c\beta c\gamma - c\alpha s\gamma & s\alpha s\beta & -s\alpha c\beta s\gamma + c\alpha c\gamma \end{bmatrix},$$

$$R_{Z'X'Z'}(\alpha,\beta,\gamma)=\begin{bmatrix} -s\alpha c\beta s\gamma + c\alpha c\gamma & -s\alpha c\beta c\gamma - c\alpha s\gamma & s\alpha s\beta \\ c\alpha c\beta s\gamma + s\alpha c\gamma & c\alpha c\beta c\gamma - s\alpha s\gamma & -c\alpha s\beta \\ s\beta s\gamma & s\beta c\gamma & c\beta \end{bmatrix},$$

$$R_{Z'Y'Z'}(\alpha,\beta,\gamma)=\begin{bmatrix} c\alpha c\beta c\gamma - s\alpha s\gamma & -c\alpha c\beta s\gamma - s\alpha c\gamma & c\alpha s\beta \\ s\alpha c\beta c\gamma + c\alpha s\gamma & -s\alpha c\beta s\gamma + c\alpha c\gamma & s\alpha s\beta \\ -s\beta c\gamma & s\beta s\gamma & c\beta \end{bmatrix}.$$

Die 12 **Festwinkelsätze** sind gegeben durch:

$$R_{XYZ}(\gamma,\beta,\alpha)=\begin{bmatrix} c\alpha c\beta & c\alpha s\beta s\gamma - s\alpha c\gamma & c\alpha s\beta c\gamma + s\alpha s\gamma \\ s\alpha c\beta & s\alpha s\beta s\gamma + c\alpha c\gamma & s\alpha s\beta c\gamma - c\alpha s\gamma \\ -s\beta & c\beta s\gamma & c\beta c\gamma \end{bmatrix},$$

$$R_{XZY}(\gamma,\beta,\alpha)=\begin{bmatrix} c\alpha c\beta & -c\alpha s\beta c\gamma + s\alpha s\gamma & c\alpha s\beta s\gamma + s\alpha c\gamma \\ s\beta & c\beta c\gamma & -c\beta s\gamma \\ -s\alpha c\beta & s\alpha s\beta c\gamma + c\alpha s\gamma & -s\alpha s\beta s\gamma + c\alpha c\gamma \end{bmatrix},$$

$$R_{YXZ}(\gamma,\beta,\alpha)=\begin{bmatrix} -s\alpha s\beta s\gamma + c\alpha c\gamma & -s\alpha c\beta & s\alpha s\beta c\gamma + c\alpha s\gamma \\ c\alpha s\beta s\gamma + s\alpha c\gamma & c\alpha c\beta & -c\alpha s\beta c\gamma + s\alpha s\gamma \\ -c\beta s\gamma & s\beta & c\beta c\gamma \end{bmatrix},$$

$$R_{YZX}(\gamma,\beta,\alpha)=\begin{bmatrix} c\beta c\gamma & -s\beta & c\beta s\gamma \\ c\alpha s\beta c\gamma + s\alpha s\gamma & c\alpha c\beta & c\alpha s\beta s\gamma - s\alpha c\gamma \\ s\alpha s\beta c\gamma - c\alpha s\gamma & s\alpha c\beta & s\alpha s\beta s\gamma + c\alpha c\gamma \end{bmatrix},$$

$$R_{ZXY}(\gamma,\beta,\alpha)=\begin{bmatrix} s\alpha s\beta s\gamma + c\alpha c\gamma & s\alpha s\beta c\gamma - c\alpha s\gamma & s\alpha c\beta \\ c\beta s\gamma & c\beta c\gamma & -s\beta \\ c\alpha s\beta s\gamma - s\alpha c\gamma & c\alpha s\beta c\gamma + s\alpha s\gamma & c\alpha c\beta \end{bmatrix},$$

$$R_{ZYX}(\gamma,\beta,\alpha)=\begin{bmatrix} c\beta c\gamma & -c\beta s\gamma & s\beta \\ s\alpha s\beta c\gamma + c\alpha s\gamma & -s\alpha s\beta s\gamma + c\alpha c\gamma & -s\alpha c\beta \\ -c\alpha s\beta c\gamma + s\alpha s\gamma & c\alpha s\beta s\gamma + s\alpha c\gamma & c\alpha c\beta \end{bmatrix},$$

$$R_{XYX}(\gamma,\beta,\alpha)=\begin{bmatrix} c\beta & s\beta s\gamma & s\beta c\gamma \\ s\alpha s\beta & -s\alpha c\beta s\gamma + c\alpha c\gamma & -s\alpha c\beta c\gamma - c\alpha s\gamma \\ -c\alpha s\beta & c\alpha c\beta s\gamma + s\alpha c\gamma & c\alpha c\beta c\gamma - s\alpha s\gamma \end{bmatrix},$$

$$R_{XZX}(\gamma,\beta,\alpha)=\begin{bmatrix} c\beta & -s\beta c\gamma & s\beta s\gamma \\ c\alpha s\beta & c\alpha c\beta c\gamma - s\alpha s\gamma & -c\alpha c\beta s\gamma - s\alpha c\gamma \\ s\alpha s\beta & s\alpha c\beta c\gamma + c\alpha s\gamma & -s\alpha c\beta s\gamma + c\alpha c\gamma \end{bmatrix},$$

$$R_{YXY}(\gamma,\beta,\alpha)=\begin{bmatrix} -s\alpha c\beta s\gamma + c\alpha c\gamma & s\alpha s\beta & s\alpha c\beta c\gamma + c\alpha s\gamma \\ s\beta s\gamma & c\beta & -s\beta c\gamma \\ -c\alpha c\beta s\gamma - s\alpha c\gamma & c\alpha s\beta & c\alpha c\beta c\gamma - s\alpha s\gamma \end{bmatrix},$$

$$R_{YZY}(\gamma,\beta,\alpha)=\begin{bmatrix} c\alpha c\beta c\gamma - s\alpha s\gamma & -c\alpha s\beta & c\alpha c\beta s\gamma + s\alpha c\gamma \\ s\beta c\gamma & c\beta & s\beta s\gamma \\ -s\alpha c\beta c\gamma - c\alpha s\gamma & s\alpha s\beta & -s\alpha c\beta s\gamma + c\alpha c\gamma \end{bmatrix},$$

$$R_{ZXZ}(\gamma,\beta,\alpha)=\begin{bmatrix} -s\alpha c\beta s\gamma + c\alpha c\gamma & -s\alpha c\beta c\gamma - c\alpha s\gamma & s\alpha s\beta \\ c\alpha c\beta s\gamma + s\alpha c\gamma & c\alpha c\beta c\gamma - s\alpha s\gamma & -c\alpha s\beta \\ s\beta s\gamma & s\beta c\gamma & c\beta \end{bmatrix},$$

$$R_{ZYZ}(\gamma,\beta,\alpha)=\begin{bmatrix} c\alpha c\beta c\gamma - s\alpha s\gamma & -c\alpha c\beta s\gamma - s\alpha c\gamma & c\alpha s\beta \\ s\alpha c\beta c\gamma + c\alpha s\gamma & -s\alpha c\beta s\gamma + c\alpha c\gamma & s\alpha s\beta \\ -s\beta c\gamma & s\beta s\gamma & c\beta \end{bmatrix}.$$

Anhang C: Einige invers-kinematische Formeln

Die Gleichung

$$\sin\theta = a \tag{C.1}$$

hat zwei Lösungen, gegeben durch:

$$\theta = \pm \text{Atan2}(\sqrt{1-a^2}, a). \tag{C.2}$$

Ist entsprechend

$$\cos\theta = b, \tag{C.3}$$

gibt es ebenfalls zwei Lösungen:

$$\theta = \text{Atan2}(b, \pm\sqrt{1-b^2}). \tag{C.4}$$

Sind sowohl **(C.1)** als auch **(C.3)** gegeben, dann existiert die folgende eindeutige Lösung:

$$\theta = \text{Atan2}(a, b). \tag{C.5}$$

Die transzendente Gleichung

$$a\cos\theta + b\sin\theta = 0 \tag{C.6}$$

hat die beiden Lösungen

$$\theta = \text{Atan2}(a, -b) \tag{C.7}$$

und

$$\theta = \text{Atan2}(-a, b). \tag{C.8}$$

Die Gleichung

$$a\cos\theta + b\sin\theta = c, \tag{C.9}$$

die wir in ▶ **Abschnitt 4.5** mit der Substitution durch den Tangens des halben Winkels gelöst haben, wird ebenfalls gelöst durch:

$$\theta = \text{Atan2}(b, a) \pm \text{Atan2}(\sqrt{a^2+b^2-c^2}, c). \tag{C.10}$$

Der Satz der Gleichungen

$$\begin{aligned} a\cos\theta - b\sin\theta &= c \quad \text{und} \\ a\sin\theta + b\cos\theta &= d, \end{aligned} \tag{C.11}$$

der in ▶ **Abschnitt 4.4** gelöst wurde, wird auch gelöst durch:

$$\theta = \text{Atan2}(ad - bc,\ ac + bd). \tag{C.12}$$

Lösungen zu ausgewählten Übungen

Kapitel 2: Übungen zu räumlichen Beschreibungen und Transformationen

2.1)

$$
\begin{aligned}
R &= ROT(\hat{x},\phi)\,ROT(\hat{z},\theta)\\
&= \begin{bmatrix} 1 & 0 & 0 \\ 0 & C\phi & -S\phi \\ 0 & S\phi & C\phi \end{bmatrix} \begin{bmatrix} C\theta & -S\theta & 0 \\ S\theta & C\theta & 0 \\ 0 & 0 & 1 \end{bmatrix}\\
&= \begin{bmatrix} C\theta & -S\theta & 0 \\ C\phi S\theta & C\phi C\theta & -S\phi \\ S\phi S\theta & S\phi C\theta & C\phi \end{bmatrix}
\end{aligned}
$$

2.12) Die **Geschwindigkeit** ist ein „freier Vektor" und wird nur durch Rotation, nicht durch Translation beeinflusst:

$$
{}^{A}V = {}^{A}_{B}R\;{}^{B}V = \begin{bmatrix} 0{,}866 & -0{,}5 & 0 \\ 0{,}5 & 0{,}866 & 0 \\ 0 & 0 & 1 \end{bmatrix} \begin{bmatrix} 10 \\ 20 \\ 30 \end{bmatrix}
$$

$$
{}^{A}V = [-1{,}34 \quad 22{,}32 \quad 30{,}0]^{T}
$$

2.27)

$$
{}^{A}_{B}T = \begin{bmatrix} -1 & 0 & 0 & 3 \\ 0 & -1 & 0 & 0 \\ 0 & 0 & 1 & 0 \\ 0 & 0 & 0 & 1 \end{bmatrix}
$$

2.33)

$$
{}^{B}_{C}T = \begin{bmatrix} -0{,}866 & -0{,}5 & 0 & 3 \\ 0 & 0 & +1 & 0 \\ -0{,}5 & 0{,}866 & 0 & 0 \\ 0 & 0 & 0 & 1 \end{bmatrix}
$$

Kapitel 3: Übungen zur Manipulator-Kinematik

3.1)

α_{i-1}	a_{i-1}	d_i
0	0	0
0	L_1	0
0	L_2	0

$$ {}^0_1T = \begin{bmatrix} C_1 & -S_1 & 0 & 0 \\ S_1 & C_1 & 0 & 0 \\ 0 & 0 & 1 & 0 \\ 0 & 0 & 0 & 1 \end{bmatrix} $$

$$ {}^1_2T = \begin{bmatrix} C_2 & -S_2 & 0 & L_1 \\ S_2 & C_2 & 0 & 0 \\ 0 & 0 & 1 & 0 \\ 0 & 0 & 0 & 1 \end{bmatrix} \quad {}^2_3T = \begin{bmatrix} C_3 & -S_3 & 0 & L_2 \\ S_3 & C_3 & 0 & 0 \\ 0 & 0 & 1 & 0 \\ 0 & 0 & 0 & 1 \end{bmatrix} $$

$$ {}^0_3T = {}^0_1T \; {}^1_2T \; {}^2_3T = \begin{bmatrix} C_{123} & -S_{123} & 0 & L_1C_1 + L_2C_{12} \\ S_{123} & C_{123} & 0 & L_1S_1 + L_2S_{12} \\ 0 & 0 & 1 & 0 \\ 0 & 0 & 0 & 1 \end{bmatrix} $$

wobei

$$ C_{123} = \cos(\theta_1 + \theta_2 + \theta_3) \quad \text{und} $$
$$ S_{123} = \sin(\theta_1 + \theta_2 + \theta_3). $$

3.8) Wenn $\{G\} = \{T\}$, gilt:

$$ {}^B_WT \; {}^W_TT = {}^B_ST \; {}^S_GT. $$

Also ist:

$$ {}^W_TT = {}^B_WT^{-1} \; {}^B_ST \; {}^S_GT. $$

Kapitel 4: Übungen zur inversen Manipulator-Kinematik

4.14) Nein. Die Methode von Pieper liefert die geschlossene Form für jeden 3-DOF-Manipulator (siehe seine Dissertation für alle möglichen Fälle).

4.18) 2

4.22) 1

Kapitel 5: Übungen zur Jacobi-Matrix: Geschwindigkeiten und statische Kräfte

5.1) Die Jacobi-Matrix im Rahmen {0} lautet:

$$
\begin{aligned}
{}^0J(\theta) &= \begin{bmatrix} -L_1 S_1 - L_2 S_{12} & -L_2 S_{12} \\ L_1 C_1 + L_2 C_{12} & L_2 C_{12} \end{bmatrix} \\
\det\left({}^0J(\theta)\right) &= -(L_2 C_{12})(L_1 S_1 + L_2 S_{12}) + (L_2 S_{12})(L_1 C_1 + L_2 C_{12}) \\
&= -L_1 L_2 S_1 C_{12} - L_2^2 S_{12} C_{12} + L_1 L_2 C_1 S_{12} + L_2^2 S_{12} C_{12} \\
&= L_1 L_2 C_1 S_{12} - L_1 L_2 S_1 C_{12} = L_1 L_2 (C_1 S_{12} - S_1 C_{12}) \\
&= L_1 L_2 S_2.
\end{aligned}
$$

∴ Das gleiche Ergebnis als wenn Sie mit ${}^3J(\theta)$ beginnen. Die singulären Konfigurationen sind nämlich $\theta_2 = 0°$ oder $180°$.

5.8) Die Jacobi-Matrix für diesen zweigliedrigen Manipulator lautet:

$$
{}^3J(\theta) = \begin{bmatrix} L_1 S_2 & 0 \\ L_1 C_2 + L_2 & L_2 \end{bmatrix}.
$$

Ein isotroper Punkt existiert, wenn

$$
{}^3J = \begin{bmatrix} L_2 & 0 \\ 0 & L_2 \end{bmatrix}.
$$

Also ist

$$
\begin{aligned}
L_1 S_2 &= L_2 \quad \text{und} \\
L_1 C_2 + L_2 &= 0.
\end{aligned}
$$

Nun ist $S_2^2 + C_2^2 = 1,$ also ist $\left(\frac{L_2}{L_1}\right)^2 + \left(\frac{-L_2}{L_1}\right)^2 = 1$

oder $L_1^2 = 2L_2^2 \rightarrow L_1 = \sqrt{2}L_2$.

Unter dieser Bedingung ist $S_2 = \frac{1}{\sqrt{2}} = \pm 0{,}707$

und $C_2 = -0{,}707$.

∴ Ein isotroper Punkt existiert, wenn $L_1 = \sqrt{2}L_2$ und in diesem Fall existiert sie für $\theta_2 = \pm 135°$.

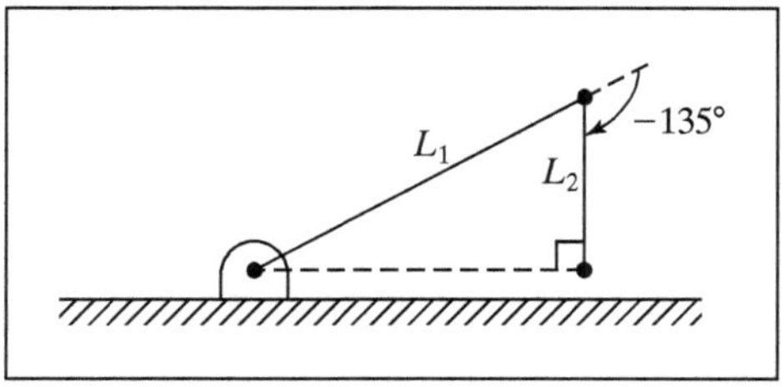

In dieser Konfiguration sieht der Manipulator kurzzeitig wie ein kartesischer Manipulator aus.

5.13)

$$\tau = {}^0J^T(\theta)\,{}^0F,$$
$$\tau = \begin{bmatrix} -L_1 S_1 - L_2 S_{12} & L_1 C_1 + L_2 C_{12} \\ -L_2 S_{12} & L_2 C_{12} \end{bmatrix} \begin{bmatrix} 10 \\ 0 \end{bmatrix},$$
$$\tau_1 = -10 S_1 L_1 - 10 L_2 S_{12},$$
$$\tau_2 = -10 L_2 S_{12}.$$

Kapitel 6: Übungen zur Manipulator-Dynamik

6.1) Verwenden Sie **(6.17)**, aber in der Polarkoordinaten-Form, weil das einfacher ist. Für I_{zz} gilt zum Beispiel:

$$I_{zz} = \iiint_{-H/2}^{H/2} \iiint_0^{2\pi} \iiint_0^{R} (x^2 + y^2) pr\, dr\, d\theta\, dz.$$
$$x = R\cos\theta, \quad y = R\sin\theta, \quad x^2 + y^2 = R^2(r^2).$$
$$I_{zz} = \iiint_{-H/2}^{H/2} \iiint_0^{2\pi} \iiint_0^{R} p r^3\, dr\, d\theta\, dz.$$

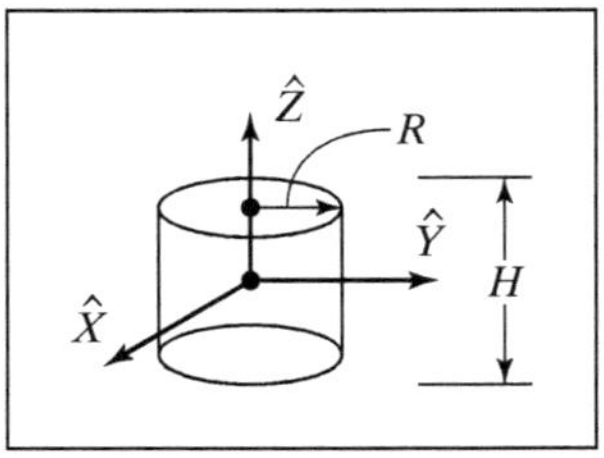

$$I_{zz} = \frac{\pi}{2} R^4 Hp, \text{Volumen} = \pi r^2 H$$
$$\therefore \quad \text{Masse} = M = p\pi r^2 H \quad \therefore \quad \boxed{I_{zz} = \frac{1}{2} M R^2}$$

Ähnlich (aber schwieriger) ist:

$$\boxed{I_{xx} = I_{yy} = \frac{1}{4} M R^2 + \frac{1}{12} M H^2}$$

Aus der Symmetrie (oder der Integration) ergibt sich:

$$\boxed{I_{xy} = I_{xz} = I_{yz} = 0}$$

$\therefore$

$$c_I = \begin{bmatrix} \frac{1}{4} M R^2 + \frac{1}{12} M H^2 & 0 & 0 \\ 0 & \frac{1}{4} M R^2 + \frac{1}{12} M H^2 & 0 \\ 0 & 0 & \frac{1}{2} M R^2 \end{bmatrix}$$

6.12) $\theta_1(t) = Bt + ct^2$, somit ist

$$\dot{\theta}_1 = B + 2ct \quad \text{und} \quad \ddot{\theta} = 2c.$$

Also ergibt sich:

$$
\begin{aligned}
{}^1\dot{\omega}_1 &= \ddot{\theta}_1 \hat{z}_1 = 2c\hat{z}_1 = \begin{bmatrix} 0 \\ 0 \\ 2c \end{bmatrix}, \\
{}^1\dot{v}_{c1} &= \begin{bmatrix} 0 \\ 0 \\ 2c \end{bmatrix} \times \begin{bmatrix} 2 \\ 0 \\ 0 \end{bmatrix} + \begin{bmatrix} 0 \\ 0 \\ \dot{\theta}_1 \end{bmatrix} \times \left(\begin{bmatrix} 0 \\ 0 \\ \dot{\theta}_1 \end{bmatrix} \times \begin{bmatrix} 2 \\ 0 \\ 0 \end{bmatrix} \right) \\
&= \begin{bmatrix} 0 \\ 4c \\ 0 \end{bmatrix} + \begin{bmatrix} -2\dot{\theta}_1^2 \\ 0 \\ 0 \end{bmatrix}, \\
{}^1\dot{v}_{c1} &= \begin{bmatrix} -2(B + 2ct)^2 \\ 4c \\ 0 \end{bmatrix}.
\end{aligned}
$$

6.18) Jedes vernünftige $F(\theta, \dot{\theta})$ hat wahrscheinlich die Eigenschaft, dass die Reibungskraft (oder das Drehmoment) am Gelenk i nur von der Geschwindigkeit des Gelenks i abhängt, das heißt:

$$
F(\theta, \dot{\theta}) = [f_1(\theta, \dot{\theta}_1) \quad F_2(\theta, \dot{\theta}_2) \quad .... \quad F_N(\theta, \dot{\theta}_N)]^T.
$$

Außerdem sollte jedes $f_i(\theta, \dot{\theta}_i)$ „passiv“ sein, d. h., die Funktion sollte im ersten und dritten Quadranten liegen:

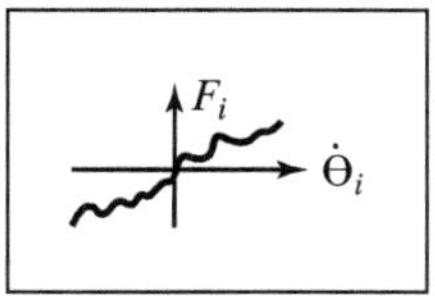

** Die Lösung wurde bei Kerzenlicht nach dem Erdbeben der Stärke 7,0 am 17. Oktober 1989 geschrieben!

Kapitel 7: Übungen zur Erzeugung von Trajektorien

7.1) Um einen Startpunkt, zwei Wegpunkte und einen Zielpunkt zu verbinden, sind drei Gleichungen dritten Grades erforderlich, d. h. drei für jedes Gelenk, also insgesamt 18 kubische Polynome. Jede hat vier Koeffizienten, sodass 72 Koeffizienten gespeichert werden.

7.17) Nach der Differenziation ist:

$$
\begin{aligned}
\dot{\theta}(t) &= 180t - 180t^2 \quad \text{und} \\
\ddot{\theta}(t) &= 180 - 360t.
\end{aligned}
$$

Dann erhalten wir durch Berechnung bei $t = 0$ und $t = 1$:

$$
\begin{aligned}
\theta(0) &= 10 \quad \dot{\theta}(0) = 0 \quad \ddot{\theta}(0) = 180, \\
\theta(1) &= 40 \quad \dot{\theta}(1) = 0 \quad \ddot{\theta}(1) = -180.
\end{aligned}
$$

Kapitel 8: Übungen zum Manipulator-Design

8.3) Unter Verwendung von **(8.1)** erhalten wir:

$$L = \sum_{i=1}^{3}(a_{i-1} + d_i) = (0 + 0) + (0 + 0) + (0 + (U - L)) = U - L,$$

$$W = \frac{4}{3}\pi U^3 - \frac{4}{3}\pi L^3 = \frac{4}{3}\pi(U^3 - L^3) \; \{ \text{ eine „hohle“ Kugel.}$$

$$\therefore \quad Q_L = \frac{U - L}{\sqrt[3]{\frac{4}{3}\pi(U^3 - L^3)}}$$

8.6) Mit **(8.14)** ergibt sich:

$$\frac{1}{K_{GESAMT}} = \frac{1}{1000} + \frac{1}{300} = 4{,}333 \times 10^{-3}.$$

$$\therefore \quad \boxed{K_{GESAMT} = 230{,}77 \frac{\text{Nm}}{\text{rad}}}$$

8.16) Mit **(8.15)** erhalten wir:

$$K = \frac{G\pi d^4}{32L} = \frac{(0{,}33 \times 7{,}5 \times 10^{10})(\pi)(0{,}001)^4}{(32)(0{,}40)} = \boxed{0{,}006135 \frac{\text{Nm}}{\text{rad}}}$$

Das ist sehr gering, denn der Durchmesser beträgt 1 mm!

Kapitel 9: Übungen zur linearen Steuerung von Manipulatoren

9.2) Mit **(9.5)** erhalten wir:

$$s_1 = -\frac{6}{2 \times 2} + \frac{\sqrt{36 - 4 \times 2 \times 4}}{2 \times 2} = -1{,}5 + 0{,}5 = -1{,}0,$$

$$s_2 = -1{,}5 - 0{,}5 = -2{,}0.$$

$$\therefore \quad x(t) = c_1 e^{-t} + c_2 e^{-2t} \text{ und } \dot{x}(t) = -c_1 e^{-t} - 2c_2 e^{-2t}$$

$$\text{(1) Bei } t = 0 \text{ ist } x(0) = 1 = c_1 + c_2$$

$$\text{(2) und } \dot{x}(0) = 0 = -c_1 - 2c_2$$

Die Addition von **(1)** und **(2)** ergibt:

$$1 = -c_2,$$

somit ist $c_2 = -1$ und $c_1 = 2$.

$$\therefore \quad \boxed{x(t) = 2e^{-t} - e^{-2t}}$$

9.10) Unter Verwendung von **(8.24)** und der Annahme von Aluminium ergibt sich:

$$K = \frac{(0{,}333)(2 \times 10^{11})(0{,}05^4 - 0{,}04^4)}{(4)(0{,}50)} = 123\,000{,}0.$$

Mit den Informationen aus **Abbildung 9.13** beträgt die äquivalente Masse (0,23)(5) = 1,15 kg, also ist:

$$W_{res} = \sqrt{k/m} = \sqrt{\frac{123\,000{,}0}{1{,}15}} \cong \boxed{327{,}04\,\frac{\text{rad}}{\text{sec}}}$$

Das ist sehr groß – der Konstrukteur irrt sich wahrscheinlich, wenn er glaubt, dass dieses schwingende Gleid die niedrigste nicht modellierte Resonanz darstellt!

9.13) Wie in Problem 9.12 ist die effektive Steifigkeit $K = 32\,000$. Die effektive Trägheit ist nun $I = 1 + (0{,}1)(64) = 7{,}4$.

$$\therefore \quad W_{res} = \sqrt{\frac{32000}{7{,}4}} \cong 65{,}76\,\frac{\text{rad}}{\text{sec}} \cong \boxed{10{,}47\ \text{Hz}}$$

Kapitel 10: Übungen zur nichtlinearen Steuerung von Manipulatoren

10.2) Es sei $\tau = \alpha\tau' + \beta$

$$\alpha = 2 \quad \beta = 5\theta\dot{\theta} - 13\dot{\theta}^3 + 5$$

und $\tau' = \ddot{\theta}_D + K_v\,\dot{e} + K_p\,e$,

wobei $e = \theta_D - \theta$

und

$$K_p = 10 \quad \text{sowie}$$
$$K_v = 2\sqrt{10}.$$

10.10) Sei $f = \alpha f' + \beta$

mit $\alpha = 2, \beta = 5x\dot{x} - 12$

und $f' = \ddot{X}_D + k_v\,\dot{e} + k_p\,e, e = X_D - X$

$k_p = 20, k_v = 2\sqrt{20}$.

Kapitel 11: Übungen zur Kraftkontrolle von Manipulatoren

11.2) Die künstlichen Randbedingungen für die betreffende Aufgabe wären:

$V_z = -a_1$	$F_x = 0$ $F_y = 0$ $N_x = 0$ $N_y = 0$ $N_z = 0$

wobei a_1 die Geschwindigkeit des Einfügens ist.

11.4) Verwenden Sie **(5.105)** mit umgekehrten Rahmen $\{A\}$ und $\{B\}$. Finden Sie zunächst ${}^{B}_{A}T$, indem Sie ${}^{A}_{B}T$ invertieren:

$$
{}^{B}_{A}T = \begin{bmatrix} 0{,}866 & 0{,}5 & 0 & -8{,}66 \\ -0{,}5 & 0{,}866 & 0 & 5{,}0 \\ 0 & 0 & 1 & -5{,}0 \\ 0 & 0 & 0 & 1 \end{bmatrix}
$$

Für den gesuchten 6×1-Kraft-Drehmoment-Vektor ergibt sich schließlich:

$$
{}^{B}F = {}^{B}_{A}R \; {}^{A}F = [1 \quad 1{,}73 \quad -3]^{T},
$$

$$
{}^{B}N = {}^{B}P_{AORG} \times {}^{B}F + {}^{B}_{A}R \; {}^{A}N = [-6{,}3 \quad -30{,}9 \quad -15{,}8]^{T}.
$$

$$
\therefore \; {}^{B}\mathcal{F} = [1{,}0 \quad 1{,}73 \quad -3 \quad -6{,}3 \quad -30{,}9 \quad -15{,}8]^{T}
$$

Stichwortverzeichnis

B

C

D

E

F

G

H

I

J

K

N

O

P

Q

R

S

T

W

X

Y

Z